国家"985工程"(二期)哲学社会科学创新基地重大成果
第三届中国出版政府奖图书奖　第三届三个一百原创图书出版工程奖

学术版

中国佛教通史

第四卷

永海　主编

江苏人民出版社

图书在版编目(CIP)数据

中国佛教通史. 第四卷/赖永海主编.
—南京:江苏人民出版社,2010.9(2021.10重印)
ISBN 978-7-214-06479-0

Ⅰ.①中… Ⅱ.①赖… Ⅲ.①佛教史-中国
Ⅳ.①B949.2

中国版本图书馆 CIP 数据核字(2010)第 185054 号

书　　　名	中国佛教通史(第四卷)
主　　　编	赖永海
策 划 编 辑	府建明
责 任 编 辑	戴宁宁　朱晓莹
装 帧 设 计	吴赵铎　许文菲
责 任 监 制	王娟
出 版 发 行	江苏人民出版社
地　　　址	南京市湖南路1号A楼,邮编:210009
照　　　排	江苏凤凰制版有限公司
印　　　刷	江苏凤凰新华印务集团有限公司
开　　　本	652毫米×960毫米　1/16
总 印 张	549.25　插页62
总 字 数	7100千字
版　　　次	2010年11月第1版
印　　　次	2021年10月第2次印刷
标 准 书 号	ISBN 978-7-214-06479-0
定　　　价	2280.00元(全15卷)

(江苏人民出版社图书凡印装错误可向承印厂调换)

本卷主要撰稿人（以姓氏笔画为序）

王月清

哲学博士。现为南京大学哲学系（宗教学系）教授、博士生导师，南京大学中华文化研究院副院长。主要著作有《中国佛教伦理研究》、《中国佛教文化艺术》等。

撰写内容：第八章。

王建光

哲学博士。现为南京农业大学人文社会科学学院副教授。主要著作有《中国律宗通史》。

撰写内容：第二章。

圣　凯

哲学博士。现为清华大学哲学系教授、博士生导师、国家社科基金重大项目"汉传佛教僧众社会生活史"首席专家、中国佛教文化研究所副所长、《佛学研究》主编。研究领域为南北朝佛教学派、儒佛道三教关系、中国佛教社会史、近现代佛教、佛教与西方哲学比较研究等。主要著作有《中国汉传佛教礼仪》、《中国佛教忏法研究》、《摄论学派研究》、《中国佛教信仰与生活史》、《南北朝地论学派思想史》，以及 A History of Chinese Buddhist Faith and Life 等。

撰写内容：第一、七章。

刘立夫

哲学博士。现为中南大学公共管理学院教授、博士生导师，湖南省佛教协会船山佛教文化研究中心秘书长。主要著作有《〈弘明集〉研究》、《佛教与中国伦理文化的冲突与融合》等。

撰写内容：第六章第一、二、三、四、五、七节。

杨维中

哲学博士。现为南京大学哲学系（宗教学系）教授、博士生导师。主要著作有《心性与佛性》、《中国佛教心性论研究》、《中国唯识宗通史》等。

撰写内容：第三、四、五章。

谭　洁

文学博士。现为山东师范大学文学院教授。主要著作有《兰陵萧氏家族文化研究》、《南朝佛学与文学——以竟陵"八友"为中心》等。

撰写内容：第六章第六节。

目 录

第一章 南北朝禅学 1

第一节 晋宋时期禅经翻译与禅法传播 1
一、鸠摩罗什与大乘禅法 1
二、佛陀跋陀罗的禅系与禅法 5
  （一）佛陀跋陀罗的生平与禅法 5
  （二）佛陀跋陀罗的禅系传承 10
三、昙摩密多——僧审的禅系与禅法 16
  （一）昙摩密多的生平与禅法 16
  （二）僧审及其弟子 17
四、畺良耶舍的禅系与禅法 19

第二节 梁陈时期的南方禅法 20
一、梁陈南方禅法的传承 22
二、宝志与傅翕的禅法传承 23

第三节 勒那摩提与北朝禅学 26
一、僧稠的禅系与禅法 28
  （一）僧稠的生平与弟子 28
  （二）僧稠的著作 38
  （三）僧稠一系的禅法思想 39
二、僧实的禅系与禅法 50
三、慧瓒的禅系与禅法 53

第二章 两晋南北朝律学 58

第一节 两晋时期的律典传译与律学初兴 58
- 一、《十诵律》的翻译及其主要内容 59
- 二、《摩诃僧祇律》的翻译及其主要内容 62
- 三、《四分律》的翻译及其主要内容 64
- 四、两晋十六国时期其他的律典翻译 65
  - （一）两晋时翻译的几种律本 65
  - （二）十六国时期的律学翻译 68
  - （三）失传的律学翻译 70
- 五、律学的初兴 70

第二节 南朝的律学与律典翻译 72
- 一、南朝的律典翻译 72
  - （一）佛陀什及其《五分律》的翻译 72
  - （二）僧伽跋陀罗与《善见律毗婆沙》 73
  - （三）僧伽跋摩与《萨婆多部毗尼摩得勒伽》 74
  - （四）真谛与《律二十二明了论》 75
  - （五）南朝时期其他的律典翻译与律学撰述 75
- 二、南朝的"十诵律学" 76
  - （一）南朝的"十诵律师" 77
  - （二）"十诵律学"的兴起与繁荣 78
  - （三）《十诵律》在南方的流传 81
- 三、比丘尼戒的重受和方等戒坛的建立 82
  - （一）比丘尼戒的重受 82
  - （二）方等戒坛的建立 84
- 四、南朝的民间律学 85
  - （一）律学在民间的传播 85
  - （二）《净住子》的戒律学思想 87

第三节 北朝的律学 91
- 一、北朝的规范僧禁 91
- 二、北朝戒律学著作的翻译 94
- 三、北朝对《摩诃僧祇律》的研习 95
- 四、"四分律师"的崛起 98
  - （一）慧光律师的"搜扬新异" 99
  - （二）慧光后学的高扬《四分律》 100

第四节　南北朝时期的菩萨戒　102

一、两晋时期菩萨戒经典的翻译　103

（一）聂道真和敦煌三藏　103

（二）鸠摩罗什与《梵网经》　104

（三）昙无谶与《大般涅槃经》　105

二、南朝时期的菩萨戒　107

（一）南朝菩萨戒经典的翻译　107

（二）慧思对菩萨戒仪的贡献　108

三、南北朝时菩萨戒的流行和授受　110

第三章　魏晋南北朝时期佛教史著　114

第一节　佛教经录的编纂　114

一、两晋经录与道安《录》的出现　115

二、南北朝时期的经录　118

三、僧祐《出三藏记集》　120

第二节　佛教史学的兴起及其主要著作　125

一、杨衒之与《洛阳伽蓝记》　125

二、《高僧传》、《名僧传》和《比丘尼传》　129

三、《弘明集》与佛教史料学著作的编纂　134

第三节　《佛国记》及其他西行游记　137

一、《佛国记》的书名及版本　137

二、《佛国记》之历史文化价值　140

（一）《佛国记》与中外交通史研究　141

（二）《佛国记》与西域史、印度史研究　143

（三）《佛国记》与佛教史研究　145

（四）《佛国记》的文学价值　150

三、南北朝其他西行游记　153

第四章　东晋南北朝时期的僧官、度僧制度和寺职　155

第一节　东晋南北朝的僧官制度　156

一、僧官制度的初创　156

二、南朝的僧官制度　164

三、北朝的僧官制度　170

第二节　度僧制度　175

一、僧籍　175

二、南朝的敕度　178
　　三、北朝的敕度与私度　182
　第三节　两晋南北朝的寺职　187
　　一、寺主　187
　　二、上座和维那　190
　　三、三纲　192

第五章　东晋南北朝寺院经济的兴起　195
　第一节　寺院经济的起因与寺僧的供给模式　195
　　一、由"乞食"向"定居"的转化　195
　　二、国家供给　199
　　三、募化供给　203
　第二节　寺院的土地经营活动　206
　　一、寺院地产的形成　207
　　二、白徒、养女　210
　　三、僧祇户、佛图户　212
　第三节　寺院的商业、借贷等经济活动及其效应　213
　　一、商业活动　213
　　二、借贷　216
　　三、寺院的富庶及其效应　218

第六章　汉魏两晋南北朝的三教关系与两次毁佛运动　222
　第一节　晋宋之际的因果报应之争　222
　　一、业报轮回说与善恶报应说　223
　　二、东晋时期的因果报应之争　229
　　　（一）罗含与孙盛的论争　229
　　　（二）慧远与桓玄的论争　232
　　　（三）慧远与戴逵的论争　234
　　三、刘宋时期的因果报应之争　238
　　　（一）何承天与颜延之的论争　238
　　　（二）白黑之争　242
　　　（三）何承天与宗炳、刘少府的论争　246
　第二节　晋宋齐梁时期的形神之争　248
　　一、"补特伽罗"与神灵不灭　249
　　　（一）印度佛教关于轮回主体的认识　249

（二）中国传统的"神灵不灭"说　251
二、晋宋之际的形神之争　253
　　（一）慧远以前的形神之争　253
　　（二）慧远的"形尽神不灭"说　255
　　（三）宗炳与何承天等人的争论　259
　　（四）郑鲜之的"神不灭"论　262
三、齐梁之际的形神之争　264
　　（一）范缜与《神灭论》　264
　　（二）沈约与《难范缜神灭论》　268
　　（三）萧琛与《难神灭论》　269
　　（四）曹思文与《难神灭论》　271
　　（五）形神之争的历史评价　273

第三节　佛道二教的夷夏之争　275
一、中国传统夷夏观的演变　275
二、南朝的夷夏之争　278
　　（一）顾欢《夷夏论》与夷夏之争　279
　　（二）《三破论》与夷夏之争　286
三、北朝的夷夏之争　292
　　（一）北周武帝时期的佛道之争　292
　　（二）甄鸾的《笑道论》　294
　　（三）道安的《二教论》　296

第四节　沙门不敬王者之争　299
一、佛教戒律与儒家伦理的冲突　300
二、东晋朝廷关于沙门不敬王者的争论　304
　　（一）庾冰与何充等人的争论　304
　　（二）桓玄与王谧等人的争论　306
　　（三）慧远的《沙门不敬王者论》　309

第五节　《老子化胡经》与佛道之争　314
一、《老子化胡经》的形成　315
二、《老子化胡经》的核心问题　319
　　（一）关于老子的出生年代　320
　　（二）关于老子如何化胡　322
　　（三）佛教方面的回应　324

第六节　北魏太武帝、北周武帝灭佛与佛道之争　328
　　一、北魏太武帝的宗教政策及其灭佛运动　328
　　二、北周武帝的宗教政策及其灭佛运动　338
　　三、末法意识及其效应　345

第七节　佛道交融与玄佛合流　349
　　一、神仙道教对早期佛教的影响　349
　　　（一）汉晋时期的佛陀观　350
　　　（二）早期佛教的神通传教　353
　　二、"格义"与玄佛合流　357
　　　（一）"格义"的本义和引申义　357
　　　（二）"格义"的基本模式　360
　　　（三）"格义佛教"　362
　　三、早期的三教融合思想　365
　　　（一）三教兼用论　366
　　　（二）内外相资论　367
　　　（三）殊途同归论　369

第七章　魏晋南北朝佛教徒的信仰与生活　372

第一节　佛教忏法的形成　372
　　一、道安的僧尼轨范与悔过法　372
　　二、南北朝的唱导　376
　　三、斋会与悔过　378
　　四、六朝礼忏仪的形成　382
　　五、陈真观与《梁皇忏》的形成　384

第二节　佛教素食传统的形成　391
　　一、素食传统的经典依据　391
　　二、梁武帝以前僧尼素食的传统　393
　　三、周颙、沈约的素食思想　397
　　四、梁武帝《断酒肉文》的思想　401
　　　（一）齐梁时代佛教的弊端与梁武帝自身的生活态度　401
　　　（二）断酒肉法会的经过　404
　　　（三）《断酒肉文》的内容与思想　407

第三节　南北朝佛教的社邑与慈善事业　411
　　一、南北朝佛教的社邑　411

二、南北朝佛教的福田思想　415
三、南北朝佛教的慈善事业　417

第四节　南北朝的《法华经》信仰　423
一、《法华经》的三昧思想　423
二、《思惟略要法》的"法华三昧"观法　427
三、《普贤观经》的忏悔思想　428
四、《法华经》信仰的流行情况　430
五、慧思的《法华经安乐行义》　435

第五节　南北朝的药师佛、观音信仰和舍利信仰　440
一、南北朝的药师佛信仰　440
二、南北朝的观世音信仰　443
（一）观世音译名与观世音经典的传入　444
（二）南北朝的观音信仰　446
三、南北朝的舍利信仰　447

第八章　汉魏两晋南北朝的中国佛教文化艺术　454

第一节　汉魏两晋时期的佛教造像　455
一、西域地区的佛教造像　455
二、楼兰地区的佛教造像　456
三、高昌地区的佛教造像　457
四、早期的南方造像　459

第二节　汉魏两晋时期的佛教书法、绘画　460
一、克孜尔千佛洞的壁画　461
二、中原地区的佛教绘画　465
三、汉魏两晋时期佛教书法　470
（一）僧人书法　473
（二）士人佛书　475

第四节　汉魏两晋时期的佛教建筑　477

第五节　南北朝时期的佛教雕塑　483
一、莫高窟　483
二、云冈石窟　487
三、天龙山石窟　495
四、响堂山石窟　498
五、麦积山石窟　500
六、龙门石窟　504

七、炳灵寺石窟　506
第六节　南北朝佛教绘画　510
　　一、莫高窟壁画　511
　　　（一）北凉的敦煌壁画　512
　　　（二）西魏的敦煌壁画　514
　　二、麦积山石窟壁画　516
　　三、炳灵寺石窟壁画　519
　　　（一）西秦时期（385—431）的壁画　519
　　　（二）北周时期（557—581）的壁画　524
　　四、南北朝时期士人佛画　524
第七节　南北朝时期的佛教书法　530
　　一、南北朝时期佛教书法　530
　　　（一）僧人书法　531
　　　（二）士人佛书　533
　　二、佛教写经与刻石　534
第八节　南北朝时期佛教建筑　538
　　一、寺院建筑类型　539
　　二、佛塔建筑类型　542
　　　（一）木构的楼阁式塔　543
　　　（二）砖造的密檐式塔　544
　　　（三）单层式佛塔　545

人名索引　546

第一章 南北朝禅学

东晋道安之后,中国佛教的修行法门,尚未整理出一定的模式与规范。在姚秦时代,鸠摩罗什等西域译经僧与禅师译出禅经,传播禅法,成为中国佛教禅僧授受禅观法门的来源。

南北朝禅学的发展,主要是与罽宾地区流行的禅法传入有关。其中,佛陀跋陀罗的禅系,由玄高、僧隐、慧观、宝云等分别在南方、北方弘传不绝,可谓枝繁叶茂。

第一节 晋宋时期禅经翻译与禅法传播

一、鸠摩罗什与大乘禅法

鸠摩罗什是伟大的中国佛教翻译家,他对中国禅学的贡献,僧叡在《关中出禅经序》中提到:

> 禅法者,向道之初门,泥洹之津径也……究摩罗法师,以辛丑之年十二月二十,自姑臧至长安。予即于是月二十六日,从受禅法。既蒙启授,乃知学有成准、法有成条。《首楞严经》云:人在山中学

道,无师道终不成。是其事也。①

鸠摩罗什入关的第七天,僧叡即迫不及待地从受禅法。鸠摩罗什所译的禅经,共有三部:《众家禅要》三卷,《十二因缘》一卷,《要解》二卷。这三部经,初译于弘始四年(402)。其中《要解》又于弘始九年(407)重新修订,现存于藏经中。

《出三藏记集》卷二提到鸠摩罗什所译的禅经有②:

《十二因缘观经》一卷,缺;

《禅法要解》二卷,或云《禅要经》;

《禅经》三卷,一名《菩萨禅法经》,与《坐禅三昧经》同;

《禅法要》三卷,弘始九年闰月五日重校正。

现存《大正藏》第15卷收录鸠摩罗什所译的禅经有《禅秘要法经》三卷(No.613)、《坐禅三昧经》二卷(No.614)、《禅法要解》二卷(No.616)、《思惟略要法》一卷(No.617)。所以,经录的记载与现存藏经有较大出入。

汤用彤依《历代三宝记》,认为《众家禅要》三卷即是《坐禅三昧经》二卷③,但是他并没有论证。依僧叡的记载,《众家禅要》是鸠摩罗什抄写编撰的,并不是翻译的一本书。内容相当庞杂:

初四十三偈是究摩罗罗陀法师所造,后二十偈是马鸣菩萨之所造也。其中五门是婆须密、僧伽罗义、沤波崛、僧伽斯那、勒比丘、马鸣、罗陀禅要之中,抄集之所出也。六觉中偈,是马鸣菩萨修习之,以释六觉也。初观淫、恚、痴相及三门,皆僧伽罗义之所作也。息门六事,诸论师说也。菩萨习禅法中,后更依《持世经》益《十二因缘》一卷、《要解》二卷,别时撰出。④

---

① 《出三藏记集》卷九,《大正藏》第55卷,第65页上。
② 《出三藏记集》卷二,《大正藏》第55卷,第11页上。
③ 汤用彤:《汉魏两晋南北朝佛教史》(上册),第213页,北京,中华书局,1982。
④ 《出三藏记集》卷九,《大正藏》第55卷,第65页上一中。

"初四十三偈"指《坐禅三昧经》卷首的偈颂,四句为一偈,由初偈"导师说难遇,闻者喜亦难,大人所乐听,小人所恶闻"至末偈"往返世间中,厌更苦乐事,虽未得涅槃,当勤求此利",共三十四偈。"后二十偈"指本经末的偈颂,由初偈"行者定心求道时,常当观察时方便,若不得时方便,是应为失不为利"至末偈"譬如药师,三种病冷热风病除灭故,应病与药,佛如是,淫怒痴病随药灭",共为二十偈。然后,即是五门:治贪欲、瞋恚、愚痴、思觉、等分行(念佛三昧),这是由僧伽罗叉等七家禅师的禅法中抄集而来。《坐禅三昧经》后半部的内容则包含四禅、四空、四果及菩萨禅法,而且在卷末有"菩萨禅法中初门",含"菩萨念佛三昧"、"菩萨慈三昧"及"菩萨观十二分"等菩萨的五门禅法。可见,《坐禅三昧经》虽是抄撰众家禅要而成,但仍有其组织及次第。先是五门禅法,接四禅、四空定,次为小乘四果而至菩萨禅法。

《禅法要解》二卷,即是现存 No.616。《十二因缘观经》在僧祐时代已经是缺本。另外,《思惟略要法》一卷(No.617)虽然是部编排完整、分类清楚的禅法,但是,"十方佛观法"、"法华三昧观法"、"观无量寿佛法"、"法身观法"等禅法不见于印度的禅法中,类似于西域的禅法。此书可能是后人抄写编撰而成的,不是鸠摩罗什的译经。

僧叡《关中出禅经序》虽然列出八位禅师,但是鸠摩罗什皆未亲自从学。所以,鸠摩罗什所传出的禅经,非得自师承,实如僧叡所言是"抄撰众家禅要"而来,这与佛陀跋陀罗完全不同。

道安将禅法由"禅数"提升为"禅智",成为中国大乘禅法开展的契机。但最终是鸠摩罗什开创了中国大乘禅法重视禅智的传统。僧叡《关中出禅经序》说:"无禅不智,无智不禅,然则禅非智不照,照非禅不成,大哉!禅智之业,可不务乎!"[1]只修禅定而无智慧,是无法照见烦恼与根除它,有智慧而无禅定则非真智慧,所以"禅智"是修行的要务。对于定慧

---

[1] 《出三藏记集》卷九,《大正藏》第55卷,第65页中。

的关系,僧叡又说,"心力既全,乃能转昏入明。明虽愈于不明而未全也",藉助禅定以凝全心力,可得明照万法之用。"明照"虽胜于"不明",但此"明照"尚不究竟;必须等到忘却能照、所照,无所谓"明"与"非明",这样妄念才算究竟止息。因此,能究竟止息妄念乃是智慧之功。

鸠摩罗什在《注维摩诘经》中,强调定与慧的关系:

> 出家凡有三法:一持戒,二禅定,三智慧。持戒能折伏烦恼,令其势微。禅定能遮,如石山断流。智慧能灭,毕竟无余。①

对烦恼而言,禅定能遮而不能断,须加般若之慧,得法之至虚无生,方能灭烦恼至"毕竟无余"。禅定的修行,最后必须与般若智慧相应,才能究竟断烦恼。

鸠摩罗什对大乘禅法的展开,是基于对小乘禅定的反思。小乘禅定注重坐禅,有出定、入定的限制;大乘禅法则是行、住、坐、卧间常定,"七住以上,其心常定,动静不异"②,如《大智度论》说,"菩萨常入禅定"③。小乘的神通是在禅定中产生,这是有限碍的,如僧肇说,"小乘入灭尽定,则形犹枯木,无运用之能。大士入实相定,心智永灭而形充八极,顺机而作,应会无方"④。小乘禅者在证入八解脱中最后一种灭尽定时,其形犹枯木,不能如大乘菩萨之实相定,形充八极,大乘的神通是"念即随应"。

所以,鸠摩罗什大乘禅法的核心是"实相",这起源于《大智度论》所说,"菩萨知诸法实相故,入禅中心安隐不著味"、"若得诸法实相,观五盖则无所有,是时便知五盖实相即是禅实相,禅实相即是五盖"⑤,《注维摩诘经》则采取了"实相常定"的说法。这样,禅定的最高境界提升至"实

---

① 《注维摩诘经》卷三,《大正藏》第38卷,第358页下。
② 《注维摩诘经》卷五,《大正藏》第38卷,第379页上。
③ 《大智度论》卷一七,《大正藏》第25卷,第188页下。
④ 《注维摩诘经》卷二,《大正藏》第38卷,第344页下。
⑤ 《大智度论》卷一七,《大正藏》第25卷,第188页上、189页中。

相",小乘禅定的最后归宿亦成为"实相"。如《坐禅三昧经》中,先是传统禅法的不净观,最后则加入菩萨"大慈大悲"的誓愿,从而观照"诸法实相中,无净无不净。亦无闭,亦无出。观诸法等,不可坏,不可动,是名诸法实相"①。

在《思惟略要法》中有"诸法实相观法",对实相观进行具体的阐释。实相观主要是明了诸法缘生,"诸法实相观者,当知诸法从因缘生。因缘生故,不得自在",所以明白诸法空相后,不常不断、不有不无、不来不去。在实相观中,一切事物皆如镜中的幻象,"观淫怒痴法即是实相",所以淫怒痴法亦是不来不去、不有不无的实相。②

鸠摩罗什到中国后,当时长安是以罽宾的小乘禅法为主,于是他利用大乘经典的内容而创造了实相禅法。《晋书》记载:"罗什……沙门自远而至者五千余人。起浮图于永贵里,立般若台于中宫,沙门坐禅者恒有千数"③,可见当时长安僧团随鸠摩罗什学禅的盛况。

二、佛陀跋陀罗的禅系与禅法

(一)佛陀跋陀罗的生平与禅法

佛陀跋陀罗(359—429),意译为"觉贤",在《出三藏记集》卷一四、《高僧传》卷二有传。④ 佛陀跋陀罗在北印度时,便是"以禅律驰名",常与僧加达多共游罽宾,僧加达多知道他得"不还果"。智严前往西域,遇见佛陀跋陀罗,于是邀请他前来中土。《高僧传》介绍佛陀跋陀罗的情况:

> 出生天竺那呵利城,族姓相承,世遵道学。其童龀出家,已通解经论。少受业于大禅师佛大先,先时亦在罽宾。乃谓严曰:可以振

---

① 《坐禅三昧经》卷下,《大正藏》第15卷,第281页下。
② 《思惟略要法》,《大正藏》第15卷,第300页上。
③ 《晋书》卷一一七,第2984—2985页。
④ 《出三藏记集》卷一四,《大正藏》第55卷,第103页中—104页上。《高僧传》卷二,《大正藏》第50卷,第334页中—335页下。

维僧徒,宣授禅法者,佛驮跋陀其人也。①

佛大先即是《高僧传·智严传》中的"佛驮先",所以佛陀跋陀罗与智严是同门。

依此可知,佛陀跋陀罗的师父是佛大先。慧观《修行地不净观经序》详细描述了佛陀跋陀罗的师承②:富若蜜罗(弗若蜜多、不如蜜多)→富若罗(不若多罗、般若多罗、婆陀罗)→佛陀斯那(佛大先)、昙摩多罗(达摩多罗、昙摩罗)。③ 富若罗编撰《修行方便禅经》后,又将此经传给自己的弟子,其弟子知名者有十五六人,其中最杰出的有两人,一为达摩多罗,一为佛大先。《萨婆多部师资记目录序》中,记载有"长安城内齐公寺萨婆多部佛大跋陀罗师宗相承略传":"弗若蜜多罗汉第四十九、婆罗多罗第五十、不若多罗第五十一、佛驮先第五十二、达摩多罗菩萨第五十三"④,可能是佛大先年长,所以列在达摩多罗之前。对于佛大先,《治禅病秘要经后序》记载:

> 天竺比丘,大乘沙门佛陀斯那,其人天才特拔,国中独步,口诵半亿偈,兼明禅法。内外综博,无籍不练,故世人咸曰:人中师子。⑤

佛大先的记忆力超人,精通禅法,是非常出色的大禅师。

佛陀跋陀罗到长安后,或言住大寺(《智严传》)、或说宫寺(《答刘遗民书》)、或说齐公寺(《出三藏记集》)、或说石羊寺(《玄高传》),其实诸说并不矛盾,因为他乐于游化,未曾定居一寺。佛陀跋陀罗不负众望,"大弘禅业,四方乐靖者并闻风而至"。后来有些门人是"浇伪之徒,因而诡滑……大被谤读",再加上长安的经界权威鸠摩罗什,传授大乘禅法,而

---

① 《高僧传》卷二,《大正藏》第50卷,第334页下。
② 《出三藏记集》卷九,《大正藏》第55卷,第66页中。
③ 对佛陀跋陀罗师承的详细考察,见徐文明《中土前期禅学思想史》,第42—44页,北京,北京师范大学出版社,2004。
④ 《出三藏记集》卷一三,《大正藏》第55卷,第89页中—下。
⑤ 《治禅病秘要法》卷下,《大正藏》第15卷,第342页中。

觉贤所信仰的,却是小乘一切有部。法旨既然不同,觉贤只好带领弟子慧观等四十余人,离开长安,受慧远之请,南入庐山,译出禅经,传播禅法。

佛陀跋陀罗在庐山停留了将近一年,便西至江陵,受到司马休之的欢迎。不久,随刘裕东归建康,住道场寺。于是,道场寺成为南朝的"禅师窟"——禅学中心,僧弼曾在给宝林的信中说,"道场禅师甚有大心,便是天竺王何风流人也"。

慧皎《高僧传·佛驮跋陀罗传》记载,佛陀跋陀罗译经十五部,《出三藏记集》记为十一部。《出三藏记集》卷二列出佛陀跋陀罗的译经,其中禅经类:

《观佛三昧经》八卷

《禅经修行方便》二卷,一名《庚伽遮罗浮迷》,译言《修行道地》,一名《不净观经》,凡有十七品。①

现存《大正藏》中收录佛陀跋陀罗所译《达摩多罗禅经》二卷,但是未列入上述的译经目录中。但是,《出三藏记集·新集续撰失译杂经录》中发现:"《庚伽三摩斯经》一卷,译言《修行略》,一名《达摩多罗禅法》,或云《达摩多罗菩萨撰禅经要集》"②,可见在梁朝僧祐时代,《达摩多罗禅经》已经被认为是失译经,而且只有一卷。另外,隋法经《众经目录》卷三:"《达摩多罗禅经》二卷",未注明译者,但是宋、元、明三本加"东晋沙门佛陀跋陀罗译"③,可见宋以后的藏经才加入译者名。费长房《历代三宝记》却明确列入佛陀跋陀罗的译经:"《达摩多罗禅经》二卷,一名《不净观经》,一名《修行道地经》",而且指出是依《宝唱录》。④

所以,问题的焦点在于:现存二卷《达摩多罗禅经》是否就是《禅经修行方便》?《出三藏记集》卷九收录了慧远撰《庐山出修行方便禅经

---

① 《出三藏记集》卷二,《大正藏》第55卷,第11页下。
② 《出三藏记集》卷四,《大正藏》第55卷,第30页下。
③ 《众经目录》卷三,《大正藏》第55卷,第128页上。
④ 《历代三宝记》卷七,《大正藏》第49卷,第71页上—中。

统序》,此序编入现存《达摩多罗禅经》卷首;另外,慧观作《修行地不净观经序》,未有相应的现存经典。慧远的《统序》提及禅知是三业之宗,与禅法在印度的渊源——如来、阿难、末田地、舍那婆斯等传出五部;又提及:

> 今之所译出,自达摩多罗与佛大先。其人西域之俊,禅训之宗,搜集经要,劝发大乘。弘教不同,故有详略之异。达摩多罗阖众篇于同道,开一色为恒沙。其为观也,明起不以生,灭不以尽,虽往复无际,而未始出于如。故曰:色不离如,如不离色,色则是如,如则是色。佛大先以为澄源引流,固宜有渐,是以始自二道开甘露门。释四义,以反迷启归,涂以领会;分别阴界,导以正观;畅散缘起,使优劣自辨。然后令原始反终,妙寻其极,其极非尽,亦非所尽。乃曰:无尽入于如来无尽法门。①

这说明该禅法源于达摩多罗与佛大先,他们二人为西域禅法宗师,搜集各禅法精要,劝发大乘,但是二人的禅法各有不同。达摩多罗视所有法门为同一解脱之道,他的观行是以不生不灭、无有始终的"如"为中心,色法在当下含有"如"的本性,而本性"如"在当下也是色法,这与《般若经》所说"色即是空,空即是色"是相似的,所以达摩多罗的禅法是"顿教"法门。而佛大先的禅法则是"渐教"法门,强调应该次第修行,以数息观、不净观二甘露门为始,再解释四种义理,以阴、界、入为观行的对象,于是观照缘起而破除我执。

慧观是佛陀跋陀罗的弟子,随佛陀跋陀罗一起离开长安、入庐山,参与翻译,笔受经文。所以,他所撰《修行地不净观经序》应该即是《禅经修行方便》的序。《出三藏记集》记载,该经名为《禅经修行方便》、《修行道地》、《不净观经》,慧远采取《修行方便禅经》,慧观采取《修行地不净观》,这可能是当时经名尚未确定,于是出现不同的名字。至隋代,费长房则

---

① 《出三藏记集》卷九,《大正藏》第55卷,第66页上。

冠以《达摩多罗禅经》。慧观的序文仍然赞叹"禅智"为佛道的宗旨,述及五部的传法,以及在罽宾的传承与弘化。而且,由昙摩多罗(即达摩多罗)与佛大先的"炽盛教化",此法渐传至汉地。

慧远《庐山出修行方便禅经统序》介绍了禅经的主要禅法:

> 其为要也,图大成于末象,开微言而崇体。悟惑色之悖德,杜六门以寝患;达忿竞之伤性,齐彼我以宅心;于是异族同气,幻形告疏;入深缘起,见生死际。尔乃辟九关于龙津,超三忍以登位,垢习凝于无生,形累毕于神化。故曰:无所从生,靡所不生,于诸所生,而无不生。①

在慧远看来,《达摩多罗禅经》的五种法门都是就禅定对象上讲对治,完成根本的转变。慧远主要阐述了四门的内容:一、了解迷惑于女色是违背道德的,应该杜塞六根以平息祸患,即是"不净观";二、明白愤怒竞争等情绪有伤于本性,应该忘怀人我,一视同仁,即"慈悲观";三、人身原是由水、火、风、土、空、识六界同一气化而成,加以分析,只是幻形而已,因而不必执于我见,即是"界分别观";四、深知十二因缘的道理,即可理解生死际的本质,即是"因缘观"。这样,便能逐步进入九次第定,超越耐怨害忍、安受苦忍、无生法忍等三种忍,而达到阿罗汉的果位。

佛陀跋陀罗译出《禅经修行方便》后,慧远、慧观分别作序;而且,序中皆提及"达摩多罗"。于是,后来者冠上《达摩多罗禅经》之名,而且将慧远序编入。现存《达摩多罗禅经》的主要内容,是从二甘露门(数息和不净观)方便、胜进两道各别的退、住、升进、决定四分开始,进而观界,修四无量,观蕴、处,以致畅明缘起,达到禅定的成就。所以,现存《禅经》仅介绍了佛大先的渐修一法,而达摩多罗禅法则无可考。

---

① 《出三藏记集》卷九,《大正藏》第55卷,第66页上。

(二) 佛陀跋陀罗的禅系传承

觉贤门下人才济济,知名弟子有玄高、慧观、宝云、道汪等,师资相承近一百年。

玄高①(402—444),俗姓魏,冯翊万年人。十二岁出家,闻关中有浮驮跋陀(即佛陀跋陀罗)禅师在石羊寺弘法②,便前往受学,"旬日之中,妙通禅法",跋陀对他大加赞叹,甚至不敢受其师礼。玄高得法后,便归西秦,在麦积山隐居习禅,徒众百余人,当时有昙弘、僧隐为友。后来,玄高又从外国禅师昙无毗受法,当时有僧人谗言他谋反,于是被摈至河北林阳堂山,"徒众三百,往居山舍,神情自若,禅慧弥新,忠诚冥感,多有灵异"。而且,他的徒众皆亦有灵异,如玄绍"学究诸禅,神力自在"等。长安昙弘听说玄高被摈,便为他辩白,于是玄高返回北方,被尊为国师。玄高又游凉土,为沮渠蒙逊所敬。当时有西海樊僧印受学于玄高,稍有所获,便说得阿罗汉果;玄高现神通,去除其骄慢。太延五年(439),北魏拓跋焘进军凉土,玄高受请随至平城,为太子拓跋晃之师。拓跋晃受到人毁谤,为他父亲怀疑,玄高便为他作金光明斋七日,拓跋焘在梦中见其祖父、父亲责问怀疑太子之事,于是便解除了对拓跋晃的怀疑,并下令委以军国政事。但是,当时佛、道之争激烈,寇谦之与崔浩唯恐太子继位后夺其权柄,于是向拓跋焘进谗言,诬告玄高以神勇力令先帝致梦。于是拓跋焘大怒,下令逮捕玄高,并于太平真君五年(444)九月十五日杀害了他。

玄高的弟子众多,知名者有玄绍、僧隐、玄畅。

玄绍具有神通,如前述。

玄畅③(416—484),河西金城(陕西南郑)人,俗姓赵。年幼时,全家被胡虏所灭,遂往凉州出家。初名慧智,后至平城(大同)师事玄高,所以改名。北魏太平真君五年(444),玄高被杀后,脱困逃离平城。在元嘉二

---

① 《高僧传》卷一一《玄高传》,《大正藏》第50卷,第397页上—398页中。
② 玄高见佛陀跋陀罗的时间问题,见徐文明《中土前期禅学思想史》,第50—67页。
③ 《高僧传》卷八《玄畅传》,《大正藏》第50卷,第377页上—下。

十二年(445)八月,抵达扬州。宋文帝对他颇为尊崇,请任太子之师。不久,移居荆州长沙寺。当时,西域沙门功德直译出《菩萨念佛三昧经》六卷、《无量门破魔陀罗尼经》一卷。玄畅为新译经典刊正文义,辞旨婉密。刘宋末年(421—479),移住成都大石寺,自画金刚密迹等十六神像。升明三年(479)西游,见岷山郡北广阳县界有齐后山,欲终老于此,乃入山结庵,于是建立齐兴寺。齐高帝、吐谷浑主皆曾遣使迎请之,然均未如愿。及萧齐武帝即位,司徒文宣王启请迎师至京师,文惠太子亦遣使迎请他,师遂泛舟东下。中途罹疾,止于灵根寺。永明二年(484)示寂,世寿六十九。玄畅"洞晓经律,深入禅要",而且与玄高一样,占记吉凶无不灵验,于诸子之学亦多有涉猎。玄畅感叹《华严经》部帙浩瀚、旨义深远而未有义释,于是殚精竭思为此经作疏释,首开为《华严经》撰疏之风气。其又精通三论,为学者所宗,著书有《诃梨跋摩传》一篇。

法期①,俗姓向,蜀都陴人。年十四出家,跟随智猛学习禅修,与灵期寺法林共同修观,尽证智猛所传授的禅法。后来,又受学于玄畅。玄畅东下江陵时,法期随从。法期对禅定造诣很深,"十住观门所得已九,有师子奋迅三昧,唯此未尽"。后来,卒于荆州长沙寺,世寿六十二。

慧绪尼②(431—499),俗姓周,闾丘高平人。十八出家,住荆州三层寺。持戒精严,道俗赞叹,曾修习般舟三昧。玄畅从成都回荆州,慧绪前往受学禅法,"究极精妙"。慧绪"绪既善解禅行,兼菜蔬励节",于是受到豫章王萧嶷以及王妃的敬信,从受禅法。萧嶷回建康,慧绪同行,萧嶷为起精舍名福田寺。后住集善寺,临终前写偈:"世人或不知,呼我作老周,忽请作七日,禅斋不得休。"永元元年(499)卒,世寿六十九。慧绪尼有弟子德盛尼,行道习观,亲承音旨。

僧隐③,俗姓李,秦州陇西人。八岁出家长斋,受具足戒后,研习《十诵

---

① 《高僧传》卷一一《法期传》,《大正藏》第50卷,第399页上—中。
② 《比丘尼传》卷三《慧绪传》,《大正藏》第50卷,第943页下—944页中。
③ 《高僧传》卷一一《僧隐传》,《大正藏》第50卷,第401页中—下。

律》,诵《法华经》、《维摩诘经》。"闻西凉州有玄高法师,禅慧兼举",于是前往受学。《玄高传》曾提及玄高在麦积山与僧隐同住。僧隐"学尽禅门,深解律要",后来可能随玄高至平城。玄高去世后,他便到巴蜀弘扬禅法。不久,又东下江陵琵琶寺,受学慧彻,学习经律。于是,在荆楚弘扬禅法、经律,受到王公州官的尊崇。最后,八十岁时卒,有弟子智称、法琳。

法琳①,俗姓乐,晋原临邛人。少年出家,住在蜀郡裴寺,专研《十诵律》。僧隐至蜀地后,便前往受学,在律学方面具有很深的造诣。后住灵建寺,一心愿往生西方净土,常诵《无量寿经》和《观无量寿经》。

智称②(430—501),山西闻熹人,俗姓裴。出生于江苏京口,十七岁随军出征,痛恶杀生。偶读《瑞应经》而感悟,于是从南涧之禅房宗受五戒,皈依益州的仰禅师。仰师返回四川汶江后,智称随他前往裴寺出家,时年三十六岁。尤其精通《十诵律》,不久,下江陵,从"隐、具二师更受禅律"。此处提及"隐具二师",《僧稳传》后附"时江陵上明寺复有成具律师,亦善《十诵》及《杂心毗昙》等",因此智称是随僧稳习禅,从成具学《十诵律》。后因遇嘉义之乱而移住建康,在兴皇寺法颖及定林寺法献的讲座中,加深了对戒律的理解。受余杭宝安寺僧志的邀请,开讲《十诵律》,并任云栖寺寺主。后来,返回建康,住安乐寺、法轮寺,讲《十诵律》达三十余遍,著《十诵义记》八卷。南齐永元三年(501)示寂,世寿七十二。弟子有僧辩、法超、法聪等。

僧印,在《高僧传》卷八有以《法华经》著称的僧印,二者非同一人。玄高的弟子僧印,《名僧传抄》有传。③ 俗姓樊,金城榆中人,与玄高为同乡。出家后,为玄高的弟子,心性单纯敦厚,对修行则"心道聪利"。传中说,"修大乘观,所得境界,为禅学之宗",说明僧印通达大乘观门,此"大乘"可能是指观佛三昧的禅观。僧印曾教导一僧习禅,后此僧随愿往生。

---

① 《高僧传》卷一一《法琳传》,《大正藏》第50卷,第402页上—中。
② 《高僧传》卷一一《智称传》,《大正藏》第50卷,第402页中—下。
③ 《名僧传抄》,《卍新纂续藏经》(简称《续藏经》)第77册,第355页下—356页上。

僧印诵经礼忏不断,后住长安大寺,世寿十六余。

玄高一系既为定学之宗,而且重视戒律与智慧,三学并重,止观双开,使佛陀跋陀罗的禅学大弘于南北。后来,玄畅由于对《华严经》特有体悟,融合华严观门与五门禅法,融大小乘禅法为一体,所以法期才会修习"十住观门"。

佛陀跋陀罗禅系的传播区域,一是以成都为中心,一是以荆州为中心,这主要是玄高一系的弘化区域;另外便是以建康为中心,因为慧观、宝云等一批人皆是跟随他从长安到建康。道汪①(？—465),在庐山慧远座下出家,"研综经律,雅善《涅槃》"。闻玄高禅慧高深,于是前往访求。因为战乱,转住成都,教化盛行于巴蜀。慧观②原学于鸠摩罗什,后又从佛陀跋陀罗学习禅法,一起翻译经典,在思想与禅法方面,深受佛陀跋陀罗的影响。宝云③(376—449),亦是凉州人,于晋隆安(397—401)初远游西域、于阗等地,并遍学梵文,后还长安,随佛陀跋陀罗学禅法,禅师被摈后,住于六合山寺译经并弘法,结交慧观等友,对当时的译经颇有贡献,所以被慧皎列入"译经篇"。

总结佛陀跋陀罗的禅系,如下图所示:

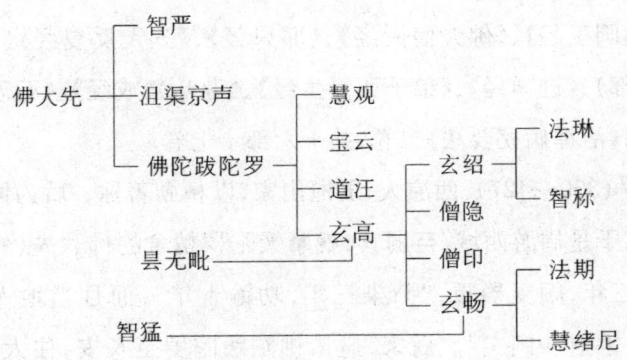

---

① 《高僧传》卷七《道汪传》,《大正藏》第50卷,第371页下—372页上。
② 《高僧传》卷七《慧观传》,《大正藏》第50卷,第333页下。
③ 《高僧传》卷三《宝云传》,《大正藏》第50卷,第339页下—340页上。

与此禅系有关联的禅僧为沮渠京声、智严、智猛,皆与宝云一样,同为甘肃、陕西的高僧,皆赴西域,瞻仰圣迹,禅观修学;归国后,南下宋境,翻译经典,偏好在山林中静修。

沮渠京声①,北凉武宣王沮渠蒙逊(402—433)之从弟,封为安阳侯。其人博学多闻,尤善谈论。昙无谶于北凉翻译佛典,沮渠京声受学于昙无谶,奉持五戒,讽诵佛经。不久,至于阗国,于衢摩帝大寺遇佛陀斯那,受《禅要秘密治病经》(即《治禅病秘要法》)。又于高昌郡得《观弥勒菩萨上生兜率天经》及《观世音观经》。后来,返回河西,于北凉永和年中,译出《禅要》二卷。宋元嘉十六年(439),北凉亡国,沮渠京声于是逃入南朝宋国。之后,不交世务,常游止于诸方寺塔。并曾译出《观弥勒菩萨上生兜率天经》及《观世音观经》各一卷。宋孝建二年(455),应慧濬尼的邀请,于钟山定林上寺译出《佛母般泥洹经》一卷。平素独居,不蓄妻奴,不欲营利。从容过活,犹如僧徒。宋大明(457—464)末年,感疾而寂,享年不详。

沮渠京声所译经现存于藏经中者,有《八关斋经》、《观弥勒菩萨上生兜率天经》、《净饭王般涅槃经》、《谏王经》、《末罗王经》、《旃陀越国王经》、《摩达国王经》、《佛大僧大经》、《耶只经》、《五无反复经》(与此同名之经有两部)、《进学经》、《弟子死复生经》、《迦叶禁戒经》、《五恐怖世经》等各一卷,《治禅病秘要法》二卷,共十六部十七卷。

智严②(350—427),西凉人,弱冠出家,以精勤著称。后为博访名师,广求经法,于是周游西域,至罽宾,就摩天陀罗精舍的佛驮先(佛大先)学禅法。居三年,颇受器重,"渐染三年,功踰十年",而且当地人赞叹说:"秦地乃有求道沙门矣"。后来,邀请佛陀跋陀罗至长安,住大寺。佛陀跋陀罗被摈后,智严亦离开住山东精舍,"坐禅诵经"。晋义熙十三

---

① 《高僧传》卷三,《大正藏》第50卷,第337页上。
② 《高僧传》卷三《智严传》,《大正藏》第50卷,第339页上一下。

年(417),宋孝武帝西伐长安,克捷之后,出游山川遇智严,于是邀请至建康始兴寺,后又迁住枳园寺。后因怀疑不得戒,又前往天竺,遇罗汉入定问弥勒。回到罽宾后,无疾而化,世寿七十八。

智猛①,雍州京兆新丰(陕西临潼)人。幼年出家,专志修业。听闻天竺国有释迦佛的遗迹与方等经,于是立志远游。后秦弘始六年(404),与同志沙门十五人从长安出发,西行出阳关,经历鄯善、龟兹、于阗诸国,备察其风俗。又越葱岭,达罽宾国,历访迦维罗卫国、摩揭陀国、华氏城之佛迹。后来,于华氏城访大智婆罗门罗阅宗,得《泥洹经》,又访得《摩诃僧祇律》及余经之梵本。宋元嘉元年(424),自天竺返回,遂归凉州。同行之僧或退或死,归途时唯昙纂一人为伴。于凉州译出《大般泥洹经》二十卷。元嘉十四年(437)入蜀,十六年(439)七月于钟山定林寺作《外国传》四卷,记述游历事迹。元嘉末年(453),寂于成都。所译《泥洹经》及《外国传》等,今皆不传。智猛曾在罽宾遇大阿罗汉,应该有机会学习罽宾的禅法,否则法期不会随他学习禅法。

此外,慧通②是关中人,住在长安太后寺,蔬食持咒,诵《增一阿含经》。最初,从凉州禅师慧诏谘受禅业,"法门观行,多所游刃",修禅观而祈心往生西方安养国。慧诏是否是"玄绍",这是值得注意之处;其次,当时佛陀跋陀罗在长安阐扬禅法。所以,慧通有可能是这一系的传人。

从佛陀跋陀罗至智称,这一系统的禅法流传东土九十年之多,这在当时的中国佛教史上是前所未有的。③《高僧传·习禅篇》说:

> 沙门智严躬履西域,请罽宾禅师佛驮跋陀,更传业东土。玄高、玄绍等,亦并亲受仪则。出入尽于数随,往返穷乎还净。其后僧

---

① 《高僧传》卷三《智猛传》,《大正藏》第50卷,第339页上—下。
② 《高僧传》卷一一《慧通传》,《大正藏》第50卷,第398页下。
③ 冉云华:《中国禅学研究论集》,第18页,台北,东初出版社,1990。

周、净度、法期、慧明等,亦雁行其次。然禅用为显,属在神通。①

慧皎介绍了佛陀跋陀罗一系的传承,而且提出初期的禅法常涉及神通,所以说"禅用为显,属在神通"。

三、昙摩密多——僧审的禅系与禅法

刘宋期间的中国禅师大都学习佛陀跋陀罗的禅法,也都是以罽宾的禅法为主。宋末齐初的僧审转向昙摩密多的禅法。这两位西域禅僧所传门的五门禅法,亦有一些差别。而僧审通过对比丘尼的传授,让昙摩密多的禅法流传于南朝。

(一)昙摩密多的生平与禅法

昙摩密多②(356—442),意译法秀,罽宾人。七岁出家,受学于多位明师,又能"博览群经,特深禅法",世称"连眉禅师"。昙摩密多性好游方,誓志弘化。初至龟兹,为国王授戒。后至敦煌,于旷野建立精舍。又入凉州,兴建堂宇,大弘禅业,学徒济济。宋元嘉元年(424)入蜀,很快又转至荆州,居长沙寺,营建禅阁。最后抵建业,住中兴寺,名声远播,宋文哀皇后、皇太子、公主莫不设斋、请戒,于祇洹寺译出《五门禅经要用法》、《观普贤菩萨行法经》、《观虚空藏菩萨经》各一卷,并以禅法指导后进,世称大禅师或连眉禅师。其后,赴鄮县(浙江省)建立塔寺,致力于教化。元嘉十年(433)返回建业,住钟山定林下寺。后建定林上寺,并译出《禅秘要经》三卷。元嘉十九年(442),示寂于定林上寺,世寿八十七。

依《出三藏记集》卷二,昙摩密多的译经如下③:

> 《观普贤菩萨行法经》一卷,或云《普贤观经》,下注云:出《深功德经》中;

---

① 《高僧传》卷一一,《大正藏》第50卷,第400页中—下。
② 《高僧传》卷三《昙摩密多传》,《大正藏》第50卷,第342页下—343页上。
③ 《出三藏记集》卷二,《大正藏》第50卷,第12页中—下。

《虚空藏观经》一卷，或云《观虚空藏菩萨经》；

《禅秘要》三卷，元嘉十八年译出，或云《禅法要》，或五卷；

《五门禅经要用法》一卷

僧祐、慧皎皆提到，昙摩密多所译经为四部，但是现存《大正藏》却收录了七部，其中《虚空藏菩萨神咒经》、《转女身经》、《象腋经》、《诸法勇王经》是后世补入的。而且，《禅秘要》三卷似乎已经遗失了。

昙摩密多的禅法依其译经，可以看出兼具小乘、大乘的禅法。《五门禅经要用法》是传承小乘禅法而分五门：安般、不净、慈心、观缘、念佛，五门是依众生的烦恼而有五种的差别：乱心多者——安般、贪爱多者——不净、瞋恚多者——慈心、著我多者——因缘、心没者——念佛。① 而《观普贤菩萨行法经》是一部大乘的禅经，完全脱离小乘不净、数息等传统的法门，而趣向大乘佛教的观行，主要有普贤观门、忏悔六根罪法，及忏悔后之功德。该经是以"心念大乘"为轴心，并强调忏悔的重要性，整个禅修结构包括忆念、遍礼十方佛、作愿、忏悔等四个修行过程。经中说："昼夜六时，礼十方佛，诵大乘经，思第一义甚深空法，一弹指顷，除去百万亿亿阿僧祇劫生死之罪，行此行者……是名具足菩萨戒者。"②修大乘的主因是要悟入诸法实相，读大乘经与思惟大乘义亦是要证第一义空性，证入甚深的空法，才是普贤法门中的忏悔、礼佛的最终目标。

(二) 僧审及其弟子

僧审③(416—490)，俗姓王，太原祁(山西省祁县)人，少年出家，住在寿春石涧寺，诵《法华经》、《首楞严经》，专修禅定，常说"非禅不智"。听说昙摩密多在建康传授禅法，于是过江住灵曜寺，"精勤咨受，曲尽深奥"，可见他深入习得昙摩密多的禅法。后住灵鹫寺、栖玄寺，深得齐文惠王、文宣王的敬重；又刺史王敬则入房见其入定，弹指而出，赞叹他为

---

① 《五门禅经要用法》，《大正藏》第 15 卷，第 325 页下。
② 《佛说观普贤菩萨行法经》，《大正藏》第 9 卷，第 393 页下。
③ 《高僧传》卷一一《僧审传》，《大正藏》第 50 卷，第 399 页下—400 页上。

"圣道人"。永明八年(490)卒,世寿七十五。僧审有弟子慧高、智欣等。慧高住灵鹫寺,昙摩密多遇劫贼后,邀请还寺。智欣①(446—506),有名的成实师,曾在僧审座下出家。

僧盖尼②(430—493),俗姓田,赵国均仁人。幼年出家,为僧志尼的弟子,住在彭城华林寺。元徽③元年(473),与同学法进南游京室,住在妙相尼寺,"博听经律,深究旨归,专修禅定,惟日不足"。僧盖尼受业于"隐审二禅师",即是僧隐、僧审二人。齐永明年间移居于禅基寺,"欲广弘观道,道俗谘访,更成纷动",受到文宣王萧子良的供养。永明十一年(493)卒,世寿六十四。当时,禅基寺有法延尼,亦以禅定著称。

法全尼④(412—494),俗姓戴,丹阳人。个性端庄好静,修勤定慧。初随僧宗、僧瑗通达诸经,"后师审、隐,遍游禅观",白天披读经典,晚上历观禅境,不仅能宣讲大乘经典,而且"三昧秘门并为师匠"。又为东青园寺主,隆昌元年(494)卒,世寿八十三。

僧述尼(432—515),俗姓怀,彭城人。宋元嘉二十四(447)年,年十六⑤,在禅林寺,依净秀尼出家。遍览经律,尤甚研习《十诵律》。后来,从僧隐、僧审二法师,"谘受秘观,遍三昧门",移居禅林,为禅学之宗。后住汝南王母所捐盖的闲居寺,当时宋齐之季"世道纷喧",僧述还能"且禅且寂",受到齐文帝、竟陵文宣王的礼遇。梁天监十四年(515)卒,世寿八十四。

这三位比丘尼传中所说"隐审二禅师",应该即是僧隐与僧审,他们的弘化时代为宋、齐期间,地点皆曾在建康。僧审与僧隐的禅法大致相似,二人皆重视"观佛三昧"的修习,但是昙摩密多禅法的观境更细致。同时,南朝禅法重视"禅智",提倡修禅与礼诵,这是道安、庐山慧远以来

---

① 《续高僧传》卷五《智欣传》,《大正藏》第 50 卷,第 460 页下。
② 《比丘尼传》卷三《僧盖尼传》,《大正藏》第 50 卷,第 943 页上一中。
③ 《大正藏》本传作"永徽元年",南朝宋、齐时代无此年号,应为"元徽"。
④ 《比丘尼传》卷三《法全传》,《大正藏》第 50 卷,第 943 页中。
⑤ "十六",《比丘尼传》作"十九",依元嘉二十四年(447)算,应为十六岁。

的修学重点,成为中国佛教的禅观传统。

四、畺良耶舍的禅系与禅法

南朝禅法的修习,经常夹杂着弥陀净土信仰与弥勒信仰,常以发愿往生为归宿,这当然是因为"观佛三昧"中强调随愿往生。《观无量寿经》的译出,促进了禅观与净土信仰的结合,从而使观想念佛成为净土修行的主要法门之一。

畺良耶舍①(383—442),意译为时称,西域人。善诵《阿毗昙》,精通戒律与经典。传中记载:"三藏兼明,而以禅门专业,每一游观或七日不起,常以三昧正受传化诸国",畺良耶舍对禅观有修证,而且弘化诸国。元嘉初年(424),至京都建业,宋太祖深加叹异,住钟山道林精舍。译出《药王药上观经》和《观无量寿经》,僧含任笔受,"此二经是转障之秘术,净土之洪因",于是广泛流通于宋土。元嘉十九年(442),西游岷江巴蜀地区,处处弘道,禅学成群。后还卒于江陵,世寿六十。《高僧传·畺良耶舍传》后附记二位禅师僧伽达多、僧伽罗多,均是来自印度的禅僧;深明禅学,均在山中坐禅,乞食人间,宴坐林下。正是由于南朝时代大批的西域禅师进入南朝,引进了不同的禅观法门,译出禅经,传播禅法,促成了南朝禅法的兴盛。

现存《观无量寿经》和《药王药上观经》虽然题为畺良耶舍的译本,但是《出三藏记集》卷四"失译经"中收录了《观无量寿经》一卷、《药王药上观经》一卷②,因此现存二经是否为畺良耶舍的译本,很难确定。《观无量寿经》主要是阐述十六观,藉由假相的观想,心意集中不散乱,从而得入三昧。

当时的建业,随畺良耶舍修习禅观者有比丘尼法辩、昙晖等。法辩

---

① 《高僧传》卷三《畺良耶舍传》,《大正藏》第50卷,第343页下—344页上。
② 《出三藏记集》卷四,《大正藏》第55卷,第22页上、中。

尼①(？—463)，丹阳人，少年出家，为景福寺慧果的弟子。弊衣蔬饭，扬州刺史王郁非常尊崇，后来"从道林寺沙门畺良耶舍谘禀禅观"，法辩得到畺良耶舍的指导，如法修行，甚得禅法精要。大明七年(463)卒，世寿六十余。

昙晖尼②(422—504)，俗姓青阳，成都人。元嘉九年(432)，畺良耶舍入蜀大弘禅观，昙晖十一岁，从他习禅。十三岁出家，后又能于禅中自解佛性，"常住大乘等义，并非师受"。当时，诸名师极力问难，但无能屈者，远近闻名，有弟子千二百人。天监三年(504)卒，世寿八十三。

姚秦至宋末齐初时代，有鸠摩罗什、佛陀跋陀罗、昙摩密多、畺良耶舍、沮渠京声等，兼具译经僧与禅僧的身份，翻译禅经，教授禅法，促进了长安以及南朝禅法的兴盛。除此之外，亦有不少来自罽宾、西域来华的禅师，如弗若多罗、昙摩流支、卑摩罗叉、佛陀耶舍、昙无谶、佛陀什、浮陀跋摩、求那跋摩、僧伽跋摩、求那跋陀罗等，这些大都是以"禅律"为主的西域僧，不仅修习禅法，而且重视戒律，以《十诵律》为基础，鸠摩罗什也从卑摩罗叉学过《十诵律》。另外，陀罗尼的经典亦渐渐传入，如畺良耶舍《药王药上观经》与昙摩密多《观虚空藏菩萨经》等，提出观佛、礼佛消业障，进而持密咒来消重罪。

当然，从禅法上说，主要是"五门"修法与"观佛三昧"，同时由于观境中有兜率、极乐世界，禅观逐渐与净土信仰结合，对隋唐时代的净土信仰、禅宗的产生，都具有重要的影响。

第二节 梁陈时期的南方禅法

梁陈时代的南方禅学，在梁武帝的推动下，有所发展。《续高僧传·习禅篇》说：

---

① 《比丘尼传》卷二，《大正藏》第50卷，第940页中—下。
② 《比丘尼传》卷四，《大正藏》第50卷，第945页下—946页中。

> 逮于梁祖,广辟定门。搜扬宇内有心学者,总集扬都。校量深浅,自为部类。又于钟阳上下,双建定林。使夫息心之侣,栖闲综业。于时佛化虽隆,多游辩慧,词锋所指,波涌相凌。至于征引,盖无所算。可谓徒有扬举之名,终亏直心之实。①

南方佛教自从梁代以后,很少出现禅法大师,《高僧传·习禅编》中没有梁代的禅僧,《续高僧传·习禅篇》则不过六人,即僧副、慧胜、慧初、道珍、法归、慧景。②

关于梁武帝对禅法的提倡,道宣概括了两件大事:一、"自为部类",指天监十四年(515),命僧绍撰《华林殿众经目录》,其中有禅法的典籍;二、定林上、下寺的建造。但是,定林寺的建造远在梁代之前,《高僧传·昙摩密多传》记载,昙摩密多于"元嘉十年(433)还都,止钟山定林下寺。密多天性凝靖,雅爱山水,以为钟山镇岳,埒善嵩、华。常叹下寺基构,临涧低侧。于是乘高相地,揆卜山势,以元嘉十二年(435)斩石刊木,营建上寺"③。所以,定林下寺早就存在,定林上寺建于435年,比梁武帝登基早67年。但是,梁武帝可能扩建或修缮了定林上、下寺,供养禅僧,如僧副、慧初、僧达等,皆与梁武帝有来往。

东晋、刘宋时代,随着禅经的翻译,南朝禅法大盛,尤其是在成都、建康以及荆襄地区。但是,梁代以后,南方的禅法仍然是受北朝禅法的影响,尤其是蜀郡纳入北周版图,僧实等北方禅系在蜀郡传播。所以,梁陈时代的南方禅法,主要是受北朝禅法的影响。另外,禅法实践与南方重义理学习的风气融合,如三论师僧朗对于三论深有研究,又重禅法;又如慧思、智𫖮在建业弘扬天台教理与禅观,逐渐呈现了教观双运的倾向。这里,主要涉及两系统以外的禅法传承,著名者如宝志、傅翕等。

---

① 《续高僧传》卷二〇,《大正藏》第50卷,第596页上。
② 汤用彤:《汉魏两晋南北朝佛教史》(下册),第572页。
③ 《高僧传》卷三《昙摩密多传》,《大正藏》第50卷,第343页上。

一、梁陈南方禅法的传承

僧副①(464—524),山西太原祁县人,俗姓王。性好定静,遇菩提达摩,于是剃度出家。僧副修禅习定,研习经论。南齐建武年间(494—498)南游,住在钟山定林下寺,喜欢清净自修,不好与官俗攀缘。梁武帝敬仰师之清风,请住金陵开善寺。天监三年(504),西昌侯萧渊藻出任蜀部刺史,僧副随行,于是"庸蜀禅法,自此大行"。不久,又回到金陵,住开善寺。普通五年(524)示寂,世寿六十一。依永兴公主之命,王缙撰写碑文。

慧胜②,交趾人,住仙洲山寺,每日诵《法华经》一遍,随达摩提婆学习观行。彭城刘缋出使南海,回建康时,邀请慧胜一起返归,住在幽栖寺,性静修禅,受到"禅学者敬美"。永明五年(487),移住钟山延贤精舍。天监年间(502—519)卒,世寿七十。《续高僧传·慧胜传》后附有慧初传,慧初(457—524),天水人,喜好修禅。后来,至建康,住兴皇寺,道俗咨访。梁武帝特别为他于净名寺建造禅房,四时供养。普通五年(524)卒,世寿六十八。有弟子智颙。

梁朝时代的庐山,亦是禅学的集中地。道珍、法归、慧景三人,皆住庐山。道珍③,"恒作弥陀业观",可见受慧远般舟念佛的遗风影响。法归,本住襄阳汉阴,出家后修习禅法,来庐山后,结舍而居。慧景,"禅慧在宗",显示了禅者的清净形象。

另外,湖南、湖北的荆襄地区,禅法亦非常流行。法聪④,南阳新野人,俗姓梅。八岁出家,造经藏三千余卷,穷通经论。二十五岁时,游访嵩岳、武当。后来,至襄阳伞盖山,筑造禅室。梁晋安王萧纲对法聪崇敬

---

① 《续高僧传》卷一六《僧副传》,《大正藏》第50卷,第550页上—下。
② 《续高僧传》卷一六《慧胜传》,《大正藏》第50卷,第550页下。
③ 《续高僧传》卷一六《道珍传》,《大正藏》第50卷,第550页下—551页上。
④ 《续高僧传》卷一六《法聪传》,《大正藏》第50卷,第555页中—556页上。

有加,造禅居寺、灵泉寺。湘东王萧绎任刺史时,于江陵造天宫寺,迎法聪住。太清年间(547—549),卒于天宫寺。法常①,在北齐的漳邺地区非常有名,讲《涅槃经》,传授禅法,北齐国王尊为国师。后来,至湖南衡山,又至荆州,隐居山林,修习禅定。

总之,梁陈时代的南方禅法,主要是受到北朝禅法的影响,这与南方尊崇义理有关。

二、宝志与傅翕的禅法传承

禅僧的最大特点是经常与神通联系在一起,南方禅法亦有神通现象。宝志与傅翕集禅、神异为一体,成为中国佛教信仰的一种重要现象。

宝志(418—514)的传记资料,主要见于陆倕(470—526)的《志法师墓志铭》和《高僧传》卷一一《梁京师释保志传》。《艺文类聚》卷七七收录了《志法师墓志铭》,全文如下:

> 法师自说姓朱,名宝志。其生缘桑梓。莫能知之。齐故特进吴人张绪、兴皇寺僧释法义,并见法师于宋太始初出入钟山,往来都邑,年可五六十岁,未知其异也。齐宋之交。稍显灵迹,被发徒跣,负杖挟镜,或征索酒肴,或数日不食,预言未兆,悬识他心,一时之中,分身数处。天监十三年,即化于华林门之佛堂,先是忽移寺之金刚像出置户外,语僧众云:菩萨当去。尔后旬日,无疾而殒。沉舟之痛,有切皇心。殡葬资须,事丰供厚,望方坟而陨涕,瞻白帐而拊心。爰诏有司,式刊景行。辞曰:

> 欲化毗城,金粟降灵,猗欤大士,权迹帝京。绪胄莫详,邑居罕见,譬彼涌出,犹如空现。哀兹景象,愍此风电,将导舟梁,假我方便。形烦心寂,外荒内辩,观往测来,睹微知显。动足墟立,发言风偃,业穷难诏,因谢弗援。慧云昼歇,慈灯夜昏。

---

① 《续高僧传》卷一六《法常传》,《大正藏》第50卷,第556页中。

陆倕出入齐竟陵王门下，仕梁后，任国子博士、太常卿。陆倕与宝志为同时代人物，他的记载比较真实可靠。

据《高僧传·宝志传》记载①，宝志俗姓朱，金城（江苏句容）人。少年出家，师事道林寺僧俭，修习禅业。刘宋泰始年间（466—471），往来于都邑，居无定所，食无定时，发长数寸，手持锡杖，跣行街巷。齐武帝建元年间（479—483），数日不食，亦无饥饿的容貌，时而赋诗，与人言语皆有灵验，民众于是争就问福祸。齐武帝谓其惑众，于是收容入监狱。但是，日日见他游行于市里，若往狱中检视，却见他犹在狱中。齐武帝听说此事，便迎入华林园供养，禁其出入。但是，宝志不为所拘，仍常游访龙光、罽宾、兴皇、净名等诸寺。至梁武帝建国，开始解除其禁，对他倍加崇敬。宝志于天监十三年（514）十二月示寂，世寿九十七。敕葬钟山独龙阜，于墓侧立开善寺，谥号广济大师。后代续有追赠，如妙觉大师、道林真觉菩萨、道林真觉大师、慈应惠感大师、普济圣师菩萨、一际真密禅师等号。《景德传灯录》卷二九，收录了《十四科颂》十四首、《十二时颂》十二首、《大乘赞》十首等，后世学者多认为是假托之作。

宝志的禅法传承，源于道林寺僧俭。《高僧传·畺良耶舍传》记载，畺良耶舍于元嘉元年（424）至建康，"沙门宝志崇其禅法"，此宝志恐不是神僧宝志，因为此时神僧宝志才六岁。但是，佛教界受到宝志的教化者不少，如兴皇寺法义、法朗以及法云、智藏等人。

法朗（507—581），出家后，游学扬州，"就大明寺宝志禅师受诸禅法"②。《续高僧传·法云传》说："有保志神僧，道超方外，罕有得其情者，与云互相敬爱，呼为大林法师。每来云所，辄停住信宿。尝言：欲解师子吼，请法师为说。即为剖析，便弹指赞曰：善哉！微妙，微妙矣！"③另外，《续高僧传·智藏传》载，智藏未受具足戒时，在定林上寺遇宝志，推智藏

---

① 《高僧传》卷一〇《宝志传》，《大正藏》第50卷，第394页上—395页中。
② 《续高僧传》卷七《宝志传》，《大正藏》第50卷，第477页中。
③ 《续高僧传》卷五《法云传》，《大正藏》第50卷，第465页上。

站到前面。法云、智藏为梁代三大法师之二,皆与宝志有所交往,可见他的影响力。

宝志由于灵验、神异的形象,后世逐渐成为神异僧,事迹在民众中广泛流传,而且在日本佛教亦有相当的影响力。

傅翕的传记资料,主要是《续藏经》中的《善慧大士录》。傅翕[①](497—569),字玄风,东阳郡乌伤县稽亭里人(即浙江省义乌市),其父傅宣慈,字广爱,母王氏。少年时少留恋书本,而更愿任性亲近自然。天监十一年(512),十六岁,娶留氏女妙光,育有二子普建、普成。普通元年(520),二十四岁时,往沂水捕鱼,于稽亭塘下遇胡僧嵩头陀,于是舍弃渔具,入该县松山,于双梼树下结庵修行。傅翕在松山种植菽麦蔬果,日常与人佣作,夜则行道敦崇佛法。苦行七年后,渐得四众来集,问讯作礼。太守王烋认为傅翕妖妄惑人,于是加以拘囚。获释后,逃迹山林,更加精进修道,为僧朔、智觊、钱满愿等所信服,前来共同修道。普通七年(526),三十岁,回乡教化乡亲,于松山根创建伽蓝,因昔修禅处的梼树而名曰双林寺。中大通元年(529),傅翕去叔叔及从祖家,自称弥勒,自言系从兜率天来相化,让作礼。沙门慧集远来双林寺愿为弟子,闻法悟解,于是处处宣扬傅翕是弥勒化身。中大通三年(531),傅翕与弟子于云黄山所居前十许里开凿精舍,种植粮菜,至秋天,赐漱里贾昙颖来争其地,即与之。

傅翕虽然在东阳名声很大,但是一直受到地方官的打压,无法被举荐到朝廷。于是,傅翕趁梁武帝绍隆三宝之风而遣弟子上书,《善慧大士语录》卷四《慧集法师》记载[②]:慧集禀大士令,尝不吝躯命,求诣国自陈说其行愿度众生之意;至建康后,自陈大士德业,却被呵责。复诣宫门击鼓,得罪,遭罚钱,且判服役一年。后因造立砖塔数层,主者伏其勇敢,于

---

① 《善慧大士语录》卷一,《卍新纂续藏经》第 69 册,第 104 页中—109 页下。详细考察见张勇《傅大士研究》,第 18—51 页,成都,巴蜀书社,2000。
② 《善慧大士语录》卷四,《卍新纂续藏经》第 69 册,第 128 页上。

是释放还山,可见傅翕欲求上闻是颇费周折。中大通六年(534)正月,傅翕遣弟子傅暀致书梁武帝,自称"双林树下当来解脱善慧大士",称梁武帝为"国主救世菩萨",献上修身治国的上、中、下三善策。但是,遭到当时建康佛教界的反对。后来,傅暀投太乐令何昌,何昌受僧皓法师的鼓励,于是呈奏梁武帝。梁武帝大悦,遣使招迎。闰十二月奉召入禁宫,现神异使帝感悟,帝诏令居钟山定林寺,从此天下名僧云集其门。大同元年(535),武帝行幸华林园重云殿,请四部众,自讲《三慧般若经》,并设一榻为傅翕之座席。当时大众集毕,帝升殿而傅翕独坐不拜。刘中丞诘问之,傅翕答以"法地若动则一切法不安"云云。同年四月返回松山,九月又令傅暀上书武帝。不久,重赴钟山,于寿光殿与帝论真谛,并作偈颂呈进。不久,于松山双梼树间营建双林寺佛殿、九重砖塔等,并写经律千余卷。大同十年(544),傅翕以佛像经文委诸善众,营立精舍,设大法会,愿此世界一切众生速得解脱。太清二年(548),又舍田园产业设会,请佛住世,普度群生,并向徒众宣称将于四月八日焚身以代一切众生供养三宝。当时,弟子留坚意、范难陀等十九人各欲代其烧身,又朱坚固、陈超、留和睦等数十百人,或烧臂燃指割耳,或卖身,或作佣工,或持上斋(禁食),以请傅翕留世,傅翕于是暂时停止。绍泰元年(556)四月,晓谕弟子应不惜生命,所以烧身以求灭度者颇不乏人,如范难陀焚身于双林山顶,法旷焚身于天台山下,优婆夷子严则于双林山顶烧身。晚年仍经常布施平民,并举行法会以禳灾。太建元年(569)四月示疾,二十四日入灭,享年七十三,弟子将其葬于双林山顶。

傅翕传世著作有《心王铭》、《梁朝傅大士颂金刚经》(此或系后人托其名之伪作)、《语录》四卷(即《傅大士集》或《善慧大士语录》)、《还源诗》、《行路难》等,其禅系传承者主要有慧集、慧和等。

第三节 勒那摩提与北朝禅学

在北朝的禅法中,僧稠(480—560)、僧实(476—563)是非常有影响力的禅系。道宣说：

> 高齐河北，独盛僧稠；周氏关中，尊登僧实。宝重之冠，方驾澄安。神道所通，制伏强御。致令宣帝，担负倾府，藏于云门。冢宰降阶，展归心于福寺。诚有图矣！故使中原定苑，剖开纲领。惟此二贤，接踵传灯，流化靡歇；而复委辞林野，归宴天门。斯则挟大隐之前踪，舍无缘之高志耳。终复宅身龙岫，故是行藏有仪耶！①

道宣认为，僧稠、僧实在北齐、北周朝廷所受到的尊重与推崇，足以与佛图澄(232—348)、道安(314—385)的成就和影响并驾齐驱。而且，二人开创了中原的禅系，枝繁叶茂，盛极一时；直至唐初，仍然传灯不绝。僧稠、僧实二系，皆出自勒那摩提。

勒那摩提是地论学派南道系的创始人，《续高僧传》卷一记载："于时又有中天竺僧勒那摩提，魏云宝意。博瞻之富，理事兼通，诵一亿偈，偈有三十二字。尤明禅法，意存游化"②，可见他禅法的造诣非常高深。道宣在《续高僧传·道宠传》中记载："一说云：初勒那三藏教示三人，房定二士授其心法，慧光一人偏教法律。"③勒那摩提将"心法"传授给"房、定二士"，"房"即是道房，道房将禅法传统给僧稠。至于勒那摩提与"佛陀禅师"的考证，见地论学派部分。勒那摩提禅系传承如下：

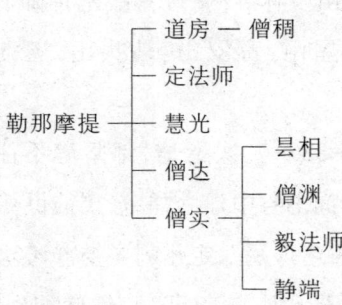

---
① 《续高僧传》卷二〇，《大正藏》第50卷，第596页中—下。
② 《续高僧传》卷一，《大正藏》第50卷，第429页上。
③ 《续高僧传》卷七《道宠传》，《大正藏》第50卷，第482页下。

一、僧稠的禅系与禅法

（一）僧稠的生平与弟子

《续高僧传》卷一六《僧稠传》记载，僧稠俗姓孙，未出家前，博学善讲，精通经史，征为太学博士。北魏正始四年(507)，年二十八，在巨鹿景明寺，从僧寔法师出家。

僧稠出家后，研读经论，从"跋陀"的弟子——道房禅师学习止观。所以，僧稠的禅法传承是跋陀→道房→僧稠。跋陀禅师即是《续高僧传》卷一六的"佛陀禅师"，道宣记载佛陀禅师"又令弟子道房，度沙门僧稠，教其定业"①，刚好证明了《僧稠传》的叙述。僧稠北上，到定州嘉鱼山，修习止观，接受泰岳来的僧人劝导，摄心得定。后来，前往赵州障供山，跟从道明禅师，学习"十六特胜法"，苦修禅定，"钻仰积序，节食鞭心，九食一旬，米惟四升。单敷石上，不觉晨宵。布缕入肉，挽而不脱。或煮食未熟，摄心入定，移动晷漏，前食并为禽兽所啖"。正是这种非凡的努力，使他的禅观达到高深境界，内定湛然，外缘不动。

经过几年的禅修，僧稠亲自到少林寺去谒见他的祖师跋陀禅师，并且"呈己所证"。跋陀禅师赞叹僧稠说："自怱岭以东，禅学之最，汝其人矣！"于是，僧稠住在嵩山少林寺内，接受跋陀禅师的传授。后来，修禅于怀州(河南沁阳)西王屋山、青罗山、马头山，逐渐闻名于燕赵等北方地区。

北魏孝明帝(516—528)三次召请，都坚辞不往，于是就山送供。魏武帝永熙元年(532)，于尚书谷中建立禅室，集徒供养。后来，又转住常山、大冥山，"创开归戒，信奉者殷焉"，定州刺史娄睿、彭城王高攸等前来皈依。

北齐文宣帝高洋，于天保二年(551)，请僧稠到邺城教化群生。僧稠为高洋阐述三界本空、荣华不可常保，而且广说四念处法。文宣帝闻后，

---

① 《续高僧传》卷一六，《大正藏》第50卷，第551页中。

全身竖毛,流汗不止,接受僧稠的禅法。高洋从僧稠受菩萨戒,断酒禁肉,放生不杀,而且,下召全国断屠杀。天保三年(552),文宣帝下敕国内诸州别置禅寺,令达解念慧者就而教授。而且,下敕于邺城西南八十里龙山之阳,为僧稠建云门寺,"请以居之,兼为石窟大寺主",两任纲位,教化徒众将近千人。文宣帝供养丰厚,各种供物充诸山谷。当时文宣帝下敕云门寺为方圆十里,僧稠以损妨民居,所以改为方圆五里。寺院由大匠纪伯邕设计修建,规模宏大,居龙山之阳,山林幽静,而所在禅窟前有深渊。北齐乾明元年(560)卒于山寺,年八十一岁。

现存河南省安阳小南海石窟,与僧稠有密切关系。现存三窟,均为方形窟,凿成于齐文宣帝天保元年至六年(550—556)。中窟窟门上方刊刻《方法师镂石板经记》文曰:

> 大齐天保二年,灵山寺僧方法师、故云阳公子林等,率诸邑人,刊此岩窟,仿像真容。至六年中,国师大德稠禅师重莹修成,相好斯备。方欲刊记金言,光流末季,但运感将移,暨乾明元年(560)岁次庚辰,于云门帝寺奄从迁化。众等仰惟先理财,依准观法,遂镂石班经,传之不朽。①

刻经二部,一为《大般涅槃经·圣行品》,一为《华严经偈赞》,刊于乾明元年,皆在中窟。中窟本尊,北壁为卢舍那佛②;东壁据"弥勒为众生说法",知为弥勒佛;西壁据"九品往生",知为阿弥陀佛。北壁下部线刻"比丘僧稠供养"像,是国内仅存僧稠供养像。③

---

① 河南省古代建筑保持研究所:《河南安阳灵泉寺石窟及小南海石窟》,《文物》,1988年第4期,第12页。
② 丁明夷:《北朝佛教史的重要补正——析安阳三处石窟的造像题材》一文中,提出北壁据《华严经偈赞》,断为卢舍那佛。见《文物》1988年第4期,第17页。李裕群据壁面题材所表现的是释迦牟尼行菩萨道和释迦牟尼前身看,而且窟外所刻正是《大般涅槃经·圣行品》,因此断为主尊是释迦佛。见《北朝晚期石窟寺研究》,第226页,北京,文物出版社,2003。
③ 丁明夷:《北朝佛教史的重要补正——析安阳三处石窟的造像题材》,《文物》1988年第4期,第17页。

小南海石窟是北齐天保元年由灵山寺僧方法师、故云阳公子林等创凿,天保六年由僧稠重莹修成。其地理环境与《僧稠传》记载的禅窟相似,面临洹水,不远有小南海泉;又依《嘉庆·安阳县志》所附地图,小南海位居云门寺之南,距离不过十里之遥。所以,小南海石窟应是本传中提到的禅窟。① 在他死后,弟子们为了纪念他,再于窟门四周,依其所传授禅修观法要点,从《华严经》和《涅槃经》选取经文刊刻于后,以期传之不朽。

《僧稠传》中所提到"石窟大寺",有学者认为即是小南海石窟。② 但是,文宣帝亲自提名兼任"石窟大寺"主,表明至少与皇家有着千丝万缕的联系;而且,石窟寺的规模在天保三年(552)应该已经不小。今邯郸鼓山北响堂石窟,是文宣帝高洋所莹,规模宏大,是北齐著名的官立大寺和皇室造窟。《续高僧传·明芬传》说:"令置塔于慈州之石窟寺。寺即文宣之所立也。大窟像背,文宣陵,藏中诸雕刻,骇动人鬼。"③金正隆四年(1159)《磁州武安县常乐寺重修大士佛殿记》说:

> 东魏主,因太后多病,创寺召僧,广修善事。魏大丞相渤海王高欢,建避暑宫于山之麓。欢子高澄葬父于佛顶焉。北齐文宣帝时,见无教圣僧,隐显出没,遂开三石窟。勒诸佛像,初名石窟寺,天统间改智力寺,宋嘉祐间更名常乐寺。④

北响堂石窟开窟时间应该在东魏年间。《续高僧传·圆通传》记载,武平五年(574),邺都庄严寺、定国寺、兴圣寺、总山寺僧一百余名于鼓山石窟寺坐禅。⑤ 因此,僧稠兼大寺主应该指此寺。

僧稠对北齐佛教影响非常大,"高齐河北,独盛僧稠",可见一斑。其

---

① 李裕群:《北朝晚期石窟寺研究》,第 55 页,北京,文物出版社,2003。
② 丁明夷认为,小南海石窟"或即是他兼石窟大寺主之所在"。
③《续高僧传》卷二六,《大正藏》第 50 卷,第 669 页下。
④ 引自[日]诹访义纯《中国中世佛教史研究》,第 305 页,东京,大东出版社,1988。
⑤《续高僧传》卷二五,《大正藏》第 50 卷,第 648 页上。

禅系如下图所示：

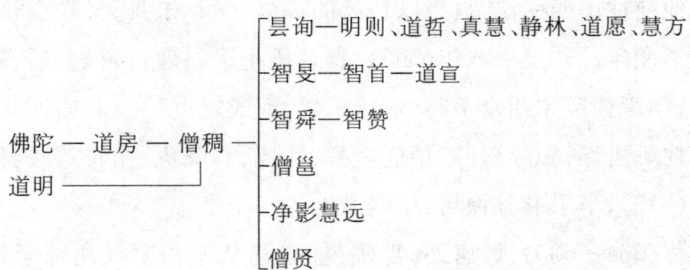

昙询(520—599)①，弘农华阴(今陕西华阴)人，俗姓杨，后迁居于河东郡(山西)。二十二岁，游白鹿山北霖落香泉寺，从昙准出家。二十三岁受具足戒，"谨摄自修，宗禀心学"，可见他一开始便专注于禅观。"承僧稠据于苍谷，遂往问津"，从僧稠修学止观，再移鹿土谷传道。驻锡龙山云门寺，于石窟修禅观，鸟兽皆承法荫。"每入禅定，七日为期，白虎入房，仍为窟宅。触居静院不出十年。"②僧稠殁后，昙询奏请废帝高殷造塔，魏收制碑文。昙询的禅定境界十分高深，而且多诸神异灵感。隋文帝崇奉其德，遣使供给玺书、香具等。开皇十九年(599)，卒于柏尖山寺，年八十。现存霖落山香泉寺石窟位于河南卫辉城西北约20公里，仅一个洞窟，窟外左侧崖面刻有《华严经》。③

道宣称昙询："化流河朔，盛阐禅门，杖策裹粮，鳞归雾结。"昙询的弟子，本传中记有静林、道愿、慧方等，明则为其撰写碑文，另有真慧、道哲。

真慧(569—635)，陕州河北人，姓陈氏。开皇十二年(592)，于陕州大通寺清禅师处出家受具；清禅师令真慧往邺下静洪律师所，学习戒律。后来，到卫州霖落山香泉寺昙询禅师处，学习止观，"朝授夕悟，经历岁

---

① 陈垣有所考证，今依。见《释氏疑年录》，第50页，北京，中华书局，1964。
② 《续高僧传》卷一六《昙询传》，《大正藏》第50卷，第559页中。
③ 范寿铭的《河朔访古新录》(上海天华印务馆，1930年)卷一记："香泉寺……寺前东壁为华严洞，内凿石佛，雕刻颇古……洞外东北两崖摩崖刻《华严经》，品义全部惜已脱落，以书法审之，知为北齐时物。"

余,于询所得略贯终始。禅侣三百嗟咏声驰,询摩其顶,堪传灯法"。昙询欲让他前往山西弘法,真慧以自己的禅修、学识未具,又在昙询的指导下学习了两年。开皇十八年(598),真慧栖止于白鹿百家岩,后在蒲阪首山麻谷,创筑禅宇,"四众争趋,端居引学,蔚成定市"①。仁寿四年(604),应召入住栖岩寺,独处乐静,精进坐禅、礼忏,有降虎、山神等神异。大业十一年(615),卒于麻谷禅坊,年四十七。

道哲(564—635),姓唐,齐郡临邑人,初从颍川明及法师学《十地经论》、《地持论》;受具戒后,从魏郡希律师秉承《四分律》,长达六年。后来,向昙询学习禅法,"一悟真谛,霍然大通,禅侣相谢,解齐登室"。② 至长安,从昙迁学习《摄论》。一度隐于终南山潜修坐禅。后受召住于长安大庄严寺,开设禅堂,指导徒众。著有《百识观门》、《智照自体论》、《大乘闻思论》等书,可窥其独特之禅风。贞观九年(635)示寂,年七十二。有弟子静安、道诚,继承其禅风与慧解。

智旻,《续高僧传·智首传》说:"初投相州云门寺智旻而出家焉。旻亦禅府龙骧,心学翘望,即稠公之神足也。"③可见,智旻是众所敬仰的禅德,持戒精严。大业初年,智首奉敕住大禅定道场,法化益盛,曾于相州云门寺的故墟建双塔,以志出家受戒之地。智首后传道宣,创立四分律宗。

智舜(533—604),俗姓孟,赵州大陆人。少年时为书生,精通儒家学说。二十多岁时,师从僧稠,在白鹿山出家,与昙询同学。智舜显示了头陀苦行者的特点,"因就静山,晓夕通业,不隶公名,不行公寺",对自己极其苛酷。智舜修习不净观,得到僧稠的印可,而且示现种种神异。智舜重视诵经、礼忏,"春秋二时方等行道,余则加坐幽林,块然不寐。及登耳顺,心用力疲,转读藏经,凡得四遍。左手执卷,右手执烛,十宿五宿,目

---

① 《续高僧传》卷一八《真慧传》,《大正藏》第50卷,第574页下—575页上。
② 《续高僧传》卷二〇《道哲传》,《大正藏》第50卷,第588页下。
③ 《续高僧传》卷二二《智首传》,《大正藏》第50卷,第614页上。

不曾敛。佛名赞德,诵阅如流;昏昼六时,礼忏终化"①。开皇十年(590),隋文帝下敕送供,但是智舜不前往赴供。仁寿四年(604)正月二十日,卒于元氏县屈岭禅坊,年七十二。弟子智赞,继承智舜的禅法与思想,精通《摄论》、《涅槃》,"承习禅慧,荣其光绪,比多征引,终遁林泉"。

僧邕(543—631),山西介休人,俗姓郭。郭氏是太原有名的世家大族,"世传儒业,门多贵仕"②。十三岁时,于云门寺依止僧稠出家。僧稠为他传授禅法,僧邕很快便达四念处的境界,僧稠赞叹说:"五停四念,将尽此生矣"。后往林虑山,修习禅观。周武帝灭佛之时,僧邕入白鹿山,隐居山林,与奇鸟异兽多有感应。后来,受到信行的邀请,一起到长安弘法。

信行(540—594)是三阶教的创始人,信行之教是在邺城一带发展起来的,与地论学派有密切的关系。信行在创教之初,《历代三宝记》记载:

> 与先旧德,解行弗同。不令声闻兼菩萨行,舍二百五十戒,居大僧下,在沙弥上。门徒悉行方等,结净、头陀乞食,日止一餐。在道路行,无问男女,率皆礼拜,欲似《法华》常不轻行。③

三阶教的戒律、思想等,皆与传统佛教不同,所以受到当时高僧的诘难。但是,信行能"随事直陈,曾无曲指",使一些僧徒"从其化及",奉事师礼。④

信行通过自己的努力,争取到当时朝廷的支持;另一方面,致书邀请僧邕加入三阶教,这是在正统佛教中发展与扩大势力。《续高僧传·僧邕传》说:

---

① 《续高僧传》卷一七《智舜传》,《大正藏》第50卷,第570页中。
② 《化度寺塔铭》,清代陆增祥的《八琼室金石补正》卷三〇,第195页,北京,文物出版社,1985。此塔铭收入《全唐文》卷一四三,《金石粹编》卷四三。另外,有关塔铭的拓本等情况,参考施安昌《〈化度寺邕禅师舍利塔铭〉敦煌本、王孟扬本校碑纪事》,《文物》1991年第8期,第79—84页。
③ 《历代三宝记》卷一二,《大正藏》第49卷,第105页中。
④ 《续高僧传》卷一六《信行传》,《大正藏》第50卷,第560页上。

  有魏州信行禅师,深明佛法,命世异人,以道隐之晨,习当根之业。知邕遁世幽居,遣人告曰:修道立行,宜以济度为先;独善其身,非所闻也;宜尽弘益之方,照示流俗。乃出山,与行相遇,同修正节。开皇九年,行被召入京,乃与邕同来,至止帝城,道俗莫匪遵奉。及行之殁世,纲总徒众,甚有住持之功。①

信行早期在相州光岩寺活动②,光岩寺即是云门寺,至迟在初唐时改名③。信行所居光岩寺或与云门寺有关。即便不是,信行与僧稠一系的密切关系也是肯定的。僧邕出山,开皇九年(589),信行被召入京,僧邕一起前往。而且,信行去世后,僧邕主持三阶教。贞观五年(594),信行圆寂于化度寺,年八十九。李百药《化度寺塔铭》赞叹僧邕:

  禅师风范凝正,行业精勤。十二部经,尝甘露而俱尽;五百具戒,凌严霜而未凋。虽托迹禅林,游心定水,涉无为之境,绝有待之累。□寓形岩穴,高步京华。常卑辞屈已,体道藏器,未若道安之游樊沔,对凿齿而自伐弥天;慧远之在庐山,折桓元而致敬人主。④

可见,僧邕对于戒、定、慧三学皆有很深的造诣,能积极投入于三阶教的事业。

  净影慧远(523—592)是地论学派南道派的重要人物,是隋代三大师之一。慧远早年在邺城参学,在昙隐、法上门下学习戒律、经教。曾去林虑山,"见诸禅府,备蒙传法"。同时,因为研习、弘讲佛法,"勤业晓夕,用心太苦,遂成劳疾",他以早年所学数息观对治,"克意寻绎,经于半月,便觉渐差,少得眠息,方知对治之良验也"。而且,慧远以自己所证的境界

---

① 《续高僧传》卷一九《僧邕传》,《大正藏》第50卷,第584页上。
② 见敦煌遗书 S.2137《信行遗文》,《敦煌宝藏》第16册,第451页下—453页下。
③ 《续高僧传》卷一六《僧稠传》,道宣称云门寺"今名光严寺是也"。《大正藏》第50卷,第555页上。
④ 《化度寺塔铭》,清代陆增祥的《八琼室金石补正》卷三〇,第195页。

求教于僧稠。僧稠回答说:"此心住利根之境界也。若善调摄,堪为观行。"①可见,僧稠曾指导过慧远的禅修。

僧贤,无有传记可查。《续高僧传·僧伦传》记载,僧伦(565—649)至云门寺从僧贤统师、珉禅师出家。周武帝灭齐时,僧伦与僧贤等逃奔流离,僧伦向僧贤学习四念处,诵《法华经》。开皇初年,僧伦于云门寺受具足戒。而且,僧伦于武阳理律师处听讲戒律时,空中有五色光照耀到僧伦的胸前,僧伦礼拜五十三佛与三十五佛。后来,僧伦与昙询的弟子慧方、道愿,一起入黑山、太行诸山修道。②《续高僧传·法楷传》记载,法楷十五岁时,"依相京贤统而为弟子,师习《涅槃》,通解文义"③。由此可知,僧贤是北齐末云门寺的沙门统,通《法华》、《涅槃》,而且传续与弘扬僧稠的小乘禅法。

同时,在小南海中窟的门口两侧金刚力士脚下,近年发现七行题字:

　　　石窟都维那宝口(所?)供养,/比丘僧贤供养,/云门寺僧纤书,伏波将军彭惠通刊。如来证涅槃,永断于生死。/若能至心听,当得无量乐。/一切畏刀杖,无不爱寿命。/恕已(可)为喻,勿煞(杀)怒(勿)行杖。④

可见,僧贤及诸位弟子为了纪念先师,于是在小南海中窟外壁追加刻经,五品官伏波将军彭惠通出资刊刻。⑤

僧稠禅系是北朝禅法的主流之一,云门寺一直为官寺,其显赫地位维持到隋朝。道宣曾亲自到云门寺去,"涉兹胜地,亲阅行图",说明道宣所据的资料比较可靠,是"直叙之于后耳"。当时,云门寺已经衰败,"大

---

① 《续高僧传》卷八《慧远传》,《大正藏》第50卷,第491页下。
② 《续高僧传》卷二〇《僧伦传》,《大正藏》第50卷,第601页下。
③ 《续高僧传》卷二六《法楷传》,《大正藏》第50卷,第675页中。
④ 颜娟英:《北齐禅观窟的图像考——从小南海石窟到响堂山石窟》,颜娟英主编的《台湾学者中国史研究论丛·学术与考古》下册,第513页,北京,中国大百科全书出版社,2005。
⑤ 《魏书》卷一一八,第2998页,北京,中华书局,1995。

业之末,贼所盘营,房宇孑遗,余皆焚荡"①。从僧稠及其弟子的生平与活动来说,总结起来,僧稠禅系有如下几个特点:

其一,从思想背景来说,僧稠一系具有深厚的儒学素养。僧稠本身"性度纯懿,孝信知名,而勤学世典,备通经史",被朝廷征为太学博士,"讲解坟索,声盖朝廷,将处器观国,羽仪廊庙"。出家后在太行山中,"大儒皇氏躬为负粮,青罗猎客执刀剪发,或德感上玄,泽流奉敬之苗"。② 日本学者诹访义纯考证"大儒皇氏"即是南朝梁武帝时期著名的经学家——皇侃(488—545)③,《梁书·儒林传》记载其生平:

> 皇侃,吴郡人,青州刺史皇象九世孙也。侃少好学,师事贺玚,精力专门,尽通三业,尤明三《礼》、《孝经》、《论语》……性至孝,常日限颂《孝经》二十遍,以拟《观世音经》。④

皇侃《论语集解义疏》中多处可见佛教思想影响的痕迹⑤,诹访义纯推测皇侃年幼时,入太行山中,参访僧稠。此一推测有诸多矛盾之处,年幼则无法入山、负粮,何况南北相距大。若将"大儒皇氏"断句为"大儒、皇氏",即士大夫与皇室家族成员都亲自为僧稠背负粮食,则前后语句相通。

智舜,"博通丘索,工书善书,庠序附焉",能够理解九丘八索的古典,可见其对儒家学说之精通。而且,智舜出家后,"昔处儒宗,颇自矜伐,忽因旬假,得不净观"。⑥ 僧邕,"世传儒业"。僧稠禅系的儒学素养,为其教化士大夫、皇室奠定了良好的基础。

其二,僧稠禅系专门注重居山坐禅,主要集中在太行山系的洛霖、林

---

① 《续高僧传》卷一六《僧稠传》,《大正藏》第50卷,第555页中。
② 同上书,第553页中、555页上。
③ [日]诹访义纯:《中国南朝佛教史の研究》,第362—363页,京都,法藏馆,1997。
④ 《梁书》卷四八,第680页。
⑤ 姜广辉主编:《中国经学思想史》(第二卷),第710—713页,北京,中国社会科学出版社,2003;[日]吉川忠夫:《六朝末隋唐初の儒林と佛教》,[日]荒牧俊典编著:《北朝隋唐中国佛教思想史》,第433—435页,京都,法藏馆,2000。
⑥ 《续高僧传》卷一七《智舜传》,《大正藏》第50卷,第570页上。

虑、抱犊、马头、白鹿等诸山。但是，僧稠禅系受北朝皇室的重视，云门寺历为官寺，因此才能"高齐河北，独盛僧稠"。

达摩禅重视头陀行，以游化为生，初期传法艰难。达摩禅在当时的北朝，传法障碍重重，所以"取相存见之流，乃生讥谤"，而且以"情事无寄，谓是魔语"。早期楞伽师重视"头陀行"①，住阿兰若，没有定期安住。如那（禅师）"自出俗，手不执笔及俗书，惟一衣、一钵、一坐、一食。以可常行兼奉头陀，故其所住，不参邑落"②。没有固定的寺院为场所弘扬禅法，也许是早期达摩禅不容易发扬的原因之一。③

从传法区域来看，僧稠与慧可都在邺城一带传法，此区域是地论学派的势力范围，僧稠得皇室与民间支持。慧可在天平（534—537）初年，来到邺城传授达摩禅法，当时的邺城"盛开秘苑，滞文之徒，是非纷举"，于是遭到道恒的迫害，从而不得不流离于邺、卫之间。当时北方的禅法是重视事相的实行，也都系心为止，托境成观，所以僧稠的禅法能够流行。

其三，重视佛教义学、经论研究，禅理兼弘。《续高僧传·僧邕传》说："稠公禅慧灵通，戒行标异"，当时文宣帝重视禅观，强调"佛法大宗，静心为本"，所以他认为"诸法师等徒传法化，犹接嚣烦，未曰阐扬，可并除废"。僧稠劝谏说：

> 诸法师并绍继四依，弘通三藏，使夫群有识邪正、达幽微。若非此人，将何开导？皆禅业之初宗，趣理之弘教，归信之渐发，蒙斯人。④

僧稠与慧光有同门之谊，僧稠的小南海石窟中有《华严经偈赞》；灵裕及其师道凭都在宝山开凿石窟，因此僧稠与地论学派有密切的联系。僧稠的弟子，如僧贤、智舜、智旻、僧邕等都涉足义学。而且，僧稠禅系重视菩

---

① 胡适：《楞伽宗考》，《胡适学术文集·中国佛学史》，第105—107页，北京，中华书局，1997。
② 《续高僧传》卷一六，《大正藏》第50卷，第552页下。
③ 印顺：《中国禅宗史》，第312—313页，南昌，江西人民出版社，1990。
④ 《续高僧传》卷一六《僧稠传》，《大正藏》第50卷，第554页中。

萨戒,为大众授戒。

其四,重视神通,强调神异感应。如僧稠闻两虎交斗咆哮,便以锡杖解除其斗,各散而去;降伏恶神,运用神通调解自己与文宣帝的矛盾。昙询亦有执锡解除二虎相斗的传说,感异鸟、猛虎绕院等神异;智舜、僧邕等都有神异的传说。这些神异的故事,在北齐、北周境内普及到下层俗众中,造成极大的影响。

其五,禅法方面,重视小乘禅观,如《涅槃经》的五停心、四念处等,最后又以《华严经》的大乘禅观为归宿,而且以弥勒信仰、礼忏、往生净土为方便契入禅观,以接引众生。

(二)僧稠的著作

依道宣的记载,僧稠应黄门侍郎李奖等的请求,开示禅观要点,撰《止观法》两卷。另外,僧稠为了教化大众,随缘陈说善偈,"预在息心之俦,更新其器"。圆仁《入唐新求圣教目录》记载有"《法宝义论》,北齐稠禅师"[①],《一切经音义》、《念佛三昧宝王论》皆记有此书[②]。现存藏经中,僧稠的著作都没有保存。

但是,在敦煌遗书 P.3559、P.3664 中,学者发现和僧稠有关的文献[③],共有四件。

一、《先德集于双峰山塔各谈玄理十二》,是记载"十二位先德"玄理的纲要。文中所记的"佛陀禅师"可能不是僧稠的祖师跋陀[④],而是禅宗初祖菩提达摩,其禅法纲要就是"至理无言,圣心无碍"[⑤]。菩提达摩被称为"佛陀禅师",不仅见于敦煌卷子,亦见于《宗镜录》卷九八:

---

① 《入唐新求圣教目录》,《大正藏》第 55 卷,第 1085 页中。底本原有"玄奘三藏"四字,甲本无。
② 《一切经音义》卷一〇〇,《大正藏》第 54 卷,第 930 页上;《念佛三昧宝王论》卷中,《大正藏》第 47 卷,第 141 页上。
③ 有关这些卷子的研究史,见[日]冲本克己的《禅思想形成史的研究》,《研究报告》第五册,第 24—26 页,京都,花园大学国际禅学研究所,1997。
④ 冉云华认为此敦煌卷子中"佛陀禅师"即是"跋陀",见冉云华《中国禅学研究论集》,第 69 页,台北,东初出版社,1990。
⑤ 《敦煌宝藏》第 129 册,第 521 页下。

>伏陀禅师云：籍教明宗，深信含生同一真性，凡圣一路，坚住不移，不随他教，与道冥符，寂然无为，名为理入。①

"伏陀禅师"即是"佛陀禅师"，而"藉教明宗"与"理入"都是菩提达摩《二入四行论》的思想，可见后来曾有人认为佛陀禅师就是菩提达摩。其中原因，留待别文另述。

二、《稠禅师意》，有学者认为是北宗禅的文献，并且拟名为《大乘安心入道法》②；但是，后来学者考证为僧稠的法子徒孙所追记的大意，有可能是僧邕一系禅师所写。③ 因为，《稠禅师意》中出现"五停"一词，这是僧稠禅法的重点，而不见于《楞伽师资记》等禅宗文献；其次，永明延寿《宗镜录》引用一段文字：

>稠禅师云：一此外缘，名无定相。是非生灭，一由自心。若自心不心，谁嫌是非？若能俱无，即诸相恒寂。④

此段文字亦见于《稠禅师意》⑤，可见与僧稠一系的禅法有关系。

三、《稠禅师药方疗有漏》，记载了信受、精勤、空门、息缘、观空、无我、离欲等八项德目为药品，以修行为疗养，这是一种带有教化性的文献。

四、《大乘心行论》，论述了"心外无法"，表达形式与《稠禅师意》相通，而且受《涅槃经》、《华严经》、《维摩诘经》的影响极大，可能与《法宝义论》有一定的关系。

（三）僧稠一系的禅法思想

僧稠从佛陀禅师的弟子——道房学习止观，《续高僧传·僧稠

---

① 《宗镜录》卷九八，《大正藏》第48卷，第942页上—中。
② ［日］篠原寿雄：《北宗禅と南宗禅》，《讲座敦煌8·敦煌佛典と禅》，第177—179页，东京，大东出版社，1980。
③ 冉云华：《中国禅学研究论集》，第69—71、90—107页。
④ 《宗镜录》卷九七，《大正藏》第48卷，第941页中。
⑤ 《敦煌宝藏》第129册，第521页下。

传》说：

> 既受禅法，北游定州嘉鱼山。敛念久之，全无摄证，便欲出山诵《涅槃经》。忽遇一僧，言从泰岳来，稠以情告，彼遂苦劝：修禅慎无他志，由一切含灵，皆有初地味禅，要必系缘，无求不遂。乃从之，旬日摄心，果然得定。当依《涅槃·圣行》四念处法，乃至眠梦觉见，都无欲想。①

道宣总结僧稠的禅法说："稠怀念处，清范可崇"、"可崇则情事易显"，僧稠初学禅法时，以"四念处"为主，"敛念"、"摄心"，心要系缘于物，这在小南海石窟中得到表现。另外，他又向赵州障供山道明禅师学习"十六特胜法"，这属于数息观。所以，通过敦煌的三件文书，结合小南海石窟中的刻经、造像与僧传的记载，可以比较清楚地知道僧稠一系的禅法。

1. 四念、五停等小乘禅观

僧稠一系的禅法是以"四念处"为传授中心，僧稠赞叹僧邕对五停心、四念处的造诣，智舜修习不净观；僧稠为文宣帝广说"四念处"，文宣帝闻后，全身竖毛流汗。而且，四念处等的修习是依《大般涅槃经·圣行品》。

在小南海石窟中窟的正壁西侧，由上至下共有三段榜题以及五组相应的画面，叙述佛陀的前生在雪山为求法而舍身的因缘，典出即是《大般涅槃经·圣行品》②。当时，佛作婆罗门坐禅，忽闻罗刹宣诵过去佛所说前半偈语，榜题即"化罗刹说半偈：诸 行 无常，是 生 灭法"。婆罗门向罗刹求法，愿意舍身得到无上大法，其上榜题有"生灭灭已，寂灭为乐"。于是，婆罗门上树后，自树梢向下跳，此时罗刹又变回帝释，空中接捧婆罗门。帝释五体投地，向婆罗门顶礼，上有榜题"罗刹变为帝释谢菩萨时"。

石窟门口的刻经，正是《大般涅槃经·圣行品》第七之二开头至"是

---

① 《续高僧传》卷一六《僧稠传》，《大正藏》第50卷，第553页下。
② 《大般涅槃经》卷一四，《大正藏》第12卷，第449页中—451页上。

故名为住堪忍地"①,主要论述不净观的修法。《圣行品》强调菩萨修行,由信、戒、念、定、慧入手,常观四念处,知诸法无我。"四念处观"就是从身、受、心、法等四处观想,觉悟自身肉体不净、所受为苦、心实无常、诸法无我。如刻经《大般涅槃经》说:

> 菩萨摩诃萨圣行者,观察是身从头至足,其中唯有发、毛、爪、齿不净垢秽……菩萨如是专念观时,谁有是我?我为属谁?住在何处?谁属于我?②

菩萨观察全身从头至足,唯有不净垢秽;然后,思惟观察身体是由骨骼相连,并无一个实在的"我",观察骨头的各种颜色,"眉间即出青黄赤白鸽等色光,是菩萨于是一一诸光明中见有佛像",这时不净观的修习才算完成。接着,观察"此身如是不净,假众因缘和合共成,而于何处生此贪欲?若被骂辱,复于何处而生瞋恚?"即使他人来打,亦应该思惟:"如是打者,从何而生?"追究观察"因手刀杖及以我身,故得名打,我今何缘横瞋于他?乃是我身自招此咎,以我受是五阴身故"。所以,被人辱骂痛打,是因有我身而招惹此咎。"四念处"就是通过调心摄念以求忍受一切痛苦烦恼,堪破一切常、我,断除一切妄念欲想,所以"得四念处已,则得住于堪忍地中"。

"十六特胜法"又称为"十六行法",这是将数息观从"世间禅"转化为"出世间禅"的十六种观法,是定性多的人修持的方法。"十六特胜法"是佛教禅法中一种古老的传统,禅籍、经论中多有记载③,如《成实论》说:

> 阿那波那十六行:谓念出入息,若长、若短;念息遍身,除诸身行。觉喜觉乐,觉心行,除心行,念出入息。觉心令心喜,令心摄,令

---

① 《大般涅槃经》卷一二,《大正藏》第12卷,第433页下—434页中。
② 《大般涅槃经》卷一二,《大正藏》第12卷,第433页下—434页上。
③ 如《大安般守意经》、《杂阿含经》卷二九、《增一阿含》卷二、《成实论》卷一四、《坐禅三昧经》卷上、《瑜伽师地论》卷二七、《修行道地经》等。

心解脱。念出入息,随无常观,随断、离、灭观。①

当时北方禅法中,"十六特胜法"是非常流行的禅法体系,智𫖮与净影慧远都曾经进行总结与论述。②

另外,僧稠还修"死想",《成实论·死想品》专门论述了修习"死想"的方法,主要是通过观身无常,阴相续断,所以厌死而速求解脱。道宣记载:"稠以死要心,因证深定,九日不起。后从定觉,情想澄然。究略世间,全无乐者。"③

僧稠的禅观修习,是以小乘禅法为主,主要是四念处、五停心等。但是,依《涅槃经·圣行品》,必须从诸行无常的体会中接受佛性即法身的实义,即常乐我净;而且,菩萨从四念处的修习,最后住堪忍地,即是初地,深入涅槃即法身观,所以《涅槃经》以雪山施身闻偈的佛本生故事作为结尾。此偈语即是刻在小南海石窟中窟正壁的"诸行无常,是生灭法;生灭灭已,寂灭为乐"。

这样,我们亦可以看出小南海石窟主要是僧稠修习禅观的禅窟,其窟内的雕刻可能是修禅时的观想之境。如《稠禅师意》所说:"五停十八境,见物乃名为定,眼须见色,心须见境。"④当然,石窟的雕刻与刻经还表达了僧稠一系的禅法与思想。

2. 忏悔、灭罪与禅观

石窟门中的刻经《涅槃经·圣行品》在四念处法之后,出现引自《梵行品》第八之六的偈文:

> 我今得见佛,所得三业善,愿以此功德,回向无上道。
> 我今所供养,佛法及众僧,愿以此功德,三宝常在世。

---

① 《成实论》卷一四,《大正藏》第 32 卷,第 355 页下。
② 智𫖮:《释禅波罗蜜次第法门》,《大正藏》第 46 卷,第 525 页中。《大乘义章》卷一六,《大正藏》第 44 卷,第 771 页上—772 页下。
③ 《续高僧传》卷一六《僧稠传》,《大正藏》第 50 卷,第 553 页下。
④ 《敦煌宝藏》第 129 册,第 522 页上。

> 我今所当得,种种诸功德,愿以此破坏,众生四种魔。
> 我遇恶知识,造作三世罪,今于佛前悔,愿后更莫造。
> 愿诸众生等,悉发菩提心,继(系)心常思念,十方一切佛。
> 复愿诸众生,永破诸烦恼,了了见佛性,犹如妙德等。①

曾犯下杀父之罪的阿阇世王心生悔悟,受善知识劝导,前来见佛,佛为其说法。阿阇世王顿悟涅槃妙意,所以皈依三宝,发菩提心护持正法,忏悔并普愿众生皆见佛性。

以上记载说明小南海石窟与忏悔灭罪思想具有密切的联系,从皈依三宝开始,中窟门口两侧金刚力士脚下,有"念佛念法念僧"榜题;其次,赞叹诸佛,行忏悔而入观想,从而以净土为归,故以卢舍那佛、阿弥陀佛、弥勒佛为观想对象。② 同时,智舜非常重视礼忏,诵《佛名经》。而且,隋代时的云门寺,"六时禅忏,著声寰宇"。③ 可见,重视礼忏与禅观,是僧稠一系禅法的重要特点。

同时,在小南海石窟中窟门口力士的脚下,亦一段偈语,是佛为好杀的阿阇世王以及大猎师说法,令其开悟:"一切畏刀杖,无不爱寿命,恕己可为喻,勿杀勿行杖"④。从僧稠与文宣帝的交往来说,小南海石窟所刻《涅槃经》的偈语,对文宣帝具有某种暗示的教化意义。文宣帝是武勇出身的天子,也是横逆极尽淫乱的暴君。《北史》卷七云:

> 太后尝在北宫,坐一小榻,帝时已醉,手自举床,后便坠落,颇有伤损。醒悟之后,大怀惭恨,遂令多聚柴火,将入其中。太后惊惧,亲自持挽。又设地席,令平秦王高归彦执杖,口自责疏,脱背就罚。敕归彦:杖不出血,当即斩汝。太后涕泣,前自抱之,帝流涕苦请,不

---

① 《大般涅槃经》卷一二,《大正藏》第12卷,第485页上一中。
② 详解参考稻本泰生:《小南海中窟と灭罪の思想——僧稠周辺における实践行と〈涅槃经〉〈观无量寿经〉の解脱を中心に》,《鹿园杂集》第4号,第1—42页,2002。
③ 《续高僧传》卷一六《僧稠传》,《大正藏》第50卷,第554页中。
④ 《大般涅槃经》卷一〇,《大正藏》第12卷,第426页下、427页上。

肯受于太后。太后听许,方舍背杖,笞脚五十,莫不至到。衣冠拜谢,悲不自胜,因此戒酒。一旬,还复如初。①

对照《涅槃经·梵行品》中,佛陀对阿阇世王的开示:"王本贪国,逆害父王,贪狂心作,云何得罪?大王,如人酒醉,逆害其母。既醒寤已,心生悔恨。当知是业,亦不得报。王今贪醉,非本心作。若非本心,云何得罪?"②可见,二者的故事情节具有相似之处。伤害父母乃是重罪,僧稠"孝信知名",可能引阿阇世王的事迹对文宣帝加以开导,从而表现了忏悔与救济的实践。

3. 安心与无心

僧稠一系不仅重视四念处、五停心等小乘禅观,对大乘禅观亦不遗余力地加以阐扬,这在《稠禅师意》、《大乘心行论》中得到充分的体现。

僧稠禅系对大乘禅观的看法,从《稠禅师药方疗有漏》可以看出,即信受、精勤、空门、息缘、观空、无我、逆流、离欲等。③《稠禅师意》说:

> 凡安心之法,一切不安,名真安心。言安心者,顿止诸缘,妄想永息;放舍身心,虚壑其怀;不缘而照,起作恒寂。种种动作音声类,莫嫌为妨;若能所俱亡,则诸相恒寂。④

安心的关键在于"一切不安",主要在于"息缘"与"观空",即不去安立一切法,能够止诸缘、息妄想,舍去身心的一切执著。具体的修行方法,即是在日常的生活中,能够断除能所的对待,则能舍除一切相。通过禅观,达到"内视不己见,返听不我闻,乃知一切诸法灭,非智缘灭"。这一禅观的终点,就是要达到无边、大寂、不思议和法住等四种三昧。

小乘禅观,必须依境而生观,眼看见色,然后观察内心境界的变化;

---

① 《北史》卷七,《北史》一,第 260 页。
② 《大般涅槃经》卷二〇,《大正藏》第 12 卷,第 484 页上。
③ 《敦煌宝藏》第 129 册,第 522 页上。
④ 同上书,第 521 页下。

大乘禅观则是"摄心无缘",因为断除内心的执著,则一切境界"自然寂定"。而且,《稠禅师意》强调"不习二乘法,何能学大乘？先信二乘法,方能信大乘",这样的立场与僧稠是相一致的。

僧稠对《维摩诘经》非常重视,小南海石窟中窟南壁雕刻着"文殊维摩变",维摩诘居士向文殊及大众等,说明菩萨不但观法如幻,观众生亦如幻,无所执著。《大乘心行论》引用:"经云,常求无念,实相智慧",即是出自《维摩诘经》；又引用经文:"一切众生毕竟寂灭,即涅槃相,不复更灭"。①《大乘心行论》说:"无心最是安,心无动静异,意无善恶殊,施为皆如此,何处非真如。"②所以,安心就是通过般若的无分别、无执著,泯除心境的能所对待,证入诸法的真如实相。

4. 看心、守心、真心

修禅即是安心,从心性上下工夫,所以《稠禅师意》说:

> 夫安心者,要须常见本清净,心亦不可见;如是不可见,心常须现前。虽常现前,即一物可得。非但无一物可得,乃至少许相儿,亦不可得。虽少许相儿,亦不可得。如是行处,分明了了,不被一切言教惑乱,而不舍是心。③

安心的目标是见到本来清净之心,但是清净心无任何形相可见。虽然无任何形相,但是在日常的修道中,又能分明了了,不会舍去清净心。这种"见心"是一种证悟,如人饮水,冷暖自知。

僧稠一系的"看心"、"见心"是一种般若的观照,观一切法本来空寂,观生死、涅槃无差别,悟入无生。《大乘心行论》说:

> 若无不别,心则无住。无住处,则无所依。心无所依,则无攀缘。心无攀缘,则心不动,故则名实相。实相故,则是真心。真心

---

① 《维摩诘经》卷下,《大正藏》第14卷,第554页中。
② 《敦煌宝藏》第129册,第523页上。
③ 同上书,第522页上。

> 故,则是无生。若欲学无生者,先须识达,然后守心为本。心无攀缘,万行为正。若心动取,遍行为邪。邪正之体,体无有异。犹此不别,则有二智虚妄,则了本性。本性无二,则开真心菩提。①

僧稠一系以"无心"为安心,这是依般若系的心性清净思想而展开。般若系的心性清净即是"无心",就是对一切诸法没有执著的心,是"非心之心",所以可称为"空性"、"实相"等,因为与贪等烦恼不相应的心性是常无变异。②

所以,若心无分别、无执著,则心性不动,证入实相,这是真心的无生境界。反之,行者必须洞达无生的空性,才能开真心菩提,即"欲深入佛道,从方便智慧,心不动转"。正是从般若证空性出发,《大乘心行论》提出三种观:一、简伪存真观,二、真如实智观,三、真如本来不起正观。断除分别执著的妄想,即是清净正观,引《维摩诘经》"取我是垢,不取我是净","诸行虽殊,皆同无生无灭",六度万行等皆以般若为导引与归宿。

实践运心中,有两种方法:一、从外入理门,二、从理起用门。《大乘心行论》说:

> 从外入理门者,身心共行,不念诸法。身口亦复然:耳闻善事意不起,目瞩恶法心不从,是非得失,不忤于己。但持慧眼自形相。慧从乱起,不从乱得。定者,息妄止求,不缘诸法,是息妄不念;善法是正求。云何慧?心行灭处,此是实慧,亦名涅槃,亦名寂灭。③

"从外入理门"的中心在于"息妄",对于外在的善恶等境,能够止息种种妄想、攀缘,即是定慧双修。而"从理起用门"重在"内心不分别",即是

---

① 《敦煌宝藏》第129册,第524页上—下。
② 僧稠明确依《维摩诘经》,该经的心性清净即是般若系的"无心"、"非心之心"。见[法] E. Lamotte《维摩诘经序论》,郭忠生译,第93—100页,南投,谛观杂志社,1990。
③ 《敦煌宝藏》第129册,第523页上。

"无心"。这样,"从外入理门"是迷心起行,所以是"除境不除心";而"从理起用门"则是解心起行,故为"除心不除境"。

5. 读诵大乘与渐修渐悟

僧稠一系是以小乘禅法作为具体的实践方法,因此在证悟上则强调"渐悟"。如《稠禅师意》说:

> 从初发心,乃至成佛,不离此行。唯当渐渐宽广,渐渐易成,毕竟归空。虽作事业,具六度行,一切业常不舍,渐渐除疑惑,渐渐悟解,即须读诵大乘经典。①

在修道的过程中,必须不离"无心之安心",而且要渐渐增长此心,最后证入毕竟空性。在修习六度万行的日常修道生活中,渐渐断除疑惑等烦恼,渐渐得到般若解慧。

僧稠一系强调读诵大乘经典的作用,而诵经的方法即是"与心相应者,虽读诵经时,亦不须分别;虽作解释,渐渐自当洞悟",不去思惟分别经义,而是诵经过程中,以智慧洞达经典的深义。而且,必须相信大乘的功德,所以"无信诵大乘,妄言无所益"。大乘即是"具足诸善根,守护慈悲本,常乐摄利物",即能够悲智双运,利乐有情。

6. 华严三昧与弥勒、弥陀净土信仰

《大乘心行论》引用了《十地经》的"三界虚妄,但一心作",因为僧稠与地论学派慧光具有同门之谊,且当时的邺城佛教以地论学派最具影响力,僧稠一系与地论学派有密切的关联。《大乘心行论》说:

> 经云:常求无念,实相智慧,道行万行。会作佛者,一心中具万行,览万行在一心,非是行万行,心遂善事起。又复一心中具万行者,说心无心,守本常定,故言道具万行。解一相者,即解万法;不解一相者,一切都不解。一相法门者,一心是无量名,心一名施无量

---

① 《敦煌宝藏》第129册,第522页上。

名,还是一名。解时,一不异多,多不异一。①

修行者证入实相后,"心无心"即是无分别智,自然"守本常定",具足万行。因为,般若虽然本来空寂,但是"一心具足万行",这是《大品般若经》常常宣扬的。② 无分别智是"一相法门",依此而起无量法门,无分别智与无量法门之间则是"一不异多,多不异一"。

小南海石窟中窟门口刻经有"华严经偈赞":

(1) 定光如来明普照,诸吉祥中最无上;彼佛曾来入此处,是故此地最吉祥。

(2) 十方国土胜妙华,无价宝珠殊异香;皆悉自然从手出,供养道树诸最胜。

(3) 一切十方诸伎乐,无量和雅妙音声;及以种种众妙偈,赞叹诸佛实功德。

(4) 卢舍那佛慧无碍,诸吉祥中最无上;彼佛曾来入此室,是故此地最吉祥。

第一首偈赞是赞叹过去十佛中第十位定光如来的③;第二首与第三首偈赞出自《贤首菩萨品》十种三昧门中的第四"手出广供三昧门"④;第四首偈赞是僧稠或弟子依第一首偈赞的语法,赞叹卢舍那佛的最高智慧通达无碍,而且此石窟成为卢舍那智慧海中的一部分。《华严经》说卢舍那佛的清净法身,周遍十方,等观三世。佛以其愿力,自在地普现于十方国土中,为一切有情说一切诸佛法。所以,菩萨修行必须发愿供养十方三世佛,而以卢舍那为一切佛母。这是小南海中窟所节录《华严经》偈语的基

---

① 《敦煌宝藏》第129册,第523页下。
② 《维摩经玄疏》卷三说:"《大品经·具足品》云:一心具足万行"。《大正藏》第38卷,第533页中。但是,现存《大品般若经》,不见此文。
③ 《大方广佛华严经》卷七,《大正藏》第9卷,第441页下。
④ 《大方广佛华严经》卷六,《大正藏》第9卷,第434页下。

本精神。①

《贤首菩萨品》说明了菩萨修行从信开始到十地圆满时,入法身观,圆融无碍的境界。第二、第三首偈赞出自"普贤十种三昧门"②的第四门,是以神通力在右手上自然现出妙花、妙香、伎乐、放光、珠宝等,同时供养三千世界所有一切诸佛。《贤首菩萨品》后,卢舍那佛升上须弥山顶,受帝释天邀请至其宝殿妙胜殿说法。帝释欣喜感激之余,回想过去十佛亦曾在此说法的诸多善缘,于是先以偈颂忆念此十佛,汇聚三世十方佛的功德于一时一地。第一、第四首偈赞,则是依此将十方三世所有佛都邀请入此室。由定光佛代表过去的功德,而卢舍那佛代表现在乃至于永恒的法身;至于窟内所造弥勒净土与弥陀净土变相,就是十方无量佛土的代表,并且涵括在莲花藏海的海印三昧内。这种净土信仰对广大信徒具有很大的吸引力。

小南海石窟的禅修石窟,是以僧稠所提倡的四念处为基础,以华严的三昧观想为准则,门口则揭示维摩诘代表的大乘菩萨道;左右两壁面的净土变则是为了方便提示初基者皈依的目标,也提供往生净土的希望。

总而言之,僧稠一系的禅法是以四念处、五停心为基础,而且以忏悔、灭罪为前行方便,最后归入大乘禅观的安心之道。僧稠禅系是依般若的无分别、无执著,强调"无心"为安心,而且"无心之心"即是真心、实相。在具体的大乘禅观实践中,强调读诵大乘的作用,主张"渐修"、"渐悟",提出三种观:一、简伪存真观;二、真如实智观;三、真如本来不起正观。而其禅法的目标在于华严的三昧观,而且以弥勒、弥陀净土信仰作为皈依的引导与未来的希望。

---

① 颜娟英:《北齐禅观窟的图像考——从小南海石窟到响堂山石窟》,颜娟英主编的《台湾学者中国史研究论丛·学术与考古》下册,第 517 页。
② 十种三昧门为:一、海印;二、华严妙行;三、因陀罗网;四、手出广供;五、现诸法门;六、四摄生;七、穷同世间;八、毛光觉照;九、主伴严丽;十、寂用无涯。《华严经探玄记》,《大正藏》第 35 卷,第 188 页下—191 页中。

二、僧实的禅系与禅法

僧达、僧实皆出自勒那摩提,与僧稠同系,勒那摩提即是"佛陀禅师"。

僧达(475—556),河北上谷人,十五岁出家,游学北魏京都(大同)。受具足戒后,专学律藏,为北魏孝文帝所礼重,请师讲说《四分律》。后来,到达洛阳,从学于勒那摩提。《续高僧传·僧达传》说:

> 不久值那迁化,覆述《地论》,声骇伊谷,令望归信,相次称谒。后听光师《十地》发明幽旨,遂从受菩萨戒焉,因从请业,有名学众。①

僧达亲近勒那摩提的时间很短,不久,勒那摩提便示寂。僧达复从慧光听《十地经论》,并且受菩萨戒,他对《十地经论》的造诣达到很高的水平。

后来,应梁武帝的邀请,前往南京弘扬《地论》,梁武帝从僧达受菩萨戒,从而执以弟子礼,受敕住于同泰寺。同泰寺始建于梁普通二年(521)九月,大通元年(527)竣工。同年三月六日,帝临幸礼忏,舍身于此寺,立誓兴隆佛道。因此,僧达到达南京的时间约在527年之前。

后来,僧达回到北魏,受到侯景的礼遇,为其造二寺。北魏废帝(531)时期,被迎入邺都,传授菩萨戒。在邺都时,僧达常与道慎辩论,《续高僧传·道慎传》说:"禅匠僧达、论士法灵,皆伏其辩对"②。北齐文宣帝特加礼重,于林虑山黄华岭下,为师建造洪谷寺;又改神武旧庙为定寇寺,敕住之。僧达曾受敕为国都,但从未经临昭玄曹局。

僧达擅长讲《华严经》、《四分律》、《十地经论》、《地持论》,知名南北。同时,他在禅法上造诣非常高,梁武帝曾说:"北方鸾法师、达禅师,肉身菩萨",而且常向北遥礼。

---

① 《续高僧传》卷一六《僧达传》,《大正藏》第50卷,第553页上。
② 《续高僧传》卷八《道慎传》,《大正藏》第50卷,第486页上。

勒那摩提禅系在北周一系,有僧实等人。僧实①(476—563),俗姓程,咸阳灵武人。少有善根,但家中不许出家。二十六岁时,于道原座下剃度出家。太和廿二年(498),勒那摩提到达洛阳,所以太和末年,僧实随道原至洛阳,遇勒那摩提。传中说:

> 授以禅法,每处皇宫,谘问禅秘。那奇之曰:自道流东夏,味静乃斯人乎。于是寻师问道,备经循涉。虽三学通览,偏以九次调心。

勒那摩提向僧实传授禅法,主要是九次第定。僧实的禅修境界,受到勒那摩提的赞叹。僧实在向勒那摩提学习之后,便一心专致于禅修,不问人事。

僧实不仅禅定境界高深,而且眼睛和身形十分奇特。宇文泰在西魏大统年间(535—551),曾下诏聘任为"昭玄三藏":"师目丽重瞳,偏同虞舜;背隆伛偻,分似周公。德宇纯懿,轨量难模。"重视古礼的宇文泰让僧实负统理佛教界的使命。保定年间(561—563),又被敕任为"国三藏"。西魏恭帝元年(554),益州有五十余人向僧实请教,于是僧实的禅法传入西南等地。僧实的弟子有昙相、僧渊等,昙相有弟子静端、僧晃等,静端有弟子昙伦,一直传至隋末唐初。

昙相②(?—582),雍州蓝田(陕西长安)人,俗姓梁。曾与僧实同住一处,敬重僧实如师。昙相非常聪明,以修禅、诵经为安心的法门,"禅诵为心,周给成务"。他慈悲心深切,宅心仁厚,所以被僧实称誉为"福德人"。当时疫疠等灾害横行,昙相为大众解厄。后来住在大福田寺,长安佛教界敬仰如神。北周武帝废佛时,隐居山中修行。隋朝建国后,开皇元年(581)时,昙相至长安弘扬佛法,次年圆寂于渭水以南。

僧渊③(519—602),广汉人,俗姓李。出家住康兴寺(后名福缘寺),

---

① 《续高僧传》卷一六《僧实传》,《大正藏》第 50 卷,第 557 页下—558 页中。
② 同上书,第 558 页中—下。
③ 《续高僧传》卷一八《僧渊传》,《大正藏》第 50 卷,第 574 页中—下。

参学问道,守戒清贫。僧渊与同寺之毅法师相善,后来一起入京从僧实受学禅定。《续高僧传·僧渊传》说:

> 有陕岫寺沙门僧实者,禅道幽深,帝王所重。便依学定,豁尔知津,经涉炎凉,详核词义。渊研精定道,毅博通经术,丘索草隶,靡不留心。

僧渊的成就主要是禅定,而毅法师的成就在于经教。北周灭佛时,便回到康兴寺。聚徒修学,屡有神异。与毅法师精勤于佛法,晨夕无怠。仁寿二年(602),毅法师示寂,师闻之,于次二日亦随之示寂,世寿八十四。

静端(532—606),又名慧端,本为甘肃武威人,后来住在雍州。十四岁时,投僧实出家,"受治心法,深所印可",可见静端是从小修禅。僧实亡后,从昙相"习行定业"。周武灭佛时,收藏、保存了许多经像。隋初佛法重兴,于是再次出家,修习禅定。汉王杨谅尊崇其戒德,而且隋文帝献后从他禀受归戒。仁寿年间(601—604),敕送舍利于豫州。大禅定寺建成后,敕为"僧首"上座,弘扬定学。大业二年(606),卒于大禅定寺,世寿六十四。

僧晃①,俗姓冯,绵州涪城人。因梦感应,依象法师剃度出家。僧晃学通大小乘,受具足戒后,专研《十诵律》。北周保定年间(561—565),至长安,研习《僧祇律》;又从昙相受学禅定心法,从开禅师修学方等忏法。周武帝下敕召见于明德殿,授"本州三藏";但是,《北周·地理志》中并无"本州"的名称,所以可能是就任于僧晃故乡绵州。隋初,仍然任绵州僧正。开皇十五年(595),在振响寺设头陀众,用来处理犯戒者。仁寿年间(601—604),率领寺院的僧众共转藏经。武德初年,卒于振响寺,世寿八十五。

僧实的禅系一直传至唐初,绵延不绝,尤其盛行于四川等地。僧实一派的禅法,"九次调心"就是九次第思惟正定,这是早期的小乘禅法。

---

① 《续高僧传》卷二九《僧晃传》,《大正藏》第50卷,第694页中—695页上。

如安世高所译《阴持入经》卷下说:"何等为九次第思惟正定?为四禅亦无色正四定,亦已毕定,为九次第正定。"①鸠摩罗什译《禅秘要法经》卷下说:"九次第定者,九无阂八解脱","闻佛说法九无碍道中,应时即得阿罗汉道"。② 所谓"九次第定",就是指次第无间所修的九种禅定,又称无间禅或炼禅,即色界的四禅定、无色界的四处以及灭受想次第定。"四禅"即是初禅次第定、二禅次第定、三禅次第定、四禅次第定,这是色界的四个禅定境界;"四无色定",即虚空处次第定、识处次第定、无所有处次第定、非想非非想处次第定;修持色界、无色界八种禅定,最后解除了物质性的种种束缚,进入"灭受想定",即灭除一切意识作用、精神作用的禅定。所以,"九次第定"是通过次第修习禅定,由低到高,由浅入深,最后达到灭绝一切心思活动的境界。

三、慧瓒的禅系与禅法

并州为北方佛教的重镇,北方佛教重禅定、研戒律等特点在并州佛教都能体现出来。自从姚秦颠覆以来,北方义学衰落,禅修特别发达。冉云华先生总结第五世纪至第七世纪初,中国禅法有四个流派:中原一带的"念处"禅法,江、洛之间的达摩"壁观",晋、赵地区的头陀行,和盛于江南的天台止观。③ 由于周隋递嬗,社会动荡,禅门也受到冲击,徒言戒慧,不重修定,成为隋初佛教的大弊。"定门斯坏,众侣乖张"④,刻画着当时躁竞的禅风。隋文帝清整禅门,仁寿二年(602),京邑置禅定寺,命昙迁为寺主。隋文帝宣告清整禅风的宗旨说:

> 自稠师灭后,禅门不开。虽戒慧乃弘,而行仪攸阙。今所立寺,既名"禅定",望嗣前尘。宜于海内,召名德禅师百二十人,各二侍

---

① 《阴持入经》卷下,《大正藏》第15卷,第180页上。
② 《禅秘要法经》卷下,《大正藏》第15卷,第262页下。
③ 冉云华:《中国禅学研究论集》,第39页,台北,东初出版社,1990。
④ 《续高僧传》卷一九,《大正藏》第50卷,第583页上。

者。并委迁禅师搜扬。①

禅学大师僧稠,皇建元年(560)逝化,也就是说,"定门斯坏"、"行仪攸阙"的禅门流弊,已持续四十余年。并州地接关中,文帝恢张禅定,亦波及并州的禅风。在并州流传的禅法,从北周到隋初,是慧瓒禅主的那一系统,即重头陀行的禅风。道宣在谈到慧瓒时说:

> 又如慧瓒禅主,嘉尚头陀,行化晋、赵。门庭拥盛,威仪所拟,无越律宗。神解所通,法依为诣。故得理事符允,有契常规。道有窳隆,固为时丧。致延帝里,没齿亡归。顷有志超,即承瓒胤,匡瓒之德,乃跨先模。弘训之规,有沦有绪。故使超亡,其风颓矣!②

慧瓒(536—607)早先是学习戒律的,也能讲解经文,可算是以戒、定、慧三科教导弟子的一位大师。《续高僧传》提到慧瓒的禅风:"大小经律,互谈文义。宗重行科,以戒为主。心用所指,法依为基。道闻远流,归向如市。故其所开悟,以离著为先;身则依附头陀,行兰若法;心则思寻:念慧、识妄、知诠。"可以看出,慧瓒戒、定、慧三学并重,经教与实践并举,而且以头陀行作为行持的规范。他的禅法"以离著为先",具有大乘空观的色彩,他的弟子智满与道绰对禅法有一段对话,十分引人注意,颇能表现慧瓒的禅法思想。《续高僧传》中说:

> 有沙门道绰者,夙有弘誓,友而敬奉,因喻满曰:"法有生灭,道在机缘;观相易入其门,涉空颇限其位。愿随所说,进道有期。"满乃盱衡而告曰:"积年诚业,冀此弘持;缘虚无相可缘,引实有何所引,岂以一期要法,累劫埋乎?幸早相辞,勿尘妄识。"绰乃退焉。③

从上面记载可以看出,智满的禅法也是离相观空,证无相,离妄识。

---

① 《续高僧传》卷一八,《大正藏》第50卷,第573页下。
② 《续高僧传》卷二〇,《大正藏》第50卷,第597页上。
③ 《续高僧传》卷一九,《大正藏》第50卷,第583页中—下。

当时北方所流行的禅法只有僧稠与僧实两支,如道宣在《续高僧传》中说:"高齐河北,独盛僧稠。周氏关中,尊登僧实。"① 经冉云华先生的研究,我们可以了解到僧稠一派的禅法是以"四念处"、"五停心"、"十六特胜法"为主,而僧实一派的禅法是"九次第思惟正定"②,这些都是小乘禅,与慧瓒的禅法思想不尽相同。当时华中所传的禅法有菩提达摩一支,其禅法是以"壁观"为主,观行上以遣荡一切诸相,罪福并舍,空有兼忘为特点,属于大乘的禅法。而且,根据菩提达摩的"二入四行",可以看出达摩一派也甚重头陀行。③ 慧可的弟子那禅师,"惟服一衣一钵,一坐一食,亦可常行,兼奉头陀"④。胡适也说到达摩的禅法,行属头陀行。⑤

从这些禅法来说,只有菩提达摩一派的禅法与行持和慧瓒一系相近,那么慧瓒是否跟菩提达摩一派的禅师学习禅法呢?在《续高僧传》"慧瓒传"中,我们看不到慧瓒跟任何人学习禅法的痕迹,慧瓒早先都是学习戒律,但是到了北方发生"周武法难",他"避地南陈","流听群师,咸加芟改",在开皇年间,回到北方,便开始弘扬禅法。⑥ 慧瓒自己"知有小愆,便止法事,重过则依方等。轻罪约律治之,必须以教验缘"⑦,慧瓒的弟子智满更是因行方等忏法而遭到昙选的质疑。⑧ 所以,慧瓒的禅法与禅风是受到南方禅法的影响。

慧瓒的禅法,一度流传颇广,其传法谱系如下:

---

① 《续高僧传》卷二〇,《大正藏》第 50 卷,第 596 页中—下。
② 冉云华:《中国禅学论集》,第 28—29 页。
③ 汤用彤:《汉魏两晋南北朝佛教史》(下册),第 566 页,北京,中华书局,1983。
④ 《续高僧传》卷二〇,《大正藏》第 50 卷,第 552 页下。
⑤ 胡适:《楞伽宗考》,见《胡适学术文集·中国佛学史》,第 106—107 页,北京,中华书局,1997。
⑥ 《续高僧传》卷一八说:"周武诛剪,避地南陈,流听群师,咸加芟改。开皇弘法,返迹东川,于赵州西封龙山,引摄学徒,安居结业。"见《大正藏》第 50 卷,第 575 页上。
⑦ 《续高僧传》卷一八,《大正藏》第 50 卷,第 575 页中。
⑧ 《续高僧传》卷二四,《大正藏》第 50 卷,第 641 页中—下。

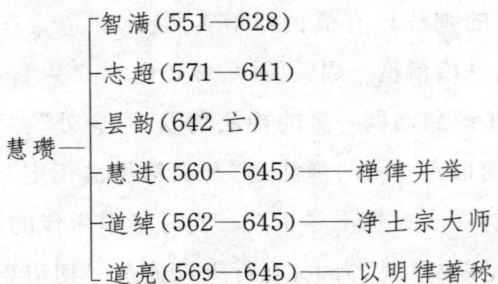

在上述的弟子中,道绰和道亮两人,分别以净土、明律驰名。专习禅法的弟子中,昙韵、智满、志超三人都在并州大力弘扬慧瓒的禅法,《续高僧传》卷一九《智满传》说:

> 释智满,姓贾氏,太原人……禅忏兼修,止观齐舍,志弘经远,随务或乖。又往雁门川,依瓒禅师,涉缘念慧……大唐建义,四众归奔,乃率侣入城,就人弘道。初住晋阳真智寺,以化声广被,归宗如市……武德元年,乃诏满所住宅为义兴寺,四事供养一出国家……自满舍俗从道六十余年,洁己清贞,冰霜取喻。弊衣节食,粗止饥寒,频经断谷,用约贪染……约时临众诫以行科,余则静处小房,晬朝方出。室中唯一绳床,钵袋挂于壁上,随道资具坐外更无。①

从以上资料可以看出,智满是一位持戒精严、行头陀行的高僧,而且得到唐皇室的尊崇,是初唐时期并州著名的禅修高僧。

另外,昙韵也是慧瓒门下的禅修高僧,但是他比较倾向于自己的禅修实践,影响不是很大。如《续高僧传》中说:"每年于春秋二时,依佛名法;冬夏正业,则减食坐禅……常居别室,自勤修业,余有众侣,难嗣其踪。"② 慧瓒门下影响最大的是志超,他跟随慧瓒时间最长,《续高僧传》中说:

> 释志超,俗姓田,同州凭翊人也……年二十有七,投并州开化寺

---

① 《续高僧传》卷一九,《大正藏》第50卷,第583页上—下。
② 《续高僧传》卷二〇,《大正藏》第50卷,第593页中。

慧瓒禅师……志超洁正身心，勤履众务，僧徒数百，供杂五行，两食恒备，六时无缺……即往定州寻采律藏，括其精要，删其繁杂，五夏不满，三教备圆。乃返故乡，依岩综习。初入太原之西比干山，栖引英秀，创立禅林，晓夕勤修，定慧双启。四仪托于戒节，二行凭于法依，学观诜诜，无威而肃……高祖建义太原，四远咸萃，超惟道在生灵，义居乘福，即率侣晋阳，住凝定寺，禅学数百，清肃成规……自服膺释种，意在住持。昼夜刓勤，摄诸后学，所以日别分功，礼佛五百，禅结四时……奉敬戒法，罕见其俦，护慎威仪，终始无替。自隋唐两代，亲度出家者近一千人。①

从慧瓒门下的弟子可以看出，慧瓒禅法重视戒定慧三学，而且行头陀行，所以其禅风高峻，难以继承下来。虽然志超曾有弟子"近一千人"，但因人多，参差不齐，所以志超去世后，这一派禅法在初唐也就"其风颓矣"！

---

① 《续高僧传》卷二〇，《大正藏》第50卷，第591页上—592页下。

第二章 两晋南北朝律学

南北朝时期是中国佛教律学发展的重要历史阶段。随着佛教僧团的扩大,制度的建设就显得愈发重要,这不仅推动了佛教戒律经典的翻译,同时也促进了僧众对戒律的研习弘传。通过两晋时期的律学研习和理论积累,加之广律翻译的完成,以诸本广律为中心,便得以凝聚了一批以弘律、研律为要务的律师队伍。在他们的推动下,南北朝时期律学得到了繁荣,律师也以一个独立的角色活跃于中国社会之中。

第一节 两晋时期的律典传译与律学初兴

广义的佛教戒律文献,早在东汉时即已经译出。如,属于小乘律学系统的有安世高译的《佛说犯戒罪轻重经》《佛说阿含正行经》《佛说舍利弗悔过经》《大比丘三千威仪》等,以及失译者的《沙弥尼戒经》等;属于大乘律学系统的有严佛调译的《法镜经》,失译者的《佛说受十善戒经》等。但是,由于它们不是出于广律,历史上并不将它们作为律典传入汉地的标志。

严格意义上的佛教戒律传入中国,一般是以曹魏嘉平年间(249—253)中天竺僧人昙柯迦罗(或译为"昙摩迦罗",意为"法时")受众僧之请而译出的《僧祇戒心》(今佚)为标志的。"戒心"意即为"戒本",它是从《摩诃僧祇律》中摘出的最基本的条文。其后,魏正元年中(254—255),安息国沙门昙谛来游洛阳,又译出《昙无德羯磨》,它出于昙无德部律藏,即《四分律》。①

虽然汉魏之时一些与戒律有关的经典得以翻译,但是到西晋之初,佛教僧团的活动仍然缺少戒律以匡正修行,严格意义上的如法授戒也没有在社会上广泛推广,对佛教律学的理论研习更是难以进行。同时,规模日渐庞大的僧团也是良莠不齐。因此,当梵僧耆域在西晋惠帝时期(公元290—306在位)来到洛阳时,仍然是"讥诸众僧,衣服华丽,不应素法"②。所谓"素法",当然是指佛教徒应当持守的基本规范。

自西晋到东晋的相当长一个时期,广律未翻、律本不多,没有完整的戒律,社会各界对佛教律学思想的理解仍然是不深的,对其精神实质的把握也就不够彻底,所以将佛教戒律与儒家"五常"相"比附",仍然是当时一种主要的律学思潮。即使翻译出的一些戒律条文,还存在着中国化的适应性问题。这一切都影响了僧众对戒律的持守,也影响了佛教僧团在社会中的整体形象。

尽管如此,两晋之时仍然是中国律学发展的重要时期。戒学与禅法、般若学一样,进入了中国僧人的理论思维领域,并因之形成了最早的"律师",推动了中国律学的形成和发展。

严格意义上的佛教戒律真正地传入中国是在东晋之时。这是以对《十诵律》、《四分律》和《摩诃僧祇律》三部广律的翻译为标志的。

一、《十诵律》的翻译及其主要内容

《十诵律》又称为《萨婆多部十诵律》。"萨婆多"意为"一切有",本律

---

①《高僧传》卷一《昙柯迦罗传》,《大正藏》第50卷,第325页上。
②《高僧传》卷九《耆域传》,《大正藏》第50卷,第388页上。

即为印度部派佛教时期"说一切有部"所遵守传承的律本。

相传本律在最初的结集中原有八十诵,由大迦叶传承之后,被第五师优波掘多删为"十诵"(十项),故名其为《十诵律》。对于本律的传承,僧祐在《萨婆多部记目录序》中列有两个系统:一系是大迦叶以下至达摩多罗五十三人次第相承,另一系是阿难以下至佛大跋陀罗的萨婆多部六十人次第相承。①

在结构上,《十诵律》的初诵至第三诵,内容为四波罗夷、十三僧残、二不定、三十尼萨耆、九十波逸提、四波罗提提舍尼、一百零七众学、七灭诤等八法。第四诵说的是受具足戒、布萨、自恣、安居、皮革、医药、衣等七法。第五诵为迦絺那衣、俱舍弥、瞻彼、般荼卢伽、僧残悔、遮、卧具、诤事等八法。第六诵为调达事和杂法。第七诵为尼众律,内容包括八波罗夷、十七僧残、三十捨堕、一百七十八单波、夜提、八波罗提舍尼、比丘尼八敬法等式叉摩尼戒的六法。第八诵,为增一法,共二十一法。第九诵为优波离问法。第十诵包括比丘诵、二种毗尼及杂诵、四波罗夷、僧伽婆尸沙法。最后附有"善诵毗尼序",分四品,前二品叙述五百比丘和七百比丘结集的始末,后二品集录有关羯磨、说戒、安居、衣食、医药、房舍等的开遮。

《十诵律》是汉译四部广律中最先译就的,其首译者为鸠摩罗什。其他重要的参与者还有弗若多罗、佛驮耶舍、昙摩流支和卑摩罗叉等四位西域沙门。起初,罗什在关中广译经典,但《十诵律》却未得全出。他仅是先摘译出其戒本一卷,即《十诵比丘戒本》(又名《十诵律比丘波罗提木叉戒本》)。② 姚秦弘始六年(404),罽宾国沙门弗若多罗在长安诵出《十

---

① 《出三藏记集》卷五《萨婆多部记目录序》,《大正藏》第55卷,第88页上—第90页上。
② 至于《十诵比丘戒本》的文本来源,依日本佛教学者羽溪了谛所考,当出于大月氏国。因为当时大月氏不仅有大乘华严、方等、般若、法华、涅槃等五大部经典,以及如四阿含及其他多种小经,而且大小两乘教律、论及秘密部经典等亦都同时存在。传入中国的萨婆多部之戒律也都是由此传入。由于在库车附近已经发掘出大月氏国语即睹货罗语所书的萨婆多部《波罗提木叉》残卷,所以羽溪了谛认为罗什汉译的《十诵比丘戒本》即是从大月氏国语翻译的。参见[日]羽溪了谛的《西域之佛教》,贺昌群译,第102页,北京,商务印书馆,1999。

诵律》梵文,鸠摩罗什译为汉文,时有义学沙门六百余人助译。但刚完成三分之二时,弗若多罗即殁去。因无人能出本律梵本,译事遂告停止。姚秦弘始七年(405),又有西域沙门昙摩流支携《十诵律》的梵本到达长安,罗什即又与他续译此律,而得成五十八卷。

　　罗什译此律本,"研详考覆,条制审定"。他临终时说:"自以暗昧,谬充传译,凡所出经论三百余卷,唯《十诵》一部未及删烦,存其本旨,必无差失。"①显然,尽管本律翻译历尽周折,罗什仍然认为自己所译的《十诵律》是契合原本的。他所叹的只是文烦未善,未及删定。此后,与罗什有师生情谊的罽宾国沙门卑摩罗叉闻罗什在长安,遂而东到长安。在罗什逝世后,他南迁至寿春石涧寺开讲《十诵律》。《高僧传》卷二《卑摩罗叉传》等认为他开罗什译就的《十诵律》前五十八卷为六十一卷,《开元释教录》卷三说是其另作《律序》三卷置之于其后而成六十一卷。②

　　在中国,与《十诵律》有关的律学翻译还有秦代失译者的《萨婆多毗尼毗婆沙》九卷、刘宋僧伽跋摩译的《萨婆多部毗尼摩得勒伽》(或称《摩得勒伽经》)十卷,它们对《十诵律》中的一些说法进行补充,或对比丘戒法中除众学法外其余的七法加以解释。这即是常说的"四律五论"中的二论。另外,昙摩持还诵出《十诵比丘戒本》一卷。③

　　历史上,出于《十诵律》的节译本或异译本较多。如《须达长者初造发爪塔记》、《阎浮提初分舍利起十塔记》、《打揵稚缘记》、《登高座缘记》、《禅法禅杖禅镇缘记》、《法斋主赞叹缘记》、《比丘上下坐缘记》、《安居缘记》、《比丘着割截衣缘记》、《比丘不离三衣缘记》、《比丘着坏色衣缘记》、《比丘点净衣缘记》、《比丘着纳衣缘记》、《锡杖缘记》、《断三种见闻疑缘记》、《制断食蒜等五辛记》、《嚼杨枝缘记》、《漉水囊缘记》、《比丘受食缘

---

① 《高僧传》卷二《鸠摩罗什传》,《大正藏》第50卷,第332页下。
② 参见《高僧传》卷二《卑摩罗叉传》,《大正藏》第50卷,第333页下;《开元释教录》卷三,《大正藏》第55卷,第507页上。
③ 《出三藏记集》卷二,《大正藏》第55卷,第15页上。

记》、《唱等供僧跋缘记》、《毗舍佉母设粥缘记》、《僧次请僧缘记》、《经行法式缘记》、《施僧净人缘记》、《看病比丘缘记》、《比丘遣人代斋会并净法缘记》、《佛赞比丘呗利益记》、《亿耳比丘善呗易了解记》等，它们均不存。①

另外，今有失译者的《大沙门百一羯磨法》(或名《大沙门羯磨法》、《百一羯磨文》)一卷，文后附宋录，内容相当于《十诵律》犍度法中的布萨法、自恣、医药、衣、迦絺那衣、僧残、悔等法的羯磨文。本羯磨法今见于几种藏经之中。

二、《摩诃僧祇律》的翻译及其主要内容

"摩诃僧祇"为梵语的音译，其意为"大众"。《摩诃僧祇律》意即为大众部的广律。据《法显传》说，本律乃根本大众部所奉行，成立于五部分裂之前。佛灭后百年，由于跋阇子（即婆粗富罗）比丘乞金银钱而引起争论，僧团也终因对戒律的持守思想有异而分立。当时跋阇子人数众多，成为大众部。本律即跋阇子比丘一方结集之律，故旧传为婆粗富罗律。但事实上，本律与佛教戒律的差异并不大，只是其思想体现了当时僧团大众的一种持律精神的变革倾向。本律在叙述七百结集处，承认乞金银钱是合法的行为，同时还列举五种净法可开许方便。另外，本律还记有第二次结集之事和佛本生故事，因此对于原始佛教的研究具有一定的史料意义。

《摩诃僧祇律》完整的梵本获得者是东晋时期的法显。法显（？—约422），俗姓龚，出生于平阳郡武阳（今山西省襄丘），三岁时度为沙弥，二十岁时受比丘戒。因"常慨经律舛缺，誓志寻求"，于是在晋隆安三年（399），法显与同学慧景、道整、慧应、慧嵬等，离长安出流沙至天竺寻求经本律藏。他在印度摩羯提邑波连弗的阿育王塔南天王寺（《法显传》中

---

① 《出三藏记集》卷一二，《大正藏》第55卷，第90页下。

说是摩诃衍僧伽蓝)抄得《摩诃僧祇律》梵本。法显于天竺国前后经过了十几年,游历近三十国,后于晋安帝义熙十二年(416)持所求经典而归国。义熙十四年(418)二月,法显于道场寺与佛陀跋陀罗共同译出《摩诃僧祇律》。① 同时,法显又另出《僧祇比丘戒本》一卷②

《摩诃僧祇律》的卷一至卷二二为比丘戒,内容包含四波罗夷、十三僧伽婆尸沙、二不定法、三十尼萨耆波夜提、九十二波夜提、四波罗提提舍尼、六十六众学法、七灭诤法,共二百一十八条戒。在每戒之下,又列有制戒因缘,结戒条文及其解释。对其他广律各犍度的内容,都有大量的收入。卷二三至卷三三上为杂诵,共分十四"跋渠"(跋渠,梵文的音译,其意为"品"、"节")。每一跋渠各含十法,其主要内容为:(1) 受具足戒法;(2) 举、别住等羯磨法;(3) 举他、治罪、田宅、僧伽蓝法;(4) 布萨法、安居法;(5) 病比丘法、阿阇黎法;(6) 比尼断事法;(7) 重物、无常物法;(8) 蒜法、共床卧法,以及众生法、树法、七灭四诤事等。卷三三下至卷三五为威仪法,主要有教弟子法、依止法、收床褥法、衣席法、房舍法、行住坐卧法等共五十条。卷三六至卷四○上为比丘尼戒,包含八波罗夷、十九僧伽婆尸沙、三十尼萨耆波夜提、一百四十一波夜提、八波罗提提舍尼、六十六众学法、七灭诤法,共二百七十九条戒。卷四○下为尼杂诵,有五跋渠。在卷四○末,附有篇幅矮小的《摩诃僧祇律》私记,记述了本律形成、得名以及传译的经过。

事实上,大众部律戒本不仅传入中国最早,影响也深远。曹魏嘉平年间昙柯迦罗于洛阳白马寺译出的《僧祇戒心》即为出自大众部律。晋咸康(335—342)年间沙门僧建在月氏国取得的《僧祇尼羯磨》及《戒本》也为大众部律。曹魏时立的戒坛,以及在晋升平元年(357)沙门昙磨羯多在洛阳立坛授戒,均以大众部律为本。

---

① 北魏明元帝元年(420)又有智猛等15人往印度寻获梵本,于北魏太武帝始光元年(409)在波咤厘子城罗阅宗婆罗门家得《摩诃僧祇律》梵本,持还凉州,但此梵本未得翻译。
② 《出三藏记集》卷二,《大正藏》第55卷,第15页上。

在不同的时期，《摩诃僧祇律》也有不少节译本，如《摩诃僧祇部比丘随用要集法》（或云《摩诃僧祇律比丘要集》）一卷①，以及《受施粥呪愿缘记》、《七种施福胜记》、《为亡人设福呪愿文》、《生子设福呪愿文》、《作新舍呪愿文》、《远行设福呪愿文》、《取妇设福呪愿文》等。②

三、《四分律》的翻译及其主要内容

《四分律》又常被称为《四分律藏》，为印度上座部系统法藏部所传的戒律。因为昙无德为法藏部之始祖，因此本律又被称为《昙无德律》。在佛灭后百年，昙无德（又称为法正尊者）采集上座部律藏中与己见契同者结集而成，分之为"四夹"，故被称为《四分律》。另一种说法是说其结集时分四次诵出，故得名《四分律》。

《四分律》最早传入中国是在姚秦年间。姚秦弘始十年（408），佛陀耶舍应鸠摩罗什之请抵达长安。秦主姚兴为其于城南造寺。佛陀耶舍后诵出昙无德律梵本，并受姚秦司隶校尉姚爽之请，由竺佛念传译，道含笔受，至弘始十二年（410，《开元释教录》卷四说为弘始十年）而译出《四分律》四十四卷。③ 同时，佛驮耶舍又出《昙无德戒本》一卷。④ 在《大正藏》中收有佛陀耶舍的《四分律比丘戒本》一卷、《四分僧戒本》一卷、《四分比丘尼戒本》一卷。依《出三藏记集》卷九之说，在佛陀耶舍之后的姚秦弘始十一年（《历代三宝记》卷八说为弘始十二年），又有支法领从西国取来的梵本，经雠校于第二年重新翻译，沙门慧辩笔受，于姚秦十四年译就，成书为四十卷。宋本《大藏经》中《四分律》作六十一卷，今本为六十卷。

《四分律》的内容主要是佛陀在苏罗婆等诸国游历和在舍卫国祇树

---

① 《出三藏记集》卷四，《大正藏》第 55 卷，第 24 页中。
② 《出三藏记集》卷一二，《大正藏》第 55 卷，第 91 页中。
③ 《高僧传》卷二《佛陀耶舍传》，《大正藏》第 50 卷，第 334 页中。
④ 《出三藏记集》卷二，《大正藏》第 55 卷，第 15 页上。

给孤独园安居时,针对比丘的言行威仪而作的具体要求。

从内容上分,今本《四分律》共有四部分。"初分"是第一部分,为前二十一卷,内容为比丘戒,包括四波罗夷法、十三僧残、二不定、三十捨堕、九十单提、四提舍尼、百众学等比丘二百五十条戒律条目。第二分是从第二十二卷至第三十七卷,共十六卷,包括比丘尼三百四十八条戒律条目及受戒、说戒、安居、自恣(上)等四犍度。第三分从第三十八卷至第四十九卷,共十二卷,内容包括自恣(下)、皮革、衣、药、迦絺那衣、拘睒弥、瞻波、呵责、人、覆藏、遮、破僧、灭诤、比丘尼、法等十五犍度。第四分共十一卷,从第五十卷至第六十卷,包括房舍犍度、杂犍度及五百集法、七百集法、调部毗尼、毗尼增一等。①

两晋之世,是佛教戒律翻译的一个高峰。随着《十诵律》、《摩诃僧祇律》和《四分律》三本广律的译就,中国律学的研习也就因之展开,僧众对佛教戒律的翻译、传习和注疏也随之逐渐深入,这预示了中国律学的繁荣时期即将到来。

四、两晋十六国时期其他的律典翻译

(一)两晋时翻译的几种律本

西晋时,中国佛教主要的律学翻译者还有法护和聂道真。

法护,或称支法护、竺法护,西域人,音译为昙摩罗刹。因其世居敦煌,又被称为"敦煌菩萨"。法护的主要活动时间是从晋武帝至晋惠帝年间(266—306),在此期间他译出许多重要大乘经典。慧皎称赞他说:"经法所以广流中华者,护之力也。"②

法护翻译的阐述大乘佛教持律精神的译本有《佛说文殊悔过经》一卷。本经以文殊说法的形式,通过对忏悔、劝助、请法、兴供、回向、发愿

---

① 《十诵律》称"拘睒弥"为"俱舍弥法"。拘睒弥国,为中印度一国家,该国比丘如有斗诤,则以此法制之,故为其名。瞻波,中印度一国名,佛曾在此地说羯磨法。
② 《高僧传》卷一《昙摩罗刹传》,《大正藏》第50卷,第326页下。

等的说明,阐述了大乘佛教的持律精神。如本经中说:"弃除贡高自大之心,孝顺父母奉敬尊长。"而且,通过若干种养,"使诸众生至成大道,世俗之人生长五盖,以此功德自然弃除五盖之蔽,具足五根,究竟五力,绝灭五欲,逮得五通,远离五阴,成就五眼"。在本经中,文殊师利强调的大乘佛教戒律的持守精神是"自首悔过",比如若"毁訾大乘,遏断正教,劝从邪径,诽谤正法……抑制法轮,使不通流;若身自犯,设教他人,劝助非法,破坏塔寺,败乱圣众……使不顺戒,处于邪见,从异道教,反其正行,自怀怨心,乱他人意,令必瞋恚。所作过罪,若身自犯,及教他人,皆从十方自首悔过"①。本经虽然篇幅不长,也不是严格的戒律学著作,但其内涵反映了大乘佛教的宽松自省的律学思想,对后世的大乘菩萨戒的持守精神有着影响。法护还出有《比丘尼戒》一卷,但在南朝梁释僧祐时即已不存。②

聂道真,生平不详,西晋时居士,通晓梵语,曾随竺法护译经,并在竺法护示寂后,译出一些重要的律学经典。其律学翻译主要有《文殊师利净律经》、《菩萨受斋经》、《三曼陀跋陀罗菩萨经》、《菩萨忏悔经》、《菩萨戒独受坛经》和《菩萨杂行法》各一卷,但后四者均佚。③ 它们均是从大月氏国语译出的。

东晋咸康年中(335—342),有沙门僧建于月氏国得小乘律本《僧祇尼羯磨》与《戒本》,但今已佚。晋孝武帝之时(373—396),北凉河西王沮渠蒙逊的从弟安阳侯京声至于建康,译有《八关斋经》(异出本)、《迦叶禁戒经》、《贤者律仪经》(已佚)、《优婆塞五戒经》(或称为《优婆塞五相经》)。鸠摩罗什还译有《菩萨戒本》一卷、《十诵比丘戒本》一卷,后者为第二出,与昙摩持本小异。在此后不久,卑摩罗叉还续译有《十诵律毗尼序》。

---

① 《佛说文殊悔过经》,《大正藏》第 14 卷,第 442—443 页上。
② 《出三藏记集》卷二,《大正藏》第 55 卷,第 15 页上。
③ 《出三藏记集》卷七,《大正藏》第 55 卷,第 51 页中。

东晋时的译经者还有天竺僧人昙无兰。"昙无兰"意译法正,他译有《佛说戒德香经》一卷。《佛说戒德香经》节译于《杂阿含经》卷三八,经中说:"修行十善身不杀盗淫、口不妄言两舌恶口绮语、意不嫉妒恚痴,孝顺父母,奉事三尊,仁慈道德威仪礼节……奉行十善,敬事三宝,孝顺仁慈,道德恩义,不失礼节。"①如此,则能戒香普闻,胜于世间诸香,"是香所布不碍须弥山川天地,不碍四种地水火风,通达八极上下亦然,无穷之界咸歌其德"②。另外,他还于晋孝武帝太元六年(381)时在杨都撰《大比丘三百六十戒三部合异》两卷,今已佚。

两晋时,还有《佛说目连问戒律中五百轻重事经》(异译为《佛说目连问戒律中五百轻重事》)、《舍利佛问经》、《佛说三归五戒慈心厌离功德经》等律学翻译。

《佛说目连问戒律中五百轻重事经》,一卷或作两卷,又作《五百问事经》或《五百问》,失译者附东晋录。经中记述了佛陀答目连所问末世比丘违犯戒律罪报之轻重,共分为十八品。本经在《开元释教录》卷一三中始编入小乘律部。《佛说目连问戒律中五百轻重事经》虽言"五百",但其实不足此数。后世,对其注释者有明代永海的《目连五百问戒律中轻重事经释》两卷、性祇的《目连问戒律中五百轻重事经略解》两卷。

《舍利弗问经》实为戒律学经典文献,它反映了佛教戒律的精神和观念。本经中,佛陀应舍利佛之问,不仅阐述了律藏诸部的起源,也对戒律的精神和灵活持守作了说明。本经还细说了僧众的行为规范,如"不得以钵布地"、"不得用木皮木肉"、"不得饮酒"、"不杀生"以及何时"正披袈裟"或"偏袒右肩"等威仪。本经强调了灵活持戒的思想,如对于酒戒,若为病故须酒为药,则开酒戒,饮之不犯。

《佛说三归五戒慈心厌离功德经》一卷,出于《中阿含经》的《须达多

---

① 《佛说戒德香经》,《大正藏》第 2 卷,第 507 页中。
② 同上书,第 507 页下。

经》。经中说:"施福不如受三自归。所以然者,受三归者,施一切众生无畏,是故归佛法僧,其福不可计量也。如上布施及受三归福,复不如受五戒福,受五戒者,功德满具其福胜也。如上布施及受三归五戒福,复不如弹指顷慈念众生福也。如上布施及受三归五戒慈念众生福,复不如起一切世间不可乐想福。所以然者,起一切世间不可乐想福,能令行者灭生死苦,终成佛道故其福最胜也。"①

除去上述之外,两晋时还有下述重要的律学翻译:《佛说恒水经》一卷,西晋法炬译;《佛说大净法门经》一卷,西晋竺法护译;《佛说决定毗尼经》一卷,西晋敦煌三藏译;《沙弥十戒并威仪》一卷,晋时失译;《大爱道比丘尼经》两卷,失译附北凉录;《沙弥尼离戒文》(或《沙弥尼戒经》)一卷,东晋时失译;《优婆夷净行法门经》两卷(僧祐的经录说,本经在道安的经录中即列为凉土异经,并附北凉录)。

(二)十六国时期的律学翻译

东晋时,在中国北方存在着一段时间的军阀割据政权,它们被后世统称为十六国。其中对佛教的发展起到重要作用的几个割据政权有后赵、前秦、后秦、后凉、北凉等。此地几国国主都崇信佛教,鼓励佛教经典的翻译。在不同的时期,这些地区也有一些律学翻译,其主要者有《萨婆多毗尼毗婆沙》和《毗尼母经》两种重要的律论。

《萨婆多毗尼毗婆沙》又被称为《萨婆多论》,九卷,秦代失译者。本论以释《十诵律》为旨。在第一卷中,主要是对戒的性相和义理的玄谈,如说:

> 初受戒时,白四羯磨,已成就戒色,始一念戒色,名业、亦名业道。第二念以后,所生戒色但是业、非业道。所以尔者,初一念戒色,思愿满足,以思通故,名思业道。以前戒色为因故,后戒色任运自生,是故但名业,非业道。初一念戒,有教、有无教。后次第生戒,

---

① 《佛说三归五戒慈心厌离功德经》,《大正藏》第1卷,第878页下。

但有无教,无有教也。初一念戒,亦名为戒,亦名善行,亦名律仪。①

本论还说明了七种得戒法等具体的戒律持守犯相,其后则是提纲挈领地论述了淫、盗、杀、妄语等大戒,以及《十诵律》中所述的九十事,并对其内容进行铺陈。

《毗尼母经》八卷,秦时失译者,在后世律家的著作中又常常称为《毗尼母》或《母论》。"毗尼母",意为"毗尼之母",是对律藏的论述,即"律论"。经中有:"问曰:何故名母经?智者说曰:此经能灭骄慢,解烦恼缚,能使众生尽诸苦际,毕竟涅盘,故名母经。"②传统上认为《毗尼母经》是解释《十诵律》的,现也有人认为是注释《四分律》的,《开元释教录》列其为失译。《毗尼母经》卷一内容主要是通过与憍陈如说法,而阐述受具、三归、三语受具等,卷二主要说明各种羯磨法、舍戒、说戒法,卷三说的是犯戒、迦絺那衣法以及五百结集等事,卷四内容为病比丘法、自恣、说戒、田园法、治病法等,卷五和卷六为比丘日常所用的药、酒、畜物、安居、自恣、浴室、入白衣舍、食法、嚼杨枝等法,卷七内容为罪缘、重制等因缘,卷八解释了相应不相应法、断烦恼毗尼、比丘毗尼、比丘尼毗尼、少分毗尼等。

此一阶段,北地的律学翻译者的主要代表除去译有《十诵律》和《梵网经》的鸠摩罗什和译有《大般涅槃经》等的昙无谶外,另一主要律学译者即为竺佛念。

竺佛念,生平不详,凉州(今甘肃武威一带)人,幼岁出家,讽习众经,兼学外典。苻秦建元(365—384)年初,僧伽跋澄和昙摩难提等一同来到长安,受秘书郎赵正之请,竺佛念与他们合作进行译经。除去与佛陀耶舍合译的《四分律》和《四分僧戒本》,竺佛念翻译的重要律学著作还有《鼻奈耶经》(或云《戒因缘经》)十卷,沙门昙景笔受,释道安曾为之作经序。在晋简文帝(371—372 在位)时,竺佛念又与西域三藏昙摩持(意为

---

① 《萨婆多毗尼毗婆沙》卷一,《大正藏》第 23 卷,第 507 页下。
② 《毗尼母经》卷一,《大正藏》第 24 卷,第 801 页上。

"法慧")于长安译出《十诵比丘戒本》(或称为《十诵比丘尼戒所出本末经》)一卷、《教授比丘二岁坛文》一卷。其梵本乃由僧纯于龟兹国得来,竺佛念执文译语,沙门慧详笔受。后竺法汰因嫌竺佛念的译文太烦,便删改正之。竺佛念还与律师释慧常和昙摩持一起于长安译出《比丘尼大戒本》一卷,隋代费长房认为此应是出于《十诵戒本》。

(三)失传的律学翻译

两晋之世,还有一些律学译作在译出不久即因为社会动荡等原因而失传了。依《出三藏记集》卷四,经过道安详较群录,在当时确有其名而实无其经的即有四百六十部,共六百七十五卷。其中从经名可疑其属于戒律学范围的即有很多,如:《阿惟越致菩萨戒经》、《菩萨四事经》、《菩萨正行经》、《菩萨内诫经》、《波罗提木叉》、《大沙门羯磨》、《大戒经》、《五部威仪所服经》(《五部僧服经》)、《衣服制》、《沙弥离戒》、《沙弥离威仪》、《沙弥持戒经》、《在家菩萨戒经》、《在家律仪经》、《道本五戒经》、《迦提罗越问五戒经》、《威仪经》、《劝王持五戒经》、《尼犍斋经》、《佛问淳陀长者受乐净行经》、《眼能视杀人经》、《戒法律经》、《布施持戒经》、《持戒教人杀生经》、《五戒报应经》、《二百五十戒经》、《异出十善十恶经》等各一卷。①

另外,还有一些戒律学的翻译(或抄录)在道安撰集经录时是存在的,但今已不存。比如:《菩萨布施忏悔法》(抄《决定毗尼经》)一卷、《比丘诸禁律》一卷、《贤者五戒经》一卷、《持斋经》一卷、《少多制戒经》一卷、《慈仁不杀经》一卷、《恒水戒经》(旧录为《恒水经》)一卷、《三归五戒神王名》一卷、《灌顶三归五戒带佩护身咒经》一卷等。

五、律学的初兴

律学的形成有两个基本前提:其一,是要有较为完备的广律;其二,

---

① 参见《出三藏记集》卷四,《大正藏》第55卷,第32页下—37页中。

要有一个以研律为主要任务的律师队伍。

东晋之初,戒律的翻译还没有完全展开,具有鲜明个性的律师主体可能并不存在,或者专业律师数量无几,个性也并不鲜明。此时,律学的研习还主要只在义学僧人之间。但东晋后半期,戒律经典的翻译达到了一个高峰。随着广律的译就和诸本戒律学著作的渐渐增多,即有一些僧人专门从事律学的讲习、研究和弘传,并因之形成了较为稳定的律师队伍。在此基础上,中国佛教律学得以萌芽与发展。虽然不能确定中国律师最早什么时间出现的,但是在梁《高僧传·慧远传》中即已经有了"律师"之名。鉴于《十诵律》译于姚秦弘始七年(405),慧远逝于东晋义熙十二年(416),可见,《十诵律》刚译就不久即已经有"律师"从事律学研究了。正是随着众多律师对佛教戒律的翻译、传习和注疏的逐渐深入,预示了中国佛教律学的破土而出。

所谓中国佛教律学,即是以中国僧众为主体和载体的文化力量,在对印度戒律实用化、中国化和大乘化的基本精神指导下,在对印度佛教精神和戒律学理论研习和实践中形成的关于戒律理论的知识体系构建和义学理论探讨的思想成果。中国佛教律学的本质是在一定的历史时期和一定的文化背景中,律师和义学僧人在对佛教戒律翻译、研习和持弘过程中,以对佛教戒律本土化、实用化为目的,在指导思想上依佛教大义而自觉或不自觉地从民俗学、宗教学或比较宗教学的角度,对佛教广律等经典进行简择取舍的理论化、系统化的思维成果。

中国律学的繁荣除了要有完整的广律文本和一个相对稳定、以弘律研律为己任的律师队伍之外,还必须要符合社会和佛教发展的客观需要,即是要把这种研律和弘律的思想应用于戒律的中国化和佛教的中国化过程之中。

这一切,东晋时代已经初步具备。中国佛教律学已经有了繁荣和发展的基础。

第二节 南朝的律学与律典翻译

南朝各代,帝王贵胄都对佛教戒律相当重视,诸帝支持讲律不遗余力。南朝佛教律学的繁荣,既有东晋时留下的文化遗产,也有着佛教自身发展的力量。随着南朝译经事业的发展,中国僧人通过研习的深入,对律学精神的领悟也越来越透彻,中国僧人撰写的律学著作也就不断出现。

一、南朝的律典翻译

(一)佛陀什及其《五分律》的翻译

南朝时最重要的律学翻译成果是《五分律》,它是由刘宋时佛陀什完整译出的。在此之前,也有僧人曾从《五分律》中节译过一些经文,如《自恣法缘记》、《功德衣开戒利缘记》、《比丘断酒缘记》等。佛陀什,又译做佛驮什、佛大什,其意为"觉寿",北印度罽宾国人。佛陀什幼时曾受业于弥沙塞部僧人,因而得以专究弥沙塞部律藏。刘宋景平元年(423)七月,佛陀什到扬州后,应琅玡王及竺道生等人之请并为檀越,于同年十一月于建康(今南京)龙光寺开始翻译《五分律》。该《五分律》的梵本乃是东晋时法显三藏从师子国(今斯里兰卡)所得,但本经还未及译出,法显即逝。此次《五分律》的译事由佛陀什宣讲梵文,于阗沙门智胜传译,龙光寺竺道生、东安寺慧严共同执笔参正,至第二年四月完成,译出《弥沙塞律》三十四卷(今本为三十卷),此即现行本的《五分律》。同时,佛陀什又另出该律抄本《戒本》(《弥沙塞比丘戒本》)及《羯磨文》各一卷,并行于世。[①]

《五分律》或称为《弥沙塞律》,全称为《弥沙塞部和酰五分律》。弥沙

---

① 《高僧传》卷三《佛驮什传》,《大正藏》第50卷,第339页上。《大唐内典录》卷四说,到景平三年(425)十二月方讫,见《大正藏》第55卷,第257页下。

塞,意为"化地部"。① 本律系佛入灭后三百年顷,自上座部系统分出的化地部所传的广律。《五分律》规定比丘戒二百五十一条,比丘尼戒三百七十条,这与他本律藏所言有所不同。近代佛教学者通过对有关巴利文律藏与汉译诸律的比较研究,认为本律与巴利文律藏在内容上最为接近。

《五分律》的主要结构共有五部分:

(1) 初分,卷一至卷一〇,内容为比丘戒法,包括四波罗夷法、十三僧残法、二不定法、三十舍堕法、九十一堕法、四悔过法、百众学法、七灭诤法等,共二百五十一戒。(2) 第二分,卷一一至卷一四,内容为比丘尼戒法,包括八波罗夷法、十七僧残法、三十舍堕法、二百零七堕法、八悔过法、百众学法等,共三百七十戒。(3) 第三分,卷一五至卷二二,内容包括受戒法、布萨法、安居法、自恣法、衣法、皮革法、药法、食法、迦絺那衣法。(4) 第四分,卷二三至卷二四,包括灭诤法、羯磨法。(5) 第五分,卷二五至卷三〇,包括破僧法、卧具法、杂法、威仪法、遮布萨法、别住法、调伏法、比丘尼法、五百集法、七百集法等。

(二) 僧伽跋陀罗与《善见律毗婆沙》

僧伽跋陀罗,意为"众贤"或"僧贤",西域人,生卒不详。南朝齐永明年中(483—493),僧伽跋陀罗由南海乘船来广州,与其同行的一位三藏法师(有人疑其是《清净道论》的作者觉音)将其所携带的律藏梵本付与僧伽跋陀罗。于是永明六年(489,有说为永明七年),僧伽跋陀罗与沙门僧猗(又作僧祎)于广州竹林寺将该梵本译出,此即《善见律毗婆沙》十八卷。②

---

① 关于"和酰"二字,印顺法师在其《原始佛教圣典之集成》中考证说,《弥沙塞部和酰五分律》题目中的"和酰"二字,意义不明,古代经目中也缺此二字。他说,由于弥沙塞部,汉译或作"弥嬉舍娑柯"、"弥嬉舍婆挹","婆挹"虽可能为梵语"娑柯"或"婆拖"的误写,但与"和酰"的音相合。因此他认为,由于化地部的梵音是"弥沙塞和酰",所以把《弥沙塞和酰部五分律》误写为《弥沙塞部和酰五分律》,从而形成了今天的《弥沙塞部和酰五分律》之名,"和酰"二字显然是没有意义的。参见《中华佛教百科全书》,第541页,台北,中华佛教百科文献基金会,1994。
② 《历代三宝记》卷一一,《大正藏》第49卷,第95页下。

《善见律毗婆沙》,又被称为《善见论》或《毗婆沙律》,为小乘律部五论之一,其内容为注释锡兰上座部所传之律藏。据传,《善见律毗婆沙》形成于佛涅槃后优波离既结集律藏,优波离欲涅槃时,付弟子陀写俱,陀写俱欲涅槃时付弟子须俱,须俱欲涅槃时付弟子悉伽婆,伽婆欲涅槃时付弟子目犍连子帝须,目犍连子帝须欲涅槃时付弟子旃陀跋阇。如是师师相付,传至于僧伽跋陀罗同船的三藏法师,后传至中国。

《善见律毗婆沙》全书初有归敬偈和外序。卷一至卷四叙述第一、二、三次经典结集之事,叙述了律藏之传持和阿育王之子摩哂陀至锡兰布教等事。其后诸文则通过佛与婆罗门、优婆离与舍利弗等对话,铺陈了律的精神、内涵等。

(三)僧伽跋摩与《萨婆多部毗尼摩得勒伽》

僧伽跋摩,意为"众铠",天竺人,生卒不详。僧伽跋摩善解三藏,尤精《杂心》。南朝宋元嘉十年(433),他出流沙至于京邑。后应慧观等人之请,译出《萨婆多部毗尼摩得勒伽》十卷等。[①]

《萨婆多部毗尼摩得勒伽》,又称为《摩得勒伽论》。其写法与《萨婆多毗尼毗婆沙》基本相同,"萨婆多部"又名"说一切有部",为小乘二十部之一。本论是依萨婆多部的观点对《十诵律》的解释和说明。在本论第一卷中即阐述其对戒律的基本立场和形而上的基础,说明了戒律的相持属性,确立了本部对戒律的理解。文中对犯"毗尼罪"分别从"作"与"无作"、"色"与"非色"、"可见"与"不可见"、"有对"与"无对"、"有漏"与"无漏"、"有为"与"无为"、"世间法"与"出世间法"、"阴摄"与"非阴摄"、"界摄"与"非界摄"、"受"与"不受"、"心"与"非心"、"四大造"与"非四大造"、"从结生"与"非结生"、"记"与"无记"、"隐没"与"不隐没"、"有缘"与"无缘"、"有报"与"无报"、"业"与"非业"、"内入"与"外入"、"或过去""或未来""或现在"、"善无记"或"不善无记"……等诸多理论方面给予说明。

---

① 《高僧传》卷三《僧伽跋摩传》,《大正藏》第50卷,第342页中。

第二卷以下即结合佛陀制戒的因缘而阐述对戒律持守的基本内容。

(四) 真谛与《律二十二明了论》

南朝陈时主要的律学翻译为《律二十二明了论》,它是由中国佛教史上最重要的翻译家之一的真谛三藏译出。

《律二十二明了论》又简称为《明了论》或《了论》,为弗陀多罗多造。所谓"明了",即是说,若人读诵文句,熟简择义,即能成事行人,此人则是于律明了。全论说了什么是于律"明了",什么是持律的功德,最后一偈说:"于此等义心决了,由读诵文事行师,此人于律则明了,佛说此人不依他"①。本论中说,弗陀多罗多正是"为怜愍怖畏广文句人故,略摄律义"而成文。

本论通过二十二首偈颂,列出律藏中的名目,并假以散文体解释其义。第一偈相当于发起序,言明立论的意义:"毗尼毗昙文所显,与戒及护相应人……诸佛所赞修三学,不看他面我当说。"第二偈到第二十一偈共二十颂是正宗分,分别解说明持戒以护诸种邪业。第二十二偈是结颂。但其五卷的注记解释今已不存。

今本《律二十二明了论》一卷,卷末有简短的附记,由此附记可知,本论是真谛应都下定林寺律师法泰之请,于南朝陈光大二年(568)正月译于广东南海郡,都下阿育王寺慧恺为笔受。在某种程度上,弗陀多罗多所造的《明了论》从宏观的角度说明了佛教律学的内容框架,也即是他指出的律学有"二十二明了义"。另外,真谛的律学译述还有《僧涩多律》一卷。

(五) 南朝时期其他的律典翻译与律学撰述

除去上述律、论之外,南朝时主要律学译述还有如下一些:

刘宋时,求那跋摩翻译的《菩萨善戒经》十卷、《三归及优婆塞二十二

---

① 《律二十二明了论》,《大正藏》第 24 卷,第 673 页上。

戒》一卷、《优婆塞五戒略论》一卷、《昙无德羯磨》一卷等。① 宋景和年中，律师释僧璩于京都依《十诵律》撰出《十诵羯磨》一卷(或为《略要羯磨法》一卷②；宋明帝时，律师释法颖于京师撰出《十诵比丘尼戒本》(或为《十诵比丘尼大戒》) 一卷和《十诵律羯磨杂事》一卷③；齐武帝时，沙门摩诃乘于广州翻译的《他毗利律》(意为"宿德律")卷数不详，未至京师④；沙门释法度出的《毗跋律》一卷⑤；沙门释超度的一部七卷《律例》⑥。梁时律学翻译并不多，其律学著述大都是撰集或敕撰。主要有：武帝天监三年(504)，扬州沙门释僧盛于钟山灵耀寺依《四分律》撰出的《教戒比丘尼法》一卷⑦；建初寺明徽集的《五分比丘尼戒本》一卷⑧；光宅寺寺主法云创立的《僧制》，它曾用为后范⑨；梁武帝敕法超等撰的《出要律仪》十四卷等⑩。

另外，释僧纯还出有《比丘尼大戒》一卷，释法颖撰《十诵比丘尼戒本》一卷，觅历传《大比丘尼戒》一卷。但后者被认为疑经，已经不存。⑪

二、南朝的"十诵律学"

《十诵律》译成于北地。其后，随着南北佛教的交流及北地僧人的南迁，也把北地对《十诵律》的研习传统带到了南方，《十诵律》也就随之流行于江南诸地。《十诵律》在南方的流行主要得益于卑摩罗叉律师的推

---

① 《出三藏记集》卷二，《大正藏》第 55 卷，第 12 页中。
② 同上书，第 13 页上。
③ 同上。
④ 同上书，第 13 页中。
⑤ 同上书，第 13 页下。
⑥ 《高僧传》卷一一《志道传》，《大正藏》第 50 卷，第 402 页上。
⑦ 同上书，第 13 页下。
⑧ 《开元释教录》卷一七，《大正藏》第 55 卷，第 668 页上。唐时，有开业寺释爱同也集有《弥沙塞羯磨本》一卷。
⑨ 《续高僧传》卷五《法云传》，《大正藏》第 50 卷，第 464 页中。
⑩ 《续高僧传》卷二一《法超传》，《大正藏》第 50 卷，第 607 页上。
⑪ 《出三藏记集》卷二，《大正藏》第 55 卷，第 14 页下。

动。卑摩罗叉律学功底深厚,他在东来之前就曾于龟兹弘阐律藏。卑摩罗叉在江南宣讲《十诵律》,"律众云聚、盛阐毗尼",所以江南的"十诵律师"也大都是从卑摩罗叉而学的,慧皎因此说,"律藏大弘,叉之力也"。①卑摩罗叉后又往江陵,在辛寺开讲《十诵律》,该寺有慧猷随之为学。卑摩罗叉在江陵之地倍受欢迎,学徒如林,有昙猷亲承音旨,僧业继踵,又有僧璩、僧㻽、僧隐、僧荣等律师祖述猷业,列奇刘宋,乃使《十诵律》学大兴于江南,并形成了南方的"十诵律学"。

（一）南朝的"十诵律师"

南朝的律师众多,梁慧皎的《高僧传》中传主有十二人,他们是慧猷、僧业、慧询、僧璩、僧隐、道房、道营、志道、法颖、法琳、智称和僧祐,另有附传八人。在道宣的《续高僧传》中,正传有四人,即法超、道禅、昙瑗和智文。还有一些律师散见于梁、唐两僧传的行文中,没有单独传立。另外,虽然有一些僧人并非列入僧传中的"明律篇",但对律学也有着相当的造诣,像协助翻译律学著作的中国僧人于阗沙门智胜、龙光道生、东安慧严等即是。其他还有一些僧人对律学的研习和弘传有着重要贡献,如宋京师道场寺慧观,"精通《十诵》,博采诸部,故求法问道者日不空筵"②;曾在西域咨受戒业的释慧览不仅在于阗传授戒业,在应宋孝武帝之请住京师中兴寺后,"京邑禅僧,皆随踵受业"③。

虽然南朝也有不少律师研习其他律本,但在梁、唐二僧传的"明律篇"所记的传主中,活动于此时的律师就有十二个是钻研《十诵律》的。像宋江陵释僧隐,"游心律苑,妙通《十诵》",深解律要④;齐蜀灵建寺释法琳,"专好戒品,研心《十诵》"⑤等。仅在僧祐的《萨婆多部记目录序》中,即记有研习《十诵律》的律师二十位,他们是:僧业律师、慧询律师、道俨

---

① 《高僧传》卷二《卑摩罗叉》,《大正藏》第50卷,第333页下。
② 《高僧传》卷七《慧观传》,《大正藏》第50卷,第368页中。
③ 《高僧传》卷一一《慧览传》,《大正藏》第50卷,第399页上。
④ 《高僧传》卷一一《僧隐传》,《大正藏》第50卷,第401页中。
⑤ 《高僧传》卷一一《法琳传》,《大正藏》第50卷,第402页上。

律师、法香律师、力律师、耀律师、僧璩律师、慧猷律师、惠光律师、远律师、成具律师、法颖律师、志道律师、道嵩律师、熙律师、超度律师、晖律师、畅律师、法献律师、智称律师。① 当然,此中也有个别是活动于北方的律师。

基本上,从东晋末年到南朝刘宋阶段,南方的"十诵律学"处于初期发展阶段。此一阶段的律师主要是对《十诵律》的义理和精神进行学习和钻研。

(二)"十诵律学"的兴起与繁荣

如果说是卑摩罗叉把《十诵律》及对《十诵律》的研习传统带到了江南,那么正是释慧猷开创了南朝的"十诵律学"。

江陵辛寺释慧猷,生平不详,具戒后专精律禁。卑摩罗叉携《十诵律》至江陵(今湖北江陵县)后,慧猷即从之受业。僧传中言其沈思积时,大明《十诵律》,对其内容有着透彻的理解,并著有《十诵义疏》八卷。慧猷是南朝《十诵律》学的开创者,依梁启超的说法,释慧猷的《十诵义疏》八卷是中国律学第一部著作。因此,它也事实上标志着中国律学的诞生。②

南朝"十诵律学"的另一开创者是释僧业(367—441)。释僧业曾从学于鸠摩罗什,《十诵律》一出,他即专门研习传讲,洞其深奥,故被罗什赞为"后世之优波离"。后因关中多难而避于东晋京师,应吴国张邵之请至于姑苏闲居寺。对于昔时罗什在关中未译《十诵律》之前而先出的《十诵戒本》,僧业乃依据大本《十诵律》对其相异之处,一一改正,其后二本并行。③ 僧业的弟子释僧璩,生卒不详,住京师庄严寺,尤明《十诵律》。僧传中称其律行无疵,道俗皈依者车轨相接,因而被刘宋孝武帝请为僧

---

① 《出三藏记集》卷一二,《大正藏》第55卷,第90页上。
② 梁启超:《见于〈高僧传〉中之支那著述》,《佛学研究十八篇》(二),第321页,沈阳,辽宁教育出版社,1998。
③ 《高僧传》卷一一《僧业传》,《大正藏》第50卷,第401页上。

正。僧璩著有《僧尼要事》两卷。① (《开元释教录》卷五言其撰《十诵羯磨》一部、《十诵比丘尼戒本》一卷。)

另有释法颖也对"十诵律学"的形成作出了贡献。释法颖(416—482),宋齐时僧人,博涉经论,精研律部。宋元嘉末年,至于金陵新亭寺,僧祐称赞他"幼选名师,历事名胜,校理精密,无幽不贯,""积道河西,振德江东……行以尸罗为基,学以《十诵》为本";"常以此律广受二部,教流于京寓之中,声高于宋齐之世,可谓七众之宗师,两代之元匠"。② 法颖撰集有《十诵比丘尼波罗提木叉戒本》一卷、《十诵律羯磨杂事》。

尽管慧皎评价宋代的律师僧璩、僧俨、僧隐和僧荣等是为祖述慧猷之业,"依文作解,未甚钻研"③,但是,中国律师经过二百多年的律学研习和理论继承,已经较为深刻地把握了佛教戒律的精髓。经过长期的理论积累,宋齐以后,以"十诵律学"为代表的南朝律学也进入一个新的阶段。众多律师不仅能够学通律品,更能会通三藏,因此对律学理论和精神有着深刻完整地把握。《十诵律》在僧众中得以普及,其思想研习也相当繁荣,律中精髓得到阐发,其直接表现即是律师进入律学著疏阶段。如释道俨率先以融会各家律藏为要,系统阐发思想、精心"会其旨归",于南朝刘宋昇明元年(477)著有《决正四部毗尼论》二卷。④ 释法琳随师读律数载,即做到"诸部毗尼,洞尽心曲"。⑤ 宋齐时著名律师为京师安乐寺的释智称(430—501),研构毗尼、弘宣《十诵》,能"举其纲目,示其宪章",讲律不缀,并著有《十诵义记》八卷,慧皎称其是"竭有深思,凡所披释,并开拓门户,更立科目"⑥。

律师的众多著述,不仅反映了他们对《十诵律》的理解,也反映了他们对佛教戒律精神的领会。

---

① 《高僧传》卷一一《僧璩传》,《大正藏》第 50 卷,第 401 页上、中。
② 《出三藏记集》卷一二《十诵律义记目录序》,《大正藏》第 55 卷,第 94 页中。
③⑥ 《高僧传》卷一一《论律》,《大正藏》第 50 卷,第 403 页中。
④ 《高僧传》卷一一《释道俨传》,《大正藏》第 50 卷,第 401 页中。
⑤ 《高僧传》卷一一《法琳传》,《大正藏》第 50 卷,第 402 页上。

除去前文已经提到的,此一阶段其他的律学著作还有:释超度的《律例》七卷;梁武帝敕撰的《出要律仪》十四卷,流行于梁境;释宝唱的《经律异相》五十卷;僧祐的《律记》十卷;释智文的《律义疏》十二卷、《羯磨疏》四卷、《菩萨戒疏》两卷;释昙瑗的《十诵疏》十卷、《戒本》和《羯磨疏》各两卷、《僧家书仪》四卷、《别集》八卷;道成的《律大本羯磨诸经疏》三十六卷,等等。

上文所述各代律家有关《十诵律》的著述,大都散佚。只有刘宋僧璩所撰《十诵羯磨比丘要用》一卷尚存,其中《受三归五戒文》、《受八戒文》乃至僧中说清净文等,都是从《十诵律》犍度法中的有关受具足戒法、布萨法、安居法,以及尼律单堕法、善诵毗尼序等抄出羯磨等文而成。

南朝之时,律师讲律蔚然成风,《十诵律》也因之得以普及。释智称一生中讲《十诵律》三十余遍,数百听众皆执卷承旨。① 僧祐说释法颖"讲律之座,环春接冬,禀业之徒,云聚波沓"②。而僧祐律师则是少受律学,刻意毗尼,且夕讽持,四十许载,春秋讲说,七十余遍。齐永明年中,僧祐应竟陵王之请在三吴(今天湖州、苏州、绍兴一带)讲《十诵律》,听众常七八百人。在他后半生数十年中,经常为学众广开律席,慧皎言其门徒一万一千余人。③ 梁陈时的释智文,传业之盛,独步江表,梁大同七年(540),释智文由武帝敕请、以陈郡殷均为之檀越于光业寺开讲律藏,相趋常听者二百多人。智文讲律剖析章句、词省义富,所以众家修撰罕有能出其右者。智文一生讲《十诵律》八十五遍,大小乘戒心、羯磨等二十余遍,僧尼从其受戒者三千余人。④ 陈隋之际还有蒋州奉诚寺道成律师,他一生中讲《十诵律》、《菩萨戒》、《大品》、《法华》诸经律等一百四十遍。⑤ 陈隋之际的释昙瑗讲律时常徒讲众有二百余人,以至于陈宣帝下诏国内,要求初受戒未满五年的出家者均须皆参昙瑗之律肆学习。陈宣帝准

---

① 《高僧传》卷一一《智称传》,《大正藏》第 50 卷,第 402 页中。
② 《出三藏记集》卷一二《十诵义记目录序》,《大正藏》第 55 卷,第 94 页中。
③ 《高僧传》卷一一《僧祐传》,《大正藏》第 50 卷,第 402 页下。
④ 《续高僧传》卷二一《智文传》,《大正藏》第 50 卷,第 609 页中、下。
⑤ 同上书,第 611 页上。

昙瑗可于都邑大寺广置德场弘律,并敕昙瑗总知监检、明示科举,命有司为其提供衣食。昙瑗即搜擢明解词义者二十余人,于京邑屯闹,行诵相宣戒律。对于学成而将还本邑者,昙瑗还聚徒对其能力和律学理解进行测试,理解无疑者方允许其回。① 因为国家的支持,名师讲学,对徒众严格要求,于是此时律学更新,仅仅几年,有陈一世,律学昌盛。

正是得益于这种宣讲研习,融会贯通,才促进了僧众对佛教戒律的研习,并能在这种研习中进行戒律中国化建设的尝试。由此,中国律学发展已经超越了单纯地弘扬阐释、"依文作解"阶段,而能学以致用、会通继承。

（三）《十诵律》在南方的流传

南朝律学是围绕着《十诵律》而形成和发展的,从某种意义上说,南朝的律学史即是《十诵律》的传播史。梁慧皎曾总结《十诵律》在中国的流传状况说,虽然诸部的律文都已传译,而《十诵律》一本当时在东国(今中国东部江淮一带)最为盛行。对于《十诵律》在江南的传布,唐代律师道宣说:"萨婆多部《十诵》一本,最广弘持,寔由青目律师敷扬晋世,庐山慧远赞击成宗,尔后璩、颖分骥而命路,祐瑗波腾于释门,澄一江淮无二奉矣。"②

《十诵律》在南方流行了很长时间,江南因此有十分深厚的"十诵律学"的社会土壤。比其晚译几年的《四分律》在江南则迟于很久才得流传。甚至到隋时还有释智锴晚讲《十诵律》之事。③ 隋末也有惠旻律师从竹园寺的志律师"禀承《十诵》,文理精通,傍讯诸部"。④ 唐时的相州法励也曾在其创立"四分律宗"之前到江南游学过《十诵律》。直到唐中宗时,江南仍然流行《十诵律》,"以江表多行《十诵律》,东南僧坚执,罔知《四分》,岸请帝墨敕,执行南山律宗"⑤。道岸生于唐高宗永徽五年(654),卒于玄宗开元五年(717),这说明在道宣(596—667)死后半个世纪、《四分

---

① 《续高僧传》卷二一《昙瑗传》,《大正藏》第50卷,第609页上。
② 《续高僧传》卷二二《论律》,《大正藏》第50卷,第620页中。
③ 《续高僧传》卷二一《智锴传》,《大正藏》第50卷,第570页中。
④ 《续高僧传》卷二九《惠旻传》,《大正藏》第50卷,第619页下。
⑤ 《宋高僧传》卷一四《道岸传》,《大正藏》第50卷,第793页下。

律》在北方如日中天之时,江南《十诵律》仍然是盛行不衰。

三、比丘尼戒的重受和方等戒坛的建立

(一)比丘尼戒的重受

传统佛制,女性出家与男性不同。据《毗尼母经》卷一、《四分律》卷四八等经律所言,佛在成道十四年后,其姨母摩诃波阇波提夫人率五百名女子要求出家,被佛拒绝。后经阿难请求,佛为女性出家另制八种额外要求。它们是:(1)尼虽百岁也要起迎礼拜初夏比丘足;(2)尼不得骂谤呵责比丘;(3)比丘尼不得举比丘过、说其过失,但比丘可举说比丘尼之过;(4)式叉摩那(学法女)学戒后需从比丘受具足戒;(5)比丘尼若犯有僧残罪,应于半月内于二部僧中行摩那埵(即发露、忏悔等灭罪方法);(6)比丘尼应当于半月之中从僧求乞教授;(7)比丘尼不应于无比丘处夏安居;(8)比丘尼夏安居结束,应从比丘处求三事以自恣忏悔。这也是后世所说的"八敬法"、"八敬戒"或"八不可越法"。比丘尼对此八敬法应尽形寿恭敬遵从。① 而其第四法即要求女性在式叉摩那期满后,若要受具足戒必须集二十众清净僧尼方可授具足戒,若少一人,则做法不成。不仅授者结罪,由于其数不满,也不能令尼感发而得增上戒品。

两晋阶段,戒坛虽有,但其全都为比丘戒坛。至于女性受戒之事,从东汉时阿潘出家受三皈依,到西晋时洛阳竹林寺净检尼等从昙摩羯多受戒,由于中国未有尼师,二部不全,因此比丘尼受戒及得戒的问题一直没有得到解决,她们仅仅是剃发、从和尚受十戒而已。若依严格律仪观之,她们所受都非全戒。

南朝刘宋时中国律学的一件大事,即是如法比丘尼戒坛的建立。随着求那跋摩、僧伽跋摩和比丘尼铁萨罗的来华,开创了中国比丘尼从二部僧众受比丘尼戒之先河。对于此事,梁《高僧传》卷三的《求那跋摩

---

① 《四分律》卷四八,《大正藏》第22卷,第923页上、中。

传》、《比丘尼传》卷二《慧果传》等都有说明。虽然其说或有不尽一致之处，但所述事情却大致相同。

求那跋摩（367—431），意为"功德铠"，北印度人，二十岁出家，精通经律论三藏，故时人称其为三藏法师。在建康（今南京）沙门慧观、慧聪等人的力请下，宋文帝敕交州刺史延请时在师子国的求那跋摩来华。于是，宋元嘉元年（424），求那跋摩由海路至广州，元嘉八年（431年，一说元嘉六年）至建康，并受到宋文帝的礼遇，敕住京师祇洹寺，宣讲《法华经》及《十地经》。求那跋摩至建康后，景福寺慧果尼曾问及尼众受戒之事，求那跋摩说，"律制十僧得授具戒，边地五人亦得授之"。慧果问："几许里为边地？"答曰："千里之外，山海艰隔者是也。"于是，众尼坚请求那跋摩主持为她们重行受戒。求那跋摩初欲随喜为其授戒，认为"戒法本在大僧众发，设不本事，无妨得戒，如爱道之缘"①。但是求那跋摩则坚持，如能依律重受更好，但由于二众未备，最好是再行邀请外国比丘尼前来，凑足十人之数方可。

僧伽跋摩，意为"僧铠"或"众铠"，他通律藏，善《杂阿毗昙心论》。刘宋元嘉十年（433），西经流沙至于建康，住平陆寺。《开元释教录》卷五称他译有包括《杂阿毗昙心论》十四卷在内，共五部二十七卷。僧伽跋摩至京师时，恰遇师子国比丘尼铁萨罗率十尼来至京师。于是，长期困扰中国比丘尼受戒的二众具备问题得以解决。刘宋元嘉十一年（434），应景福寺尼慧果、净音等力请，于建康南林寺设戒台，僧伽跋摩为戒师，为尼重新授戒。② 此次戒坛，僧尼从之受具足戒者数百人。此为中国有如法比丘尼之始。

作为一个标志，晋世净检出家受戒是从一众受戒，慧果尼出家是从二众得戒。此次授戒，对中国比丘尼的发展有着重大影响。南朝之地也

---

① 《高僧传》卷三《求那跋摩传》，《大正藏》第50卷，第341页中。
② 《高僧传》卷三《僧伽跋摩传》，《大正藏》第50卷，第342页中；《比丘尼传》卷二《慧果尼传》，《大正藏》第50卷，第937页下。两文所说的时间略有差异。

随即出现了一些著名的比丘尼。如,道义尼,"端心律藏,妙究精微";智胜尼,研习律藏"功不再受",自制数十卷义疏,义隐而理妙,受到高齐文惠帝的接召,并延请入宫讲说众经,司徒竟陵文宣王也倍为崇敬;僧盖尼"博听经律,深究旨归";德乐尼"穷研经律,言谈典雅";闲居寺僧述尼,"节行精苦,法检不亏,游心经律,靡不遍览,后偏功《十诵》,文义优洽"。等等。①

随着中国二众具备,比丘尼日渐增多,其社会地位也日益重要。如宝贤比丘尼,南朝宋文帝和孝武帝都深加礼遇,在泰始元年(465)敕其为普贤寺主,第二年又敕为都邑僧正。法净比丘尼,与宝贤尼齐名,泰始元年敕住普贤寺,第二年敕为京邑都维那。②

(二) 方等戒坛的建立

戒坛,指僧众用于说戒和举行授戒仪式、以使纳戒者感得戒体的地方,俗称坛场。因其略高于四周的平地,所以又常称之为戒坛。佛教之初不设戒坛,传戒即于露天之地进行做法。佛在祇树园时,因应楼至比丘之请,始创置三坛,分别为比丘、比丘尼授戒。

中国戒坛度僧始于曹魏,它是由昙柯迦罗建于洛阳。其后从晋至南朝时期,南方立戒坛者众多。主要有:晋法护于扬都(今南京)瓦棺寺立坛,晋支道林于汾州(今浙江新昌)立坛,晋支法领于若耶(浙江绍兴)立坛,宋时有求那跋摩于蔡州立坛,智严于京师(今南京)上定林寺立坛,宋慧观于天台山石梁寺立坛。齐时有僧敷于芜湖立坛。梁时有法超于京师南涧寺立坛,僧祐于上云居寺、栖霞寺、归善寺、爱敬寺四处立坛。③ 戒坛之兴对中国佛教的发展以极大的影响,正如道宣所说,从江左渝州已下,迄于江淮之南,通计戒坛总有三百余所。山东、河北、关内、剑南戒

---

① 此处分别参见《比丘尼传》卷一《道义尼传》,卷三《智胜尼传》、《僧盖尼专》、《德乐尼传》,卷四《僧述尼传》,《大正藏》第 50 卷,第 937 页上、第 942 页下、第 943 页上、第 944 页下、第 947 页中。
② 《比丘尼传》卷二《宝贤尼传》、《法净尼传》,《大正藏》第 50 卷,第 941 页上、中。
③ 参见《佛光大辞典》第 3 册,第 2917—2918 页,北京,北京图书馆出版社,1989。

坛,事不绝故,使江表佛法经今四五百年曾不退废,正由戒坛。① 不过,唐代以前的戒坛都是按照印度的方法所筑,方法来源于西僧所传和律典之中的记述,它们均为小乘戒坛。

依北宋时赞宁之说,中国最初的方等戒坛是南朝刘宋时求那跋摩三藏所立,他于蔡州为比丘授戒而开。"方等者即周遍义。"所谓方等戒坛,即是依据大乘方等的精神和方法而立的戒坛,凡能发大心者皆能从此得戒。因为律属于小乘,小乘教中须一一如法,如有片违,则令受者不得戒。但是大乘方等,不拘根缺缘差,并皆得受,只要能发大乘心则能如愿领纳。"自尔南北相次立坛,而无别名,后有南林戒坛。"②从此,南北大乘戒坛相次而立。求那跋摩三藏所筑的戒坛,至于唐时仍然在用。因为禅宗六祖慧能即是于此戒坛从法性寺智光律师受满分戒的。③

四、南朝的民间律学

南朝佛教戒律的繁荣,既有东晋时留下的文化遗产,也得力于佛教自身发展的力量,更因于世俗政治的需要。佛教戒律中国化或者说佛教戒律在中国的调适有着两方面的压力和动力,一是来自佛教内部的努力;一是来自佛教外部的力量,尤其是中国传统社会和士人从不同的立场上对佛教戒律的中国特色的理解或者要求。这也正是社会大众对佛教戒律的重视和研究日益深化的原动力。这表现在两个方面,一是民间对律学的热情,一是帝王对律学的重视。

(一)律学在民间的传播

由于南朝四世律学的繁荣,社会大众也对律学精神有着深入的了解。虽然南朝时,仍然有人对佛教戒律以"比附"理解,但更多的人则已经能从更深的层面上探讨儒家道德与佛教戒律在伦理要求上的内在一

---

① 《律相感通传》,《大正藏》第45卷,第881页中。
② 《僧史略》卷下,《大正藏》第54卷,第250页中、下。
③ 《宋高僧传》卷八《慧能传》,《大正藏》第50卷,第755页上。

致性。如梁简文帝时文德省学士傅弘即说:"欲得早戒,戒心自律。净律净心,心即是佛。除此心王,更无别佛。欲求成佛,莫染一物,心性虽空,贪瞋体实。入此法门,端坐成佛。"①这一切,事实上这也是梁武帝等所倡导的佛教制度的变革的群众基础和社会心理基础。

社会大众对三归五戒也极有热情,律师也因之有着极高的社会地位。如"律行清纯"的齐上定林寺释法献被琅琊王肃、吴国张融、张绻等"崇其诫训",玄畅也被文惠太子奉为戒师。② 齐梁之际的释道禅,"都邑受其戒范者数越千人"③。

另一方面,僧众的讲律也得到国主们的重视。如齐永明十年(492),竟陵王请沙门僧祐赴三吴讲律。④ 梁普通六年(525),武帝遍集诸名僧人,敕法超于平等殿讲律,并亲临于座听受成规。⑤ 同时,帝王们也对律师高度尊崇。如释僧璩,律行无疵,道俗皈依者车轨相接,被宋孝武帝请为僧正⑥;宋齐时释法颖,博涉经论,精研律部,宋元嘉末被宋孝武帝命为"都邑僧正",齐高帝又敕以"僧主"⑦;梁僧祐禁戒光洁,学高德劭,深受齐王礼遇,一切僧事硕疑,皆敕僧祐解决,故得到僧俗两众的尊重,也被准乘舆入内殿为六宫受戒⑧;释法超(456—526)专攻《十诵律》,雅有深思,独步京邑,以其律学造诣,被梁武帝敕为都邑僧正⑨;释智文(509—599)也被敕任为大律都⑩,等等。

甚至一些国主们也对佛教戒律表现出虔诚。如,宋高祖,"口诵梵

---

① 傅弘:《心王铭》,《全梁文》卷六七(六),《全上古三代秦汉三国六朝文》,第3352页,北京,中华书局,1985。
② 《高僧传》卷一三《法献传》,《大正藏》第50卷,第411页下。
③ 《续高僧传》卷二一《道禅传》,《大正藏》第50卷,第607页中。
④ 《续高僧传》卷六《明彻传》,《大正藏》第50卷,第473页中。
⑤ 《续高僧传》卷二一《法超传》,《大正藏》第50卷,第607页上。
⑥ 《高僧传》卷一一《僧璩传》,《大正藏》第50卷,第401页中。
⑦ 《高僧传》卷一一《法颖传》,《大正藏》第50卷,第402页上。
⑧ 《高僧传》卷一一《僧祐传》,《大正藏》第50卷,第402页下。
⑨ 《续高僧传》卷二一《法超传》,《大正藏》第50卷,第607页上。
⑩ 参见《续高僧传》卷二一《智文传》,《大正藏》第50卷,第611页上。

本,手为戒经";齐高宗,"召集禅僧,常持六斋";梁武帝,"国内普持六斋八戒"。①

最值得指出的是,社会大众以自己对佛教义理和戒律精神的理解,结合中国文化传统,写出了一些佛学著作,如"素信佛法,持戒甚精"梁代陆杲作有《沙门传》三十卷。② 也正是因为民间律学的发展和普及,才能产生齐萧子良的《净住子》和梁武帝的《断酒肉文》这样的著作。

(二)《净住子》的戒律学思想

《净住子》的作者为萧子良。萧子良(460—494),字云英,南朝齐武帝的次子,被封为竟陵王,后又谥号"文宣"。他通经史、善黄老、好佛典,喜抄经论,严守戒律,并有撰述。道宣称他是"大偃浇风,偏弘释教,多所制述","抄集群经增略删广,有兼济焉"③。其律学著作有《僧制》一卷、《戒果庄严》一卷、《清信士女法制》三卷、《注优婆塞戒》三卷,现已不存。④

《净住子》,全称为《净住子净行法门》,《出三藏记集》卷一二《齐太宰竟陵文宣王法集录》言其二十卷。所谓"净住",意指"布萨",即僧众每半月集会讲说戒本,检点己行,如有所犯即于众前发露忏悔,以令自己身、口、意三行不起七支恶业,能依法住于清净,故称为"净住"。能够"净住"者即为"净住子"。

《净住子》原书已经不存,现仅有史坦因收集的敦煌本断简,另外在《广弘明集》卷二七中收有唐代道宣的抄略,称为《统略净住子净行法门》,文前并有道宣所作的《序》,言其书乃萧子良于齐永明八年因感梦而作。在《全齐文》卷七中收有《净住子序》,但《大正藏》本所收的《广弘明集》无此序。本序说出了文宣王作《净住子》的宗旨,序中说:

> 遗教经云:波罗提木叉是汝大师,若住于世,无异我也。又云:

---

① 《释迦方志》卷二《教相篇》,《大正藏》第51卷,第974页上。
② 《梁书》卷二六《陆杲传》,第399页,北京,中华书局,1973。
③ 《大唐内典录》卷四,《大正藏》第55卷,第261页下。
④ 《出三藏记集》卷一二,《大正藏》第55卷,第85页下。

> 波罗提木叉住,则我法住,波罗提木叉灭,则我法灭。是故众僧于望海再说禁戒,谓之布萨。外国云布萨,此云净住,亦名长养,亦名增进。所谓净住,身口意身吉意,如戒而住,故曰净住子者。绍继为义,以沙门净身口七支不起诸恶,长养增进菩提善根,如是修习,成佛无差,则能绍续三世佛种,是佛之子,故云《净住子》。①

显然,他撰写《净住子》正是为了能修习成佛,长养善根,绍续佛种,成佛之子,而利于众生成就"净住子"。

从道宣的抄本可见《净住子》全书共有皇觉辨德门、开物归信门、涤除三业门、修理六根门、生老病死门、克责身心门、检覆三业门、诃诘四大门、出家顺善门、在家从恶门、沉冥地狱门、出家怀道门、在家怀善门、三界内苦门、出三界外乐门、断绝疑惑门、十种惭愧门、极大惭愧门、善友劝奖门、戒法摄生门、自庆毕故止新门、大忍恶对门、缘境无碍门、一志努力门、礼舍利宝塔门、敬重正法门、奉养僧田门、劝请增进门、随喜万善门、回向佛道门和发愿庄严门等共三十一条,内容着重于忏悔。从内容上看,《净住子》只是一个集中佛教基本理论的劝诫和劝善的入门书。

萧子良的律学思想主要在其撰写的《净住子》中得到一定的表现。

第一,《净住子》以儒家伦理比喻佛教戒律,并以佛教戒律为归点,这反映了萧子良把儒家伦理精神与佛教戒律调和的主旨。他把儒佛两家的戒条进行比较,如:

> 经云:见人之过,口不得言,己身有恶,则应发露;书云:闻人之过如闻父母之名,耳可得闻口不得言。又云:君子显其过。
>
> 经云:赞人之善不言己美;书云:君子扬人之美,不伐其善。
>
> 经云:恕己可为譬,勿杀勿行杖;书云:己所不欲,勿施于人。②

---

① 《全齐文》卷七《净住子序》,《全上古三代秦汉三国六朝文》,第2829页。
② 《广弘明集》卷二七《统略净住子净行法门》,《大正藏》第52卷,第309页上。

他认为,通过如此经书交映,即可见儒佛两家在做人做事上都是一脉相承,互相对应的。"十方诸众生,所行微善业,仁孝及谦敬,慈爱柔和等。忠正修礼智,矜逮赈孤穷,如是世俗善,悉回向佛道。"①

他还说:

> 内外之教其本均同,正是意殊名异,若使理乖义越者,则不容有此同致,所以称内外者本非形分,但以心表为言也……在家之人归崇三宝,持戒修善奉行礼义,是则为内,乖此为外。今内外道俗,共知内美之称由心,外恶之名在行,岂得不舍外恶,勤修内善。若欲修行,先自克责,当知求进是假名,退检是实法。欲涉千里者,必里粮卫足而致也;欲升彼岸者,必聚智粮具戒足而登也。所以能果者,实由退检觉察校试轻重,故能却断无明,退截老死。愚暗灭则慧光发,四相迁则戒德显。故知廉退者进之兆也,贪进者退之萌也。夫求而获者虚,则宝爱情深,故有倾危堕坠之苦此,外道之法也。退而获者,实则意无染恋,故得常安涅槃之乐,斯佛道之法也。今者但应退检不及,以自责躬,若志求进,必损我伤物;退察检失,则彼我兼利。当知克责心口,是八正之路;检察身行,是解脱之踪。是故如上善自克责,则无善而不归也。②

在其第二十"戒法摄生门"集中反映了作者对佛教戒律的重视,其中并作有《戒门颂》一首。文中说:

> 凡论课励要,必托境行因,若心志浮荡,则进趣无寄。然托境行因,戒为其始,可谓入圣之初门,出俗之正路。如乖此训,永处三涂,人天长绝。是以经云:譬如大地长生万物,戒亦如是,能生众生人天华果。故经云:若无此戒,诸善功德皆不得生,良以三涂苦报,罪障所缠,人天胜果,堪为道器,欲感胜果,非戒不生。是以圣人先明此

---

① 《广弘明集》卷二七《统略净住子净行法门》,《大正藏》第52卷,第320页下。
② 同上书,第309页上、中。

教,然三归五品,戒法两科,七众小学,要以三归为宗。一乘大教,必崇三聚为本,并如经律具显。规猷卓尔,宪章行业,明逾鉴镜……众生解悟,信知佛性,离此生死,招兴利乐,是故一切无不归凭。第一翻邪三归,第二五戒三归,第三八戒三归,第四十戒,第五具戒,第六十善戒,第七大菩萨戒。此之七戒所防过境,近约大千世界之内一切六根六大,并是戒境。①

萧子良的律学思想也体现在其行事上。史书中的少许记述,反映了其对佛教戒律的实践与持守。如,他"常劝人为善,未尝厌倦,以此终致盛名"。对于当时世祖喜好射雉,并以此为乐,他屡次上谏劝其慈悲生物,说:"夫卫生保命,人兽不殊;重躯爱体,彼我无异。故《礼》云:闻其声不食其肉,见其生不忍其死。且万乘之尊,降同匹夫之乐,天杀无辜,伤仁害福之本……臣见功德有此果报,所以日夜劬勤,厉身奉法,实愿圣躬康御若此。"②文宣王还把这种劝戒付之于积极的行动,在其为司徒时,常在邸园内集群臣名僧操办各类斋戒、赋食行水、放生施药。他还组建了"净住社",以助僧俗共行净住之法。

萧子良还与当时名僧、律师交往甚密,如玄畅、僧柔、慧次、慧基、法安、法度、宝志、法献、僧祐、智称、道禅、法护、法宠、智藏等。简而言之,"齐梁二代之名师,罕有与其无关系者"③。萧子良认为奉佛重在修行,一生奉戒极严,自名为"净住子",认为自身尚且不净,何以度己度人。因此,他对别人的坏戒自然也难以容忍。有一次,何胤的学生钟进议说"食蚶蛎不为食肉",即遭到萧子良的怒斥。《南齐书》卷四一和《南史》卷三〇对此事均有记载。

---

① 《广弘明集》卷二七《统略净住子净行法门》,《大正藏》第55卷,第315下—316页上。
② 《南齐书》卷四〇《竟陵文宣王子良传》,第699页,北京,中华书局,1974。
③ 汤用彤:《汉魏两晋南北朝佛教史》,第403页,北京,昆仑出版社,2006。

第三节　北朝的律学

由于政治和社会的变革,北朝时的一些律师历跨几个朝代或国家,道宣把其中一些律师列入隋代。

与南朝相比,北朝僧众对戒律更注重持守,律学也偏重于实证性的修行。甚至在一个相当的时间里,流行的是一种更为极端的持戒修行,如头陀行。另一方面,在律学研习上,北朝的律师一开始更为重视的是《摩诃僧祇律》,其后才慢慢地转向对《四分律》的理论发微。

一、北朝的规范僧禁

北地僧众的持律行为、律学的研究方向和重点,主要是受到世俗政治力量与法律的制约和调控。

律学是律师在翻译、研习、弘传、持守的过程中形成和发展的。显而易见的是,其研究方向和重点也都受到世俗政治力量和法律的制约与调控,因此,律学的每一个阶段都与世俗法律密切相关。由于政治的变动,造成社会僧众禁戒多失。如道宣所言:"梁末周初,佛法淆滥,行多浮略,迂诞毗尼。"[1]尤其是北朝魏齐之时,僧俗禁戒不严,仪服通混。因此,国家一方面鼓励律学的研习和翻译,强调佛教律学的重要性,同时,一些国主也对僧尼的持律修行极为关注,并以世俗的力量来保证僧众对戒律的持守。

永平元年(508)秋,北魏宣武帝下诏说:"缁素既殊,法律亦异,故道教彰于互显,禁劝各有所宜。自今以后,僧犯杀人已上罪者,仍依俗断,余犯悉付昭玄,以内律僧制治之。"[2]魏宣武帝笃好佛理,每年常于禁中,亲讲经论,广集名僧,标明义旨,而由沙门条录而成为《内起居》。[3] 上既崇之,下弥

---

[1]《续高僧传》卷二九《僧晃传》,《大正藏》第 50 卷,第 694 页下。
[2]《魏书》卷一一四《释老志》,第 3040 页,北京,中华书局,1974。
[3] 同上书,第 3042 页。

企尚。

更为重要的是,佛教界也往往想借助于世俗政权的力量来保证佛教戒律得以持守。如,北魏宣武帝永平二年(509)冬,即有沙门统惠深上言:

> 僧尼浩旷,清浊混流,不遵禁典,精粗莫别。辄与经律法师群议立制:诸州、镇、郡维那、上坐、寺主,各令戒律自修,咸依内禁,若不解律者,退其本次。又,出家之人,不应犯法,积八不净物。然经律所制,通塞有方。依律,车牛、净人、不净之物,不得为己私畜。唯有老、病、年六十以上者,限听一乘。又,比来僧尼,或因三宝,出贷私财,缘州外。又,出家舍着,本无凶仪,不应废道从俗。其父母三师,远闻凶问,听哭三日。若在见前,限以七日。或有不安寺舍,游止民间,乱道生过,皆由此等。若有犯者,脱服还民。其有造寺者,限僧五十以上,启闻听造。若有辄营置者,处以违敕之罪,其寺僧众摈出外州。僧尼之法,不得为俗人所使。若有犯者,还配本属。其外国僧尼来归化者,求精检有德行合三藏者听住,若无德行,遣还本国,若其不去,依此僧制治罪。诏从之。①

同时,对僧禁的重视也有来自僧伽内部的努力。东魏末年,慧光的弟子法上(495—580)为僧统时,认为僧俗"仪服通混",于是"制样别行,使夫道俗两异"②。

但是有理由相信,沙门统惠深的这种努力并没有得到其希望的结果,佛教内部的戒律持守仍然问题重重。我们知道,北魏时的僧祇户制度给寺院经济以极大的支持,在战争不断的北方地区,客观上保证了佛教的生存,促进了北地佛教的整体发展。但有些已经世俗庄园地主化的寺院主却骄横跋扈,无视内典外法,不仅违犯了世俗法律,也破坏了佛教

---

① 《魏书》卷一一四《释老志》,第3040—3041页。
② 《续高僧传》卷八《法上传》,《大正藏》第50卷,第485页下。

戒律。所以永平四年(511),有尚书令高肇奏言:

> 故沙门统昙曜,昔于承明元年,奏凉州军户赵苟子等二百家为僧祇户,立课积粟,拟济饥年,不限道俗,皆以拯施。又依内律,僧祇户不得别属一寺。而都维那僧暹、僧频等,进违成旨,退乖内法,肆意任情,奏求逼召,致使吁嗟之怨,盈于行道,弃子伤生,自缢溺死,五十余人……遂令此等,行号巷哭,叫诉无所,至乃白羽贯耳,列讼官阙。悠悠之人,尚为哀痛,况慈悲之士,而可安之。请听苟子等还乡课输,俭乏之年,周给贫寡,若有不虞,以拟边捍。其暹等违旨背律,谬奏之愆,请付昭玄,依僧律推处。①

世宗宣武帝的回答是:"暹等特可原之,余如奏。"

当时一些大的寺院不仅有群僧放马,而且官寺放马肆意蹂踏百姓的庄稼禾苗,甚至差点将出来"遮护"的农民殴打致死。② 可以说这种现象在南朝时并不多见。相对而言,南朝可能有的是腐化堕落、涉政弄权的僧人,但这种飞扬跋扈的僧人还是不多的。

北地的戒坛没有南方兴盛,道宣在《关中创立戒坛图经》中说,由晋至唐,自渝州已下至于江淮之间,共有戒坛三百余所,但立于北地者则语焉不详。再加上北地的社会现实,所以整个北朝时期,戒坛不盛,社会上私度僧泛滥。所谓"私度",即是没有得到官方颁授度牒的僧众。北魏至北齐之时,王公贵族以特权私自认可僧尼剃度出家,致使此期僧众数量急剧增加,北魏时私度僧约有两百万人,北齐时约有三百万人。③

当时不仅有奴婢出家,而且僧尼还多有养子及他人奴婢子,等其年长则私度为弟子。以至于北魏孝明帝熙平二年(517),灵太后下令:

> 年常度僧,依限大州应百人者,州郡于前十日解送三百人,其中

---

① 《魏书》卷一一四《释老志》,第3042页。
② 《续高僧传》卷二五《圆通传》,《大正藏》第50卷,第648页上。
③ 参见《佛光大辞典》"私度僧"条,第3册,第2985页,北京,北京图书馆出版社,1989。

> 州二百人,小州一百人。州统、维那与官及精练简取充数。若无精行,不得滥采。若取非人,刺史为首,以违旨论,太守、县令、纲僚节级连坐,统及维那移五百里外异州为僧。
>
> 自今奴婢悉不听出家,诸王及亲贵,亦不得辄启请。有犯者,以违旨论。其僧尼辄度他人奴婢者,亦移五百里外为僧……寺主听容一人,出寺五百里,二人千里。私度之僧,皆由三长罪不及已,容多隐滥。自今有一人私度,皆以违旨论。邻长为首,里、党各相降一等。县满十五人,郡满三十人,州镇满三十人,免官,僚吏节级连坐。私度之身,配当州下役。①

尽管如此,"时法禁宽褫,不能改肃也"。这一切都反映了此时北地僧众持律状况之一斑。

二、北朝戒律学著作的翻译

整个北朝时期,严格意义上的律学著作翻译不多。主要律学翻译者为瞿昙般若流支。

瞿昙般若流支,姓瞿昙,名般若流支,意为"智希",中印度婆罗门。东魏武定元年(543),瞿昙般若流支至于洛阳。在东魏元象初至兴和末(538—542)的几年里,瞿昙般若流支受侍中尚书令高澄之请,在魏都邺城译出十四部共八十五卷。其中戒律学翻译为《解脱戒本》一卷,它是应尚书令高澄之请,于东魏武定元年于邺都译出的,僧昉为其笔受。

《解脱戒本》,又被称为《解脱戒本经》或《迦叶遗戒本》,为北朝时重要的律典翻译,该戒本出于印度部派佛教时期迦叶遗部律。加叶遗,又作迦叶维、迦叶毗、迦叶波等,原为人名,后用之称其部所本之律。佛灭后百年,优婆掘多之门有五弟子,各立异见,律藏分五部。迦叶遗为其中之一人,故名其部为"迦叶遗部"。

---

① 《魏书》卷一一四《释老志》,第 3042—3043 页。

《解脱戒本》的梵本何时传到中国,难以确定。南朝梁时慧皎即说:"自大教东传五部皆度","迦叶毗部,或言梵本已度,未彼翻译"。① 唐代道宣也说,"迦叶遗部解脱一本,梵叶久传,无人翻度,惟出戒本在世流通"②。事实上,中土僧人弘宣研习戒律重在其实用性,而北朝时期中国律典翻译已经告一段落,这也许是本律大本没有取回或即使取回也没有得到翻译的主要原因。据僧昉"译经缘起"所言,由于此时律藏已经译就四种,"慨五数阙",敢以追访,获斯戒本,方为译出。③ 显然,在翻译者那里,译出本律的目的也许仅仅是为了把五部律本完整的译出。

　　相对于诸本广律和戒本而言,由于《解脱戒本》译出较晚,而此时,中国北方正在广泛流行的是《摩诃僧祇律》、《五分律》和《四分律》,加之其于诸本戒律原无根本区别,因此本戒本也没有广泛地流行。瞿昙般若流支还译有《无垢优婆夷问经》一卷。经中说:"若人入禅修四梵行,归佛法僧,受持五戒",则得无量无数善根福报。④

　　另外,北魏熙平元年(516,一说为神龟元年,即518),魏孝明帝即位不久就诏遣沙门慧生出使西域,历时数载,约正光年间返还。慧生等采集经律一百七十部,但不详其是否有律学翻译。

三、北朝对《摩诃僧祇律》的研习

　　由于南北的政治分裂,文化交流受到一定的影响,所以慧皎的《高僧传》"明律篇"中所记律师全部为活动于南方的律师,对北方的律师与律学记述基本没有。北地的律师和律学状况主要见于唐代道宣的《续高僧传》的"明律篇"中。此中记述律师除去属于南朝的梁时杨都天竺寺释法超、钟山云居寺释道禅,以及陈时杨都光宅寺释昙瑗、杨都奉诚寺大律都

---

① 《高僧传》卷一一《论律》,《大正藏》第50卷,第403页中。
② 《续高僧传》卷二二《论律》,《大正藏》第50卷,第620页中。
③ 《解脱戒经·译经缘起》,《大正藏》第24卷,第659页中。
④ 《无垢优婆夷问经》,《大正藏》第14卷,951页上。

释智文四位之外,余则全为北朝至隋唐的律师。他们主要是慧(惠)光、道云、道晖、道覆、昙隐、洪理、道乐、灵裕,另外还有法上、僧范、道凭、慧顺、灵询、僧达等对戒律学有着贡献的僧人。他们大都集中于洛阳、长安、邺城和相州诸地。

在诸种广律之中,北方更为流行的是《摩诃僧祇律》。

随着《摩诃僧祇律》在南方的译就,此后即有一些南方僧众从事对它的研习,但本律的研习主要是在北方,并在北方得以流行。在《摩诃僧祇律》译就的一百余年后,宝唱于南朝梁天监十五年(516)编纂成书的《经律异相》五十五卷的巨著,在对诸律的引证和引用中,《摩诃僧祇律》并不特别突出。这与《十诵律》初译于北方但盛行于南方恰恰相反。

《摩诃僧祇律》传入北方的准确时间大概不可详考。本律译成于晋义熙十四年(418),可能译出不久即传播到北地。

据《比丘尼传》卷一《道仪传》中说,晋太元(376—396)末,"中畿经律渐备,讲集相续",道仪尼乃至京师何后寺,"端心律藏,妙究精微"。但是,考虑到《十诵律比丘波罗提木叉戒本》一卷由鸠摩罗什译姚秦时期、《十诵比丘尼波罗提木叉戒本》一卷由东晋时法显于义熙九年(413)返回京师后集出、《十诵律》的梵本是东晋之世(弘始六年至七年,404—405)由罽宾国的弗若多罗在长安和卑摩罗叉在寿春完成,从时间上它们都晚于道仪尼之时。《四分律》和《五分律》更为其后。而在此之前,北地即有魏嘉平年中(249—253)译出《僧祇戒心》、晋咸康年中(335—342)沙门僧建从月氏国获得《僧祇尼羯磨》及《戒本》,所以此阶段,洛阳一带流行的律(戒)本可能就是从《摩诃僧祇律》中节译出来的部分篇章,并辅之以其他具有戒律学思想的经论和为数不多的中土僧人的撰述。

在其后的一段时间,对《摩诃僧祇律》的研习可能逐渐流行起来,因为元魏之时即有"于时世尚《僧祇》"、"关中专尚,素奉《僧祇》"之说。[1] 于

---

[1] 《续高僧传》卷二二《论律》,《大正藏》第50卷,第614页中。

是形成了一度影响很大的北朝"僧祇律学"。

北朝魏至隋初,北地弘传《僧祇律》的僧人很多,其主代表有:北魏慧光:"博听律部,随文奉行,四夏将登讲《僧祇律》"①;周隋时释昙崇(515—594),"学《僧祇》十有余遍,依而讲解,听徒三百,京辅律要,此而为宗"②;释灵裕(518—605),诵《四分律》、《僧祇律》,自写其文,八日之中书诵俱了,后南游漳滏,于隐公处偏学《四分》,随闻寻记五卷行之③;绵州释僧晃(唐武德初年卒,八十五岁),升坛之后,偏攻《十诵律》,周保定年间(561—565)以后,更业长安,进学《僧祇律》,讨其幽旨,有难必究,是滞能通。④

自姚秦之时到隋唐之际,中国北地佛教律学研习十分繁荣,此时习《摩诃僧祇律》、《十诵律》、《四分律》和《五分律》者,名家辈出。唐代义净三藏(635—713)是这样描写的:"详观四部之差,律仪殊异,重轻悬隔,开制迥然,出家之侣,各依部执。"⑤宋代元照则说是:"五部未分,假实未判,是此非彼,各尚己宗,故多乖诤。"⑥可见,此一阶段也正是中国北地诸律齐弘之时。

北地《摩诃僧祇律》的研习为其后律师对《四分律》的研习和"四分律宗"的兴起奠定了理论基础。据学者研究,《四分律》南山律学的开创者、唐代律师道宣在其律学的奠基性著作《四分律删繁补阙行事钞》中对《摩诃僧祇律》的引用达四百七十六次,远高于对除《四分律》外其他律本的引用。⑦

与其他的律学研究著作一样,南北朝时期有关《摩诃僧祇律》的注疏研习著作也大都不传,甚至现在所能见到的义学僧人引用《摩诃僧祇律》以阐释经典的注疏也仅是隋唐以后的。唐代律宗三家的律学著作此处

---

① 《续高僧传》卷二一《慧光传》,《大正藏》第50卷,第607页下。
② 《续高僧传》卷一七《昙崇传》,《大正藏》第50卷,第568页上。
③ 《续高僧传》卷九《灵裕传》,《大正藏》第50卷,第495页下。
④ 《续高僧传》卷二九《僧晃传》,《大正藏》第50卷,第694页下。
⑤ 《南海寄归内法传·序》,《大正藏》第54卷,《大正藏》第50册,第205页下。
⑥ 《资持记》卷一,《大正藏》第40卷,第161页。
⑦ 参见[日]佐藤达玄的《戒律在中国佛教的发展》(上),释见憨等译,第145—155页,嘉义:香光书香出版社,1997。事实上,道宣对《根有律》引用极少,有一个客观的原因,即是本部律文是在道宣后才由义净完整翻译的,以前只是零星的单本被偶尔译出。

不言,其他诸家引用《摩诃僧祇律》的著作主要有:

隋吉藏撰的《中观论疏》,隋净影寺沙门释慧远述的《涅槃义记》,隋慧远撰的《大乘义章》,隋章安顶法师撰、唐天台湛然再治的《大般涅槃经疏》,青丘太贤集的《梵网经古迹记》,唐清凉山澄观述的《大方广佛华严经随疏演义钞》,唐清凉山澄观撰的《大方广佛华严经疏》,唐西寺沙门法藏述的《华严经探玄记》、《梵网经菩萨戒本疏》,唐大慈恩寺沙门基撰的《妙法莲华经玄赞》,唐沙门基撰的《大乘法苑义林章》,唐沙门基撰的《成唯识论述记》,唐遁伦集撰的《瑜伽论记》(《瑜伽师地论记》)。唐开业寺沙门爱同录的《弥沙塞羯磨本》中,也多有引证《僧祇律》。

带有明显地方特色的北方律学,是苻、姚两秦时佛教律学的延续,更是佛教南北交流的结果。整体上说,北朝时期的律师著作没有南朝丰富,其著作也大都没有传下。从普及的意义上说,北朝先是流行《摩诃僧祇律》,其后才转为《四分律》。《摩诃僧祇律》在北方的流行持续了一个相当长的时间,早期北地几乎所有的"四分律师"都是从研习《摩诃僧祇律》开始的,最后他们才归集到《四分律》的周围。其后,北方律学便过渡到了以《四分律》为中心的历史阶段。

四、"四分律师"的崛起

《四分律》译出六十余年后,北地首先高扬《四分律》大旗的是元魏孝文帝(471—499 在位)时的北台(五台山的五峰之一)的法聪律师。法聪本学《摩诃僧祇律》,后即缀《摩诃僧祇律》而在平城(今山西大同市)专弘《四分律》。但其律学活动现已不可确知。道宣在其《续高僧传》的"法聪传"中,没有提到他的任何弘律之举,仅在"论律"篇中说他于元魏孝文年间,"北台杨绪,口以传授,时所荣之"①。后有沙门道覆,承其之业,赞疏六卷,"但是长科,至于义举,未闻于世"。道覆等律师讲习《四分律》,但

---

① 《续高僧传》卷二二《论律》,《大正藏》第 50 卷,第 620 页下。

影响并不太大。《四分律》真正取代《摩诃僧祇律》,是在以慧光、洪遵和智首及其后学为代表的北朝律师的推动下形成的。

(一)慧光律师的"搜扬新异"

慧光,北魏时僧人。十三岁时随父入洛阳,从佛陀扇多禅师受三归戒,"初禀定宗,后师法律轨仪",学习《摩诃僧祇律》。① 入门后,慧光执卷览经、博听律部,四年后即登讲《摩诃僧祇律》,因其辞清理华,时人称为"圣沙弥"。据道宣《续高僧传》,慧光讲律之初,唱高和寡、词理精玄而未遂听徒,他乃广参诸郡讲席,入洛京广闻博录,"搜扬新异",南北音字,通贯幽微。因此,大开《四分律》的讲席,使北地《四分律》兴盛,"缁素革风"。

慧光著作很多,但律学著作没有流传,仅有一些观点因被道宣等引用而可见其只言片语。慧光也曾对僧众中使用的《羯磨法》进行了删集。在其之前羯磨法,有魏嘉平年中昙柯迦罗译出的《昙无德羯磨》。另一种是支法领口诵出的《戒本》一卷和《羯磨本》一卷,被称为"旧羯磨"。慧光律师认为旧羯磨及戒本文有加减,多少不足,乃在此基础上随依大律次第删集,而成"羯磨文",此被称为"新羯磨"。此本新羯磨法一直流行到唐代,道宣时仍为法侣习诵。

慧光在中国佛教史上有两个主要贡献,其一,他通过与梵本比较对勘,悟其精神,而将勒那摩提和菩提流支分别译出的《十地经论》合为一本,地论学派遂因之而起。其二,他通过弘研《四分律》,并撰《四分律疏》一百二十纸(或说四卷)而揭橥《四分律》的兴起。其疏则是"后代引之,以为义节"②。

道宣称赞慧光道:"自正道东指,弘匠于世,则以道安为言初;缁素革风,广位声教,则慧光抑其次矣。"事实上,《四分律》之兴盛全仰慧光的提

---

① 《续高僧传》卷二二《论律》,《大正藏》第50卷,第620页下。
② 《续高僧传》卷二一《慧光传》,《大正藏》第50卷,第608页上。

倡和弘传,故而僧传言其"搜扬新异","缁素革风"。① 其所"扬"者为《四分律》,其所"革"者当然是《摩诃僧祇律》。这种现象,已经从本质上说明了当时北方的律学已经处于一个转换的前夜,而慧光的"搜扬新异"正好顺应了这种转变,从《摩诃僧祇律》过渡到了《四分律》。"四分律学"成为一宗,也正是草创于此。

(二)慧光后学的高扬《四分律》

慧光门下翘颖如林,有"十大弟子"之说。② 其主要弘律者有昙隐、道云、道晖、洪理等,其他还有法上、僧范、道凭、慧顺、灵询、僧达等。此后中国"四分律宗"一系的众律师,皆出于慧光之门。

释昙隐,河内人,生卒不详,为慧光的大弟子之一。昙隐受具后先从道覆听律,后又从慧光更采精要,名播一时。他崇奉戒约,诵习群经,凡三十万言。他弘播戒宗,文义雅正,所以与同时另一持律沙门道乐被人赞为"律宗明略,唯有隐、乐"。昙隐著《四分律钞》四卷,门人成器者十余,皆宗其轨辙。③

道云和道晖生平事迹均不详,他们都是慧光门人。道云曾奉慧光遗命专攻律学,造律疏九卷,"为众所先"。其后道晖依自己的理解,"间以意会"对道云之疏进行了删定而成七卷。道云和道晖在当时颇有影响,道宣赞道云是"成匠极多,流衍弥远";称道晖之讲学是"连衡云席"。所以时有"云公头,晖公尾,洪理中间着"④之谚。曾从学于道云和道晖的释法揩也专攻《四分律》。北齐亡后,他曾南避寿山,随开律教。隋开皇初年,他大辟法门,还返曹州,入京都,住扬化寺复扬戒律。⑤

律师洪理,生平不详,曾作有律钞两卷,后由沙门智首"开散词义,更

---

①④《续高僧传》卷二一《慧光传》,《大正藏》第50卷,第608页上。
②《续高僧传》卷八《慧远传》,《大正藏》第50卷,第490页上。
③《续高僧传》卷二一《昙隐传》,《大正藏》第50卷,第608页下。
⑤《续高僧传》卷二六《法揩传》,《大正藏》第50卷,第675页中。

张纲目"而成四卷,为时所重。①

释灵裕(518—605),魏隋时律师,俗姓赵,定州巨鹿曲阳人,早年曾投慧光而不遇,受戒后专攻《四分律》和《僧祇律》,并自写其文。他曾于昙隐处学习《四分律》,随闻寻记,以五卷行之。后又从学于慧光的亲承弟子道凭,专业华严、涅盘、地论、律部。灵裕在邺京讲律,听众常过千人,时号为"裕菩萨"。灵裕自三十岁著述,其中律学著述有《四分律疏》五卷、《受菩萨戒法并戒本》、《孝经义记》、《僧制寺诰十怨十志颂》、《毗尼母疏》等,久行于世。②

对于慧光的弟子在北地《四分律》兴起中的作用,道宣总结道:

> (道)云、(道)晖、(法)愿,三宗律师,蹑踵传灯,各题声教。云即命初作疏九卷,被时流演,门人备高东夏。晖次出疏,略云二轴,要约成美,蹊径少乖。得在略文,失于开授。然云勇于义宗,谈叙诚博。晖则覆切词相,法聚推焉……汾阳法愿,眄视两家,更开甍穴。制作钞疏,不减于前。弹乱覆于律文,是非格于事相。存乎专附,颇滞幽通。化行并塞,故其然也。其余律匠,理洪隐乐遵深诞等,或陶冶郑魏,或开疆燕赵,或导达周秦,扬尘齐鲁。莫不同师云术,齐驾当时。③

而对于北地《四分律》的研习,道宣曾有这样的评价:

> 自东夏所传四部律本,并制义疏、妙会异同。当有齐之盛,律徒飚举,法正一部,各竟前驱。云公创叙纲模,晖上删其纤芥,法愿霜情启旦,孤映群篇,挫拉言前,流威灭后……④

在慧光一系之外,还有魏隋之际的灵藏律师,对于北地《四分律》的

---

① 《续高僧传》卷二一《昙隐传》,《大正藏》第50卷,第608下。
② 《续高僧传》卷九《灵裕传》,《大正藏》第50卷,第495页下。
③ 《续高僧传》卷二二《论律》,《大正藏》第50卷,第620页下。
④ 《续高僧传》卷二一《法愿传》,《大正藏》第50卷,第610页上。

兴起也有着重要贡献。释灵藏(519—586),雍州(陕西长安)人,精研律学,"《僧祇》一部,世称冠冕"。入隋以后,为隋文帝所重,文帝为其敕建京师大兴善寺。文帝对他说,"师度人为善,弟子禁人为恶,言虽有异,意则不殊。"因此为其手敕:"弟子是俗人天子,律师为道人天子,有乐离俗者,任师度之。"由是前后度人达数万之多。道宣称灵藏与隋高祖:"布衣知友,情欸绸狎","坐必同榻,行必同舆",宫殿内阙,任藏往返,及处内禁,与帝等伦。①

通过众多律师的努力,北地律学从《摩诃僧祇律》到《四分律》的转变大致完成,其过程持续了一百余年。道宣把这种对《四分律》的研习队伍,分为"初光师、二齐末师、三河北师、四江南师"②。正是通过这些律师的努力,迄于北齐之时,《四分律》当盛,律徒飙举,各竞前驱,为隋唐时四分律宗的崛起奠定了律学理论和律师队伍的基础。

第四节　南北朝时期的菩萨戒

菩萨戒,又常作大乘戒、佛性戒、方等戒、千佛大戒等,是修行菩萨道者所持守的戒律。菩萨戒的内容包括摄律仪戒、摄善法戒、饶益有情戒三种,因此又被称为三聚净戒。"摄律仪戒"又称为自性戒,旨在止恶,内容包括大小乘的律仪,即五戒、八戒、十戒、具足戒等戒条,适用于七众弟子。出家菩萨戒如《梵网经》中戒有十重四十八轻戒。在家菩萨戒如《优婆塞戒经》中有六重二十八轻戒。"摄善法戒"旨在修善,通过修习善法而成就菩萨善道。"饶益有情戒"是以慈心利益一切众生。菩萨戒的本质即是通过持守律仪而修得善法,最终达于普度众生之宏大誓愿。

---

① 《续高僧传》卷二一《灵藏传》,《大正藏》第 50 卷,第 610 页中。
② 参见《四分律删补随机羯磨疏科》,《卍新纂续藏经》第 41 卷,第 51 页上。

一、两晋时期菩萨戒经典的翻译

反映菩萨戒思想及持律精神的经典在汉魏时即陆续译出。如东汉时译有属于大乘律学系统的《法镜经》、《佛说受十善戒经》等。到了晋时,一些重要大乘戒律经典得以译出或重译,菩萨戒思想和修行方式也因之在社会僧俗两界得到传播。

(一) 聂道真和敦煌三藏

西晋时,菩萨戒的主要译者为聂道真和敦煌三藏。

聂道真译有《菩萨受斋经》一卷,又称《菩萨受斋戒经》。本经篇幅短小,内容丰富,主要讲了菩萨受斋时的法言和十念法。所谓"十念"即是念:过去佛、未来佛、现在佛、戒波罗蜜、禅波罗蜜、方便善巧、般若波罗蜜、禅三昧六万菩萨在阿弥陀佛国、和上、阿阇梨。本经并说了在"菩萨斋日"的"十戒",此内容与一般的"十戒"也不完全相同,如:不得着脂粉花香,不得歌舞捶鼓伎乐庄饰,不得卧高床上,过中以后不得复食,不得持钱刀金银珍宝,不乘车牛马,不得捶儿子奴婢畜生,坚持六波罗蜜,不得饮食尽器中,不得与异性相形笑共坐席。①

西晋时,还有被多种经录称为敦煌三藏的译者译出了《佛说决定毗尼经》一卷。经中一开始即通过众多菩萨之口表达了在佛灭后的恶世中,菩萨行者"堪忍护持正法,以诸方便成就众生"的宏大誓愿。本经中还对菩萨所犯戒条分为两种,"大犯"和"小犯"。"大犯"是因为修道者瞋恚愚痴而犯戒,"小犯"则是因为欲犯而成。同时,本经还区分了声闻乘者和菩萨行者在持清净戒上精神和原则的不同。"声闻乘人虽净持戒,于菩萨乘不名净戒;菩萨乘人虽净持戒,于声闻乘不名净戒。""声闻乘人不应乃至起于一念欲更受身,是则名为声闻乘人清净持戒,于菩萨乘最大破戒名不清净……菩萨乘人于无量劫,堪忍受身不生厌患,是则名为

---

① 《菩萨受斋经》,《大正藏》第24册,第1115页下—1116页下。

菩萨乘人清净持戒,于声闻乘人最大破戒不名清净。"其他还有如菩萨乘人持不尽护戒、开通戒、深入戒,声闻乘人持尽护戒、不开通戒、次第戒。菩萨乘人持戒之时,于诸众生及与他人应当随顺,声闻乘人不应随顺,等等。①

(二)鸠摩罗什与《梵网经》

鸠摩罗什不仅翻译有属于小乘系统的《十诵律》,他对大乘菩萨戒也十分重视。他不仅是菩萨戒的翻译者和倡导者,也是中国最早弘传菩萨戒者。敦煌写本中即有罗什撰的《受菩萨戒仪轨》一卷。据僧肇《梵网经序》所言,罗什还译有《梵网经》两卷,此为中国大乘菩萨戒经典的主要代表。该经翻译完成后,罗什的门人后学道融、道影等三百人即依罗什受了菩萨戒。并且,"人各诵此品,以为心首,师徒义合,敬写一品八十一部,流通于世"②。

《梵网经》又称《梵网菩萨戒经》,全称为《梵网经卢舍那佛说菩萨心地戒品第十》,两卷。所谓"梵网",意为诸佛之教如大梵天王因陀罗网一般,庄严梵身,千重文采,不相障阂,一部所诠,法门无量。由于本经名不载《出三藏记集》中,隋《众法目录》也将《梵网经》二卷编于"众律疑惑类"。所以近世一些学者如汤用彤、望月信亨等认为本经实为中国人的撰述。

《梵网经》上卷主要是说明了十发趣心、十长养心、十金刚心及十地等;下卷则叙述广说十无尽藏戒品,以及说十重、四十八轻戒,它们往往被称为"梵网戒"。"梵网戒"不分在家、出家,重在以了悟佛性为目的,主张"众生受佛戒,即入诸佛位"。所以,历史上讲述大乘戒的下卷最受欢迎,注家甚多,并被单独抽出名为《梵网菩萨戒本》而另行讲授、注疏、传习。《梵网经》的主要注疏本有天台智者的《菩萨戒义疏》两卷、法藏的

---

① 《佛说决定毗尼经》,《大正藏》第12卷,第37页中—42页下。
② 《梵网经序》,《大正藏》第24卷,第997页中。

《梵网经菩萨戒本疏》六卷、新罗太贤的《梵网经古迹记》等,明清之世,本经更受僧家重视,并被传讲注疏。

在中国汉地流行的菩萨戒主要是属于《梵网经》系统。

(三) 昙无谶与《大般涅槃经》

中土菩萨戒的受戒之法是以昙无谶(385—433)为代表。昙无谶,或为昙摩忏、无谶,意为"法丰",中天竺人。昙无谶曾于姑臧(今甘肃武威一带)为道进等十余人授与菩萨戒。后经道进、道朗所传,汉地感得菩萨戒的"传授此法,迄至于今,皆谶之余则"[1]。根据唐代道世的《法苑珠林》卷八九所言,随道进受菩萨戒者共有三千多人,并有凉州刺史奉其为师。[2] 昙摩谶主要译作有《优婆塞戒经》十卷、《菩萨戒经》八卷、《菩萨戒本》一卷(第二出)、《菩萨戒坛文》(或为《优婆塞戒坛文》)一卷等重要菩萨戒经典。

《优婆塞戒经》,又称为《善生经》或《优婆塞戒本》,由昙无谶与沮渠兴国等优婆塞五百余人于北凉玄始十五年(426)四月至七月译就,秦地沙门道养笔受。本经是中国大乘菩萨戒的重要和基本经典,历来受到中国社会的重视。其内容是佛为善生长者所说的大乘优婆塞戒,全经内容分集会、发菩提心、悲、解脱等二十八品。其"受戒品"为本经的重心。本经说明了在家菩萨应受的五戒,说明了八斋戒与十善戒,也详述了六重、二十八失意等大乘独有的戒条。"六重法"即不杀生、不偷盗、不虚说、不邪淫、不说四众过、不酤酒;"二十八失意"则包含不供养师长、饮酒、不照顾病人等条文。本经对于在家菩萨戒的持守有着重要的影响,在本经"观集会品"中即有"在家之人发菩提心,胜于阿罗汉、辟支佛等果"。昙无谶还译有《大方广三戒经》三卷,本经为《大宝积经》三律会第一的同本异译,属于大乘菩萨戒律系统,其中讲的"大方广三戒"是在家八戒、十戒

---

[1]《高僧传》卷二《昙无谶传》,《大正藏》第50卷,第337页上。
[2]《法苑珠林》卷八九,《大正藏》第53卷,第939页中。

与具足戒,以及道俗共守的五戒。

《大般涅槃经》中多处说到了"菩萨戒",并对"菩萨戒"作了提纲挈领的阐释。其一,把菩萨戒与声闻戒相对应。经中说:"戒复有二:一声闻戒,二菩萨戒。从初发心乃至得成阿耨多罗三藐三菩提,是名菩萨戒。若观白骨乃至证得阿罗汉果,是名声闻戒。"①

其二,把菩萨戒与世间戒相对应。经中说:

> 善男子,世间戒者不名清净。何以故?世间戒者为于有故,性不定故,非毕竟故,不能广为一切众生,以是义故名为不净。以不净故有悔恨心,以悔恨故心无欢喜,无欢喜故则无悦乐,无悦乐故则无安隐,无安隐故无不动定,无不动定故无实知见,无实知见故则无厌离,无厌离故则无解脱,无解脱故不见佛性,不见佛性故终不能得大般涅槃,是名世间戒,不清净。善男子,菩萨摩诃萨清净戒者,戒非戒故,非为有故,定毕竟故,为众生故。是名菩萨戒清净也。②

其三,把菩萨戒与菩萨果相对应。如说:"若有受持声闻戒者,当知是人不见佛性以及如来;若有受持菩萨戒者,当知是人得阿耨多罗三藐三菩提,能见佛性如来涅盘。"③"大涅槃微妙经典亦复如是,有八不思议:一者渐渐深,所谓优婆塞戒、沙弥戒、比丘戒、菩萨戒,须陀洹果、斯陀含果、阿那含果、阿罗汉果、辟支佛果、菩萨果、阿耨多罗三藐三菩提果……"④

其四,说到菩萨戒之根本。如说:"善男子,如是微妙大涅槃经,乃是一切善法宝藏。譬如大海是众宝藏,是涅盘经亦复如是,即是一切字义秘藏。善男子,如须弥山众药根本,是经亦尔,即是菩萨戒之根本。"⑤

---

①③《大般涅槃经》卷二八《师子吼菩萨品》,《大正藏》第12卷,第529页中。
②《大般涅槃经》卷一七《梵行品》,《大正藏》第12卷,第467页上。
④《大般涅槃经》卷三二《师子吼菩萨品》,《大正藏》第12卷,第559页上。
⑤《大般涅槃经》卷三八《迦叶菩萨品》,《大正藏》第12卷,第586页中。

两晋以降,菩萨戒经典广受僧俗两界的欢迎,除去《梵网经》之外,《维摩诘所说经》和《大般涅槃经》对推动菩萨戒的流行起到很大的作用。两者在不同的时代都被反复重译,这不仅是大乘佛教和菩萨戒在中国繁荣、发展的标志,本身也促进了大乘菩萨戒的发展。

二、南朝时期的菩萨戒

(一)南朝菩萨戒经典的翻译

南朝时菩萨戒的主要译者有求那跋摩和求那跋陀罗。

求那跋摩于刘宋文帝元嘉元年(424)经由海路至广州,元嘉八年(431)至建康,得到宋文帝的礼遇,敕住祇洹寺。求那跋摩译经中属于菩萨戒经典的翻译有:

一、《菩萨善戒经》,又称为《善戒经》、《菩萨地善戒经》,九卷共二十八品,译于祇洹寺。此为本经的第二出,与昙无谶所翻译的八卷本大同小异。此后求那跋摩的弟子又于定林寺补出二品,成三十品。内容是说菩萨的种姓、本有种子、新熏种子,以及发心、修行、得果等理论问题。宋代律师元照说,菩萨戒分为两宗,一是《梵网经》,它是属于华严部,道、俗、非、畜,皆能得受,受之则通渐顿;另一则是《善戒经》,此为法华涅槃部,唯比丘能得受之,此则唯渐无顿。①

二、一卷本的《善戒经》,或称为《菩萨地善戒经》、《优波离问菩萨受戒法》,内容详说受菩萨戒的做法等事,主张只有具足优婆塞戒、沙弥戒、比丘戒后,方可得菩萨戒。并比喻修菩萨戒者如登四层楼阁,不依序经初层乃至第三层,不可能顿登第四层。一般认为它与上述九卷三十品的《菩萨善戒经》本为一经,因其别出而分为二经。

三、《优婆塞五戒略论》一卷,亦云《五戒相》、《五戒略论》。

四、《优婆塞五戒威仪经》一卷。

---

① 《四分律删补随机羯磨疏济缘记》卷一二,《卍新纂续藏经》第41册,第213页上。

五、《菩萨内戒经》一卷。

上述五者,现今仍存。

另外,求那跋摩还译有《三归及优婆塞二十二戒》(或为《善信二十二戒》、《离欲优婆塞优婆夷具行二十二戒》、《三归优婆塞戒》)、《昙无德羯磨》、《经律分异记》各一卷,但此三者均已佚失。

求那跋陀罗(394—468),意为功德贤,中印度僧人。他精大乘佛学,时人尊称他为摩诃衍,意为"大乘和尚"。南朝宋元嘉十二年(435),他经师子国到广州,宋文帝刘义隆派人迎至建康,住祇洹等寺。求那跋陀罗译经中与僧仪和戒律学相关的有:《六斋八戒经》一卷、《十二头陀经》一卷。

另外,宋孝武帝时,北凉河西王沮渠蒙逊从弟安阳侯京声,因其国被元魏所灭,乃南至建康。他翻译的大乘律学经典有:《八关斋经》(异出本)、《贤者律仪经》一卷(又称《威仪经》);《优婆塞五戒》一卷(又称《五相经》)、《迦叶禁戒经》一卷。①

(二)慧思对菩萨戒仪的贡献

虽然中国从《梵网经》译出开始即有授受菩萨戒之事,但对于授受菩萨戒之仪却不多见。在现在几种藏经中,看到的最早研究或设计菩萨戒仪的是南朝陈时的慧思(515—577),其关于菩萨戒仪的主要著作是《受菩萨戒仪》。另外,他在《立誓愿文》一卷、《诸法无诤三昧法门》两卷、《随自意三昧》一卷中,也表达了与发心菩萨戒相关的思想,以及修菩萨行者行住坐眠食语的威仪法。

《受菩萨戒仪》,又称《受菩萨戒法》、《受菩萨戒文》。慧思在其中讲了受菩萨戒的八种殊胜功德:一是极道胜,受菩萨戒能趣道迅速,越六趣二乘,径趣无上菩提。二是发心胜,发大悲智之心能超过二乘境界。三是福田胜,如大鹏鸟一般先得食。四是功德胜,菩萨戒如日光一般无所不照,非受声闻戒所可比。五是受罪轻微胜,受菩萨戒之后因有戒力,即

---

① 《大唐内典录》卷四,《大正藏》第55卷,第260页中。

使破戒,也胜外道不受戒者。六是处胎胜,菩萨处胎时即为天龙八部诸善神王之所守护故。七是神通胜,受菩萨戒者能得神通。八是果报胜,受菩萨戒者能生莲华藏海,证法性身,一得真常。①

《梵网经》中说:"一切有心者,皆应摄佛戒,众生受佛戒,得入诸佛位。"②故知凡有心者,即可咸具佛戒,圆满,缺减。但是,由于"以暂亡故,约事重明,即知全心是戒,全戒是心,离心无戒,离戒无心"。所以,慧思还从心性的层面上阐述受菩萨戒者菩萨戒体的生成。慧思说:

> 体者,初发圆心,从师请受,身中翘诚,名为作戒,色心为体,三羯磨竟,纳法居怀,作体谢往讫,未来名无作戒。唯实相心,以之为体,故《璎珞经》云:一切圣凡戒,尽以心为体,心无尽故,戒亦无尽。是知心境契同,能所冥一……此戒无形色,而能流注汝等身心,尽未来际,成就大果,而于尔时,无所觉知。若有形色,入汝身时,当作天崩地裂之声,当须系念,不得余觉及一切余思惟……③

在本文中,慧思设计的授菩萨戒的仪式共为八步,它们是:一、请引,先请传授菩萨戒师一人,并三说:"我某甲等,今从大德,求受菩萨戒,愿大德于我不惮劳,慈愍故"。二、观五法,先观十方一切众生,如圣人想;第二观十方一切众生,如父母想;第三观十方一切众生,如师长想;第四观十方一切众生,如国王想;第五观十方一切众生,如奉大家想。三、兴三愿,一愿自己三业所作功德,与十方一切众生同共;二愿共十方一切众生,早度生死早达涅盘;三愿与法界众生通达经义、善法因戒增长,具足六波罗蜜三十七品、一切种智,成就佛道故。四、发四弘愿,随戒师唱念三遍"众生无边誓愿度,烦恼无量誓愿断,法门无边誓愿学,佛道无上誓愿成"。五、请戒师,受戒者三说"奉请释迦牟尼佛作和尚,奉请文殊师利作羯磨

---

① 《受菩萨戒仪》,《卍新纂续藏经》第59册,第350页中、下。
② 《梵网经》卷下,《大正藏》第24卷,第1004页上。
③ 《受菩萨戒仪》,《卍新纂续藏经》第59册,第350页中。

阿阇梨,奉请当来弥勒尊佛作教授阿阇梨,奉请十方现在诸佛作证戒师,奉请十方诸大菩萨作同学等侣"。六、问难法,主要是考察受戒者受戒后的决心、意志和志向,能否做到精进、持戒和救护众生。七、礼谢诸佛菩萨、同学。八、胡跪合掌。

《受菩萨戒仪》叙述了大乘戒法授受的次第,其主要精神是把授受具足戒的一些仪式和方法与菩萨戒的思想结合起来而成,它对后世诸本菩萨戒仪都有着十分明显的影响。

三、南北朝时菩萨戒的流行和授受

大乘菩萨戒是伴随着大乘佛教的发展而发展的,它授受简便,持守温和,能够体现个体在受戒修行中的主体性和主动性,更符合社会大众的心理需求。自两晋之时菩萨戒的主要经典被译出,菩萨戒在中国南方和北方都广受欢迎,大乘菩萨戒很快便流行起来。南北朝时期是中国菩萨戒的繁荣时期,大量的经典得以翻译,菩萨戒也同时盛行于中国南北各地。

中国南方上层社会开始时流行的是受小乘的五戒。最早者当为三国时吴主孙皓,因其虐政,诸臣谏之乃止,后召僧而受五戒。① 其他如,晋孝武帝从支昙钥而受五戒,并敬之以师礼②;萧齐王侯妃主等奉释法愿为五戒之师,悉遵师礼③;临川王萧道规从释道照受五戒,并奉为门师④;文惠太子奉释玄畅为戒师⑤;释僧璩,宋"少帝准从受五戒,豫章王子尚崇为法友"⑥;彭城王义康、仪同萧思话等,从慧远弟子释僧彻受戒法,并筵请设斋,穷自下馔⑦。

---

① 《高僧传》卷一《康僧会传》,《大正藏》第 50 卷,第 326 页上。
② 《高僧传》卷一三《支昙钥传》,《大正藏》第 50 卷,第 413 页下。
③ 《高僧传》卷一三《法愿传》,《大正藏》第 50 卷,第 417 页中。
④ 《高僧传》卷一三《道照传》,《大正藏》第 50 卷,第 415 页下。
⑤ 《高僧传》卷一三《法献传》,《大正藏》第 50 卷,第 411 页下。
⑥ 《高僧传》卷一三《僧璩传》,《大正藏》第 50 卷,第 401 页中。
⑦ 《高僧传》卷七《僧彻传》,《大正藏》第 50 卷,第 370 页下。

虽然,早在求那跋摩初至京师建康时,宋文帝即欲从受菩萨戒,但由于恰逢虏寇侵强,未及谘受其详。① 但事实上,南方受菩萨戒的风气直到齐梁之后才盛行于上层社会。齐梁之后,菩萨戒在南方日益流行,社会大众和士绅权贵都热心于菩萨戒。其主要者如,齐明帝,"常侍六斋"②;梁武帝,"抄诸方等经,撰《受菩萨法》、构等觉道场",从草堂寺慧约法师躬受大戒。自此,王侯朝士、法俗倾都,皆望风奄附,启受戒法。③ 同时随之而行者皇储以下太子、王姬、公卿、道俗庶弟子着籍者凡四万八千人。④ 梁武帝还从释僧达受菩萨戒,并"誓为弟子"⑤。梁简文帝召乌江寺尼道容授八关斋戒。⑥ 南朝陈至德二年(584),陈后主率后妃从智𫖮受菩萨戒。⑦ 陈后主皇太子陈渊也曾于至德四年(586)正月于崇正殿设千僧斋,并请受菩萨戒。⑧ 梁武帝、梁简文帝、陈文帝、陈宣帝都自称"菩萨戒弟子"⑨。梁皇太子还作有《八关斋夜赋四城门更作》诗四首,梁简文帝萧纲也曾作《八关斋制序》以表诚心,咸勉听思。前者被收于《弘明集》卷三〇中,后者收于《广弘明集》卷二八中。

由于僧众对菩萨戒也愈加重视,因此,僧众受菩萨戒也十分流行。同时,菩萨戒在士大夫中也很受欢迎。如,梁普通五年(524),萧子真应敕受菩萨戒,持戒又精洁,梁高祖甚嘉之,以为招远将军。⑩

陈时徐孝克常与诸僧讨论释典,并通《三论》,每日二时,且讲佛经,

---

① 《高僧传》卷三《求那跋摩传》,《大正藏》第50卷,第341中。
② 《法苑珠林》卷一〇〇,《大正藏》第53卷,第1025页中。
③ 《续高僧传》卷五《法云传》,《大正藏》第50卷464页下。
④ 《续高僧传》卷六《慧约传》,《大正藏》第50卷,第469页中。
⑤ 《续高僧传》卷一六《僧达传》,《大正藏》第50卷,第553页上。
⑥ 《佛祖统纪》卷五三,《大正藏》第49卷,第467页中。
⑦ 《续高僧传》卷一七《智𫖮传》,《大正藏》第50卷,第566页上。
⑧ 《佛祖统纪》卷九,《大正藏》第49卷,第200页上。
⑨ 参见陈宣帝的《胜天王般若忏文》、陈文帝的《妙法莲华经忏文》,《广弘明集》卷二八,《大正藏》第52卷,第332页中、下。
⑩ 《梁书》卷二四《萧昱传》,第372页,北京,中华书局,1973。

晚讲《礼传》，道俗从之受业者数百人。徐孝克乃蔬食长斋，持菩萨戒，昼夜讲诵《法华经》。①

道士陶弘景曾因梦佛授其菩提记，名为胜力菩萨，而诣鄮县（今浙江宁波）阿育王塔自誓，受五大戒。②

曾任中权将军的陈隋时江总归心释教，年二十余即入钟山就灵曜寺则法师受菩萨戒，"深悟苦空，更复练戒，运善于心，行慈于物"③。

在中国北方，自鸠摩罗什和昙无谶时即已经广泛开始授受菩萨戒。北朝时菩萨戒也受到社会的广泛重视，如北魏孝文帝（471—499在位）时，六宫侍女皆持年三长月六斋④；西魏文帝（535—551在位）则是"身持佛戒"⑤。

齐、周时京师天宝寺释僧玮（513—573），曾受敕为公卿、近臣、妃后、外戚咸授十善戒，因奉三归。⑥

齐文宣帝（550—559在位）曾从僧达"前后六度归崇十善"⑦；并从僧稠受菩萨戒，令国内断肉禁酒，放鹰除网，断天下屠，年三月六日，劝民斋戒，公私荤辛亦除灭之。⑧

东魏兴和三年（541），法上被大将军尚书令高澄奏请入邺，为昭玄沙门都维那，居大定国寺而充道首，掌理僧录。魏禅位于齐后，齐文宣王对其敬奉愈甚。北齐天保元年（551）八月，巡幸至寺，对法上礼谒有加，并随之进受菩萨戒，并被尊为国师，事之如佛。

北周时僧实（476—563）禅师，起初皈依擅名魏代的道原法师，北魏孝文帝太和（477—499）年末到洛阳，遇勒那摩提，授以禅法，得其心要。

---

① 《陈书》卷二六《徐陵传》，第337页。
② 《南史》卷七六《陶弘景传》，第1899页，北京，中华书局，1975。
③ 《陈书》卷二七《江总传》，第347页，北京，中华书局，1974。
④⑤ 《法苑珠林》卷一〇〇，《大正藏》第53卷，第1026页上。
⑥ 《续高僧传》卷一六《僧玮传》，《大正藏》第50卷，第558页中。
⑦ 《续高僧传》卷一六《僧达传》，《大正藏》第50卷，第553页上。
⑧ 《续高僧传》卷一六《僧稠传》，《大正藏》第50卷，第554页中。

周保定年中,周太祖礼请其为国三藏,并从之受归戒。①

北周孝宣帝(579在位),"六斋八戒,常弘不绝"②。

北方佛教的一般特点是重修行、重禅观,而非空谈禅理。随着时代的发展,菩萨戒在中国的发展中也往往和禅法结合在一起。

如果说,北凉和姚秦时,是菩萨戒初涉中国,那么,南北朝时菩萨戒已经有着相当的社会和文化影响了。与此互为因果,僧团内部对菩萨戒的研习也有了更多的理论积累,这为唐代菩萨戒的繁荣奠定了基础。

---

① 《续高僧传》卷一六《僧实传》,《大正藏》第50卷,第558页中。
② 《释迦方志》卷二《教相篇》,《大正藏》第51卷,第974页下。

第三章　魏晋南北朝时期佛教史著

中国文化根深叶茂的史学传统,在佛教于中土传播不久就产生了重大作用,其具体表现就是各类史学著作不断问世。这一不同于印度佛教的现象,也成为佛教本土化的重要发展线索和表征之一。魏晋南北朝时期,从时间上说有数百年,跨度极大,在此历史时期出现的佛教历史著述汗牛充栋,即便是留存今日的也有几十种。区区一章数万字,远远不足以列举它的历史成就。但限于编写体例,下文仅仅从佛教经录的编撰、佛教历史著述的涌现以及西行求法游记的繁荣等有限的方面来管窥这一历史时期佛教史著的成就。①

第一节　佛教经录的编纂

随着佛教经典翻译数量的增加,不同译本不断出现,增加了阅读者、信仰者的学习难度。在这种情况下,就有专门记载翻译目录的"经录"出现。一般而言,经录创立于西晋时期,殆至梁代僧祐撰集《出三藏记集》

---

① 本章依据现代学者研究成果编写而成。主要参考资料有:(1)陈垣:《中国佛教史籍概论》,北京,中华书局,1962;(2)曹仕邦:《中国佛教史学史——东晋至五代》,台北,法鼓文化出版社。

并且留存至今,此著代表了南北朝时期佛教经录的最高成就。本节先对佛教经录的形成情况作一大致叙述,然后重点论述《出三藏记集》的内容及其贡献。

一、两晋经录与道安《录》的出现

佛教经录的编撰究竟始于何时,已经很难搞清楚。依照隋代费长房编辑的《历代三宝记》卷一五说法,晋代以前已有三部经录:其一,《古录》一卷,谓"似是秦时释利房等所赍来经目录"[1]。其二,《汉时佛经目录》一卷,谓"似是迦叶摩腾创译《四十二章经》目即撰录"。其三《旧录》一卷,谓"似是前汉刘向搜集藏书所见经录"[2]。这三种目录,《出三藏记集》曾经引用过第一种和第三种。然而,秦和前汉时期,佛教尚未传来,自然不能有目录出现。而当代学界也认为迦叶摩腾译经是有问题的,因此,费长房所说的上述三部目录即便存在过,也可能是后世人所编纂,并非创设于题目所表示的时代。

此外,费长房《历代三宝记》载有曹魏沙门《朱士行汉录》一卷,并且引用三十处,但东晋释道安和梁僧祐的经录中均未引此录,而此录记载又到晋代沙门康道和所译的《益意经》为止。因此,此书的可信度也很低,学界一般不采纳其说。

西晋早期,竺法护翻译出佛典一百七十多部,于是撰集《众经目录》一卷,史籍中也称《竺法护经目》、《护公录》、《竺法护录》。此书收集法护所译诸经名目,当是最早的经录。不过,此经录早已散失,聂道真所记竺法护的译经年月很详,也许是根据此书而著录的。

其次,聂道真撰《众经目录》一卷,记载汉、魏、晋的译经,则是通录各代,不限一朝,而且注重译出经典的时间,笔受的人和经名异称,这些都

---

[1] 费长房:《历代三宝记》卷一五,《大正藏》第49卷,第127页中。
[2] 同上书,第127页下。

影响到后代的经录。东晋成帝时支敏度撰《经论都录》和《别录》各一卷，前者似是总录，后者似是分类目录，但因早佚，它的内容无从知悉。此录就《三宝纪》所引用的来看，恐有后人增入的部分。

其后，聂道真撰《众经目录》(亦称《道真录》、《聂道真录》)一卷，记载汉、魏、晋的译经，通录各代，且注明译出的时间、笔受人和经名异称，对以后经录颇有影响。东晋成帝时，支敏度撰《经论都录》和《别录》各一卷，前者为总录，后者是分类目录，但已早佚，内容已无从知悉。就《历代三宝记》所引来看，恐有后人增入部分。

十六国时期有《二赵经录》(简称《赵录》)一卷，学界一般认为应该是记述前赵和后赵时代的译经的经录。但是，有两个可疑之处：其一，如前文在论述十六国时期的佛典翻译时所说，前赵基本上没有翻译活动，而现存被《历代三宝记》引用的部分并无前赵翻译的佛典。其次，此录著录的范围并不限于前赵、后赵，而且有南朝时的译本，这一条尤其可疑。鉴于此，笔者以为，此录的命名也许是以作者的姓氏而来的。如聂道真编集的目录也称为《道真录》，《赵录》也许也是如此。这一误解至少是从费长房就已经如此了。

代表东晋时期经录最高成就的是道安大师编集的《综理众经目录》。

东晋道安编撰的《综理众经目录》一卷，又称《苻秦沙门释道安综理众经目录》、《安法师所撰录》、《释道录》、《道安录》、《安公录》、《安录》，收录后汉至东晋孝武帝宁康二年(374)，约二百年间之汉译佛典及注经之作，为我国第一本真正意义上的佛典目录著作。这是我国最早一部列举佛经目录、译出年代和标属新译或旧译的一部完整经录。原书已佚，主要内容透过梁僧祐的《出三藏记集》而得到保存，其卷二至卷五系以本书为蓝本再加以增补，故可由此略窥其大要。

依据《出三藏记集》的引用，可知《综理众经目录》分为七部分，共收佛典六百三十九部八百八十六卷：第一，经论录，列举每个译师的译本，以译者年代为排列次序。第二，失译经录，不知译者姓名，为一般的失译经。第三,凉土失译经录:无译者姓名,但能知其译地,为地区性的失译经。第四,关中失译经录:无译者姓名,但能知其译地,为地区性的失译经。第五,古异经录,从大经中摘译单篇者,后谓此为"别生"。是出经年代较早的失译经。第六,疑经录,为甄别疑伪之经。第七,注经及杂志经录,收集汉地佛教撰述,这是安公所注群经及其他关于佛学之著述。

本目录对后世经录的撰作产生了深远的影响。为此,后人公推道安为中国佛教经录的实际奠基人。本经录目前虽然已失佚了,但由历代经录家的探究,皆认为本经录在内容分类上,优点如下:第一,有译人的按时代排列,使佛学的派别和演变有线索可寻。第二,把失译人和摘译别出的分开,便于了解考察。第三,对于疑伪的经严加区别,不使真伪混淆。第四,自撰的著作则附之于末。第五,道安对当时已经失去译者名号的佛典,依据其精深的佛学功力,参照其他资料,对勘比较,作出判断,就其译语和译风比较研究,查勘为某人所译,或非某人所译。他对于昙无谶译籍的处理堪称范例:"又有《阿阇世王》、《宝积》等十部经,以岁久无录,安公挍练古今,精寻文体,云'似谶所出'。"[1]第六,道安对译人的译笔优劣,也有所评定,这些评语适当中肯,成为后世著述所常引用。

总之,道安编集的《综理众经目录》门类齐整,考订谨严,凡入录的经典无论残缺,均经作者一一过目。把经录从内容到形式,大大向前推进一步,使经录得到比较完整的定型,初步具备了经录的格局。

后秦僧叡撰《二秦众经录》(简称《二秦录》)一卷,以前后两秦时代译经为主,间及吴和北凉的译经。东晋道流撰《魏世经目录》、《吴世经目录》、《晋世杂录》、《河西伪录》四种,未竟而卒。其同学竺道祖继其事,书成四卷,称《道祖录》,断代的经录即从此始。

---

[1] 僧祐:《出三藏记集》卷一三,《大正藏》第55卷,第95页下。

二、南北朝时期的经录

南北朝时期,佛教经录逐渐完备阶段。当时虽南北分裂,然而译事不辍,所编撰的经录也逐渐增多,体制更是日趋定型。从完备程度和历史影响等方面来说,梁代僧祐所编集的《出三藏记集》是这一时期经录的集大成者,自然要作为重点给予论述。在此,先将除此之外的其他经录的编集情况作些叙述说明,然后再专题论述僧祐《出三藏记集》的内容和贡献。

根据各种史籍记载,南朝的刘宋、南齐和梁代都有几种经录问世。

南朝刘宋有不详作者的《众经别录》二卷,以佛典分类为序编集。上卷内容如下:其一,大乘经录。其二,三乘通教录。其三,三乘中大乘录。下卷内容如下:其一,小乘经录。其二,这一部分的篇目已缺失。其三,大小乘不判录。其四,疑经录。其五,律录。其六,数录。其七,论录。根据史籍记载,刘宋建康道场寺释慧观所立"五时教"中有"三乘通教"。此录以"三乘通教"为佛经种类名称,也许说明此录受慧观影响。此外,从此录的分类看,以经律论为类,经中又以大小乘划分,疑经则另作专篇。这比以前的分类法,要更为通宜。此录又有一特点,即在每经之下,用简明的辞句标明一经的宗旨,并标出文、质等字样,作为对译本的评价,这正是当时人重视译文的反映。此录现有敦煌卷子写本,仅残存上卷一部分。

南齐释王宗撰《众经目录》二卷,通纪各代,分大小乘。又释道慧撰《宋齐录》一卷,专纪宋、齐译经,尤偏重宋代。南朝又有不详作者的《始兴录》一卷。始兴即今广东省韶州,故此录多纪南方所译经论,也名《南录》。南齐释弘充也撰集《经录》一卷,早已散失,内容不详。

梁代除《出三藏记集》之外,还有数部经录。

天监十四年(515),梁武帝敕释僧绍撰《华林佛殿目录》四卷,记录宫廷所藏的佛经。僧绍即据《出三藏记集》目录部分,分为四科,加以增减。因不合梁武帝的意旨,所以天监十七年(518)又敕释宝唱重撰,成书四卷,名《梁代众经目录》。如《续高僧传·宝唱传》记载:天监十四年,"敕安乐寺僧绍撰《华林佛殿经目》,虽复勒成,未惬帝旨。又敕唱重撰,乃因绍前录,注述合离,甚有科据,一帙四卷,雅惬时望"①。对此,《历代三宝记》记载:"至十七年,又敕沙门宝唱,更撰《经目》四卷,显有无译,证真伪经,凡十七科,颇为䚩缕。"②

宝唱《梁代众经目录》的分类为:其一,大乘有译人多卷经。其二,大乘无译人多卷经。其三,大乘有译人一卷经。其四,大乘无译人一卷经。其五,小乘有译人多卷经。其六,小乘无译人多卷经。其七,小乘有译人一卷经。其八,小乘无译人一卷经。其九,先异译经。其十,禅经。其十一,戒律。其十二,疑经。其十三,注经。其十四,数论。其十五,义记。其十六,随事别名。其十七,随事共名。其十八,譬喻。其十九,佛名。其二十,神咒。可见,此书所分很详细,把"譬喻"、"佛名"、"神咒"等各自为类,并注意到注经和义记,这更扩大了所录的范围。以"有译"、"无译"、"一译"、"异译"、"多卷"、"一卷"分类,在藏经的整理上,也有便利之处。

梁代释正度也撰集《经录》一卷,早已散失,内容不详。

陈代编集有《大乘寺藏目录》四卷、《王车骑录》一卷、《庐山录》一卷、《岭号录》一卷、《南来新录》、《一乘寺藏众经目录》、《东录》等数部经录,早已散失,内容不详。

关于活动于梁、陈的真谛大师翻译成果,其弟子撰有三种其师传记和译经目录:其一,曹毗撰有《别历》或称《真谛翻经目录》。其二,智敫撰集有《真谛三藏翻译历》。其三,僧宗撰有《真谛三藏行状》。

北魏永熙(532—534)中,李廓撰《魏世众经目录》(简称《李廓录》)一书,分大乘经、大乘论、大乘经子注、大乘未译经论、小乘经律、小乘论、有目未得经、非真经、非真论、全非经愚人妄作等十类,内容不仅包括已经

---

① 道宣:《续高僧传》卷一,《大正藏》第50卷,第426页下。
② 费长房:《历代三宝记》卷一一,《大正藏》第50卷,第94页中。

翻译出的佛典,也将未译出的佛典列入其中。

北齐地论大师释道凭撰有《经录》一卷,但内容不详。

北齐武平(570—576)中,沙门统法上撰《齐世众经目录》,也作《高齐众经目录》、《达摩多罗录》等名称,简称《法上录》。此书分杂藏录、修多罗录、毗尼录、阿毗昙录、别录、众经抄录、集录、人作录等八类。以杂藏居首,与修多罗分列,为他录所无。这已启经部再分细类的先声,后面四类对后世经录也颇有影响。

此外,北魏菩提流支撰《译众经论目录》一卷。

三、僧祐《出三藏记集》

释僧祐(445—518)是齐梁时代的一位律学大师,也是古代杰出的佛教文史学家。作为佛教史学家,他撰集了《出三藏记集》、编集了《弘明集》。这两部现存的著作,成为当今叙述两晋南北朝时期佛教发展的最重要资料。关于僧祐的生平事迹,留待南北朝律学中叙述,在此先将《出三藏记集》的内容和历史贡献略叙如后。

关于撰集此书的目的,僧祐《出三藏记集·序》说:

> 祐缀其所闻,名曰《出三藏记集》。一、撰缘记。二、铨名录。三、总经序。四、述列传。缘记撰则原始之本克昭,名录铨则年代之目不坠,经序总则胜集之时足征,列传述则伊人之风可见。①

由此可见,合拢上述四方面,翻译的原委才说得清楚和完全。因此,此书即分为四个部分。

第一部分"撰缘记",凡一卷。记经典的结集和翻译的来源。首先引《智论》、《十诵律》,及《菩萨处胎经》文叙述三藏结集的缘起及经过和八藏的名称,其次论胡汉译经音义的同异,最后列举新旧译(以鸠摩罗什翻

---

① 僧祐:《出三藏记集》卷一,《大正藏》第55卷,第1页中。

译的前后区分)重要名相的不同,一共五篇。

其一,《集三藏缘记第一》,征引《大智度论》以述释尊入灭以至结集三藏的经过。

其二,《十诵律五百罗汉出三藏记第二》,征引《十诵律》所述五百比丘结集三藏的经过。

其三,《菩萨处胎经出八藏记第三》,征引《菩萨处胎经》所述结集三藏之时弄出共有"八藏"之说。以上是采释典所述,一方面是交代佛陀圆寂后佛教如何发展,也交代三藏圣典是如何编成。因为这一小节是为了"原始之本克昭"而设置。

其四,《胡汉译经音义同异记第四》,这小节讨论中国文字跟天竺的两种拼音文字——梵文与佉楼文有何不同,并述华夏翻译时古今所用词汇有何差异。本节最有价值的地方是僧祐记下了华人最初遇上拼音文字之时的反应和如何去了解。

其五,《前后出经异记第五》,这小节举例说明今译经对同一名相的翻译有何不同。

第二部分"诠名录",凡四卷,这是全书的主体部分。此著将汉代至梁六代四百多年间,译出和撰集的一切典籍,不管有无译人名氏,一一搜罗,归纳为十四录。因对所依据的道安旧录有所增订,一律称为"新集"。内容是包括:

其一,"经论录"。本录先列经目,再述上列诸经由何人译。譬如卷二称"《安般守意经》一卷(至)《难提迦罗越经》一卷,右三十四部,汉桓帝时,安息国沙门安世高所译出"。这一部分共收自东汉至刘宋译经四百五十部,一千八百六十七卷的经目。

其二,"异出经录"。"异出经"指"胡本同而汉文异"[①],即同一梵文而有不同的华文译本之谓。本录共收这类经目四十三种,并在每种异出经

---

① 僧祐:《出三藏记集》卷二,《大正藏》第55卷,第13页下。

之下注明它有多少种异译。

上述两录为卷二的内容。

其三,"安公古异经录"。本录所收,是根据释道安《综理众经目录》所收的古代异出经目,而僧祐寻得其经本而编的目录,共收九十二部、九十二卷。

其四,"安公失译经录"。所谓"失译",指不知何人所译的佛经。本录是据前面所述道安目录而寻得的经典,共有一百四十二部、一百四十七卷。

其五,"安公凉土异经录"。所谓"凉土异经"指东晋十六国时译于河西五郡(今河西走廊)地区的异出经,由道安收录而由祐公寻得经本的,共有五十九部、七十九卷。

其六,"安公关中异经录"。这跟前面三录一样,是据道安的经录而寻得的关中地区的异出经,共有二十四部、二十四卷。

其七,"律分五部记录"。这不是记录经目的部分,而是据《毗婆沙论》以简述佛入灭后,佛家戒律分为五部的故事。

其八,"律分十八部记录"。这是据不同释典内容而撮要写成的由五部律再因部派分裂而有十八部律的故事。

其九,"律来汉地四部叙录"。这小节简述传来华夏的四种律典:萨婆多部的《十诵律》、昙无德部的《四分律》、大众部的《摩诃僧祇律》、弥沙塞部的《五分律》等四部律典在天竺的产生,传入中国和译出并流传的历史。最后略述未能传入中国《迦叶维律》的性质和它无缘来华之故。僧祐所以设立此录,大抵缘于他是律学沙门,故认为应该做这方面的交代。

上述七录为卷三的内容。

其十,"续撰失译杂经录"。这是僧祐据前世经录所载经目而找出的不知译人的经,共有八百四十六部、八百九十五卷。在这小节之中,僧祐对所见经本都加以校勘,并指出其中经典的异名,标示某些经典是从大部经典中抄出而另订新名等。此外,这小节又附《条新撰目录阙经》,这部分搜集了前世经录所载而僧祐当时已经有目无书的经目四百六十种,其书若存,则卷数共为六百七十五卷。此录为卷四的内容。

其十一,"抄经录"。所谓"抄经",指从大部头的佛经中抄出其中要义,另编成一书单行。本录共收有目有书抄经四十八部一百五十卷,另八部二百零一卷有目无书。

其十二,"安公疑经录"。本录是据道安《综理众经目录》中所载的"疑经"而搜得其经本的目录,共有二十六部、三十卷。所谓"疑经"其实就是华人伪撰;而非天竺传来的佛经,僧祐自称"今列意谓非佛经者如左",意即这些经典的真伪仍有待再加参详,这是他以谨慎态度处理伪经。

其十三,"疑经伪撰杂录"。本录所收,包括新近搜集到的,僧祐认为"或义理乖背,或文偈浅鄙"的疑属伪造的佛经;或已确证为华僧伪撰的假佛经。这一部分共收四十六部、五十六卷。

其十四,"安公注经及杂经志录"。本录所收所谓"注经",是道安经录有书目而僧祐搜得的佛经注解。所谓"志录",指道安经录中非属佛经的佛教文献而找到其书的,共有二十七卷。所谓"杂经",则指东晋以后来历很成问题的佛经(如南齐末年太学博士江泌的女儿口中诵出的二十种佛经之类),僧祐附记于此,用以提示佛教徒应注意这类有问题的经典。此类"杂经"共有二十四种、二百三十一卷。

此部分末尾附录小乘迷学竺法度造《异仪记》及慧叡造《喻疑》。

在上述十四录中,标题安公的,基本上保存了道安旧录的原样撰述,而加以补订。其余也都是按照《安录》的规模加以扩大。补订《安录》的七录内容是:

其一,"经论录",以译人年代为次,《安录》自后汉安世高至西晋末法立,共著录十七家(其中误以竺法护和昙摩罗刹为二人,所以实际只十六家)、二百四十六部、四百五十九卷。僧祐对于这些译本,都参照其他经录,注出异同并补缺,又标明当时有本或缺本。另外于法立以前补出张骞等七人,法立以后补出卫士度等五十五人,译撰各书连前总共四百五十部、一千八百六十七卷。

其二,"古异经录",《安录》原来编在篇末,今移前。大都是从大部中单篇译出,没有译者名字,为古代的遗文,共九十二部、九十二卷。僧祐也注出余录异同和存缺。

其三,"失译经录",一般译者姓名不详的,这一类经《安录》原列有一百三十一种,但经名简略,未列卷数。僧祐均加以整理,注出异名、出据、存缺,并从《安录》注经末移来十一种、十二卷,厘定为一百四十二部、一百四十七卷。

其四,"凉土异经录",失译经存在于凉土的,共五十九部、七十九卷。

其五,"关中异经录",失译经存在于关中的,共二十四部、二十四卷。

其六,"疑经录",鉴定为伪托的经典,共二十六部、三十卷。以上三录,僧祐都加注异同具缺。

其七,"注经录",道安自己所注释群经的,共二十一种、三十五卷。僧祐又补入杂著经录等五种,六卷。

在上述内容之外,僧祐扩充了《异经录》的编制而续成《异出经(即异译本)录》和《抄经(即别生经)录》,又续撰《失译杂经录》、《疑经伪撰杂录》,另外又将列入《经论录》里的律藏译书本源,别为律分五部记等三录。

以上十四录共收经目二千一百六十二部、四千三百二十八卷。与《安录》相比,增加了一千五百余部、三千三百余卷。但他所搜罗到的写本和参考的经录,侧重南方,因地区的限制,不免有遗漏,这是参考其记载时应该预先注意到的。

第三部分"总经序",共七卷。可分两类:前六卷是抄录一些经律论的前序与后记,自《四十二章经序》起至《千佛名号序》止,共一百一十篇,为《序集录》。

后一卷录陆澄《法论目录》、竟陵王《法集录》序及僧祐自撰各书目录序,共十篇为《杂录》(十篇中僧祐自撰者占八篇),序文以外备载篇目,现在根据篇目即可略知那些著述的内容。这一种体裁,创见于此书,价值极大。无异是一种佛藏提要,而且保存了许多可贵的资料。近世严可均辑《全南北朝文》，文廷式补《晋书艺文志》"释家类"，均采用本书这一类的材料。

第四部分"述列传"，叙述历代译家和义解僧人的生平事略共三卷。也分两类：前两卷主要著录外国人如安世高等为一类，共二十二人；后一卷中国僧人法祖等为一类共十人（附见者尚有多人）。这是现存最古的僧传，其史料多被宝唱《名僧传》、慧皎《高僧传》所依用。慧皎以后，各代僧传的叙述方法，大致因袭本书，而略变其体例。

本书的优点，除在翻译方面、传记方面保存很多原始史料而外，它还为后来经录的编纂开辟了许多门路，如有名的法经《众经目录》，分一译、异译、失译、别生、疑惑、伪妄等六类，几乎全采本书分类方法。即后来集佛教经录之大成的智昇所撰《开元释教录》，分《有译有本录》、《有译无本录》、《支派别行录》、《删略繁重录》、《拾遗补缺录》、《疑惑再详录》、《伪妄乱真录》等七类，亦皆不出本书的范围。至于作者对于一切经论都曾作过鉴定，甄别它的异同和真伪，判明译者和翻译的地点时间，这些对学术研究的贡献都是很大的。

第二节 佛教史学的兴起及其主要著作

从源流上言之，佛教史学是在中国史学传统影响之下形成的。至南北朝时期，世俗史学的主要形式在佛教著作中都有实践者，佛教史学著作呈现出百花齐放的景象。限于本著体例，本节仅仅对现存的几种著作的编纂情况和基本内容作些论述。

一、杨衒之与《洛阳伽蓝记》

在整个东晋南北朝时期，北魏佛教最为发达，而反映其发达程度的《洛阳伽蓝记》的重要性，也就可想而知了。《洛阳伽蓝记》以记北魏京城洛阳佛寺的兴废为题，实际记述了当时的政治、人物、风俗、地理以及掌故传闻，具有很高的文学价值和历史价值。

关于《洛阳伽蓝记》的作者,正史未立传,甚至也未提及。现在最可靠的资料是其在书中的一些自述,后世相关史籍的若干说法也可聊以参照。

关于杨衒之的籍贯,据唐释道宣《广弘明集》卷六《王臣滞惑篇》说是"北平人"①。但据《魏书·地形志》,北魏时有两个"北平郡",一个在今河北遵化一带,属平州;一个在今河北满城一带,属定州。周祖谟先生根据《广弘明集》作"阳衒之",认为"考北朝以文学通显者皆北平阳氏,如阳尼、阳固并是。至于杨氏则未之见。"周先生并且据《魏书·阳尼传》及《北史》,以为"颇疑衒之姓阳,且与(阳)休之同行辈"。至于《史通·补注篇》作"羊衒之","羊为泰山姓氏,望非北平,当为传写之误"。周先生以为,杨衒之当为今遵化附近的"北平郡人"。② 范祥雍先生不同意此说,认为《历代三宝记》卷九、《大唐内典录》卷四、《续高僧传》卷一、《法苑珠林》卷一〇〇及《隋书·经籍志》等都为"杨衒之",疑此说为"孤证只字,究难确信"。③ 对于上述意见,学者大多以为杨衒之究竟为平州抑为定州"北平郡人",则殊难确考。

《洛阳伽蓝记》书首所署作者官衔姓名是"魏抚军府司马杨衒之撰",书中自述:

> 永安中年,庄帝马射于华林园,百官皆来读碑,疑苗字误。国子博士李同轨曰:"魏明英才,世称三祖,公干仲宣,为其羽翼。但未知本意如何,不得言误也。"衒之时为奉朝请,因即释曰:"以蒿覆之,故言苗茨,何误之有?"众咸称善,以为得其旨归。④

此外也有"武定五年,岁在丁卯,余因行役,重览洛阳"⑤的叙说。这些叙

---

① 道宣:《广弘明集》卷六,《大正藏》第52卷,第128页中。
② 参见周祖谟《洛阳伽蓝记校释》,第1—2页,北京,中华书局,1963。
③ 范祥雍:《洛阳伽蓝记校注》,第356页,上海,上海古籍出版社,1985。
④ 杨衒之:《洛阳伽蓝记》卷一,《大正藏》第51卷,第1004页中—下。部分字句,依据周祖谟本校正。
⑤ 同上书,第999页上。

述是可信的,但太简单。而《历代三宝记》则署名"期城郡太守杨衒之撰"①,《广弘明集》说他于"元魏末,为秘书监"②,这些说法则难于确定是否可靠。

关于杨衒之撰写此书的动机,文中有所流露,但也不甚明了。一般以为有二:一是抒发洛阳昔盛今败的"黍离之悲",二是批评因奉佛太过而造成的侈靡。

杨衒之在书首序文和书尾结语所说,洛阳兴建佛教寺塔,从后汉明帝时开始有白马寺。到晋怀帝永嘉(307—312)年间,才有佛寺四十二所。直到北魏迁都洛阳,陡然大量增加起来。他说:

> 逮皇魏受图,光宅嵩洛,笃信弥繁,法教愈盛。王侯贵臣弃象马如脱屣,庶士豪家舍资财若遗迹。于是昭提栉比,宝塔骈罗,争写天上之姿,竞摸山中之影,金刹与灵台比高,广殿共阿房等壮。岂直木衣绨绣,土被朱紫而已哉!③

最盛时佛宇多到一千三百六十七所。后来到了孝静帝天平元年(534)迁都邺城,洛阳残破之后,还余寺四百二十一所。他又说:

> 暨永熙多难,皇舆迁邺,诸寺僧尼亦与时徙。至武定五年,岁在丁卯,余因行役,重览洛阳。城郭崩毁,宫室倾覆,寺观灰烬,庙塔丘墟,墙被蒿艾,巷罗荆棘。野兽穴于荒阶,山鸟巢于庭树。游儿牧竖,踯躅于九逵;农夫耕稼(老),艺黍于双。麦秀之感,非独殷墟;黍离之悲,信哉周室!京城表里,凡有一千余寺。今日寮廓,钟声罕闻。恐后世无传,故撰斯记。④

他把洛阳一地的状况前后对照,两两相形写来,抚今思昔,怵目惊心!前时佛寺是那样的多而且那样豪华壮丽,今日佛寺是这样的少而且这样残

---

① 费长房:《历代三宝记》卷九,《大正藏》第49卷,第87页上。
② 道宣:《广弘明集》卷六,《大正藏》第52卷,第128页中。
③④ 杨衒之:《洛阳伽蓝记》卷一,《大正藏》第51卷,第999页上。

破凄凉;前时洛阳是王侯贵臣庶士豪家骄奢淫佚的一大都会,今日洛阳是农夫耕老游儿牧竖种地息足的一片废墟。这部书字面上是记洛阳城佛寺的盛衰兴废,文心里实系作者对国家成败得失的感慨。[①] 笔者赞同依此为基点来管窥杨衒之撰写此书的动机。但将此推之以反佛的高度则未必恰当稳妥。

唐道宣《广弘明集》卷六叙列代王臣滞惑解,首叙唐太史傅奕,引古来王臣讪谤佛法者二十五人为高识传,一帙十卷,有杨衒之名。卷末说:

> 杨衒之,北平人,元魏末为秘书监。见寺宇壮丽,损费金碧,王公相竞,侵渔百姓,乃撰《洛阳伽蓝记》,言不恤众庶也。后上书述释教虚诞,有为徒费,无执戈以卫国,有饥寒于色养,逃役之流,仆隶之类,避苦就乐,非修道者。又佛言有为虚妄,皆是妄想。道人深知佛理,故违虚其罪。启又广引财事乞贷,贪积无厌。又云,读佛经者,尊同帝王,写佛画师,全无恭敬。请沙门等同孔老拜俗,班之国史。行多浮险者,乞立严勤。知其真伪,然后佛法可遵,师徒无滥。则逃兵之徒,还归本役。国富兵多,天下幸甚![②]

由此可见,至唐初已经有人意识到此书对佛教的批评意味。但是否达到反佛的程度还有探讨的空间。

杨衒之这部书既有一定的目的,因而精心结撰,成为一部体系完整的著作,虽然他还自谦"才非著述"。他说:

> 寺数最多,不可遍写。今之所录,上大伽蓝。其中小者,取其详世谛事,因而出之。先以城内为始,次及城外,表列门名,以远近为五篇。余才非著述,多有遗漏。后之君子,详其阙焉。[③]

我们根据他这部书可以很正确地绘出一张北魏京城洛阳图,还可以在这

---

① 参见范祥雍《洛阳伽蓝记校注·序》。
② 道宣:《广弘明集》卷六,《大正藏》第52卷,第128页中。
③ 杨衒之:《洛阳伽蓝记》卷一,《大正藏》第51卷,第999页上。

张地图上按照城门方向,城内外里坊远近,填出书里所记许多伽蓝以及宫殿官署名胜古迹的地点。可见其叙述的准确、有条理、有系统。

唐代刘知几《史通》卷十七补注篇称许这部书的体例完善,既有正文,又有"子注"。既能"除烦",又能"毕载";既近"伦叙",又算"该博"。可惜现在这部书的通行本子,文和注不分,久已失却原来面目。后人想要还原也就感到不容易见功了。现在的几种校注本做了努力,情况稍有改善。

关于此书写作的确切年代已经不可靠,大致而言,有几说,以东魏末年最流行。姑且从之。

《洛阳伽蓝记》共五卷,各卷内容大致如下:

卷一述洛阳城墙之内的寺院,共有永宁寺以至景林寺等九寺。每寺详述其风貌与节日活动。缘于"世谛事,因而出之"①,故也顺便述及寺院周遭所发生过的佚闻掌故。

卷二是城外东面的寺院,有明悬尼寺以至景宁寺等十二寺的记事。

卷三是城外南面的寺院,有景明寺以至崇虚寺等十二寺的记事。

卷四是城外西面的寺院,有冲觉寺以至水明寺等八寺的记事。

卷五是城外北面的寺院,有禅虚寺和圆凝寺的记事,并附十三家寺院的寺名。此卷尤其是引用了宋云西行归来后所写游记的片段,很有历史价值。

二、《高僧传》《名僧传》和《比丘尼传》

现今可知最早的史传类佛教史书是东晋康弘(约359年后之人)撰的《道人善道开传》一卷。这是俗家弟子替自己皈依的师父所撰的个人传记。此中的"善道开"即"单道开",梁释慧皎的《高僧传》有《单道开传》。此后写作者不断,部数不少,但现存仅仅数种。在此,谨将《名僧

---

① 杨衒之:《洛阳伽蓝记》卷一,《大正藏》第51卷,第999页上。

传》、《比丘尼传》、《高僧传》三种叙述于后。

《名僧传》、《比丘尼传》都是梁代高僧宝唱所撰写。

宝唱约生于刘宋泰始元年(465)前后,吴郡人,十八岁从建初寺僧祐出家,住庄严寺,遍学经律。天监四年(505)住新安寺,先后帮助僧旻编撰《众经要抄》,助智藏编撰《义林》,助僧朗编撰《大般涅槃经注》,又助萧纲编撰《法宝联璧》等,并自撰《续法轮论》七十余卷,《法集》一百三十卷。天监十一年(512),参与僧伽婆罗译场,笔受《阿育王经》等十一部经。十三年(514)开始自撰《名僧传》三十一卷,十五年(516)重撰《华林佛殿众经目录》四卷(原录僧绍所撰),以博学多识见称,梁武帝因此令他掌华林园宝云经藏,广搜遗逸经籍。同年,宝唱又撰《经律异相》五十五卷和本传四卷。此外又撰有《众经饭供圣僧法》等五种十七卷及《出要律仪》二十卷。今仅本传和《经律异相》尚存,其余都佚失了。

《名僧传》摘抄本一卷。原三十卷,《序目》一卷,梁释宝唱撰,今佚。本书创始于天监九年(510),搜集前代僧录、碑志以及口述等,区别部类,到十三年(514)始编纂完成。作者在编纂中因将谪配越州,加紧缵集芟改,而成定本。其第十八卷有《僧祐传》,祐卒在书成之后(天监十七年,518),当是出于增补的。僧祐是作者的老师,祐著《出三藏记集》末三卷是僧传,对本书有直接影响。

《名僧传》分法师、律师、禅师、神力、苦节、导师、经师七科。又分子目:外国法师四卷,包括一般法师和神通弘教二类;中国法师十三卷,包括高行、隐道和一般法师三类;律师一卷,禅师二卷,神力一卷,不分类;苦节七卷,分兼学、感通、遗身、宗索(素)、寻法出经、造经象、造塔寺七类;导师一卷,经师一卷,不分类。正传共四百二十五篇,著录后汉、吴、晋、姚秦、北魏、宋、齐七个王朝名僧四百二十五人;附见的僧人甚多,今不得其详。正传中佛图澄、慧远传的篇幅都很长,二人各一卷。又晋、宋、齐等南朝的僧人,在全书中所占的比重最大,这与作者身处南方难收集北方资料有关。

从现存的抄本《传》第十八谈"礼法"一篇是属于律师科的序文来看，大概原书每科之前都是有序的。卷末有自序和目录，自为一卷。此书搜罗繁富，正传有八十余人为《高僧传》所无；又有些人在本书中有专传，而在《高僧传》仅是附见，可见《高僧传》不如本书记载的详细；即两书同样有传，而从现存的抄本"说处"来看，有些事情也是《高僧传》所未载。又本书还记录学说和著作，如：三乘渐解实相事、无神我事、慧远习有宗事、竺道生立佛性义、观空义、善不受报义、昙济七宗论序等，都是佛教教义上的重要言论，《高僧传》也缺载，由此可见本传是有许多优点的。

本书现存抄本是日本释宗性在文历二年（1235）所摘录。卷首保存全部目录，卷中也有原文的片段，末附"说处"即要点的条目。抄本重点虽放在有关弥勒感应的记载上，但保存了原文一小部分，使本书的面貌仍可依稀辨认出来。这是于《高僧传》以外，研究南北朝佛教所不可缺的一部传记。

《比丘尼传》，略称《尼传》，四卷，有序。一般以为，此书是宝唱所撰，但由于其最初见于《开元释教录》，此前的经录都没有记载《比丘尼传》的撰录，也不见于宝唱本传，因此，怀疑此书非宝唱撰著者也很多。本著采纳宝唱撰著说。

《比丘尼传》叙述了晋、宋、齐、梁四朝著名的比丘尼六十五人的事迹。本书四卷中，卷一收东晋比丘尼一十三人，卷二收刘宋比丘尼二十三人，卷三收南齐比丘尼一十五人，卷四收梁代比丘尼一十四人。以上本传六十五人外，还附见五十一人。本书没有像《名僧传》那样分作多科，但也具备《名僧传》那些科目类型的人物。

释慧皎（497？—554？），会稽上虞人，居于本郡嘉祥寺。他的氏族不详，无由知道他的俗家姓氏，更不知他何时披剃。慧皎每年都在春季和夏季从事弘扬佛法的宗教服务，而秋季和冬季则潜心著述，除了《高僧传》之外，更撰有《涅槃义疏》十卷和《梵网经疏》，后两者均已亡佚。

《高僧传》卷一四《序》有文说：

> 自前代所撰，多曰《名僧》，然名者本实之宾也。若实行潜光，则高而不名；寡德适时，则名而不高。名而不高，本非所纪，高而不名，则备今录。故省"名"音，代以"高"字。①

慧皎所以命名所著为《高僧传》，是他有意提倡"潜光"高蹈。他在《高僧传序》中又说："谓出家之士，处国宾王，不应励然自远，高蹈独绝。辞荣弃爱，本以异俗为贤，若此而不论，竟何所纪。"②他以"潜光"沙门的行事，作为后辈出家众的榜样。

《高僧传》有十三卷，另《序》及《目录》合在另一卷，在全书之末，加起来共有十四卷。书中为东汉至梁初僧徒立正传者二百五十七人，附见者二百余人。

全书依立传僧徒的行事分作十科，十科的名称已在第三章第二节中述及，于此从略，而这十科的划分，可能仿自《史记》，因为司马迁书中的类传恰好也是十类。至于慧皎书中十科先后的安排，其理由如下：

首先是"译经篇"。慧皎称："佛法东流，盖由传译之勋，震旦开明，一焉是赖。"是以"列之篇首"。③ 这因为佛经原本用梵文或西域文字写成，若不通过翻译，释迦遗教将无从为华人所知。因为翻译对于佛教在中土传播特殊地位，慧皎以本篇放在全书之首。篇中替主译的胡汉沙门及具有出家人身份的重要译经助手立传。

第二是"义解篇"。慧皎称："若慧解神开，则道兼万亿。"④佛教思想博大精深，佛教经典古奥难懂，须得"善知识"的引导，大众才能略知一二，因此，"义解"置于第二位。

第三是"神异篇"。慧皎称："通感适化，则疆暴以绥。"⑤所谓"疆暴

---

① 慧皎：《高僧传》卷一四，《大正藏》第 50 卷，第 418 页下。
②④⑤ 同上书，第 419 页上。
③ 同上书，第 418 页下—419 页上。

以绥",原来东晋十六国时期,梵汉沙门往往运用其神通能力感化残暴的胡主,使其节杀兴慈,因此黄河流域民众不论胡汉,都纷纷皈依佛门,庇托于僧侣的保护,由是佛教势力大为扩张。其中以佛图澄在这方面贡献最大,而其他有神通能力或异迹表现的沙门,也能达成近似效果。缘于神异沙门对中国佛教传统基础的奠定,其重要如此,故慧皎把握史意,而将此类沙门置之第三位。

第四是"习禅篇"。慧皎称:"靖念安禅,则功德森茂。"①原来沙门的神通能力,莫不始于修禅习定,故以本篇继"神异篇"之后。

第五是"明律篇"。慧皎称:"弘赞毗尼,则禁行清洁。"②本篇所以继《习禅篇》之后,一来是"定资于戒,当知入道即以戒律为先",若不先守戒规以约束身心,则禅定无由修习。

第六是"亡身篇"。慧皎称:"忘形遗体,则矜吝革心。"③本篇所述是牺牲自己,割肉以啖饥民;或奉献一躯,燃臂烧身供养佛陀的僧人。

第七是"诵经篇"。慧皎称:"歌诵法言,则幽显含庆。"④诵经可使"幽显含庆",诚心专注地诵经,可以跟神灵相通,获得灵应而"临危而获济"或"将没而蒙全",因此"讽诵之利大矣"。慧皎置本科于此,认为既有人如此修持,事迹不容泯没,但不太值得鼓励,是以放在较后的第七位。

第八是"兴福篇"。慧皎称:"树兴福善,则遗像可传。"⑤本篇所叙传主要是向外募捐;或献出自身所获善信布施的财物来造佛像菩萨像、雇人抄写藏经、修建塔寺的沙门,其所为都属于兴立佛教福田的事业,故谓之"兴福"。

第九是"经师篇",第十是"唱导篇"。慧皎称:"其转读、宣唱,原出非远,然而应机悟俗,实有偏功,是以"编之传末"。⑥这番话中的"转读"指"经师",而"宣唱"则指"唱导",所谓"原出非远",谓这两种弘法方式本非

---

①②③④⑤⑥ 慧皎:《高僧传》卷一四,《大正藏》第50卷,419页上。

天竺原有,是佛法传入中国之后才因"应机悟俗"的需要而兴起。"经师"与"唱导"何以置于全书之末?《高僧传》卷一三《唱导传论》说:"昔草创高僧,本以八科成传,却寻经、导二科,虽于道为末,而悟俗可崇,故加此二条,足成十数。其有一分可称,故编高僧之末。"①据此,慧皎本来瞧不起这两类人物,原本也仅以八篇成书,后来感到这两种弘法方式虽然"于道为末,而悟俗可崇",仍有"一分可称",然后才"加此二条,足成十数"而已。

慧皎据以成书的史料,《高僧传》卷一四《序》有一说明:

> 尝以暇日,遇览群作,辄搜检杂录数十家,及晋、宋、齐、梁春秋诸史,秦、赵、燕、凉荒朝伪历,地理杂篇,孤文片记,并博谘故老,广访先达,校其有无,取其异同,始于汉明帝永平十年,终于梁天监十八年,凡四百五十三载。②

由此可知,慧皎所收集、依据的文献颇为丰富。尽管如此,慧皎生于偏安之朝,居住南方,北方史料不易收集,《高僧传》因而详于江南诸僧而略于北方僧人。

三、《弘明集》与佛教史料学著作的编纂

《弘明集》是梁代僧人僧祐所编撰的一部重要的文献汇编性质的书籍。《出三藏记集》卷一二所载僧祐自撰《弘明集》目录作十卷、三十三篇,而现行本作十四卷、五十八篇(包括书末附僧祐后序)。十卷所载都是梁以前的文章,后来增入的,多半是梁代的文章(亦有少数梁以前的文章),而两唐书《经籍志》均载《弘明集》十四卷。因此,现行十四卷本由来已久,也许是僧祐自行增补。

本书收录范围,从东汉末迄梁代止。时间三百多年,作者百人左右,

---

① 慧皎:《高僧传》卷一三,《大正藏》第50卷,第417页下—418页上。
② 慧皎:《高僧传》卷一四,《大正藏》第50卷,第418页下。

僧侣仅有十九人。

本书各卷主要内容如下：

第一卷，论著两篇：第一篇《牟子理惑论》，第二篇《正诬论》，作者不详，主要针对一般人所关注的吉凶寿夭灾祥等具体问题为佛教辩诬。

第二卷，论著一篇，即宋宗炳的《明佛论》(又名《神不灭论》)。本文对晋宋之际争辩神灭不灭问题，提出自己的看法。

第三卷，书启五篇，论著一篇：书启都是何承天与宗炳就慧琳《白黑论》而展开的争论。《白黑论》论儒释同异，虽主张两家殊途同归，但意在抑佛扬儒，宗炳竭力反对这种议论，何承天却表示赞同。论著有晋孙绰的《喻道论》，是对当时本末问题提出佛教的主张。

第四卷，论著一篇，书启五篇：何承天除了对慧琳的《白黑论》激赏而外，还著了一篇《达性论》来诽谤佛教，颜延之写信驳斥他。此中五篇书启都是二人来往的争论。

第五卷，论著七篇，书启四篇，共十一篇：自罗含《更生论》起至慧远《沙门不敬王者论》止，前后六篇，辩论焦点均在神灭与神不灭问题上。慧远《沙门袒服论》以下三篇，辩论礼制问题。慧远《明报应论》与《三报论》，阐明因果报应思想，这个问题在晋、宋间也是争论的焦点之一。

第六卷，论著书启共八篇：晋义熙年间有人比沙门为五蠹之一，道恒于是撰《释驳论》驳斥。宋末道士顾欢撰《夷夏论》，虽以孔老释同为圣人，但坚执夷夏界限排斥佛教，明僧绍的《正二教论》以及《谢缜之书与两封顾与道士书》都是反驳顾欢之谬论的，张融的《门律》以反周颙的《难张长史门律》并问答三首所辩论的都是当时儒道释三家的本末问题。

第七卷，论著四篇：从朱昭之的《难顾道士夷夏论》，到僧敏的《戎华论折顾道士夷夏论》，也都是驳斥顾欢的《夷夏论》的。

第八卷，论著三篇：玄光的《辩惑论并序》条举五逆六极痛斥道教。

齐世有道士假张融的名义作《三破论》（入国破国、入家破家，入身破身）诋毁佛教，于是梁刘勰作《灭惑论》、僧顺作《析三破论》对此痛加驳斥。

第九卷，梁武帝《立神明成佛义记并沈绩序注》一篇说明成佛以心为正因的道理。范缜著《神灭论》，想从佛法根本教义上推翻佛教，萧琛与曹思文均著《难神灭论》来驳斥他。范缜《神灭论》全文，载《梁书》本传中，本卷仅载他《答曹舍人书》一篇。

第十卷，此卷收梁武帝《敕答臣下神灭论》、释法云《与王公朝贵书》并六十二人答书均站在神不灭的立场破斥《神灭论》。

第十一卷，书启二十七篇，内容可概括为四点：一、赞扬佛事；二、辩难佛不现形；三、论心源一本；四、辞世从道不受爵禄。

第十二卷，书启表诏四十篇，涉及的都是当时现实问题，如沙门踞食、沙门应不应敬王、恒玄料简沙门与求沙门名籍等问题。

第十三卷，收录论文三篇：晋郗超的《奉法要》谈三归五戒六斋等具体问题。颜延之的《庭诰》二章，谈道教重在炼形，佛教重在治心。王该的《日烛》论说生死根源以及善恶报应的道理。

第十四卷，收录论文共四篇：竺道爽《檄太山文》、智静《檄魔文》、宝林《破魔露布文》，以上三篇均是摧魔之说，末了一篇为僧祐的《弘明集·后序》。

本书的主要宗旨在现行本《弘明集后序》里有明确表达。作者指出时人对佛教有六种怀疑：

> 一、疑经说迂诞大而无征；二、疑人死神灭，无有三世；三、疑莫见真佛，无益国治；四、疑古无法教，近出汉世；五、疑教在我方，化非华俗；六、疑汉、魏法微，晋代始盛。①

这六疑其实都是当时儒道两家攻击佛教的焦点，第二疑就是有名的神灭不灭之争的问题，第五疑就是夷夏之争的问题。从佛教立场看来，这六

---

① 僧祐：《出三藏记集》卷一四，《大正藏》第52卷，第95页上。

疑都是异端。作者撰集本书的主要宗旨,就在于排斥这一些异端而达到弘道明教的目的。

作为一本以维护佛教、弘扬佛法为宗旨的佛教文献汇编,《弘明集》是今人研究两晋南北朝佛教史及其思想史的最可靠的资料。而且,这一书的体裁,也对后世产生了深远的影响,不光是唐代道宣《广弘明集》的扩充续接问题,而且后世出现的一些宗旨与此相近的书籍,也与《弘明集》有关。

第三节 《佛国记》及其他西行游记

如前文所说,现今可知的中国僧人西行求法是从曹魏的朱士行开始的。而归来后撰写游记的传统始于何时则无从考证。现存最早的西行游记则是从法显《佛国记》开始的。

一、《佛国记》的书名及版本

法显所撰写的西行游记,在古代著录、引文以及各种版本中,竟然有近十种异名。这些异名的大量出现,可能是由于法显自己未替自己所写的这部书命名,后来者往往以己意为其加写书名。这样做的结果,却使后来者难于确定众多名称之所指是否为同一部书。这样的以讹传讹,便无端地生出了许多误解,尤其显得杂乱。

第一种,《佛游天竺记》一卷。梁代僧祐《出三藏记集》卷二载录于法显所译出及其带回而未得译出的经律之后。[①] 隋代法经《众经目录》卷六置于"西域圣贤传记"之中,并说其为"西域圣贤所撰";同时却在"此方诸德传记"中著录《法显传》一卷,并说其为"此方佛法传记"。唐代道宣《集神州三宝感通录》卷中"梁荆州优填王旃檀像缘"引用此书名。唐代智昇

[①] 僧祐:《出三藏记集》卷一,《大正藏》第55卷,第12页上。

《开元释教录》卷三、唐代圆照《贞元新定释教目录》卷五皆录此目,并注"见《僧祐录》",同时却又著录《历游天竺记传》一卷。

第二种,《佛游天竺本记》。唐代徐坚《初学记》卷二三"寺第八"引书名曰《佛游天竺本记》。

第三种,《历游天竺记传》。此书名最早见于隋代费长房《历代三宝记》卷七,唐代道宣《大唐内典录》卷三、道世《法苑珠林》卷一〇〇均沿用此名。《开元释教录》和《贞元新定释教目录》在引此名之后,都加有批注:"亦云《法显传》,法显自撰,述往来天竺事。见《长房录》"。

第四种,《释法显游天竺纪》。唐代杜祐《通典》卷一七四引用此书时写做《释法明游天竺纪》,并在"明"字下注曰"国讳改焉",在同书卷一九一又做《法明游天竺记》。《四库全书总目提要》曰:"《通典》引此书又做法明,盖中宗讳显,唐人以'明'字代之,故原注有'国讳改焉'四字也。"

第五种,《法显传》一卷(或作二卷)或《释法显行传》。最早见于北魏郦道元《水经注》卷一、二所引,卷一六作《释法显行传》。隋法经等《众经目录》卷六也以此名著录。《隋书·经籍志·史部·杂传类》载《法显传》二卷、《法显行传》一卷;《开元释教录》卷二〇(入藏录下)以及以《千字文》编号的《开元释教录略出》卷四皆著录,并注:"亦云《历游天竺记传》,东晋沙门法显自记游天竺事"。宋以后所刻《大藏经》多依《开元释教录·入藏录》,故仍用此称,唯金代《赵城藏》本为《昔道人法显从长安行西至天竺传》一卷;《高丽藏》本为《高僧法显传》一卷。

第六种,《佛国记》一卷。此名最早见于《隋书·经籍志·地理类》,注曰:"沙门释法显撰",明代以后所辑诸丛书刊本,如明沈士龙、胡震亨辑《秘册汇函》,明毛晋辑《津逮秘书》,明钟人杰、张遂辰辑《唐宋丛书》,清王谟辑《增订汉魏丛书》,清张海鹏辑《学津讨原》等,皆用此称。

第七种,《三十国记》。此名为明代著作《稗乘》用之。

前述七种书名,从命名方法来区分,有四类情况:由第三种至第七种,或者以叙述者法显为主体来命名,如《法显传》、《法显行传》;或者以所写内容为核心命名，如《佛国记》、《历游天竺记传》、《三十国记》；或者将上述两种角度合起来命名，如《释法显游天竺纪》等。《法显传》之名，首次见于《水经注》。《隋书·经籍志·地理类》列有此《法显传》之名，而同书(《隋书·经籍志·史部》)杂传类中又有《佛国记》之名，但文后有原注："沙门释法显传"，说明《法显传》与《佛国记》为同一种书，传世今日的《佛国记》各种版本都同于《法显传》。《历游天竺记传》即是《法显传》，自《开元释教录》以下都有明文注记。因此，上述三类书名，所指为同一本书，并不存在问题。屡有疑问的是以"佛"为主体来命名的一类书名之所指。具体而言，《佛游天竺记》或《佛游天竺本记》与《法显传》或《佛国记》到底是一本书还是两本书？这是历来争讼的焦点。

对于《佛游天竺记》与《佛国记》的混淆，来源于对《出三藏记集》卷二之著录方法的不同理解。其实，《出三藏记集》卷二尽管将《佛游天竺记》著录在法显所译的经律之后，但僧祐在注文中明确说："右十一部，定出六部，凡六十三卷……其《长》、《杂》二阿、《绫经》、《弥沙塞律》、《萨婆多律抄》，犹是梵文，未得译出"[1]。这里所说的"十一部"并不包含《佛游天竺记》在内，同样，"六部"译出的经律之中也不包含《佛游天竺记》。可见，僧祐是将《佛游天竺记》当作法显的著述附录在此的，因而其与后来所称的《法显传》为同一本书并不存在问题。真正搞错的是隋代法经等人编的《众经目录》。《众经目录》卷六在"西域圣贤传记"中录有《佛游天竺记》一卷[2]，在同卷"此方诸德传记"中又录有《法显传》一卷，并附自注曰："法显自述行记"[3]。这里，法经等人因疏于核查而将同一本书列为两种，不能引以为据。后来的《开元释教录》卷三、《贞元录》卷五虽然兼载《历游天竺记传》与《佛游天竺记》，但均在《佛游天竺记》下加注"见《僧祐录》"，又注曰"阙本"。可见，智昇、圆照并未见到《佛游天竺记》这本书，而只是凭

---

[1] 僧祐：《出三藏记集》卷一，《大正藏》第 55 卷，第 12 页上。
[2] 法经：《众经目录》卷六，《大正藏》第 55 卷，第 146 页上。
[3] 同上书，第 146 页中。

误解了的僧祐之意将两名并列为两本书。另外,唐徐坚《初学记》卷二三所引的《佛游天竺本记》之文,即达儯国迦叶佛伽蓝一段,与今本《佛国记》之文完全符合。唐道宣《集神州三宝感通录》卷中以及《太平御览》卷六五七所引之文,即佛上忉利天为其母说法一段,也与今本《佛国记》"僧伽施国"所记相似。这些证据完全可以证明,《佛游天竺记》与《佛国记》、《法显传》为同一本书。至于之所以以佛为主体,大概是因为此书多载天竺各国所传的佛陀本生故事以及佛陀周游各地传教事迹的缘故。

此外,关于《佛国记》广、略二本的问题,也需略作说明。《水经注》载《法显传》与《法显行传》二名。《隋书》也是如此,并明确记曰《法显传》二卷、《法显行传》一卷。现今传本《佛国记》所附"跋"文曰:"因讲集之际,重问游历。其人恭顺,言辄依实,由是先所略者劝令详载。"[1]由此判断,今本所传《佛国记》可能为后出的广本,是法显应道场寺的这位僧人所请补充而成的。而在隋代时,略本尚在流传,后来则逐渐隐没不传。

二、《佛国记》之历史文化价值

法显以自叙传的形式写成的记述自己西行经历的著作,比较全面地记录了5世纪初中亚、南亚以及东南亚地区的政治、宗教、风俗习惯、经济状况以及地理情况,对佛教的发展情形以及佛教圣迹的记叙尤其详细。千百年来,《佛国记》这部书不仅仅作为佛教史籍起了鼓舞后世人们生起佛教信仰的作用,更为可贵的是,它对历史事件和自己所见所闻的忠实记录,早已经成为人们研究这一段历史的宝贵资料。可以说,《佛国记》的价值早已经超越了佛教史本身,而具有多方面的文化价值。这是一方面。另一方面,由于众所周知的原因,印度本身的历史资料的阙如,使得法显的记述实际上成为研究5世纪之前印度历史的最为可信的材料。可以说,《佛国记》的价值早已经超越了国界,而具有世界性的价值

---

[1]《大正藏》第51卷,第866页中。

和意义。本节我们分《佛国记》与中外交通史研究、《佛国记》与古代中南亚史研究、《佛国记》与佛教史研究、《佛国记》的文学价值等四方面对《佛国记》的文化价值作些综合论述。

(一)《佛国记》与中外交通史研究

佛教传入中土这一重大历史事件的确切初始,尽管已经无法确定,但有一点却是明确的,即其传播途径的双向性。第一个向度是"东来",其传法主体或者为天竺僧人,或者为很早就信奉佛教的西域国家之僧侣。作为外来文化的佛教之所以能够在中国立足,并走向"中国化"的道路,这两类人是立了首功的。可以说,佛教在中土的流传是经历了一个由外国侨民群体再到中土人士的发展过程。伴随着这一过程的是由民间到上层贵族的提升与拓展。而随着佛教在中土的逐渐深入人心,被动地由外国僧人灌输的方式已经不能满足中土佛教信仰者的迫切需要了。在此情形下,中土人士西行求法运动便应运而生。这便是佛教东渐之中的"西取"向度。法显就是这一西行求法运动中最杰出的一员,而《佛国记》便是西行求法活动中所遗留给人类的为数不多的奇葩。正因为如此,《佛国记》是中外文化交流史上具有里程碑意义的著作,对于中外文化交流史之研究具有非同寻常的意义和价值。正如近代学者方豪所言:"法显之功绩不仅在译经及弘宣教旨,其所记历程虽仅九千五百余言①,然精确简明,包括往返西域历程及航海经验,尤为今日研究中西交通史及中亚中古史地者必需之参考资料。"②

古代文化的传播与当时的交通情形密切相关。中国古代与印度之

---

① 关于《佛国记》的字数,异说很多。如日本的足立喜六曾说,《佛国记》"寥寥九千五百余言"(《〈法显传〉考证》第4页)。此后,贺昌群《古代西域交通与法显印度巡礼》第1页)、长泽和俊(《丝绸之路史研究》第466页)都说《佛国记》九千五百余字。方豪在此也持此说。其实,这一说法是不确切的。吴玉贵则据宋代思溪藏本测算出"全书应为一万四千余字"(《〈佛国记〉释译》第320页)。这一测算因字、行的误差,未见精确。若依据支那内学院1932年的刻本,《佛国记》的字数应为:正文一万三千八百零六字(不计标题),文后之"跋"文为一百七十四字。
② 方豪:《中西交通史》,第213页,长沙,岳麓书社,1982年重排本。

间的交通究竟始于何时,现在已经很难确定了。但可以肯定,古代印度与西域即我国新疆地区交通极早。公元前5世纪波斯阿赫曼尼德朝占领粟特、巴克特里亚和旁遮普,曾经多次向葱岭以东地区派出商队,商队之中就有印度商人。到公元前3世纪,在阿育王统治下的孔雀王朝,双方的往来已经完全确立。随着张骞出使西域的成功,西汉政府建立了直接与西域沟通的管道。自从张骞开通西域之后,经由中亚的道路成了中国与外界交往的主要通途,中亚也就成了连接中国与南亚、西亚以及欧洲的最重要的纽带。中土从陆路西行求法的僧人大都取道此途,法显也是如此。此外,从陆路通往印度的道路还有第二条,即由今日之四川经由云南,进入缅甸,然后抵达印度。这一条线路的开通要早于张骞出使西域的时间,因为张骞在大夏(今阿富汗)时曾经见到过邛地(四川西昌附近)出产的竹杖以及蜀布。大夏人告诉张骞,这些是从印度得来的。3世纪初,有一批蜀地僧人曾经通过这一条道路到达印度。① 古代中国与印度之间第三条交通路线是海路,即从海道西行,从斯里兰卡登陆,然后北上印度。法显就是选取这条海路回归中土的。

在晋宋之际,从长安经河西走廊的武威、张掖、酒泉到敦煌,再经过玉门、阳关,就可到达西域。《汉书》云:"自玉门、阳关出西域有两道。从鄯善傍南山北,波河西行至莎车,为南道;南道西逾葱岭则出大月氏、安息。自车师前王廷随北山,波河西行至疏勒,为北道;北道西逾葱岭则出大宛、康居、奄蔡焉(者)。"② 法显从长安出发,经过张掖镇、敦煌到鄯善,然后从鄯善北上至焉耆,再经过龟兹至于阗。从这一行程看,法显选择

---

① 义净的《大唐西域求法高僧传·慧轮传》记载:"那烂陀寺东四十驿许,寻弶伽河而下,至蜜栗伽悉他钵那寺(唐云鹿园寺也)。去此寺不远,有一故寺,但有砖基,厥号支那寺。古老相传云,是昔室利笈多大王为支那国僧所造。于时有唐僧二十许人从蜀川牂牁道而出(蜀川去此寺有五百余驿),向摩诃菩提礼拜。王见敬重,遂施此地,以充停息,给大村封二十四所。于后唐僧亡没,村乃割属余人。现有三村入属鹿园寺矣。准量支那寺,至今可五百余年矣。"据考证,此处的"室利笈多大王"是指笈多王朝最早的一位国王,在位时间大约为3世纪晚期。义净这里所说"至今可五百余年",只是一个概数。实际上,只有四百多年。
②《汉书》卷九六《西域传》,中华书局校本,第3872页。

的是"北道"。至焉耆后,法显一行又转向西南,取道塔克拉干大沙漠,直达"南道"重镇——于阗。从于阗前行,经过子合国,法显等人进入葱岭山中的于麾国、竭叉国,最后才到达北天竺境内。法显回国取的是海道,即从巴连弗邑沿恒河东下,到达多摩梨帝海口,然后从此乘船西南行,到达师子国(今斯里兰卡)。在师子国停留两年,法显乘船东下,后经马六甲海峡到达今日所称的加里曼丹岛。在加里曼丹岛停留五个多月后,法显又乘船沿着东北方向直取广州。在西沙群岛附近遭遇风暴,法显所搭乘的船队在海上漂流七十余日方才到达今山东崂山南岸。

法显《佛国记》对其亲身经历的往程与归程的基本情况,作了较为详细的记载,这对于当时和以后有志西行的人们,不啻是一种文字的向导。同时,《佛国记》的记载又成为人们研究中国古代与西方之交通管道的最为可信的资料。这一意义,在其问世未久,就显露出来了。北魏郦道元撰写的《水经注》中,有二十余处引用《佛国记》的记载,其涉及的地域范围甚为广泛。北起我国新疆境内,南及印度河、恒河流域。后来,我国正史的"地理志"都程度不同地吸收了法显此书之中的材料。

《佛国记》尽管不是严格意义上的地理学著作,但法显在记述中依照游记体的规范,以言必依实的原则,详细、准确地记载了自己所到之处的地理状况。特别是在西域、印度行程的记载,为研究古代西域、印度城市及国家的地理沿革提供了第一手资料。由于文化传统的关系,古代印度没有留下来专门的地理学著作,甚至连这方面的记载也很缺乏。而《佛国记》的相关记述,起了填补印度古代地理学著作之空白的作用。特别是《佛国记》所涉及的5世纪及其以前印度的历史地理状况,已经成为考订古代印度历史地理的权威材料。事实上,《佛国记》的相关记载,与玄奘的《大唐西域记》、义净的《南海寄归内法传》一起,已经成为近代以来西域、印度考古发掘的最重要的线索。

(二)《佛国记》与西域史、印度史研究

法显对于5世纪之前的西域、中亚以及印度的政治、经济、民族、文化、风俗习惯等方面的真实叙述,是研究这一地区古代历史的最可宝贵的历史文献。《佛国记》的这方面的价值,早已经成为世界历史学界的共识。

西域地区由于距离内地遥远、政权变更频繁等原因,其古代社会历史的状况,留存至今的资料较为缺乏。而印度民族,作为一个伟大的智慧非凡的民族,在古代曾经创造出了灿烂的文明,对世界文化作出了巨大贡献。但是,印度民族在文化性格上却有一个重大的缺点,就是不大重视历史的记述,对于时间、空间两个方面,夸张、想象的成分过多。因此,在印度文化史上,缺乏如同中国一样记载翔实的历史著作。因此,要搞清楚印度的古代历史只有依靠外国人的记载。从古代一直到中世纪,到过印度并且留下历史记载的人也不少。如古代希腊人、罗马人、波斯人等,都留下过相关著作。但西方人的记载大多比较分散,所以,相对而言,东方,主要是中国方面的著述显得更为重要,价值也更大些。

汉代以前,我国史籍中就已经出现过有关西域、印度的记载,但神话传说很多,除了知道内地与这两个地区有过来往之外,具体的事情所知不多。从汉代以来,随着长安与西域之间交通管道的开通以及西域各国对于内地政权的归附与尊重,西域与印度的历史及社会情况成为《史记》、《汉书》、《后汉书》等官修史书必不可少的内容。同时,民间的许多著述也对此有所涉及。然而,不管是官修史书,还是民间著述,都是依据来往史臣的报告以及民间的传闻撰写出来的。所以,这两类著作与古代求法僧人归国后所写的著作相比,前者因为缺乏切身体验而时有误解,后者则因为大多出于僧人自己亲身经历及亲眼所见,所以,准确性更高,价值自然也更大些。

中土僧人之西行求法活动,见之于记载并且被学术界公认的是曹魏时期的朱士行,此后的西晋及南北朝时期西行者为数非少,但撰写"行记"者在目前的资料看来,法显是最早的。法显在《佛国记》中对于西域诸国的历史以及自己亲眼所见的诸国社会生活的各个方面都作了尽可能的叙述。对于印度5世纪之前的历史,特别是佛陀时代、孔雀王朝、贵霜王朝以及笈多王朝早期历史,法显都作了追述。法显到达印度之时,正当笈多王朝后期。法显在《佛国记》中,对其当时所见所闻做的翔实记录,对于研究考察5世纪印度社会历史的状况,弥足珍贵。在法显《佛国记》之后,有玄奘的《大唐西域记》、义净的《南海寄归内法传》及《大唐西域求法高僧传》与之遥相辉映。这四部著作所涉及的时代相互衔接,内容相互补充印证,共同构成了建构印度7世纪之前的历史状况的可信坐标和基本材料。在现今,凡是涉及这一段时期西域、印度历史的著作和相关研究,欲越过或忽略中国僧人的这些著述,几乎是难于进行的。如有些学者所评论的:"像《大唐西域记》内容这样丰富,记载的国家这样多,记载得又这样翔实,连玄奘以后很长的时间内,也没有一本书能够比得上的。因此,从中国方面来说,《大唐西域记》确实算是一个高峰。"[①]即便确实如季羡林先生所说,《大唐西域记》以其篇幅的巨大以及"地理志"风格的题材优势,在某些方面有后来居上之势,但《佛国记》的首创之功,是无论如何也不能抹煞的。况且,尽管《佛国记》在前,其叙述也有些偏于简略,但在有些方面并不比《大唐西域记》逊色。正如对《佛国记》与《大唐西域记》都有深入研究的日本学者足立喜六所说:"《佛国记》为一千五百年前之实地考察的记录,凡关于中亚、西亚、印度、南海诸地之地理、风俗及宗教等,实以本书为根本资料。故其价值,早为世界所共认。至其年代与事实之正确及记述之简洁与明快,亦远出于《大唐西域记》之上。"[②]

(三)《佛国记》与佛教史研究

作为一位前往印度求取佛法的求法僧,法显所注目的焦点自然在佛教方面。因此,《佛国记》对于沿途诸国的佛教兴衰情况及其印度的佛教

[①] 季羡林:《玄奘与〈大唐西域记〉》第123页,载《〈大唐西域记〉校注》,季羡林等校注,北京,中华书局,1985。
[②] 足立喜六:《〈法显传〉考证》第1页,何健民、张小柳合译,北京,商务印书馆,1937。

圣迹记载尤其详备。在西域方面，首先说到诸国原来语言虽不尽同，而僧人一致学习印度语，鄯善国、焉夷国各有僧四千余，竭叉国有僧千余，都奉小乘教，于阗国和子合国都盛行大乘佛教。在印度方面，陀历、乌苌、阘饶夷、跋那等国都奉行小乘教，罗夷、毗荼、摩竭提等国都大小兼学，毗荼国僧众多至万数，摩竭提国为印度佛教的中心，佛法大为普及。东印度多摩梨帝国有二十四伽蓝，佛教也很兴盛。当时印度，除拘萨罗、迦维罗卫、蓝莫、拘夷那竭诸国教势已趋衰落外，其他诸国大都保持盛况。至于印度以外的师子国佛教尤盛，僧众多至六万。关于佛教史迹，本书详细记载了佛陀降生、成道、初转法轮、论议降伏外道、为母说法、为弟子说法、预告涅槃、入灭等八大名迹之盛况；记载了佛石室留影、最初的佛旃檀像、佛发爪塔以及佛顶骨、佛齿和佛钵、佛锡杖、佛僧伽梨等的保存处所和守护供养的仪式；记载了佛陀的大弟子阿难分身塔、舍利弗本生村以及阿阇世王、阿育王、迦腻色迦王所造之佛塔；过去三佛遗迹诸塔以及菩萨割肉、施眼、截头、饲虎等四大塔，祇洹、竹林、鹿野苑、瞿尸罗诸精舍遗址，五百结集石室，七百僧检校律藏纪念塔以及各地的著名伽蓝、胜迹。由于印度的许多佛教遗迹在现今已经湮没无闻，因而法显的记载适可弥补这一缺憾，成为印度佛教考古发掘的指南。

  法显在《佛国记》中真实地记载了5世纪初年印度、西域佛教的基本情况。这种记述，不仅可以与后来玄奘、义净的相关记载互相衔接、对照，而且也可以从中发现印度佛教从5世纪到7世纪之间演变发展的情形。① 特别是，法显对于此前佛教史上的重大问题所作的程度不同的追溯，成为现今人们解决这些问题的重要线索。这可以从佛教仪轨制度、提婆达多问题以及佛教与外道的斗争几方面去说明。

  尽管《佛国记》并非如义净《南海寄归内法传》那样以专门记录印度

---

① 季羡林先生在《玄奘与大唐西域记》一文中，专门将玄奘所记资料与法显在《佛国记》中的叙述作了比较研究，以之说明印度佛教日渐衰微的趋势。参见《〈大唐西域记〉校注·前言》第85—87页。

的佛教仪轨制度为旨归,但法显在相关部分的记述却仍然弥足珍贵。《佛国记》对于 5 世纪时期印度佛教流行的佛教仪轨制度的记载,正可与此后玄奘、义净的记述相互连接对照,依此可以对印度佛教仪轨制度有大致的了解。

  法显之所以西行,是有感于中土戒律的残缺和僧众威仪的欠缺。因此,法显对于沿途西域、印度诸国戒律的实行情况格外留心,并且对于其整肃严谨之风貌大为欣羡。对于于阗国的情况,法显这样记述:"瞿摩帝是大乘寺,三千僧共犍槌食。入食堂时,威仪齐肃,次第而坐,一切寂然,器钵无声。净人益食,不得相唤,但以手指麾"①。在天竺部分,类似于这样的叙述比比皆是。而道整"见沙门法则,众僧威仪触事可观",竟然发愿曰"自今已去至得佛,愿不生边地"②。法显的最后一位同伴就这样留居天竺,未曾言归。

  除戒律方面之外,值得注意的还有天竺自古以来流行的佛教制度。法显在叙述了摩头罗国之概况后,用近千字的篇幅较为细致地叙述了天竺实行的仪轨制度。法显说,天竺诸国国王"供养众僧时,则脱天冠,共诸宗亲群臣,手自行食。行食已,铺毡于地,对上座前坐,于众僧前,不敢坐床。佛在世时,诸王供养法式相传至今"③。这里所讲的是国王供养僧众饮食的法式。关于天竺国王、长者、居士奉养僧众的总体情形,法显这样说:"自佛般泥洹后,诸国王、长者、居士,为众僧起精舍供养,供给田宅、园圃、民户、牛犊。铁券书录后,王王相传,无敢废者,至今不绝。众僧住止房舍、床褥、饮食、衣服都无缺乏。处处皆尔。"④至于僧众则"常

---

① 《大正藏》第 51 卷,第 857 页中。
② 同上书,第 864 页中一下。
③ 同上书,第 859 页上一中。这一供养僧众饮食的法式本是印度文化习俗的产物,但在刘宋元嘉三年(426)却曾经引起过轩然大波。当时,朝廷重臣范泰因为看不惯僧人踞食的做法,联络一些人士力图改变这一习俗。由于反对者太多而未能实现。关于此事可参见《弘明集》卷一二范泰《与王司徒诸人书论道人踞食》、《范伯伦与生、观二法师书》、范泰《论踞食表》等。
④ 《大正藏》第 51 卷,第 859 页中。

以作功德为业,及诵经坐禅。客僧往到,旧僧迎逆,代担衣钵,给洗足水、涂足油,与非时浆。须臾息已,复问其腊数,次第得房舍、卧具,种种如法。众僧住处作舍利弗塔,目连、阿难塔,并阿毗昙、律、经塔"①。法显对于佛教夏安居的仪礼与经过的叙述尤其重要,其文有云:

> 安居后一月,诸希福之家劝化供养僧,作非时浆。众僧大会说法。说法已,供养舍利弗塔,种种香华,通夜然灯,使伎人作乐。
>
> 诸比丘尼多供养阿难塔,以阿难请世尊听女人出家故。诸沙弥多供养罗云。阿毗昙师者供养阿毗昙。律师者供养律。年年一供养,各自有日。摩诃衍人则供养般若波罗蜜、文殊师利、观世音等。
>
> 众僧受岁竟,长者、居士、婆罗门等,各持种种衣物沙门所须以布施僧,众僧亦自各各布施。②

这里主要记述了夏安居最后一个月的仪式:一是希求福报之家可为众僧奉献"非时浆";二是解夏前的最后一日的夜晚举行"大会说法",说法完毕,比丘供养舍利弗塔,比丘尼供养阿难塔,沙弥供养罗云;三是解夏之日,信众即俗弟子可向僧尼布施物品。另外,在师子国一章,法显追叙了国王为僧众建新精舍的常规。其文曰:"王笃信佛法,欲为众僧作新精舍。先设大会,饭食僧。供养已,乃选好上牛一双,金银宝物庄校角上,作好金犁。王自耕顷四边,然后割给民户、田宅,书以铁券。自是以后,代代相承,无敢废易。"③这与法显所述印度国王的通常做法可以互相对照。

在《佛国记》中,法显对于西域、印度诸国的规模较大的法会叙述得尤其详细。如于阗国、摩竭提国的"行像"仪式、竭叉国的五年大会(般遮越师)、弗楼沙国的佛钵崇拜仪式、那竭国的佛顶骨崇拜仪式、师子国佛

---

① 《大正藏》第 51 卷,第 859 页中。
② 同上书,第 859 页中一下。
③ 同上书,第 858 页中。

齿供养法会以及师子国国王为入灭罗汉举行的阇维葬仪等。此外,法显还对其在天竺所瞻礼过的佛塔一一作了描述。所有这些材料都是研究西域、印度佛教,特别是5世纪印度佛教史的珍贵文献,应该引起高度重视。

法显叙述祇洹精舍情况的段落之中,对于"提婆达多"即"调达"之信徒的记载,弥足珍贵。提婆达多本来是释迦牟尼佛的堂弟,很早就追随佛陀出家。后来却与释迦牟尼佛发生矛盾,分道扬镳,另立山头。据佛教经典所记,提婆达多本人由于诽谤佛法,并且多次谋害佛陀,已经堕入地狱,当然也就不会有多少信徒了。但法显在中天竺却见到了调达的信徒。这说明,所谓"提婆达多派"至5世纪时仍然存在。法显原文为:"调达亦有众在,供养过去三佛,唯不供养释迦文佛。"①这三句话,很受学术界重视。有学者②将法显的这一记载与玄奘、义净的相关说法联系起来考察,得出了与佛经所记不同的结论:"从释迦牟尼时代到法显以至到玄奘、义净的时代,其间一千多年,提婆达多派仍然不绝如缕地延续了下来,仍然活动于印度社会之中。而且他们仍然坚持着他们的'祖训',可能还发展出了自己的'三藏'。他们的存在,既说明了他们这一派顽强的生命力,也说明在古代印度社会中有他们存在的条件。"③不过,能否将"提婆达多派"算作佛教的一个派别,却是另外一个问题。因为法显、玄奘、义净都是将其当作"外道"看待的。

释迦牟尼是在与"外道"的斗争之中逐步扩大其影响的。而在印度这一宗教多元化的国度,与"外道"的斗争贯穿于佛教发展的始终。法显在《佛国记》中,不但对于佛陀时代佛教与"外道"的斗争作了追述,而且对于5世纪时期佛教与"外道"的斗争作了叙述。如在记述沙祇城南门

---

① 《大正藏》第51卷,第861页上。
② 参见季羡林《玄奘与〈大唐西域记〉》一文以及王邦维《义净与〈南海寄归内法传〉》一文。前者收于《〈大唐西域记〉校注》,后者收于《〈南海寄归内法传〉校注》。
③ 王邦维:《〈南海寄归内法传〉校注》第113页"代校注前言",北京,中华书局,1995。

道东的佛齿木时说:"诸外道婆罗门嫉妒,或斫或拔,远弃之,其处续生如故。"①据法显记载,在拘萨罗国舍卫城,"诸外道婆罗门生嫉妒心",多次想毁坏在大爱道故精舍处、须达长者井壁及鸯掘魔得道、般泥洹、烧身处所起的大塔,"天即雷电霹雳,终不能得坏"②。舍卫城祇洹精舍东门外道东有一座婆罗门教寺院被称之为"影覆寺",之"所以名'影覆'者,日在西时,世尊精舍则映外道天寺;日在东时,外道天寺影则北映,终不得映佛精舍也。外道常遣人守其天寺,洒扫、烧香、然灯供养。至明旦,其灯辄移在佛精舍中。婆罗门恚言:'诸沙门取我灯自供养佛。'为尔不止。婆罗门于是夜自伺候,见其所事天神持灯绕佛精舍三匝,供养佛已,忽然不见。婆罗门乃知佛神大,即舍家入道。"③法显听当地人讲"近有此事"。可知此事重复发生于法显抵达印度之前不久,说明那时佛教与"外道"的斗争仍然很是激烈。

(四)《佛国记》的文学价值

《佛国记》不仅具有很高的学术价值,而且在中国文学史上也占有一席之地。作为中国古代游记文学的奇葩,《佛国记》所具有的"言必依实"的真实性与朴实无华但却言简意赅的精练风格,大得历代文人的喜爱与称赞。《大唐西域记》尽管篇幅大大超过《佛国记》,但由于它是玄奘口述、辨机笔受而成,再加上志书体裁的限制,《大唐西域记》的文学性便不能与《佛国记》相提并论。这是毋庸讳言的。

法显的文风正如同时代的道场寺僧人所撰之"跋"文所说:"其人恭顺,言辄依实",因此《佛国记》强烈的"写实性"与真实性是其首要的文学特征,而简洁的风格更是其特色所在。

而其简洁质朴的文风是《佛国记》的突出特色,而法显这种简洁风格

---

①②《大正藏》第51卷,第860页中。
③ 同上书,第860页下—861页上。

甚至达到了惜墨如金的地步。也正因为如此,《佛国记》后所附"跋"文的作者才忍不住对"由是先所略者劝令详载"。尽管现今所传的文本可能就是经过法显补充过的"详本",但与其言简意赅的简练性仍然未曾改变。法显对于敦煌以西闻名于世的塔克拉玛干沙漠的描写堪称典型。法显这样写道:

> 度沙河。沙河中多有恶鬼、热风,遇则皆死,无一全者。上无飞鸟,下无走兽,徧望极目,欲求度处,则莫知所拟,唯以死人枯骨为标帜耳。①

同样的内容,《大唐西域记》卷一二则铺陈如下:

> 从此东行,入大流沙。沙则流漫,聚散随风,人行无迹,遂多迷路。四远茫茫,莫知所指。是以往来,聚遗骸以记之。乏水草,多热风。风起,则人畜昏迷,因以成病。时闻歌啸,或闻号哭,视听之间,恍然不知所至。由此屡有丧亡,盖鬼魅之所致也。②

《佛国记》仅仅五十一个字,《大唐西域记》则扩展为九十个字。二者的字句相似之处甚多,而前者早出,后者晚成。因此,从文学角度而言,有理由说《大唐西域记》这一描写很大程度上是脱胎于《佛国记》。

法显西行,在当时的条件之下,是一件风险极大的伟业。他西行之时的心情,正如"跋"文所记录的法显之自我表白:

> 顾寻所经,不觉心动汗流。所以乘危履岭,不惜此形者,盖是志有所存。专其愚直,故投命于不必全之地,以达万一之冀。③

尽管涌动在法显血管里的是一腔弘传佛法的大慈大悲精神,而在信

---

① 《大正藏》第 51 卷,第 857 页上。
② 同上书,第 945 页下。
③ 同上书,第 866 页中。

仰层面自然而然所具有的"三宝"祐助心理①会为法显提供足够的信心，但是西行路途的艰险仍然会在其心中投下很深的"不必全"之阴影。因此，弥漫在《佛国记》之中的浓重的抒情性，使这部作品带有很强烈的感染力，其文学欣赏价值因而大为增强。在整本《佛国记》中，法显三次写到自己流泪。第一次是在南度小雪山而慧景不幸圆寂之时。法显写道：

> 雪山冬夏积雪，山北阴中，遇寒风暴起，人皆噤战。慧景一人不堪复进，口出白沫，语法显云："我亦不复活，便可时去，勿得俱死。"于是遂终。法显抚之悲号："本图不果，命也！奈何？"复自力前，得过岭南。②

短短数语，将慧景的自我牺牲精神、法显对同伴的深厚感情以及法显、道整二人化悲痛为力量继续前进的精神风貌，写得活灵活现，深切感人。第二次是在王舍旧城之外的耆阇崛山上，法显：

> 慨然悲伤，收泪而言："佛昔于此住，说《首楞严》。法显生不值佛，但见遗迹、处所而已。"即于石窟前诵《首楞严》。③

第三次是在师子国无畏山寺见到故土商人奉献给青玉佛像的绢扇之时。其文曰：

> 法显去汉地积年，所与交接悉异域人，山川草木，举目无旧。又同行分披，或留或亡，顾影唯己，心常怀悲。忽于此玉像边见商人以晋地一白绢扇供养，不觉凄然，泪下满目。④

这三次流泪，情境不同，其情之内涵也略有差异。而在一般人们看来，佛

---

① 在归途之中，当法显所搭乘的商船漏水之时，法显"恐商人掷去经、像。唯一心念观世音及归命汉地众僧：'我远行求法，愿威神归流，得到所止！'"后来，于"夜鼓二时，遇黑风暴雨"之时，"法显尔时亦一心念观世音及汉地众僧。蒙威神祐，得到天晓"。(《大正藏》第51卷，第866页上。）
② 《大正藏》第51卷，第859页上。
③ 同上书，第863页上。
④ 同上书，第864页下—865页上。

教僧侣越是木石心肠道行似乎越高。在这种背景下观之,法显的这种情绪流露更显得真实而珍贵。在如此的艰难困苦下,丝毫不动心、不动情,反倒显得做作而矫情。法显的"三哭"丝毫未曾损害其伟大之形象,反而增强了其可信度与感染力,完全可以将其看作《佛国记》的点睛之笔。

当然,《佛国记》的抒情性不仅仅体现在这三处。法显艺术手法的高超尤其在于将抒情性融会于写实性的叙述与描写之中。这一点可以从法显对翻越葱岭山的记述中看出。法显写道:"在道一月,得度葱岭。葱岭冬夏有雪,又有毒龙,若失其意,则吐毒风、雨雪,飞沙砾石。遇此难者,万无一全。"①语句平和,与惊心动魄的内容相比较,甚至略微显得平淡。但是,埋藏于平淡语句之中的确实是一颗历经千难万险的老人所特有的深沉、博大的内心世界。

关于《佛国记》的文学价值,我们可以借用章巽先生的话作一总结。章先生说:"恬退恭顺的法显,能有时间亲笔写下他的游记,言辄依实,质朴明畅;而玄奘却不得不假手辨机代笔写下他的游记,虽然文辞绚烂,却也不免带上一层浮华的色彩。且《法显传》虽然质朴,但由于亲身经历,亲笔自写,常能在行间字里发射出深厚的感情,十分触动人心,有许多境界往往是《大唐西域记》所未能到达的。"②虽然此段评论将《大唐西域记》拿来给《佛国记》作比衬,稍失对于玄奘大师的恭敬,但是仅仅就二著的价值而言,确实如此。

三、南北朝其他西行游记

从现有史籍中的提示来说,南北朝时期西行归来者撰写的游记应该不少,但久已散失,无从检索。现依据当代学者的研究,作些综述。

---

① 《大正藏》第51卷,第857页下。
② 章巽:《法显传校注·序》,见章巽《〈法显传〉校注》,第10页,上海,上海古籍出版社,1985。

已佚的西行求法游记,曹仕邦在《水经注》中找到一些线索①。北魏郦道元《水经注》卷一和卷二《河水注》引用了三种西行游记的内容,它们出现的次序为:其一,《释氏西域记》,此书不知撰人,《水经注》一共引用它二十次。其二,支僧《载外国事》,引用四次。其三,题为《竺法维曰》而不标示书名者引用四次。竺法维是北凉时西行求法的僧人,郦道元所引用的应该是竺法维返归华夏之后所撰的游记。

唐魏征《隋书》卷三《经籍志二》著录了这一时期的西行游记六种:其一,《佛国记》一卷,沙门释法显。其二,《游行外国传》一卷,沙门释智猛。其三,《交州以南外国传》一卷,不知撰者。其四,《外国传》五卷,释昙景撰。其五,《历外国传》二卷,释法盛撰。其六,《慧生行传》一卷。

此外,如前文在叙述道荣(药)、宋云、惠生等西行事迹时所叙述的,《洛阳伽蓝记》卷五引用了三种游记,其中主体部分是宋云所撰游记,其次则是惠生所撰,第三种则是道药所撰。

关于道药写游记之事,唐道宣《释迦方志》卷二记载:"后魏太武末年,沙门道药从疏勒道入,经悬度到僧伽施国。及返,还寻故道。著《传》一卷。"②。而《洛阳伽蓝记》卷五说:"衒之按:惠生《行记》,事多,不尽录。今依道荣《传》、宋云《家记》,故并载之,以备缺文。"③《北史》卷九七说:"慧生所经诸国,不能知其本末及山川里数,盖举其略云。"④由此可知,这三部书也许在唐初还能够看到。

---

① 参见曹士邦《中国佛教史学史——东晋至五代》,第207—208页,台北,法鼓文化出版社,1999。
② 道宣:《释迦方志》卷二,《大正藏》第51卷,第969页下。
③ 杨衒之:《洛阳伽蓝记》卷五,《大正藏》第51卷,第1022页上。
④ 《北史》卷九七,中华书局校本,第3232页。

第四章 东晋南北朝时期的僧官、度僧制度和寺职

印度佛教发展到大乘阶段方才较大规模地传入汉地。经过长期发展的印度佛教丰富多彩,层面多样,派别众多。作为一种外来文化,佛教到中土之后,采取渐近的逐步渗透的方式传播。佛教起先引起中土人士兴趣的并非其制度,而是其思想,而且由于中印文化的固有差别,印度佛教的制度并非完全适合中土。前者,中国佛教的制度建设往往具有滞后性与非系统性;后者,中国佛教的制度建设往往具有中国特色,与印度并不完全相同。南北朝时期,由僧官制度①、寺职以及度僧、僧籍等各种管理制度所构成的"国家管辖制"在不断探索中逐渐成形。本章拟先从僧官、寺职、僧籍及度僧制度的演变形成等方面论述南北朝时期佛教制度本土化的探索。

---

① 当今史学界所说的广义的"僧官"也包括寺院的最高统领者在内。本章所说的僧官仅指地方基层组织以上直到朝廷所敕命的中央级僧务机构中任职的僧人,寺院的最高级别的统领者如"三纲"之类本著称其为"寺职"。笔者不同意目前有学者主张的以寺职的形成为中土僧官制度形成的标志。实际上,当寺职的任命权被收归朝廷或地方政府之后,寺职才可以被当作基层僧官看待。在寺职由僧团内部自主产生的情形之下,不宜用世俗官本位的思路来看待寺职。

第一节　东晋南北朝的僧官制度

直到两晋之际,汉人僧伽尚不多见。南北朝时期,随着佛教的快速发展,僧伽人数不断增加,因而有专设机构管理的必要,僧官制度便应运而生。所谓僧官,即受命管理全国佛教事务的僧人,又称"僧纲",其主要职责是掌管僧籍,以僧律统辖僧尼,并充当朝廷与教团间的协调者,在官方有关机构统领之下,处理有关佛教事务。僧官制度是佛教本土化的重要体现,是政府的有机组成部分。僧官系统与作为僧尼自身管理机构的寺院寺职系统交叉纠合,构成具有浓厚本土色彩的在政权统治之下的佛教管理体系和制度。本节着重叙述分析东晋至北周时期这一制度的初兴与初步完善。

一、僧官制度的初创

如前文所叙述的,西晋时期,朝廷是限制汉地人士出家的。而这一政策和社会导向的直接结果就是,西晋的僧人和寺院数量很少。迨至东晋十六国时期,佛教的传播速度逐渐加快,寺院和僧尼数量大增。在此背景下,朝廷逐渐地关注到佛教寺院和僧人的组织形态。起初,以礼遇佛教领袖和高僧的方式,协调出家人与朝廷之间的关系。其后,僧人和寺院数量增加到一定程度,使得朝廷进一步认识到,放任佛教组织自由发展,对朝廷的统治很不利。僧官制度在此背景下逐渐形成和定型。

僧官制度在中土一经产生就模仿世俗官制的形式,有鲜明的自上而下的分层结构,朝廷牢牢地掌握了任命权、罢免权,而僧官的出家人身份,一方面在形式上保留了僧人自治的外表,另一方面朝廷也可通过这一渠道将自己的意志渗透到佛教组织之中。如前文所叙述的,汉魏佛教本来没有大规模的教团组织,出家人个体之间是以师徒关系为纽带形成一定的组织,再辅之以寺院内部寺职的管理模式。而僧官制度的产生和逐渐定型,使得朝廷逐渐掌握了佛教组织的主导权。

中国的僧官制度始建于东晋十六国时期,北宋的赞宁在《大宋僧史略·僧寺纲纠》中说其始于姚秦鸠摩罗什在长安译经之时。其实,稍早一些,北魏朝廷已经设立了"道人统"的官职以管理其境内的僧众。①

《高僧传》卷六《僧䂮传》记载:

> 兴既崇信三宝,盛弘大化,建会设斋,烟盖重迭,使夫慕道舍俗者,十室其半。自童寿入关,远僧复集僧尼既多,或有愆漏。兴曰:"凡未学僧未阶苦忍,安得无过?过而不翹,过遂多矣。宜立僧主,以清大望。"因下书曰:"大法东迁,于今为盛,僧尼已多,应须纲领宣授远规,以济颓绪。僧䂮法师学优早年,德芳暮齿,可为国内僧主。僧迁法师禅慧兼修,即为悦众。法钦、慧斌共掌僧录。"给车舆吏力。䂮资侍秩传,诏羊车各二人,迁等并有厚给。共事纯俭,允惬时望,五众肃清,六时无怠。至弘始七年,敕加亲信伏身白从各三十人。僧正之兴,䂮之始也。②

《高僧传》在此处没有提及姚秦设立僧官的起始时间,南宋释志磐《佛祖统纪》将此事系于东晋隆安五年(401),即姚秦弘始三年。此年十二月二十日,鸠摩罗什入长安。南北方僧人闻知此消息,纷纷奔向长安,一时竟达三千或六千僧之多,因此亟待疏导号令。从上述引文看,姚兴创立僧官的动因首先在于僧尼人数的突然增多,亟待疏导号令,而设立僧官则便于惩治僧尼可能产生的过失,防止僧尼可能产生的愆漏。在后秦朝廷看来是一举多得的事。

既然触发姚兴设立僧官的原因是长安城中僧人人数的突然增加,因

---

① 参见谢重光、白文固《中国僧官制度史》,第13—14页,西宁,青海人民出版社,1990。此著是目前出版的研究中国僧官最系统、完备的著作,本节此一部分参考此著之处较多。
② 慧皎:《高僧传》卷六,《大正藏》第50卷,第363页中。

此,何时才会发生此种情形便是确定僧官设立时间的关键。鸠摩罗什到长安不久就开始了翻译工作,具体时间是第二年(402)一月五日①,但文献中都未记载参译人数,而至此年夏天翻译《大智度论》时参译人数已达五百人。《大智论记》即"译后记"记载:鸠摩罗什"以秦弘始三年岁在辛丑十二月二十日,至长安。四年夏,于逍遥园中西门合上,为姚天王出释论。七年十二月二十七日乃讫。"②僧叡撰《大智释论序》则说:翻译此论时,"乃集京师义业沙门,命公卿赏契之士,五百余人,集于渭滨逍遥园堂,鸾舆伫驾于洪涘,禁御息警于林间,躬揽玄章,考正名于胡本"③。此中的五百人并非全是僧人,还有"卿赏契之士"。同为僧叡所写《大品经序》则说:"以弘始五年岁在癸卯四月二十三日,于京城之北逍遥园中出此经……与诸宿旧义业沙门释慧恭、僧䂮、僧迁、宝度、慧精、法钦、道流、僧叡、道恢、道标、道恒、道悰等五百余人,详其义旨,审其文中,然后书之。以其年十二月十五日出尽。"④《出三藏记集》卷八僧叡《法华经后序》又说:"于时听受领悟之僧,八百余人,皆是诸方英秀,一时之杰也。是岁弘始八年岁次鹑火。"⑤从僧叡所撰的三篇文章有关参译人数的表述的细节变化中可知,至弘始八年(406),译场在座的僧人已达八百名。

《佛祖统纪》卷三六:隆安五年,"秦罗什法师于逍遥园译《妙法莲华经》,秦主于草堂寺与三千僧,手执旧经,重加参定,敕僧䂮(音略)等谘受什旨。以僧尼多滥,令僧䂮为国僧正,秩同侍中,给车舆吏力。法钦为僧录,僧迁为悦众班,秩有差。各给亲信白从三十人。"⑥这一记载,大部分内容与上引《高僧传》的文字一致,但增加的两个细节,颇为蹊跷。首

---

① 《历代三宝记》卷八"《禅经》三卷,一名《菩萨禅法经》,与《坐禅三昧经》同。弘始四年正月五日出,见《二秦》及《宝唱录》。"(《大正藏》第49卷,第78页上。)
② 僧祐:《出三藏记集》卷一〇,《大正藏》第55卷,第75页中。
③ 同上书,第75页上。
④ 僧祐:《出三藏记集》卷八,《大正藏》第55卷,第53页中。
⑤ 同上书,第57页下。
⑥ 志磐:《佛祖统纪》卷三六,《大正藏》第49卷,第341页下。

先,如前引文显示,罗什重译《法华经》是在弘始八年(406),即东晋义熙二年(406),而且僧叡文中已说八百僧人,此文说成三千僧。由此可见,《佛祖统纪》将其系于隆安五年(401)于史无据,其唯一的根据可能是以鸠摩罗什到达长安的时间为线索。在具体列举事实时,志磐又参杂了《法华经》的翻译,且在叙述中省略了上引《高僧传》文中的"弘始七年"的标记。总之,《佛祖统纪》这一段记述不可靠,应该以《高僧传》记述为准。

因此,鉴于《高僧传》说"至弘始七年,敕加亲信伏身白从各三十人",可以认定后秦设立"僧正"是在弘始七年(405)之前,但以弘始三年来标示,显然不合适,最早不会早于弘始四年。而从《高僧传·释僧䂮传》等相关记载又可将此时间区间再压缩些。

从《高僧传》和《弘明集》所保存的资料看,这几位僧官任上处理的一件大事就是斡旋姚兴强制导标、道恒还俗辅政事件。《弘明集》卷一一收录了姚兴与道标、道恒、僧䂮、僧迁、鸠摩罗什等往来书信。首先是《姚主书与恒、标二公》提出:"卿等乐道体闲,服膺法门,皦然之操,义诚在可嘉。但朕临四海,治必须才,方欲招肥,遁于山林,搜沈滞于屠肆,况卿等周旋笃旧,朕所知尽,各抱干时之能,而潜独善之地……今敕尚书令显便夺卿等二乘之福心,由卿清名之容室,赞时益世,岂不大哉?"[①]后一月,道标、道恒上表反复推辞。而姚兴见不能遂意,于是让鸠摩罗什和僧䂮、僧迁劝说道恒、导标服从。在《姚主与鸠摩耆婆书》中说:

> 近诏道恒等令释罗汉之服,寻菩萨之迹,想当盘桓耳。道无不在,法师可劝进之。苟废其寻道之心,亦何必须尔也。致意迁上人,别来何似?不审䂮统复何如?多事,不能一二为书。恒等亦何

---

① 僧祐:《弘明集》卷一一,《大正藏》第52卷,第73页下。

烦？诸上人劝其令造菩萨行。①

面对道恒、道标的婉拒，姚兴为何要选择罗什、僧迁、僧䂮三位要求他们劝说其接受诏命呢？特别是"䂮统"称呼，实际上已经提供了答案。也就是说，劝说道恒、道标统一还俗，是姚兴交给二位僧官的任务。尔后，僧迁等上奏请求取消成命。而姚兴又下诏坚持，诏书以《姚主与僧迁等书》为题载于《弘明集》中。此文说："今九有未，又黔黎荼蓼，朕以寡德，独当其弊，思得群才，共康至治。"②此中的"今九有未"其义不甚明了，是不是自己执政九年的意思呢？

《弘明集》收录的关于此事的奏章是《僧䂮、僧迁、法服、法支、鸠摩耆婆等求止恒、标罢道奏》，其文说：

　　……标等有弘毗耶之训矣。窃闻近日猥蒙优诏，使释法服，将擢翠翘于寒条之上，曜芙蕖于重冰之下，斯诚陛下仁爱恺悌、宽不世之恩。然䂮等眷眷窃有愚心，以陛下振道德之纲，以维六合；恢九德之网，以罗四海，使玄风扇千载之前，仁义陶万世之后。宇宙之外，感纯德以化宽。九域之内，肆玄津以逍遥。匹夫无沟壑之怨，婺妇无停纬之叹。此实所以垂化海内，所以仰赖。愚谓恒、标虽区区一介，守所见为小异，然敀在罗网之内，即是陛下道化之一。<u>臣昔孛佐治十二年</u>，未闻释夺法衣形服世义，苟于时有补，袈裟之中亦有弘益，何足复夺道与俗，违其适性？……䂮等庸近献愚直言，惧触天威，追用悚息。僧䂮等言。③

仔细阅读即可发现此文是以僧䂮的口气书写而由其他僧人联署的奏章。因此此文画线一句话，提供一个时间线索，即僧䂮至此已经"佐治"十二年，即为朝廷服务十二年。如此一来，即须确定此十年从何时算起。如

---

① 僧祐：《弘明集》卷一一，《大正藏》第52卷，第74页中。
② 同上。
③ 同上书，第74页下—75页上。

果以僧官设立的弘始四年(402)算起,此年为弘始十六年。然而,现存文献中记载的最晚的罗什圆寂时间是弘始十五年。① 由此可见,此十二年应该是僧䂮受姚苌、姚兴父子礼遇的时间。

《高僧传·僧䂮》记载:释僧䂮"少出家,止长安大寺,为弘觉法师弟子。觉亦一时法匠,䂮初从受业,后游青司樊沔之间。通六经及三藏,律行清谨,能匡振佛法。姚苌、姚兴早挹风名,素所知重,及䂮有关中,深相顶敬。兴既崇信三宝,盛弘大化,建会设斋,烟盖重迭,使夫慕道舍俗者,十室其半"②。这段文字记录了僧䂮在罗什到长安之前的行历。由此可知,他离开长安后到了襄阳一带,在后秦建政之后,又回到长安,受到姚苌、姚兴的礼敬。姚兴于建初八年(393)十二月的登基。而依照此传文所说,僧䂮重回长安的时间应该在姚苌在位时期。如果以392年,僧䂮到达长安计算,则十二年后为404年。因此可推知,至迟在弘始六年(404)后秦就设立了僧官。综上所述,后秦初设僧官的时间约在402—404年。

后秦僧官系统中,"僧主"与"僧正"异名而同实。关于其含义,赞宁解释说:"所言'僧正'者何? 正,政也。自正正人,克敷政令,故云也。盖以比丘无法,如马无辔勒,牛无贯绳,渐染俗风,将乖雅则,故设有德望者,以法而绳之,令归于正,故曰'僧正'也。"③姚秦的中央僧官由三种僧职组成:主管僧官称之为"僧主"或"僧正",副职一为"悦众",一为"僧录"。僧正作为最高僧官,主要负责对僧尼的教化和戒律约束。至于悦

---

① 这也从侧面证实了鸠摩罗什的圆寂时间不可能是《高僧传》鸠摩罗什本传所认定的弘始十一年(409)。如果以弘始三年(401)为僧官设立的年代:其一,如前文所述,鸠摩罗什是此年十二月二十日到长安的,罗什一到长安,后秦朝廷于十日之内就设立僧官系统,似乎与情理不通。其二,即便以401年为僧官设立的时间,十二年后即弘始十五年(413),罗什圆寂于此年四月十三日。如上文引文字所显示的,此事延续了至少两个月以上。在罗什晚景情形下,似乎姚兴如此做的可能应该不大。总之,这一条资料不能作为401年设立僧官的根据。
② 慧皎:《高僧传》卷六,《大正藏》第50卷,第363页上。
③ 赞宁:《大宋僧史略》卷中,《大正藏》第54卷,第242页下。

众,是梵语"羯摩维那"的意译,又译为"知事",执掌、管理僧团的各种日常事务。后秦僧录的职责,有关文献没有明确的说明。

北魏皇始年间(396—397),太祖道武帝拓跋珪敕命沙门法果担任"道人统",来统摄僧众,由此建立了独具特色的僧官体系。这是明确见之于史籍的最早的中国僧官的名称。《魏书·释老志》详细记载了其经过:

> 始,皇始中,赵郡有沙门法果,戒行精至,开演法籍。太祖闻其名,诏以礼征赴京师,后以为道人统,绾摄僧徒。每与帝言,多所允惬,供施甚厚。至太宗,弥加崇敬。永兴中,前后授以辅国宜城子、忠信侯、安城公之号,皆固辞。帝常亲幸其居,以门狭小,不容舆辇,更广大之。年八十余,泰常中卒。帝三临其丧,追赠老寿将军、赵胡灵公。①

法果身为北魏的僧官,备受尊崇,但未见副职、属员的记载,是否有僧务机构也不清楚。这也许是因为设立此职位时,北魏境内僧人尚不算太多,更可能是因为"道人统"仅仅是一个礼仪性或精神领袖式的人物,并无具体职权与事务。

随着北魏境内僧尼的增多,事务繁杂,北魏"先是立监福曹,又改为昭玄,备有官署,以断僧务"②。"监福曹"、"昭玄署"都是中央一级的僧务机构,"道人统"是其主官,并有属官副职辅助。《广弘明集》卷二四录有孝文帝敕命僧显为"沙门统"的诏书,其中载有"沙门统"属官的名称。其文曰:

> 门下:近得录公等表,知欲早定沙门都统。比考德选贤,瘖瘵勤心,继佛之任,莫知谁寄。或有道高年尊,理无萦纡。或有器玄识邈,高挹尘务。今以思远寺主法师僧显,仁雅钦韶,澄风澡镜,深敏

---

① 《魏书》卷一一四《释老志》,第 3030—3031 页。
② 同上书,第 3040 页。

潜明,道心清亮,固堪兹任,式和妙众,近已口白,可敕令为沙门都统。又副仪二事,自素攸同,顷因曜统独济,遂废兹任。今欲毗德赞善,固须其人。皇舅寺法师僧义,行恭神畅,温聪谨正,业懋道优,用膺副翼,可都维那,以光贤徒。①

文中的"曜统"是指昙曜。道人统师贤于和平元年(460)圆寂之后,昙曜继任,并将"道人统"改为"沙门统"。从"曜统独济,遂废兹任"数句可知,至少在昙曜时期"道人统"已经设有僚属。由此可见,北魏僧官制度的完善是稍后于后秦的。

唐代的道宣在《续高僧传·僧迁传》中说:"昔晋氏始置僧司,迄兹四代。"②僧迁为梁代的僧正,追溯四代即为东晋。东晋设立"僧司"的具体情况至宋代就不很清楚。北宋赞宁说:"东晋迁都,蔑闻此职。至宋世乃立沙门都,又以尼宝贤为僧正。"③赞宁认为江南僧官是从刘宋开其端的。不过,在慧持于东晋隆安三年(399)去蜀地之前,"时有沙门慧岩、僧恭,先在岷蜀,人情倾盖。及持至止,皆望风推服。有升持堂者,皆号登龙门。恭公幼有才思,为蜀郡僧正;岩公内外多解,素为毛璩所重"④。桓玄篡晋之时,益州刺史毛璩与其对峙。益州作为东晋的一级地方政府设有僧正,东晋中央也应有最高僧官之职,才合乎情理。⑤ 对东晋僧官,也有相反的看法:"江南似乎是先出现地方性的僧官,尔后才有国之僧正或僧主的职名,与北方的相对照,好像江南僧官在地方上的作用更大些"⑥。至于真实情况如何,因为相关资料早已散佚,今已难得其详。

总之,从现有各种史料看,东晋、姚秦以及北魏大致在400年前后,

---

① 道宣:《广弘明集》卷二四《帝以僧显为沙门都统诏》,《大正藏》第52卷,第272页中。
② 道宣:《续高僧传》卷六,《大正藏》第50卷,第476页上。
③ 赞宁:《大宋僧史略》卷中,《大正藏》第54卷,第242页下。
④ 慧皎:《高僧传》卷六,《大正藏》第50卷,第361页下。
⑤ 参见谢重光、白文固的《中国僧官制度史》,第11—13页。
⑥ 严耀中:《江南佛教史》,第123页,上海,上海人民出版社,2000。

分别设立僧官,这说明三朝几乎同时感受到了僧尼人数增加所产生的压力。具体名称不同,职责也略有差别。三者之中,以后秦的僧官制度最为完备,内容更丰富,效果也更好。因为姚秦僧官制度不但有正、副之分,彼此执掌分明,分工合作。这三位僧官还有从属之吏,且有僧人也有非出家人,僧传中也提到姚秦对僧官的职俸的规定:"给车舆吏力,䂮资侍中秩,传诏羊车各二人。迁等并有厚给"。"至弘始七年,敕加亲信、伏身、白从各三十人。"①《高僧传》还说到这三位僧官到任之后,"共事纯俭,允惬时望,五众肃清,六时无怠"。而僧䂮虽有厚给,但却"躬自步行,车舆以给老疾,所获供恤,常充众用。虽年在秋方,而讲说经律,勖众无倦"②。东晋、姚秦以及北魏政权,都在 400 年前后,设置僧官。北魏以"沙门统"("道人统")为首的"昭玄官系"与后秦以"僧正"为首的"僧主"官系,成为以后各朝仿效的两大基本模式。南北朝时期,北朝通行北魏的僧官系统,南朝所设僧官则与后秦相仿。以下分别说明其演变。

二、南朝的僧官制度

南朝沿袭晋代的僧官制度,在中央政府设衙署,泛称为"僧司",但又有"僧局"或"僧省"的专称。如《续高僧传·僧旻传》记载,南齐永元元年(499),"敕僧局请三十僧入华林园夏讲,僧正拟旻为法主"③。《续高僧传·明彻传》说:"天监末年,敕入华林园,于宝云僧省专功抄撰。"④可见,南齐称僧署为"僧局",梁代则称之为"僧省"。梁代的"僧省",文中明言设在华林园。南齐僧局在华林园主持夏讲,署衙也有可能设在华林园,华林园很有可能是南朝僧署较为固定的驻地。中央僧署的主官为"僧正"或"僧主",但经常冠以"天下"、"国"的字样作为美称,也可与地方僧

---

①② 慧皎:《高僧传》卷六,《大正藏》第 50 卷,第 363 页中。
③ 道宣:《续高僧传》卷五,《大正藏》第 50 卷,第 462 页中。
④ 道宣:《续高僧传》卷六,《大正藏》第 50 卷,第 473 页中。

正作出区分。

南朝中央僧官的人选是清楚而连贯的,《高僧传·僧瑾传》记载说:

> 先是智斌沙门,初代昙岳为僧正。斌亦德为物宗,善《三论》及《维摩》、《思益》、《毛诗》、《庄》、《老》等。后义嘉构衅。时人谮斌云:"为义嘉行道。"遂被摈交州。时湘东践祚,是为明帝。仍敕瑾使为天下僧主。①

这一段文字涉及三位"僧正",即昙岳、智斌、僧瑾。昙岳、智斌的具体时间不详,也不见于其他材料。宋孝武帝时,僧璩为"僧正悦众",因此智斌应是孝武帝时的僧正。《高僧传·僧瑾传》记载,僧瑾在宋元徽年间(473—477)圆寂,而《高僧传》又说:"复有沙门昙度,续为僧主。"②《高僧传》中关于昙度的叙述极为简略,并且仅仅涉及宋武帝、宋文帝时代的事情,但昙度任僧正确实在刘宋末年。《高僧传·道盛传》记载:释道盛,"宋明承风,敕令下京,止彭城寺……后憩天保寺。齐高帝敕代昙度为僧主。"③道盛以齐永明年(483—493)中卒。梁初释慧超任僧正,梁普通六年(525)敕法云为大僧正。释昙瑗是陈朝的高僧,陈宣帝"又下敕荣慰,以瑗为国之僧正"④。

僧正的副手为"都维那"或称之为"大僧都"、"悦众"等。"悦众"是"都维那"的异译,二者其实是同一职务,都是僧正的佐二,如刘宋时期的释僧璩就被宋孝武帝委任为"僧正悦众"。⑤ 南朝中央僧署不设僧录一职,显示出与后秦僧官制度的不同特点。梁代又曾出现"大律都"⑥的僧

---

① 慧皎:《高僧传》卷七,《大正藏》第50卷,第473页下。
② 同上书,第374页上。
③ 慧皎:《高僧传》卷八,《大正藏》第50卷,第376页上。
④ 道宣:《续高僧传》卷二一,《大正藏》第50卷,第609页上。
⑤ 慧皎:《高僧传》卷一一,《大正藏》第50卷,第401页上。
⑥ 《续高僧传·道成传》记载:道成于"大同之初,栖游京辇,受业奉诚寺大律都沙门智文"。(道宣:《续高僧传》卷二一,《大正藏》第50卷,第611页上。)此卷的目录中列有"陈杨都奉诚寺大律都释智文传",但传文中却未提及此事。

官,可能也是"都维那"的另外一种称呼。

  僧正的职责是总领僧尼,主持经业的传授、法事的举行,组织经籍的翻译、抄撰,参与选拟下属僧职、训勖、简汰徒众等。悦众或都维那协助僧正统领僧尼,通常侧重于维持僧团纲纪、监督戒律寺规的执行,纠察违失、惩治过犯等。如在宋孝武帝时担任"僧正悦众"的僧璩就是一位精通《十诵律》的名僧,在其任内,有位沙门僧定自称得不还果,僧璩集僧详断,揭露了其虚诳违律的真相。僧璩于是行使职权,"即日明摈。璩仍著《诫众论》,以示来业"①。僧署中又配置有一定数量的杂吏,如宋明帝时的僧瑾为天下僧正,明帝下诏"给法伎一部,亲信二十人,月给钱三万;冬夏四时赐并车舆吏力"②。梁初释慧超任僧正,"天子给传诏羊车、局足、健步、衣服等供"③。梁普通六年(525)敕法云为大僧正,早在天监七年之前就已经"敕给传诏车牛、吏力皆备足焉"④。这些法伎、吏力、局足、健步等主要是供僧官行政时驱遣使用的,完全效法俗官衙门的气派。这种气派发展至梁代已经引起非议,《续高僧传·宝琼传》说:"自梁僧之于此任,熏灼威仪,翼卫亚于王公,服玩陈于郑楚,故使流水照于衢路,吏卒喧于堂庑"⑤。而陈文帝时,任"京邑大僧正"的宝琼则对此有所修正,"琼临已来。顿祛前政。自营灵寿,惟从息慈;坏色蔽身,尼坛容膝;萧然率尔,有位若无。朝野嘉其真素,同侣美其如法"⑥。这固然说明了僧官的排场,气势愈来愈大,另一方面也说明了南朝僧官机构渐趋加强的趋势。

  南朝僧官制度的特色是,地方僧正比中央僧正更有实权,层级较多。有的按照世俗的行政区域分别设立州、郡僧官,例如梁武帝天监年间,以僧若任"吴郡僧正";有的根据僧团的教化区域,设立跨州郡的区域性僧

---

① 慧皎:《高僧传》卷一一,《大正藏》第 50 卷,第 401 页中。
② 慧皎:《高僧传》卷七,《大正藏》第 50 卷,第 373 页下。
③ 道宣:《续高僧传》卷六,《大正藏》第 50 卷,第 468 页上。
④ 道宣:《续高僧传》卷五,《大正藏》第 50 卷,第 464 页中。
⑤⑥ 道宣:《续高僧传》卷七,《大正藏》第 50 卷,第 479 页中。

官。州级僧官设僧正一人,副职维那则或设或缺,随宜而定。郡一级的僧正称某郡僧正,副员为某郡维那或僧都,亦或设或缺。郡僧正之设在东晋时已经出现,如僧恭在东晋末就担任了蜀郡的僧正。南朝的郡僧正在史籍中可以考见的很多,如梁天监八年(509)释僧若为吴郡僧正①等。跨州、郡的区域性僧正出现在僧尼特别集中的京城一带、东部三吴一带、西部荆州一带以及岭表广州一带。南朝都城建康佛法特别兴盛,因此,京城地区设有两位僧正,分掌长江南北两岸僧务。如南齐永明中释法献与释玄畅同为京邑僧正②,陈代京城建初寺宝琼与彭城寺宝琼也同为京邑僧正③。由于京邑地区特别重要,僧务繁杂,因此僧官的职权也相应较大,地位也高些,常常冠以"大"、"京邑"字样,成为"京邑大僧正"、"京邑僧正"等,"都维那"则称为"京邑都维那"④、"大僧都"⑤等。三吴地区的僧官称"吴国僧正",职权很大,掌任十城,因此又号称"十城僧主"。僧传中所见最早的"吴国僧正"为南齐释慧基,"德被三吴,声驰海内,乃敕为僧主掌任十城"⑥。慧基圆寂之后,"后有沙门慧谅接掌僧任。谅亡,次沙门慧永"。慧永圆寂之后,依次为沙门慧深、昙与接任此职。此外,僧传中所见荆土僧正、南海僧正管辖的范围很大,不仅只管荆州或广州一州,

---

① 道宣:《续高僧传》卷五,《大正藏》第50卷,第461页上。
②《高僧传·法献传》说:"献以永明之中,被敕与长干玄畅同为僧主,分任南、北两岸。"(《大正藏》第50卷,第411页下。)
③ 陈朝京城中有两位宝琼,且均为僧正。《续高僧传·慧哲传》说:"时,彭城寺宝琼者,善讲说,有风采,形相奇白,世号'白琼'。"(《续高僧传》卷九,《大正藏》第50卷,第493页下。)这位宝琼,陈文帝对其"礼异弥深,爵下丝纶,为京邑大僧正"。(道宣:《续高僧传》卷七,《大正藏》第50卷,第479页上。)"白琼"在至德二年(584)圆寂。建初寺的宝琼,《续高僧传·慧哲传》说:"僧正琼公精理入神,净行纯备,微做紫相,世号乌琼。帝尚重焉,奉为大僧正也。监护法城,为物依止。陈氏王族,归戒所投。自余槐棘,无敢造者。住建初寺,祯明元年,忽然坐逝,葬楼湖之山"。(道宣:《续高僧传》卷九,《大正藏》第50卷,第493页下。)
④ 释慧璩,于刘宋孝武帝时,"敕为京邑都维那,大明末终于寺,年七十二"(《高僧传》卷一三,《大正藏》第50卷,第416页上。)"大明"为孝武帝年号。
⑤ 释慧暅,"至德元年,下诏为京邑大僧都。四年,转大僧正"(《续高僧传》卷九,《大正藏》第50卷,第494页中)。"至德"为陈后主年号,至德元年为583年。
⑥ 慧皎:《高僧传》卷八,《大正藏》第50卷,第379页下。

如南齐末担任荆土僧正的慧球及南海僧主慧敬等权力均超出一州范围。① 南朝前期未见有县级僧官,陈代则出现了释智琳出任曲阿县僧正的事例。② 曲阿位于建康的丹阳,于此设立县一级僧正,是在陈末佛教集中于京城富庶地区的特殊需要,恐怕并非南朝的通例。

在中央僧官、地方僧官之外,南朝又创立了独立的尼僧官和白衣僧正制度,使南朝的僧官制度更加丰富完备。刘宋泰始二年(466)在京师设立尼僧僧局,敕任尼宝贤为都邑僧正,尼法净为京邑都维那,全权监管都城一带的尼僧事务。他们在任上遇到了比丘尼二次受戒的问题,经其处理,获得了妥善解决。《比丘尼传·宝贤尼传》记其经过如下:

> 元徽二年,法律颖师于晋兴寺开《十诵律》。颖其日有十余尼因下讲欲重受戒。贤乃遣僧局赍命到讲座,鸣木宣令诸尼:"不得辄复重受戒。若年岁审未满者,其师先应集众忏悔竟,然后到僧局。僧局许可,请人监检,方得受耳。若有违拒,即加摈斥。"因兹已后,矫竟暂息。③

刘宋朝设立独立于比丘的尼僧僧局,有效地实施比丘尼自治,这一制度不光是北朝所无,即使在中国佛教史上也是罕见的。

"白衣僧正"出现于梁代。"白衣"是相对于缁衣而言的,指未出家的世俗人士。在梁代之前,未见白衣僧正的记载。《续高僧传·释智藏传》记载:"帝欲自御僧官,维任法侣。"梁武帝对僧人说:"比见僧尼,多未诵习。白衣僧正不解科条,俗法治之,伤于过重。弟子暇日,欲自为白衣僧正,亦依律立法。"④在大同年间,梁武帝提出自任白衣僧正,遭到僧人的

---

① 分别参见《高僧传》卷八《慧球传》,《大正藏》第50卷,第381页上;《高僧传》卷一三,《大正藏》第50卷,第411页中。
② 释智琳"以陈太建十年旋于旧里。南徐州刺史萧摩诃深加礼异,爰请敷说。于是爰居宗匠,盛转法轮,受业求闻,寔繁有众。至十一年,下敕为曲阿僧正。至德二年,敕补徐州僧都。"(道宣:《续高僧传》卷一〇,《大正藏》第50卷,第504页上。)
③ 宝唱:《比丘尼传》卷二,《大正藏》第50卷,第941页上。
④ 道宣:《续高僧传》卷五,《大正藏》第50卷,第466页中。

抵制,梁武帝只得放弃这一想法。由此可见,在此之前,梁朝已经设立了"白衣僧正"之职。从上文看,"白衣僧正"虽然是由未出家人担任,职责却是专管佛教事务。作为僧官,僧人僧正按照佛教戒律寺规来处理僧团事务,而白衣僧正却按照世俗法律来处理僧尼违规犯戒问题,这样一来便在教团的统治制度上产生了重叠的两套不同属的僧官系统,出现了混乱。在这样的局面下,梁武帝便想亲自出马担任白衣僧正,实际上有充当佛教领袖、建立政教合一统治模式的企图。梁武帝未当成白衣僧正,原有的白衣僧正系统也不再见于史籍,大概因为与僧团矛盾太大,不能运转,不久也就取消了。

南朝僧官的任命,视官职的高低而有不同的渠道。中央僧官概由皇帝任命。地方僧官一般有藩王或州、郡长吏推举,最后由皇帝敕任。僧官的任期并无严格的规定。不少高僧往往到晚年才担任僧正或僧主,往往终身任职。[1] 因故罢任或主动辞职的也时有所见。[2] 低级僧官一般可逐渐升任高级僧职,如陈代释慧暅,"至德元年,下诏为京邑大僧都。四年,转大僧正"[3]。也有由寺主直接升任大僧正的,如梁武帝天监七年(508),法云被"敕为光宅寺主"[4],至"普通六年,敕为大僧正"[5]。

僧官一般都由国家给予俸禄。宋明帝时,敕僧瑾"为天下僧主,给法伎一部,亲信二十人,月给钱三万,冬夏四时赐并车舆、吏力"[6]。这些待遇与一般的官吏的俸秩略同,但供给的数量稍高。姚秦的僧正"秩比侍中",刘宋给予僧正的待遇也不会低于侍中。僧正以下各级僧官的俸禄已经有了基本固定的数额,并为齐、梁、陈各代所沿用。齐高帝时,法颖

---

[1] 参见《高僧传》卷八《僧慧传》、《慧基传》。
[2] 参见《高僧传》卷一一《法颖传》、《续高僧传》卷五《道达传》、《续高僧传》卷六《慧超传》、《续高僧传》卷二一《昙瑗传》。
[3] 道宣:《续高僧传》卷九,《大正藏》第50卷,第494页中。
[4] 道宣:《续高僧传》卷五,《大正藏》第50卷,第464页中。
[5] 同上书,第464页下。
[6] 慧皎:《高僧传》卷七,《大正藏》第50卷,第373页下。

为僧主,"资给事事,有倍常科"①。"常科"便是通常的俸禄标准,"倍给"是齐高帝对于法颖的破例厚赐。可见,当时已经有了惯行的标准,不过执行得不太严格罢了。

三、北朝的僧官制度

北朝的僧官系统基本承袭北魏体系。北魏僧官"沙门统"的事务机构初名"监福曹",后改为"昭玄寺",更名的具体时间难于考证。现在可以考知的北魏中央沙门统,自昙曜以下有僧显、惠深、僧迁、僧敬等。据有关史籍记载,北魏时期,昭玄寺设一位沙门统,其称呼不一,或称"沙门统",如《魏书·释老志》所说;或称"沙门都统",如前文所引孝文帝敕任僧显的诏书就称为"沙门都统";《魏书·释老志》称昙曜为"沙门统",而赞宁在《大宋僧史略》却说:"曜即帝礼为师,号昭玄沙门都统"②。由此可见,昭玄寺的最高首长,或称"沙门统",或称"沙门都统",实是同一职掌。在"统"之前冠以"都",或再冠以"昭玄",既有尊崇的含义,更是为了与州、郡的"沙门统"相区别。北魏昭玄寺的副职为都维那,中央级都维那也称之为"昭玄沙门都维那",如惠猛圆寂之后的墓志铭全称是《魏故昭玄沙门都维那法师惠猛之墓志铭》③。"昭玄沙门都维那"又可简称为"沙门都",正如赞宁所说:"及魏世更名'僧统',以为正员。署沙门都,以分副翼,则都维那是也"④。宣武帝时的"都维那"僧迁、僧频向僧祇户肆意逼课,尚书令高肇奏请"依僧律推处"。高肇的弹劾文收于《魏书·释老志》中。由此可知,昭玄寺中的"都维那"可有两名或多名。

"沙门统"是北魏的最高僧官,也称"沙门都统"、"大统"等。"沙门统"的事务机构昭玄寺的下属州、郡、县的沙门曹,在北魏也已经建立起

---

① 慧皎:《高僧传》卷一一,《大正藏》第50卷,第402页上。
② 赞宁:《大宋僧史略》卷中,《大正藏》第54卷,第243页中。
③ 载罗振玉编《〈芒洛冢墓遗文〉补遗》。
④ 赞宁:《大宋僧史略》卷中,《大正藏》第54卷,第244页上。

来,形成一个比较完备的僧官系统。《魏书·释老志》中载有孝文帝延兴二年(472)的一道诏书,提到州、镇维那;熙平二年(517)灵太后的一道命令提到州统、都维那。《魏书》卷一○○《食货志》载魏末孝庄帝颁卖官入粟之制,也提到州统、州都、畿郡都统、郡维那、县维那,可见州、镇、郡的沙门曹分别设有统、都,而且县一级也设有维那僧。昭玄寺与州、郡、县沙门曹的统属关系是很明确的。《魏书·释老志》所载世宗永平二年(509)沙门统惠深上皇帝的文书中说:"辄与经律法师群议立制:诸州、镇、郡维那、上座、寺主,各令戒律自修,咸依内禁。若不解律者,退其本次。"①从这看出,昭玄寺议定的制度颁行到州、镇、郡乃至寺院,各级僧官必须严格执行,否则昭玄寺有权处分州以下的各级僧官。

北魏昭玄寺及沙门统直接听命于皇帝,由皇帝直接任命长官,因此其事权广泛,全境僧务全部都由昭玄寺掌管。从文献记载看,昭玄寺及沙门统具有以下权利:

第一,立法和司法权。北魏皇帝正式承认佛教在礼法方面的特权,昭玄寺在教团中享有司法权,昭玄寺所属的各级僧官在此意义上便是教团的各级法官。

第二,人事权。高级僧官包括昭玄沙门都统、都维那和一些重要寺院的寺主、上座等,往往由皇帝直接任命,但较低的僧官和一般性的寺院的寺职,则由昭玄寺铨选、陟黜。

第三,一定的建寺审批权。惠深沙门所立僧制规定:"其有造寺者,限僧五十以上,启闻听造。若有辄营置者,处以违敕之罪,其寺僧众摈出外州。"②可见,建寺的最终审批权仍操持于皇帝之手,但昭玄寺负有督察佛寺、禁绝滥造、处罚私造的权力。北魏任城王元澄则于神龟元年(518)干脆建议:"自今外州,若欲造寺,僧满五十以上,先令本州岛岛表列,昭

---

① 《魏书》卷一一四《释老志》,第 3040 页。
② 同上书,第 3041 页。

玄量审,奏听乃立。若有违反,悉依前科。"①希望赋予昭玄寺更直接的审批立寺的权力。

第四,监管僧众佛寺的佛事活动和日常事务的权力。僧众的宗教活动包括诵经、讲论、礼忏、斋会等事务,各级僧官都有监督执行的权力。日常事务,包括僧众住寺或出游、日常的衣食器用等、与俗家的关系、收徒畜奴等诸多事物,也要受僧官的管束。孝文帝延兴二年(472)下的一道诏书说:"比丘不在寺舍,游涉村落,交通奸猾,经历年岁。令民间五五相保,不得容止。无籍之僧,精加隐括,有者送付州镇。其畿郡,送付本曹。若为三宝巡民教化者,在外赍州、镇维那文秘,在台者赍都维那等印牒,然后听行。违者加罪。"②度僧对象的选择、度牒的发放、僧籍的管理,也是僧官的重要职责。如灵太后于熙平二年(517)下令:"年常度僧,依限大州应百人者,州郡于前十日解送三百人,其中州二百人,小州一百人。州统、维那与官司精练简取充数。若无精行,不得滥采。"③

第五,对寺院经济的管理和对财产的支配权。昙曜任沙门统时,奏准"平齐户及诸民有能岁输榖六十斛入僧曹者,即为僧祇户,粟为僧祇粟"④。"僧祇粟"缴给僧曹即各级僧官之官署,再由官署支配以兴办各种佛事活动、修建寺庙以及赈济灾民等。

第六,管理外国僧尼的权力。北魏之前,外国来华僧尼被看作外国侨民,往往由鸿胪寺的典客署管辖,惠深沙门统制定僧制,将其权力转移至昭玄寺治下:"其外国僧尼来归化者,求精检有德行合三藏者,听住。若无德行,遣还本国。若其不去,依此僧制治罪"⑤。"时有北天竺三藏法师菩提流支,魏音道晞,曾为此地之沙门都统也。识性内融,神机外朗,冲文玄藏,罔不该洞。以永熙二年龙次星纪月吕蕤宾,诏命三藏于显阳

---

① 《魏书》卷一一四《释老志》,第3047页。
② 同上书,第3038页。
③ 同上书,第3042—3043页。
④ 同上书,第3037页。
⑤ 同上书,第3041页。

殿,高升法座,披匣挥麈,口自翻译,义语无滞。皇上尊经祗法,执翰轮首,下笔成句,文义双显,旨包群籍之秘理,含众典之奥。万机渊旷,无容终讫。舍笔之后,转授沙门都法师慧光、昙宁,在永宁上寺,共律师僧辩、居士李廓等,遵承上轨,岁常翻演新经诸论,津悟恒沙,帝亦时纡尊仪,饰兹玄席。同事名儒招玄,大统法师僧、沙门都法师僧泽、律师慧颙等十有余僧,缁俗诜诜,法事隆盛,一言三覆,慕尽穷微,是使深密秘藏,光宣于景运;解脱妙义,永流于遐劫。理教渊廓,罔测其源,旨趣中绝,焉究其宗。所谓鹿苑之唱再兴,祇园之风更显者也。宁虽识昧,忝厕伦末,敢罄庸管,祇记云尔。"①尽管引文甚长,但此文中标示的参译者的僧官身份值得注意。

东魏、北齐的僧官制度,大体上依循北魏成规,同时也出现了新特点,最突出的是僧官员额的扩充。北魏的昭玄寺一般只设一位沙门统为主官,设一至两名都维那为副二。但东魏、北齐的昭玄寺,沙门统和都维那都不止一名。《金石萃编》卷三〇《中岳嵩阳寺碑》载,北魏沙门生禅师发愿造塔,生禅师圆寂后其弟子沙门统伦、严二法师继成其功,并于东魏天平二年(535)刊石树碑,同时又有生禅师的高足大沙门统遵法师率邑义缮立天官。据此可知,在东魏的昭玄寺中最少曾有过三统并立的现象,可以推知东魏昭玄寺的沙门统还可能在三人以上。关于北齐僧官的设置,史籍记载歧义纷出。《隋书·百官志》说,北齐昭玄寺"置大统一人,统一人,都维那三人。"②但道宣在《续高僧传·法上传》中却说:"初,天保之中,国置十统。有司闻奏,事须甄异。文宣乃手注状云:'上法师可为大统,余为通统。'"③此中所说"文宣",即建立北齐的皇帝高洋。同书《智润传》说:"承邺下盛宗佛法,十统郁兴,令响滂流,洋溢天壤。"④道宣的说法为后世佛教史家所接受,如宋代释志磐在《佛祖统纪》中说:北齐"置昭玄十统,以沙门法上为大统,

---

① 《大正藏》第16卷,第665页上一中。
② 《隋书》卷二七,第758页。
③ 道宣:《续高僧传》卷八,《大正藏》第50卷,第485页下。
④ 道宣:《续高僧传》卷一〇,《大正藏》第50卷,第502页下。

尊为国师"①。看来《隋书》所记有误。

《金石萃编》卷三〇《敬史君碑》反映了东魏、北齐的僧官制度,它不仅证明了文献记载的僧官名称:中央僧官沙门统、州级僧官"都统"、郡级僧官"郡维那"、县级僧官"县维那"、寺中僧官"寺主"和"法师"不误,而且碑文补文献记载之不足,每州的"僧官"、"沙门都"的设置都不止一人,州级设有僧官"大律师"。州郡也设有僧官"都维那",各寺均设有法师。

从北魏昭玄寺一"统"一"都"或一"统"若干"都维那",到东魏昭玄寺三位或三位以上沙门统并立,再到北齐十统郁兴,明确显示了北朝僧官员额扩充的趋势。

西魏的僧官制度起初也沿袭北魏旧制。宇文泰挟元宝炬西奔长安建立西魏之后,立大中兴寺安置僧尼,任命释道臻为"魏国大统",道臻"既位僧统,大立科条"②,为西魏佛教的重兴贡献颇多。西魏大统年间(535—551),宇文泰依周礼改革官制,恭帝三年(556)才颁布实行。在改制过程中,朝廷中仍存在一个称为"昭玄寺"的中央僧务机构,但僧官的名称已经由"沙门统"改为"三藏"。宇文泰之子宇文觉废弃西魏恭帝而自立建立北周政权后,全面实行新制,废除昭玄寺,"昭玄三藏"便改成为"国三藏"。如释僧实于西魏大统年间被宇文泰任命为"昭玄三藏",至北周保定年间,又被武帝任命为"国三藏"③。僧实圆寂于保定三年(563)。此后不久,周武帝又敕命昙崇为"周国三藏,并任陟岵寺主。即从而教导,僧尼有序,响名称焉。每为僧职滞踪,未许游涉,乃假以他缘,遂蒙放免"④。昙崇在任一段时间,就借故辞职。北周时期,地方僧官也曾经称为"州三藏"。如释僧玮于天和五年(570)被武帝敕命为"安州三

---

① 志磐:《佛祖统纪》卷五一,《大正藏》第49卷,第454页上。
② 道宣:《续高僧传》卷二三,《大正藏》第50卷,第631页中。
③ 道宣:《续高僧传》卷一六,《大正藏》第50卷,第558页上。
④ 道宣:《续高僧传》卷一七,《大正藏》第50卷,第568页中。

藏"①。释僧晃被武帝敕命为"绵州三藏"②,释亡名为"夏州三藏"③,释僧休为"雍州三藏"④。今可考的"三藏"的僧官名称,大多见于周武帝之前。据《续高僧传·昙延传》记载,周武帝在灭法之前,曾经敕命释昙延为"国统"⑤。这大概是在昙崇辞职之后的事情。这件事也标志着北周又恢复了原来昭玄寺的旧称。

第二节 度僧制度

南北朝时期的僧官制度是完善的,南朝、北朝两套各有特色的僧官体系成为以后各朝设立僧官可资借鉴的资源。最初,信众出家为僧尼是不须经官府许可的。然而随着僧尼数量的增加,加之庶民常假借出家以避输课,东晋南北朝以来,朝廷设置僧官,制定僧尼名籍,以悠久而完备的户籍制来约束僧团的规模。具体言之,中古以来的朝廷限制僧尼数量的措施包括:起先,试图以"僧籍"约束僧尼数量的增长,在这段时期,出家以"私度"和"敕度"两种形式并存。其后,在僧尼数量急剧增长并且超过朝廷可容忍的额度之后,朝廷随即下令禁止"私度",于是就有了"度牒"制度。"度牒"制度起源于南北朝时期,完备于隋唐时期,并被后世所沿用。

一、僧籍

南北朝时期,南方至迟至东晋时期,已经有"僧籍",并且至迟在刘宋元嘉年间起出现了"敕度"的事例,但僧团自主度僧仍然是一贯做法,因此,南朝并无"敕度"与"私度"的对峙。

关于"僧籍"的出现,宋代的赞宁说过:

---

① 道宣:《续高僧传》卷一六,《大正藏》第50卷,第558页中。
② 道宣:《续高僧传》卷二九,《大正藏》第50卷,第694页下。
③ 道宣:《续高僧传》卷七,《大正藏》第50卷,第481页中。
④ 道宣:《续高僧传》卷一二,《大正藏》第50卷,第520页上。
⑤ 道宣:《续高僧传》卷八,《大正藏》第50卷,第488页下。

> 夫得果之人且无限剂,出家之士岂有司存?既来文物之朝,须设纠绳之任。其有见优闲而竞入,惧徭役以奔来,辄尔冒名实非高士,僧之内律,岂能御其风牛佚马邪?故设僧局以绾之,立名籍以纪之。周隋之世,无得而知。唐来主张,方闻附丽。①

这是说,唐代之前僧人的名籍,由于资料散失,已不得而知。现代学者囿于赞宁的这一看法,于是有了"官府僧籍"和"释门僧籍"的区分。② 其实,东晋、南北朝文献中所说的"僧籍"其实就是官府僧籍。现今可考的有关南朝的几项资料中,有四件事与沙汰僧尼有关,一件与僧尼住寺有关。

先看有关沙汰僧尼的四项资料:

第一件:东晋末年,桓玄专权之时,下令搜检佛寺。桓玄在文中说:"避役钟于百里,逋逃盈于寺庙,乃至一县数千,猥成屯落。"这是说,大批逃避赋役的人员进入寺院,造成严重危害,因此,凡是不合格的人员"皆悉罢遣,所在领其户籍,严为之制,速申下之,并列上也"③。僧众抗议桓玄政令的文章的标题是《道林法师与桓玄论州符求沙门名籍书》,其文有这样的文句:僧众"将振宏纲于季世,展诚心于百代,而顷频被州符求抄名籍,煎切甚急"④。这件事发生在隆安三年(399)四月。

第二件:南齐时期,有释道盛,"齐高帝敕代昙度为僧主,丹阳尹沈文季素奉黄老,排嫉能仁,乃建议符僧局,责僧属籍,欲沙简僧尼。由盛纲领有功,事得宁寝"⑤。

第三件:南齐武帝遗诏曰:"自今公、私皆不得出家为道及起立塔寺、以宅为精舍,并严断之。唯年六十,必有道心,听朝贤选序。"⑥

第四件:陈代时,"伏见今者,皇华奉宣严宪,凡是僧尼之类,不书名

---

① 赞宁:《大宋僧史略》卷中,《大正藏》第50卷,第247页下。
② 参见张弓的《汉唐佛寺文化史》,第378页。
③ 僧祐:《弘明集》卷一二《桓玄辅政欲沙汰众僧与僚属教》,《大正藏》第52卷,第85页上。
④ 僧祐:《弘明集》卷一二,《大正藏》第52卷,第85页下。
⑤ 慧皎:《高僧传》卷八,《大正藏》第50卷,第376页上。
⑥ 《南齐书》卷三《武帝纪》,第62页。

籍之者,并令捐兹法戒,就此黎民,去彼伽蓝,归其里闬"①。这是说,朝廷宣布沙汰僧尼,凡是未在僧尼"名籍"之中的,都在沙汰之列。而泉亭光显寺释真观致书徐仆射领军抗议。其文有曰:

> 若以不继名籍为其深罪,延兹谷累,亦可哀矜。夫出俗之人务应修道,许其方外之礼,不拘域中之节。或有不贯名籍,无关簿领,并皆游方采听,随处利安,望刹为居,临中告饭;或头陀林下,或兰若岩阿。如此之流,宁容继属?②

对于那些游方之士,根本没有必要系属于固定的寺院。因此,他建议,对于没有在僧籍的出家人,"并许停寺,仍上僧籍"③。

从上述四例来看,如果僧人名籍仅仅是由佛寺自己掌管,那么,凡是住寺的出家人都应该是在籍的,桓玄命令中的"所在领其户籍,严为之制"就落空了。桓玄这句话的意思是命令官府拿着僧尼的名籍核对,不在册之人全部令其还俗。将"求沙门名籍"解释为:"所谓'求籍',就是要佛寺将僧人名籍抄付官府,以备核查"④,恐怕是难于自圆其说的。其实,赞宁也明白僧籍与私度、公度的关系,并且他也说"僧局"的职责之一就是"立名籍以纪之"。试想,"僧籍"仅仅存于寺院而不需上报,只是在寺僧尼登记表,不大可能起到戒除私度的作用。第二例则说明,僧籍可能是由"僧局"主管的。第三例则表明了齐武帝管束佛教的理想方式,从其"公、私皆不得出家为道"的表述拟推,当时的"公"即"敕度",以及"私"即僧团自主决定,这两种方式都应该是存在且合法的。从第四例可见,当时一些喜好游方的僧人,不在"名籍"之中。综合这些证据,我们认为"名籍"的登录权并不在寺院,而在官府。另一方面,第四条材料表明,僧人有固定地"系属"某寺院的做法。

---

① 道宣:《广弘明集》卷二四《与徐仆射领军述役僧书》,《大正藏》第52卷,第277页上。
② 同上书,第277页中。
③ 同上书,第277页下。
④ 张弓:《汉唐佛寺文化史》,第378页。

僧尼"属籍"的观念，最迟于东晋已经存在了，如竺道壹的事例。《高僧传·道壹传》记载："晋太和中出都止瓦棺寺，从汰公受学。数年之中，思彻渊深，讲倾都邑……晋简文皇帝深所知重。及帝崩汰死，壹乃还东止虎丘山，学徒苦留不止。乃令丹阳尹移壹还都。"①竺法汰以晋太元十二年（387）卒。在法汰圆寂之后不久，道壹坚决离开京都，朝廷则派遣丹阳尹以"属籍"的理由"移"道壹重归瓦棺寺。道壹在答文中说：

> 今若责其属籍同役编户，恐游方之士望崖于圣世，轻举之徒长往而不反，亏盛明之风，谬主相之旨。且荒服之宾，无关天台。幽薮之人，不书王府。幸以时审翔而后集也。②

从这些事例看，东晋南北朝时期，朝廷是以"属籍"的概念来管束僧尼的。僧尼出家之后系属于固定的寺院之中，未经申报官府同意是不能游方于别寺的。

二、南朝的敕度

出家登记制度是"僧籍"形成的起因，这一制度的实行并不一定意味着出家为僧都必须经官府或者朝廷批准。从隋代之前的史料看，在"敕度"出现之后，"私度"的形式仍然很普遍。我们先考察"敕度"出现的情形。

现存资料中最早的"敕度"事例出现在刘宋元嘉时期。③《高僧传·慧基传》记载：

> （释慧基）依随祇洹慧义法师，至年十五，义嘉其神彩，为启宋文帝求度出家。文帝引见顾问允惬，即敕于祇洹寺为设会出家，与驾

---

① 慧皎：《高僧传》卷五，《大正藏》第50卷，第357页上。
② 同上书，第357页上—中。
③ 此处所说的"敕度"不包括帝王之大臣出家请求朝廷批准的事例，这里所说的"敕度"是指普通民众出家而报经朝廷批准的事例。

亲幸,公卿必集……后有西域法师僧伽跋摩弘赞禅律,来游宋境,义乃令基入室供事。年满二十,度蔡州受戒。①

这一事件可能有特殊的背景。释慧义"擅步京邑"②,为宋武帝、宋文帝所尊崇,曾为刘裕登位寻找瑞应,"后还京师,宋武加接尤重,迄乎践祚,礼遇弥深"③。因此,慧义将慧基引见给宋文帝恐怕有特殊的考虑。尔后,僧伽跋摩于宋元嘉十年(433)到达京邑。根据《高僧传》所说,僧伽跋摩"将为影福寺尼慧果等重受具戒",慧义持有异议,于是"亲与跋摩拒论翻覆,跋摩标宗显法,理证明允。既德有所归,义遂回刚,靡然推服,令弟子慧基等服膺供事,僧尼受者数百许人"④。关于"蔡州"受戒,《佛祖统纪》有一说明:"西天僧伽跋摩至建康,敕住平陆寺,为京师沙门慧照三百七十人渡蔡洲岸,于船中再受具戒"⑤。《高僧传》的这一段叙述,并未提及僧伽跋摩度僧尼须报告文帝批准。可见,慧基受沙弥戒奏报皇帝的特殊性。元嘉时期还有类似例子。《高僧传·道儒传》记载:释道儒,"寓居广陵。少怀清信,慕乐出家。遇宋临川王义庆镇南兖,儒以事闻之。王赞成厥志,为启度出家"⑥。此例启禀文帝批准的缘由不详。

元嘉之后的刘宋,也有若干"敕度"的例子。刘宋孝武帝时期也有一些特殊例子。《高僧传·慧益传》记载:

> (释慧益)宋孝建中,出都,憩竹林寺。精勤苦行,誓欲烧身。众人闻者或毁或赞……孝武深加敬异,致问殷勤,遣太宰江夏王义恭诣寺谏益。益誓志无改,至大明七年四月八日将就焚烧……帝令太宰至镬所请喻曰:"道行多方,何必殒命?幸愿三思,更就异途。"益

---

① 慧皎:《高僧传》卷八,《大正藏》第50卷,第379页上。
② 慧皎:《高僧传》卷三《僧伽跋摩传》,《大正藏》第50卷,第342页中。
③ 慧皎:《高僧传》卷七,《大正藏》第50卷,第368页下。
④ 慧皎:《高僧传》卷三《僧伽跋摩传》,《大正藏》第50卷,第342页中。
⑤ 志磐:《佛祖统纪》卷三六,《大正藏》第49卷,第344页下。
⑥ 慧皎:《高僧传》卷一三,《大正藏》第50卷,第416页下。

雅志确然,曾无悔念,乃答曰:"微躯贱命,何足上留天心!圣慈周已者,愿度二十人出家。"降敕即许。①

宋孝武帝于第二日应诺度僧二十人,法镜即为其中之一。《高僧传·法镜传》说:"值慧益烧身启帝度二十人,镜即预其一也。"②《续高僧传·僧绍附传》记载:又有僧人法朗,"家遭世祸,因住建业。大明七年,与兄法亮,被敕绍继慧益出家"③。释慧重,"每率众斋会,常自为唱导。如此累时,乃上闻于宋孝武。大明六年,敕为新安寺出家。"④宋明帝时也有一例。《续高僧传·智藏传》记载:"年十六,代宋明帝出家,以泰初六年敕住兴皇寺。"⑤不过,此则资料可能有两处错误:"代宋明帝出家"不可解,"代"似应为"奏"字;"泰初"年号有误,经查无此年号,似应为"泰始"。

宋代之后,也有一些"敕度"的事例。如《续高僧传·法凝传》记载:

初,齐武帝梦游齐山,不知在何州县,散颁天下觅之。时,会州父老奏称:"去州城北七里臣人山是旧号齐山。"武帝遣于上立精舍,度僧、给田业。凝以童子在先得度。⑥

南齐皇太子"于崇正殿奉还法会千僧,仍留百僧八关行道,又度二士同日出家。惟愿藉此功德,奉资皇帝陛下寿与南山共久"。⑦ 释僧询,为南齐太子中庶山宾之兄子,其父笃信佛法,"年十二敕令出家,为奉诚寺僧辩律师弟子"⑧。僧询以天监十六年(517)卒,春秋三十有五。梁、陈时期也有"敕度"的事例。梁简文帝于某年四月八日度人出家,其《四月八日度人出家愿文》说:"弟子以此因缘,今日度人出家,愿一切六道四生常离爱

---

① 慧皎:《高僧传》卷一二,《大正藏》第50卷,第405页中。
② 慧皎:《高僧传》卷一三,《大正藏》第50卷,第417页中。
③ 道宣:《续高僧传》卷五,《大正藏》第50卷,第460页中。
④ 慧皎:《高僧传》卷一三,《大正藏》第50卷,第416页下。
⑤ 道宣:《续高僧传》卷五,《大正藏》第50卷,第465页下。
⑥ 道宣:《续高僧传》卷二七,《大正藏》第50卷,第678页上—中。
⑦ 道宣:《广弘明集》卷二八《齐皇太子礼佛愿疏》,《大正藏》第52卷,第323页上—中。
⑧ 道宣:《续高僧传》卷六,《大正藏》第50卷,第475页上。

欲,永拔无明根……"①《续高僧传·安廪传》记载:释安廪,"年二十五,启敕出家。乃游方寻道,北诣魏国……在魏十有二年,讲《四分律》近二十遍,大乘经论并得相仍。梁泰清元年始发彭沛,门人拥从还届杨都,武帝敬供相接,敕住天安"②。释安廪圆寂于陈至德元年(583),春秋七十七,因而其出家时日在梁武帝大通三年(531)。《续高僧传·慧頵传》记载:释慧頵,"会陈帝度僧,便预比挍。太建年中,便蒙敕度,令住同泰。"③太建(569—582)为陈宣帝的年号。

《高僧传》、《续高僧传》及其他资料记录的南朝的"敕度"事例即便有所遗漏,也不过数例而已。与两部僧传的叙述中涉及"出家"的过程而未提及须"奏准"的大量事例相比,"敕度"事例有如沧海一粟。如《天台智者大师别传》中记载:

> 大师所造有为功德,造寺三十六所,大藏经十五藏,亲手度僧一万四千余人,造栴檀金铜素画像八十万躯,传弟子三十二人,得法自行不可称数。④

智顗春秋六十,僧夏四十,度僧竟达一万四千,如均须奏报朝廷,恐非如此结果。然而,尽管我们说南朝时期度僧仍然是由僧团自主决定的,"敕度"是偶然的事例,但在僧尼管理方面,如前所说"僧籍"起源甚早,而且已经有了"有贯"与"无贯"的说法。如隋灌顶《天台智者大师别传》中说:

> 陈世所检僧尼无贯者万人,朝议"策经不合者,休道"。先师谏曰:"调达日诵万言,不免地狱。盘特诵一行偈,获罗汉果。笃论唯道,岂关多诵?"陈主大悦,即停搜拣。⑤

---

① 道宣:《广弘明集》卷二八,《大正藏》第52卷,第324页中。
② 道宣:《续高僧传》卷七,《大正藏》第50卷,第480页中。
③ 道宣:《续高僧传》卷一四,《大正藏》第50卷,第533页下。
④ 灌顶:《天台智者大师别传》,《大正藏》第50卷,第197页下。
⑤ 同上书,第194页中。

"无贯"是指未列于官方"僧籍"的僧尼。结合南朝的"僧籍"与"度僧"制度看,度僧是僧团自主决定的,官方则以僧尼入"籍"的方式管理、约束度僧活动。结合二者,则可以说,"入籍"应该是在"剃度"之后,具体是在受沙弥戒还是受具足戒之后,现存资料并不明确。

三、北朝的敕度与私度

如前所论,北朝佛教发展的最大问题是佛寺营造的数量和出家人数的过分膨胀。在这种情形之下,北朝的"敕度"不是偶然事件,而是官方收归度僧权力的一种努力。北朝"敕度"也被当作宣布"私度"非法的手段。不过,朝廷试图以"敕度"来取消"私度"的努力实际上是失败的,至北魏末年,僧尼还是达到了两百万之多。

北魏有据可查的"敕度"事件发生于文成帝时期。在太武帝毁灭佛教之后七年,兴安元年(452)十月,文成帝拓跋濬即位,十二月下诏复兴佛教:

> 今制诸州郡县,于众居之所,各听建佛图一区,任其财用,不制会限。其好乐道法,欲为沙门,不问长幼,出于良家,性行素笃,无诸嫌秽,乡里所明者,听其出家。率大州五十,小州四十人,其郡遥远台者十人。各当局分,皆足以化恶就善,播扬道教也。①

这一次由皇帝下敕大规模度僧的事件是恢复佛教的必然之举,并非制度性的行为。

从文成帝恢复佛教始,至孝文帝延兴二年(472),不足二十年的时间,僧尼人数增加很快,尤其是僧尼云游村落,难于管理。于是在延兴二年夏四月,孝文帝下诏曰:

> 比丘不在寺舍,游涉村落,交通奸猾,经历年岁。令民间五五相

---

① 《魏书》卷一一四《释老志》,第 3036 页。

保,不得容止。无籍之僧,精加隐括,有者送付州镇,其在畿郡,送付本曹。若为三宝巡民教化者,在外赍州镇维那文移,在台者赍都维那等印牒,然后听行。违者加罪。①

这一诏书中提到"无籍"等,表明在初次"敕度"恢复佛教中曾经将僧尼登记造籍。然而仍然有"无籍"僧尼,也就是"敕度"之外的出家住寺者存在。

孝文帝统治时期,在"隐括"无籍僧尼的同时,"敕度"的人数和次数也明显增多,似乎有将"敕度"制度化的倾向。《魏书·释老志》记载:"承明元年八月,高祖于永宁寺,设太法供,度良家男女为僧尼者百有余人,帝为剃发,施以僧服,令修道戒,资福于显祖。"②这次度僧人数虽多,但目的性很强,皇帝为其父显祖拓跋弘资福。不过,在首次"敕度"十年之后,朝廷管理佛教的衙门提出:

前被敕以勒籍之初,愚民侥幸,假称入道,以避输课,其无籍僧尼罢遣还俗。重被旨,所检僧尼,寺主、维那当寺隐审。其有道行精勤者,听仍在道;为行凡粗者,有籍、无籍,悉罢归齐民。今依旨简遣,其诸州还俗者,僧尼合一千三百二十七人。

朝廷批复"奏可"。这一记述是说,前次"敕度"出家者中,伪滥避役者太多,经过沙汰,简遣还俗千余人。这次简遣,不完全是依照"有籍"、"无籍"的标准,而是依照佛教本身的标准进行,最后确定沙汰的人数不算太多。可以推想,这样的方法,实际上是将原来一部分"无籍"但"道行精勤者"列入"僧籍"之中了。一千三百二十七人与当时七万九千二百五十八个僧尼相比,比例甚小。可见当时的佛教政策是相当宽松的。

如果说前述材料还不能明确断定"敕度"制度化,孝文帝于太和十六年(492)所下的诏书则具有明显的"制度化"意图:"四月八日、七月十五

---

① 《魏书》卷一一四《释老志》,第3038页。
② 同上书,第3039页。

日,听大州度一百人为僧尼,中州五十人,下州二十人,以为常准,著于令"①。从这一诏令看,每年两次度僧,大州可度至少两百人,中州一百人,小州四十人。从《续高僧传·慧光传》的记载看,这一规定确已实施。《续高僧传·慧光传》记载:"释慧光,姓杨氏,定州卢人也。年十三随父入洛,四月八日往佛陀禅师所,从受三归……至夏末,度而出家。"②此中的"夏末"是指"夏安居"之末,即北魏法定度僧的七月十五日。尤其是,北魏孝明帝熙平二年(517)春,灵太后下令曰:

> 年常度僧,依限大州应百人者,州郡于前十日解送三百人,其中州二百人,小州一百人。州统、维那与官及精练简取充数。若无精行,不得滥采。若取非人,刺史为首,以违旨论,太守、县令、纲僚节级连坐,统及维那移五百里外异州为僧。自今奴婢悉不听出家,诸王及亲贵,亦不得辄启请。有犯者,以违旨论。其僧尼辄度他人奴婢者,亦移五百里外为僧。僧尼多养亲识及他人奴婢子,年大,私度为弟子,自今断之。有犯还俗,被养者归本等。寺主听容一人,出寺五百里,二人千里。私度之僧,皆由三长罪不及已,容多隐滥。自今有一人私度,皆以违旨论。邻长为首,里、党各相降一等。县满十五人,郡满三十人,州镇满三十人,免官,僚吏节级连坐。私度之身,配当州下役。③

尽管这一命令是限制滥度的禁限令,但从中可以看出,孝文帝当年的诏令确实已经"制度化"了,也就是说,度僧的权力在北魏已经在名义上收归朝廷、地方官署及其所组建的僧官衙署。

在"敕度"制度实行之后,"私度"就成为非法行为了。但正如《魏书·释老志》所说:"时,法禁宽褫,不能改肃也。"④北魏从文成帝恢复佛

---

① 《魏书》卷一一四《释老志》,第3039页。
② 道宣:《续高僧传》卷二一,《大正藏》第50卷,第607页中。
③ 《魏书》卷一一四《释老志》,第3042—3043页。
④ 同上书,第3043页。

教始,营建佛寺和僧尼的数量的膨胀速度在整个中国佛教史上都是罕见的。《魏书·释老志》说:"正光已后,天下多虞,工役尤甚,于是所在编民,相与入道,假慕沙门,实避调役,猥滥之极,自中国之有佛法,未之有也。略而计之,僧尼大众二百万矣,其寺三万有余。"①这是说,尽管有灵太后的禁令,但从孝明帝正光年(520—525)之后,国家动荡不宁,内忧外患不断,出家者众多,"敕度"根本不可能起到限制"私度"的作用,僧尼数字竟然膨胀到两百万之多。从两百万的数字看,北魏时期的"私度"非常严重,"私度"是一个普遍的现象。《高僧传》、《续高僧传》留存的有关"度僧"的记载中,涉及"敕度"的材料更是凤毛麟角。

北魏分裂之后,西魏、北周以及东魏、北齐时期,"敕度"和"私度"并存。见于记载的"敕度"材料说明,这一时期,四朝仍然延续了北魏每年在四月八日和七月十五日两次"敕度"的惯例。《续高僧传·灵裕传》记载:僧灵裕,"赴定州而受大戒,即诵《四分》、《僧祇》二戒,自写其文,八日之中,书诵俱了。有定州刺史侯景访裕道行,奏请度之。"②根据《续高僧传·灵裕传》所记,灵裕"二十有二方进具戒"以及隋开皇十一年(591)"时年七十有四",灵裕受具足戒是在东魏时期。《续高僧传》还记录了灵藏作为戒师于"年别大度"中度僧的事情。《续高僧传·灵藏传》记载:

> 释灵藏,俗姓王氏,雍州新丰人也。年未登学,志慕情远,依随和颖律师而出家焉。藏承遵出要,善达持犯,《僧祇》一部世称冠冕,于《智度论》讲解无遗,妙尚冲虚,兼崇纲务。时属周初佛法全盛,国家年别大度僧尼,以藏识解淹明,铨品行业,若讲若诵,卷部众多,随有文义,莫不周镜。时共测量,通经了意,最为第一。③

此文之意稍嫌模糊,但稍作疏证即可明了。灵藏"开皇六年卒于所住,春

---

① 《魏书》卷一一四《释老志》,第3048页。
② 道宣:《续高僧传》卷九,《大正藏》第50卷,第495页中—下。
③ 道宣:《续高僧传》卷二一,《大正藏》第50卷,第610页中。

秋六十有八，葬于南郊"①。由隋开皇六年(586)上推，灵藏在北周立国之年已经年届四十，因此，文中所说"年未登学"即便是指出家当沙弥，其受具足戒也不过迟至四十岁的周初。这样来看，"国家年别大度僧尼"一句，显示北周初期仍然延续了北魏所实行的每年由国家组织度僧的惯例。《续高僧传》记载了一位圆寂于贞观三年(629)的"唐终南山紫盖沙门释法藏"，于"年二十二，即周天和二年四月八日，明帝度僧，便从出俗"②。文中所说"周天和二年"(567)为周武帝年号，文中说"明帝度僧"应为"武帝度僧"之误。《续高僧传·无碍传》记载：

> （释无碍）姓陈氏，有晋永嘉中原丧乱，南移建业，父旷，梁元帝征蕃学士，以承圣元年碍生成都，神姿特异，知有济器。九岁便能应对，十岁入学随闻不忘，入长安遇姚秦道安法师。安与语，怪其意致，劝令出家，即依言欣喜，令诵《太子瑞应经》，思寻圣迹，哀泣无已。天和三年，周武皇后入朝，投名出家，先蒙得度。虽有弱冠，戒操逾严。③

无碍于前秦依道安为沙弥，后于北周武帝天和三年(568)在官方"敕度"的情况下受大戒为比丘，时年十六岁。这些事例证实北周武帝在决定灭佛之前，仍然延续了前朝定期"敕度"的惯例。

北魏及其后继政权，尽管都想通过官方直接控制"度僧"权力的方法和途径，达到限制僧尼数量的目的，但是，其目的并未达到。私度的盛行使得"敕度"限制性的作用荡然无存，北魏末年僧尼数量达到全境人口的十六分之一，北周吞灭北齐之后，全境僧尼数量达到其人口的十分之一，周武帝毁灭佛教与这一背景很有关系。

---

① 道宣:《续高僧传》卷二一,《大正藏》第50卷,第610页下。
② 道宣:《续高僧传》卷一九,《大正藏》第50卷,第580页下。
③ 道宣:《续高僧传》卷二〇,《大正藏》第50卷,第599页上一中。

第三节　两晋南北朝的寺职

南北朝时期,在僧官系统不断加强的背景下,佛教寺院的管理也经历了制度化的过程。这一进程也意味着政府逐渐地渗透到寺院本身的管理架构之中,寺职的任命权也逐渐地被收归朝廷和地方政府。

一、寺主

中土佛寺最早出现的寺职是"寺主"。慧皎《高僧传·揵陀勒传》说:"揵陀勒者,本西域人,来至洛阳积年",因组织修建古寺有功,"众咸惊叹","以勒为寺主"。① 道世《法苑珠林》中记载:"西晋蜀郡沙门静僧,生小出家,以苦行致目,为蜀三贤寺主。"② 揵陀勒和静僧都是西晋僧人,此二人是现存文献中所载"寺主"最早史证。从以上两书的叙述语气看,此二僧之位号并非首创,而是在佛寺中已经有此职位的情况下被推举担任的。由此可知,寺主的创设还要早一些。赞宁在《大宋僧史略》中说:"详其寺主,起乎东汉白马也。寺既爰处,人必主之。于时虽无寺主之名,而有知事之者。"③这一说法自有其合理之处。不过,寺院最高首领者的名称以及职权可能不大固定。赞宁所说"至东晋以来,此职方盛",固然是事实,然此后并非固定在这一名称上。如东晋孝武帝时,会稽郡守琅玡王司马荟在城西西兴建嘉祥寺,礼请竺道壹"居僧首。壹乃抽六物遗于寺,造金牒千像。壹既博通内外,又律行清严,故四远僧尼咸依附谘禀,时人号曰九州岛岛都维那"④。从道壹的作为及"九州岛岛都维那"的赞

---

① 慧皎:《高僧传》卷一〇,《大正藏》第50卷,第388页下。
② 道世:《法苑珠林》卷二四,《大正藏》第53卷,第418页中。
③ 赞宁:《大宋僧史略》卷中,《大正藏》第54卷,第244页下。
④ 慧皎:《高僧传》卷五,《大正藏》第50卷,第357页中。也有人将"九州都维那"当作僧官看待(参见谢重光、白文固《中国僧官制度史》第一章),此恐不妥。文中说"壹乃抽六物遗于寺","四远僧尼咸依附谘禀",显然是以其居住的佛寺为中心叙说的。"九州都维那"既然是"时人"所号,说明非官方任命;号为"九州都维那",可见其属于无冕之王一类。

誉来看，"僧首"可能是一寺之主的称呼之一。

许多学者所认可的另外一个称呼——"法主"，是否为一寺之主，倒不一定。很多论著都将"法主"当作寺院的"寺主"①。这一说法，可能来源于赞宁的"含混"叙述。赞宁在"立僧正"条下说：

> 次有号"法主"者。如释道猷，生公之弟子也。文帝问慧观曰："顿悟义，谁习之？"答曰："道猷。"遂召入。至孝武即位，敕住新安寺，为镇寺法主。又敕法瑗为湘宫寺法主。详其各寺同名，疑非"统"、"正"之任。②

其后，赞宁在"杂任职员"即佛寺寺职条目下说："又宋齐之世，曾立法主一员，故道敕为新安寺镇寺法主，法瑗为湘宫寺法主"③。可见，赞宁对于"法主"究竟属于僧官系列中的"统"、"正"还是别的什么，举棋不定，因此，在两处都作了叙说。

从常举的几个例子看，"法主"很大可能是"说法讲经之主"的意思。如刘宋时竺道生的弟子道猷，宋文帝"大集义僧，令猷申述顿悟"，一举成名。宋孝武帝敕道猷住新安寺，"为镇寺法主"④。宋明帝造湘宫寺，"大开讲肆，妙选英僧，敕请瑗充当法主"⑤。从这两条资料看，"法主"解释为"说法讲经之主"和"寺主"似乎都可通。然而，其他一些资料则不可遽解为"寺主"。如《高僧传》记载：释慧亮，"太始之初，庄严寺大集，简阅义士，上首千人，敕亮与斌递为法主"⑥。此住所说的"斌"即指昙斌，《高僧传·昙斌传》未记载此事，然从其传中可见，昙斌是一位精通多种经论的

---

① 参见任继愈主编的《中国佛教史》第三卷，第83页；张弓的《汉唐佛寺文化史》，第364页；《佛光大辞典》辞条等。
② 《大正藏》第50卷，第242页下。
③ 同上书，第245页上。
④ 慧皎：《高僧传》卷七，《大正藏》第50卷，第374页下。
⑤ 慧皎：《高僧传》卷八，《大正藏》第50卷，第376页下。
⑥ 慧皎：《高僧传》卷七，《大正藏》第50卷，第373页中。

能讲之僧。二位都在"宋元徽中,卒于庄严寺"①。从这些资料推断,此处所言的"法主"其实是"讲经说法之主",所以才可能在同一时段中"递为法主"。《续高僧传·僧旻传》记载,南齐永元元年(499),东昏侯"敕僧局请三十僧入华林园夏讲,僧正拟旻为法主,旻止之"②。此处的"法主"只能作"讲经说法之主"解释。《续高僧传·慧赜传》记载,隋代开皇中,江陵寺"大兴法席,群师云赴。道俗以赜嘉绩凤成,咸欲观其器略,共请为法主"③。而此年慧赜才十二岁,不可能为寺主。尽管我们认为"法主"不能简单解释为"寺主",但是,如前面所举的"镇寺法主"这类说法,也可能意味着在寺院的最高管理者的名目未曾确定的情形下,"法主"也许同时可肩负管理寺院的责任和职责。

东晋以后,佛寺必有最高的管理者,而其名称以"寺主"最为常见。起初,寺主只是寺院的领导者和僧众组织者,因此,由寺众推举或德高望重者举荐即可。如道安在襄阳时,东晋长沙太守滕含在江陵舍宅为寺,请求道安派遣"一僧为纲领"。道安即命昙翼前往,"翼遂杖锡南征,缔构寺宇,即长沙寺是也"④。东晋后期,寺院经济建立起来,至南北朝时期迅速发展。这导致朝廷对佛寺的重视与控制的加强,寺主产生的办法也随之逐渐发生变化。寺主不再都由僧众推举或檀越指定,重要的或大型寺院的寺主改由官府委派,甚至皇帝直接敕命。如南朝刘宋时期的僧人道汪,宋孝武帝"敕令迎接为中兴寺主"⑤,后固辞获免。不过,刘宋时期,推举制度仍然流行。如释道法,"后游成都,至王休之、费铿之请,为兴乐、香积二寺主,训众有法"⑥,颇得好评。释僧生,"成都宋丰等请为三贤寺

---

① 慧皎:《高僧传》卷七,《大正藏》第50卷,第373页中。
② 道宣:《续高僧传》卷五,《大正藏》第50卷,第462页中。
③ 道宣:《续高僧传》卷三,《大正藏》第50卷,第440页下。
④ 慧皎:《高僧传》卷五,《大正藏》第50卷,第355页下。
⑤ 慧皎:《高僧传》卷七,《大正藏》第50卷,第371页下。
⑥ 慧皎:《高僧传》卷一一,《大正藏》第50卷,第399页中。

主"①。梁代之后,由朝廷敕命寺主的记载较为常见。如释宝唱,于天监四年(505)被梁武帝"敕为新安寺主"②。释法云,天监七年(508),梁武帝"又下诏礼为家僧,资给优厚,敕为光宅寺主,创立僧制,雅为后则"③。释住力,"陈中宗宣帝于京城之左造泰皇寺,宏壮之极,罄竭泉府,乃敕专监百工,故得揆测指㧑,面势严净。至德二年,又敕为寺主"④。北朝的情况与南朝相似,至北周由皇帝下敕任命寺主的材料渐多。如释僧稠,北周武帝于天保三年(563)"下敕于邺城西南八十里龙山之阳为构精舍,名云门寺,请以居之。兼为石窟大寺主,两任纲位,练众将千,供事繁委"⑤。释昙崇,周武皇帝特所钦承,乃下敕云:"可为周国三藏,年任陟岵寺主。"⑥周宣帝曾经下诏,敕命法藏"为陟岵寺主"⑦。其后,隋唐朝廷沿袭了这一做法,将寺主的任命权完全归于朝廷,推举制彻底告废。

二、上座和维那

随着寺院经济的发展,寺院的事务也日益繁杂起来,单由一名寺主领导一寺僧众的制度已经不能适应形势的需要,于是不少寺院在寺主之外另立一两种僧职,与寺主共同担负寺院的管理和弘法事务,分别监领寺院中的宗教活动和生产生活事务。这样的寺职名号,最初可能不太统一,后来逐渐确定为"上座"和"维那"。

"上座"是印度引进的名目。唐义净在《大唐西域求法高僧传》中说:

> 寺内但以最老上座而为尊主,不论其德。诸有门钥每宵封印,

---

① 慧皎:《高僧传》卷一二,《大正藏》第50卷,第407页上。
② 道宣:《续高僧传》卷一,《大正藏》第50卷,第426页中。
③ 道宣:《续高僧传》卷五,《大正藏》第50卷,第464页中。
④ 道宣:《续高僧传》卷二九,《大正藏》第50卷,第695页上。
⑤ 道宣:《续高僧传》卷一六,《大正藏》第50卷,第554页中。
⑥ 道宣:《续高僧传》卷一七,《大正藏》第50卷,第568页中。
⑦ 道宣:《续高僧传》卷一九,《大正藏》第50卷,第581页上。

将付上座。更无别置寺主、维那,但造寺之人名为寺主。①

受印度影响,中土佛寺早期也以"上座"作为年高望重者的尊称,荣膺其号者,或"生年为耆年",或"世俗财名与贵族",或"先受戒及先证果"②。最初,"上座"是一种荣誉称号,代表着地位尊贵,不必负责具体的事务。一旦寺院产生扩大僧职人数的需要,上座便很自然地成为纲领寺众的重要僧职。从记载看,东晋竺法深所任上座,已初具寺院僧职的性质。支遁写给高丽道人书说:"上座竺法深,中州刘公之弟子。体德贞峙,道俗纶综。往在京邑,维持法网,内外具瞻,弘道之匠也。"③既然担负维持法纲的职责,应该是一种实在的职务,而非仅仅为荣誉性称号。

关于"维那",义净说它是梵语"羯磨陀那"的译语。"'陀那'是'授','羯磨'是'事',意道以众杂事指授于人。旧云'维那'者,非也。"④在中国早期佛寺中,"维那"似乎是寺院中一种低级执事人员的称呼,在东晋十六国僧务活动的记载中,已经常提及。如荆州长沙寺法遇,"命维那鸣槌集众","命维那行杖"⑤。《高僧传·道安传》中有"时,维那直殿"⑥,"直殿"即"值班"、"值守"的意思。这些记载,看不到维那是寺院高级僧职的迹象,相反,倒是有一些记载明白显示维那并非高级僧职。如《比丘尼传·广陵僧果尼传》中有维那"惊告寺官,寺官共视"⑦之语。此事发生在刘宋元嘉年间。"维那"与"寺官"对举,显而易见,"维那"不在"寺官"之列。此例中的"维那"在寺中的地位也不算太高。但也有个别例子说明寺中的"维那"地位较高,但时间大都在南北朝后期。如北朝高僧法上的弟子法存,于北齐天保年间出家,文帝"乃擢为合水寺都维那。当有齐之

---

① 义净:《大唐西域求法高僧传》卷上,《大正藏》第 51 卷,第 5 页下。
② 赞宁:《大宋僧史略》卷中,《大正藏》第 54 卷,第 244 页下。
③ 慧皎:《高僧传》卷四,《大正藏》第 50 卷,第 348 页上。
④ 义净:《南海寄归内法传》卷四,《大正藏》第 54 卷,第 226 页中。
⑤ 慧皎:《高僧传》卷五,《大正藏》第 50 卷,第 356 页上。
⑥ 同上书,第 353 页下。
⑦ 宝唱:《比丘尼传》卷二,《大正藏》第 50 卷,第 939 页下。

盛,每年三驾,皆往山寺,有所觐礼"①。不过,在南北朝后期,仍然有"维那"地位较低的例子。如《续高僧传·释植相传》记载:梁武帝时期的僧人释植相圆寂之日,"维那此日打钟,初不发声,大小疑怪,不测所以"②。从总体上说,南北朝后期,"维那"在寺院中的地位呈现出提升的态势,并且逐渐可与"寺主"、"上座"并列。

三、三纲

南北朝时期寺职方面最大的发展是"三纲"制度的逐渐形成。关于"三纲",赞宁说:"寺之设也,三纲立焉。若网罟之巨纲,提之则正,故云也"③。赞宁认为,"三纲"的称谓是由"纲"的比喻义演变而来。但也可能是借鉴"三纲五常"之"三纲"而来。不过,僧史中这种比喻意义上的修饰语很多,如"纲任"、"纲维"、"纲管"、"寺纲"、"纲纪"等。如南齐僧人法度"有弟子僧朗,继踵先师,复纲山寺"④。南朝陈代宝琼出家时,僧正慧超"即命寺纲,忻然处置"⑤。北朝也有这类记载,北齐僧人僧稠既为云门寺寺主,又"兼为石窟大寺主。两任纲位,练众将千,供事繁委"⑥。北齐隋初僧人法愿,"频登纲管,善御大众"⑦。从这些记载可以看出寺职的管理寺院、管束僧众的功能逐渐由形象性而"实体"化为一种职权。大概起先只喻"寺主"、"上座"为"纲",在"维那"地位上升到监领一寺僧务的高度之后,"维那"一职也有了"若网罟之巨纲"的性质,于是在北朝和南朝分别出现了"三纲"和"三官"的说法。这就是"三纲"这一语词逐渐专门化的大致轨迹。

---

① 道宣:《续高僧传》卷八,《大正藏》第50卷,第486页上。
② 道宣:《续高僧传》卷二五,《大正藏》第50卷,第646页中。
③ 赞宁:《大宋僧史略》卷中,《大正藏》第54卷,第244页下。
④ 慧皎:《高僧传》卷八,《大正藏》第50卷,第380页下。
⑤ 道宣:《续高僧传》卷七,《大正藏》第50卷,第479页中。
⑥ 道宣:《续高僧传》卷一〇,《大正藏》第50卷,第554页中。
⑦ 道宣:《续高僧传》卷二一,《大正藏》第50卷,第610页上。

检索佛教僧传,"三纲"一语的最早用例在《高僧传·僧导传》中:

> 至孝武帝升位,遣使征请。导翻然应诏,止于京师中兴寺。銮舆降跸,躬出候迎。导以孝建之初三纲更始,感事怀惜,悲不自胜。帝亦哽咽良久。①

此处所说的"三纲"实指刘宋元嘉之后的政治变乱,并非佛寺之"三纲"。从现存文献看,佛教中用来指称寺职的"三纲",最早出现在北魏的文献中。北魏永平元年(508),沙门统慧深宣称:"诸州、镇、郡维那、上座、寺主,各令戒律自修,咸依内禁。若不解者,退其本次。"②北周武帝时,卫元嵩在请求造平延大寺的上书中说:"推令德作三纲,遵耆老为上座,选仁智充执事,求勇略做法师。"③对于这两段文字的理解,也有疑义。前者所列"三纲"的顺序将维那排在前,而将"寺主"排在后;后者在"三纲"之后,又单独提出"上座"。是否意味着北方三纲的位序排列较为特别以及北周的"上座"不在"三纲"之列呢?④ 应该是不会的。同出于《魏书·释老志》的太和十年(486)有司的奏文中说:"所检僧尼,寺主、维那当寺隐审。"这里,寺主在前,维那在后。加之前文已论及,"维那"在寺职中的地位之提升较晚,可知北魏"三纲"中以"寺主"为首。而上引卫元嵩所说的话可能不太严密,也可能是其新设想。南朝的"三官"之说,最重要的文证有两处。一是《弘明集》所收南齐天保寺释道盛《启齐武皇帝论检试僧事》中所说:"若不收失,必起恶心。寺之三官,何以堪命?"⑤二是梁武帝的《断酒肉文》中所说:"弟子萧衍敬白诸大德僧尼、诸义学僧尼、诸寺三官"⑥。此文中,"诸寺三官"凡六见,文尾又简称为"寺官"。例证虽不算

---

① 慧皎:《高僧传》卷七,《大正藏》第50卷,第371页中。
② 《魏书》卷一一四《释老志》,第3040页。
③ 道宣:《广弘明集》卷七,《大正藏》第52卷,第132页上。
④ 参见张弓的《汉唐佛寺文化史》,第365页。
⑤ 僧祐:《弘明集》卷一二,《大正藏》第52卷,第86页上。
⑥ 道宣:《广弘明集》卷二六,《大正藏》第52卷,第294页中。

多,但已经可推断出,作为"寺官"的"三官"之说已经通行于齐梁朝野。这说明,在南朝中后期,寺院的高级僧职已经固定为三名。

综上所述,在南北朝中后期,南朝和北朝大体同时确立了由三种最高僧职治理佛寺、管理寺院僧务的寺职制度,只是在名称上尚存"三官"和"三纲"的不同而已。隋统一南北后,采纳了"三纲"的说法。

第五章 东晋南北朝寺院经济的兴起

中国佛教的显著特色之一就是寺院在自身的宗教角色之外,逐渐成为经济活动的参与者,甚至至隋唐时期成为整个社会重要的经济实体之一。从中国佛教发展史的角度来说,东晋时期属于寺院经济逐渐萌芽的时期。至南北朝时期,随着佛教的不断发展,寺院和僧尼数量的不断增加,寺院经济也逐渐壮大起来,各地也出现富庶的佛寺。本章先对寺院经济兴起的内在原因作些论述,然后重点叙述归纳东晋南北朝时期寺院经济形成、发展的情况。

第一节 寺院经济的起因与寺僧的供给模式

依照早期印度佛教的做法,佛教僧尼以乞食为生,居无定所。而作为定居下来修道传法的场所——寺院(伽蓝)建立之后,起先僧众生存、修道以及弘法所需是通过"国家供给"和"官民供养"多重渠道筹备的。但是,这样的供给和供养并不是特别稳定,因此,寺院的经济活动便不可避免。

一、由"乞食"向"定居"的转化

中土与印度国情的不同,以及由此导致的僧人生存方式的转化,是寺院经济产生的根本原因。如学者指出的："根据戒律，佛教沙门要行乞为生；不许手捉金银及从事经济活动，然而中国的寺院却一向从事种种生财经营，个别沙门也拥有私人财产，究其原因，则均与华人传统贱视乞食生涯有关。缘于瞧不起乞丐，中国的施主们也不愿自己所崇敬的法师似叫花子般每日登门求饭菜，于是改以金钱或耕地施诸个别僧尼或整家寺院，俾僧团生活有所保障。为了不愿得罪俗世信徒，寺院或个别沙门只好接受此违背印度佛门传统的布施方式，从此寺院便建立供膳制度，不再遣僧外出乞饭。由于供膳米粮主要来自寺院生产的收获，常住当局不得不以布施所得金钱购入良田来保障斋供得继，由是渐次发展'无尽藏'来处理布施以及寺田穀米盈余，用其财力从事种种宗教与社会福利事业以为弘法之助。缘于活动既多，寺院不得不进一步扩大商业经营的范围，赚取足够金钱来一方面维持供膳；另一方面维持上述种种弘法活动。"①

印度出家人以乞食为生，在佛陀时代就是如此。印度俗世之人对僧侣到自己家门行乞非常欢迎。而中土向来以为乞食乃下贱之事，因此，佛教的乞食传统，尽管在南北朝时期仍然有很多僧人坚持这一做法②，但放弃者越来越多，不知何时，弃食逐渐变成修"头陀行"者的专业。《广弘明集》卷二四载有梁代沈约《述僧设会论》一文说及这一变化：

> 夫修营法事，必有其理。今世召请众僧，止设一会。当由佛在世时，常受人请，以此拟像故也。而佛昔在世，佛与众僧，僧伽蓝内本不自营其餐具也。至时持钵，往福众生。今之僧众，非惟持中者

---

① 曹仕邦：《从宗教与文化背景论寺院经济与僧尼私有财产在华发展的原因》，《华冈佛学学报》第八期，1985年7月。
② 随举一例。《高僧传》卷二：佛陀跋陀罗（觉贤）带领弟子至江陵，"倾境士庶竞来礼事，其有奉遗，悉皆不受，持钵分卫，不问豪贱。时陈郡袁豹为宋武帝太尉长史，宋武南讨刘毅，随府届于江陵。贤将弟子慧观诣豹乞食，豹素不敬信，待之甚薄，未饱辞退。豹曰：'似未足，且复小留。'贤曰：'檀越施心有限，故令所设已罄。'豹即呼左右益饭，饭果尽，豹大惭愧。"（《大正藏》第50卷，第335页中。）

少,乃有腆恣甘腴,厨膳丰豪者。今有加请召,并不得已而后来。以滋腴之口,进蔬藜之具,延颈蹙頞,固不能甘。既非乐受,不容设福,非若在昔,不得自营,非资四辈身口无托者也。此以求福不其反乎?笃而论之,其义不尔。何者? 出家之人,本资行乞,诫律晔然,无许自立厨帐,并畜净人者也。今既取足寺内,行乞事断,或有持钵到门,便呼为僧徒鄙事下劣。既是众所鄙耻,莫复行乞,悠悠后进,求理者寡,便谓乞食之业不可复行。白净王子转轮之贵,持钵行诣以福施者,岂不及千载之外凡庸沙门躬命仆竖自营口腹者乎? 今之请僧一会,既可髣像行之,乞丐受请二事不殊。若以今不复行乞,又复不请召,则行乞之法于此永寘。此法既寘,则僧非佛种。佛种既离,则三宝坠于地矣。①

此文说及了僧人三种饮食方式:第一是乞食,第二种是设会即施主在自己宅第请出家人用餐,第三种则是寺院自设庖厨。沈约是反对佛寺自设庖厨的,建议恢复印度佛教的传统。然而,由此文可见,至梁代,佛寺自设庖厨已经成为主流。

中国佛寺何时设立僧厨,史无明载。但从有关道安僧团在襄阳的资料中发现,似乎已经有此迹象。道安在襄阳时,"高平郄超遣使遗米千斛,修书累纸,深致殷勤。安答书云:'捐米弥觉有待之为烦。'"②。郄超为东晋高官,派人送米至道安的住寺,意味着道安所住锡佛寺应该是自造饭食的。道安所制定的"僧尼轨范佛法宪章"中的第二例"常日六时行道,饮食唱时法",也许就是有关寺院斋堂的仪则。道安"常注诸经,恐不合理。乃誓曰:'若所说不堪远理,愿见瑞相。'乃梦见胡道人,头白眉毛长,语安云:'君所注经,殊合道理。我不得入泥洹,住在西域,当相助弘通,可时时设食。'后《十诵律》至,远公乃知和上所梦宾头卢也。于是立

---

① 道宣:《广弘明集》卷二四,《大正藏》第 52 卷,第 273 页中一下。
② 慧皎:《高僧传》卷五,《大正藏》第 50 卷,第 352 页下。

座饭之,处处成则"①。这个故事就是中土佛寺斋堂安奉宾头卢像的来源,而从此渊源也可知,慧远的庐山僧团也应该是寺院自造饭食的。

见于《高僧传》的佛寺设立庖厨的较早例子还有许多。如《高僧传》卷七《释僧导传》记载,僧导"后立寺于寿春,即东山寺也。常讲说经论,受业千有余人。会虏俄灭佛法,沙门避难投之者数百,悉给衣食"②。僧导于义熙十四年(418)十月后,从长安南下,刘裕为其在寿春(今安徽省寿县)建造东山寺,跟随其受业僧人有一千多人。迨至北魏太武帝于太平真君七年(446)三月开始毁灭佛教,北方僧人大举南下,避难投奔东山寺的几百人,僧导都为其提供衣食。由此叙述可推知,东山寺应该是寺院自办饮食的。

地论南道的领袖惠光有一位弟子凭衮专门负责膳食。《续高僧传》卷二一《释慧光传》记载:

> 衮在光门,低头敛气,常供厨隶,日营饭粥。奉僧既了,荡涤凝淀,温煮自资,微有香美,便留后供。夜宿灶前,取蒿一束,半以藉背,半以坐之,明相才动,粥便以熟。无问阴晴,此事常尔。午后担食,送彼狱囚,往还所经,识者开路。或至绸人广众,率先供给。若水若火,若扫若帚,随其要务,莫不预焉。③

慧光所在的寺院是邺城大觉寺。《辩正论》卷三记载,此寺是北魏孝明帝修建的,孝明帝(515—528在位)令"于邺下造大觉寺,窈窕曲房,参差复殿,风飙出其户牖,云霞起于檐楹,见珍木之相缪,视芳草其如积;须达金地,差得相方;迦兰竹园,犹难比拟"④。《续高僧传·释慧光传》明确记述大觉寺有庖厨。

北齐僧人法上于邺城西山造合水寺,"山之极顶造弥勒堂,众所庄

---

① 慧皎:《高僧传》卷五,《大正藏》第50卷,第353页中。
② 慧皎:《高僧传》卷七,《大正藏》第50卷,第371页中。
③ 道宣:《续高僧传》卷二一,《大正藏》第50卷,第608页中。
④ 法琳:《辩正论》卷三,《大正藏》第52卷,第507页上一中。

严,备殚华丽,四事供养百五十僧"①。而法上有弟子法存,北齐皇帝"擢为合水寺都维那。当有齐之盛,每年三驾,皆往山寺,有所觐礼。六军既至,供出僧厨。存随事指扬,前后给济,三宫并足"②。由此可见合水寺僧厨供膳的能力有多强。

二、国家供给

所谓的国家供给就是指朝廷直接供养一部分僧人和寺院,一般针对的是佛教领袖或者与朝廷有特殊关系的僧人。

如前文叙述,佛图澄被后赵石勒称为"大和上"。《高僧传·佛图澄传》记载:石虎曾经下诏书,"和上国之大宝,荣爵不加,高禄不爱,荣禄匪及,何以旌德?从此已往,宜衣以绫锦,乘以雕辇……"③。此文虽未明确说及佛图澄及其弟子的用度由朝廷供给,但"高禄不爱"以及"宜衣以绫锦"等语句,似乎透露了此意。而《高僧传》卷九《单道开传》则可证前赵朝廷已经有此做法。单道开以石虎建武十二年(346)冬十一月至邺城,"初止邺城西法綝祠中,后徙临漳昭德寺,于房内造重阁,高八九尺许,于上编菅为禅室,如十斛箩大,常坐其中。虎资给甚厚,开皆以惠施"④。而此时佛图澄依然在后赵。

东晋孝武帝(373—396在位)时,高僧道安居襄阳,孝武帝下诏,"俸给一同王公,物出所在"⑤,令地方官府支付道安的费用,标准等同于王公。南燕主慕容德(398—404在位)为高僧朗公建神通寺,并且"使者送绢百匹,并假东齐王,奉高、山茌二县封给"。南燕主欲封朗公为"东齐王",并且将奉高(今山东泰安)、山茌(今山东肥城)两县的赋税赏赐给朗

---

① 道宣:《续高僧传》卷八,《大正藏》第50卷,第485页下。
② 同上书,第486页上。
③ 慧皎:《高僧传》卷九,《大正藏》第50卷,第384页下。
④ 同上书,第387页中。
⑤ 慧皎:《高僧传》卷五,《大正藏》第50卷,第352页下。

公。朗公则说："贫道习定,味静深山,岂临此位?且领民户,兴造灵刹。所崇像福,冥报有归。"①朗公辞谢王号而"领民户"、"取租税"②,以之修葺塔寺等。这两位高僧是现今有据可考的中土最初获得国家供给的僧人。此后,这些事例逐渐增多。

北魏尽管有太武帝的灭佛运动,但在佛教恢复之后,国家供养僧众的事例更为普遍。如太和年间(477—499),孝文帝初建少林寺,"诏有司于此寺处之,净供法衣取给公府"③,这是让官府派员住寺以供给所需物资的例证。

北魏、北齐对僧稠禅师(480—560)的供养堪为典型。当时禅门大师僧稠住于怀州马头山,魏孝明帝(515—528在位)欲召其入宫,僧稠推辞不赴,孝明帝于是"乃就山送供。魏孝武永熙元年,既召不出,亦于尚书谷中为立禅室,集徒供养"④。至北齐天保二年(551),高洋征召僧稠至邺都。天保三年,高洋下敕于邺城西南八十里龙山之阳为僧稠建造云门寺,"请以居之,兼为石窟大寺主。两任纲位,练众将千,供事繁委,充诸山谷。并敕国内诸州,别置禅肆,令达解念慧者,就而教授。时扬讲诵,事事丰厚"⑤。其后,高洋下"敕送钱绢被褥,接轸登山,令于寺中置库贮之,以供常费。稠以佛法要务志在修心,财利动俗,事乖道化,乃致书返之。帝深器其量也,敕依前收纳,别置异库,须便依给,未经王府。尔后诏书手敕,月别频至,寸尺小缘,必亲言及。又敕侍御徐之才、崔思和等送诸药饵,观僧疾苦"⑥。从此传可知,僧稠及其僧团的生活、修行、弘法所需全部由朝廷供给,而高洋更是在寺院旁专门建造库房以贮存寺院所需。

---

① 道宣:《广弘明集》卷二八《燕天子慕容垂书》,《大正藏》第52卷,第322页下。
② 慧皎:《高僧传》卷五,《大正藏》第50卷,第354页中。
③《皇唐嵩岳少林寺碑》,《金石萃编》卷七七。
④ 道宣:《续高僧传》卷一六,《大正藏》第50卷,第554页上。
⑤ 同上书,第554页中。
⑥ 同上书,第554页中—下。

北齐朝廷对于佛教名山五台山之佛寺尤其优待,如史籍所说:"北齐高氏深弘像教,宇内塔寺将四十千。此中伽蓝,数过二百。又割八州之税,以供山众衣药之资焉"①。

北齐佛教兴盛,由国家供给的佛寺更多。如史籍所说:"文宣之世,立寺非一。敕召德望并处其中,国俸所资,隆重相架。"②这是说,在文宣帝高洋时期,建立许多大寺将名僧集中起来由国家供养。高洋甚至说:"今以国储分为三分,谓供国、自用及以三宝。"③

北周的开国者宇文泰礼敬高僧昙延,专门在"中朝西岭形胜之所,为之立寺,名曰云居,国俸给之,通于听众"④。即以国家给付俸禄的形式供养昙延。周武帝授昙延为"国统","至武帝将废二教,极谏不从,便隐于太行山,屏迹人世"⑤,昙延后来又受到隋文帝的供奉。昙延"凡有资财散给悲敬,故四远飘寓投告偏多,一时粮粒将尽。寺主道睦告云:'僧料可支两食,意欲散众。'延曰:'当使都尽方散耳。'明旦,文帝果送米二十车,大众由是安堵。惑者谓延有先见之明,故停众待供。未几,帝又遗米五百石。于时年属饥荐,赖此,僧侣无改。"⑥可见,昙延以及围绕在其周围的僧团,得到了周、隋两代朝廷的供奉。尽管如此,在一段时间,寺僧仍然有断炊之虞。

南朝与北朝一样,也实行国家供僧的做法。

《高僧传》卷七《释道猛传》记载:道猛(416—475)至刘宋元嘉二十六年(449),"东游京师,止于东安寺,复续开讲席。宋太宗为湘东王时,深相崇荐,及登祚,倍加礼接,赐钱三十万,以供资待。太始之初,帝创寺于建阳门外,敕猛为纲领"。此寺即兴皇寺。"因有诏曰:'猛法师风道多

---

① 慧祥:《古清凉传》卷上,《大正藏》第51卷,第1094页上。
② 道宣:《续高僧传》卷九,《大正藏》第50卷,第496页上。
③ 道宣:《续高僧传》卷一六,《大正藏》第50卷,第554页下。
④ 道宣:《续高僧传》卷八,《大正藏》第50卷,第488页中。
⑤ 同上书,第488页下。
⑥ 同上书,第489页中。

济,朕素宾友,可月给钱三万,令吏四人,白簿吏二十人,车及步舆各一乘,乘舆至客省.'猛随有所获,皆赈施贫乏,营造寺庙."① 显然,道猛及所住寺院先是由时为湘东王后为宋明帝的刘彧供给所需。

萧齐建元元年(479),玄畅在高帝受命之时辰立齐兴寺,齐高帝萧道成"敕蠲百户,以充俸给"②。梁朝对于佛寺的供给是非常优厚的。梁武帝于天监三年(504)下诏宣布佛教为国教。此后,他曾经四次舍身佛寺,并常设无遮大会、盂兰盆会等大型法会,又立"十无尽藏"。

陈朝在实行国家供给佛寺方面也仿效前代的做法。譬如陈朝诸帝对于智𫖮以及天台山的优待供给,为天台宗的形成创造了最重要的条件。陈宣帝下诏曰:"禅师佛法雄杰,时匠所宗,训兼道俗,国之望也。宜割始丰县调以充众费,蠲两户民用供薪水。"③对于京城的重要佛寺,南朝各代都是以国家供给为主的。

而陈宣帝还以朝廷名义下诏集合初受戒僧人研习戒律。《续高僧传·释昙瑗传》记载了陈宣帝的诏书说:

> 初受戒者,夏未满五,皆参律肆。可于都邑大寺广置德场,仍敕瑗总知监检,明示科举,有司准给衣食,勿使经营形累,致亏功绩。瑗既蒙恩诏,通诲国僧,四远被征,万里相属。时即搜擢明解词义者二十余人,一时敷训,众齐三百。于斯时也,京邑屯闹,行诵相諠,国供丰华,学人无弊,不踰数载,道器大增。其有学成,将还本邑。瑗皆聚徒对问,理事无疑者,方乃遣之。由是律学更新,上闻天听。④

此中所述是由朝廷提供供养,对僧人进行戒律方面的培训。

总而言之,4 世纪末叶至 7 世纪中叶,"南北诸超给寺僧的常年定恩供应,有岁俸,有割给调赋,有供给财费,形式不同,性质一样,都是支出

---

① 慧皎:《高僧传》卷七,《大正藏》第 50 卷,第 374 页上。
② 慧皎:《高僧传》卷八,《大正藏》第 50 卷,第 377 页中。
③ 道宣:《续高僧传》卷一七,《大正藏》第 50 卷,第 565 页上一中。
④ 道宣:《续高僧传》卷二一,《大正藏》第 50 卷,第 609 页上。

国库或分割国赋。国家的常年供给,为自营经济未备的大寺,提供了稳定的经济保障"①。

三、募化供给

除国家供给制之外,还有士族大户以及民间募化等形式来满足佛寺的物质需求。

东晋、南朝士族官宦等富裕信众,也有给予佛寺以常年性供养的。

东晋成帝时的尚书令何充"性好释典,崇修佛寺,供给沙门以百数,糜费巨亿而不吝也"②。而东晋及刘宋权臣孟顗也屡屡出资供给僧众和佛寺。如《高僧传》卷三记载,畺良耶舍"以元嘉之初,远冒沙河,萃于京邑,太祖文皇深加叹异。初止钟山道林精舍,沙门宝志崇其禅法……平昌孟顗承风钦敬,资给丰厚"③。孟顗供养过的僧人很多。他先是在京城供养僧人和佛寺,后来任会稽太守时依然如此。《高僧传·释僧翼》记载:僧翼"以晋义熙十三年与同志昙学沙门俱游会稽,履访山水。至秦望西北,见五岫骈峰,有耆阇之状,乃结草成庵,称曰法华精舍。太守孟顗、富春人陈载,并倾心挹德,赞助成功"④。

刘宋太子中庶子萧惠开"凡为父起四寺,南岸南冈下,名曰禅冈寺;曲阿旧乡宅,名曰禅乡寺;京口墓亭,名曰禅亭寺;所封封阳县,名曰禅封寺。谓国僚曰:'封秩盖鲜,而兄弟甚多,若使全关一人,则在我所让。若使人人等分,又事可悲耻。寺众既立,自宜悉供僧众。'由此国秩不复下均"⑤。萧惠开将其父国秩所封的封阳县户调全部用来供养上述四所寺院的僧众。《高僧传·释昙光传》记载,宋衡阳文王刘义季镇荆州,"求觅

---

① 张弓:《汉唐佛寺文化史》(上),第277页。
② 《晋书》卷七七。
③ 慧皎:《高僧传》卷三,《大正藏》第50卷,第343页下。
④ 慧皎:《高僧传》卷一三,《大正藏》第50卷,第410页下。
⑤ 《宋书》卷八七。

意理沙门,共谈佛法。声境推光以当鸿任,光固辞。王自诣房敦请,遂从命焉。给车服人力,月供一万"①。如此例子,在刘宋很多。

齐代著名将领王敬则也曾经为寺院奉献。《高僧传·释僧审传》记载:释僧审住栖玄寺时,"王敬则入房觅审,正见入禅。因弹指而出,曰圣道人,即奉米千斛,请受三归"②。《出三藏记集·求那毗地传》记载:求那毗地于建元年(479—482)初来至建康,住于毗耶离寺"外国僧众万里归集,南海商人悉共宗事,供赠往来,岁时不绝。性颇蓄积,富于财宝,然营建法事,已无私焉。于建业淮侧造正观寺。重阁层门,殿房整饰,养徒施化,德业甚著"③。这位来自中天竺的高僧,也很自然地接受了信众的大量的物资捐助,将其用于建寺。

梁武帝的散骑常侍、侍中到溉,"蒋山有延贤寺者,溉家世创立,故生平公俸,咸以供焉,略无所取"④。梁代的张孝秀"去职归山,居于东林寺。有田数十顷,部曲数百人,率以力田,尽供山众,远近归慕,赴之如市"⑤。这位张孝秀,辞官之后,亲自耕作,供养庐山的僧众,引得当地的许多人仿效。

《续高僧传》卷二九记载释明达在四川以募化的方式修造佛寺并维系之。释明达(462—516),姓康氏,其先康居人。梁代天监初年,从西戎到达益部(今四川省)。"行至梓州牛头山,欲构浮图及以精舍。不访材石,直觅匠工,道俗莫不怪其言也。于时二月水竭,即下求水,乃于水中得一长材,正堪刹柱,长短合度,佥用欣然。仍引而竖焉。至四月中,涪水大溢,木流翳江,自泊村岸,都无溜者。达率合皂素,通皆接取,纵横山积,创修堂宇,架塔九层。远近并力,一时缮造,役不逾时,欻然成就。"明达"化行楚蜀,德服如风之偃仆也。故使三蜀氓流,或执炉请供者,或散

---

① 慧皎:《高僧传》卷一三,《大正藏》第50卷,第416页中。
② 慧皎:《高僧传》卷一一,《大正藏》第50卷,第399页下—400页上。
③ 僧祐:《出三藏记集》卷一四,《大正藏》第55卷,第107页上。
④ 《梁书》卷四〇,中华书局校本,第569页。
⑤ 《梁书》卷五一,中华书局校本,第752页。

花布衣者,或舍俗归忏者,或剪落从法者,日积岁计,又不可纪"①。

北朝士族官僚供养佛寺、僧众的例子也很多。然与南朝相比,官民、信众合力供养佛寺、僧众的例子更多一些。

如魏齐之际,僧稠禅师初至河北,寺院供养略嫌匮乏,"大儒皇氏躬为负粮,青罗猎客执刀剪发。或德感上玄,泽流奉敬之苗,幽诚所致,粟满信心之室"②。再如魏末鲁郡沙门法力"精苦有志德,欲于鲁郡立精舍,而财不足。与沙弥明琛往上谷乞麻一载,将事返寺,行空泽中,忽遇野火。车在下风,无得免理。于时法力倦眠,比觉,而火势已及。因举声称观,未逮世音,应声风转,火焰寻灭,安隐而还"③。

作为北朝至隋初地论学派的大师,灵裕对北方佛教的发展产生过重大影响。而《高僧传》有关灵裕募化的记载也很值得分析。

《续高僧传·释灵裕传》记载:"世供道望,销声避隐。有事不获已者,让而受之。"④这是说,灵裕一般不接受民众或者官宦的物资供养,但如果不能推掉,则会接受。有一次,齐后得病,发愿请僧宣讲《华严经》,"昭玄诸统举裕以当法主。四方一会,雅为称先……俄尔疾遂有瘳,斯亦通感之明应也。内宫由是施袈裟三百领,裕受而散之。"⑤他接受了皇后所赐三百领袈裟。北齐时期,曾经征召部分僧人由国家供养,"敕召德望并处其中,国俸所资,隆重相架。裕时蔚为称首,令住官寺。乃固让曰:'国意深重,德非其人。幸以此利,授堪受者。'其高谢荣时,为类若此。有善生法供,则受而无惮。"后来,灵裕修宝山寺,当时权臣娄叡为施主,"倾撒金贝"。灵裕将众人所供养的物资,全部用于弘法事业,或者供养寺僧。《续高僧传·释灵裕传》又记载:

---

① 道宣:《续高僧传》卷二九,《大正藏》第 50 卷,第 691 页中。
② 道宣:《续高僧传》卷一六,《大正藏》第 50 卷,第 555 页上。
③ 道宣:《续高僧传》卷二五,《大正藏》第 50 卷,第 643 页下。
④ 道宣:《续高僧传》卷九,《大正藏》第 50 卷,第 495 页下。
⑤ 同上书,第 495 页下—496 页上。

> 时属俭岁,粮粒无路。造《卜书》一卷,令占之取价,日米二升,以为恒调。既而言若知来,疑者丛闹,得米遂多。裕曰:"先民有言,舐蜜刃伤,验于今矣。"索取卜书,对众焚之,日别自往,须臾获价,卷席而归。所得食调及时将返,用供同厄,遂达有年。①

在饥荒之中,灵裕以非常手段为寺院募化,其所得使得寺院度过了数年饥荒。

北周时期,佛寺和僧人依靠官员供养的例子也有,随举一例。释慧善先住建康栖玄寺,梁末逃难江陵,"承圣季年因俘秦壤,住长安崇华寺。义学之美,为周冢宰见知,别修供养,敷导终老"②。天和年(566—572)卒于长安,时年六十。

《续高僧传》卷二三有这样的记载:释静蔼(534—578)住于终南山,声望日隆,"有沙门智藏者,身相雄勇,智达有名,负粮二石,造山问道"。然而,"因见横枝格树,戏自称身。遇为蔼见,初不呵止。三日已后,方召责云:'腹中他食,何得辄戏。如此自养,名为两足狗也。'藏衔泣谢过,终不再纳,遂遣出山"③。这位僧人进山欲加入僧团,且背负粮食作为觐见之礼,但由于犯错而不被接纳。此事发生于北周时期。

第二节　寺院的土地经营活动

从现存史籍看,中土早期寺院是拥有一定数量土地的,但寺院地产大多是由僧人自行耕种的。譬如高僧道安初为沙弥时被"驱役田舍,至于三年,执勤就劳,曾无怨色"④。而以西行求法著名于世的法显当沙弥时,也"尝与同学数十人于田中刈稻"⑤,显然种的是汾河谷中的水田。而

---

① 道宣:《续高僧传》卷九,《大正藏》第 50 卷,第 496 页上。
② 道宣:《续高僧传》卷八,《大正藏》第 50 卷,第 486 页中。
③ 道宣:《续高僧传》卷二三,《大正藏》第 50 卷,第 626 页中。
④ 慧皎:《高僧传》卷五,《大正藏》第 50 卷,第 351 页下。
⑤ 慧皎:《高僧传》卷三,《大正藏》第 50 卷,第 337 页中。

罽宾僧人昙摩密多"到炖煌,于闲旷之地建立精舍,植奈千株,开园百亩,房阁池沼,极为严净"①。昙摩密多所开垦的是荒地,可能是连年战乱形成的。这样的例子比比皆是。这说明,僧尼从事生产活动在南北朝时期是常见的现象,不足为奇。而其中的缘由则是僧尼人数的膨胀,单纯依靠官方供给和民间募化已经难于生存。这一现象由来已久,早在后秦时期,鸠摩罗什的弟子道恒(346—417)对此问题的叙说颇为苦涩:僧尼"体无毛羽,不可袒而无衣;腹非鲍瓜,不可系而不食;自未造极,要有所资。年丰则取足于百姓,时俭则肆力以自供,诚非所宜,事不得已"②。由此可见,寺院经济的兴起确实也有不得不如此的理由,特别是在社会大变动时期而僧尼人数又迅速飙升的背景,使得佛教只能走向自主经营以弥补国家供给的不足或缺失,并减轻民间募化的压力。

一、寺院地产的形成

寺院经济的基础是地产,早期寺院的地产可能主要来源于开垦荒地。随着佛教的进一步普及以及皇室贵族中信仰者的增加,佛寺地产的来源愈来愈依赖于皇帝的赏赐以及贵族官僚的布施。"国家赐田给寺院,南方时见于刘宋,北方始见于北魏。"③而民间捐献土地给予寺院的情形出现的会更早一些。

"北方赐田以净土宗祖庭玄中寺为早。"④此寺于北魏延兴二年(472)初建,太和十八年(494)重修,此年将距寺一百五十里的一处山地"特赐寺庄"命名为"夜饭庄子"。⑤ 西魏文帝为僧统道臻"于昆池之南置中兴寺,庄池之内外稻田百顷,并以给之。梨枣杂果,望若云合"⑥。北齐天保

---

① 慧皎:《高僧传》卷三,《大正藏》第 50 卷,第 342 页下。
② 道恒:《释驳论》,僧祐《弘明集》卷六,《大正藏》第 52 卷,第 36 页上。
③ 张弓:《汉唐佛寺文化史》(上),第 281 页。
④ 同上书,第 282 页。
⑤ 参见《特赐寺庄山林地土四至记》,唐长庆三年(823)五月二十三日立,载《唐文续拾》卷一〇。
⑥ 道宣:《续高僧传》卷二三,《大正藏》第 50 卷,第 631 页中。

初年,文宣帝在邺县天城寺受戒,赐额合水寺,并赐以山林,"封方十里,禁人樵采射猎"①。天保三年(552),这位文宣帝在邺城为僧稠修建云门寺时,"初敕造寺面方十里,令息心之士问道经行。稠曰:'十里大广,损妨居民,恐非远济。请半减之。'敕乃以方五里为定"②。以上是北朝寺院获得皇帝恩赐土地的一些材料。南朝的情形与之相仿。刘宋元嘉二年(425),文帝赐田给鄮县阿育王寺,田在寺东十五里处,至萧梁时正式称之为"塔墅常住田"。③ 萧齐时期,齐武帝在西蜀齐山立会州寺,同时"度僧给田业"④。此处所言"田业"即指可耕种之田地。梁武帝为寺院恩赐土地的记载更多些,有趣的是他在钟山为其亡父建造大爱敬寺时竟然向王骞强行购买寺边的良田八十余顷。⑤ 这些都是南北朝诸帝为佛寺赐予土地的若干记载。

与皇帝赐田的少量遗存载录相比,王宫贵族等捐施佛寺土地的记载不胜枚举。在此不多论列,仅举二例以说明之。譬如现存的西魏大统三年(537)《造中兴寺石像碑》⑥记载了当时向中兴寺施舍田地的贵族姓名以及土地数量:北襄州史张超施田二十五亩,邯郸县檀越主施田四十亩,镇西将军等施寺田十亩,宁远将军宗伯仁施田五十亩,讨寇将军奉朝请宗清奴施寺宅田一亩、白田六亩,乡邑主宗上施方井宅田十亩,广武将军宋荣凤方井宅田十亩,平南将军宗凤起施寺园白田二十亩,襄威将军宗方进施寺白田二十亩,襄威将军奉朝清宗天荣施寺田二十亩,南阳郡切曹宗显祖施白田三十亩、园宅田十亩,镇远府切曹参军宗思眉施宅田二十亩,南阳郡功曹宗璘凤施寺麻田十二亩。以上共计三百一十四亩。如

---

① 《大唐邺县修定寺记》,载《唐文拾遗》卷五〇。
② 道宣:《续高僧传》卷一六,《大正藏》第50卷,第555页上。
③ 《阿育王寺常住田碑》,载《金石萃编》卷一〇八。
④ 道宣:《续高僧传》卷二七,《大正藏》第50卷,第678页上。
⑤ 参见《梁书》卷七《太宗王皇后传》及《南史》卷二二《王昙首附王骞传》。
⑥ 此碑拓片现藏于北京大学图书馆,日本道端良秀的《中国佛教社会经济史之研究》(日本平乐书店,一九八三年版)第一章有校对本。任继愈主编《中国佛教史》第三卷有经过校对的部分录文,可以参看。

果将上引此前西魏文帝为中兴寺赐予的稻田百顷合计,中兴寺所拥有的土地数量确实惊人。

此外,《高僧传·慧义传》记录了一个有趣的例子。刘宋永初元年(420),车骑范泰营建祇洹寺,礼请慧义住持。后来,范泰陷入政治纠葛,担心有不测,遭遇灾祸,向慧义问计。慧义说"忠顺不失以事其上,故上下能相亲也。何虑之足忧"。然后,慧义"因劝泰以果竹园六十亩施寺,以为幽冥之祐。泰从之,终享其福。及泰薨,第三子晏谓义:'昔承厥父之险,说求园地。追以为憾。'遂夺而不与。义秉泰遗疏,纷纭纭纭,彰于视听。义乃移止乌衣"①。这则故事,一是说明南北朝时期上行下效、上下相济向佛寺布施田地甚为风行,并认为可以借此获得很大的功德;二是僧尼已经有了较为自觉的经营土地的意识,并且有时也会与世俗社会发生争议。这一点在正史中得到了颇多的反映。如《魏书·释老志》说,北魏时期,佛教寺院"侵夺细民,广占田宅",洛阳城内"寺夺民居,三分且一"②。梁朝的郭祖深上疏批评梁武帝佞佛时说:"都下佛寺五百余所,穷极弘丽,僧尼十余万,资产丰沃。所在郡县,不可胜言。"③看起来,南北朝时期寺院所占有的土地数量相当多,已经引起了社会的非议。

南北朝时期,佛寺在拥有大量土地的基础上,不少寺院已经初步形成"寺庄"。5世纪之后,北方、南方都出现了寺庄。同当时的世俗社会一样,佛寺的寺庄也实行佃客耕作制,它与唐代中叶之后实行的佃农耕作制的寺庄不同,可称之为"前期寺庄"。④ 而"寺庄"的耕种者则有一些变化。如前所述,早期的佛寺田园由僧人自己耕作的例子不少,而到了南北朝时期,依附于佛寺而替寺院耕作的人数不断增多。

东晋南北朝时期的佛寺生产和经营活动的主体无疑应该是粮食种

---

① 慧皎:《高僧传》卷七,《大正藏》第50卷,第386页下。
② 《魏书》卷一一四,第3045页。
③ 《南史》卷七〇《郭祖深传》,第1721页。
④ 张弓:《汉唐佛寺文化史》,第285页。

植。在此之外,园圃种植也是寺院经济的重要的组成部分。依据现代学者的研究归纳,寺院园圃种植业包括果园、菜园、花圃、药圃中的瓜、果、花、菜、药、草的种植,以及寺侧、道旁、山间等一切寺属土地上的林木种植。换言之,它实际上包括了除大田农业之外的一切种植活动。"晋-唐时期的寺院园圃种植业,较之同时期世俗的园圃业,具有普遍性、多样性和先进性的特点。"①这一概括,在唐代之后方才名副其实,而东晋南北朝时期,则处于逐渐发展之中。

由东晋开始,逐渐有依附于佛寺的劳动者。因时代和地区的不同,有种种不同的情况。东晋、南朝称之为"白徒"、"养女",北朝盛行"僧祇户"、"佛图户"。

二、白徒、养女

当今研究佛教史的学者,均将"白徒"、"养女"之名的起源归结于《南史》卷七〇《郭祖深传》,其文如下:

> 都下佛寺五百余所,穷极宏丽。僧尼十余万,资产丰沃。所在郡县,不可胜言。道人又有白徒,尼则皆畜养女,皆不贯人籍,天下户口几亡其半。而僧尼多非法,养女皆服罗纨,其蠹俗伤法,抑由于此。请精加检括,若无道行,四十已下,皆使还俗附农。罢白徒、养女,听畜奴婢。婢唯著青布衣,僧尼皆令蔬食。如此,则法兴俗盛,国富人殷。不然,恐方来处处成寺,家家剃落,尺土一人,非复国有。②

此文是梁武帝时期的官员郭祖深上武帝的奏疏。郭祖深在上此奏章时地位不高。对于他的建议,武帝"虽不能悉用,然嘉其正直,擢为豫章钟陵令,员外散骑常侍"。此后,郭祖深逐渐成为梁代的名臣。

---

① 参见谢重光的《晋唐寺院与寺院经济研究》第二章《晋—唐寺院的园圃种植业》,《法藏文库》第 46 册第 31 页,高雄,佛光出版社,2001。
② 《南史》卷七〇,第 1721—1722 页。

如果从上述奏章整体看待,即可明了,郭文实际上反对的是僧尼人数过多,寺院经济过于发达,尤其是,出家僧尼"多非法",而且寺院还存在大量的并非出家人身份但却不纳入国家户籍的"白徒"和"养女"。由于梁武帝崇信佛教,而且将佛教几乎定为"国教",因此而形成了郭祖深所说的"天下户口几亡其半"的局面。其实,"白徒"之"徒"应指未出家的佛教信徒。佛教史籍中一贯以"白衣"和"黑衣"(缁衣)来称呼未正式出家的奉佛者。如梁武帝自己就自称"白衣弟子"、"白衣僧正"。换言之,"白衣"、"养女"原本并非寺院经济活动的承担者或劳动者的专门称呼,实际上是住于寺院或者名籍挂于寺院的出家的"预备人员"。佛教中有"七众"的说法,即比丘、比丘尼、沙弥、沙弥尼、式察摩尼和优婆塞、优婆夷。而优婆塞、优婆夷即为出家前的预备阶段。这七种身份分别与相应的戒律对应,受戒之后才算获得,而长住或者依附于佛寺的非出家众是否正式受五戒,无法凭借外在形式如服装和外形辨知,因而才会有世俗社会笼统地以"白衣"、"养女"来称呼的习惯。一言以蔽之,不能笼统地将"白衣"和"养女"都看作不一定随师受业而主要是供师主役使的劳动人手。有些确实如此,有些不一定就是单纯的劳动者。

总之,南朝寺院的依附人口一般称为"白徒"、"养女"。"白徒"与"养女"不列入国家的户籍,是寺院的私属人口。对于朝臣来说,这些"白徒"、"养女"显然有逃避租役而皈依佛门的嫌疑。《桓玄辅政欲沙汰众僧与僚属教》中说:"京师竞其奢淫,荣观纷于朝市……避役钟于百里,逋逃盈于寺庙,乃至一县数千,猥成屯落。"[①]但是,这些避罪、逃租役而归附佛教的人,有的还出家了,取得了僧尼的资格。无论出家与否,在寺院普遍采用经济活动的方式维持的情况下,劳作便成为寺院中各色人等的必需活动,因而被当今历史学家称之为"劳动力"。如果是身份不自由的,便称为寺院的"奴婢"和依附民、"农奴"等。

---

① 僧祐:《弘明集》卷一二,《大正藏》第52卷,第85页上。

三、僧祇户、佛图户

历史上,由北魏开始的北朝,是佛教发展最快的时期,也是流民问题最突出的社会。流民大量涌入寺院,寺院不足于容纳。致使很大一部分僧尼无寺可依,不得不游止民间,游涉村落。即便是暂时在寺,也有衣食之患。正是在这一背景之下,北魏更创立了寺院经济的重要形式——"僧祇户"。北魏太武帝灭佛之后,紧接着是一场更为狂热的佛教复兴运动。北魏和平初年,时任沙门统的昙曜"奏平齐户及诸民有能岁输穀六十斛入僧曹者,即为僧祇户,粟为僧祇粟;至于俭岁,赈给饥民。又请民犯重罪及官奴以为佛图户,以供诸寺扫洒,岁兼营田输粟。"①北魏献文帝皇兴三年(469),北魏从宋夺得青齐地区,徙当地民户至平城,将其中地位较高的民户("民望")设"平齐郡"以居之,史称这些民户为"平齐户",并且将其余民户皆作为奴婢分赐百官。皇帝同意此奏,"于是僧祇户、粟及寺户,遍于州镇矣。""僧祇粟"不是缴纳给某个寺院,而是每年向各州郡僧曹缴纳六十斛粟,是各州郡僧团的共有财产。"僧祇粟"实际上为一种借贷本金,供荒年贷予贫民之用,与后来的"无尽藏"较为类似。其所贷出之粟,则于丰年时归还。其利息收入主要用来供给州郡一切僧尼的宗教活动,如各州僧众夏安居时,即以僧祇粟备供。北魏的这一制度,对于中国佛教影响颇深。

北魏真正依附于寺院的人户是佛图户,故又称"寺户"。"佛图户"也称"寺户",来自罪犯和官奴,除负责清扫寺院和营田役外,还要每岁向寺院交纳一定的实物课纳。他们与僧祇户属于整个僧团不同,而是分属于个别寺院的劳动者。其身份当比"僧祇户"低,自由更少,但不同于奴隶,地位也当接近于农奴。"营田输粟",拥有自己的家室。其中,用于耕田种地的寺户之身份等同于世俗的佃客。

---

① 《魏书》卷一一四《释老志》,第 3037 页。

除上述称呼之外,寺院中的非出家人也被称为"净人"、"行者"。

第三节 寺院的商业、借贷等经济活动及其效应

从东晋开始,屡有僧人和寺院参与商贸甚至借贷活动的记载。起先似乎是僧人在建寺或者弘法活动偶尔为之,后来则有以寺院本身为依托的商业、借贷的开展。随着这些活动的普遍化,寺院经济便逐渐进入繁荣阶段。与唐宋时期相比,这一时期,寺院的这类活动仍然处于起步阶段。

一、商业活动

关于僧人进行估贩活动的最早例证,学者习惯引用安世高的例子。《高僧传·安清传》记载:

> 又《别传》云:晋太康末,有安侯道人,来至桑垣,出经竟,封一函于寺,云后四年可开之。吴末行至杨州,使人货一箱物,以买一奴,名福善,云是我善知识,仍将奴适豫章,度䢴亭庙神,为立寺竟,福善以刀刺安侯胁。于是而终。桑垣人乃发其所封函,财理自成,字云:"尊吾道者居士陈慧,传禅经者比丘僧会。"是日正四年也。①

从慧皎所写的传文看,慧皎是在叙述完他认为比较可靠的安世高的事迹之后,插入他所看到的《别传》的说法。然而这一记载与安世高所处的时代不合。尽管如此,这一资料也是有用的,它至少说明,在西晋末年或者再晚一些的三国时期,准确地说,应该是此文献形成的时期,西域来的僧人所具备的商贾知识,在佛教活动中屡有表现。

一说起寺院经济的另外一个常见例子是《高僧传》卷四《竺法乘传》的记载:

---

① 慧皎:《高僧传》卷一,《大正藏》第 50 卷,第 324 页上。

> 竺法乘,未详何人,幼而神悟超绝,悬鉴过人。依竺法护为沙弥,清真有志气,护甚嘉焉。护既道被关中,且资财殷富。时长安有甲族,欲奉大法,试护道德,伪往告急,求钱二十万。护未答。乘年十三,侍在师侧。即语曰:"和上意已相许矣。"客退后,乘曰:"观此人神色,非实求钱,将以观和上道德何如耳。"护曰:"吾亦以为然。"明日此客率其一宗百余口,诣护请受戒具,谢求钱之意。①

从寺院经济研究的角度最重要的自然是竺法护"资财殷富"以及长安某甲族向竺法护请求借钱二十万两个环节。然而从整个叙述中去考察则可知,这是一个充满机锋的虚拟故事,至于竺法护是否有钱二十万,文中并未明确说明。最后的结局是这位"甲族"率一宗百余口请求竺法护受戒,然并非出家,充其量是受在家戒而已,也就不存在有学者所说的这位甲族的田产自然转归寺院的问题。竺法护是一位着力于翻译佛典的高僧,在长安也修造了数座佛寺,因此,募化而来,或者由民众等供养的资财自然不少。但这不是从事经济活动的本钱。不过,从这位"甲族"向竺法护求借来推知,似乎在当时也有信徒向寺院借贷一说。

根据唐代段成式《酉阳杂俎前集》卷三记载,十六国时期,佛图澄弟子僧朗常住泰山,"卢县东有金榆山,昔朗法师令弟子至此采榆荚,诣瑕丘市易,皆化为金钱"。这是说,僧朗让弟子采榆荚送至瑕丘(故城在今山东滋阳县西)卖出,换为金钱。

学者常举的例子还有天竺僧人耆域的事情。根据《高僧传》卷九的记载,耆域为天竺人,"自发天竺,至于扶南,经诸海滨,爰及交广,并有灵异。"先到襄阳,后于"晋惠之末,至于洛阳"②。在京城数年,洛阳战乱,打算回到天竺。

> 京师贵贱赠遗衣物,以数千万亿,悉受之。临去,封而留之,唯

---

① 慧皎:《高僧传》卷四,《大正藏》第50卷,第347页中—下。
② 慧皎:《高僧传》卷九,《大正藏》第50卷,第388页上。

作幡八百枚,以骆驼负之,先遣,随估客西归天竺。又持法兴一纳袈裟随身,谓法兴曰:"此地方大,为造新之罪,可哀如何?"域发,送者数千人。①

关于此僧,《高僧传》、《集神州三宝感通录》以及《法苑珠林》都有记载,所记细节方面各有取舍,但可以看出来源是一致的。经查,宋李昉《太平御览》卷九四六记载说:"王琰《冥祥记》曰:沙门安法开者,北人也。常见吴公长三尺,自屋堕地,旋徊而去。"尽管此文限于专题而未抄录其他内容,而此句也不见于《高僧传》、《集神州三宝感通录》以及《法苑珠林》三书,但"沙门安法开者,北人也"的记述,已经可以确定,有关耆域各类事迹的基本材料来自《冥祥记》。可见,上述记载应该是可信的。现在的问题是,在寺院经济研究的角度下,如何分析界定耆域的上述行为。当代有学者称其"带有长途贩运贸易的性质",笔者以为还可再斟酌。首先是,他将自己临走时信众供养的资财都留给了寺院,用作弘法的用度。其次,他临走时制作"幡八百枚"并且托商人先行运走。这八百枚幡送至天竺之后如何处理才是认定商贸行为的关键,而现在的资料未记载和说明。

东晋时期,也有僧人以商贸的方式积累资财修建佛寺。道宣《集神州三宝感通录》卷一记载:晋咸和中(326—334),"北僧安法开,至余杭欲建立寺。无地欠财,手索钱贯,货之积年,得钱三万,市地作屋,常以索贯为资"②。最后终于完成建寺的宏愿。

《高僧传》卷一〇记载了一位法号为僧归的僧人在从事贩运的营生。《高僧传·慧通传》叙述说:

> 释慧通,不知何许人也。宋元嘉中,见在寿春……言未然之事颇时有验。江陵边有僧归者,游贾寿春,将应反乡,路值慧通,称欲

---

① 道世:《法苑珠林》卷二八,《大正藏》第 53 卷,第 491 页下。
② 道宣:《集神州三宝感通录》卷一,《大藏经》第 52 卷,第 410 页下。

寄物。僧归时自负重担,固以致辞。遂强置担上,而了不觉重。行数里便别去,谓僧归曰:"我有姊,在江陵作尼,名惠绪,住三层寺。君可为我相闻,道寻欲往。"言讫,忽然不见。顾视担上所寄物亦失。①

此文中叙述的僧归是在寿春和江陵之间往返贩运货物的,时在刘宋时期。

还有一则故事。《太平广记》卷一三一引用《广古今五行记》的记载:

> 后周武帝时,敷州义阳寺僧昙欢有羊数百口,恒遣沙弥及奴放于山谷。后沙弥云:"频有人来驱逐此羊。"欢乃多将手力,自往伺之。后见此人,立于东岸树下,遥谓欢曰:"汝之畜养猪羊,其罪最甚,不久自知,何劳护惜。"欢骤马绕谷就之,而觅不见。少时灭法教,资财并送官府,公私牵挽,并皆分散。欢还俗,贫病而死。

此故事记载的是北周武帝毁佛前,敷州义阳寺有僧昙欢拥有羊数百口,且驱遣沙弥和奴到山谷中放牧。从"少时灭法教,资财并送官府"的结局来看,这位昙欢确实积聚了不少财物。

综上所叙,笔者以为,当代学者在研究西晋至南北朝寺院商业活动时所找到的例证,一是不多;二是个案居多;三是为个人偶尔为之还是寺院的集体行为无法断定;四是有些例子本身记述不清,使得学者作了许多过渡解释。总之,这一时期寺院或者僧人的商业活动,仍然处于酝酿阶段,谈不上发达和普遍。

二、借贷

南北朝寺院除耕作土地之外,还可以向周围的民众出租各种农具和生活用具以及金钱。"质库"的开设,使得佛寺也参与到世俗社会放贷生

---

① 慧皎:《高僧传》卷一〇,《大正藏》第 50 卷,第 393 页下。

利的经济活动中。"质库"类似于典当行。南朝时期的建康、吴县、江陵、襄阳等大城多有佛寺因"质"而致富。

《南史》记载刘宋时期江陵长沙寺设"质库",江陵令甄法崇之孙甄彬因其诚信而后获得萧衍的信任。其文说:

> 崇孙彬。彬有行业,乡党称善。尝以一束苎就州长沙寺库质钱,后赎苎还,于苎束中得五两金,以手巾裹之,彬得,送还寺库。道人惊云:"近有人以此金质钱,时有事不得举而失。檀越乃能见还,辄以金半仰酬。"往复十余,彬坚然不受,因谓曰:"五月披羊裘而负薪,岂拾遗金者邪?"卒还金。①

而《太平广记》卷一六五转引《说薮》叙述稍详,可补充的细节是:"道人大惊曰:'近有人以金质钱,时忽遽,不记录。檀越乃能见还,恐古今未之有也。'"。此事一方面可见出甄彬的个人的道德品性,另一方面也说明,佛寺办理"质库",除商贷原则起作用外,也有佛教因果报应思想在起作用。这一点,在唐宋有关文献记载很多,本著后文将会叙述,可参看。

《南齐书》记述永元年间(499—500)的长沙寺,"僧业富,沃铸黄金为龙数千两,埋土中,历相传付,称'下方黄铁'"②。长沙寺无疑富裕至极。《南齐书》又记载:齐武帝时侍中褚渊死,其弟褚澄"以钱万一千就招提寺赎太祖所赐白貂坐褥,坏作裘及缨。又赎渊介帻犀导及渊常所乘黄牛。永明元年,为御史中丞袁彖所奏,免官禁锢,见原"③。褚澄将皇帝御赐之物质押,是亵渎帝王,是犯罪行为,后来在政治斗争中被人奏劾而欲治罪,后被宽恕。

北朝佛寺也有放贷的记载。苏琼任南清河郡太守时,"道人道研为济州沙门统,资产巨富,在郡多有出息,常得郡县为征。及欲求谒,度知

---

① 《南史》卷七〇《循吏·甄法崇传》,第1705页。
② 《南齐书》卷三八,第667页。
③ 《南齐书》卷二三《褚渊附褚澄传》,第432页。

其意,每见则谈问玄理,应对肃敬。研虽为债数来,无由启口。其弟子问其故,研曰:'每见府君,径将我入青云间,何由得论地上事。'"①。道研管理的资财数目巨大,郡县多有借贷。不过,从总体上说,北朝佛寺普遍不及南朝佛寺富裕。这与当时北、南经济的差别相对应。

三、寺院的富庶及其效应

南北朝时期富裕的佛寺不在少数,特别是当时经济更发达的南朝更是如此。梁代的郭祖深上书梁武帝批评佛教。文中说:"都下佛寺五百余所,穷极宏丽。僧尼十余万,资产丰沃。所在郡县,不可胜言"②。南朝佛寺的富庶由此可见一斑。

刘宋时,"吴郡西台寺多富沙门,僧达求须不称意,乃遣主簿顾旷率门义劫寺内沙门竺法瑶,得数百万"③。此中所说的王僧达为吴郡太守。

宋初僧人慧义,"既德居物宗,道王荆土,士庶归依,利养纷集,以基懿德可称,乃携共同活。及义之亡后,资生杂物,近盈百万"④。《高僧传·释慧义传》中没有记载慧义至荆州的事情。慧义圆寂于宋元嘉二十一年(444),其晚年住于乌衣寺,且圆寂于此寺。⑤ 参照师徒二人的行历可知,慧义在京师和荆州都有很高威德,他带领弟子慧基到荆州弘法募化,所得甚为丰富,后来慧义回到京师而留下弟子慧基在荆州管理经营。至慧义圆寂后,慧基以其师慧义所得供养以及由供养而"资生"(增值)的东西合计达百万之多。"基法应获半,悉舍以为福,唯取粗故衣钵,协以东归。"此中"法应获半"一句很有意味,似乎是说按道理慧基可以带走一半,但他却将这些个资财都捐献出用以弘法和佛事活动。慧基很受崇

---

① 《北齐书》卷四六《循吏·苏琼传》,第643页。
② 《南史》卷七〇,第1721页。
③ 《宋书》卷七〇五《王僧达传》,第1954页。
④ 慧皎:《高僧传》卷八,《大正藏》第50卷,第379页上。
⑤ 参见《高僧传》卷七,《大正藏》第50卷,第368页下—369页上。

敬,在住锡于山阴法华寺时,"尚学之徒,追踪问道,于是遍历三吴,讲宣经教,学徒至者千有余人"。他又很善于募化,"于会邑龟山立宝林精舍,手迻砖石,躬自指麾,架悬乘险,制极山状。初立三层,匠人小拙,后天震毁坏,更加修饰,遂穷其丽美。基尝梦见普贤,因请为和上。及寺成之后,造普贤并六牙白象之形,即于宝林设三七斋忏,士庶鳞集,献奉相仍……既德被三吴,声驰海内,乃敕为僧主,掌任十城"①,成为地方僧正。

正因为佛寺以及一部分僧人所获得的供养十分丰厚,宋文帝于元嘉二十七年(450)准备北伐时,曾经向僧尼筹借军用经费。史载:"有司又奏军用不充,扬、南徐、兖、江四州富民家赀满五十万,僧尼满二十万,并四分借一,事息即还。"②萧齐时的高僧法愿,"王侯妃主及四远士庶并从受戒,悉遵师礼。愿往必直前,无有通白,感致随喜,日盈万计。愿随以修福,未尝蓄聚。或雇人礼佛,或借人持斋。或收籴米谷,散饴鱼鸟。或贸易饮食,赈给囚徒。兴功立德,数不可纪"③。后为梁武帝的萧衍当初自雍州起兵东下时,用度不足,其侄儿南平王萧伟"取襄阳寺铜佛,毁以为钱",而"富僧藏锱,多加毒害"④。梁武帝后来四次舍身佛寺,多次到寺院讲经设无遮大会等,都有大量施舍。特别是中大通元年的第二次舍身和太清元年第四次舍身,群臣都以一亿万钱赎回。这样的上行下效,梁陈时期的江南佛寺之富裕可以想见。

佛教的发展与经济所结成的牢固关系,超乎一般的想象。譬如,制约汉魏佛教发展的最大瓶颈是经典传译的数量和质量,而经典翻译官方化的最大好处就是译场所需的人力和物力的有序组织和有效整合。而寺院筹集生活和弘法费用管道的多元化以及寺院经济实力的增强,使得作为传法中心甚至社会文化活动中心的寺院有发挥更大作用的空间和

---

① 慧皎:《高僧传》卷八,《大正藏》第 50 卷,第 379 页上。
② 司马光:《资治通鉴》卷一二五。
③ 慧皎:《高僧传》卷一三,《大正藏》第 50 卷,第 4—7 页中。
④《南史》卷五二《梁宗室·萧伟传》,第 1291 页。

可能。佛教义学的发达,是一个时代佛教发达的基础和标志;佛教的讲经活动和各种大型法会的开展,是佛教普及的必要手段。可以这样说,皇室成员以及大贵族信众的布施,足以供给大型讲经法会和接连不断的小规模义理之探讨活动所学的费用,是学派佛教兴起的物质基础。而佛教寺院经济的兴起则是南北朝佛教迅速发展的标志之一,佛寺的普遍富庶也是南北朝时期佛教义学探索之风气的形成以及向学派佛教发展的物质支撑。见于各种典籍的中土早期佛寺,大都是朝廷、官府建造的。早期的佛典翻译也大都是民间人士赞助的。佛寺获得国家的定额供给,几乎同时在东晋和南燕出现。佛教寺院经济的兴起最主要的标志并非国家供给,因为国家供给是有限度和非经常性的。而寺院地产的形成以及在此基础之上所进行的经济自营活动的兴起,代表了中土佛教开始探索支撑自身发展所需物质资料之独立来源的道路。

在佛教寺院经济中,附属于寺院的地产的形成以及经营活动的发展,在某种程度上不但使佛教经济需要满足途径和方法趋向多元化,更重要的是,使其更深地融入了社会这个大系统之中。佛教从南北朝之后迅速走向繁荣,与寺院经济的快速崛起有直接的关系。但是,正如老子所说祸福相倚,从佛教发展所显现的"曲折性"来看,寺院经济的恶性膨胀不但被社会各阶层所诟病,也为佛教埋下了被朝廷取缔的根由。

佛寺拥有大量土地,并从事经济活动,而僧尼和寺院的依附人口都享有不缴纳赋税、不承担徭役的特权。寺院的这些特权吸引着那些苦于官府苛重赋役的百姓,他们纷纷投附寺院,成为寺院的依附人户,佛寺无形中成为隐蔽人口与土地的渊薮,分割了大量本来应该属于国家份额的土地和人口。佛寺与少数僧尼的富裕更是世俗社会的统治者垂涎的对象,特别是在社会危机频发的时候,佛教很容易成为社会某些势力攻击的目标。由北魏太武帝开其端的"三武一宗"毁佛活动以及近代的"庙产兴学"运动,尽管有多方面的原因,但经济因素始终是挥之不去的。

起步于东晋的寺院经济,一开始就有激烈反对的声音。东晋僧人道恒在《释驳论》中说："于营求孜汲,无暂宁息。或垦殖田圃,与农夫齐流。或商旅博易,与众人竞利。或矜恃医道,轻作寒暑。或机巧异端,以济生业。或占相孤虚,妄论吉凶。或诡道假权,要射时意。或聚畜委积,颐养有余。或抵掌空谈,坐食百姓。斯皆德不称服,行多违法。"[1]道恒罗列的八种不合道的行为中,有四种与寺院经济的兴起有关。从东晋开始,更多的人是从戒律的角度反对僧人从事经济活动的。然而,后来的历史事实是,寺院经济在不断响起的反对声中不断发展着。

---

[1] 僧祐:《弘明集》卷六,《大正藏》第 50 卷,第 35 页中。

第六章　汉魏两晋南北朝的三教关系与两次毁佛运动

佛教传入中国以后,由于其教义、仪轨、制度与中国固有的文化传统多有不同,不可避免地遭到了中国本土文化,特别是儒家和道教的抵制和批判。从东晋十六国以后,伴随着佛教的迅速发展,佛教与儒、道二家的矛盾日益突出,在政治环境相对宽松、学术思想相对自由的南方王朝,儒、佛、道三教之间曾为此掀起了多次争论的高潮。而在崇尚武力的北方王朝,当统治者看到出家人口与日俱增,出现社会危机和政治危机的时候,则采取极端的措施,终于导致了两次毁佛运动。

第一节　晋宋之际的因果报应之争

业报轮回说是佛教的基本教义之一。汉魏以来,随着佛教在中土的不断流传,业报轮回说又同我国固有的善恶报应观念结合起来,日益深入人心。同时,一些固守文化传统的封建士大夫对此产生了怀疑和批判。西晋以前,因佛教在中土的影响微弱,问题尚处于萌芽阶段。到东晋及刘宋时代,随着佛教影响的扩大,围绕因果报应问题的争论成了当时思想界关注的热点,也成了儒佛关系的一个主题。

一、业报轮回说与善恶报应说

业报轮回说是印度佛教伦理学说的一个重要方面。它是佛教在创教过程中吸收和改造婆罗门教和其他早期宗教学派的有关思想而形成的。在印度佛教中,业报轮回有两层意思:一是业报,一是轮回。"业"是"造作",指人的一切身心活动,具体有身、口、意三业。"报"即报应、结果。一个人造了什么样的业,就会受什么样的报应。作了业在未有结果以前,业力不会自动消失;反之,若未作业,也不会得"果"。

佛教认为,一个人所作的业按性质分为三种:善、不善、无记,善和不善的业会产生相应的善与不善的果;无记属于中性的业,无善无不善,所以不会带来报应。《成实论》云:"业报三种,善、不善、无记。从善、不善生报,无记不生。"① 又根据作业的善恶的深浅程度不同,得到报应的好坏也不一样。《佛为首迦长者说业报差别经》云:

> 一切众生,系属于业,依止于业,随自业转。以是因缘,有上中下差别不同。或有众生习行不善业,得外恶报;或有众生习行十种善业,得外胜报。②

业报的差别分为五种或六种,称为"五道"或"六道",也称为"五趣"或"六趣"。五道是地狱、饿鬼、畜生、人、天,六道则再加上阿修罗(也叫"非天")。前三种属于恶道,后三种属于善道。作了恶业会堕入地狱、饿鬼、畜牲等恶道,遭受熬煎;作了善业会上升人、天等善道,享受福报。而且报应的界线分明,本来属于某一级别的"善"业就会获得相应级别的善报,本来属于某一级别的"恶"业就会遭受相应级别的恶报,不会张冠李戴,这就是人们通常所说的"善有善报,恶有恶报"。

按照印度佛教的教义,业报的轮回是必然的规律,只分来得早与来

---

① 《成实论》,《大正藏》第32卷,第296页。
② 《佛为首迦长者说业报差别经》,《大正藏》第1卷,第89页。

得迟,故有"现世受"或"后世受"的区别。也就是说,一个人当世作的业可以在当世受到报应,也可以在未来世得到报应。业力会在过去世、现在世、未来世之间"如影随形","循环不失",这就是报应的"轮回"。

根据印度佛教的观点,报应的承受者只能是作业者的自身,与其他人无关。《无量寿经》云:"善恶报应,祸福相承。身自当之,无谁代者。数之自然,应期所行。殃咎追命,无得从舍。"①也就是说,受报的只能是自身,他人无法替代,这就是人们通常说的"自作自受"。

印度佛教所说的"业报",还有更深的一层含意,即是"业"自身的报应,而与作业者无关,所谓"种瓜得瓜,种豆得豆"者是。也就是说,种瓜这种行为(或曰"业")得到的只能是瓜,种豆这种行为(或曰"业")得到只能是豆,而与种瓜、种豆者究竟是张三还是李四了不相关。这就是印度佛教既讲业报轮回,又否认有业报轮回主体的一个重要思想特点。

业报轮回说随着印度佛教的传入在中土逐渐流行。最先宣传这种思想的主要途径就是佛经的翻译。相传汉代最早来华传教的安世高就翻译了宣传因果报应的有关经典。由摄摩腾翻译的《四十二章经》当是某些小乘经典的节译,经中也记载了大量的关于因果报应的言论。而在早期的僧传著作中,也常常夹杂着有关高僧对因果报应说法的记载。例如,《高僧传》卷一《汉洛阳侯安清传》中就有大段以神迹传教的文字:

> 高穷理尽性,自识缘业,多有神迹,世莫能量。初,高自称先身已经出家,有一同学多瞋,分卫值施主不称,每辄怼恨。高屡加诃谏,终不悛改。如此二十余年,乃与同学辞诀云:我当往广州,毕宿业之对。卿明经精勤,不在吾后,而性多瞋怒,命过当受恶形,我若得道,必当相度。既而遂适广州。值寇贼大乱,行路逢一少年。少年拔刀曰:真得汝矣。高笑曰:我宿命负卿,故远来相偿,卿之忿怒,故是前世时意也。遂申劲受刃,容无惧色,贼遂杀之。观者填

---

① 《无量寿经》卷下,《大正藏》第12卷,第277页上。

陌,莫不骇其奇异。既而神识,还为安息王太子,即今时世高身是也。①

后面的内容则接着安世高的这一段前业因缘,述说安世高的"神识"曾转生为安息王的太子,太子于汉灵帝末年游化中原,振锡江南,过庐山时除掉了一条危害商旅的大蟒。原来,这条大蟒的前生为一少年,在广州杀害安世高,在庐山被安世高受度转生为人,应验了安世高的"我若得道,必当相度"的前世诺言。后安世高来广州,径至一少年家,求对"余报"。二人欢喜相逢,共游会稽,结果,"正值市中有乱相打者,误着高头,应时陨命"。这位少年亲历两次报应,深受感动,于是"精勤佛法,具说事缘,远近闻知,莫不悲恸,明三世之有征也"。

《高僧传》卷一《帛远传》也有类似的记载:

> (辅)以祖(帛远)名德显著,众望所归,欲令反服,为己僚佐。祖固志不移,由是结憾。先有州人管蕃,与祖论议,屡屈于祖,蕃深衔耻恨,每加逸构。祖行至汧县,忽与道人及弟子云:我数日当至。便辞别,作书,分布经像及资财都讫。明晨诣辅共语,忽忤辅意,辅使收之行罚,众咸怪愀。祖曰:我来此毕对,此宿命久结,非今事也。乃呼:十方佛祖,前身罪缘,欢喜毕对。愿从今以后,与辅为善知识,无令受杀人之罪。遂使鞭之五十,奄然命终。辅后闻其事,方大惋恨。②

上述两起记载都是以高僧大德的现身说法来应验因果报应的"信而有征",而且当事人都有神通,前知宿缘,因此,面对死亡,毫无畏惧,安世高"申颈受刃",帛法祖"欢喜毕对",都愿意用自己的生命来换取冤敌的超度。这在当时看来,无不惊世骇俗。也正因为印度佛教的业报轮回思想对中国人来说相当陌生,所以当初人们多迷惑不解,遭到怀疑甚至批评。

---

① 《高僧传》卷一《汉洛阳侯安清传》,《大正藏》第 50 卷,第 323 页中。
② 《高僧传》卷一《帛远传》,《大正藏》第 50 卷,第 327 页上—中。

《牟子理惑论》中"问者"责难道："佛道言人死当复更生,仆不信此言之审也。""今佛家辄说生死之事,鬼神之务,此殆非圣哲之言也。""问者"认为"人死复生"不合常理,也与圣人不言鬼神的传统不符,不值得相信。袁宏《后汉记》卷一〇记载说:

> 又以人死精神不灭,随复受形,生时所行善恶,皆有报应。

> 善为宏阔胜大之言,所求在一体之内,而所明在视听之外,世俗以为虚诞。然归于玄微深远,难得而测。故王公大人观生死报应之际,莫不矍然自失。

在世俗之人看来,生死报应过于宏阔,高深莫测,人的经验无法证明这事到底是真是假,觉得荒唐。范晔《后汉书·郊祀志》也说:"精灵起灭,因报相寻,若晓而昧者,故通人多惑焉。""通人"相当于中土的"有识之士",有识之士本来是"多见不怪"的,但对"精灵起灭"、"因报相寻"这类道理觉得太玄乎,也迷惑难通。

人们习惯于将已有的知识和经验来推测未知的世界,这是人类认识活动的一条通则。汉晋以来,中土人士便把佛教的业报轮回、"精灵起灭"和传统的生死鬼神问题联系起来了。所以,在开始的时候,人们也用祭祀鬼神的办法以求得佛的保佑,以为佛同上帝、鬼神一样,祭祀佛也可以获得福祉的。至于业报是否轮回、精灵是否转续,人们只能从传统的一些相近的观念去作比附。比如,他们认为业报轮回就是善恶的报应,精灵的起灭就是人死复生,等等。当然,越是到后来,对它们的理解就越清晰。经过佛典的不断传播和中土佛教界有关高僧和在家居士较长时间的宣传,大约在东晋十六国的时候,业报轮回的思想逐渐渗透到民间,人们对它的认识也有较大的变化。

比如,佛图澄在北方的后赵传教时,北方帝王贵族文化程度较低,"不达深理",民众普遍愚昧无知,便主要以神奇的方术和因果报应等佛教的通俗教义来宣传佛教。东晋建元元年(343),桓温进兵临淮,对后赵构成威胁,接着,石虎侵犯前凉遭到惨败。在这种情况下,石虎发怒,对佛教的"神力"产生了怀疑:"吾之奉佛供僧,而更致外寇,佛无神矣!"而佛图澄却回答说:"王过去世,经为大商主。至罽宾寺,尝供大会,中有六十罗汉。吾此微身,亦预斯会。时得道人谓吾曰:此主人命尽,当更化身,后王晋地。今王为王,岂非福耶,疆场军寇,国之常耳! 何为怨谤三宝,夜兴毒念乎?"①佛教的业报轮回说教为石虎的政治地位找到了"合法"的理论依据,并且为他排忧解难,自然受到欢迎。

东晋的名僧慧远就是佛教因果报应说的积极倡导者。慧远曾对桓玄说过,因果报应是佛教的"根要","今若谓三世为虚诞,罪福为畏惧,则释迦之所明,殆将无寄矣"②。所以,每当道俗斋集讲法,慧远必先阐释三世因果,然后再说一斋的大意。这条程序后变成了僧人斋集讲法的准则。③

东晋居士郗超作《奉法要》,对佛教的基本教义、教规作了通俗而简要的论述。其中有对三界五道的论述,论证了"善自获福,恶自受殃",并且引用佛经"心作天,心作人,心作地狱,心作畜生"的思想,认为"凡虑发乎心,皆念念受报"④,已经比较准确地把握了业报轮回的思想真谛。

在印度佛教业报轮回说传入以前,中土曾流行另一种因果报应的观念,即善恶报应说,其基本内容就是"积善余庆,积恶余殃"。《周易·坤·文言》上有"积善之家必有余庆,积恶之家必有余殃"的说法,这个说法并不是最早的,而是古已有之,长期流传。如《尚书·商书·伊训篇》曰:"惟上帝无常,作善降之百祥,作不善降之百殃。"《尚书·皋陶谟》曰:"天命有德,五服五章哉! 天讨有罪,五刑五用哉!"《国语·周语》曰:"天

---

① 《高僧传》卷九《佛图澄传》,《大正藏》第 2059 卷,第 385 页上。
② 《弘明集》卷一二《答桓太尉》,《大正藏》第 52 卷,第 81 页下。
③ 《高僧传》卷六《慧远传》曰:"(慧远)每至斋集,辄自升高座,躬为导首。先明三世因果,却辩一斋大意。后代传授,遂成永则。"
④ 《弘明集》卷一三《奉法要》,《大正藏》第 52 卷,第 87 页上。

道赏善而罚淫。"《老子》曰:"天道无亲,常与善人。"《韩非子·安危篇》曰:"祸福随善恶。"类似的说法散见于许多传统的典籍中。两汉时期以董仲舒为代表的"天人感应"说,虽然其目的是借上帝的神权以强化人间的王权,但也继承了传统的善恶报应的观念。董仲舒提倡"灾异说"和"祥瑞说",认为人主不能违背天的意志,否则天将示之灾异以谴告和惩罚:"灾者,天之谴也;异者,天之威也。遣之而不知,乃畏之以威"①。又认为如果人主为政以德,则天将告之以祥瑞,免除灾难,"五行变至,当救之以德,施之天下,则咎除"②。可见,善恶报应说在汉代已成了儒家政治伦理学说的重要组成部分。

在佛教传入之初,道教《太平经》对善恶报应说作了一定的改造,称为"承负"说。承负说解释积善无庆、积恶无殃时说:

> 力行善反得恶者,是承负先人之过,流灾前后积,来害此人也。其行恶反得善者,是先人深有积蓄大功,来流及此人也。能行大功万万信之,先人虽有余殃,不能及此人也。因复过去,流其后世,成承五祖。
>
> 承负者,天有三部,帝王三万岁相流,臣负三千岁,民三百岁。皆承负相及,一伏一起,随人政衰盛不绝。③

与先秦流行的善恶报应说相比,道教的承负说已经作了某些调整。中国传统的善恶报应说经过长期的流传,在实际的生活中已经暴露出理论上的漏洞,也就是做好事的反而得恶报,做坏事的反而得善报,司马迁、王充等思想家对此曾有过揭露和批判。《太平经》的解释是,前人有善行或过错,"承负"到子孙或相关的人的身上,子孙或相关的人即使今生有善行或过错,也不一定按照他本身的德行获得相应的报应。《太平经》还运

---

① 苏舆撰,钟哲点校:《春秋繁露义证》,第259页,中华书局,1992。
② 同上书,第385页。
③ 《太平经》卷一八《解承负诀》。

用这一理论来附会政治的兴衰。

由此可见,中土传统的报应论同印度佛教的报应论虽然在形式上相似,但内容却迥然有别:

首先,印度佛教的报应是"业报","业"自身的报应,所谓"种瓜得瓜,种豆得豆"者是,意谓种瓜这种行为本身必定会得到瓜,而不管种瓜者是张三还是李四,亦即不承认报应的主体。但是,中国古代报应论的报应主体一直是由不灭的灵魂来承担的,而且往往是通过上帝鬼神的赏善罚恶来实现的。

第二,就报应的方式而言,印度佛教比较复杂,有前世、今世、来世三世报应,轮回无穷,并且有五道或六道等报应层次的差别。而中土传统的看法就比较简略,一般主张在生为善积德,或者祭祀天地鬼神,就会得到善报,否则就会遭罚,后来发展到"先人"的善恶会流及家人或后世,但与三世轮回或五道报应等无关。

第三,印度佛教的报应说多取理论的形式,注重烦琐的分析论证,因此,主要表现为理论的矛盾,即轮回与没有轮回主体的矛盾;中土传统的报应说多带有"经验"的性质,因此,主要表现为理论与现实的矛盾,如项橐、颜回之短折,伯夷、原宪之冻馁,盗跖、庄𫏋之福寿,齐桓、桓魋之富强,等等,亦即积善得殃,凶邪致庆等问题。因此,既深明佛理,又精通世典的慧远,在清楚地看到这两种报应理论之利弊短长后,对二者来个大糅合,形成他的"三业"、"三报论"。

二、东晋时期的因果报应之争

在晋代以前,中土思想界对佛教的业报轮回说就提出过怀疑和批判,《牟子理惑论》中就有相关的记载,但缺乏具体的理由说明。从东晋开始,儒佛之间展开了理论上的论战。

(一)罗含与孙盛的论争

罗含,生卒年不详,字君章,桂阳耒阳人。少有大志,才华横溢,傲然不群,曾为刺史庾亮部下,被桓温征为征西参军、宜都太守、散骑常侍、长沙相等职①,著《更生论》,为佛教的轮回观论证。《更生论》基本观点认为,天地无穷尽,万物的生命都要更替,在无穷的更替当中,新的生命只是旧的生命的循环反复。罗含的论证过程如下:

一、从向秀的"天"是万物的"总名"、"人"是"天中之一物"的前提出发,推出"万物有数,而天地无穷"的结论。又认为万物在数量上是一定的,而天地无论在时间上还是在空间上都是无穷无尽的,所以,天地间的一切变化无不是万物的变化,当一种生命在一定的时间和空间上消谢以后,必定会在另外的时间和空间里再生("更生"),否则,天地就要终结了。

二、根据儒家经典《周易·系辞》的"穷神知化,穷理尽性"推出,如果"神"可以穷尽,那么,"有形者不得无数",即具体的有形的生命也应当是有限度的。既然《周易》认为"神"的数量是固定的,而一神配一形,那么,形体的数量也应当是固定不变的。所以,"人物有定数,彼我有定分"。人和其他众生都有规定的数量,而且不会彼此相混,这叫"有不可灭而为无,彼不得化而为我"。

三、根据上述"有无"、"彼我"关系推出,在人与物的聚散变化过程中,"贤愚寿夭,还复其物";"各自其本,祖宗有序,本支百世,不失其旧";而且"神之与质,自然之偶。"他说:

> 偶有离合,死生之变也;质有聚散,往复之势也。人物变化,各有其往;往有本分,故复有常物。散虽混淆,聚不可乱。其往弥远,故其复弥近。又神质冥期,符契自合。世皆悲合之必离,而莫慰离之必合;皆知聚之必散,而莫识散之必聚。②

今世的生命与前世的生命、后世的生命前后相续,不会中断。"生之故

---

① 《晋书》卷九二《罗含传》,第2403—2404页。
② 《弘明集》卷五《更生论》,《大正藏》,第52卷第27页中—下。

事,即故事"。但世人"徒知向我非今,而不知今我故昔我耳"。因此,"达观者"(指庄子)的齐万物、等生死的观念是值得推崇的。

罗含的《更生论》,是对印度佛教业报轮回说的一种极为粗浅的理解。他企图以中土传统的思想为基础来论证万物生死的轮回而不是业报的轮回。他把人的生命(加上与形相"偶"的神),实际上是把传统的"气"看作轮回报应的主体,认为只要证明生命轮回就证明了业报的轮回,并且不自觉地借用庄子的齐物观来附会业报轮回说。罗含仅仅是想"证明"轮回的可能性,实际上他对佛教学说的了解还存在相当大的差距。

罗含的观点遭到了孙盛的批判。孙盛,字安国,太原中都人。博学,善言名理,与殷浩擅名一时。任佐著作郎、浏阳令、长沙太守、秘书监等职。自少至老,手不释卷。著《魏氏春秋》、《晋阳秋》,咸称良史。① 孙盛怀疑罗含的《更生论》,作《与罗君章书》,罗含回书,称《答孙安国书》②,展开辩论,但三篇文章都不长,点到为止,论证也相当粗糙。

孙盛的信很短,其中仅就两点提出质疑:

一、"以今万物化为异形者,不可胜数,应理不失,但隐显有年载,然今万化犹应多少有还得形者,无缘尽当须冥远,耳目不复开逐,然后乃复其本也"。大意是讲,一种生物化为另一种生物的现象多得不可胜数,经典中有明文记载,但凭什么断定它们会还复其旧呢?如果形和神在冥冥中相合,相互选择原来的配对的话,那也只有眼明耳聪才能弄清对方是谁呀!

二、"吾谓形既粉散,知亦如之。粉错混淆,化为异物,他物各失其旧,非复昔日"。这是说,形质和精神都是一种"气",气散生命就结束,气聚生命再开始;但是,形和神(知)分散以后都会变成别的东西,全都打乱

---

① 《晋书》卷八二《孙盛传》,第 2147—2149 页。
② 均见《弘明集》卷五,《大正藏》第 52 卷,第 27 页中—下。

了,即使再合起来也不可能就是原来的生命了。所以,生命只有一次,它只能让"有情者"悲叹,哪里还会像"达观者"那样用"齐生死"来自我安慰呢!

孙盛利用了当时人们对自然现象的某些知识(即此物化他物)作了经验主义的批判,又用"气"来解释形神问题,认为形神"粉散"以后就不可能再合在一起,在罗含的基础上给出了另一个不同的答案。

(二)慧远与桓玄的论争

慧远与桓玄的论争主要集中在《明报应论》一文中,《明报应论》全称《答桓南郡明报应论》,这是慧远就桓玄有关业报轮回的疑问所作的解答。论文以书信的形式出现,桓玄提出的几个问题在这封信中也保留下来。

慧远是东晋自道安以后的佛教界的领袖,时任荆州刺史兼江州刺史的桓玄(369—404)约于晋隆安四年(400)给慧远写信,对佛教的因果报应说提出怀疑。桓玄是大司马桓温之子,因军功显赫而成东晋后期名震一时的权臣。桓玄在信中提了三个问题:

一、"佛经以杀生为重,地狱斯罚,冥科幽司,应若影响,余有疑焉。"[①]理由是,人的形体由四大结合而成,神寄托其中,因此,杀害一个人的生命相当于消灭了天地间的一部分地水风火,于神毫无妨碍,哪里会有什么报应?

二、"万物之心,爱欲森繁,但私有不已,若因情致报,乘感生应,则自然之迹,顺何所寄哉?"[②]人与其他众生一样,都有欲望情感,这不过是自然的法则;而人只是富有情感和思虑而已,如果情感会导致报应,这同自然的法则相符合吗?

三、"若以物情重生,不可致丧,则生情之由,私恋之惑耳,宜朗以达

---

①②《弘明集》卷五,《大正藏》第 54 卷,第 33 页中。

观,晓以大方,岂得就其迷滞,以为报应哉?"①贪恋生命是众生的本性,众生有了欲情,也只是个人对于事物的贪恋,应该以达观的道理引导他们,岂能用轮回报应来迷惑他们呢?

桓玄这三个问题,既涉及形神关系,也涉及人的正常欲望、情感、思虑是否合理以及佛教因果报应说的伦理价值等方面的问题。

对于桓玄提出的质疑,慧远首先认为佛教的道理"深玄",必须把握其思想"指归"才会通达。他认为佛教讲四大结形,正好符合庄子的人生气聚、人死气散的道理。既然人生的起灭皆在一化,那就可以视生命为"遗尘",只有这样,心灵就会翱翔于无穷的宇际,超凡而脱俗。他又认为,如果人的心能够无所眷恋、无所执著,那么,两军交战就好比知心的朋友相聚,不仅不会伤神,本来就无生命可杀了。这样,既无功劳可赏,焉有地狱可罚?慧远认为,问题不在这里,如果能够换一个角度,从有情众生产生的根源和发展的角度去认识,问题就会临刃而解了:

> 无明为惑网之渊,贪爱为众累之府,二理具游,冥为神用,吉凶悔吝,唯此之动。无明掩其照,故情想凝滞于外物;贪爱流其性,故四大结而成形。形结而彼我有封,情滞而善恶有主。有封于彼我,则私其身而身不忘;有主于善恶,则恋其生而生不绝。于是甘寝大梦,昏于同迷;抱疑长夜,所存唯着。是故失得相推,祸福相袭,恶积而天殃自至,罪成而地狱斯罚。此乃必然之数,无所容疑矣。②

就是说,人的身体是"情欲"感应四大而结成的,有情缘于无明,贪爱缘于有情,有情有爱,便生无穷无尽的迷惑和烦恼。于是,人们私身恋生,患得患失,彼此界限森严,产生善恶的行为,埋下报应的种子。有了善恶,就会有报应,这是必然的规律。

---

① 《弘明集》卷五,《大正藏》第54卷,第34页上。
② 同上书,第33页下。

慧远接过桓玄的"自然法则"回答说:"心以善恶为形声,报以罪福为影响。"①"心"蕴涵情,自然就有善恶,有善恶当然就会有报应。是否受报应取决于人对心的控制,报应是不存在一个外在的主宰力量的,这就叫"自然",并非有一个外来的支配力量,而是人的主体自身造成的。

慧远说,有了善恶就会产生报应,而善恶的根源在于人的心,如果人能够"责心"自反,就可以消除报应。所以,佛陀因为人们的执迷不悟才阐明因果报应的道理,鼓励人们精进不懈地修行来消除报应的种子,引导人们趣善避恶,并不是就人们的执迷不悟的现象本身而制造了因果报应之说。人们的积习不可能一下子就能够消除的,所以要示之以罪福报应,一旦"情无所系",就可以晓以大道,用不着再讲报应了。

通观慧远与桓玄的争论,有以下几点值得注意:

一、在形神关系上,桓玄认四大为"神宅",神"寄"于其中,"托之以存",这个提问本身就有形神二元的倾向,慧远顺水推舟,得出了以神为本、形神一化的结论。

二、在人的正常情感智慧是否合理的问题上,桓玄承认人的正常情感和智慧是合理的,这是自然如此,不会有报应,而慧远则以无明、情爱造成业报这样一个佛教命题,推出了有因必有果的"自然法则"。

三、对因果报应的价值评价,桓玄代表了中土传统的儒家和道家的价值传统,而慧远则肯定了佛教因果报应说对于世道人心的诱导作用和佛教的伦理价值。

(三) 慧远与戴逵的论争

直到东晋中后期,中土思想界对于印度的业报轮回说还缺乏明确的了解,常常将它同传统的善恶报应说混同在一起。生活在东晋中后期的戴逵就是一个代表。戴逵与慧远的争论,比较充分地反映了中国佛教的

---

① 《弘明集》卷五,《大正藏》第 54 卷,第 33 页下。

"三世报应"说产生的时代背景和社会条件。

戴逵(约330—396),字安道,谯国人(今安徽亳县),不仅是著名的雕刻家、书法家,也是一个佛教信徒。戴逵曾给慧远写了两封信:《与远法师书》和《释疑论》,表达了他对善恶报应的怀疑以及自己一生艰楚备至的悲慨无奈。慧远在这种情况下作《三报论》,回答了戴逵的疑惑。《三报论》的副题是"因俗人疑善恶无现验而作",表明解决这一问题的普遍意义。

戴逵的《释疑论》开篇就肯定中国传统的"积善之家必有余庆,积不善之家必有余殃"、"天道无亲,常与善人"是"圣达之格言,万代之宏标"。① 但是,问题在于,既然圣人积善而子孙受福,恶人积恶而后代遭殃,那么,就会造成"善有常门,恶有定族"②的情况,这样,子孙们便可以托庇先人,不必修行,只因为他们的善行对自己无任何意义。这在实践上是可怕的。

戴逵认为,最大的问题是,因果报应在事实上也常常得不到应验:那些"束修履道",言行一致的人,却"天罚人楚,百罗备婴";而"任性恣情,肆行暴虐"者,却可以"生保荣贵,子孙繁炽",天理何在?③ 戴逵在《与远法师书》中用自己一生坎坷经历有力反驳说,他自己从少到老刻苦自励,从不恶语伤人,而一生艰楚,悲慨盈怀。他的经验表明:"修短穷达,自有定分;积善积恶之谈,皆是劝教之言耳。"④

戴逵的解释是:

> 夫人资二仪之性以生,禀五常之气以育。性有修短之期,故有彭殇之殊;气有精粗之异,亦有贤愚之别。此自然的定理,不可移者也。⑤

---

① 《广弘明集》卷一八,《大正藏》第52卷,第221页下。
②③⑤ 同上书,第222页上。
④ 同上书,第222页中。

就是说，人的寿夭贤愚，命运臧否，都取决于他本人所禀受的阴阳之气，这是与生俱来的命运。所以，伯夷、叔齐之冻馁，盗跖、张汤之福寿，根本不是什么"积行所致"，而是"各有分命"，这是谁也改变不了的。但是，为什么圣人还要用善恶报应来教导人们呢？因为人人都有欲望，而且欲望容易导致冲动，必须加以节制，所以，圣人制礼作乐，讲求名法；人们按照圣人的教导去做，就会得到社会的赞同，反之，就会受到社会的非难，人们应该体会圣人的用心，而不应期望那必然的报应。

可以看出，戴逵非难的仍然是中国传统的善恶报应观念。作为一个佛教信徒、在家的居士，他的主观愿望并非反对佛教的教义，而是有感而发，抗议社会的不公，抗议现实生活中的善恶乖误，是非颠倒。他的理论武器，是王充的元气论。

对于戴逵经验主义的批判，慧远在他著名的《三报论》中运用了佛教的"三报"论作了回答，主要观点是：

> 经说业有三报：一曰现报，二曰生报，三曰后报。现报者，善恶始于此身，即此身受。生报者，来生便受。后报者，或经二生三生，百生千生，然后乃受。受之无主，必由于心；心无定司，感事而应；应有迟速，故报有先后；先后虽异，感随所遇而为对；对有强弱，故轻重不同。斯乃自然之赏罚，三报之的大略也。①

这个三报包含了三点内容：

一、报应的种类分为现报、生报和后报。现报是现身作业，现身受报；生报是今生作业，来生受报；后报是前生作业，经过二生、三生乃至无穷的转世才能受报。

二、报应的主体是"心"（神识）。心只有通过对事物的"感应"才能体现出来，随着各种因缘条件而显现的。人的报应之所以有先后，是因为心感应事物的速度有快有慢。

---

① 《弘明集》卷五，《大正藏》第 54 卷，第 34 页中。

三、报应虽然有先后差别，但报应的轻重迟缓是与人所作善恶诸业的轻重程度一一对应的。

慧远接着对三世报应说作了较为细致的论证。他首先提出了现实社会中人的地位与三报的关系，认为人们所作的善恶，是逐渐积累而达到极点的，人们今生社会的地位，比如人的官位就有"九品"的差别，但这种区别不是今生所作的善恶报应，而是前生善恶的报应；今生所作的业，可能不会旋踵而至，但有业就一定会有报应，"定则时来必受，非祈祷之所移，智力之所免也"①。

在《三报论》中，慧远从佛教的角度去说明现实中善恶乖缪的矛盾：

> 或有欲匡主救时，道济生民，拟步高迹，志在立功，而大业中倾，天殃顿集；或有栖迟衡门，无闷于世，以安步为舆，优游卒岁，而时来无妄，运非所遇，世道交沦于其闲习；或有名冠四科，道在入室，全爱题仁，慕上以进德。若斯人也，含冲和而纳疾，履信顺而夭年，此皆立功立德之桀变，疑嫌之所以生也。大义既明，宜寻其对，对各有本，待感而发，逆顺虽殊，其揆一耳。何者？倚伏之契，定于在昔，冥符告命，潜相回换。故令祸福之气，交谢于六府；善恶之报，桀互而两行。②

在慧远看来，仁人志士立功立德反而多灾多难，命途不济，出现这种反常现象的原因就在于，每一个人在生时所造的善恶诸业就埋下了果报相寻的种子，一旦因缘条件成熟时自然就会表现出来；这样，祸福报应就在六道中轮回不已，有正常，也有反常，阴差阳错也就不足为奇了。慧远进一步解释说：

> 原其所由，由世典以一生为限，不明其外；其外未明，故寻理者自毕于视听之外，此先王即民心而通其分，以耳目为关键者也。如

---

① 《弘明集》卷五，《大正藏》第54卷，第34页中。
② 同上书，第34页中、下。

> 今合内外之道,以求弘教之情,则知理会之必同,不惑众涂而骇其异。若能览三报以观穷通之分,则尼父之不答仲由,颜、冉对圣匠如愚,皆可知矣。①

人们之所以怀疑积善无庆,积恶无殃,慨叹"天殃"之于善人,原因就在于传统的经典理论均以"一生为限",只凭感觉经验作出判断,这就不可能正确地理解因果报应的道理;如果将佛教"内典"与儒家"外教"结合起来,二者正好可以相互补充,殊途同归。

慧远在理论上将印度佛教的业报轮回说和中国传统的善恶报应说作了一次综合,在时间上运用佛教的过去世、现在世、将来世的"三世说"解决了现实生活中善恶颠倒的困难,让任何一种仅凭经验验证为手段的理论都难以驳倒。这是佛教三世报应说理论上的圆融之处。

三、刘宋时期的因果报应之争

到了刘宋时代,对佛教因果报应问题的争论进入到一个新的阶段。其中,何承天的《达性论》、慧琳的《白黑论》是当时反对佛教因果报应说的代表作,围绕这两篇文章,颜延之、宗炳、刘少府等代表佛教方面与何承天等进行了激烈的辩论,最后,宋文帝刘义隆出面总结,做出有利于佛教的评判。

(一)何承天与颜延之的论争

在刘宋时代关于因果报应说的争论中,何承天是反对佛教报应说的最重要的代表。他不仅就《达性论》与颜延之辩论,还与宗炳争论慧琳的《白黑论》,又作《报应问》跟刘少府有过应答。

何承天(370—447),东海郯(今山东郯城县)人,幼年习儒,通百家,官至廷尉、国子学博士。曾任衡阳内史,故称"何衡阳"。精通天文历算、

---

① 《弘明集》卷五,《大正藏》第54卷,第34页下。

史学、礼制。① 何承天的《达性论》文字简略,立论奇特,它不是就佛教报应说的逻辑本身进行批判,而是以传统的儒家"三才论",对抗佛教的"众生说"。《达性论》开宗明义说:

> 夫两仪既位,帝王参之,宇中莫尊焉。天以阴阳分,地以刚柔用,人以仁义立。人非天地不生,天地非人不灵,三才同体,相须而成者也。②

人以仁义立于天地之间,禀受天地的"清和"之气,智力发达,情感丰富,思维奇妙,可以夺天地造化之功,特别是人间的君主,仁爱万物,助天宣德,制礼作乐,抚养黎民,因而人类在天地万物之中具有特殊而崇高的地位,怎么也不能与飞禽走兽一样划为"众生"的!而佛教将人与其他各种飞禽走兽一样,均被视为"众生",这就降低了人在自然界作为万物之灵的地位。

何承天接着将人与众生的关系作了安排:

> 若夫众生者,取之有时,用之有道。行火俟风暴,畋渔候豺獭,所以顺天时也;大夫不麑卵,庶人不数罟,行苇作歌,霄鱼垂化,所以爱人用也;庖厨不迩,五犯是翼,殷后改祝,孔钓不纲,所以明仁道也。③

人既然贵于他物,则有权役使其他生命,为我所用,只要按照儒家的仁道行事,不滥杀生命就够了,而决不可以按照佛教的戒律以禁止杀生。何承天的结论是:

一、有生必有死,形毙神散,生死好比春荣秋落,四时代换,人与动物是不可能互相转生的,佛教的"受形"之说是无稽之谈。

二、儒家经典上有君子求福,"三后在天"等说法,其本意是说精微之

---

① 《宋书》卷六四《何承天传》,第 1701—1711 页。
② 《弘明集》卷四,《大正藏》第 54 卷,第 21 页下。
③ 同上书,第 22 页上。

气升归于天,不是讲神灵不灭的,与佛教的轮回报应说没有关系。

何承天的《达性论》,遭到了佛教信徒颜延之的强烈批判。颜延之(384—456),字延年,琅玡临沂(今山东临沂)人,善文学,刘宋时官至太子舍人、始安太守、金紫光禄大夫,故后世又称"颜光禄"。颜延之与何承天以书信的形式往复辩难多次。《弘明集》卷四有载,包括《达性论》、《释达性论》、《答颜光禄》、《重释何衡阳》、《又释何衡阳》、《重答颜光禄》共六篇短文。双方的辩论围绕两个主题展开,一是人与其他生命能否同称"众生",二是对儒家经典中的鬼神采取什么态度,三是关于因果报应说的事实验证问题。

关于人与其他生命能否同称众生的问题,何承天认为人能以仁义相处,能与天地相参,且神明特达,智能无穷,不应该与其他生命同称众生。颜延之反驳说,众生也就是"含识"的总名,它们的共同特点是都能"了别"万物,与其品德的高低并无关系,况且天地之大德曰生,万物同秉生生之德,这是万物的共性所在;任何生命无论具备何种形态和特征,都不影响其生生之德的共同特征,当然可叫众生了。还有,颜延之认为,"议三才者,无取于氓隶;言众生者,亦何滥于圣智",既然神明特达、与天地同德的只是少数出类拔萃的圣人,无关小民,那么称呼众生为什么要区分"圣人"与"氓隶"呢?儒家讲上智与下智不移,但君子与小人仍然同样称作人,为什么人与禽兽不能同称为众生呢?[①]

何承天回答说,圣人虽然和众人一样,同禀五常之气,但不能够叫众人,圣人同普通的众人的区别,就像人和动物的区别,不容相混。[②] 颜延之反驳说:"夫不可谓之众人,以茂人者神明也,今已均被同众,复何讳众同?故当殊其特灵,不应异其得生。徒忌众名,未亏众实,无似蜀梁逃畏,卒不能避。"[③]意思是说,圣人不同于众人的,是"神明"即精神境界、智

---

① 颜延之:《释达性论》,《大正藏》第54卷,第22页上。
② 何承天:《答颜光禄》,《大正藏》第54卷,第22页下。
③ 颜延之:《重释何衡阳》,《大正藏》第54卷,第23页中。

慧的差别，但他们都同禀五常，这又有什么区别呢？人与动物比较起来，智慧最灵，至于都具有生命，却没有差别。

关于对儒家经典中的鬼神采取什么态度的问题，何承天以为生死好比春荣秋落，是自然界的规律；"三后在天"、"精灵升遐"是圣人设教的需要，其核心不是论鬼神。颜延之反驳说，如果人死如草木，圣人讲"三后在天"、"精灵升遐"岂不自相矛盾？如果不同草木，精灵升天、三后在天这些说法岂不证明了祖先们的善报吗？等于说佛教的轮回报应是存在的。

颜延之还反问说，如果祖先只有"精灵"，没有"体状"，他们在天上怎么站起来呢？① 何承天回答说："神鬼恍惚，游魂为变，发扬凄怆，亦于何不之？"意思是魂魄是无所不至的，有经典依据，无须辩论。② 颜延之进一步发问："若虽有无形，天下宁有无形之有？"③不承认存在一种无形无状的精灵，否则，"三后"的精灵在天上怎么"站立"？何承天没有正面回答，只是说颜延之"谓鬼亦有质"，是惑于"天竺之书，说鬼别为生类"，并指责这个问题是"支离之辨"④。颜延之最后说："无形之说，既不匠立，徒谓支离，以为同说。"⑤指责何承天找不到理由。何承天不再反驳。

在争论中，何承天还提出了对因果报应的事实验证的问题。颜延之提出了"物无妄然，必以类感"⑥，说任何事物的发生都有来历，是同类相感，也即善有善报，恶有恶报。何承天说，既然如此，应当是"类感之物，轻重必俟，影表之势，修短有度"，报应就像立竿见影，分毫不差了；但实际上，那些"致饰土木，不发慈愍之心"的人，却得不到惩罚，而"顺时搜

---

① 颜延之：《释达性论》，《大正藏》第54卷，第22页上。
② 何承天：《答颜光禄》，《大正藏》第54卷，第22页下。
③ 颜延之：《重释何衡阳》，《大正藏》第54卷，第23页中。
④ 何承天：《重答颜光禄》，《大正藏》第54卷，第24页上。
⑤ 颜延之：《又释何衡阳》，《大正藏》第54卷，第24页上。
⑥ 颜延之：《重释何衡阳》，《大正藏》第54卷，第24页上。

狩,未根惨虐之性"者,却受到恶报,这是"立法无衡石",毫无标准可言。①颜延指摘何承天卖弄他搞天文的专长,是经验主义。

何承天与颜延之的达性之争,是传统儒家的三才论同佛教轮回说的一次较量。关于"众生"说的争论,佛教以"含识"为众生,就好比人也是"动物"一样,只是"高等动物"而已,颜延之坚持的是人与动物之间"类"的共性。何承天用儒家的三才说破坏这个命题,他以人的智慧仁义高于动物,不愿意人跟动物平等,看到的是人与其他动物之间的"质"的区别。双方立论的角度不同,结论自然不同。另外,何承天理性地指出了儒家经典中鬼神之说的神道设教的本质,但由于时代的原因,他还不可能完全抛弃鬼神。所以,只要他承认鬼神的存在,颜延之就可以任意发挥,使他无法反驳。不过,何承天提出关于因果报应的事实验证问题,颜延之感到有些棘手。

(二) 白黑之争

在思想界热烈地争论佛教的因果报应说时,名僧慧琳也发表了自己的见解,作《白黑论》,事在宋文帝元嘉十年(433)左右。《白黑论》为问答体,虚拟白、黑两方的问答,其中的"白学先生"代表儒家和道家,"黑学道士"代表佛家,因系白黑双方的对答,故称"白黑之争"。《白黑论》主张儒释道三教创始人都是"圣人",三教各有长处,故又称《均善论》、《均圣论》。

慧琳,生卒年不详,俗姓刘,秦郡秦县人,名僧道渊的弟子。少年出家,住建邺冶城寺。学通内外,曾注《孝经》及《庄子·逍遥篇》。善属文,辞章华丽,而性情傲诞,颇自矜伐。权倾一时,位侔三公,有"黑衣宰相"之称。

《白黑论》以周孔敦俗,老庄陶风,释迦慈悲,三训皆不出于劝善,殊途同归,但由于该文对佛教的"来生说"颇有讥评,被认为是在批判

---

① 何承天:《重答颜光禄》,《大正藏》第54卷,第26页上。

佛教的因果报应说。《白黑论》是以白、黑两家的优劣比较开篇的,其文曰:

> 有白学先生,以为中国圣人,经纶百世,其德弘矣,智周万变,天人之理尽矣,道无隐旨,教罔遗筌,聪睿迪哲,何负于殊论哉!有黑学道士,谓不照幽冥之途,弗及来生之化,虽尚虚心,未能虚事,不逮西域之深也。于是白学所以访其不逮云耳。①

白学指出中国的"圣人"之教在理论上已经穷尽了宇宙万物的真理,在实践上经历了长期的考验,无懈可击。而黑学以为,白学只涉及现实生活,不讲来生的教化,不及佛教的深远。双方争论的落点是"幽冥之途"和"来生之化",即佛教的因果报应说及其理论基础神不灭说。归纳起来,该文有三个方面的内容。

其一,白学先生认为佛教的"空",脱离实际,与常理不符。"释氏空物,物信空邪?"黑学的回答是,佛教讲的"空",也就是宇宙的"实相",不仅"即物为空",而且"空物为一",对于"空"本身也不执著,所以,"空又空,不翅于空"。黑学分析说:

> 空其自性之有,不害因假之体也。今构群材以成大厦,罔专寝之实;积一毫以致合抱,无檀木之体。有生莫俄顷之留,泰山蔑累息之固,兴灭无常,因缘无主,所空在于性理,所难据于事用。

意思是说,佛教"空"的是万物的"自性",并不反对因缘合和的"假有"存在。比如,大厦由众多材料建成,所以大厦是不实的;合抱之木,分开来看,是由一丝一毫的部分构成的,离开了部分,大树也不存在,所以也是"空"。人的生命时时处在流动变幻之中,即使稳如泰山的东西也不会永远坚固不摧,万物皆兴灭无常,一切事物无论就结构还是就存在方式上

---

① 慧琳:《白黑论》,石峻、楼宇烈等:《中国佛教思想资料选编》(第一卷),第 257 页,北京,中华书局,1981。以下未标明出处者,均见本文。

讲,都没有"自性"。所以,佛教的空,是"性理"之空,而非事实之空。

白学先生对佛教所讲的"空"颇持异议,认为就人类社会和宇宙万物来说,"三仪灵长于宇宙,万品盈生于天地",怎么能说是"空"呢?白学举例说:

> 贝锦以繁采发辉,和羹以盐梅致旨。析毫空树,无伤垂荫之茂;离材虚室,不损轮奂之美。

白学先生的意思是说,各种锦绣五光十色,光彩照人,各种食品酸甜苦辣,美味可口,事物的存在千真万确;佛教在理论上可以把活生生的大树"空"掉,但丝毫无损大树的茂密挺拔,把富丽堂皇的大厦"空"掉,却一点也无碍于大厦的美轮美奂。这种玄之又玄的道理就是讲得天花乱坠,也对事物的客观存在丝毫无损,更难以让人们真正接受它。

其二,白学先生认为佛教的天堂地狱说虚妄无实,慈悲灭欲的说教流弊无穷,而其所说的因缘和合的道理,中国古已有之,只不过非"为教之本"罢了。比如"山高卑累之辞,川树积小之咏,舟壑火传之谈,坚白唐肆之论",白学认为这些道理并不深奥,没有必要大惊小怪,如果佛教依靠这种所谓的"空"理来"遗情遣累",未免过于自信。黑学答曰:

> 周孔为教,正及一世,不见来生无穷之缘。积善不过子孙之庆,累恶不过余殃之罚,报效止于荣禄,诛责极于穷贱。视听之外,冥然不知,良可悲矣。释迦关无穷之业,拔重关之险,陶方寸之虑,宇宙不足盈其明,设一慈之救,群生不足胜其化。叙地狱则民惧其罪,数天堂则物欢其福,指泥洹以长归,称法身以遐览,神变无不周,灵泽靡不罩。

在黑学看来,地狱天堂之设,泥洹法身之福,是无关视听验证的,也不受时空的限制,故比之于中土的善恶报应说教要深刻得多。而白学则认为,佛教设"幽明"、"来生"之化,虽出视听之外,而"于事不符",不过愚弄人民:佛经上说"神光"、"灵变"有什么证据呢?有谁见过"无量之寿"、

"金刚之身"？在白学看来，佛教讲空，本来在引导人们慈悲为怀，灭累迁善，但末流所及，适得其反，致使天下的人，不是克己自励，反而切望来生的福报。这是用贪欲来教化百姓：

> 且要天堂以求善，曷若服义而蹈道！惧地狱以敕身，孰与从理以端心！礼拜以求免罪，不由祇肃之意。施一以侥百姓，弗乘无咎之情。美泥洹之乐，生耽逸之虑。赞法身之妙，肇好奇之心。近欲未弭，远利又兴。虽言菩萨无欲，群生固已有欲矣。甫救交弊之氓，永开利竞之路。澄神反道，其可得乎！

在白学先生看来，佛教用天堂和地狱来劝诱和恫吓众生，还不如用礼义教化让他们循道端心更切实有效些。对此，黑学先生反驳道："若不示来生之欲，何以权其当生之滞？"意谓佛教所讲的来生之欲对于消除众生的今生之执著还是有所助益的。白学先生反驳道：

> 乃丹青眩媚彩之目，土木夸好壮之心。兴糜废之道，单九服之财。树无用之事，割群生之急。致营造之计，成私树之权。务权化之业，结师党之势。苦节以要厉精之誉，护法以展陵竞之情。悲矣，夫道其安寄夫！

意谓佛教的来生报应说不仅在道德上难去近欲，徒增利竞之心，而且大兴土木，建造了许多豪华的寺庙及精美的造像，耗费了大量的财富，更有甚者，僧人们结党营私，沽名钓誉，利生教化之道又何从谈起呢！

最后，白学先生对儒释之异同作了一个总结，曰：

> 夫道之以仁义者，服理以从化；帅之以劝戒者，循利而迁善。故甘辞兴于有欲，而灭于悟理；淡说行于天解，而息于贪伪。是以示来生者，蔽亏于道，释不得已民；杜嵘幽暗者，冥符于姬，孔闭其况。由斯论之，言之者未必远，知之者未必得，不知者未必失。但知六度与五教并行，信顺与慈悲齐立耳。殊途而同归，不得守其发轮之辙也。

这应该是《白黑论》的落点所在,亦即儒释二教在表现形式上虽然有种种的不同,但从教义的根本处立言,则多相符契,殊途同归,完全可以"齐立"、"并行",人们切不可因其"辙"(说教形式),而忘其旨归。儒释二教说到底都是在劝人改恶迁善,目的都是教化天下众生。

(三)何承天与宗炳、刘少府的论争

宗炳(375—443),字少文,南阳涅阳(今河南邓县东北)人,晋末宋初隐士,曾入庐山同慧远"考寻文义",讨论过佛教的因果报应等问题。宗炳与何承天关于因果报应的争论主要体现在宗炳的《明佛论》一书中。另外,《弘明集》卷三有《难白黑论》,内容包括何承天《答宗居士书》三篇,宗炳的《答何衡阳书》二篇,可以相互补充。宗炳的《明佛论》以及上述几篇书信,都是就慧琳的《白黑论》而发的,其中涉及的方面很多,而关于因果报应的争论主要是现实生活中报应是否合理的问题。

《白黑论》中的白学先生(代表儒道二家)曾经批评佛教的因果报应是"所空在于性理,所难据于事用"、"幽冥之理,固不极于人事矣。周孔疑而不辨,释迦辨而不实",认为没办法证明它的存在。何承天接着这个话题,对宗炳发问道:佛教讲善巧方便,救苦救难,为什么见不到它用"灵变"以晓邪见之徒呢?世界上有太多的人需要帮助,而佛教却吝啬得很,整天追求什么"真智",实是徒劳而无功![1] 他问道:

> 若诸佛见存,一切洞彻,而威神之力,诸法自在,何为不曜光仪于当今,使精粗同其信悟,洒神功于穷迫,以拔冤枉之命?而令君子之流,于佛无睹,故同其不信,俱陷阐提之苦。秦、赵之众,一日之中,白起、项籍坑六十万。夫古今彝伦,及诸受坑者,诚不悉有宿缘大善,尽不睹无一缘而悉积大恶,而不睹佛之悲,一日俱坑之痛,飒然毕同,坐视穷酷而不应,何以为慈乎![2]

---

[1] 何承天:《答宗居士书》,《弘明集》卷三,《大正藏》第52卷,第19页中。
[2] 宗炳:《明佛论》,《弘明集》卷二,《大正藏》第52卷,第12页下。

何承天发挥白学先生"幽冥之理""所难据事"的说法,根据日常生活中诸佛不显神力的现象,并以秦赵长平之战白起、项籍一日坑杀赵国六十万众的事实,驳斥佛教以慈悲为怀的虚幻不实以及因果报应的不合理性,对此,宗炳作了这样的回答:

> 夫干道变化,各正性命,至于鸡彘犬羊之命,皆乾坤六子之所一也。民之咀命充身,暴同蛛蚊为网矣。鹰虎非搏噬不生,人可饭蔬而存,则虐已甚矣。天道至公,所布者命,宁当许其虐命,而抑其冥应哉?今六十万人,虽当美恶殊品,至于忍咀群生,恐不异也。美恶殊矣,故其生之所享因固可实殊;害生同矣,故受害之日固亦可同。①

此谓长平之战中的六十万人死在同一天,原因就在于他们杀生害命,他们的道德品质虽然相异,但杀生有罪这一点是完全一样的,故受害于同一天也是说得过去的。宗炳认为,解决这个问题的唯一办法就是修佛持戒,诸恶不作。

何承天与宗炳关于报应的争论,历史没有进一步的记载。后来何承天的《报应问》与刘少府的《答何衡阳书》,从逻辑上看,是前述争论的继续。

《报应问》的主题仍然是批判因果报应的虚幻不实,无法验证。何承天认为"其枝末虽明而根本常昧。其言奢而寡要,其譬迂而无征,故见弃于先圣"②,并提出了两种判断真理的标准:一是直接验证,如用"璇玑"(天文仪器)观测日月的运行变化规律;二是间接验证,用可见的去验证不可见的("取符见事"),由近及远,由显及幽。他认为佛教的因果报应说是经不起这样的验证的。他举例说:

> 夫鹅之为禽,浮清池,咀春草,众生蠢动,弗之犯也。而庖人执焉,鲜有得免刀俎者。燕翻翔求食,唯飞虫是甘,而人皆爱之,虽巢

---

① 宗炳:《明佛论》,《弘明集》卷二,《大正藏》第52卷,第13页下。
② 何承天:《报应问》,《广弘明集》卷一八,《大正藏》第52卷,第224页上。

幕而不惧。非直鹅也。群生万有往往如之。是知杀者无恶报,为福者无善应。若谓燕非虫不甘,故罪所不及,民食刍豢,奚独婴辜?①

鹅吃青草,游清池,长大了却被人杀了吃掉;但燕子专吃害虫,人们反而喜欢它,岂非杀生无恶报,为善无福应吗?那么,由近可以推远,人食了牛羊的肉又有什么理由遭到报应呢?所以,佛教讲报应,并非真有什么报应,只是"假设权教,劝人为善耳",与实证无关。

刘少府回答说,三报论是幽明之理,非耳目见闻所能验证,而何承天用世俗的推论去诘难它,真是迂腐之极。他说,人之食鹅与燕之食虫,对鹅虫而言是现世受报,而人燕之报是来世报,"善恶之业,业无不报,但过去未来非耳目所得,故信之者寡,而非之者众"②。报应都是有的,区别在于时间的早晚。

何承天与慧远、宗炳、刘少府的争论,实际上是科学理性与宗教信仰的一次较量。何承天试图用科学验证的办法来驳倒因果报应说,而佛教方面所赖以立足的是无法直接验证的三世报应论,双方虽然都讲验证,何承天坚持的验证是科学和逻辑的验证,而慧远、宗炳、刘少府等人坚持的是不受时间和经验限制的验证,这种争论是不会有结果的。

第二节 晋宋齐梁时期的形神之争

形神问题与因果报应问题本来是相互连接在一起的,但从理论上看,形神之争比因果报应之争更为深入,是因果报应之争的继续展开。随着因果报应之争的继续发展,形神问题愈来愈突出,报应问题逐渐被形神问题所掩盖。佛教因果报应学说的理论基础就是神不灭

---

① 何承天:《报应问》,《广弘明集》卷一八,《大正藏》第52卷,第224页上。
② 刘少府:《答何承天》,《广弘明集》卷一八,《大正藏》第52卷,第224页下。

论,是否承认精神不灭也就关系到佛教的因果报应说是否成立的关键所在。

一、"补特伽罗"与神灵不灭

佛教以业报轮回为其基本的教义之一,认为每个人一生中所造的业,即人的思想和行为都会作用于今世或后世,受到相应的果报,轮回不已,这就存在一个轮回报应的主体问题。经验告诉人们,每一个人都有一个从出生到死亡的过程,任何人的肉体都不可能长生不老。印度佛教多主张当世不能成佛,成佛需要累劫修行;既然当世不能成佛,要等到来世,就必然要肯定有一个连接生与死的"中间环节"。佛教本身是反对有神论的,所以对于这样一个中间环节作了多种假说。但在中国,无论是佛教方面还是反对佛教的方面,经常都把这个中间环节当作神灵来看待。

(一) 印度佛教关于轮回主体的认识

释迦牟尼用缘起论去反对婆罗门教而创立了佛教,认为世间万物、一切诸法都是念念不住,空无自性的,否认任何创世主和造物主,也否认有任何一种实体(包括精神实体)是永恒不灭的,这在实质上是一种无神的理论。但是佛教又从婆罗门教那里继承了业报轮回的思想。讲业报轮回,又没有轮回的主体,这给业报轮回理论造成了很大的困难,正如《阿毗达磨俱舍论》所说的:"若我实无,谁能作业,谁能受果?""若实无我,业已灭坏,云何复能生未来果?"①意思是说,如果没有一个永恒的精神实体的存在,当世的业就不可能产生未来的果;如果没有一个永恒的"我",谁还会千辛万苦地追求累劫难求的涅槃?为了克服这种理论困难,印度佛教从部派佛教开始,逐渐触及和讨论轮回报应主体的问题。他们分别提出了"补特伽罗"、"不可说补特伽罗"、"胜义补

---

① 《大正藏》第 29 卷,第 158 页。

特伽罗"等种种说法。到了大乘佛教,又出现了"如来藏"、"佛性我"等概念。"佛性我"就是众生成佛的根据,就是如来藏的意思。《大般涅槃经》卷七说:"我者,即是如来藏义,一切众生悉有佛性,即是我义。"①佛性我与部派佛教的补特伽罗不无相通之处,但提法有所变化,不同于"无我",而是即有即无,非有非无的"大我"。《大般涅槃经》卷七有多种论述:

> 涅槃无我大自在故,名为大我。
>
> 如来遍满一切处,犹如虚空,虚空之性不可得见,如来亦尔,实不可见,以自在故,令一切见,如是自在名为大我,如是大我名大涅槃。
>
> 佛性者,名第一义空,第一义空名为智慧,所言空者,不见空与不空,常与无常,苦之与乐,我与无我……乃至见一切无我,不见我者不名中道,中道者名为佛性。②

就是说,佛性我是一种大我、真我,但它与无我、无常并不相违,这叫第一义空,是大乘佛教中观哲学的"中道"逻辑。如果按照世俗的观点去追究它到底是有还是无,就会堕入妄见,流入外道。宗性《名僧传抄》卷一三就有一段关于佛性我与外道我的问答:

> 问曰:经云外道妄见我,名之为邪倒,今名佛性即我,名之为正见,外道何以见邪,佛性以何为正?
>
> 答曰:外道妄见神我,无常以为常,非邪而何?佛法以第一义空为佛性,以佛为真我,常住而不变,非正而何!

也就是说,外道所之"我"的最大特点是"无常以为常"。所谓"无常",即如凡夫俗子所谓的实体性的"神我",而佛教所说的"大我"乃是一种不具

---

① 《大正藏》第 12 卷,第 407 页。
② 同上书,第 523 页。

任何实体性之"我"与"无我"的统一。

（二）中国传统的"神灵不灭"说

佛教传入中国后,起初人们把它归类于道家方术,以为它追求的是却病延年、长生不死,又认为轮回报应也就是不灭"精神"的善恶果报。佛教在中国的最初几百年,人们的理解大致如此。如袁宏《后汉纪》卷一〇云:"又以人死精神不灭,随复受形,生时说行善恶,皆又报应。故所贵行善修道,以炼精神不已,以至无为,而得为佛也。"范晔《西域传》论云:"精灵起灭,因报相寻,若晓而昧者,故通人多惑焉。"①据认为是我国最早论述佛教教义的著作《牟子理惑论》则主张"魂神"不灭:"魂神固不灭矣,但身自朽烂耳。身譬如五谷之根叶,魂神如五谷之种实；根叶生必当死,种实岂有终亡,得道身灭耳。"②三国时在吴国传教的西域高僧康僧会在其编译的《六度集经》中,也发挥了"识灵"、"魂灵"不死的思想:"众生识灵,微妙难知,视之无知,听之无声,弘也天下,高也无盖,汪洋无表,轮转无际。"③

上述"精神"、"精灵"、"魂神"、"识神"、"魂灵"等称呼,实际上就是中国传统的不灭的灵魂或精神,它们被当成佛教因果报应的承当者,这种情况直到东晋的僧叡才发现其中的问题,他认为缘起性空的"识神"同传统的"神"不是一回事。他指出:"此土先出诸经,于识神性空,明言处少,存神之文,其处甚多。"④

中国传统的灵魂或精神本来就缺乏确切的定义。大致说来,灵魂与原始宗教的鬼神信仰有关,精神与哲学有关。但古人相信人死为鬼,人死后肉体腐败归土,灵魂飘散升天,这跟精神源于天,形体发于地的哲学观念又是相通的。从哲学上说,从先秦到两汉,对精神或灵魂主要可以

---

① 《后汉书》卷八八,第2932页。
② 《弘明集》卷一,《大正藏》第52卷,第3页中。
③ 《六度集经·布施无度集经》,《大正藏》第三卷,第15页。
④ 《出三藏记集》卷八《毗摩罗诘提经义疏序》,《大正藏》第2145卷,第59页上。

分为两种最基本的看法。

一种看法认为它是一种独立于形体之外的精微之气。《管子·内业》篇以为凡人之生,天出其精,地出其形,两者相合而为人。同书《心术》篇以为人的身体充满了气,"一气能变曰精",精是由人身中的"气"变化而成的。《内业》篇补充说:"精也者,气之精者也。"所以,精是一种极细微的气。《内业》篇还认为,人的思虑和聪明智慧都是精气的作用:"思之思之,又重思之,思之而不通,鬼神将通之,非鬼之力也,精气之极也。"天有无穷之精气,人可以吸收它,变得智慧聪明:"定心在中,耳目聪明,四肢坚固,可以为精舍","敬除其舍,精将自来",并认为"灵气在心,一来一逝"。"灵气"应该是人的聪明智慧的精气。总之,《管子》一方面主张精来自气,但气与形是什么关系,并没有说明;另一方面又认为形体是精神的住所(精舍),精神可来去自由,独来独往,游离于人体之外而存在。这些思想表明,《管子》对形与神的关系是持二元论的。《淮南子·原道训》曰:"形者,生之舍也";"一失位,则三者伤矣",继承了《管子》身为精舍以及精、气、神合而生人的观点。司马谈《论六家要旨》曰:"形神离则死",明确地主张形神可以分离。

另一种看法认为精神依赖于形体而存在。《荀子·天论》篇首先提出了"形具而神生"的命题,肯定了神对形的依赖关系,但缺乏详细的论证。汉代桓谭提出烛火之喻,以为"精神居形体,犹火之燃烛","气索而死,如火烛之俱尽矣"①。即精神不能脱离形体而存在,犹如火不能离开蜡烛而独燃,人的形体一旦死亡,精神也就消灭了。王充发展了桓谭的思想,更详细地论证人死不能变鬼、精神不能脱离形体而存在的观点。《论衡·论死》篇根据当时的医学知识断定人的"精气"来源于血脉,血脉枯竭,精气消亡,王充也用烛火喻之说:"天下无独然(燃)之火,世间安得有无体独知之精?"又加之以粟囊之喻说:"人之精神,藏之于形体之内,

---

① 桓谭:《新论·形神》,《弘明集》卷五,《大正藏》第 52 卷,第 29 页上。

犹粟米在囊橐之中也。死而形体朽,精气散,犹囊橐穿败,粟米弃出也。"尽管上述两派思想存在明显差距,但都认为神是一种"精气",差别仅在于这种精气是独立的还是依赖于形体的。桓谭的烛火之喻,可以理解为火只是不同于薪而独立存在的某种实物,所以,后来的佛教学者也拿它来论证灵魂不灭,《弘明集》卷五收录了桓谭的这篇《新论形神》,目的是反对无神论的。王充否定神可独立存在,但又认为:"阴气主为骨肉,阳气主为精神"①,又说:"人死精神升天,骸骨归土"②,这就把精神当成一种和形体不同而且可以离异的存在,在逻辑上仍然可推出灵魂存在的结论。中国本土文化这种根深蒂固的形神观深刻地影响了中国佛教的因果报应观念及其后来的形神之争。

二、晋宋之际的形神之争

晋宋时代是形神之争的第一个阶段,代表人物有罗含、孙盛、何承天、慧远、宗炳、郑鲜之等,在这个阶段,形神问题还没有从因果报应问题中分离出来,在关于因果报应之争的材料中往往也有形神之争的内容。

(一) 慧远以前的形神之争

在慧远以前,关于形神之争的材料比较零散,主要有《牟子理惑论》、罗含《更生论》及孙盛的回答。

《牟子理惑论》中第十二、第十三问都是关于形神之争的:

> 问曰:佛道言人死当复更生,仆不信此言之审也。
>
> 牟子曰:人临死,其家上屋呼之。死已,复呼谁?或曰:呼其魂魄。牟子曰:神还则生,不还,神何至乎?曰:成鬼神。牟子曰:是也。魂神固不灭矣,但身自朽烂耳。身譬如五谷之根叶,魂神如五谷之种实;根叶生必当死,种实岂有终亡,得道身灭耳。老子曰:吾

---

① 黄晖:《论衡校释》,第946页,中华书局,1990。
② 同上书,第871页。

所以有大患,以吾有身也,如吾无身,吾有何患!又曰:功成名遂身退,天之道也。或曰:为道亦死,不为道亦死,有何异乎?牟子曰:所谓无一日之善,而问终身之誉者也。有道虽死,身归福堂;为恶既死,神当其殃。愚夫暗于成事,贤智预于未萌。道与不,如金比草,善之与福,如白方黑,焉得不异,而言何异乎?

问曰:孔子云:未能事人,焉能事鬼?未知生,焉知死?此圣人之所纪也。今佛家辄说生死之事,鬼神之务,此殆非圣吉之语也。夫履道者,当虚无澹泊,归志质朴,何为乃道生死以乱志,说鬼神之余事乎?

牟子曰:若子之言,所谓见外未识内者也。孔子疾子路未识本末,以此抑之耳。孝经曰:为之宗庙,以鬼享之,春秋祭祀,以时思之。又曰:生事爱敬,死事哀戚。岂不教人事鬼神、知生死哉?周公为武王请命曰:旦多才多艺,能事鬼神。夫何为也?佛经所说生死之趣,非此类乎?老子曰:既知其子,复守其母,没身不殆。又曰:用其光,复其明,无遗身殃。此道生死之所趣,吉凶之所住。至道之要,实贵寂寞,佛家岂好言乎?来问不得不对耳。

上述这两处问答反映了早期中土佛教与儒道二家关于形神问题的不同看法。当时双方都把神当成了不死的灵魂,认为神不灭就是传统的人死变鬼,这与汉代人的思想是一致的。对于神为什么不灭,牟子提出了两点理由:一是种实之喻,即魂神如植物的种子,身体如植物的根叶,根叶虽亡而种子不灭。这个比喻类似于后来的薪火之喻。二是经典(包括道家老子的思想)依据,从《老子》、《论语》、《孝经》、《礼记》中寻找根据证明神灵不灭,论辩双方对同一经典材料作相反的解释,这成了后来争论的基本模式。

东晋罗含作《更生论》,涉及形神问题,如"苟神可穷,有形者不得无数","神之与质,自然之偶,偶有离合,死生之变也;质有聚散,往返之势也"。① 孙盛回答说:"吾谓形既粉散,知亦如之,粉错混淆,化为异物。"② 罗含认为神不可穷,是儒家经典《周易》上的明训;又认为神与形质是两个不同的起源,它们之间的结合是自然的"默契"。孙盛回答说,既然人死形体腐烂消散,化为他物,神(知)也不例外,同样化为他物。他们都受传统的影响,认为神与形体都是一种精微的"气"。

(二) 慧远的"形尽神不灭"说

慧远重要的佛学思想之一,是其"三报论"和"神不灭论"。他在《法性论》(残篇)中说:"至极以不变为性,得性以体极为宗。"既肯定佛教修行的最终目标是"体极",又认为"至极以不变为性"。慧远此一思想带有明显的过渡性质和柔和色彩,既受印度佛教般若实相理论的影响,又带有明显的中土传统不死灵魂的实体性,而其"形尽神不灭"论正是这种灵魂不死思想的进一步延伸与发挥。

《形尽神不灭》首先列出对方坚持形尽神灭,反对"化尽为至极"的理由:

> 夫禀气极于一生,生尽则消液而同无。神虽妙物,故是阴阳之所化耳。既化而为生,又化而为死,既聚而为始,又散而为终。因此而推,故知形神俱化,原无异统,精粗一气,始终同宅。宅全则气聚而有灵,宅毁则气散而照灭;散则反所受于天本,灭则复归于无物。反复终穷,皆自然之数耳。孰为之哉?若令本异,则异气数合,合则同化,亦为神之处形,犹火之在木,其生必存,其毁必灭。形离则神散而无寄,木朽则火寂而靡托,理之然矣。假使同异之分,昧而难明,有无之说,必存乎聚散。聚散,气变之总名,万化之生灭。故庄子曰:人之生,气之聚,聚则为生,散则为死。若死生为彼吾又何患?古之善言道者,必以有得之。若果然邪,至理极于一生,生尽不化,

---

① 《弘明集》卷一,《大正藏》第 52 卷,第 27 页中。
② 同上书,第 27 页下。

义可寻矣。

论敌根据传统的气化理论,主张形神皆源于天地之气("天本"),人禀阴阳二气聚合而生、离散而死,坚持气为生命的本体("禀气极于一生"),反对形神二元("异统"),反对来世报应。其理由大略有三:

一、形是粗气,神是妙(精)物,但精粗都是气("神虽妙物,故是阴阳之所化")。精粗二气聚合则变成有生命的人,人的感觉、智慧(灵、照)为生命自然所具有;精粗二气离散则人的生命结束,生命结束则神识毁灭,复归于无形之物。所以,形和神始终不会分开("始终同宅")。

二、形神好比薪火,薪存火存,薪尽火灭。既然形神都是气,人的生命就是"异气数合",合在一起当然同时产生,同时消灭。神只能以形为宅,好比火寄存在木中。人的身体一旦离散,精神就无所寄托,正如木朽而火无所托,道理是一样的,形是神的物质载体。

三、庄子"人之生,气之聚,聚则为生,散则为死"的观点是形生则神生、形死则神灭的经典依据。所以,个体的生命只有一次,生命结束了,就不会有来世,所谓"至理极于一生,生尽不化"。

上述问难代表了东晋时代人们对神的基本看法,即神是一种气,与罗含、孙盛的观点是一样的。慧远详尽地回答了上述问难,他的答辩可分为四个方面。

第一,阐明了"神"的属性和含义。"神"究竟是什么?慧远说:

> 夫神者何耶?精极而为灵者也。精极则非卦象之所图,故圣人以妙物而为言,虽有上智,犹不能定其体状,穷其幽致,而谈者以常识生疑,多同自乱,其为诬也,亦以深矣。将欲言之,是乃言夫不可言,今于不可言之中,复相与而依稀。神也者,圆应无生,妙尽无名,感物而动,假数而行。感物而非物,故物化而不灭;假数而非数,故数尽而不穷。有情则可以物感,有识则可以数求。数有精粗,故其性各异;智有明暗,故其照不同。推此而论,则知化以情感,神以化

传,情为化之母,神为情之根,情有会物之道,神有冥移之功。但悟彻者反本,惑理者逐物耳。①

这是慧远根据佛教的心物论对"神"所作的一段重要的概念性表述。按照慧远的看法,神是不能用"常识"把它当具体的、普通的物质来看待的,甚至是不可言说的。如果不得不用语言表达出来,它是一种精明到极点、非常灵妙的东西,它无体状,无名称,奥妙无穷;它运变不居,感应万物而无生灭。它只能从外物中感应出来,但它本身不是物;它借助于"四大"、"五行"等名数而运行,但它本身不是名数。因为它本身不是物,也不是数,所以物穷数尽的时候它都不会消灭,但可以在冥冥之中从一物传递到另一物上去。更重要的是,神是情欲的种子,众生有情欲则可以感物,众生有智慧则有世俗的追求,造业不已,堕入轮回。这样,情欲感物则导致生命的流转,而神在生命的流转中冥相主宰,传递无穷。所以,不是人的形体决定精神的存在,而是精神决定形体的生死交替。这是慧远关于形神问题的理论前提。从这个前提出发,慧远对神不灭论作了进一步的论证。

第二,慧远认为薪火之喻是神不灭的证据。针对论敌以薪火来比附形神,论证薪微火弊薪尽火灭,慧远从同样的比喻中推出相反的结论。他说:"火之传于薪,犹神之传于形;火之传异薪,犹神之传异形。前薪非后薪,则知指穷之术妙;前形非后形,则悟情数之感深。"这是说,人的精神好比火,形体好比薪,薪经过燃烧,成为灰烬,而火却从此薪传到彼薪,永远不熄灭,同样,人的形体消灭了,神却从此形传到了彼形,轮回不已。

第三,慧远根据父子之间形体相似而智慧天隔的事实反对形神一气、俱生俱灭。他说:就如来论,假令神形俱化,始自天本,愚智资生,同禀所受,问所受者,为受之于形耶?为受之于神耶?若受之于形,凡在有

---

① 《弘明集》卷五,《大正藏》第52卷,第31页下。

形,皆化而为神矣;若受之于神,是以神传神,则丹朱与帝尧齐圣,重华与瞽叟等灵,其可然乎？如其不可,固知冥缘之构,着于在昔,明暗之分,定于形初。虽灵均善运,犹不能变性之自然,况降之以还乎！验之以理,则微言而有证;效之以事,可无惑于大道。①

大意是说,假如人皆禀受元气而生,死时形神俱化,人的聪慧愚钝有共同的来源("同禀所受"),那么所禀受的究竟是神还是形呢？如果禀受的是形体,那么凡是形体相似的,都应该有同等或近似的愚痴聪明,但是,丹朱和他的父亲尧形体相似,舜同他的父亲瞽叟形体也相似,为什么他们之间的聪明才智差距那么大呢？如果禀受的是精神,以神传神,那么父子都应有同样的聪明智慧;丹朱和他的父亲尧应当都是圣人,舜同他的父亲也应当都很聪明,可是,丹朱不肖而瞽叟愚顽,这一定是神在生命之前的冥冥之中就确定了同某一形体的因缘结合,而人的聪明愚钝("明暗")必是生前("形初")所定。由此推知,神和形不可能俱生俱灭,形神应当起源不同。

第四,慧远以上所说之异薪之相传、父子不同禀之"神",究竟是一种无方所体状、无形无象的"空性"、"实相",还是一种具有实体性质的不灭的神性呢？这一点,慧远自己有过解释。元康的《肇论疏》曾引慧远的《法性论》这样几句话:"性空是法性乎？"答曰:"非。"另外,上述第二、第三点慧远把神性作为一种独立于"形"、"薪"之外的东西,也表明他所说的"神性",并不具备像印度佛教"佛性"、"实相"的本体性质。凡此都说明,慧远的"以不变为性"的神性,虽然在一定程度上也经常带有般若实相的色彩,但更经常把它作为一种实体性的"灵魂"来看待,故尔罗什对其思想既有"岂不妙哉"的感叹,又有"近于戏论"的指斥。而慧远的"神不灭论"中的"神性",更多的是从实体性的灵魂的角度来发挥的。

---

① 《弘明集》卷五,《大正藏》第 52 卷,第 31 页上。

(三) 宗炳与何承天等人的争论

何承天与颜延之、宗炳等人在关于佛教因果报应的争论中提到了形神问题。何承天在《达性论》中提出"生必有死,形毙神散,犹春荣秋落,四时代换,奚有于更受形哉?"认为《诗经》上的"三后在天"之语是讲君子弘道,无关神灵不灭。围绕这两个论点颜延之与他进行了反复的交锋。颜延之始终坚持儒家经典不会说谎,鬼神不仅存在,而且有形状、有质体,而何承天则以孔子不语乱力怪神相反驳。① 二人的论点都没有多少新意,此不赘述。后来宗炳与何承天又围绕慧琳的《白黑论》进行辩论②,双方的来往信件常涉及形神之争,但观点也难有突破,直到宗炳的《明佛论》出现,情况才有所改观。

《明佛论》又名《神不灭论》,是宗炳写的一篇长达万言的佛教论文。《明佛论》撰写的直接原因是佛教徒慧琳作《白黑论》,批评佛教的来生说,为此,何承天与宗炳书信往返辩论多次,但宗炳觉得信上讲不清楚,另作《明佛论》,淋漓尽致地发挥了他的神不灭主张,受到佛教界的推崇。

《明佛论》文末说:"昔远和尚澄业庐山,余往憩五旬,高洁贞厉,理学精妙,固远流也。"又说:"骡与余言于崖树涧壑之间,暧然乎有自言表而肃人者,凡若斯论,亦和尚据经之旨云尔。"③明言此文得到过慧远的指点。《明佛论》几乎覆盖了晋宋之际所有关于形神之争的论题,在理论上将慧远的神不灭思想发挥到了极致。

《明佛论》采用自设宾主的方式,综贯了"神之不灭"、"缘会之理"、"积习而圣"三大内容,宗旨在论证精神不灭,报应不爽。其主要论点如下:

一、开宗明义批评中土人士"明于礼义而暗于知人心"④,无法了解

---

① 何、颜二人的争论,参见《弘明集》卷三。
② 何、宗二人的争论,参见《弘明集》卷三。
③ 《弘明集》卷二,《大正藏》第52卷,第16页上。
④ 同上书,第9页中。

佛教的至高无上的道理。《明佛论》指出,中国传统的思维方式仅拘泥于耳闻目睹,眼见为实,对于精神不灭、诸法皆空、万劫报应这样深玄之理难以把握。儒家执六经为圭臬,而六经皆不出政治教化的"蛮触之域"①,并且局于一生之内,人生之外,存而不论。而那些无关治迹、探求性灵的书册,宿儒是不会关心的。然而,老庄的修心之道,赤松、王乔的养性之术也来源于"六经"吗?"世之所大,道之所小;人之所遐,天之所远",如果总抱着井蛙之见,就如站在层云之下,不会相信日月的光明。

二、儒家的经典也不乏神灵不灭的依据。"一阴一阳之谓道"、"阴阳不测之谓神","周公郊祀后稷,宗祀文王","斋三日,必见所为斋者","骨肉归于土,魂气则无不至",这些都是灵魂不灭的佐证。

三、根据父子的智愚不同可以推出精神不灭。宗炳认为,众生的精神从根本上说是"阴阳不测"的,也是平等的、永恒的,但随因缘而与气相合以成人,就产生聪明(妙)或愚笨(粗)的后天智慧。这种后天的智慧则是多变的,顽嚚生圣舜,圣舜生嚣均(与慧远用的是同一个例证),父子相承的只是体质和外貌,至于随精神迁流的智慧则不相遗传,否则,父子之间的智愚差距为什么这样大呢?由此可知,人的身体可以遗传,并且有生有死,神识则生前就随缘而化,并且无生无死;既然存在于未生之前,当然不在肉体死后消灭。形体和精神是两者不同源。

四、根据形残神不毁、形病神不困的生理现象以及传统关于五岳四渎皆有灵的观念可推出精神不灭。宗炳认为,假若形神同源,为什么人在身体残废或重病的时候还神意平全、德行无变呢?可见人的身体状况的好坏并不一定决定人的精神和道德状况,既然如此,怎么可以说形生而神生,形灭而神灭呢?又如五岳四渎,皆有主宰的神灵,要是无神灵主宰,岂不是土石一堆、积水一潭吗?那就用不着去祭拜了。

---

① "蛮触之域"泛指人世间。《庄子·则阳》:"有国于蜗之左角者曰触氏,有国于蜗之右角者曰蛮氏,时相与争地而战,伏尸数万,逐北,旬有五日而后反。"后称由于细小之事而引起的争论为蛮触之争。

五、神的定义本身就表明了精神不灭。他说:"神也者,妙万物而为言矣。若资形以造,随形以灭,则以形为本,何妙以言乎?"①宗炳的这个观点来自《易传》,他认为神比具体的万物神妙,如果神也随形生灭,以形为本,就无妙可言了;圣人的精神永垂不朽,凡愚之辈死后无名可传,同样证明圣人的灵魂与天地日月同在。

六、形神因缘相会,情识是生命的本根。这是宗炳对慧远"情为化之母,神为情之根"观点的进一步发挥。宗炳说,生命的孕育肇端于男女的情欲,有了情欲,男女构精,化生万物。那么,情与神到底是何种关系?宗炳答道:"伪有累神,成粗妙之识,识附于神,故虽死不灭。"②情是因外物劳神而形成的智愚不一的思想、意识(粗妙之识),情与神相比,情是神的作用,是第二位的。神与外物交接后,识识相连,生死相续,轮回不已。佛经上说"一切诸法,从意生形","心为法本,心作天堂,心作地狱"等都是这个道理。

七、人可以靠自己的努力积习而神通成佛(圣)。宗炳说,人的后天的心识是附属于神的,当人的心识与万物隔绝,没有任何情感思虑的时候,人的后天之识与不灭的神灵合而为一,仅有虚明的神在观照了。这样,"渐之以空,必将习渐至尽而穷神本矣,泥洹之谓也",涅槃的境界就是心与物绝、冥神玄照的境界。这个境界又可成为"法身无为,普入一切",同道家的"无为而无不为"、孔子的"无求生以害仁,有杀身以成仁"是完全相通的。所以,"孔、老、如来,虽三训殊路,而习善共辙也"③。

宗炳的《明佛论》除了重复前一阶段争论的一些基本论点以外,有如下几点值得重视:第一,继承和深化了慧远对形神问题的看法。如用父子愚智不同来论证精神不灭,根据传统理论对神作出新的定义性说明,论证情为生命的根本,神为情的根本等等。第二,根据人的形病神不困、

---

① 《弘明集》卷二,《大正藏》第 52 卷,第 10 页上。
② 同上书,第 11 页中。
③ 同上书,第 12 页上。

德行不变的生理现象证明形神不同本,这是宗炳的新创。第三,提出"伪有累神,成粗妙之识",以神为本,以识(人的感觉、智慧)为用,将神与识区别开来,深化了对形神问题的认识。但是,神和识到底是何种关系,宗炳缺乏令人信服的论证。第四,尽力沟通儒、释、道三教,将佛教的神不灭理论建立在三教一致的基础上。

(四)郑鲜之的"神不灭"论

郑鲜之(363—427),字道子,荥阳开封(今河南开封)人,曾任豫章太守,宋文帝元嘉年间进尚书右仆射。《晋书》卷六四有传。郑鲜之是从晋宋向齐梁过度的中间人物,他在《神不灭论》中自设宾主,以主客问难的形式宣扬形尽神不灭,根据该文的内容,他虚拟的对手实际上是何承天。

郑鲜之的基本观点是"理精于形,神妙于理",他的论点主要有三:

一、"形与气息俱运,神与妙觉同流"①。形是五脏六腑、四肢七窍的结合,形体有的地方不全,并不妨碍整个生命的存在;而神则"灵照"、"妙统"众形,"形与气息俱运,神与妙觉同流",形神二者的功能和地位不一样。比如肌骨知痛痒,而爪发不知痛痒,可见"形粗神妙",精神高于形体。这里显然受了宗炳的启发。

二、理精于形,神妙于理。"理"是郑鲜之"悟"出来的,它夹在形与神的中间。何承天曾经提出"出生之表,则廓然冥尽"、形散而神无以立的观点,郑鲜之答道:

> 夫万化皆有也,荣枯盛衰,死生代乎,一形尽,一形生,此有生之始终也。至于水火,则弥贯群生,赡而不匮,岂非火体因物,水理顺虚,生不自生,而为众生所资,因即为功,故物莫能竭乎?同在生域,其妙如此,况神理独绝,器所不邻,而限以生表冥尽,神无所寄哉!因斯而谈,太极为两仪之母,两仪为万物之本。彼太极者,浑元之气

---

① 《弘明集》卷五,《大正藏》第52卷,第28页上。

而已,犹能总此化根,不变其一。①

郑鲜之将形粗神妙作了独特的解释,所谓形粗就是形"有",所谓神妙就是神"理","神理独绝,器所不邻",形是现象,神是本体,本体化为具体的现象,但本体自身无增减。

三、形神不相资。郑鲜之对薪火之喻作了新的解释:

> 夫火因薪则有火,无薪则无火,薪虽所以生火,而非火之本,火本自在,因薪为用耳。若待薪然后有火,则燧人之前,其无火理乎?火本至阳,阳为火极,故薪是火所寄,非其本也。形神相资,亦犹此矣……请为吾子广其类以明之。当薪之在火则火尽,出火则火生,一薪未改,而火前期。神不赖形,又如兹矣。②

意思是说,燧人氏虽然发明了火,但燧人氏以前也有火,不仅有火,也有"火理",薪不是火之本,"火理"才是火之本。

郑鲜之假设的论敌提到,既然形神类似于薪火,佛经上说当某一形死亡后,其神又可以寄托到另一形上去了("更宅彼形"),按照轮回报应的观点,善报和恶报都与人的罪福相关,那么,如果一个人有罪而得报,是报在肉体上还是报在精神上呢?肉体自然死亡,显然无法得报;而精神与原来的肉体无情也无意,能够把原来的罪过带到下世吗?郑鲜之答道,讲形神不相资,是指形神不同本,至于两者结合在一起了,那会互相"照顾"的,神即形为照,形因神为用。

郑鲜之的《神不灭论》在逻辑上漏洞不少,他除了重复慧远和宗炳的观点外,主要提出了"理"和"形"的关系,但他把两者作了绝对的割裂,然后又用"体"与"用""自然相济"来圆场,也难以服人,理论局限性很大。

综而观之,在晋宋时代的形神之争中,神灭论和神不灭论尽管在具体论证上说法很多,但双方基本上都遵循各自的理论和思路去展开论证

---

① 《弘明集》卷五,《大正藏》第52卷,第28页中。
② 同上书,第28页下。

的:神灭论者主张人死神灭,形尽气散,如慧远的假设论敌的"神虽妙物,故是阴阳之所化","异气数合","始终同宅",接近于今人所讲的物质是精神的载体,精神的基础来源于生命物质本身,这是范缜的理论前导。但是神灭论者认为神也是一种"气",不管这种气是精气还是粗气,人死气散以后,会散发到别的地方,这从逻辑上会得出形神二元的结论。像何承天主张人死无"遗魂",即人死无灵魂,不能为鬼,不能转生;但又说"三后在天,精灵升遐",魂气归天,最终还是承认灵魂是气,既然是气,岂非灵魂仍然存在吗?而神不灭论者如慧远、宗炳、郑鲜之等人,都在形神分开的基础上,主张神不会随着形的死亡(或消失)而死亡(或消失),而且神比形在某种意义上更具有主宰性的作用,因为这种不灭的神性,正是人们所以能够成佛的根据。

三、齐梁之际的形神之争

齐梁时代的形神之争是对晋宋时代形神之争的继承和深化,也是形神之争的高潮。从东晋的罗含到梁代的范缜,时间大约一百年。晋宋时代的争论基本上处于自发阶段,到齐梁时代,梁武帝直接插手,组织人马参加论战。当时的佛教势力强大,信徒众多,又有王公朝贵的支持,反佛教的人一般不敢公开出来发表言论,范缜的《神灭论》就成了当时反对神不灭和因果报应学说的代表作。

(一)范缜与《神灭论》

范缜(约450—515),出身寒微,少孤家贫。齐竟陵王萧子良开西邸,盛招文学之士,范缜也加入其中,并与萧衍(后为梁武帝)、沈约、谢朓、王融、萧琛、范云、任昉等号曰"八友"。范缜性格质直,好危言高论,不为士友所安,唯与外弟萧琛相善。先在齐为官,齐竟陵王萧子良精信佛教,范缜"盛称无佛",退而著《神灭论》。

《神灭论》见载于《梁书》范缜本传。作为收集当时儒释道三教关系论争的《弘明集》,因其意在弘道明教,没有单独记载该文,而将它作为

"反面资料"插在萧琛的《难神灭论》中,供人批判。

《神灭论》自设宾主,共三十个问答,问者代表佛教的观点,答者代表范缜的观点,比较全面地反映了齐梁时期的形神观。《神灭论》主要有五个方面的内容:

一、形神相即。相即就是不离。这是《神灭论》的第一个命题。范缜说:"神即形也,形即神也,是以形存则神存,形谢则神灭也。"形神不离是以神依赖形体为前提,而不是过去讲的形神"相合",形神"同宅"。范缜不再以神为气,克服了前代反佛论者对形神的模糊认识。

二、形质神用。"质"就是物质实体,"用"就是功用,质用关系也即体用关系。形体和精神不是两种物质的结合,而是同一实体的两个方面,人的精神从属于人的形体。对方问:"形者无知之称,神者有知之名。知与无知,即事有异,神之与形,理不容一。"这是名与实的问题,即形与神不是一个物名,怎么能相一不二呢?也是前面慧远、宗炳、郑鲜之的看法。范缜答曰:"形者神之质,神者形之用。是则形称其质,神言其用。形之与质,不得相异。""名殊而体一也。"为了说明这种"名殊而体一"关系,范缜举了一个刃利之喻。他说:

> 神之于质,犹利之于刃;形之于用,犹刃之于利。利之名非刃也,刃之名非利也。然而舍利无刃,舍刃无利。未闻刃没而利存,岂容形亡而神在?

刃利之喻不同于薪火之喻,薪与火都是气,是物与物的关系;但刃与利的关系,不再是物与物的关系,而是物质实体与其本身所具有的功用和属性的关系。

三、人质非木质,死形非生形。范缜提出刃利之喻后,客方避开了范缜形质神用的命题,抓住了范缜笼统地以形论神的弱点进行反击。因为范缜的"形"可能是一切有形之物,外延未限。这样讨论下去必定会带来不应有的混乱。

客方首先用木质与人质的相似来反驳。客方把质的外延扩大到了木,认为人和木都是一样的质,为何人有知而木无知？实际上是暗示神是可以脱离形质的。范缜用人有知(神)而木无知指出二者的异质性,也就是以"有知"和"无知"来划定人质和木质的界限,但仍然有漏洞。对方立即问曰:"死者之形骸,岂非无知之质耶？"范缜认为死形如枯木,生形如荣木;树木先活后枯,枯树不能再活,活人变成死人,但死人决不能复活,性质不同。对方又举丝与缕同体反驳,范缜答以丝缕之喻不同于荣枯之喻。范缜最后的结论是:"欻而生者必欻而灭,渐而生者必渐而灭",生人的形体不同于死人的形体(骨骼),所以生人的形体有知(神),死人无神。

四、心为虑本。针对范缜的"形神相即",对方提出了人的各个器官如手足是否有"神"的问题,这也是晋宋之际慧远、宗炳等人提出的问题,范缜回答手足皆是"神分",即神的部分。范缜把神分为两部分:一是痛痒之知(知觉),一是是非之虑(思维)。二者有程度上的差别:"浅则为知,深则为虑",但"知即是虑",虑即是知,知虑无界限,所以不会有两种知(神)。知与虑同身体器官的关系是:五脏各有所司,"手等有痛痒之知,而无是非之虑","是非之虑以心为主","心为虑本"。范缜讲的"心"就是"五脏之心"。至于为什么心为虑本,范缜答以"心病则思乖,是以心为虑本"。

五、凡圣不同体。圣人和凡人形体相似而愚智不同,这是前人一再讨论的问题,慧远、宗炳、郑鲜之等人据此而推出神灵不灭。在这里,范缜的对手又一次提出了这个问题,来说明形神相异。问曰:"圣人之形,犹凡人之形,而有凡圣之别殊,故知形神异矣。"范缜答以金有精粗,人有凡圣;圣人之神不寄凡人之器,凡人之神不托圣人之体。他举例说,尧眉八彩,舜有重瞳,黄帝的前额像龙,皋陶的口形像马,身体外形很特殊;比干的心,七窍并列,姜维的胆,其大如拳,内部器官很特殊,圣人形器不凡,故道德智能出众。对方问曰:"阳货类仲尼,项籍似虞帝",形同而智隔,如何解释?范缜答曰:他们是貌似而非实似,当然心器不均。对方又问:凡圣如果不同体也罢,但圣人之间应该同质也同圣,为什么"丘旦殊姿,汤文异状"呢?岂不证明"神不系色"了吗?范缜答曰:"圣与圣同,同于圣器,而器不必同也。犹马殊毛而齐逸,玉异色而均美。"即圣人的形体都"类"属于圣,至于圣体本身还可以各有特色。

六、人死不变鬼。传统经典特别是儒家经典中有关于鬼神的记载,是佛教方面的重要依据。《神灭论》也不得不讨论这个问题。对手问:"敢问经云:为之宗庙,以鬼飨之,何谓也?"又问:"伯有被甲,彭生豕见,坟素着其事,宁是设教而已耶?"再问:"《易》称:故知鬼神之神状,与天地相似而不违;又曰:载鬼一车,其义云何?"一连三问。范缜答曰,经典上讲鬼神,是圣人神道设教的需要,目的是满足孝子之心,而"厉偷薄之意"。又说:"妖怪茫茫,或存或亡,强死者众,不皆为鬼,彭生、伯有何独能然?"凶死的人多的是,凭什么单独彭生、伯有死后就变鬼呢?范缜的结论是:

> 有禽焉,有兽焉,飞走之别也;有人焉,有鬼焉,幽明之别也。人灭而为鬼,鬼灭而为人,则吾未知也。

范缜同意世界上有鬼的存在,人鬼之别是"幽明之别";但不同意人死变鬼,鬼灭为人,反对佛教的因果报应说。

范缜的《神灭论》体现了形神之争在齐梁时代的新进展。晋宋时期的神灭派万变不离其宗,主张形神皆属于气,而神是精气;这样,神不灭派就可以以此为前提,提出形粗神妙,"精极而为灵"(慧远)、神妙万物(宗炳),甚至"理精于形,神妙于理"(郑鲜之)这样一种超验的、形而上的非物质(如慧远的"非物"、"非数"等)的存在,使得神灭论的一方处于下风。而范缜则吸取了前代的教训,改变了战术。《神灭论》以"形神相即"和"形质神用"为前提,把神限定人的感觉和思维,也就是"识"。按照宗炳的定义,人的感觉和思维是本体的神受累于外物形成的"粗妙之识",

是不属于作为本体神的范围的。实际上,范缜已经把神这一概念的外延大大地限制了,形神问题至此已是概念明确而内涵具体的讨论。所以,接下来的争论就没有前面那么抽象了。

范缜写了《神灭论》,自称"辩摧众口,日服千人",影响很大①。当时,沈约写了《难范缜神灭论》直接反驳范缜,事在南齐②。梁武帝即位后,很不满意,认为范缜的观点属于"异端",组织佛教方面的力量与他进行公开辩论,围攻范缜,最有代表性的是萧琛的《难神灭论》、曹思文的《难神灭论》和《重难神灭论》。其他的文章如《弘明集》卷一〇记载的梁武帝《敕答臣下神灭论》和六十二个朝臣的答诏,除了少数几个人引用了一些经典上的理由外,基本上没有多少理论创新,多是政治上的表态。

(二)沈约与《难范缜神灭论》

沈约(441—513),字休文,吴兴武康人(今浙江吴兴)。齐朝时与萧衍等为竟陵王萧子良门客,梁朝官至尚书令。《梁书》卷一三、《南史》卷七五有传。

沈约的《难范缜神灭论》作于齐代,是最先同范缜展开辩论的,其论点有四个方面:

一、形之与神,岂可妄合?沈约说,神是"对形之名",人有四肢百体,各有其用,如果"神即是形,形即是神",应该相应地有四肢百体之神,为何"神唯一名,而用分百体"?比如,刀有刃才称得上利,"刀是举体之名,利是一处之目",刀和刃是二名;如果把刀铸成剑,刀利即成剑利,而刀形已非剑形,利未改而质不同。"刀与利既不同矣,形之与神岂可妄合耶"?

又,若形即是神,神即是形,"二者相资,理无偏谢,则神亡之日,形亦

---

① 萧琛:《难神灭论》,《弘明集》卷九,《大正藏》第 52 卷,第 54 页下。
② 均见《广弘明集》卷二二,《大正藏》第 52 卷。

应消",可有人得了半身不遂(偏枯),一半已谢,如同僵尸,能够说半神犹存、半神犹灭吗?还有,"二负之尸,经亿载而不毁,单开之体,尚余质于罗浮"①,若神形相即,此二士之体,不应神灭而形存。

二、刀利不能喻形神。范缜的《神灭论》作于南齐,最初他用刀利之喻说明形质神用。沈约认为"刀则举体是一利,形则举体是一神"。利不可分,犹如刀背和刀的两面无利一样;而体则有耳目手足之别,手不能代足,耳不能代目,可分。刀是举体的利,神随体而用,但总是一神,今若"谓总百体之质谓之形,总百体之用谓之神"(形质神用),则神亦随体而分,岂不分为眼神、耳神、手足之神了吗?这样,便"胛下亦可安眼,背上亦可施鼻"了。

三、批驳欻生渐灭之说。沈约说,若渐而生者渐而灭,形体一死,无知无觉,慢慢腐化,"渐之为用,应与神俱",难道神(知)也在慢慢腐化?

四、批驳范缜"生者之形骸,变为死者之骨骼"之说。沈约说,神随形而化,若形骸就是骨骼,那死去的神明也就是在生的神明了;若形骸非骨骼,则生神化为死神。岂非三世不灭吗?②

沈约的《难范缜神灭论》基本上是就范缜的《神灭论》论证本身的弱点和漏洞进行驳斥,他自己并没有提出新的命题,但他的反驳是非常有力的。我们看到,范缜的困难,主要就是他的笼统的形神相即、形质神用的命题,他的比喻本身也不严密。后来,范缜把"刀"改成"刃",但仍然不是无懈可击。

(三)萧琛与《难神灭论》

萧琛(478—530),字彦伦,南兰陵(今江苏武进)人。萧琛是范缜的大舅子,又是西邸时的朋友。南齐时官至黄门侍郎。入梁,官至云麾将军晋陵太守。《梁书》卷二六有传。

---

① 二负之尸、单开之体相当于佛教中的"肉身"不坏,但二负和单开具体指的是哪两个人,已无法考证。
② 参见《广弘明集》卷二二,《大正藏》第52卷。

《难神灭论》采用逐条驳斥的办法,与范缜展开辩论。他在序文中表示不与范缜争论经典上关于鬼神的问题,而是让事实说话,让他心服。萧琛的论难如下:

一、"据梦以验形神不得共体。"人做梦时,身体寐若僵木,身心俱倦,呼之不闻,抚之无觉,但人可远腾万里,只能是神在飘游了,但形神相即(神与形均)则不能解释这一事实。另外,梦中常出现的反常现象如赵简子梦童子裸体而歌,胡人梦舟,越人梦骑,殷高宗梦得傅说,汉文帝梦得邓通等,这些事情平时身体不接触,也没有想过,这是"神游"而形不动的证明。

二、刃利不俱灭,形神不共亡。范缜借刃利之喻表示形神相即,萧琛反对说,刃是靠磨砺出来的,一旦锋刃失利,化为钝刃,则利灭而刃存,所以,刃利之喻非但不证明"名殊而体一",反而证明"神亡而形在"了。

三、人之质犹如木之质,人木皆有知(神)。针对范缜的人木不同质,萧琛则认为木亦有知。他说,人有知,不就是识冷热,知痛痒;木也一样,"当春则荣,在秋则悴,树之必生,拔之必死",怎么说无知呢?人和木的差别仅在于,草木昆虫只知"荣悴生死",人则通"安危利害","木禀阴阳之偏气,人含一灵之精照",但皆有质神,则无分别。

四、神以形为器,非以形为体。这是反驳范缜的"心为虑本"。萧琛说,如果手足皆属"神分",就会得出"体全则神全,体伤则神缺"的结论,但是,有人断手足,残肌肤,而智思不乱,犹孙膑刖趾,兵略愈明,所以,神是独立于形体之外的,它依赖智慧役使他物,寄托形体显示观照的作用,神把感知、认识的功能托付给各个器官,但它本身不依赖于各个器官。

五、形无凡圣之别。范缜主张凡圣有别,圣人之神与圣人之体相对应,萧琛反驳说,阳货类仲尼,项籍似帝舜,就是凡人之形,托圣人之体,还有"女娲蛇躯,皋陶马口",圣人之神简直可以托于虫兽之躯,难道不是凡圣均体吗?还有,若形神一致,则圣人生圣人,贤人生贤人,而尧生器丹,顽瞍诞舜,不是前后矛盾吗?①

萧琛这五个论点,其中的第四、第五条发挥了前代慧远、宗炳的观点,前三条是新论。萧琛对于梦的解释,对利刃之喻和人木之质的重新辨析,都是直接就范缜的论证本身的弱点展开反击的。他的反驳同沈约的性质是接近的。

(四) 曹思文与《难神灭论》

曹思文,生卒年不详,南齐时曾为国子助教,梁武帝时为尚书论功郎。

曹思文与萧琛论辩的风格迥然不同。如果说萧琛的做法是"不得诘以诗书,校以往事,唯可于形神之中,辨其离合"②,那么,曹思文的做法恰恰是诘以诗书,校以往事,也就是从古书上找依据。范缜没有回答萧琛,而留下了《答曹舍人书》,说明了经典中的依据在当时人们心目中的分量。

曹思文在他的《难神灭论》文后对梁武帝说:"窃见范缜《神灭论》,自为宾主,遂有三十余条。思文不惟谙蔽,聊难论大旨二条而已,庶欲以此倾其根本。"曹思文认为只要抓住其中的两条就足以从根本上驳倒范缜。

曹思文的第一条是反对形神相即,主张形神相合,合而为用。他首先从经典中找了两条事例:

> 昔者赵简子疾,五日不知人;秦穆公七日乃悟,并神游于帝所,帝赐之钧天广乐。此其形留而神逝者乎?

意谓如果形神相即,则二者当应若影响,身体生病,则神亦病,为何赵简子、秦穆公形不知人,神独游上帝的宫中,欣赏钧天广乐呢?曹思文结合庄子的话接着说:

> 斯其寐也魂交,故神游于蝴蝶,即形于神分也;其觉也形开,蘧

---

① 参见《弘明集》卷九,《大正藏》第52卷。
② 萧琛:《难神灭论》,《弘明集》卷九,《大正藏》第52卷,第55页上。

蘧然周也,即形与神合也。

又引延陵季子之言曰:

> 骨肉归复于土,而魂气无不至。

他认为这是经史中形神相合"灼灼"之"明证",怎么能说形亡而神灭呢?

范缜在《答曹舍人》中回答说:"若合而为用者,明不合则无用,如蛩駏相资,废一则不可,此乃神灭之精据,而非存神之雅决。"①蛩駏据说是两种不分离的兽,范缜用来说明形神不分。但曹思文立即作了反驳:

> 蛩蛩駏驉,是合用之证耳,而非形灭即神灭之据也。何以言之? 蛩非駏也,駏非蛩也。今灭蛩蛩而駏驉不死,斩駏驉而蛩蛩不亡,非相即也。②

意思是,蛩駏虽然相资不分,但终究是二兽,杀死一个另一个并不会死,这就是相合为用,而非相即为一。

范缜接着对梦的现象作辩驳,秦穆公梦游天宫时,耳听钧天之乐,口尝美味,身披文绣,可知做梦和醒来一样,精神亦必赖形体,"故知神之须待,既不殊人"。离开了形体,梦中的见闻、享受也是不可能的。他反驳"神游蝴蝶"说:

> 子谓神游蝴蝶,是真作飞虫耶? 若然者,或梦为牛,则负人辕辀,或梦为马,则入人跨下;明旦应有死牛死马,而无其物何也? 又肠绕闾门,此人即死,岂有遗肝肺而可以生哉? 又日月丽天,广轮千里,无容下从匹妇,近人怀袖,梦幻虚假,有自来矣。一旦实之,良足伟也。明结想霄,坐周天海,神昏于内,幻见异物,岂庄生实乱南园,

---

① 关于蛩駏,历来说法不一。蛩即蛩蛩或邛邛,駏即駏驉。有说是一兽,与蹷(或鼷)相资而生。但范缜和曹思文都认为是二兽,相资而生。把形神比作蛩駏,虽说废一不可,但终究是二物。这个比喻还不如薪火之喻。
② 《重难神灭论》,《弘明集》卷九,《大正藏》第52卷59页上。

赵简真登间阖耶？外弟萧琛，亦以梦为文句，甚悉，想就取视也。①
范缜觉得曹思文的"神游蝴蝶"和萧琛的"据梦以验"是一回事，他认为梦是"神昏于内，幻见异物"的产物，如人做梦时见了牛马，如果做梦也是真的，醒来应该有死牛死马才对，可见"梦幻虚假"，不能为证。

曹思文的第二条理由是坚持圣人经典上的有鬼论是神圣而不可动摇的。他说，如果经典上的设宗庙、飨鬼神是神道设教，而没有神明存在，那《孝经》讲"周公郊祀后稷以配天，宗祀文王于明堂以配上帝"岂不是周公旦在欺天吗？孔子曰天不可欺，周公欺天不等于是欺人吗？曹思文继续反驳道，孔子说"乐以迎来，哀以送往"，没有神，迎何所迎，送何所送？这是夫子的祭礼呀！"欺伪满于方寸，虚假盈于朝堂，圣人之教，其若是乎？"范缜作了详细回答，大意是说，圣人也没有明确说有鬼神，子路问鬼神，孔子答之以"未能事人，焉能事鬼"。圣人之所以用鬼神设教，是考虑到黔首的愚昧，"黔首之情，常贵生而贱死，死而有灵，则长畏敬之心，死而无知，则生慢易之意"，等等。② 虽然不敢否定经典的权威，而实际上否定了经典中的鬼神。

曹思文基本上是从传统的经典中寻找证据，其中也利用了梦的例子，但新意不多，后来范缜用梦中见牛马而醒来无牛马给予回答。蛮驱之辩是曹思文较为成功之处。

(五) 形神之争的历史评价

齐梁之际的形神之争在中国哲学史乃至中国思想史上都具有重要的历史地位。范缜最突出的贡献是他提出的"形质神用"，而非形神二气，使得形神之争在相当程度上变成了一个哲学问题。范缜所要证明的就是神是形的作用，而不是一种与形并列的"气"，他的论敌此后不得不沿着他设定的范围去讨论，这就使得形神问题大大地简化了。

---

① 《答曹舍人书》，《弘明集》卷九，《大正藏》第52卷，第59页上。
② 《重难神灭论》，《弘明集》卷九，《大正藏》第52卷，第59页上。

但是，范缜没有、也不可能真正解决这个问题。那个时代的科学还远不能解答这样的难题。南朝玄风盛行，士大夫羞务工技，辩论中喜欢清通简要，而厌倦穷其枝叶；双方仅仅满足于驳倒对手，至于事实的真相，则不肯穷究。像上述争论，双方仅仅是提出了的发人深省的论点，至于论证，除了经典上的语句外（事实上经典更缺乏论证），论辩的双方几乎是清一色地使用比喻。比喻也就是以此物喻他物，用人们通常所熟悉的东西去类比不熟悉的、难以理解的东西，它只能使命题、观点更加形象、鲜明，但它本身不能算是严格意义上的论证。但是如果仅仅用比喻来证明，谁也不能算是真正的赢家。况且，人的精神现象本身就是一个相当复杂的问题，即使是今天的科学也未把它彻底搞清楚。比如说当时慧远提出的凡圣同体不同智，萧琛和曹思文提出的关于梦的问题，这些都是范缜所不能直接回答的。而范缜所说的凡圣不同体，他对梦的解答等，与其说是合理的，还不如说是机智的。

事实上，决定当时辩论的真正权威，还是儒家的经典，虽然儒家的经典本来就有理性主义和神秘主义的二元传统，但神不灭论者相信的是它的后一种传统，这使得他们在晋宋之际的争论中取得了很大的优势。范缜继承了何承天等人的理性主义传统，虽然他在《神灭论》中还不敢彻底地否定经典上的鬼神说，认为明有礼乐，幽有鬼神，但在与曹思文的辩论中，已经公开抛掉了包袱，不承认鬼神是真实的存在，这不仅抽掉了神不灭学说的一部分重要理论基础，而且直接损害了封建国家的祭天拜祖的典礼的神圣地位。范缜的行为在当时已属离经叛道，梁武帝最后出面来裁定的武器正是儒家的经典。梁武帝在《敕答臣下神灭论》中说："观三圣设教，皆云不灭。其文浩博，难可俱载。止举二事，试以为言。《祭义》云：唯孝子为能飨亲。《礼运》云：三日斋，必见所祭。若谓飨非所飨，见非所见，违经背亲，言语可息，神灭之论，朕所未祥。"[1]他认为这样讨论已

---

[1]《弘明集》卷一〇，《大正藏》第52卷，第60页中。

经无标准可言,没有必要再继续下去了,持续一百多年的形神之争就此落幕。

第三节　佛道二教的夷夏之争

自晚周以来,中土就形成了夷夏有别的民族意识,被称之为"夷夏之辨"。佛教来自天竺,在中土曾长期被视为"夷狄之教"而遭到歧视和攻击。南北朝时期,中国本土的道教利用夷夏之辨同佛教展开了激烈的争论,并成为此一时期佛道关系的重心。

一、中国传统夷夏观的演变

夷夏有别的观念是随着华夏民族的形成及其与周边其他部族的冲突融合中逐步发展起来的。在远古时代,中华大地上分布着拥有共同文化特征的氏族部落或部落集团,各个部落之间在文明程度上的差异并不明显。到夏、商、周时代,黄河中下游地区进入了较高一级的文明发展水平,同周边各族的差距日益拉大,夷夏有别的观念才逐渐形成并明确起来。

早在商代,就有"四夷"之分。《尚书·商书·仲虺之诰》曰:"东征,西夷怨;南征,北狄怨。"西周末年至春秋时期,边疆各族大规模内迁,在文化上本来处于先进地位的中原各诸侯国与诸夏杂处,面对"南夷与北狄交,中国不绝若线"[①]的严峻形势,文化的、心理的、族类上的巨大落差使得中原各国本能地爆发出"夷夏大防"的"华夏意识"。"夏"与"诸夏"同义,本来是对夏朝以来三代中心统治区域的专称;"中国"是西周初年产生的称谓,专指京师,后演变为与诸夏同义。但"夏"或"中国"概念开始时主要是表达一种政治地理上的区分,夷夏有别的观念并不明确。诸

---

① 《春秋公羊传·僖公四年》。

夏称华,始见于《春秋》,于是华、夏单称或华夏联称,与夷狄相对举。开始时人们区分华夷的标准大致有语言、服饰、经济、地域、风俗习惯等项目。如《左传·襄公四年》有:"我诸戎饮食、衣服不与华同,贽币不通,言语不达。"由于华夏民族是大融合的产物,随着认识的深化,区分夷夏的标准逐渐上升到文化礼义的高度。周定王说:"夫戎狄,冒没轻儳,贪而不让,其血气不治,若禽兽焉。"① 按照礼义标准来区分华戎是《春秋》的"大义"之一。

秦始皇一统天下,将文明程度较高的各诸侯国归并在一起。史曰:"(秦)并中国,外攘四夷"②,"秦既兼天下,使蒙恬将兵略地,西逐诸戎,北却众狄,筑长城以界之"③。秦始皇连筑长城,在游牧文明和农业文明之间画出了一道明确的分界线,从地理位置上将华夏与夷狄严格地区分开来。于是,经过春秋到战国,中国古代史上第一次由民族大迁徙达到民族大融合,诸夏大认同,形成了统一的趋势。当时华夏已形成了比较稳定的民族共同体,建立了一个统一的、多民族的、中央集权的封建帝国。在华夏形成稳定的民族共同体的过程中,春秋时代那种严于夷夏之别的观念逐渐为新的民族观所取代。

第一,诸夏一体。司马迁说:"秦楚吴越,夷狄也,为强伯。"④ 春秋时期的夷狄转化为战国时期的诸夏,七国的兼并,变成了华夏族内部的统一战争,因而秦始皇的统一实际上就是诸夏族的大认同。秦王朝政治上在中央实行三公九卿制和在地方实行郡县制,经济上废井田、开阡陌,实行一家一户为单位的小农个体经济,书同文,车同轨,使得民族共同体内部之间的差距日益缩小。汉武帝以后,罢黜百家,独尊儒术,形成了文化上儒法合流和儒道互补的格局。汉民族事实上已经出现。

第二,华夷五方共天下。春秋以前,有"中国"之说,但夷、蛮、戎、狄

---

① 《国语·周语中》。
②④《史记·天官书》。
③ 《后汉书·西羌传》。

无定称。到战国时期,则有华夏配中央、夷蛮戎狄配东南西北之说,共称"天下五方之民",并形成华夷一统的政治地理学说。如《禹贡》打破诸侯国彼此疆界限域,统一划分"九州岛"与"五服";《周礼》说:"职方氏掌天下之图,以掌天下之地,辨其邦国、都鄙、四夷、八蛮、七闽、九貉、五戎、六狄之人民。"①秦始皇始称皇帝,皇帝与天子的含义未作明确区分。到汉代,以汉人郡县地区为主干、民族地区为边疆的地理观念已经确定。在国家元首称号方面,《礼记·曲礼》说:"君天下为天子。"郑玄注曰:"天下,谓外及四海也。今汉于蛮夷称天子,于王侯称皇帝。"国家元首的含义体现了多民族统一国家的特点。这种政治地理学说虽有民族歧视的成分,但华夷一统的思想十分鲜明。

第三,黄帝是华夷各族的始祖。原来各氏族部落所宗奉的天神与祖神都纳入以黄帝为始祖的统一谱系中,这是基于先秦时代民族融合的重大观念。《国语·周语》载周内史的话说,古代先王既有天下,诸侯、大夫、士庶、工商各守其业,以供其上,"犹有散迁、懈慢而着在刑辟,流在裔土,于是乎有蛮夷之国,有斧钺刀墨之民",认为蛮夷也是"先王之民",只是地位低贱,后被"进诸四夷"才"不与中国同"。在西汉,司马迁作《史记》,将各民族的来源归纳为同出黄帝的统一谱系。不管这种对古代民族历史的解释是否客观,但无疑是在"天下一家"观念下出现的。

非常明显,秦汉以后的民族观念较先秦而言要开放一些,但它是基于汉民族的中心地位来建构的,仍然保留了相当程度的民族歧视的成分在内。成书于西汉中后期的儒家经典《礼记》认为:

> 凡居民材,必因天地寒暖燥湿。广谷大川异制,民生其间者异俗,刚柔、轻重、迟速异齐,五味异和,器械异制,衣服异宜。修其教,不易其俗;齐其政,不易其宜。中国夷狄五方之民,皆有性也,不可

---

① 《周礼·职方氏》。

推移。东方曰夷,被发文身,有不火食者矣。南方曰蛮,雕题交趾,有不火食者矣。西方曰戎,被发衣皮,有不粒食者矣。北方曰狄,衣羽毛穴居,有不粒食者矣。中国夷、蛮、戎、狄,皆有安居、和味、宜服、利用、备器。五方之民,言语不通,嗜欲不同。通其欲,东方曰寄,南方曰象,西方曰狄,北方曰译。①

《礼记》虽然是从"礼义"的角度来谈民族问题,但它断定"中国夷狄五方之民,皆有性也,不可推移"则是一种典型的夷夏之辨,反映了中国传统的民族主义偏见,也是一种文化歧视,这种情况在中国古代一直是存在的。

不过,中国传统的夷夏观念也不是绝对的民族主义偏见,在它的大汉族主义框架下夹杂着民族宽容和民族平等的理性主义的成分。儒家的夷夏观就能说明这个问题。孔子说过"欲居九夷"②,也说过"夷狄之有君,不如诸夏之无也"③;孟子讽刺陈相改学许行之术,说:"吾闻用夷变夏,未闻用夏变夷者也",又说:"舜生于诸冯,迁于负夏,卒于鸣条,东夷之人也。文王生于岐周,卒于毕郢,西夷之人也。地之相去也,千有余岁。得志行乎中国,若合符节。先圣后圣,其揆一也。"④孔孟是儒家的圣人,在他们的言论中既有"用夏变夷"的种族优越论,也有"先圣后圣,其揆一也"的民族平等主张,说明儒家在夷夏问题上既有局限性又有开放性,这种思想矛盾也成为后世夷夏之争的理论根源。

二、南朝的夷夏之争

魏晋南北朝时期,道教与佛教为了争夺宗教正统地位和宗教地盘,

---

① 《礼记·王制第五》。
② 《论语·子罕》。
③ 《论语·八佾》。
④ 《孟子·滕文公上》。

双方围绕夷夏问题展开了旷日持久的争论。

根据史料,道教最先用"老子化胡说"贬低佛教。西晋道士王浮与沙门帛远辩论佛道邪正,王浮屡屈,伪造《老子化胡经》,以谤佛法。① 中国向来主张"以夏变夷",王浮根据《后汉书·襄楷传》"老子入夷狄化为浮屠"以及道教伪经《老子西升经》"老子西升,开道竺乾"等说法,虚构老子同尹喜西出流沙,在胡地传经授教,教化胡人。由于当时朝廷不允许汉人出家,佛教的社会地位很低,还不能与道教争高下,所以,佛教方面并未就此展开同道教的夷夏之争。

随着佛教的不断发展和壮大,佛道之间的矛盾日益显露出来,终于导致了南北朝时期几次规模较大的"夷夏之辩",双方进行了公开的学术辩论。

(一) 顾欢《夷夏论》与夷夏之争

约在南朝宋明帝泰始三年(467),顾欢(420—483)以佛、道立教既异,学者互相诽毁,乃著《夷夏论》以定是非。此论一出,立即激起轩然大波,拉开了佛教和道教之间旷日持久的夷夏之争的帷幕。

顾欢的生平事迹可见于《南齐书》卷五四《高逸传》、《南史》卷七五《隐逸传》等。顾欢虽然不是一位受箓道士,而是一位儒道兼综的学者,他在论辩中也以儒家的立场为依托,但他的行为在客观上是在为中国本土的道教争取正统地位的,所以,《夷夏论》代表了当时的道教方面的立场。

顾欢《夷夏论》的主要论点②如下:

第一,佛道同源,道在佛先。顾欢认为,要断定佛道二家是非,应该以"圣典"为依据。他先引用道教经典《玄妙内篇》说:"道经云:老子出关之天竺维卫国,国王夫人名曰净妙,老子因其昼寝,乘日精入净妙口中,

---
① 汤用彤校注:《高僧传》卷一《帛远传》,第27页,北京,中华书局,1992。
② 本书的关于《夷夏论》的引文采《南齐书》卷五四《顾欢传》。

后年四月八日夜半时,剖左腋而生,坠地即行七步,于是佛道兴焉"。又引佛教经句说:"释迦成佛,有尘劫之数,出《法华》、《无量寿》;或为国师道士、儒林之宗,出《瑞应本起》。"顾欢得出结论说:"五帝、三皇莫不有师①,国师道士,无过老、庄;儒林之宗,孰出周、孔。若孔、老非佛②,谁能当之? 然二经所说,若合符契:道则佛也,佛则道也。"

顾欢引用的道经属于道教徒的伪经且不待说,他对佛教经句的曲解也是不言自明的。他的目的无非是想借"经典"证明:既然老子是释迦牟尼的父亲,佛道二教当然是同一个源头,但道教在佛教之先。

第二,道教高于佛教。顾欢说,道教和佛教相比,道教是"和光以明近",而佛教则是"曜灵以示远",它们的宗旨是不一样的:佛教可称为"正真"教,道教可称为"正一"教;佛教追求"无生"(死亡),道教追求"无死"(永生);佛教教化速度慢,因而用于消除刚强之性;道教教化速度快,因而使人谦虚柔弱,二者差距太大。按照圣人设教的原则,佛教是"破恶之方",而道教则是"兴善之术",道教比佛教优越。

第三,佛教不适用于中国。顾欢认为,中国与西戎水土不同,人种不同,风俗习惯不同,人性有别,故立教应因地制宜,不能错杂,好比水中的鱼和天上的鸟活动的范围不同,"佛非东华之道,道非西戎之法",应该井水不犯河水:

> 端委搢绅,诸华之容;剪发旷衣,群夷之服;擎跽磬折,侯甸之恭;狐蹲狗踞,荒流之俗;棺殡椁葬,中夏之制;火焚水沉,西戎之俗;全角守礼,继善之教;毁貌易性,绝恶之学。岂伊同人,援及异物。

在顾欢看来,鸟有鸟言,兽有兽语,华有华言,夷有夷语;承认佛道两教同是"圣教"是可以的,好比船和车这两种交通工具都能致远,但船和车的

---

① 《南史》及《玉函山房辑佚书》均作"不闻有佛"。
② 《南史》中此字为"圣"。

用处不同,一个在水上,一个在陆上,不可替换;夷、夏两地的文化制度也是一样,道教只适用于中夏,佛教只适用于西戎,中国只能用孔、老之教治理,佛教在中国行不通。

《夷夏论》的要旨在于袒护道教,置道教于佛教之上。顾欢的论证手法很清楚,就是联合儒家,利用佛教违背儒家的忠孝礼义等核心观念,判定佛教是夷狄之教,然后偷梁换柱,将佛教与儒家、道家二者的矛盾换成是佛教与道教一家的矛盾,最后的结论是道先佛后,道优佛劣,没有必要让"老、释二教,交行八表"。

顾欢虽然也承认佛教是"圣教",但他的舟车、鱼鸟之喻,则有退佛教于天竺之意,事关佛教在中国的命运。加上顾欢以老子为释迦牟尼之父,用"狐蹲狗踞"等辱骂性的词语强调中外异性,显得粗野俗气。因此,《夷夏论》一出,立即遭到了佛教方面的强烈反对。

佛教方面反驳顾欢的,不仅有政府的高级官员和在家居士,也有佛教的出家人。史料记载,宋司徒袁粲率先反驳,接着大量的"折顾"、"难顾"、"谘顾"文章纷纷出笼。

1. 谢镇之《与顾道士书》

宋明帝时为散骑常侍的谢镇之(生卒年不详)两次致书顾欢,称《与顾道士书》(又称《折夷夏论》、《重与顾道士书》),驳斥《夷夏论》。① 基本观点如下:

第一,人鸟殊类,华夷同贵。谢镇之说:"人参二仪,是谓三才,三才所统,岂分夷夏? 则知人必人类,兽必兽群。"将人作为三才之一是儒家经典《周易》的明训,天下的人民都属于"三才"的范围,华夏之民是人,夷狄之民当然也是人,就不能将夷狄当非人看待,更不能视他们为"鸟兽"。

第二,佛优道劣。谢镇之认为,佛教和道教不是什么"繁显"、"简幽"

---

① 《弘明集》卷六,《大正藏》第 52 卷,第 41 页中—43 页上。

的区别,而有优劣高下之分。佛法"以有形为空幻,故忘身以济众",道法"以吾我为真实,故服食以养生",这就是两者的根本分歧。谢镇之批评道教长生说的虚妄,认为因缘合和的身体是不可能长生久视的,"尧孔之生,寿不盈百,大圣泥洹,同于知命",企图通过茹灵芝,服金丹,羽化成仙,不仅反映了道教徒的刻板迂腐,而且反映了他们的自私自利。相比之下,佛教提倡澄练神明,摧魔除惑,智慧度人,两教的优劣是明显可以比较得出来的。

谢镇之在给顾欢的第二封信中提到,《老子》和道教是不同的,"道家经籍简陋,多生穿凿。至于《灵宝》妙真,采撮《法华》制用尤拙。及如《上清》、《黄庭》,所尚服食,咀石餐霞,非徒法不可效,道亦难同。其中可长,唯在五千之道"。据此,谢镇之应该是最早区分《老子》("五千之道")与道教(当时总称道家)的人之一。

2. 朱昭之《难顾道士夷夏论》

朱昭之(生卒年不详)的《难顾道士夷夏论》[①],针对顾欢所谓"孔老是佛",即三教皆圣的观点,辨名析理,提出了所谓的"十恨",逐条驳斥《夷夏论》。其中有三条理由值得一提:

第一"恨"说,《夷夏论》既然肯定佛为"正真"之教,为何贬佛教徒为"狐蹲狗踞"?

第六"恨"说,《夷夏论》讲"佛是破恶之方,道是兴善之术",说佛教破恶,未尝不可,因为只有止恶才能兴善,但不知道教的"兴善之术"用在何处?如果中国人都是"善人",那用得了道教来"兴善"吗?如果中国人本来就生来"不善",那道教就师出无名了。

第九"恨"说,《夷夏论》说中国人性情温和,夷狄人性情暴虐,与事实不符。"请问炮烙之苦,岂康竺之刑?流血之悲,岂齐晋之子?刳剔之苦害,非左衽之心;秋露含垢,匪海滨之士。"由此可见,华夷之间的人性并

---

① 《弘明集》卷七,《大正藏》第 52 卷,第 43 页上—44 页上。

无区别。可见,"兴善"与"破恶"之说毫无根据。

3. 朱广之《谘顾道士夷夏论》

朱广之(生卒年不详)的《谘顾道士夷夏论》①以调和二教的姿态,针对顾欢的有关论点作十一"疑",与朱昭之的"十恨"形式相似,内容也有重复之处。这里仅列三点:

第一,舟车两用,并行不悖。针对顾欢舟车不可互换的论点,朱广之提出法者在于法"情",也就是根据具体情况制定教法,但"刚柔并驰,戎华必同",一国之内,水可行舟,陆可行车,一种用在陆上,一种用在水中,并不矛盾。

第二,华善戎恶之说荒谬。针对顾欢"佛是破恶之方,道是兴善之术"、"中夏之性,不可效西戎之法"的论点,朱广之反驳说:

> 请问中夏之性与西戎之人,为夏性纯善,戎人根恶?如令根恶,则于理何破?使其纯善,则于义何兴?故知有恶可破,未离于善,有善可兴,未免于恶。然则善恶参流,深浅互列,故罗云慈惠,非假东光,桀跖凶虐,岂钟西气?何独高华之风,鄙戎之法耶?若以此善异乎彼善,彼恶殊乎此恶,则善恶本乖,宁得同致?

这是朱广之反驳最为精彩的地方,比朱昭之的第九"恨"更为有力。大意是说,顾欢说中夏民性不同,华人性善,戎人素恶,那么,西戎之人本性是恶,破恶的佛法怎么能够破得了天生的性恶呢?东华之人本性是善,兴善的道教还用得着去改变那天生已善的善性吗?可见善恶从来就不是绝对的,而是相互依存的。释迦牟尼的儿子罗云慈悲善良,并未借助中土的善性;夏桀、盗跖凶狠残暴,也没有沾了西戎的所谓恶性,难道中土之善与西戎之善不同吗?西戎之恶与中土之恶有异吗?如果善恶的标准不同,那讨论还有什么意义?这一连串的反击,暴露了顾欢以所谓人性立论的荒谬。

---

① 《弘明集》卷七,《大正藏》第 52 卷,第 44 页中—45 页中。

4. 慧通《驳顾道士夷夏论》

慧通(生卒年不详)的《驳顾道士夷夏论》①代表了当时佛教僧人的典型看法。这篇文章第一次非常明确地将《老子》五千文即《道德经》与道教严格地区别,重要的论点有二:

第一,老子和孔子都是释迦牟尼的徒弟。针对顾欢引伪道经证明老子为佛教的远祖,慧通亦引佛教伪经对抗,证明老子和孔子都是释迦牟尼的徒弟:"经云:摩诃迦叶,彼称老子;光净童子,彼名仲尼,将知老氏非佛,其亦明矣"。"然则老氏仲尼,佛之所遣,且宣德示物祸福,而后佛教流焉。"这是典型的"以子之矛攻子之盾"做法。

第二,老子之"道"不是道教之"道"。慧通说,所谓的"道经",除《老子》外,其余并皆"淫谬之说"、"穿凿"之谈,毫无根据。"见论引道经,益有昧如。昔老氏著述,文指五千,其余淆杂,并淫谬之说也,而别称道经,从何而出? 既非老氏所创,宁为真典?"

5. 僧愍《戎华论折顾道士夷夏论》

僧愍(生卒年不详)的《戎华论折顾道士夷夏论》②最有说服力的观点,是指出"夷夏"不同于"戎华"。僧愍说,顾欢说的夷夏论是以华夏为中心、以"四裔"为周边的传统观念,所以,"东有骊济之丑,西有羌戎之流,北有乱头披发,南有剪发文身,姬孔施教于中,故有夷夏之别",但是,"华戎"的概念就不一样,这是两个不同的世界,"东则尽于虚境,西则穷于幽乡,北则逾于冥表,南则极乎牢阎。如来扇化中土,故有夷夏之异也"。僧愍认为顾欢是坐井观天,只知道用老一套的观念看待夷夏,而不知道世界如此之大。他还认为,按照佛经的说法,"佛居天地之中而清导十方",佛陀的故乡天竺才是"中国",华夏不是世界的中心。

6. 明僧绍《正二教论》

明僧绍(? —483),字承烈,又名明征君,山东平原人,南齐著名隐

---

①②《弘明集》卷七,《大正藏》第52卷,第45页中—48页上。

士,曾居崂山,后长期隐居金陵摄山,与定林寺慧僧远等友善。① 他的《正二教论》②集中围绕佛教和道教的优劣进行对比,驳斥《夷夏论》的错误。明僧绍语气较为平和,但对道教的反击却非常有力。

《正二教论》首先指出了顾欢引用道教伪经和曲解佛典的错误。明僧绍说,顾欢引的所谓《玄妙内篇》其实不是什么"真典",而是汉魏"妖妄之书",其中的"乘日之精,入口剖腋",不仅"年事不符",而且"托异合说",荒诞之极。道家的要旨,仅限于"老氏二经",而《庄子》内篇七章才是《老子》学说的发挥;老庄学说要在恬淡天和,安时处顺,从来没有听说什么"形变之奇"、"无死之唱"。又,"儒林之宗"、"国师道士"之文,确实源出佛典《成实论》,但这里讲的是佛教的三世因果、累劫成佛的道理,与道经不是"若合符契",而是风马牛不相及。

《正二教论》特别批评了托《老子》之名而"诬乱"世俗的道教。他说:

> 今之道家所教,唯以长生为宗,不死为主。其练映金丹,餐霞饵玉,灵升羽蜕,尸解形化,是其托术验而竟无睹其然也。又称其不登仙,死则鬼,或召补天曹,随其本福,虽大乖老庄立言本理,然犹可无违世教……至若张葛之徒,又皆立以神变化俗,怪诞惑世,符咒章劾。咸托老君所传,而随稍增广,遂复远引佛教,证成其伪,立言舛杂,师学无依,考之典义,不然可知。将令真妄浑流,希悟者永惑,莫之能辨,诬乱已甚矣。

明僧绍已经将批判的矛头从长生不死的教旨转向了三张一系的"神变"、"符咒"之术,揭露民间道教对社会的危害。这是佛教批评的转向,对齐梁时期佛道之间的夷夏之辨有着直接的影响。

以上主要是南朝刘宋时期因顾欢《夷夏论》而掀起的道教与佛教之间的夷夏之辨。综合而言,佛教的主要观点有以下三个方面:一是指斥

---

① 《南齐书》卷五四《明僧绍传》,第 927—928 页。
② 《弘明集》卷六,《大正藏》第 52 卷,第 37 页中—38 页下。

顾欢所依经典的虚诞,或以毒攻毒,以伪经对伪经,力图消除佛道同源、佛源于道的民族主义成见。二是力图辩明佛教不仅是圣人之教,而且是圆教,在层次上高出于道家和儒家,至少是可以同它们互补的,适应华戎不同的地域。三是将《老子》的道家学说同依托《老子》为经典的道教区分开来,并且严厉地攻击道教长生不死的教旨以及符咒神变等道术的荒谬。四是攻击道教打着宗教的幌子"挟道乱政"、"左道惑众"。从佛教方面的辩论可以看出,佛教方面已经逐渐将道教提出的所谓夷夏问题转移了方向,它的核心不是佛教是否适用于中国的问题,而是佛教与道教到底孰优孰劣的问题,是外来的佛教和本土的道教谁更有利于中国的问题。这个转向直接影响了南齐时期的《三破论》的出台。

(二)《三破论》与夷夏之争

继顾欢的《夷夏论》之后,南齐时代出现了一篇题为《三破论》的文章,再一次掀起了佛道二教夷夏之争的高潮。《三破论》的作者到底是谁,已很难考证。据《弘明集》卷八释僧顺《释三破论》题下标注有"本论道士假张融作",但同卷刘勰《灭惑论》开篇云,"或造《三破论》者,义证庸近,辞体鄙拙",仅用一"或"字,不像前面诸家与顾欢的争论那样,称呼顾欢为"顾道士"或直呼其名,通篇都没有提到作者的名字。《三破论》的本文今已不存,现在只能从《弘明集》卷八刘勰《灭惑论》和僧顺《释三破论》的引文中知其大概。《三破论》一方面重复了顾欢关于佛教是"灭恶之术"、"胡人无二,刚强无礼,不异禽兽"等旧论,但着重从"三破"方面攻击佛教,这在逻辑上显然是接着明僧绍的《正二教论》而作的回应。因此,不管南齐《三破论》的作者是谁,它的出现无疑是刘宋顾欢《夷夏论》的继续。

《三破论》的主要内容是所谓的"三破",即佛教对中国有三大危害:入国而破国、入家而破家、入身而破身。《三破论》说,佛教兴造庙宇,刻经雕像,花费大量的金钱;僧人不娶妻生子,减少了国家的劳动力;而且他们不劳而获,不耕而食,危害国民经济。僧人出家,舍弃父子兄弟,不讲孝悌;脱衣去冠,穿上袈裟,不敬天法祖,抛弃社会责任。圣人讲"身体发肤,受之父母,不敢毁伤""不孝有三,无后为大",可僧人剃头出家,毁身害孝。所有这一切,都对中国有害,中国是不应该学习这种无礼不孝的"胡人之教"的。

另外,《三破论》还任意曲解佛经,企图从佛经译文的变化证明"胡人凶恶",佛教是"无生之教"。它说:"佛旧经本云浮屠,罗什改为佛徒,知其源恶故也,所以名为浮屠。胡人凶恶,故老子云:化其始,不欲伤其形,故髡其头,名为浮屠。况屠,割也。至僧讳后改为佛图。本旧经云丧门。丧门,由死灭之门,云其法无生之教,名曰丧门,至罗什又改为桑门,僧讳又改为沙门,沙门由沙汰之法,不足可称。"①并辱骂佛教,声称:"寻中原人士,莫不奉道;今中国有奉佛者,必是羌胡之种!"②

佛教反驳《三破论》的文章,主要有释玄光的《辩惑论》、刘勰《灭惑论》、释僧顺《释三破论》三篇。

1. 玄光《辩惑论》

释玄光(生卒年不详)在《辩惑论》③中,将道教之罪归纳成"五逆"、"六极",以反击道教的"三破"之说。

所谓"五逆",即禁经上价、妄称真道、合气释罪、挟道作乱、章书代德。"禁经上价"是说,道教是政府规定的邪教,在被禁之列,但道教徒贪图利益,将伪经高价卖给他人,骗取钱财。"妄称真道"揭露张陵、张衡父子"贩死利生,欺罔天地",文称汉末张陵自称"天师",后为蟒蛇所吞,其子张衡寻尸无着,将计就计,生縻鹤足,置石崖顶,然后选定吉日,聚集信徒,暗动机关,让鹤"直冲虚空",诡称张陵成仙而去,于是,"民獠愚戆,佥言登仙"。"合气释罪"指斥道教合气之术是"男女媟合,尊卑无别","士女溷漫,不异禽兽"。"挟道作乱"指汉末的黄巾、张鲁的"鬼道"、东晋孙恩的"紫道"等,结果皆被政府镇压。"章书代德"是说上帝鬼神只护佑那

---

① 《弘明集》卷八《灭惑论》,《大正藏》第 52 卷,第 50 页下。
② 《弘明集》卷八《释三破论》,《大正藏》第 52 卷,第 51 页上。
③ 见《弘明集》卷八,《大正藏》第 52 卷,第 48 页上—49 页下。

些积累恩德的人,而道教的祭酒"横费纸墨",代天地鬼神之职,枉害人命,是妖言惑众。

所谓"六极",即畏鬼带符妖法之极、制民科输欺巧之极、解厨纂门不仁之极、度厄苦生虚妄之极、梦中作罪顽痴之极、轻作寒暑凶佞之极。"畏鬼带符"揭露道教徒或"左配太极章,右配昆吾铁,指日则停晖,拟鬼钱里血",或诡称"灵仙",役使六甲,是欺骗愚民、煽动民反的"妖法"。"制民科输"揭露五斗米教张鲁等人苦于氐族难化,用欺诈之法骗取民众交租的内幕。"解厨纂门"揭露张鲁之徒在汉中大集祭酒、鬼卒,赐路人以酒食,"酣进过常,遂致晕逸,丑声遐布,远达岷方","厚身嗜味",已离修道之旨,故"虽有五利之贵,更为妖物之名",是"不仁"之极。第四极是所谓"度厄苦生",指斥道教祭酒们对命危之人装神弄鬼,其实是救不了病人的性命的,他们的真实意图则是"规巾糈之利,蚕食百姓",是"虚幻"之法。第五极是所谓"梦中作罪",是说道教徒们一听说人在梦中见到亡灵,便以为是什么"变怪","不识逆顺,召食鬼吏兵,奏章断之",闹得神鬼不宁,这是愚顽无知,也是造孽。最后一极便是所谓的"轻作寒暑",指斥道教徒"率无慈爱","符章竞作",造黄章以杀鬼,制赤章以杀人,趣悦世情,不计殃罪,这些人不知道自己将堕入十八层地狱,永劫不复,所以是"凶佞之极"。

释玄光的《辩惑论》用词尖刻,近乎泼骂,且语多重复,结构有些散乱;所列举的事实似有夸大不实之嫌,这些论点基本上没有攻击神仙道教的长生不死的教旨,而是攻击民间道教的符箓灾醮等方术,重在揭露了道教组织的非法活动及其方术的粗陋荒诞。

2. 僧顺《释三破论》

释僧顺(生卒年不详)的《释三破论》[1]是从《三破论》中挑出十九条论点,然后逐条反驳,意在澄清"浮屠"、"丧门"、"沙门"、"桑门"的名称

---

[1]《弘明集》卷八,《大正藏》第52卷,第51页下—53页下。

来历。

僧顺指出,《三破论》有意混淆图像之"图"与刑屠之"屠"的区别。他说:"浮图者圣瑞灵图,浮海而至,故云浮图也。吴中石佛,汛海倏来,即其事矣。"他反问说,如果在文字上搞似是而非的游戏,那么,能否将仲尼称作女子呢?因为经上不是说"尼者,女也"吗?僧顺说,沙门的"沙"也不是"沙汰"的意思,译文本有"息心达源"、"练神濯秽,反流归洁"的意思。至于"丧门",僧顺认为不是字面上"死灭之门"的意思。他说:

> 门者本也,明理之所出入,出入从本而兴焉。释氏有不二法门,老子有众妙之门,书云祸福无门,皆是会通之林薮,机妙之源宅。出家之人,得其义矣。丧者灭也,灭尘之劳,通神之解,即丧门也,桑当为乘字之误耳。乘门者,即大乘门也,烦想既灭,遇物斯乘,故先云灭门,末云乘门。且八万四千,皆称法门,奚独丧、桑二门哉?

客观地说,僧顺的这些辩驳,虽然也指出了《三破论》玩弄文字游戏的荒谬,但并没有走出《三破论》的套路,主要是由于他们都缺乏语言翻译方面的常识。一般来说,上述译名皆为音译,似与字面意思无关,当时是否采用了音、义相结合的译法,或者是否还有其他方面的原因,还有待研究。这个问题到了刘勰那里基本得到澄清。

3. 刘勰《灭惑论》

刘勰(465—520),字彦和,梁东莞莒人(今山东境内),博通内外,善撰文,曾依僧祐十余年,深研经论,晚年剃度,法名慧地。所撰《文心雕龙》与钟嵘之《诗品》并称中国文学批评典籍之双璧。刘勰的《灭惑论》①是佛教反驳《三破论》最为著名的文章,不仅文字优美,而且说理透彻,理论水平最高。

《灭惑论》将《三破论》的基本观点摘录下来,同时进行辨析批判。综观全文,比较重要的论点可归纳为五条:

---

① 《弘明集》卷八,《大正藏》第52卷,第49页下—51页下。

其一，佛教无损于国家政治。针对"入国而破国"，《灭惑论》认为，大乘佛教灵活变通，四等弘心，六度拔苦，治国为政亦是佛教之本愿；佛教造像建塔，意在阐扬灵教，功立一时，利在千秋；古代中国无佛法的时候，也有战乱不休、赤地千里的时候，而有佛教的时代，也不乏"民户殷盛"、"积粟红腐"的太平盛世，所以，不能得出佛教损政的结论。

其二，出家不违孝道，是"大孝"。针对"入家而破家"，《灭惑论》从两方面进行反驳，一是对孝的本质的认识，一是服饰与时代和社会的关系。刘勰认为，对于孝道的理解，不能只顾形式，不顾内容，从根本上看，出家和在俗在"理"上是相通的，一个人在俗还是出家，都是"命"中注定，在俗的人"修教于儒礼"，出家的人"弘孝于梵业"，在家养亲尽孝，是一时之孝，但无助于来生，出家则不仅自度，且为亲人永远消除苦难，在家与出家可谓均在尽孝，但权衡轻重，出家之孝最重，是"大孝"。至于出家人不穿俗服，刘勰的回答是，服饰是礼节的外在要求，重要的是内心的诚意，而且服饰也非一成不变，三皇与五帝就不同服，服饰从来就没有固定之规，但教化的目的殊途同归。

其三，出家与在家之道可以变通。针对"入身而破身"，刘勰首先指出，出家在家，都系因缘，一旦绝尘离俗，则势必修戒、定、慧之学，而放弃家庭的拖累和世俗的要求；周孔之训，父慈子孝，君尊臣卑，虽是天经地义，但子不拜父，是为了尊敬佛教的戒律；臣不跪君，是为了佛教的尊严；屈尊礼卑，最终是为了救世道人心，不失为周孔之教的变通。

其四，澄清佛经译文的正义。《灭惑论》对《三破论》利用"浮屠"、"丧门"等译文攻击佛教作了较为彻底的清算。刘勰对有关概念的来历作了较为正确的考证：

> 汉明之世，佛经始过，故汉译言，音字未正，浮音似佛，桑音似沙，声之误也，以图为屠，字之误也。罗什语通华戎，识兼音义，改正三豕，固其宜矣。

刘勰同时指出,即使五经世典,无关翻译,也存在"音字互改"的情况,何况"至教之深,宁在两字",庄子讲"得意忘言",孟子讥"以文害意",所以,刘勰驳斥《三破论》这种做法是"不原大理,唯字是求;宋人申束,岂复过此"。

其五,提出"三品说",严格区分道家和道教。刘勰首先对所谓的"道"与"名"作了概念上的正名,"道"有九十六种,谁都可以说"道",但最高的真理只有一个。刘勰认为佛教作为最高的大道,是"空玄无形"的,但为了"冥功日用","假名遂立",这个假名在梵曰"菩提",在汉曰"道";由于佛教教化不分内外,所以能够与中土的周孔之教契合无间,故虽语有梵汉之分,地有东西之隔,而佛教"弥纶神化,陶铸群生无异"。但是,至道虽一,歧路生迷,九十六种外道俱号为"道",却有邪正之分。

刘勰说,"道教"虽然都以最高的"太上"之道为宗极,而按照层次则可分成上、中、下三品。上品是以老子为代表的道家学派,中品是指神仙道教,下品则是以张陵为代表的民间道教,包括"醮事章服"、"合气"、"厌胜"等方术。刘勰认为,老子乃隐士,可算"大贤",老子之道"贵在无为",追求虚静、柔弱,然而,道家不讲三世因果,不讲智慧解脱,所以不能超脱出世,只算是教化世俗的良方;至于中品的神仙道教,则是"小术",它追求"五通"、"生天",难免被"愚狡方士"所利用。然而,无论是道家的上品还是中品,都不能从根本上解救人类的苦难,不是终极的大道。

刘勰进一步指出,民间道教的首领们常常打着"大道"的幌子,称号"太上",是因为他们利用了民众的某些心理趣向如"贪寿忌夭"、"好色触情"、"肌革盈虚"、"避灾苦病"等,也利用了民俗中的"凭威恃武"等社会因素。有了这些条件,他们便借助灾醮符水、合气厌胜等方术联络民众,组织武装,滥收租税,鼓动愚民造反。

刘勰在这里基本不攻击老子及其道家哲学,而是通过将神仙道教、民间道教与佛教的对比,认定佛精道粗、佛真道伪,将破国、破家、破身的"三破"还给了道教。

以上是南朝齐梁之际佛道夷夏之辨的大势。与刘宋时代的夷夏之争相比,齐梁时代的佛道双方基本避开了简单的夷夏观念,而是比较优劣,即佛教和道教哪一教对封建国家有利。综合起来,佛教方面主要有以下重要论点:一是批判《三破论》利用译名污蔑佛教,经过僧顺,特别是刘勰的驳斥,澄清《三破论》"不原大理,唯字是求"的错误。二是从佛教的"大孝"观或佛教在中国的历史事实出发,论证佛教利国利民。三是全力贬斥道教的神仙之道和方术迷信,他们或将道家与道教进一步分开,或揭露长生成仙的虚幻,或揭露道教欺骗愚民的阴谋,或揭露道教领袖人物利用道教方术率众造反闹事、危害社会的罪行。

在佛教的反驳中,刘勰的《灭惑论》能够从社会及心理根源上分析道教的产生,并能够在前人的基础上以"三品说"深入道家和道教的内部进行批判,对道教的打击很大,使得佛道斗争在理论上走向深入。由于刘勰的理论成就,《灭惑论》事实上已经代表和涵盖了南朝齐梁夷夏之争佛教方面的主要观点,为南朝佛道之争画了一个句号。

三、北朝的夷夏之争

北朝与南朝虽然地隔胡汉,文化差距很大,但北朝夷夏之争的激烈程度并不亚于南朝。在南朝,夷夏之争是道教与佛教斗争的主要表现形式,政府不介入,自由争论。在北朝,道教曾经同儒家结成政治同盟,道教直接依附王权打击佛教,皇帝有时直接介入三教的辩论,理论水平一般不高。但是,北周武帝灭佛之前的三教之争比较特殊,在这场争论中,甄鸾的《笑道论》和道安的《二教论》在逻辑上完全可以看成是南朝夷夏之辨的继续和发展,并且在理论上有所深化。

(一)北周武帝时期的佛道之争

周武帝之世,佛教与国家政治、经济方面的矛盾已到了十分尖锐的地步。当时的出家人口几占全国劳动人口的一半,且享有免税免役的特权;僧尼清浊杂流,鱼目混珠;伽蓝宝塔星罗棋布,盈于州县。这不仅降低了国家的生产能力,减少了国家的兵源,也造成了国民财富的巨大浪费和财政赤字,引发了一系列的社会问题。北周政府本来想借助于人民对于佛教的信仰以隐恶扬善,净化社会风气,但由于其政策缺乏有效的调节机制,流弊所及,则是出家者伪滥成灾,寺院经济极度膨胀,教权与王权的矛盾一触即发。

在儒佛关系日益紧张之际,道教与佛教之间的冲突也愈演愈烈。周武帝初信佛法,后以"黑衣当王"的谶语而生疑虑①。当时僧人的袈裟通行黑色,故黑衣成了僧侣的代名词。周武帝于是改重道教,躬受符箓。道士张宾善阴阳术数,排挤佛教,加上佛门叛逆卫元嵩同张宾串通一气,煽惑武帝,遂成佛教法难的导火线。

从北周天和至建德年间,周武帝召集百官和佛、道二教代表在朝廷先后七次辩论,以定儒释道三教先后优劣。武帝的基本意向,是定儒教为先,佛教为后,道教为上,为此而召开多次御前会议。天和三年(568)八月,帝集百官及沙门道士于大德殿,亲讲《礼记》,以明崇儒之心。次年二月,卫元嵩上《论辩二教大小》,帝再御大德殿,讨论释、老之义。天和四年(569)三月十五日,敕召有德众僧名儒道士文武百官二千人于正殿,详议三教优劣废立之事,众议纷纭,不定而散。同月二十日再议,是非淆乱,莫简帝心,索然而散。四月初,武帝重开御前会议,再商大计,并敕司隶大夫甄鸾拟议佛道二教,"定其深浅"。天和五年(570)二月,甄鸾上《笑道论》三卷,用笑"三洞"之名,极力攻击道教浅陋。五月十日,武帝大集群臣,详议鸾论,以为伤蠹道士,当场焚毁②。

在此紧要关头,道安于天和五年(570)五月十四日,上《二教论》,武帝"初览安论,通问僚宰,文据卓然,莫敢排斥"③,毁佛之事一时中止。直到建德三年(574),武帝才下令禁止佛教,同时也下令禁止道教。道安潜

---

① ②《集古今佛道论衡》,《大正藏》第52卷,第372页上。
③《续高僧传》卷二三《道安传》,《大正藏》第50卷,第629页中。

逃深山,武帝下令搜访,道安被执,武帝想笼络他,亲迎于王廷,并赐彩礼官职,均遭道安拒绝。

周武帝天和年间的三教之争,从表面上看,是儒、释、道三教的优劣之争,但是,由于儒教以"治国平天下"为本位,具有不可争议的正统地位,不可能受到排挤打压。这样,三教之争实际上就成了佛教和道教的二教之争。卫元嵩的《论辨二教大小》和武帝在天和五年(570)令司隶大夫甄鸾定佛道二教"深浅",已经明确了这一点。众所周知,道教有本土优势,加上武帝的偏袒,道教事实上被武帝奉为正宗。这样,佛教的真正对手也就是道教,佛教只有在理论上战胜道教,才有可能免遭被取缔的危险,当然,佛教也会批判儒家的不足之处,以彰显佛教的优势,但这只能被视为佛教方面的策略,不是问题的关键。甄鸾作《笑道论》、道安作《二教论》,把斗争的矛头直指道教,其用意是非常明显的。

《笑道论》和《二教论》意在弘教护法,使佛教免遭取缔,但由于北周的宗教政策未能有效阻止佛教的伪滥,致使流弊日深,教团的发展已经超过了封建国家所能承受的限度。甄鸾、道安所能做的只是在理论上论证佛教比儒家和道教高明,但真正的问题并非三教的高低,而是佛教(也包括道教)宗教势力的发展孕育着封建的政治、经济危机。在这种情况下,一场佛教的"法难"已在所难免,这当然不是仅凭甄鸾、道安的一纸辩论所能改变的。

(二)甄鸾的《笑道论》

《笑道论》成书于北周天和五年(570)二月,论前有序,说明成书缘起及对佛道二教的总认识,此后在三十六个标题下引述道经进行驳斥、评议,论证道教荒谬、粗劣,重要观点如下:

一、道教的神仙方术是"伪教",误国害民,不足为法。甄鸾开宗明义地指出,佛教与道教宗旨截然不同,佛教以"因缘"为宗,道教以"自然"为义,因缘之道靠修行而得,自然之道贵在无为。这就是两家的根本,也是正确判断二教的基本原则。老子之道以五千文为贵,富含治国安邦之道,至于"符书厌诅之方"都是"后人背本妄生穿凿"之说,岂符合"大道自然虚寂无为之意"！另外,道家的神仙之说更是贻害无穷,徐福欺始皇,文成惑武帝,三张、孙恩之乱,自古以来已有定论,称之为"巨蠹"可也,岂可效法。①

二、"老子化胡说"荒谬无据。老子化胡说是道教贬低、排挤佛教的一种极为原始、粗俗而又容易蛊惑人心的做法,目的是证明道教早于佛教,老子是释迦牟尼的祖师。佛教方面对此一直耿耿于怀,多有驳斥。在北周激烈的二教斗争之际,甄鸾再次批判它,用意明确。甄鸾的办法是,利用不同的道经编撰的种种老子化胡故事,列举其中相互矛盾的说法,使其不攻自破。如:

> 老子入关往维卫国,入清妙夫人口中,后剖左腋生,行七步,曰:"天上天下,惟我为尊"。于是乃有佛法。(出自《玄妙内篇》)
>
> 老化罽宾,一切奉佛。老曰:"却后百年,兜率天上更有真佛,托生舍卫白净王宫,吾于尔时,亦遣尹喜下生从佛,号曰阿难,造十二部经。"老子去后百年,舍卫国王果生太子,六年苦行成道,佛字释迦文。四十九年欲入涅槃,老子复见于世,号迦叶,在双树间,为诸大众请启如来,三十六问讫,佛便涅槃。迦叶菩萨焚烧佛尸,取舍利分国造塔,阿育王又起八万四千塔。(出自《老子化胡经》)
>
> 西化胡王,老子变形而去,左目为日,右目为月。(出自《造天地经》)
>
> 老子乘日精入清妙口中。(出自《玄妙经》)②

甄鸾根据上述各种说法,指出:《玄妙内篇》称老子生出了释迦牟尼,但《老子化胡经》则称老子变成了释迦的徒弟大迦叶,自相矛盾;《造天地经》说老子的左目为日,右目为月,但《玄妙经》则说乘日精入清妙口中,

---

① 《广弘明集》卷九,《大正藏》第52卷,第143页下、144页上。
② 同上书,第148页中、下。

到底谁对谁错呢？可见道经荒谬，不足为凭。

三、道经经籍混乱，并剽窃佛经。《笑道论》说道教《黄庭元阳经》是汉代张陵编造，《灵宝经》三国吴时始出，《上清经》为晋时葛玄造，齐宋时才流行，《三皇经》为鲍静造，鲍因事泄被诛。道士还改佛经为道经，如把《法华经》改为《灵宝妙经》，"自余后作皆窃佛经，后自明之，不广其类"①。

《笑道论》说道教《玄都经目》上说道经有 6 363 卷，这个经目来自陆修静的《三洞经书目录》。但陆的《三洞经书目录》只有经书、药方、符图 1 228 卷，无杂诸子之名，而道士列的 2 000 余卷，乃取《汉书·艺文志》目录 884 卷，甚至连《韩非子》、《孟子》、《淮南子》等与道无关的书都列入道经目录中，而所载道经数字也多浮夸不实。②

（三）道安的《二教论》

《二教论》是北周名僧道安的重要著作，该文针对北周武帝时期的三教政策和佛道激烈争端的现实，纵评儒、佛、道三教之优劣，以"二教"（"内教"和"外教"）取代儒、佛、道"三教"，揭道教之短，护佛教之长。文笔流畅，论据卓然，极富辩才，且集南北佛道论争之大成，在理论上代表了北朝佛教在三教论争中的最高水平，是南北朝三教关系，特别是佛道关系的代表作。

道安，《续高僧传》卷二三有传，俗姓姚，生卒年不详，冯翊胡城人。早年出家，通百家，善文才，名重当朝，公卿侧目，周武帝常向他请教佛法，得到器重。先住大陟岵寺，后敕住大中兴寺。

《二教论》由十二部分组成，即归宗显本一、儒道升降二、君为教主三、诘验形神四、仙异涅槃五、道仙优劣六、孔老非佛七、释异道流八、服法非老九、明典真伪十、教旨通局十一、依法除疑十二。文章借"东都逸俊童子"（代表儒道二家）与"西京通方先生"（代表佛教）的问答，弘扬佛

---

① 《广弘明集》卷九，《大正藏》第 52 卷，第 151 页上。
② 同上书，第 152 页中。

法,贬低儒教,鄙薄道教,并株连老子。要点如下:

一、世上只有内、外两教,无儒、释、道三教。道安以为宇宙间的万事万物,其本体无始无生,而有情众生的生命有生有灭,形体可以生灭,而精神可以永存。所以,世上有"救形"之教和"济神"之教,救形之教粗陋,可称为"外教";救神之教精妙,可称为"内教",儒教为外教,佛教为内教。儒家是外教的代表,道教不能单独列为一教。①

为什么儒家可以代表"外教"呢?道安分析说,中土上古时代民风朴素,未有"典坟"之说,世风日下,才有"丘索"之文。春秋战国,方有百家争鸣,九流并出。《汉书·艺文志》有"九流"之说:儒家出于司徒之官,道家出于史官、阴阳家出于羲和之官、法家出于理官、名家出于礼官、墨家出于清庙之官、纵横家出于行人之官、杂家出于议官、农家出于农稷之官,论其官则无非王朝之一职,谈其书,无非皇家之一籍,且"统括九流,咸为治国之谟,并是修身之术",故"若派而别之,则应有九教;若总而合之,则同属儒宗"。② 九流都不出治国修身的范围,可统称为"儒教"。至于佛教,穷理尽性,遣累遗情,陶冶性灵,超生死,证泥洹,应机接物,有权有实,非九流可比,所以是救心之教,是内教。

二、孔教高于老教,佛教高于孔教。道安认为,老子之教,其核心不出"修身治国,绝弃贵尚"这一宗旨,但比起儒家的《易经》来,则相差甚远。《易经》出于伏羲,仰观于天,俯察于地,近取诸身,远取诸物,以通神明之德,以类万物之情,文王重六爻,孔子弘十翼,人更三圣,世历三古,经天纬地,远胜于《老子》上、下二篇。《老子》以为失德而后仁,礼生于忠信之薄,不尚贤,去五德,贬人为,无为而治,果如此,那国家还有什么希望? 老子的主张本是对世风混乱的批评,柔弱处下是修身处世的策略,至于不尚贤,不用能,对国家政治没有好处。老子的思想符合《易》的

---

① 《广弘明集》卷八,《大正藏》第52卷,第136页下。
② 同上书,第137页上。

"谦"卦之义,算是儒家的一个分支,但缺乏《易》学博大开阔。①

东都逸俊童子反问道,孔子问礼于老聃,岂非老子贤于孔子? 道安答道,这是牵强附会。孔子虽然向老子问过礼的事,但孔子"无常师",虚心向别人学习,当他问过农民后说"吾不如老农",又问圃,说"吾不如老圃","入太庙,每事问",难道农圃、守庙之人,也比孔子高明吗? 何晏、王弼都说"老不及圣",应该是中肯的结论。②

但是,孔老之教与佛教比较,则又相差一个层次。东都逸俊童子从三教一致的观点出发,认为"三教虽殊,劝善义一;途迹诚异,理会则同",而道安则认为"善有精粗,优劣宜异",三教虽然归善,但有优劣之别。老子之教,"厚生之情笃,身患之戒遂兴";孔子之教,"不悟迁流,逝川之叹乃作",孔老二家"并是方内之至谈,凉非逾方之巨唱"。③ 儒家虽然有各种经典,但《尚书》最多只讲到唐、虞之时,《春秋》不过论及王道事业,至于《礼记》、《乐记》的恭敬良让,《诗经》、《易经》的温柔洁身,都是一生之事,而三世轮回,积习成圣,济神拔苦,六度万行,那是佛教远胜于儒家的地方。④ 至于道教与佛法相比,那更是两个层次,"佛法以有生为空幻,故忘身以济物;道法以吾我为真实,故服饵以养生",纵能延期,不能无死,世上哪有成仙不死之人? 而涅槃之境,无生无死,灵智常在,两者相比,高下自分。⑤

三、道家不是道教,老子不是道士。东都逸俊童子提出"道家之极,极在长生,呼吸太一,吐故纳新";道安反驳说,老子之道的宗旨是"虚无为本,柔弱为用",恬淡处世,得失无变,这是后人敬仰老子的根本,也是老子学说流传后世的原因。至于练服金丹,餐霞饵玉,灵升羽蜕,尸解形化,这些方术跟老庄之道尤为乖谬,不值一谈。汉武好方技,遂有栾大之

---

① 《广弘明集》卷八,《大正藏》第 52 卷,第 138 页上。
② 同上书,第 138 页中。
③ 同上书,第 137 页上。
④ 同上书,第 138 页下。
⑤ 同上书,第 139 页上。

妖;光武信谶书,致有桓谭之讥。老庄之道不能跟方技之流混为一谈。①

道安进一步指出,"今之道士,始自张陵,乃是鬼道,不关老子",这在李膺的《蜀记》、《后汉书》中均有明确记载,南齐时代的玄光早就揭露了鬼道的乱国害民,这些与老子毫无关系。道安还指出,"道士"本是和尚的称呼,北方在苻坚、姚苌时代就称和尚为道士,三张之徒最初称"祭酒";至寇谦之,"始窃道士之号,易祭酒之名"。②

四、道教经典剽窃佛经,杂乱荒诞。道安指出,道教搜集、制作了大量经典,但除了《老子》和《庄子》"内篇"外,其余所谓上清、灵宝三洞诸经,均来自凡夫俗子。"黄庭、元阳采自法华,以道换佛,改用尤拙。灵宝创自张陵,吴赤乌之年始出。上清肇自葛玄,宋、齐之间乃行。""晋元康中,鲍靖造三皇经被诛,事在晋史。后人讳之,改为三洞。"道安说,道教《灵宝经》中所谓的"天文玉字",其实就是张陵之徒模拟大小篆书写出,"三皇"、或"三洞"名异而实一,皆出自凡人之口,与圣人无关;至于张陵、葛玄,在经文中杂以鬼书、符禁,以怪诞化俗,更不符合老子"无为"之道。③

道安的《二教论》可视为南朝夷夏之争的余波,在内容上它继承了玄光《辨惑论》、刘勰《灭惑论》及甄鸾《笑道论》的思想成果,并因其特定的历史情境而加以发挥,成为南北朝佛道论衡的集大成之作。《二教论》同《笑道论》一样,对于道教的攻击自有其过激和不合理的地方,但对于今人研究三教关系和道教、道经的历史发展和演变则具有非常重要的史料价值。

第四节 沙门不敬王者之争

佛教传入中国后,中国僧人继承了印度佛教的戒律传统,不拜父母

---

① 《广弘明集》卷八,《大正藏》第52卷,第139页中。
② 同上书,第140页上。
③ 同上书,第141页中。

君王,不受世俗礼法的约束。东晋以前,政府不允许本国人出家,并给予外来僧人不拜俗的外交特权。东晋以后,本国的出家僧侣和在家信徒迅速增加,沙门(僧尼)不拜俗的问题已构成一个政治和社会问题。一些固守儒家传统的人士攻击佛教徒的出家行为是"无父无君",损害了纲常名教。东晋时期,朝廷因此问题发生过两次大规模的争论。

一、佛教戒律与儒家伦理的冲突

印度佛教有着浓厚的出世主义传统。原始佛教从"人生皆苦"基本价值判断出发,认为家庭生活和社会生活都是妨碍个人解脱的系缚,只有超世脱俗,了断生死,消除烦恼,才能走向涅槃解脱之道,因而视富贵如浮云,目权位如粪土,出家僧人对于世俗政治采取远离的态度。

根据佛教戒律的规定,出家人不再礼敬在家的俗人,上至国王,下至父母,概莫例外。《梵网经》云:"出家人法:不向国王礼拜,不向父母礼拜,六亲不敬,鬼神不礼。"[①]《大般涅槃经》云:"出家人不应礼敬在家人也。""然佛法中年少幼少应当恭敬者旧长宿,以是长宿先受具戒,成就威仪,是故应当供养恭敬。"[②]《四分律》云:"佛令诸比丘长幼相次礼拜,不应礼拜一切白衣。"[③]僧团内部虽然确立了长幼次序,并相次礼拜,但这些规定不适宜于世俗的礼节,因为既然出家,就当厌离五欲,厌离世间的名、利、权、位、势等种种诱惑,不再动心于尘世的恩怨情仇,当然也就不再对政治发生兴趣。

但是,佛教事实上并不能脱离社会而存在,也不能离开政治权力的支持。佛教产生,就其社会政治背景来说,就是当权的刹帝利因不满僧侣贵族婆罗门的神权统治而引起;佛教的"众生平等"就其政治实质而言,就是为满足第二种姓刹帝利的权利斗争而提出的。根据佛典记载,

---

[①]《梵网经》卷下,《大正藏》第24卷,第1008页下。
[②]《大般涅槃经》卷六,《大正藏》第12卷,第399页下。
[③] 转引自《集沙门不应拜俗事》卷三,《大正藏》第52卷,第457页中。

在释迦牟尼四十多年的传教生涯中,曾得到过摩揭陀国的频毗婆罗王及其嗣子阿阇世王、憍萨罗国的波斯匿王及其妻子末利夫人、释迦部落国的罗阇摩诃那摩、阿盘底国的罗阇摩度罗等统治者的大力扶持。事实证明,如果没有上层统治集团和其他社会阶层的支持,佛教不可能生存、流传和发展。因此,争取和依靠统治阶级的支持,同时保持佛教自身的本色,是标榜出世主义的佛教所必须面对和解决的一个问题。

为了争取世俗统治者的支持,佛经曾有关于肯定和赞颂国家及"王法"的论述。佛陀在《长阿含经》里提到了健全国家的"七不退法",包含了追求正义、上下同心、奉法守戒、孝顺敬忠、不贪名利等内容,认为一个国家如果具备了七不退法,则繁荣昌盛,使侵略者不敢觊觎。① 部派佛教上座部的《毗尼母经》就明确提出佛法和王法"二法不可违",一曰"佛法不可违",二曰"转轮圣王法不可违"②,转轮圣王法就是王法。佛教还有多部"护国经",讲镇卫国家、繁荣社会的护国之道,《佛说仁王般若波罗蜜经》宣扬:只要国王信奉佛教,一旦有难,就会受到各种大力菩萨的保护,佛教通常还以持国、增长、广目和多闻"四大天王"为护国天王。大乘佛教宣扬慈悲救世、普度一切众生的大乘菩萨精神,在世间求解脱,将出世和入世结合起来。大乘佛教中观学派的奠基人龙树(约150—250)深得当时甘蔗王的支持,曾作《宝行王正论》和《劝诫王颂》,专门对甘蔗王讲述如何治理国家,对待臣民,如何信奉三宝,支持佛法,不亲近崇奉外道。这种专门对统治者的说教,表达了大乘佛教的政治观点。后来笈多王朝一度不重视佛教,佛教作《王法正理论》,要求国王给予外护,常与沙门咨询政事,反映了大乘佛教瑜伽行派对政治权力的依赖。但是,总的看来,印度佛教的基本精神还是小乘式的出世主义,无论是小乘佛教还是大乘佛教,其教义虽然也主张佛法同王法不可分离,但宗教同政治是

---

① 《长阿含经》卷二《游行经》,《大正藏》第1卷,第11页。
② 《毗尼母经》卷四,《大正藏》第24卷,第819页下。

完全分离的,宗教不受政治的约束。印度佛教经典里有关于高僧对国王讲法的内容,但极少有出家的佛教信徒直接参与政治,或同世俗统治者保持密切的往来。这是由印度特定的社会历史条件和政治传统决定的。

中国佛教源于印度佛教,印度佛教的政治伦理观念对早期的中国佛教有着很深的影响,中国佛教徒曾经长期以"高尚其迹"相标榜,坚持出家不拜俗的印度传统。但是,由于受中国特殊的社会条件和政治条件的制约,那种追求远离尘嚣、只重个人解脱的小乘精神在中国受到了极大的挑战和限制,而大乘佛教的菩萨救世精神最终被发扬光大。众所周知,中国的政治传统迥异于印度。自秦代开始,便形成了以皇帝为绝对权威的专制主义的中央集权制度,周代"普天之下莫非王土,率土之滨莫非王臣"①的政治观念被秦始皇进一步制度化。汉武帝以后,奠基于先秦的孔孟儒家学说成了维护专制主义中央集权制度和家族宗法伦理关系的最有力的意识形态,儒家对于君臣、父子、夫妇、兄弟、朋友等"五伦"所设定的纲常名教,特别是以"忠"、"孝"为核心的道德观念,以及与"忠"、"孝"观念相应的"敬天法祖"的本土宗教信仰,成为中国古代最牢固的上层建筑。以"治国平天下"为宗旨的儒家入世主义哲学,对佛教的出世主义理想有着本能的拒斥力和免疫力。

中国本土儒家文化主流地位决定了佛教的政治伦理观念和行为在中国必须作适应性的调整和改变,才能得到中国社会的认同。中国佛教早期的佛经翻译就注意了这个问题,在中国被称为"护国三部经"的翻译,即后秦鸠摩罗什(344—413 或 350—409)所译的《仁王般若波罗蜜经》、《妙法莲华经》及北凉昙无谶(385—433)所译的《金光明经》,就是早期中国佛教适应中国王权政治需要的努力。流行于魏晋南北朝时期的著名大乘经典《维摩诘经》宣扬在家居士维摩诘神通广大,智慧无边,释迦牟尼的十大弟子对他个个都心存敬畏。这个经典充分体现了大乘佛

---

① 《诗经·小雅·北山》。

教的世间与出世间不二的宗教理想,按照这样的逻辑,佛教的信徒即使参与政治也不影响其个人的身心解脱。《维摩诘经》在印度并不流行,而在中国几乎家喻户晓,反映了中国佛教的价值取向。中国佛教的许多名僧一改印度佛教不问政治的传统,与帝王及贵族建立各种联系,甚至直接为帝王出谋划策。如西域高僧康僧会(?—280)就与吴主孙皓建立政治往来;东晋道安(312—385)深感佛教发展之不易,提出"不依国主,则法事难立"的著名论断[1],还积极向前秦主苻坚出谋献策;十六国时期的印度僧人佛图澄(232—348),被后赵石勒尊为"大和尚",协助后赵军政机要;后秦主姚兴远迎鸠摩罗什,奉为国师;北凉沮渠蒙逊迎昙无谶为军政参谋;宋孝武帝重用僧人慧琳(生卒年不祥),请他参与政事,时人称之为"黑衣宰相",等等,所有这一切,都说明中国僧人(主要是名僧)参政的并不少见,也是中国佛教关注政治、与统治阶级合作的一个重要表现。

但是,早期中国佛教僧人(包括外来高僧)的政治热情并没有缓和佛教的某些戒律同儒家礼制的冲突,其最重要的表现之一就是沙门不拜俗的礼仪问题。中国佛教僧人继承了印度佛教的戒律传统,他们不拜父母君王,对在家的任何人只合掌致敬,口称"贫道"[2],不受世俗的礼法道德约束。这个问题在东晋以前还不重要,因为东晋以前的佛教还不发达,政府不允许本国人民出家,只给外来僧人以外交特权,且外来的僧人不多,但东晋以后,本国的出家僧侣和在家信徒迅速增加,佛教的社会影响也越来越大,佛教事实上已经形成一个较强大的社会团体,成为游离于现实政治之外的"国中之国"。这样,沙门(僧尼)不拜俗的问题已构成一个政治问题和社会问题。一些固守儒家传统的人士攻击佛教徒的出家行为是"脱落父母,遗蔑帝王,捐六亲,舍礼义"[3],批评佛教"无父无君",

---

[1]《高僧传》卷五《道安传》,《大正藏》第52卷,第352页上。
[2] 参见《集沙门不应拜俗等事》卷三,《大正藏》第53卷,第452页中。
[3]《广弘明集》卷七,《大正藏》第52卷,第133页上。

损害了封建纲常名教,不可饶恕。① 佛教的这个"无父无君"的弱点一直被抓住不放,每当佛教与封建王朝的关系紧张之时就会被提出来,历代朝廷还为此问题进行过多次争论。

二、东晋朝廷关于沙门不敬王者的争论

东晋成康之世(326—344),大臣庾冰辅政,从维护皇帝的绝对权威出发,提出沙门应该向皇帝跪拜致敬,这一建议遭到尚书令何充等人的反对,经过往返讨论,未有结果。东晋元兴年间(402—405),桓玄在策划篡晋称帝之时旧事重提,围绕这个问题,桓玄与中书令王谧、僧人慧远等人展开了一番辩论,到桓玄篡位,他又诏许沙门不致敬王者。不久,桓玄失败。事后,沙门慧远作《沙门不敬王者论》,系统地论述了他对此一问题的主张。

(一)庾冰与何充等人的争论

东晋咸康六年(340),成帝幼冲,庾冰辅政,谓沙门应尽敬王者,尚书令何充等议不应敬。下礼官祥议,博士议与冲同,门下承冰旨为驳,尚书令何充及仆射褚翌、诸葛恢,尚书冯怀、谢广等,奏沙门不应尽敬。

何充等主张沙门不应尽敬的主要理由是"先帝故事",即按老规矩办事。他们说:"世祖皇帝,以盛明革命,肃祖明皇帝,聪圣玄览。岂于时沙门不易屈膝,顾以不变其修善之法,所以通天下之志也。"②庾冰则通过代成帝下诏反驳说:天下的习俗各有不同,不必大惊小怪,问题是要弄清"先王所以尚之意";他从名教礼制的角度出发,指出"父子之敬"、"君臣之序"是不可更改的,既然国家的根本制度不可更改,沙门拜君就是理所当然的。庾冰举了以下几个理由:

第一,世界上是否真的有佛存在? 如果无佛,那就无从谈起;如果真

---

① 《集古今佛道论衡》卷丙,《大正藏》第52卷,第380页上。
② 《弘明集》卷一二,《大正藏》第52卷,第79页中。

的有佛,则是"方外之事",既然是方外之事,怎能受方内之事所限制?如果真的有佛,佛是大神,用心对待就是,为什么要"矫形骸,违常务,易礼典,弃名教"呢?

第二,"名教有由来,百代所不废",如果"弃礼于一朝,废教于当世",则使凡夫俗子傲视宪章,逃避法度的制约,天下还有什么规矩可言?

第三,信佛修道的人,皆为国家普通臣民,不能因他们讲的一套玄之又玄的道理,就可以让其"假服饰以陵度,抗殊俗之傲礼,直形骸于万乘",地位凌驾于帝王之上。①

何充等人不服,上二奏,表明了他们的态度:

其一,"有佛无佛,固非臣等所能定也。"认为他们讨论的关键不是有佛无佛的问题,而是佛教确实起到了协助"王化"的作用,沙门"贱昭昭之名行,贵冥冥之潜操,行德在于忘身,抱一之心清妙",沙门出家修道是为了纯洁心灵,超凡脱俗,世俗的规范已经置之度外。

其二,世历三代(指汉、魏、晋),佛教均无损于国家,"今不为之制,无亏王法",应该因循旧例,没有必要去同上书改动。②

庾冰览奏,代成帝下诏,提出了"殊俗"不可以"参治",不当"两行"的观点。他认为,佛教是外来的制度,与华夏的制度掺杂治理国家,反而怪诞不堪;时代变了,前代帝王没有考虑到的事情,今天或以后难道硬是要照搬吗?佛教的五戒十善等戒条诚然无损于国家,但用得着换取对皇帝的不恭吗?庾冰强调说:

> 礼重矣,敬大矣,为治之纲尽于此矣。万乘之君,非好尊也;区域之民,非好卑也,而尊卑不陈,王教不得不一,二之则乱。斯向圣所以宪章,体国所宜不惑也。③

庾冰的结论是,佛教"修之于家可矣,修之于国及朝则不可",政教应该分

---

① 《弘明集》卷一二,《大正藏》第52卷,第79页中、下。
②③ 同上书,第80页上。

开,沙门不能同世主争权。

何充等人不满,重新上表,坚持沙门不敬王者论,强调"先圣御世,因而弗革","直以汉魏逮晋,不闻异议,尊卑宪章,无或暂亏也",沙门笃守戒律,牺牲身体亦在所不惜,君王为什么不可以大方一点而坚持那区区一点礼节呢?① 结果,庾冰之议竟寝。

在本次争论中,何充等人从维护佛教的独立地位和沙门传统生活出发,强调佛教的社会教化功能,认为沙门出家修道从根本上亦是为了国家的利益,即具有"上俾皇极"之作用,因而应该保持佛教戒律的传统和尊严。而庾冰等人则从维护封建国家的伦理秩序和君主的最高权威出发,认为名教礼制不可破坏,国典必须统一,因而沙门不能搞特权,应当礼敬王者。双方各执一端,都有一定的理由,但都驳不倒对方。

(二)桓玄与王谧等人的争论

桓玄在东晋末年重提沙门敬王的问题。桓玄首先向"八座"②即朝中有身份的八位大臣写信,希望得到他们的支持。信中说:"旧诸沙门皆不敬王者,何、庾已论之,而并率所见,未是以理屈也。庾意在尊主,而理据未尽;何出于偏信,遂沦名体。"③

桓玄认为,何、庾二人都不能屈服对方,在于庾冰重视"尊主",但理由不充分;何充偏袒佛教,结果名教受损。桓玄接着提出自己的看法,不管佛教教理如何,出于何种目的,而"以敬为本,此处不异"。他发挥说:

> 老子同王侯于三大,原其所重,皆在于资生通运,岂独以圣人在位,而比称二仪哉?将以天地之大德曰生,通生理物,存乎王者,故尊其神器,而礼实惟隆,岂是虚相崇重,义存君御而已哉?沙门之所

---

①③《弘明集》卷一二,《大正藏》第52卷,第80页中。
② 东晋时称吏部、祠部、五兵、左民、度支五部尚书、尚书左、右仆射、尚书令为"八座"。

以生生资存,亦日用于理命,岂有受其德而遗其礼,沾其惠而废其敬哉?既理所不容,亦情所不安。①

桓玄在这里结合了先秦道家《老子》和儒家《周易》的学说,极力抬高"王者"的政治身份和社会地位。他首先根据《老子》将道、天、地、王②列为"域中四大"的观点,认为王者可比于天、地"二仪",具有同天地一样创造一切的"德"。又根据《周易》"天地之大德曰生"的说法,认为作为"圣人"的帝王也具有与天地一样的伟大作用,能够"资生通运"或"通生理物"。因而,王者的地位超凡脱俗,人民只有依靠王者的治理和养育才能得以生存和延续,其恩其德,如天覆地载,人人对王者尽敬,实属天经地义。沙门作为社会的一部分,也蒙受了王者给予的所谓"生生资存"的恩惠,因而是不可以"遗其礼"而"废其敬"的。对于桓玄的观点,"八座"之一的桓谦首先提出了自己的反对意见,他说:

> 佛法与老孔殊趣,礼教正乖。人以发肤为重,而髡削不疑,出家弃亲,不以色养为孝,土木形骸,绝欲止竞,不期一生,要福万劫。世之所贵,已皆落之;礼教所重,意悉绝之;资父事君,天属之至,犹离其亲爱,岂得致礼万乘?③

意谓佛教是出世之法,出家就意味着放弃世俗的享受和摆脱礼教的束缚,也就不应该"致礼万乘"。

桓玄收到桓谦等人的回答后,感到不合己意,便将《与八座书》转与吏部尚书、中书令王谧,希望得到满意答复。王谧与桓玄之间进行了多次往返辩难,王谧写了四篇《答桓太尉》的信,桓玄也回了四篇《难王中令》。

王谧的第一封《答桓太尉》说了三点理由:

---

① 《弘明集》卷一二,《大正藏》第 52 卷,第 80 页中。
② 王弼本称"王",通本称"人"。
③ 《弘明集》卷一二,《大正藏》第 52 卷,第 80 页下。

第一，佛教是为政治服务的。佛教虽出自天竺，与中土"殊方异俗"，"至于君御之理，莫不必同"，沙门是否拜君的形式并不重要，关键是他们"意深于敬"，这就与世俗的政治殊途同归。

第二，古今中外的帝王都有尊敬佛教的传统。王谧说，在外国，不是僧人礼拜国王，而是国王礼拜僧人；佛教在中国的历史已逾四百年，历代都尊重佛教的传统，这是因为"独绝之化，有日用于陶渐，清约之风，无害于隆平"，佛门清静，有助于世风的纯洁，王者应当从大处着想，不能以沙门的"缺户"而耿耿于怀。

第三，"功高者不赏，惠深者忘谢。"帝王的恩德可比天地，沙门也是受惠者，但是，沙门有大功于国家，其功劳岂能用普通的奖赏来衡量？王者有深惠于沙门，其恩惠也不能靠简单的跪拜来报答。①

桓玄本希望得到王谧的支持，不想事与愿违。于是作第一封《难王中令》，也提出四点理由，逐一驳斥：

第一，沙门内部也注重礼敬，他们对偶像和师傅"忏悔礼拜"，十分笃诚，与世俗的"揖跪"大同小异，"既不能忘身于彼，何为勿仪于此"？况且，师傅只是助其开悟，而君主则通生理物，相比之下，谁轻谁重？

第二，外国乃夷狄之国，"六夷骄强，非常教所化，故大设灵奇，使其畏服"，用鬼神福报来慑服人民，这种做法不是"宗极之道"，中国用不着借鉴。

第三，时移势易，西晋以前，出家为僧的多是胡人，政府听任其俗，给予少数外国人特权；现在本土信佛教的人多了，当然要用中国的礼制来约束。

第四，圣人缘情而制礼，若以"功深惠重"作为不拜的理由，那么，佛教徒就不应该礼拜佛祖释迦牟尼了，因为佛祖对于佛教徒来说其恩情无

---

① 《弘明集》卷一二，《大正藏》第52卷，第81页上。

疑是太重了,岂不荒唐?①

王谧的第二封《答桓太尉》基本上是围绕桓玄的上述几个回答再作反驳的,其主要观点有:

其一,佛教也有"忏悔礼拜","致敬师长",但目的是为了修道成佛,是畏惧因果,与世俗的礼拜完全不同。

其二,《老子》有云:天地以万物为雏狗,万物亦忘谢于天地;民可使由之,不可使知之,圣人尽管有恩于人民,但圣人之恩以"自然"为准,人民感激圣人也不能靠简单的酬谢来表达。

其三,不能说外国人生性"矫强",才用神道设教使其畏服,而是佛教的因果报应实有其事,绝不是什么权宜的说教。②

桓玄与王谧继续辩论,王谧感到问题的关键是佛教能否与王教并行,而桓玄则强调佛教不能高于王权。在这种情况下,王谧一方面迫于桓玄的权威,另一方面在理论上似乎再难作进一步的发挥,最终作出让步。

桓玄与桓谦、王谧之间的辩论,与何充、庾冰的辩论在内容上变化不大,双方只是作了些发挥而已。客观地说,佛教在理论上确实处于劣势,如果仅仅强调宽容沙门的不敬行为是历代的惯例,或者以"功高者不赏,惠深者忘谢"这种似是而非的道理来立论,或者强调沙门应当拜佛而不应当拜君,这些理由很容易被对方驳倒。

(三)慧远的《沙门不敬王者论》

王谧被桓玄所屈,桓玄心中还是有些顾虑,便向庐山的慧远法师写了一封信,希望慧远表态。桓玄在信中写道:

> 沙门不敬王者,既是情所未了,于理又是所未喻。一代大事,不可令其体不允。近与八座书,今示君,君可述所以不敬意也。此便当行之于事,一二令详遣,想君必有以释其所疑耳。王领军(王谧)

---

①②《弘明集》卷一二,《大正藏》第52卷,第81页下。

大有任此意。①

慧远接书，作《答桓太尉书》，从在家和出家的角度作了详细的论证，这封信也就是后来《沙门不敬王者论》的底本。桓玄作《重答远法师书》，表示仍不理解。桓玄篡位后，虽然作了《许沙门不致礼诏》，但朝中大臣如侍中卞嗣之、黄门侍中袁恪之、门下通事令使臣马范等人纷纷屈附于桓玄，答诏表示沙门应礼敬王者。东晋元兴二年（403）十二月，桓玄篡位称帝，改元永始。桓玄虽篡位，但在沙门是否礼拜的问题上一直心存顾虑，为了争取僧俗信徒的支持，特诏许沙门不礼敬王者。不久，桓玄失败，事情亦不了了之。次年春，刘裕起兵讨桓玄，五月桓玄被杀。事后，慧远根据《答桓太尉书》撰《沙门不敬王者论》。此论包括在家、出家、求宗不顺化、体极不兼应、形尽神不灭五大内容，并作序，介绍朝廷讨论沙门敬王事件的始末。

慧远的《沙门不敬王者论》主要是围绕桓玄的观点而发，开篇非常简明地介绍了东晋朝廷两次争论的情形和各家特别是桓玄的主要观点：

> 晋成康之世，车骑将军庾冰疑诸沙门抗礼万乘，所明理，何骠骑有答。至元兴中，太尉桓公亦同此议，谓庾言之未尽，与八座书云：佛之为化，虽诞以茫浩，推乎视听之外，以敬为本，此出处不异。盖所期者殊，非敬恭宜废也。《老子》同王侯于三大，原其所重，皆在于资生通运，岂独以圣人在位，而比称二仪哉？将以天地之大德曰生，通生理物，存乎王者，故尊其神器，而体实唯隆，岂是虚相崇重，义存弘御而已！沙门之所以生，生资国存，亦日用于理命，岂有受其德而遗其礼，沾其惠而废其敬哉？于时朝士名贤答者甚众，虽言未悟时，并互有其美，徒咸尽所怀，而理蕴于情，遂令无上道服，毁于尘俗，亮到之心，屈乎人事。悲夫！斯乃交丧之所由，千载之否运。深惧大法之将沦，感前事之不忘，故着论五篇，究叙

---

① 《弘明集》卷一二，《大正藏》第52卷，第83页下。

微意,岂曰渊壑之待晨露,盖是伸其罔极,亦庶后之君子,崇敬佛教者,式详览焉。①

如果说慧远的《答桓太尉书》主要是还从佛教的在家(处俗弘教)和出家(出家修道)两个方面的特点论证佛教与俗教的相辅相成;那么,《沙门不敬王者论》则对佛教的社会职能和政治职能,以及佛教与儒家名教的相互关系、佛教的"天国"的"真实"存在等方面作出全面、系统的论证,从理论上奠定了沙门和佛教的社会和政治地位,从而为中国佛教的礼制和政治原则的确立产生了深远的影响。他所占据的理论高度以及论证的力度和思维的缜密,是前人和同辈包括何充、桓谦、王谧等人所无法达到的。

《沙门不敬王者论》最重要的观点是慧远关于在家和出家的区分。

佛教对于来自儒家方面"不忠不孝"的责难,一般不会直截了当地反击,他们通常就佛教的社会作用方面作妥协性的调和。比如何充等人就认为佛教同儒家名教并无矛盾,不但对王者不构成任何威胁,而且能起到"上俾皇极"的作用。王谧也强调"独绝之化(指佛教),有日用与陶渐;清约之风,无害于隆平"。慧远总结了上述看法,将"日用于陶渐"规定为佛教的社会职能,将"上俾皇极"规定成佛教的政治职能,同时,他真正从理论上作了深入的论证:

> 佛经所明,凡有二科:一者处俗弘教,二者出家修道。处俗则奉上之礼、尊亲之敬、忠孝之义表于经文,在三之训彰于圣典,斯与王制同命,有若符契。此一条全是檀越所明,理不容异也。出家则是方外之宾,迹绝于物。其为教也,达患累缘于有身,不存身以息患;知生生由于禀化,不顺化以求宗。求宗不由于顺化,故不重运通之资;息患不由于存身,故不贵厚生之益。此理之与世乖,道之与俗

---

① 《弘明集》卷一二,《大正藏》第 52 卷,第 83 页下。

反者也。①

慧远的过人之处,在于他能够融贯大乘佛典的要义,有针对性地将佛教信徒划分两大部分,即"处俗弘教"的在家信徒和"出家修道"的沙门,这在一定程度上钝化了佛教戒律与王权的冲突。佛教的经典中确有宣扬"奉上"、"尊亲"、"忠孝"之类的经文②,慧远以此作为佛教沟通名教的桥梁,认为这是佛教"与王制同命"的前提。慧远进一步发挥道:

> 在家奉法,则是顺化之民,情未变俗,迹同方内,故有天属之爱,奉主之礼。礼敬有本,遂因之而成教……是故因亲以教爱,使民知有自然之恩,因严以教敬,使民知有自然之重……何者?夫厚身存生,以有封为滞,累根深固,存我未忘,方将以情欲为苑囿,声色为游观,耽湎世乐,不能自勉而特出。是故教之所检,以此为涯,而不明其外耳。其外未明,则大同于顺化,故不可受其德而遗其礼,沾其惠而废其敬。是故悦释迦之风者,辄先奉亲而敬君;变俗投簪者,必待命而顺动,若君亲有疑,则退求其志,以俟同悟。斯乃佛教之所以重资生、助王化于治道者也。③

在这里,慧远强调在家众,因为"累根深固",还未摆脱情欲的束缚,加上父母亲属及社会舆论方面的压力,是应当作"顺化之民"的,应当享受"天属之爱",接受"奉主之礼","奉亲而敬君",当然不可"受其德而遗其礼,沾其惠而废其敬"。这也是佛礼与俗礼同一的地方。不过,慧远同时还指出,在家众所以"情未变俗"、"累根深固",究其根源,则是"功由在昔",都是过去的业力的报应,他们今日的行为是要承当报应的后果的,因此,世俗的礼教恰恰同佛教的因果报应是相互连接、相辅相成的。在家众尽

---

① 《弘明集》卷一二,《大正藏》第 52 卷,第 83 页下。
② 吴康僧会编译的《六度集经》提倡"君仁臣忠,父义子孝",《维摩诘经》中也有"若在王子,王子中尊,示以忠孝"之类的话,但早期翻译的佛典中这类经文并不多见。
③ 《弘明集》卷一二,《大正藏》第 52 卷,第 84 页中。

忠尽孝本来就是冥冥中业报的要求,王者对臣民的赏罚从根源上说是实施信徒的业力的现报或者来报。这就是儒家伦理与佛教因果报应说一致的地方。

然而,慧远的目的并未停留于此,他对佛教的出家信徒作出另外的行为规定:

> 出家则是方外之宾,迹绝于物。其为教也,达患累缘于有身,不存身以息患;知生生由于禀化,不顺化以求宗。求宗不由于顺化,故不重运通之资;息患不由于存身,故不贵厚生之益。此理之与世乖,道之与俗反者也。若斯人者,自誓始于落簪,立志形乎变服。是故凡在出家,皆遁世以求其志,变俗以达其道。变俗,则服章不得与世典同礼;遁世,则宜高尚其迹。夫然者,故能拯溺俗于沉流,拔幽根于重劫,远通三乘之津,广开天人之路。①

慧远认为,佛教出家的僧侣与在家的俗人有一个根本的区别,就是僧侣信奉人的身体是一切烦恼(患累)的根源,他们对于物质性的生命的各种欲望要求是力求破除的,出家的人是以心灵的超脱作为最高目标的,既然他们连自己有情的生命都视为累赘,哪里还会重视现实的享受和自然的造化呢?不重生,不顺化,当然也就无须对天地君亲的"资生通运"感恩戴德,以礼敬作为报答了。所以,遁世隐居,迹绝于物,不以俗事为念,正是出家修道的内在要求,是沙门彻底摆脱人间无尽痛苦和烦恼的必由之路,沙门不礼敬王者应当受到尊重,不能用世俗的要求来勉强他们。

不过,慧远再次强调,沙门不礼拜王者,只是形式上与名教的对立,而在实质上反而更能够维护王者的利益。慧远曾在《答桓太尉书》中说过:

---

① 《弘明集》卷一二,《大正藏》第 52 卷,第 83 页下。

> 是故内乖天属之重,而不违其孝,外阙奉主之恭,而不失其敬。若斯人者,自誓始于落簪,立志成于暮岁,如令一夫全德,则道洽六亲,泽流天下,虽不处王侯之位,固已协契皇极,大庇生民矣。如此,岂坐受其德、虚沾其惠,与夫尸禄之贤同其素餐者哉!①

意思是说,如果统治者能够从更高更远的角度看清佛教的真实面目,不拘泥于沙门区区的礼拜,从形式上向沙门让步,换来的是抬高僧侣的社会身份,使他们作为追求高尚理想的楷模,就会使佛教的教义更广泛、更深入地影响群众避恶趋善,从根本上维护统治者的最高利益,正是一种曲径通幽的为政之道。

通过慧远的精心诠释,佛教对于统治阶级来说,已经不再是某种文化政策的点缀品,而是巩固其政治统治和维护社会秩序的重要手段。佛教由私人的事情,变成了国家和皇权的事业。② 当然,慧远的这种做法,主要还是为了争取沙门不敬王者的特殊礼遇,为出家僧人获得俗人的特殊尊重提供理论依据,有效地发挥佛教的政治作用和社会影响。

第五节 《老子化胡经》与佛道之争

"老子化胡说"曾经对汉魏两晋南北朝及其以后的佛道关系产生过非常重要的影响。它的成因很复杂,佛教最初对此曾采取过默许的态度,这与佛教初传中国时依附于黄老道术是有关系的。西晋以后,随着佛教的发展和影响的扩大,道教便开始以老子化胡说作为贬低佛教、为自身争得宗教正统地位的依据,《老子化胡经》及与此相关的各种道经纷纷出笼;佛教方面亦不甘示弱,一方面极力驳斥老子化胡说的荒谬,另一方面也编造伪经,声称老子为佛陀所化,佛教高于道教。

---

① 《弘明集》卷一二,《大正藏》第 52 卷,第 83 页下。
② 参见任继愈的《中国佛教史》第二卷,第 636 页,北京,中国社会科学出版社,1985。

一、《老子化胡经》的形成

《史记·老子韩非列传》曾载有老子西行的传说。传文说:

> 老子修道德,其学以自隐无名为务。居周久之,见周之衰,乃遂去。至关,关令尹喜曰:"子将隐矣,强为我著书。"于是老子乃著书上下篇,言道德之意五千余言,而去,莫知其所终。

不过,关于老子出关而"莫知其所终"的记载在司马迁那里只是一种传闻,司马迁本人也无从证实,而且与佛教之间没有任何关系。最早将此事与佛教拉上关系的是东汉时期的大臣襄楷,他在延熹九年(166)给汉桓帝的一封上疏中提到:

> 又闻宫中立黄老、浮屠之祠。此道清虚,贵尚无为,好生恶杀,省欲去奢。今陛下嗜欲不去,杀伐过理,既乖其道,岂获其祚哉!或言老子入夷狄为浮屠。浮屠不三宿桑下,不欲久生恩爱,精之至也。天神遗以好女,浮屠曰:"此但革囊盛血。"遂不眄之。其守一如此,乃能成道。今陛下淫女艳妇,极天下之丽,甘肥饮美,殚天下之味,奈何欲如黄老乎?①

襄楷的奏疏中杂引了《四十二章经》、《老子》、《太平经》等经文,希望皇帝真正做到清虚无为、省欲去奢的要求。这个上疏表明,东汉后期的宫中已经将黄老、浮屠并祠,但佛教(浮屠)只是作为"守一"之法,乃黄老道术的附庸而已。但是,文中提到的"或言老子入夷狄为浮屠",明显已经改变了《史记》老子本传的提法,将老子出关而不知所终变成了"入夷狄为浮屠"。此时的老子还只是入乡随俗,由一个中国人变佛教徒,这种说法似乎在为佛教与道家拉近关系,至于此种关系到底如何,尚不追究。

到了鱼豢所著的《魏略·西戎传》,明确地提出了老子在天竺"教胡

---

① 《后汉书·襄楷传》,第 1082、1083 页,北京,中华书局,1964。

为浮屠"的说法：

> 罽宾国、大夏国、高附国、天竺国,皆并入属大月支。临儿国《浮屠经》云:其国生浮屠。浮屠,太子也。父曰屑头邪,母曰莫邪……始,莫邪梦白象而孕,及生,从母右胁出,生而有结髻,堕地能行七步。此国在天竺中。天竺又有神人,名沙律。昔汉哀帝元寿元年,博士弟子景卢受大月支王使伊存口受《浮屠经》,曰:复立者,其人也。《浮屠》所载临蒲塞、桑门、伯闻、疏问、白疏间、比丘、晨门,皆弟子号也。《浮屠》所载与中国《老子经》相出入,盖以为老子西出关,过西域,之天竺,教胡。浮屠属弟子号,合有二十九,不能详载,故略之如此。①

鱼豢是三国时期魏国的郎中,这个记载表明,至少在三国时期,"老子化胡说"已经在中原地区流行,化胡的地点即是天竺。文中还提到了所谓的《老子经》,并说《老子经》与临儿国的《浮屠经》可相对照,说明老子化胡说最早是出于道教。即便如此,《魏略·西戎传》所提到的老子化胡说仍然隐晦不明,其基本情节就是"老子西出关,过西域,之天竺,教胡",它可能要表达的主旨有两点:其一,佛道同源,殊途同归,并无根本差异,可以兼奉并祠,这可以从东汉桓帝时期襄楷的上疏看出;其二,老子西出化胡,则老子为佛教的创始人,与中国传统的"用夏变夷"论相符合。由此可见,老子化胡说在形成的早期虽然未能摆脱中土"夷夏之辨"的传统,但跟老子扯上关系对于佛道双方来说都有必要,因为黄老之道在汉魏两晋时期一直受到崇奉。当时佛教初传中国,朝廷不允许汉人出家,佛教的社会地位很低,不如利用"化胡"之说依附老子,减少受排挤的危险;道教正处于形成和发展的初期,特别是经过黄巾起义的冲击,道教的合法地位没有得到朝廷的承认,佛道双方都有必要结成联盟,以壮大声势。这样,老子化胡说就成为佛道双方会同教理,相得益彰、共同发展的一个

---

① 《三国志》卷三〇《东夷传》裴注引《魏略·西戎传》。

中介。

东晋以后,由于佛教的迅速发展壮大,影响了道教的宗教地位和宗教利益,激起了道教方面的强烈不满。这样,老子化胡说便成为道教攻击佛教的一个有力工具。根据史料,道教最先用老子化胡说来贬低佛教的是西晋道士王浮,其标志就是《老子化胡经》的出台。此说最早出于梁代僧祐的《出三藏记集》卷一五《法祖传》:

> 后少时有一人,姓李名通,死而更苏,云:见祖法师在阎罗王处,为王讲《首楞严经》,云:讲竟应往忉利天。又见祭酒王浮,一云道士基公,次被锁械,求祖忏悔。昔祖平素之日,与浮每争邪正,浮屡屈,既意不自忍,乃作《老子化胡经》,以谤佛法,殃有所归,故死方思悔。①

这个记载与慧皎的《高僧传·帛远传》几乎雷同。帛远是法祖的字,二者是同一人。从此,王浮造《化胡经》"以谤佛法"便成定论。

《老子化胡经》的基本内容,是老子携尹喜西出函谷关,入天竺化为佛陀,创立佛教,故佛教不过是老子之教的变种而已。道教方面的用意非常明显,不过是借此说明老子高于佛陀,道教优于佛教。王浮的《老子化胡经》只有一卷,现已不存,其内容只能从佛道双方的争论文献和其他道经中找到蛛丝马迹。但该经以后陆续扩增为十卷,《通志·艺文略》、《郡斋读书志》、《文献通考》等均录为十卷。今《大正藏》第五四册所收的《老子化胡经》二卷(卷一及卷一〇),系法国学者伯希和(P. Pelliot)于敦煌所发现。经文第一卷名为"老子西升化胡经序说第一",其主要情节如下:

> 一、太上老君以殷王汤甲庚申之岁,入于玉女玄妙口中,寄胎为人,庚辰二月十五日诞生于毫。老君出生,即能行走,步生莲花,左手指天,右手指地,曰:"天上天下,唯我独尊,我当开扬无上道法,普度一切动植

---

① 《出三藏记集》卷一五《法祖传》,《大正藏》第50卷,第327页上。

众生"。

二、老君出生,即有异相,天人共赞,称十六名号:太上老君、圆神智无上尊、帝王师、大丈夫、大仙尊、天人父、无为上人、大悲仁者、元始天尊。

三、此后老君凝神混迹,教化天人,百有余载。至周康王甲子之岁,晦迹藏名,为柱下史。

四、至周照王癸丑岁,西过函谷关,授尹喜道德五千章句,并说《妙真》、《西升》等经,乃至太清上法、三洞真文、灵宝符图、太玄等法。随即西度,经历流沙,至于阗国毗摩城。招道家诸仙,西胡诸王,咸集听法。以为胡人心毒,好行杀害,乃说《夜叉经》,令其断肉,专食麦麨,勿为屠杀。又因胡人贪戾,不识亲疏,唯好贪淫,故令剃除须发,兼持禁戒,稍习慈悲。每月十五日,常须忏悔。

五、又以神力化为佛形,腾空而来,高丈六身,体作金色,面恒东向,示不忘本。后过葱岭,南出乌场,遍历五印,入摩竭国,立浮屠教。

六、周穆王时,老君还于中夏,入东海,至于蓬莱、方丈等洲,乃于扶桑,挍集仙品,称位高下。

七、周桓王时,又令尹喜乘彼月精,降中天竺国,入乎白净夫人口中托荫而生,号为悉达,舍太子位,入山修道,成无上道,号为佛陀,广说经诫,破九十六种邪道,历年七十,示人涅槃。

八、周襄王时,老君乃还中国,教化天人,授孔丘仁义等法。

九、又经四百五十余年,老君乘自然光明道气,从真寂境飞入西那玉界苏邻国中,降诞王室,示为太子,舍家入道,号末摩尼。所有众生,皆由此度。摩尼之后,年垂五九,来入中洲。当此之时,黄白气合,三教混齐,同归于我,动植含气,普皆救度,是名总摄一切法门。[①]

研究表明,《大正藏》所收录者完全不同于王浮的《老子化胡经》。因

---

① 《老子化胡经》,《大正藏》第54卷,第1266页中、1267页下。

为王浮所作仅有一卷,敦煌本则有十卷;敦煌本第一卷题为"老子西升化胡经序说第一",王浮本则无此说;王浮本又名《明威化胡经》①,敦煌本则无"明威"二字;另外,敦煌本老子不仅为"三教混齐"之主,也为摩尼教之主。从王浮的一卷本到后来的十卷本,《老子化胡经》自王浮最先撰出,经过了数百年的不断完善,才最后定型。虽然敦煌本的《化胡经》还不能断定为最后的定本,但可以想见,它的结构和内容是非常完整的,因为它将道教和佛教双方,甚至儒家、摩尼教的历史和教理、教义都融入其中,最后确定老子为三教教主,"总摄一切法门"。

《老子化胡经》的这种变化,与佛道二教的争论显然有直接的关系。由于佛教方面的不断反驳,道教方面只有在细节上不断修正,才能够自圆其说。事实上,《老子化胡经》产生后,很快成为佛道二教斗争的一大公案,双方围绕此书的真伪,辩论了近一千年。道教方面力证此书之真,并以此为基础,相继造作了许多与老子化胡说相关的道书,这些道书包括:《老子道德经序诀》、《太极左仙公请问经》、《仙公请问众神难经》、《太上洞玄灵宝真一劝解法轮妙经》、《太上洞玄灵宝智慧本愿大戒上品经》、《老子西升经》、《玄妙内篇》、《三天内解经》、《老子开天经》、《造立天地记》、《造立天地经》、《广说品》、《文始内传》、《关令内传》、《出塞记》,等等。② 这些道经,佛教方面在反驳时大都被引用过。也可以说,《老子化胡经》的不断改变和加工,与上述道书或道经的出现是有联系的,它们构成了《老子化胡经》从粗陋走向完善的中间环节。

二、《老子化胡经》的核心问题

《老子化胡经》本属向壁虚构,其真实性是很容易受到质疑的,道教

---

① 彦悰《集沙门不应拜俗等事》卷五注引《晋代杂录》云:"道士王浮每与沙门帛远抗论,王屡屈焉,遂改换《西域传》为《明威化胡经》。"另,法琳在《辩证论》中也提到王浮造《明威化胡经》的事。
② 参见李小荣的《弘明集、广弘明集述论稿》,第94—230页,成都,巴蜀书社,2005。

方面为了回应佛教的反击,将其中的关键性细节作了刻意的处理,以弥合其说。由于佛道的争端,《老子化胡经》或者老子化胡说需要解决的核心的问题至少有三点:其一,老子的出生年代;其二,老子如何化胡;其三,老子为何要化胡。关于老子为何要化胡,因涉及中国传统的夷夏观,即认为夷狄之人根性刚烈,不遵礼教,需要用佛教教化,这个问题在上节夷夏之辨中已经谈到,这里不述。这里只论述前两个问题。

(一)关于老子的出生年代

要证明老子西出化胡,其前提则是老子的出生年代早于佛陀。老子的出生年代本来就不明确,而佛陀的诞生年代在佛教初传的时代也是一个问号,但老子化胡说必须首先解决这个问题。北周时期的甄鸾在《笑道论》中曾引道教《道德经序》,文称:

> 老子以上皇元年丁卯下为周师,无极元年癸丑去周度关。①

这个说法同《葛仙公序》一样,被唐代法琳的《辩正论》所引用:

> 老子以上皇元年太岁丁卯二月十五日丙午为周师者,即恒王丁卯之岁也。又云,无极元年太岁癸丑五月丙午去周西度关者,即是敬王癸丑之[岁]。②

《葛仙公序》比《道德经序》只是时间具体,二者并无根本区别。甄鸾在《笑道论》中曾嗤笑说:"古先帝王立年无号,至汉武帝创起建元,后王因之遂至今日,上皇孟浪可笑之深!"③意思是说,中国从汉武帝开始才有年号之说,上古帝王哪里有什么年号?"上皇元年"之说乃无稽之谈。《葛仙公序》加注上皇元年为恒王丁卯岁,显然是受到了佛教的反驳才会出现这样的调整。

道教方面还有一种说法,就是老子"代为国师"或"代为帝师"之说。

---

① ③《广弘明集》卷九,《大正藏》第52卷,第144页中。
②《辩正论》卷五,《大正藏》第52卷,第522页上。

《三洞珠囊》卷九引《化胡经》说：

> 老子伏羲后生为帝师，号曰究爽子，复称田野子，作《元阳经》……汤王时出为帝师，号曰锡则子，作《道元经》……武王时出为帝师，号曰郭叔子，复称续成子，为柱下史。①

这个关于老子从伏羲开始，代代为"帝师"的说法又必须有一个前提，就是老子的寿命极高，甚至可以长生不老。据甄鸾的《笑道论》曾引《化胡经》说：

> 三皇修道，人皆不死。上古时，天生甘露，地生醴泉，食饮长生。中古来，天生五气，地出五味，食之延年。下古世薄，天生风雨，地养百兽，人捕食之。吾伤此际，故尝百谷以食兆民，于是三皇各奉粟五斗为信，求世世子孙不绝，五谷生神州。②

关于饮食长生的神话毕竟是中国上古的传说，它容易被现实生活的实证所推翻。后来，道教干脆用道家的"气化说"来解决老子"不死"或"长生"的问题。《三天内解经》对此有详细的描述：

> 道源本起，出于无先。溟涬鸿濛，无有所因。虚生自然，变化生成。道德丈人者，生于元气之先，是道中之尊，故为道德丈人也……老子者，老君也，变化成气，天地人物，故轮转而化生。炼其形气，老君布散玄、元、始气，清浊不分，混沌状如鸡子，中黄，因而分散玄气，清淳上升为天，始气浓浊，凝下为地，元气轻微，通流为水，日月星辰，于此列布。老君因冲和气，化为九国，置九人，三男六女，至伏羲、女娲时，各作名姓，因出三道以教天民，中国阳气纯正，使奉无为大道，外国八十一域，阴气强盛，使奉佛道……老子帝帝出为国师：伏羲时号为郁华子，祝融时号为广寿子……汤殷时号为锡则子，

---

① 《道藏》第 25 册，第 355 页上。
② 《广弘明集》卷九，《大正藏》第 52 卷，第 148 页中。

变化无常,或姓李名弘安九阳,或名聃字伯阳,或名中字伯光,或名重字子文,或名元字伯始,或名显字伯元,或名德字伯文,或一日九变,或二十四变,或千变万化,随世沉浮,不可胜载。至殷武丁时,又反于李母,在胎中诵经八十一年,剖左胁而生,生而白首……反胎于李母者,自以虚空身化作李母之形,还以自胞,实非有李母也。①

老子因为从"虚无"之气而生,可以隐显变化,生天生地,至于出为国师,教化民众,更不在话下。道教的这个"气化"说比佛教的"轮回"说和"化身"说似乎更为圆融,至少在理论上解决了老子的出生要早于佛陀的问题。按照这样的说法,老子可以在任何需要时候出现于世,也可以在任何不需要的时候退出人间。

(二)关于老子如何化胡

这个方面包括老子如何西出函谷关、如何在西域诸国教化胡王、在中天竺如何化身为太子悉达多、如何往返中土与天竺两地为三教教主,等等。其中的每一个具体细节在相关道经中都能找到若干线索,但各经文之间却存在相互矛盾的地方。《太上道君造立天地初记》载:

> 老子以周幽王德衰,欲西度关,与尹喜期,三年后于长安市青羊肝中相见。老子乃生皇后腹中,至期,喜见有卖青羊肝者,因访,见老子从母怀中起,头鬓皓首,身长丈六,戴天冠,捉金杖。将尹喜化胡,隐首阳山,紫云覆之。胡王疑妖,镬煮而不热,老君大瞋,考杀胡王。七子及国人,一分并死。[胡]王方伏,令国人受化,髡头不妻,受二百五十戒。作吾形,香火礼拜。老子遂变形,左目为日,右目为月,头为昆山,发为星宿,骨为龙,肉为兽,肠为蛇,腹为海,指为五岳,毛为草木,心为华盖,乃至两肾合为真要父母。②

道经《广说品》的情节则有所改变:

---

① 《道藏》第28册,第413、414页。
② 《笑道论》引,《大正藏》第52卷,第144页中。

始,老国王闻天尊说法,与妻子俱得须陀洹果。清和国王闻之,与群臣造天尊所,皆白日升天。王为梵天之首,号玄中法师,其妻闻法同飞,为妙梵天王。后生罽宾,号愤陀力王,杀害无道。玄中法师须化度之,[乃]化生李氏[女]之胎,八十二年剖左腋,生而白首,经三月,乘白鹿与尹喜西游,隐檀特三年。愤陀力王猎,见便烧沈,老子不死,王伏,便剃发改衣,姓释名法号沙门,成果为释迦牟尼佛。至汉世,法流东秦。①

对照上述两部道经,情节虽然改变,但思路并无不同。这种化胡说实际上是老子变形的故事,其基本情节当取材于中国上古时代的神话,思路是老子以神力慑服胡王,使其受戒。这种化胡说显然是较早的道经才有,因为它没有考虑到佛教的历史和教义。

《三天内解经》则有巨大的突破:

> 至周幽王时,老子知周祚当衰,被发佯狂,辞周而去。至关,乘青牛车,与尹喜相遇,授喜上下中经一卷,五千文二卷,合三卷。尹喜受此书,其道得成道眼,见西国人强梁难化,因与喜共西入罽宾国,神变弥加,大人化为胡王,为作佛经六千四万言,王举国皆共奉事。此国去汉国四万里,罽宾国土并顺从大法。老子又西入天竺,去罽宾国又四万里,国王妃名清妙,昼寝,老子遂令尹喜乘白象化为黄雀,飞入清妙口中,状如流星,后年四月八日剖右胁而生,堕地行七步,举右手指天而吟:"天上天下,唯我独尊。三界皆苦,何可乐焉?"生便精苦,即为佛身。佛道于此而更兴焉。②

此处最大的不同是以道教在前,佛教在后,加入老子或尹喜乘白象或日精之类入王妃清妙口中,最后生出太子而成佛道,这样最能满足当时的道教徒的虚荣心理。又引入了佛教《本起经》中的相关历史,如太子四月

---

① 《笑道论》引,《大正藏》第 52 卷,第 145 页下。
② 《道藏》第 28 册,第 414 页。

八日生,堕地行七步,即能右手指天而吟,这样的处理应该比前者更有"可信度"。比较敦煌本《老子化胡经》的相关内容,《三天内解经》这样的化胡处理应该是比较成熟的。

(三)佛教方面的回应

老子化胡说产生后,在相当长的时间里佛教方面都没有多大反应。根据现有的资料研究,王浮因诽谤佛法而造《老子化胡经》,佛教方面似乎也没有明确的过激的回应。但是,由于《老子化胡经》将佛教的专利权归属于老子或尹喜,并侮辱了佛教,因而激起了佛教徒的强烈不满,他们以牙还牙,也制造伪经以反击。佛教方面曾有针对性地提出三圣东行说和宝应声菩萨、宝吉祥菩萨化为伏羲、女娲说来抗衡道教的老子化胡说。

1. 三圣东行说

三圣东行说在题为东晋帛尸梨密多罗所译的《大灌顶经》卷六《冢墓因缘四方神咒经》中就出现过:

> 阎浮界内有震旦国,我遣三圣在中化导,人民慈哀礼义具足,上下相率无逆忤者。①

> 佛告阿难:震旦国中又有小国,不识真正无有礼法,但知杀害无有慈心,三圣教化遗言不着,至吾法没千岁之后,三圣又过法言衰薄,设闻道法不肯信受。②

《大灌顶经》被认为是刘宋时期的疑伪经典。③ 该经没有说明"三圣"到底何指。刘宋时的僧愍在《戎华论折顾道士〈夷夏论〉》中说:

> 是以如来使普贤威行西路,三贤并导东都,故《经》云:"大士迦叶者,老子其人也。故以诡教五千,冀匠周世,化缘既尽,回归

---

① 《大灌顶经》卷六《冢墓因缘四方神咒经》,《大正藏》,第21卷,第512页上。
② 同上书,第512页中。
③ 参见[日]大村西崖的《密教发达史》第129、130页,东京,国书刊行会,1908。

天竺。"①

这里首次出现了大士迦叶是老子的说法,但经文出处不详。慧通的《驳顾道士夷夏论》中则提到了其中的二圣:

> 摩诃迦叶,彼称老子;光净童子,彼名仲尼,将知老氏非佛亦明矣。②

慧通没有提到具体的佛经,但指出摩诃迦叶是老子,光净童子为仲尼。到了北周道安的《二教论》则曾明确地提出三圣之说,他引用的经文是《清静法行经》:

> 佛遣三弟子震旦教化,儒童菩萨,彼称孔丘,光净菩萨,彼称颜回,摩诃迦叶,彼称老子。③

《清静法行经》最早著录于梁僧祐的《出三藏记集》卷四《新集续撰失译杂经录第一》,录为一卷,无译者及译出时间。该经所提到的三圣即儒童菩萨孔丘、光净菩萨颜回、摩诃迦叶老子,明确了佛教的"三圣东行说"。佛教的其他疑伪经,如《老子大权方便经》、《天地经》、《空寂所问经》等赞同三圣东行说,甚至是以《清静法行经》为基础而撰述出来的。④ 这里需要指出的是,佛教的三圣说出现较早,但刘宋时期的僧愍和慧通都不提全,应该是有时代背景的。因为僧愍和慧通攻击的是顾欢的《夷夏论》,重点是老子;而北周道安回应的是周武帝的三教排序,因此将孔子、颜回、老子都搬了出来,以证明儒道二教皆源于佛教。

另外,三圣东行说的三个人物的称谓在佛教的传说里是不完全一致的。除了孔子、颜回、老子之说外,还有老子、周公、孔子一说,将儒家的另一位代表人物周公取代了孔子的弟子颜回。如梁武帝在《舍事李老道

---

① 《弘明集》卷七,《大正藏》第 52 卷,第 47 页中。
② 同上书,第 45 页下。
③ 《广弘明集》卷八,《大正藏》第 52 卷,第 140 页上。
④ 参见李小荣的《弘明集、广弘明集述论稿》,第 222 页,成都,巴蜀书社 2005 年。

法诏》中说:"老子、周公、孔子等,虽是如来弟子,而化迹既邪,止是世间之善,不能革凡成圣。"①同道教的"老子化胡说"一样,佛教的这些矛盾的说法当出于不同时期的疑伪经,是三教,特别是佛道斗争的反映。

2. 宝应声菩萨、宝吉祥菩萨化为伏羲、女娲说

同三圣东行说一样,佛教菩萨化为伏羲、女娲说也是对道教"老子化胡说"的一种回应。道安《二教论》中的《服法非老》章云:

> 八相感成,双林现灭,斯其大也。权入六道,晦迹尘光,斯其小也。小则或画卦以御时,或播殖以利世,或修征以定乱,或行礼以诚物,或谈无而傲荣,或说有而重爵,何为老生独非一迹?故《须弥四域经》曰:宝应声菩萨名曰伏羲,宝吉祥菩萨名曰女娲。但今之道士始自张陵,乃是鬼道,不关老子。②

《二教论》承认老子是圣人,可以感应变化,但不承认道士或道教与老子有什么关系。文中所引的《须弥四域经》不见于《出三藏记集》,而首载于隋代法经的《众经目录》卷四,传为南齐竟陵王萧子良所出。《须弥四域经》之所以要把中国传说中的上古神人伏羲和女娲也说成是菩萨的应化之身,其源头还是在道教的老子化胡说。前文提到的《三天内解经》中就提出老子生于虚无之先,为道中之尊,是为道德丈人。又说:

> 老子者,老君也,变化成气,天地人物,故轮转而化生。炼其形气,老君布散玄、元、始气,清浊不分,混沌状如鸡子,中黄,因而分散玄气,清淳上升为天,始气浓浊,凝下为地,元气轻微,通流为水,日月星辰,于此列布。老君因冲和气,化为九国,置九人,三男六女,至伏羲、女娲时,各作名姓,因出三道以教天民,中国阳气纯正,使奉无为大道,外国八十一域,阴气强盛,使奉佛道。③

---

① 《广弘明集》卷四,《大正藏》第 52 卷,第 112 页上。
② 《广弘明集》卷八,《大正藏》第 52 卷,第 140 页上。
③ 《道藏》第 28 册,第 413 页。

按照该经之说,老子不仅开天辟地,而且创造了人类的一切,包括伏羲、女娲为老子造作名姓之始,佛教方面对此不能不有所反应。这在唐代陈子良对《辩正论》卷五的注释得到说明:

> 依《须弥像图山经》及《十二游经》并云:成劫已过,入住劫来,经七小劫也。光音天等下食地肥,诸天项后自背光明,远近相照。因食地肥,欲心渐发,遂失光明,人民呼嗟。尔时,西方阿弥陀佛告宝应声、宝吉祥等二大菩萨:汝可往彼与造日月,开其眼目,造作法度,宝应声者示为伏羲,宝吉祥者化为女娲。后现命尽,还归西方。①

《须弥像图山经》也称《须弥图经》,与《须弥四域经》是否为同一经典,不得而知。但《须弥图经》也同样有宝应声菩萨、宝吉祥菩萨化为伏羲、女娲之说。② 按照印度佛教的传说,光音天为色界天中的第三天,即十八天中的第六天,光音天中的众生是人类的始祖,他们降生人间后,欲壑难填,所以失去了光明,于是,阿弥陀佛派出宝应声、宝吉祥二菩萨造出日月,才使得人类有了光明,继续繁衍生存。这是佛教的创始说,针对的应该是《三天内解经》或者类似道经中的老子开天辟地说,其目的是将人类始祖伏羲、女娲等人归功于阿弥陀佛。

老子化胡说及《老子化胡经》在南北朝时期成为佛道斗争的焦点之一。唐初傅奕反佛,佛道双方对此仍然争论不休。在唐代宫廷的三教论衡中,《老子化胡经》也曾多次被提上议事日程。在唐高宗、武周朝,佛教方面将此事诉诸朝廷,请求禁毁《老子化胡经》,终于两次下令焚毁。但是焚毁令不严,《老子化胡经》照样流传。直至元宪宗、世祖二朝,全真道侵占了佛教庙宇田产,佛教以《老子化胡经》为伪经为由,两教再次展开

---

① 《大正藏》第52卷,第521页中。
② 《须弥图经》云:"宝应声菩萨伏羲,宝吉祥菩萨化为女娲,儒童应化作孔丘,迦叶化为李老,妙德托身开士,能儒诞孕国师。"见法琳《决对傅奕毁佛法僧事》。

大辩论。全真道在宪宗八年(1258)和世祖至元十八年(1281)的两次辩论中败北,朝廷两次下令焚毁道经,《老子化胡经》首当其冲,终于彻底被焚毁,从此该经亡佚。佛道二教因老子化胡说所引发的近一千年的争端,至此画上了句号。

第六节　北魏太武帝、北周武帝灭佛与佛道之争

随着佛教的迅速发展,寺院经济获得增长,它的社会影响和社会势力越来越大,由此引发的与世俗统治阶级在政治、经济、思想上的冲突和矛盾亦越来越多。这些矛盾和冲突达到一定阶段,势必带来与之反向运动的灭佛事件。在佛教史上曾发生过四次较大规模的灭佛事件,佛教徒称之为"法难",其中前两次就发生在北朝:分别是北魏太武帝的灭佛和北周武帝的灭佛。而帝王的灭法毁佛也使末法意识流行于世,成为当时佛教界的重要思潮。

一、北魏太武帝的宗教政策及其灭佛运动

据《魏书·释老志》记载,太武帝拓跋焘继位后有奉佛表现。他遵太祖、太宗之业,每引高德沙门,与共谈论。并于四月八日,用车装载诸佛像,行于广衢,亲御门楼,临观散花,以致礼敬。[①] 这是以实际行动表达对祖辈奉佛的继承。拓跋焘征服的北凉,地处西北,是当时佛教文化的重镇。北魏灭北凉,北凉的佛教文化也随其掳掠的僧人进入平城。

北魏鲜卑族能征善战,拓跋焘又是个很有雄心壮志的人,为了实现其征服各族的野心,需要充足的兵力以及供给。鉴于沙门免徭役免租调的特殊优待,不少世人为逃避赋税也可能采取出家的形式,造成国家兵源、财源的流失,因此需要对沙门的人数进行控制。于是太延四年(438)

---

① 《魏书》卷一一四《释老志》,第 3032 页,北京,中华书局,1974。

三月,太武帝下诏罢沙门年五十以下者(《魏书》卷四本纪),欲使一部分沙门还俗,充实兵力。《资治通鉴》卷一二三中有胡三省的注,云"沙门中强壮者罢之为民,令从事征役"。联系其后太武帝的灭佛,当也与控制全国人口、保证国家税收有关。

南方的战乱使大量南人逃往北方,而北朝统治者为了巩固自己的统治,亦积极与汉族地主阶级合作,吸纳其先进的文化成果,促进本国发展。北魏从道武帝始即开始重用儒者,尊崇儒家学说。太武帝继之,重用汉人,这其中就有引导太武帝"灭佛"的司徒崔浩。

崔浩(381—450),字伯渊,清河人。其父白马公崔玄伯,《魏书》卷二四有传:云其号称"冀州神童",因长于政务,有王佐之才,曾得到苻坚、慕容垂的重视,后又得到北魏太祖与太宗的信任。崔浩是其长子,少好文学,博览经史,玄象、阴阳、百家之言,无不关综,研精义理,时人莫及。太祖时崔浩为给事秘书,转著作郎,勤于政务,为太祖所赏。因其工书,常置左右。太宗时,崔浩为博士祭酒,赐爵武城子,常授太宗经书。父子同朝共事,每至郊祠,并乘轩轺,时人荣之。太宗好阴阳术数,闻浩说《易》及《洪范》五行,很是欣赏。因命浩占筮吉凶,考定疑惑,特别是与军事有关的活动,多使浩参详。崔浩发挥自己的才能,明察天文,仰观星变,预言后秦姚兴当死,刘裕当为天子等,其后均得到应验,故太宗对其甚为宠幸。崔浩亦得以参与军政机要,成为权臣。太武帝即位后,崔浩同样得到殊遇,太武帝经常光临其府第,并加其为侍中、特进、抚军大将军、左光禄大夫,但这位汉人却受到鲜卑族群臣的排挤,被迫回家。

崔浩幼年即受道教。其母卢氏,是卢谌的孙女,卢谌的曾孙卢循是东晋末年孙恩之乱的首谋。孙恩、卢循都是道教信徒。《晋书》卷一○○载孙恩世奉五斗米道,其父孙泰师事钱唐道士杜子恭,传其术,百姓敬之如神,皆竭财产、进子女,以求福庆。孙泰为乱,扇动三吴百姓,事泄被诛,子孙恩逃于海上,战败而亡。卢循为孙恩的妹夫,恩为乱时,与之通谋。孙、卢两家相同的道教信仰,是他们结合的重要因素。崔浩在这样的家世背景下成长,其父玄伯病重时,他遵循道教仪式,夜晚仰空祈祷北斗七星和北极星,为父请命,求以己身代受;父终,又居丧尽礼,袭爵"白马公"。

崔浩心怀大志,自比汉朝谋士"张良",遭贬回家,郁闷中以道士寇谦之为师,从之修炼服食养性之术,转求长生之道。

寇谦之(365—448),字辅真,南雍州刺史寇赞之弟。早好仙道,有绝俗之心,少修张鲁之术,服食饵药,历年无效,后随仙人成公兴入华山、嵩山,学道修炼。成公兴有次出石室前告诉寇谦之,若有人送药,但食之莫疑,不久有人送药来,都是毒虫臭恶之物,寇谦之大惧,不敢吃,成公兴知道后叹息其不能成仙,但可为帝王师,事载《魏书》卷一一四。寇谦之师事成公兴七年,精神远通其师。成公兴亡后,寇谦之继续在嵩山修炼。不过,他不甘心在嵩山做隐士。神瑞二年(415),寇谦之自称遇到一位自称"太上老君"的大神,大神授予他天师之位,又赐给《云中音诵新科之诫》二十卷,令其"清整道教,除去三张(指张陵、张衡、张鲁)伪法,租米钱税,及男女合气之术"①。这是寇谦之为整肃道教的自神其话,实不可信。

由于三张教团规定,入教成员需交纳五斗米,故其所传被称为"五斗米道",五斗米道亦被称为"米贼",可知租米在教团中的重要性。此后这项规定逐渐演变为信徒可以交纳税金,代替租米。寇谦之欲除去租米钱税,剥夺宗教教团的经济基础,说明此项规定引发的鱼目混杂现象已成为道教发展的障碍:五斗米道打着救治病人的旗号,多行鬼道,以妖术蛊惑民众,入教者众多,势力扩张,以至于叛乱事件时有发生。时多次叛乱均打着"李弘"的旗号,道教在上层统治阶级的地位日渐衰落。至于男女合气的房中术,也使得"淫风大行,损辱道教"(《老君音诵诫经》)。于是寇谦之以道教领袖身份自居,宣称这些人的作为不能代表太上老君的本意,实欲清整道教。

寇谦之还声称,泰常八年(423)十月,有牧土上师李谱文到嵩岳来,自

---

① 《魏书》卷一一四《释老志》,第3051页,北京,中华书局,1974。

称是老子的玄孙,汉武之世得道,为牧土宫主,领治三十六土,人鬼之政,地方十八万里,来此欲授寇谦之《天中三真太文录》。此中谈及弟子文录有五等:一曰阴阳太官,二曰正府真官,三曰正房真官,四曰宿宫散官,五曰并进录主。又介绍坛位礼拜,衣冠仪式,各有差品,凡六十余卷,号曰《录图真经》。并嘱咐寇谦之辅佐北方泰平真君,出天宫静轮之法,令男女立坛宇,朝夕礼拜,若家有严君,功及上世。其中能修身练药,学长生之术,即为真君种民。又别授寇谦之药方。其书为古文鸟迹,篆隶杂体,辞义约辩,婉而成章。云天地间有三十六天,中有三十宫,宫有一主,最高者为"无极至尊",次为"大至真尊"……佛在三十二天宫,为"延真宫主"等。①

寇谦之因为是寇赞之弟,故得以借其人望出入朝廷,在明元帝时期已与崔浩结识,两人志趣相投。据《魏书》卷三五《崔浩传》所载,寇谦之常自夜达旦听崔浩谈论古代治乱史迹,为之叹美,对崔浩说:"吾行道隐居,不营世务,忽受神中之诀,当兼修儒教,辅助泰平真君,继千载之绝统。而学不稽古,临事暗昧。卿为吾撰列王者治典,并论其大要。"②崔浩于是著书二十五篇,论述自太初至秦汉的盛衰历史。

太武帝拓拔焘统治时期,寇谦之因为道术受到礼遇。而崔浩虽被遣归家,但太武帝有疑问还是会召其问之。始光初(424),寇谦之向朝廷献上道书,但由于太武帝富于春秋,锐志武功,每以平定祸乱为先,且承袭祖上传统,归宗佛法,敬重沙门,故对此书并不经心。时太武帝野心勃勃,志在扫平北方各族,实现统一大业,故四处征伐,而于军事行动屡屡问计于寇谦之和崔浩。

始光二年(425),夏赫连勃勃去世,其子赫连昌即位。太武帝欲攻夏。据《魏书》卷一一四所载,太武帝将讨伐赫连昌,太尉长孙嵩难之,太武帝问之于寇谦之。寇谦之说:"必克。陛下神武应期,天经下治,当以

---

① 《魏书》卷一一四《释老志》,第3051—3052页,北京,中华书局,1974。
② 《魏书》卷三五《崔浩传》,第814页,北京,中华书局,1974。

兵定九州岛，后文先武，以成太平真君。"①太武帝依言行事，大获全胜。崔浩利用其天文星象知识，多次预言战事的吉凶，太武帝听从出战，战无不克；而不听预言，则遭受重创。故太武帝对其甚至倚重。敕诸尚书，凡军国大计，卿等所不能决，皆先谘浩，然后施行。由于崔浩有超强的预测能力，故又得以重新回归朝廷。据《魏书》卷三五所载，崔浩性不好老庄之书，每读不过数十行，辄弃之。他对老庄之书不以为然，并不表示他对寇谦之清整道教的行动无动于衷。据《魏书》卷一一四所载，寇献书后，太武帝未有所触动，于是崔浩上书，向太武帝宣扬寇谦之的思想。太武帝因此派人奉玉帛牲牢祭祀嵩岳，敬奉寇谦之为"天师"，并将其弟子四十余人接到平城，以寇谦之之道清净无为，有仙化之证，遂信行其术。崔浩也恭谨地敬事天师，予以礼拜。时嵩山弟子在平城东南建天师道场，造五层道坛，讲说新经，实现了寇谦之创建国家道教的具体步骤。此后太武帝供养一百二十位道士，在大道坛庙举行道教仪式，一日六时礼拜以祈请，每月设厨会聚集数千人，由于统治者的积极支持，北魏道术因此大行。

关于大道坛庙，《水经注》卷一三"㶟水"条有载，云"其水又南径平城县故城东，司州代尹治皇都洛阳，以为恒州。水左有大道坛庙，始光二年少室道士寇谦之所议建也，兼诸岳庙碑，亦多所署立，其庙阶五成，四周栏槛，上阶之上，以木为员基，令干相枝梧，以板砌其上，栏陛承阿上员，制如明堂，而专室四户，室内有神坐，坐右列玉磬，皇舆亲降，受箓灵坛，号曰天师，宣扬道式，暂重当时。坛之东北，旧有静轮宫，魏神䴥四年(431)造，抑亦柏梁之流也。台高广超出云间，欲令上延霄客，下绝嚣浮，太平真君十一年(450)又毁之。"②可知大道坛庙是始光二年(425)年寇谦之提议建造的；而又有静轮宫(又称静轮天宫)为神䴥四年(431)所造。

时围绕静轮宫建造的系列建筑，是寇谦之欲使道教成为国教的重要

---

① 《魏书》卷一一四《释老志》，第3053页，北京，中华书局，1974。
② 王国维：《水经注校》，第427—428页，上海，上海古籍出版社，1984。

举措。不仅在首都平城有国立道观,而在其他州镇亦建造道坛,置学生二百人(《历代三宝记》卷三)。由于崔浩和寇谦之的预言辅佐,太武帝频频获捷,其内心逐渐偏向道教,以至于对两人的话言听计从。440年,太武帝采纳寇谦之建议,改元"太平真君"。太平真君二年(441),崔浩上奏,云祭祀典礼只宜在五十七处举行,其他一律废止,事载《南北史补志》卷一一《礼仪志第二》。太平真君三年(442)年,寇谦之又上奏说:"今陛下以真君御世,建静轮天宫之法,开古以来,未之有也,应登受符书,以彰圣德。"①世祖又从之,亲至道坛,受符箓,备法驾,旗帜尽青,以从道家之色。自后北魏诸帝即位,皆登坛受箓,标志着道教成为帝王尊崇的宗教。寇谦之推行新教并无剿灭佛教之意,他对僧人还曾予以保护。太延五年(439),太武帝拓跋焘亲率大军攻打凉州,凉州城内僧侣参加城防,抵御魏军。城陷后,怒不可遏的太武帝欲杀戮三千"登城僧",寇谦之为之启奏道:"上天降异,正为道人,实非本心,愿不须杀。"②同时谏请的还有太武帝的弟弟赤坚王。太武帝终于下敕停止杀戮,但让这些僧人服兵役,只有僧朗等数人别付帐下,事载《续高僧传》卷二五《僧朗传》。

且从寇谦之的道书中的诸多术语可知,他对佛教利用甚多。关于这点,海内外学者已有诸多研究。如关于《云中音诵新科之诫》书名,杨联升认为,云中是表示天上的意思,而云中音诵是华夏颂步虚之声,故其记叙音韵所用的音乐方面的型式,可以认定是受佛教梵呗的影响;且寇谦之号"并进",可解释为"并同精进",精进是佛教六波罗蜜之一,是佛教的重要概念③。再如关于《云中音诵新科之诫》的"诵"字意,陈寅恪认为取自佛教《十诵律》,他在《崔浩与寇谦之》文中云:"谦之生于姚秦之世,当时佛教一切有部之十诵律方始输入,盛行于关中,不幸姚泓亡灭,兵乱之余,律师避乱南渡,其学遂不传北地,而远流江东,谦之当必于此时掇拾

---

① 《魏书》卷一一四《释老志》,第3053页,北京,中华书局,1974。
② 《续高僧传》卷二五《僧朗传》,《大正藏》第50卷,第646页下。
③ [日]镰田茂雄:《中国佛教通史》第3卷,第311—312页,台北,佛光出版社,1986。

遗散，取其地僧徒不传之新学，以清整其世传之旧教，遂诡托神异，自称受命为此改革之新教主也"①。指出寇谦之对佛教律部经典的熟悉，而"科"与"诫"都是与佛教律学完全相同的意义。

另外，陈寅恪还指出，道教所云的"种民"之"种"，在佛教方面含有"种姓"之意，包括道德上的善恶和阶级的高下意义在内，适用于中国古代文献上的"君子"或"小人"的解释。吉冈义丰就陈寅恪、土本善隆、杨联升等对种民的解释进行了剖析，指出"真君种民"一语在南朝有房中种子之一术的意思，但在寇谦之的思想中却未予以采纳，他采用的是佛教如来种姓，或善男子、善女子的思想②。镰田茂雄认为，相传是李谱文所授，表现寇谦之思想的《天中三真太文录》，云有三十六天，中有三十六宫，此后道教弟子皆述三十六天。以唐代嵩山道士潘师正或由其弟子所编修的《道门经法相承次序》为例，其中三十六天的二十八天是在欲界、色界、无色界的三界之内。三界之内六天是欲界、十八天是色界、四天是无色界。此三界的上四天，称为种人天或圣弟子天或四梵天。这种配置明显直接受到佛教影响③。

关于寇谦之的"静轮天宫"，刘昭瑞指出，"从字面上看，'静轮'二字具有强烈的外来文化色彩，毫无疑问不是中国固有的词汇，从当时的文化背景看，只能是借用的佛教词汇；而从汉译佛经史来看，从汉代到寇谦之的时代，在已经译出的佛经中，对于佛教的象征符号——法轮的描写可以说比比皆是，毋庸举例。因此，我们怀疑'静轮'之'轮'也就是法轮，'静轮'一语则是'寂静法轮'的简称。题马鸣菩萨造、北凉昙无谶译的《佛所行赞》卷三《转法轮品》即有'转寂静法轮'语。静轮一语既然来自佛教，那么，如上文所述，在寇谦之时代及其以前，佛教徒也称其建筑为

---

① 陈寅恪：《崔浩与寇谦之》，《陈寅恪史学论文选集》，第203—204页，上海，上海古籍出版社，1992。
② ［日］镰田茂雄：《中国佛教通史》第3卷，第318—319页。
③ 同上书，第321—322页。

天宫,则寇谦之的'静轮天宫'之天宫无疑也取义于佛教的天宫"①。这些研究对于我们认识寇谦之道教思想有着极大帮助。

寇谦之新道教思想的特点是儒释道三位一体。他清整道教,不仅深受佛教思想的影响,而且还采纳了儒家学说的内容,这从《云中音诵新科之诫》中"新科专以礼度为首,加之以服食闭练"的话语,即可得到证明。寇谦之吸纳儒家学说,与他师事成公兴,以及结识崔浩均有关联。据北魏殷绍太安四年(458)夏所上《四序堪舆表》中所云,成公兴字广明,胶东人,山间隐迹。殷绍"以姚氏之世,行学伊川时,遇游遁大儒成公兴,从求《九章要术》"②。两人到阳翟九崖岩沙门释昙影处,成公兴不久北还,而殷绍留下来依止昙影,继续求请《九章》。可知成公兴是胶东大儒,与僧人还有过往来。而崔浩所在的清河崔氏,本是北方儒家大族。据《魏书》卷三五《崔浩传》所载,浩留心于制度科律,及经术之言,作家祭法,次序五宗,蒸尝之礼,丰俭之节,义理可观。因此,陈寅恪指出"浩为旧儒家之领袖"③。寇谦之吸取儒佛两家思想,丰富了新道教的教义内容;他对佛教术语的运用,表明道教革新派积极适应时代,而他也成为民间道教转化成官方道教的重要人物。

由于崔浩不信佛,多次对太武帝进言,言其虚诞,为世费害,太武帝渐对佛教丧失好感。太平真君五年(444)正月,太武帝连下两诏,限制沙门等,不准他们出入普通人户;且禁止私立学校,事载《魏书》卷四。又因太平真君六年(445)九月,卢水之胡的盖吴叛乱,清查出寺院藏匿弓矢矛盾,以及发现寺院密室,太武帝在崔浩的游说之下,下诏诛杀长安沙门,焚破佛像,并下令四方皆依长安行事,开始全面推行毁佛措施。敕令有司宣告征镇诸军、刺史,诸有佛图形像及胡经,尽皆击破、焚烧,沙门无少

---

① 刘昭瑞:《说"天宫"与寇谦之的"静轮天宫"》,《宗教学研究》,2004年3期,第62—63页。
② 《魏书》卷九一《殷绍传》,第1955页,北京,中华书局,1974。
③ 陈寅恪:《崔浩与寇谦之》,《金明馆丛稿初编》,第132页,上海,上海古籍出版社,1980。

长,悉坑之。① 时毁佛的情形在《高僧传》卷一〇《昙始传》中有记载,云朝廷"分遣军兵烧掠寺舍,统内僧尼悉令罢道,其有窜逸者,皆遣人追捕,得必枭斩。一境之内无复沙门"②。只有躲在闭绝幽深之处的沙门,因军兵所不能至,才得以幸免。其中,高僧释玄高、释慧崇均遇害。太武帝毁灭性的打击,使发展起来的北魏佛教遭受重创。

太平真君十一年(450)崔浩失宠被诛杀,时年七十。其家族尽被夷平,唯一幸免的是与崔浩关系不和睦的冀州刺史崔颐和武城男崔模两家。受到牵连的有清河崔氏,以及与崔浩有姻亲关系的范阳卢氏、太原郭氏、河东柳氏,均被满门抄斩。崔浩惨死,成为佛教界对那些不敬信佛法的人进行告诫的例子。他们还根据崔浩的妻子郭氏敬好释典,时时读诵,被崔浩取而焚之,捐灰于厕中的故事,说明不信佛还毁佛的人,是不能善终的。

承平元年(452)三月,太武帝驾崩,六月,拓跋晃去世。而早在448年,寇谦之就去世了。晃长子拓跋浚即位,改元兴安元年,史称高宗文成帝。他继位的当年十二月就下达了恢复佛教的诏令,致使一度遭受重创的北魏佛教又重现生机。

太武帝拓跋焘的灭佛与崔浩密切相关。这位汉人贵族以才能全力辅佐北魏鲜卑族,深得太武帝的信任,太武帝就是听了他的话才下诏灭佛的,不少人认为太武帝灭佛与崔浩通道不信佛有关,属历史上的佛道之争。然深入分析,与崔浩一起的寇谦之清整道教,其新道的教义中多次采纳佛教的用语,他为沙门请命,还建议弟子崔浩不要灭佛。作为新天师道的首领,寇谦之的行为表明了道教徒对佛教的态度,即并没有毁灭的意思。诚如日本滘德忠所言:"太武帝的废佛事件并非历来佛教史家所说的道佛两教之争的结果。但是,倘若寇谦之没有出现在太武帝身

---

① 《魏书》卷一一四《释老志》,第3034—3035页。
② 《高僧传》卷一〇《昙始传》,《大正藏》第50卷,第392页中。

边,或许不会发生类似事件。因此,从这个意义上也可以说是由于道教的关系而引起的。但必须明确一点,就是道教的目的并非要打倒佛教。"①

太武帝灭佛的深层原因还得从崔浩作为汉人贵族,欲在鲜卑族推行汉化教育,而太武帝为巩固统治,借打击佛教来整饬社会风尚有关。太武帝雄心勃勃,致力武功,其在军事上的得失成败,必然决定了他对臣下的考察和任用,崔浩正是凭借着对军事的准确预言获得其深厚宠幸的。崔浩很有抱负,他欲"齐整人伦,分明性族"(《魏书》卷四七《卢玄传》),将汉人的儒学政治贯彻于北魏。于是辅佐北魏君王时,大肆宣扬汉民族文化。太武帝时,他因此为鲜卑贵族所排挤,但出众的军事预测能力使他再次回到朝廷,成为宠臣。崔浩影响着太武帝的治国理念,使其除军事征服外,还能体恤民情,有着"欲令百姓家给人足,兴于礼义"(《魏书》卷四《太武帝纪》)的意识。神䴥四年(431)九月,特进左光禄大夫崔浩为司徒,他策划了使北魏成为儒教国家的一系列行动:包括废除不合要求的祭祀典礼;禁止私立学校;劝说太武帝灭佛等。

太武帝拓跋焘为了实现理想,巩固统治,在他治理国家时期,是注重以礼整饬社会风尚的。如果不是因为发现沙门藏匿武器,以为其参与叛乱,并由密室暴露出佛教中伤风败俗的一面,太武帝决不至如此大动干戈,清剿佛教人士。因此,佛教在发展过程中日益明显的积弊才是导致祸乱的主要原因:众多的出家人逃避赋税和兵役,致使国家经济、兵力上都受到损失;而发生在寺院内的淫秽事件,则极大地败坏了佛门清誉。太武帝走的是强兵富国之路,多次以沙门补充实力。太延四年(438)的诏令中,罢免五十岁以下沙门收编入伍;平凉州,又掳掠大量沙门回平城。一时间,众多僧人游食于京城及州邑。佛教一向是以"敷导化俗"在社会中担任教化之责的,许多沙门传法中劝人为善,戒杀戒欲,慈悲为

---

① [日]窪德忠:《道教史》,第134—135页,上海,上海译文出版社,1987。

怀,其内部却声名狼藉,祸乱社会,为正人君子所不耻。正是如此情形,激怒了太武帝。

此外,虽然太武帝在军事、政治上都十分信任崔浩,但此时北魏已基本完成战事。俗话说:"飞鸟尽,良弓藏;狡兔死,走狗烹。"因为崔浩推行汉化政策,在鲜卑族中已是树敌甚多,太武帝完全有可能借助灭佛一事的影响除掉他。史书云太武帝灭佛后,感到后悔,于是崔浩因编撰魏史一事,为鲜卑族不满,失宠而丧命。崔浩成为处在悔恨情绪中的太武帝的替罪羊,他的死还为佛教徒宣扬因果报应提供了素材,成为佛教史上毁佛的罪人。

二、北周武帝的宗教政策及其灭佛运动

北周宇文泰第四子宇文邕561年在宇文护的拥立下登上皇位,改元保定元年,史称北周武帝,然实权掌握在权臣宇文护手上。宇文护信持佛教,不仅组织译经,而且还修建寺院,供养高僧,故在其当权期间,北周佛法全盛,国家年年大度僧尼。

武帝在位之初,也曾循例事佛。如为文皇帝造锦释迦像,高一丈六尺,并菩萨圣僧,金刚师子周回宝塔二百二十躯……并于京下造宁国、会昌、永宁等三寺。

武帝还与还俗僧卫元嵩和道士张宾有联系。卫元嵩,河东人,后移居益州成都,成为蜀民。他虽生于寒门之家,但颇有志向,幼年出家为亡名法师弟子。亡名是当时的名僧,教他佯狂,获取声名。卫元嵩本就以蜀地狭小,志不得伸,故借着北周平蜀的机遇,随其师进入关中。他穿俗服,与朝廷显官相交游。由于他知晓阴阳历数,好言将来之事,其所预言,并被应验,故人们认为他是与江左宝志和尚相媲美的预言家。他也因此进入京城。

天和二年(567),卫元嵩上书武帝,请求建造平延大寺。按照《广弘明集》卷七《辩惑篇·卫元嵩》的相关记载:此寺旨在容贮四海万姓,无选

道俗,罔择亲疏,以城隍为寺塔,即周主是如来,用郭邑作僧坊,和夫妻为圣众,推令德作三纲,遵耆老为上座,选仁智充执事,求勇略作法师,行十善以伏未宁,示无贪以断偷劫。是则六合无怨纣之声,八荒有歌周之咏,飞沈安其巢穴,水陆任其长生。这好像是创建大同世界,但卫元嵩的目的是为了说明佛教的存在并没有特别的意义。因为周主就可以当作如来来崇仰,与佛教相关的建筑,如寺塔、僧坊,不妨用城隍、郭邑来代替,至于僧官制度中所配备的三纲、上座、执事,那些有德行的耆老和有智慧的人士,充当的就是他们这样的角色。如此一来,整个社会将无怨恨之声,而充满对北周的歌颂。

此外,卫元嵩还提出禁止再修建伽蓝,并免除有德贫人的徭役赋税,而改向无行的富僧进行征收。卫元嵩的理由是:修建伽蓝需要炼土做砖瓦,这样势必杀伤虫蚁,而损伤人畜,有违佛教慈悲精神。过去阿育王造塔,一日劳役万计,现在造佛寺,也是累年损财害命,故不应再赞成修建寺院。而免除穷人的徭役赋税,改向富裕的僧人课征税赋,卫元嵩认为如此一来,穷人希望免丁,就会竞修忠孝;诸僧盼望停课,也会争断悭贪。这不是灭三宝危百姓,而是兴佛法安国家的好事。

卫元嵩据此还提出了十五条具体建议,劝人遵行:如行平等;行大乘;念贫穷;舍悭贪;发露于人;益国民;蕃燎为民;人类和合;父母妻子须恩爱;利市得力;行敬养;军队不得进入寺院;立无贪三藏,少立三藏;立僧制僧训;敬大乘戒。从其建议中,可知佛教内部不守戒律,不遵训制,而三藏贪赃,大肆敛财,伪滥者不少。故而卫元嵩的建议,表面看来是以大乘佛教精神为重,但实际上却企图破坏佛教教团。

针对卫元嵩的上书,武帝未能立决。他励精图治,欲齐三教,故在天和至建德年中多次召集儒释道相关人士举行讨论。天和三年(568)八月,宇文邕在大德殿,召集百僚、沙门、道士等,亲讲《礼记》,此时武帝重儒术之意很明显。天和四年(569)二月,武帝临幸大德殿,集百僚、沙门、道士等讨论释老义,事载《周书》卷五《武帝纪》,这是武帝开始讨论佛道二教。据《历代三宝记》卷一一所载,天和四年(569)三月十五日,武帝召集德僧、名儒、道士,文武百官二千余人于大殿上,自己也参与讨论。三月二十日、四月十五日,又召集这些人进行过两次议论。议论的具体情况,《广弘明集》卷八、《续高僧传》卷二三中均有记载。据所述,天和四年(569)三月十五日,武帝在正殿敕召有德众僧、名儒、道士、文武百官两千余人,亲自裁量三教的优劣及其废立问题,他提出儒教为先,佛教为后,道教最上的排序,但众说纷纭,未能决议,只好先散场。二十日又再次讨论,武帝说,儒教、道教,是我国一贯遵循的,只有佛教是后来的宗教,我的意思是废除佛教,不知诸位意下如何?然议论者陈述道理,认为不能削除。于是四月十五日,武帝又广招道俗,再次辩论,依然未有结果。

据《周书》卷四五《沉重传》所载:"天和中,复于紫极殿讲三教义,朝士、儒生、桑门、道士,至者二千余人。重辞义优洽,枢机明辩,凡所解释,咸为诸儒所推。"可知儒学大家沉重参与了三教辩论。另据《佛祖统纪》卷五四的记载,可知北周武帝召集群臣、沙门、道士在内殿博议三教时,法猛法师参与其中,立论理胜。

天和四年(569)四月二十五日,司隶大夫甄鸾受敕详述佛道二教,定其先后、浅深、同异。翌年(570)二月十五日,甄鸾上《笑道论》三卷三十六篇。此著嘲笑道教的三洞之名乃模仿佛教的三藏而成,这是《续高僧传》卷二三《道安传》的说法;《佛祖统纪》卷三八上的说法是,此著三十六篇是笑道教三十六部,以佛教有十二部,今三倍胜之。同年五月十日,武帝大集群臣,详细讨论甄鸾此著,以为伤蠹道法,于是在殿庭上以火焚之。于时又有与武帝有深交的道安法师上《二教论》十二篇,提出"释教为内,儒教为外",以为佛教是"穷理尽性之格言,出世入真之正辙",佛儒二教,"教迹诚异,理会则同",而将救形的道教贬至教外。道安俗姓姚,凭翊胡城人,初隐太白山,后住大陟岵寺,以弘法为任,因内外明达,特善文藻,儒士、道士多与之游,周武帝亦频临幸,致以敬礼。

时有道士张宾,受宠于武帝,而与卫元嵩有联系,欲劝进道教而废毁佛法。据《续高僧传》卷二三《静蔼传》所载,武帝纳其言,召集僧人入宫中连续七晚礼忏,欲察明表现,如果有违犯者,则在殿上宣布废黜。但僧人们预先知道了武帝的意思,于是到了都相互叮嘱。武帝与僧人一起七个晚上都没有合眼,和僧人一起唱诵赞呗,以及进行一些法事,经声婉转,十分清靡。完事后设会,武帝提出了欲废黜佛法,但遭到猛法师的激烈反对。

此猛法师,《续高僧传》卷二三有传,记为"僧猛"(《法苑珠林》则记做"道猛"),云其俗姓段,京兆泾阳人,北周时代表佛教参与对道教的辩论,隋代敕住大兴善寺,为大统三藏法师。开皇八年(588)卒于住寺,时年八十二。

天和四年(569),因皇太子诞生,武帝诏选名德至醴泉宫。武帝趋身下殿,用鲜卑语垂询众僧,无人能够回答。时终南山紫盖沙门法藏,席居末座,挺身上前用鲜卑语作答。聚集在大殿的群僚均对他的酬对感到喜悦,武帝赐钱二百一十贯。

天和五年(570)五月十四日,武帝作《二教钟铭》。目的仍是弘宣两教,此铭文《广弘明集》卷二八有载,云"二教并兴,双銮同振"[①],可知直到此时,武帝对于佛道还是采取二教并重的姿态。

建德元年(572)正月,武帝行幸玄都观,亲升法座将说,并与公卿、道俗相问难,事毕后还宫。选在道观举行有关三教的辩论,似乎表明武帝此时已有偏向道教之意。建德二年(573)十二月,武帝又召集群臣、沙门、道士等,自登高座,下令辩论三教的先后次序,定下了儒教为先,道教次之,佛教居后的决议。[②] 前几次的辩论未能决定三教的高下,这次终于有了结果。佛教被排在最后,新州愿果寺沙门僧勔著论十八条上书武帝,以示抗争,事载《续高僧传》卷二三中。

---

① 《广弘明集》卷二八《大周二教钟铭》,《大正藏》第52卷,第330页上。
② 《周书》卷五《武帝纪》,第83页。

建德三年(574)五月十六日,武帝欲存道教、废佛法,遂下诏召集诸僧道士,大集京师,在太极殿举行辩论。武帝亲自躬临,下令道士先登高座,张宾作为道士代表,首先发言。他说:"道教清虚、淳一、无杂,风教早被中夏,而佛法虚幻,言过其实,百姓无知,才信其诡说。"佛教推举智炫作为代表,驳斥张宾。两者往复数回,武帝见张宾理屈词穷,遂令其退下,自升高座,抨击佛教有"三不净"。他说:"佛法中有三种不净。纳耶输陀罗,生罗睺罗,此主不净,一也。经律中许僧受食三种净肉,此教不净,二也。僧造罪过,好行淫妷。佛在世时,徒众不和,递相攻伐,此众不净,三也。"①针对武帝的说法,智炫法师以"道教中的三不净更甚"进行了反驳。第二天,即五月十七日,武帝下诏,佛道二教俱废。

时静蔼法师受到前所述僧猛法师事迹的鼓舞,上谒武帝,引经据典,力陈佛教不可灭之理,但未为太武帝采纳。静蔼遂携门人三十余人,隐入终南山,东西造二十七寺,以收留那些逃亡的僧人。而又有宜州沙门道积,上谏不为武帝所纳,遂与同友七人,于弥勒像前礼忏七天,绝食而逝。

根据《续高僧传》卷二三《静蔼传》中所述,武帝灭佛,使得官立寺院和私立寺院,均遭到毁坏。寺院的佛像面容被人为刮掉,佛经也被焚毁。大量的佛寺被赐给王公贵族充当府第。而三百万僧人勒令改服军民,收归编户。寺院的巨额财产均被登录造册,收入官府。《周书》卷五《武帝纪》亦对此事加以记载,云"初断佛道二教,经像悉毁,罢沙门、道士,并令还民,并禁诸淫祠,礼典所不载者,尽除之"。武帝借此机会还下令除去非法的祭祀。《广弘明集》卷二四有昙积的《谏周祖沙汰僧表》文,针对武帝要求诸州试检簿籍,查明僧人课业的诏令,昙积提出,众僧根器不一,所学各有差异。虽然可以下令无德顽僧还俗,但无德顽僧者犹胜于外道。且聚集在京城的未必都是高僧大德,故难免不时有对僧人的诽谤。

---

① 《续高僧传》卷二三《智炫传》,《大正藏》第50卷,第631页下。

对于武帝敕令僧人改服军民,收归编户的做法,昙积也表示抗议。① 这表明武帝灭佛,已使人认为是为充实国力和兵力,与其推行富国强兵的政策有关。

建德三年(574)六月二十九日,武帝下诏设置信道观(亦称信道馆),事载《周书》卷五《武帝纪》。据《续高僧传》卷二三《道安传》所载,武帝"别置通道观,简释李有名者,普着衣冠为学士"②。可知佛道二教的有名人物,朝廷使他们穿戴俗家衣冠,成为学士,入住通道观。另据《续高僧传》卷一一《普旷传》所载,武帝"置通道观,学士三百人,并选佛道两宗奇才,俊迈者充之"③。据日本学者冢本善隆的考证,一般知识人被任命为通道观学士的有长孙炽、张嵩之,以及初唐以《废佛论》名噪一时的傅奕;佛教僧方面有普旷、彦琮,道士方面或许有号称"田谷十老"的严达、王延。④

武帝编撰道书《无上秘要》,敕令释彦琮参与。他还召请道士王延,咨访道要,令其校对《三洞经》、《法科仪》、《戒律》、《飞符录》等共八十余卷。这个王延道士所撰的《三洞珠囊》七卷,以及经传疏论,共八千三十卷,均由通道观收藏,此事《历世真仙体道通鉴》卷三七《王延传》,和《云笈七签》卷八五《王延传》中均有记载。这些情况表明,虽然武帝下诏佛道俱废,但道教,包括道士,却被另眼相待。

据《佛祖统纪》卷三八所载,建德六年(577),武帝讨伐北齐,将齐境内的佛像、经典亦予以毁坏,三百多万僧尼被迫还俗。这年十一月四日,武帝在齐都邺城的新殿内召见上表的任道林,此人誓弘佛道,对武帝废佛提出异议,并请求武帝允许他和邺城义学沙门十人同去长安的通道观。此事的经过,《广弘明集》卷一〇《叙任道林辨周武帝除佛法诏》中

---

① 《续高僧传》卷二四《昙积传》,《大正藏》第 52 卷,第 279 页中。
② 《续高僧传》卷二三《道安传》,《大正藏》第 50 卷,第 629 页中。
③ 《续高僧传》卷一一《普旷传》,《大正藏》第 50 卷,第 512 页中。
④ [日]镰田茂雄:《中国佛教通史》第 3 卷,第 468 页。

有载。

宣政元年（578），即北齐承光二年春，武帝攻灭齐国，欲在北齐推行废佛政策，遂召集北齐的高僧大德如法上、慧远等五百多名，亲升法座，进行讨论。在武帝看来，只有六经儒教，因其宣传治国平天下，主张礼义忠孝，益于社会人生，能保存和加以扶助。他指斥佛教大兴土木，建造宏伟的寺院、塔刹，徒竭财货；且沙门不敬父母，有悖国法人情，于是有意向毁灭一切经像，勒令沙门还俗回家尽孝。时释慧远发表意见，他针对武帝所说的"真佛无像"，认为此说确实与佛经的教导相符，但如果把佛像毁掉，则人们就会失去敬佛的神圣感情。他认为佛教虽是外来宗教，传自天竺，但天竺与震旦（中国）同在阎浮、四海之内。至于谈到孝行，立身行道，为父母争光即可，何必要求僧人还俗归家。慧远还谴责武帝，使其手下人服长役，五年不得见父母一面，实在有违孝道。而佛教是不排斥孝道的，既然儒佛都讲孝道，故不可独废佛教。一场讨论，不欢而散。慧远其后离开邺城，回到故乡汲郡，在西山隐居避难，坚持坐禅。

宣政元年六月一日，武帝驾崩，严厉的毁佛政策随之趋于缓和。宣帝、静帝前后继承大统，复兴佛法。大象元年（579）二月，邺城故僧人王明广，上书驳卫元嵩毁佛表文。由于僧人们的努力，大象二年（580）六月六日，宣帝颁诏复兴二教。在东、西两京，即长安和洛阳，建造陟岵寺，各设置菩萨僧。菩萨僧是指学德兼优，而又不准剃发的僧人。这本是政府的权宜之策，但僧人如法藏、昙延等不屑为之，归隐山林。慧远被推举为洛州沙门都，坚辞不许而就任。

周武毁佛，是在反复讨论的基础上做出的决定。出家人逃避徭役、兵役，以及寺观因拥有巨额财富而导致的浪费和奢靡，必然使武帝产生想法：为何不充分利用这些现有的资源呢？故而决心已定，彻底推行。灭佛政策不仅给僧人各自的心灵带来了极大的影响，他们有的舍身护法，有的归隐山林，而且还使北方不少僧人纷纷南下，从而南北佛学得以交流，隋唐佛教诸宗也因此酝酿而成。

三、末法意识及其效应

印度佛典中有关于佛去世后,佛法分三个时期,即正法时、像法时、末法时的说法。东汉支娄迦谶所译《般舟三昧经》中,虽然尚没有明确的三个时期的提法,但已有佛灭度后,乱世种种情形的描述,这大抵可视为佛教末法意识的雏形。东晋竺法护所译《当来变经》、《弥勒下生经》,北凉昙无谶所译《大涅槃经》、《悲华经》,后秦鸠摩罗什所译《妙法莲华经》、《大智度论》序,北魏慧觉所译《贤愚经》中,均有与"末法"相关的提法,这些经典成为中国高僧建立末法意识的思想源泉。

关于"末法",《法华义疏》卷五云,"《大论》云佛法凡有四时:一,佛在世时;二,佛虽去世,法仪未改,谓正法时;三,佛去世久,道化讹替,谓像法时;四,转复微末,谓末法时"①。《大乘法苑义林章》卷六云:"佛灭度后,法有三时,谓正、像、末。具教、行、证三名,为正法;但有教行,名为像法;有教无余,名为末法。"②这是对佛法传播发展过程中可能出现的三个阶段的有代表性的提法。

这三个时期的时限,诸经论以及诸师所说各有差异,正法时或言五十年、八十年、五百年,或言一千年;像法时或言五百年、八百年,或言一千年;末法时或言五千年、八百年,或言一万年。另又有《俱舍论宝疏》卷二九依《善见律毗婆沙》卷一八,将正法千年之后尚有一万年的说法,解释为一万年中前五千年为像法时,后五千年为末法时。志磐据《法住记》、《善见论》、《法苑珠林》等书,则提出正法一千四百年,像法二千五百年,末法三万年之说。因而所谓末法时,是相对于正法时、像法时而言,指妖魔打着佛法的旗号横行于世,正义的力量为邪恶所摧毁,佛法转入衰微,快要灭亡的历史时期。末法之世即称为末世。

---

① 《法华义疏》卷五,《大正藏》第34卷,第518页上。
② 《大乘法苑义林章》卷六,《大正藏》第45卷,第344页中。

北朝佛教发展迅速,而因此引发的问题也日益明显。同于南朝之崇尚辩论佛义,北朝诸帝所交游的多为禅师,其崇佛以建功德、营福田而著称。流弊所及,堕于私利。北魏太武帝灭佛之后,至文成帝继位,即下诏复兴佛法,修复毁坏的寺院,毁佛废弃的沙门僧制也得到恢复。时有凉州沙门释昙曜,为文成帝所敬重,不仅建议依山凿壁建造佛像,而且提议创立"僧祇户"、"佛图户"。这项措施使佛教寺院经济实力迅速增强。

出家僧众可免除租税力役,坐得衣食,又可经营商业活动,谋取利益,故人数逐年增多。政府虽限制度僧,但法禁宽褪,私度之风终不能改肃。且北方造寺之风盛行,官吏私建塔寺,其数众多,为出家人提供了大量的安身之所。这些聚集在寺院的僧人,素质参差不齐,出现了众多的伪滥僧。时虽有专断僧务的政府机构,如北魏的监福曹(孝文帝时改为昭玄),但对于有心进入佛门的僧人来说,戒律本已足用;而对于以佛门为暂栖之所的伪滥僧而言,即使是施以国法,仍难以制止他们作恶。

由于伪滥僧数目不小,寺院纪纲败坏,僧人秽德彰闻于时;作奸谋乱者,以邪说惑众;僧界污秽成风,加之寺院经济的过分膨胀,已危及国计民生,这势必引起统治者的顾虑,从而导致帝王大规模的废佛毁佛。北方僧众对末法的强烈意识,是与佛教发展过程中存在的问题密切相关的。

时北齐的慧思禅师(515—577)对此表现出高度的预知能力,他预感到"齐祚将倾,佛法暂晦",独于北齐之初,著述《南岳思大禅师立誓愿文》(成文于558年),大唱末法之说,以期敲响警钟,唤醒世人。其后577年,北齐果然为北周所灭,周武帝尽废齐境释道二教。其《誓愿文》主要有以下三个观点:

其一,慧思依据《本起经》,提出"正法从甲戌年至癸巳年,足满五百岁止住;像法从甲午年至癸酉年,足满一千岁止住;末法从甲戌年至癸丑年,足满一万岁止住"①。将佛灭度后的佛法发展明确分为三个时期:正法五百年,像法一千年,末法一万年。

其二,慧思认为自己所处的时代,佛教已经进入末法时期。他在《誓愿文》中说:"我慧思即是末法八十二年,太岁在乙未十一明十一日,于大魏国南豫州汝阳郡武津县生。"②其文中自叙行迹,又多言年至若干岁,为末法若干年,如说"至年三十九,是末法一百二十年","至年四十一,是末法一百二十二"等,可知慧思对佛法有着深重的忧患意识。

其三,慧思立誓要护法。他多次请讲《摩诃衍般若波罗蜜经》,而针对讲法过程中众恶论师的刁难和迫害,慧思发誓造金字摩诃般若及诸大乘,瑠璃宝函奉盛经卷,于十方六道,普现无量色身,为十方一切众生,讲说此经。他还发愿说,欲入山经行修禅,成就五通神仙及六神通,所持佛经,为人广说。

慧思的末法思想处处流露出对佛教中出现的问题有着深切的反省和愤慨,这与他在传法过程中屡次被恶僧毒害的人生际遇有着莫大关系。

慧思禅师是大乘禅法的代表之一。他既重佛法修行,又重经典阐扬,不仅痛斥当时佛教界的堕落风气,而且对只知持诵经文的"文字法师"也提出了强烈批评。故慧思传法之初,即受到北地僧众的强烈排斥:东魏武定六年,慧思在河南兖州,遭诸恶比丘下毒,举身溃烂,他自知不为北地僧众所容,遂决定改变行程,到南方去苦修禅定、弘扬大乘教法;齐天保四年(553),慧思渡淮南,至郢州,为刺史刘怀宝讲摩诃衍义,又遭五恶论师下毒,他一心向十方佛忏悔,念般若波罗蜜,捡回一命;齐天保七年(556),慧思在光州城西观邑寺讲摩诃衍义,又有恶僧竞相捣乱,他发誓造金字《摩诃衍般若波罗蜜经》,其凛然正气令恶僧感化而退;齐天保八年(557),慧思至南定州,为刺史讲摩诃衍,又遇众恶僧断其饮食,五十天里,

---

① 《南岳思大禅师立誓愿文》卷一,《大正藏》第46卷,第786页下。
② 同上书,第787页上。

靠弟子救济活命。慧思的个人际遇也说明了当时的僧界风气确实污浊。

慧思在《誓愿文》中对末法时期佛法的担忧和护持决心的表述,可以说是当时许多有识之僧思想的代表。北齐后主天统二年(566),那连提黎耶舍译出《大方等大集经》〈月藏分〉,此经大谈正法、像法与末法,详述有关五浊(劫浊、见浊、烦恼浊、众生浊、命浊)的世相,与劫尽末法世的情形。北周武帝灭佛后,更多的高僧产生了强烈的末法意识。他们不仅在理论阐释中强调末法已经来临,而且还用实际行动积极护法:

其一,建造石窟,刻写石经,以存佛法。这是因为人们认为,依山而建,可使佛法与天地同长久,道宣就在《集神州三宝感通录》中云:"凉州石崖塑瑞像者……以国城寺塔,终非云固,古来帝宫,终逢煨烬,若依立之,效犹斯及,又用金宝,终被毁盗。乃顾盻山宇,可以终天,于州南百里,连崖绵亘,就而斫窟,安设尊仪,或石或塑,千变万化。"①遭遇毁佛的"法难"后,僧人多有摩崖刻经和石窟造像的强烈表现。

如昙曜的末法意识非常强烈,他力荐在平城云冈起昙曜五窟,以后续造成龙门石窟。灵裕法师于隋开皇九年(589)主持开凿河南安阳宝山大住圣窟,其间塑有卢舍那佛、弥陀佛、弥勒佛等,窟壁内外刻上《法华经》、《胜鬘经》、《涅槃经》等经,也是结合造像与刻经,体现末法思想的杰作。静琬法师亦于605—639年间,在河北省北部的房山(石经山)石窟刻石经,目的是"未来佛教废毁时,可出此石经流通于世"。1998年秋在山东东平的洪顶山摩崖刻经之处,亦发现了关于佛陀灭度一千六百余年的铭刻,从而有力地说明当时造此摩崖出自末法思想。

其二,创立新教,宣扬唯有新教才能令佛法久住。如信行禅师(540—594)倡创三阶教,他提出佛法有正法时期(佛灭后500年)、像法时期(次500年)、末法时期(属佛灭千年之后)三个阶段,而时值末法,处于秽土,人皆破戒,唯有皈依三宝,断恶修善,才能有所成就。三阶教

---

① 《集神州三宝感通录》卷二,《大正藏》第52卷,第417页下。

提倡苦行忍辱、从事劳役,乞食为生,一日一食;认为一切众生皆是真佛,故路见男女,一概礼拜。此教影响甚大,信徒众多,隋唐时被视为异端,宋代始湮灭不闻。末法之说在中国僧众的发挥下,演变成时代观念中的危机意识,且成为有系统的思想体系。其中,慧思、信行、窥基等法师,均为末法意识特别强烈者。他们对虔诚的护法努力,在中国佛教思想的发展中产生了广泛而深远的影响。

第七节 佛道交融与玄佛合流

汉魏两晋南北朝时期,佛教与儒、道二教之间虽然存在着相互冲突和矛盾的情况,但融合与互动仍然是此一时期三教关系的主流。就佛道关系而言,佛教也对道教的形成和发展产生过很大的影响,道教在教义、戒律、神仙谱系等方面曾大量吸取和借鉴佛教;同时,佛教在传教方式上依附于中国固有的谶纬迷信和道家神仙方术,在宗教理论方面则以"格义"的形式与老庄思想及玄学合流。三教在长期的争鸣中,显示出各自的优势和不足,这就为三教的融合互动提供了依据。此一时期,三教学者提出了各自的三教融合思想。

一、神仙道教对早期佛教的影响

在佛教初传的汉代社会,儒学虽然确立它的"独尊"地位,但是,汉代所信奉的儒学与先秦大不相同,汉儒将阴阳五行、占星、灾异讥祥、迎神送鬼、呼风唤雨等方术都归到自己的门下,变成了以儒学为主导,而杂以阴阳家、道家、墨家、法家等多家学说和宗教信仰因素。在某种意义上说,汉代的儒学是对先秦诸子百家的一次大综合。就宗教信仰而言,汉代的谶纬迷信十分盛行,祖先崇拜、先王崇拜、神仙方术、鬼神观念、卜筮星占等较为原始的多神信仰在上流社会和下层民间都很有市场。大约在东汉顺帝到灵帝时期,即公元 2 世纪中叶,由道家思想、神仙方术、阴阳五行、民间巫术等多种因素相结合,发展出早期的道教。道教形成,是中国特有的社会条件的产物,它杂而多端,广泛地吸收了中国固有的哲学思想和多神信仰,对于早期的中国佛教有着持久而深刻的影响。中土早期的佛陀观和佛教的神通传教就有神仙道教的影子。

(一) 汉晋时期的佛陀观

佛教在汉代是被用来祭祀祈福的。《后汉书·襄楷传》载东汉桓帝延熹九年(166)襄楷上书曰:"又闻宫中立黄老浮屠之祠,此道清虚,贵尚无为,好生恶杀,省欲去奢。"老子在汉代受到特别的崇奉,他与中国远古圣人黄帝连在一起,称之为"黄老",老子之道被视为最有权威的思想。汉代的皇帝虽然以儒家学说为治国指导思想,但在个人生活方面又特别迷信神仙长生之说,雄才大略的汉武帝就是一个代表。东汉末年的汉桓帝迷信黄老之道,他曾设"华盖之坐"、用"郊天"之乐亲祠老子于濯龙。① 这位东汉末期的皇帝还特别想修道成仙,"存神养性,意在凌云"②。汉桓帝在皇宫中立黄帝、老子、佛陀(浮屠)之祠,其目的在于求福祥,延寿命。佛陀与黄帝、老子并祀,说明在汉桓帝的心中,佛陀也是神仙之一,可以助人成仙享乐。

佛教可以用来祈福长生,这与早期的《四十二章经》等汉译佛经可能有关。该经介绍了小乘佛教所能达到的四种果位:

> 佛言:辞亲出家为道,名曰沙门。常行二百五十戒,为四真道,行进志清净成阿罗汉。阿罗汉者,能飞行变化,住寿命,动天地。次为阿那含。阿那含者,寿终魂灵上十九天,于彼得阿罗汉。次为斯陀含。斯陀含者,一上一还,即得阿罗汉。次为须陀洹。须陀洹者,七死七生,便得阿罗汉。爱欲断者,譬如四支断,不复用之。③

---

① 《后汉书·郊祠志》。
② 《后汉书·桓帝纪》,《后汉书集解》引《老子铭》。
③ 《大正藏》第17卷,第722页上。

阿罗汉(简称罗汉)、阿那含、斯陀含、须陀洹即"小乘四果"。《四十二章经》介绍的阿罗汉可以飞行变化,动天地,寿命无穷;阿那含"寿终魂灵上十九天";须陀洹则"七死七生",这些修成正果的佛教神灵不仅拥有神通变化,而且寿命长久,这对于追求长生不老、变化成仙的人来说自然是有吸引力的。①

至于佛陀的形象,《四十二章经》的序文是这样介绍的:

> 昔汉孝明皇帝,夜梦见神人,身体有金色,项有日光,飞在殿前。意中欣然,甚悦之。明日问群臣:"此为何神也?"有通人傅毅曰:"臣闻天竺有得道者,号曰佛。轻举能飞,殆将其神也。"②

佛陀身体有金色,项中有日光,能轻举飞行,这与中国本有的神仙相似。据汤用彤先生考证,《四十二章经》成书于汉代,该经在汉桓帝以前就被译出,其中的序文可能早就附入。③ 这个记载为成书于汉末三国时期的《牟子理惑论》和西晋袁宏的《后汉纪》所承袭:

> 浮屠者,佛也,西域天竺有佛道焉。佛者,汉言觉,其教以修慈心为主,不杀生,专务清净。其精者号沙门。沙门者,汉言息心,盖息意去欲,而欲归于无为也。又以人死精神不灭,随复受形,生时所行善恶,皆有报应,所贵行善修道,以炼精神而不已,以至无为而得为佛也。佛长一丈六尺,黄金色,项中佩日月光,变化无方,无所不入,故能通百物而大济群生。

佛陀身材伟岸,头现灵光,神通广大,加上"息意去欲"、"行善修道",无为而无不为,与中国本土传说的"神人"和道家的"神仙"非常相似,但其中的"修慈心"、"不杀生"、"项中佩日月光"等细节则具有佛教的特色。《后汉纪》作为正史,代表了汉晋时期对于佛陀的一般看法。

---

① 参见任继愈主编的《中国佛教史》上册,第125页,北京,中国社会科学出版社,1997。
②《大正藏》第17卷,第722页上。
③ 汤用彤:《汉魏两晋南北朝佛教史》,第18页,北京,北京大学出版社,1998。

《牟子理惑论》的作者自称"锐志于佛道,兼研《老子》五千文",通儒家"五经",当是一个以佛教为主、兼通儒佛道三教的佛教学者,牟子这样描述佛陀的:

> 佛者,谥号也。犹名三皇神、五帝圣耶。佛乃道德之元祖,神明之宗绪。佛之言觉也。恍惚变化,分身散体,或存活亡,能大能小,能圆能方,能老能少,能隐能彰,蹈火不烧,履刃不伤,在污不染,在祸无殃,欲行则飞,坐则扬光。故号为佛也。①

牟子用"三皇神"、"五帝圣"来类比佛陀,与《四十二章经》和《后汉纪》的说法相同。但他对于佛陀能"恍惚变化,分身散体"、"蹈火不烧,履刃不伤"的描述则比前者更进一步,这些特征与道家的"真人"几乎完全一致。《庄子·大宗师》说:

> 何谓真人?古之真人不逆寡,不雄成,不谟士。若然者,过而弗悔,当而不自得也。若然者,登高不栗,入水不濡,入火不热。是知之能登假于道者也若此。

《淮南子·精神训》则对庄子所推崇的"真人"形象作了进一步的刻画:

> 所谓真人者,性合于道也。故有而若无,实而若虚……无为复朴,体本抱神,以游于天地之樊,茫然彷徉于尘垢之外……大泽焚而不能热,河汉涸而不能寒也,大雷毁山而不能惊也,大风晦日而不能伤也……休息于无委曲之隅,而游遨于无形埒之野,居而无容,处而无所,其动无形,其静无体,存而若亡,生而若死,出入无间,役使鬼神。

将《庄子·大宗师》、《淮南子·精神训》的两处文字同《牟子理惑论》相对照,可知汉代所理解的佛陀几乎是道家真人的翻版。

---

① 《弘明集》卷一,《大正藏》第52卷,第2页上。

当然,佛教作为一种宗教信仰,本来也有它的"神通"说教,其中有些内容与道家真人、神人的超自然能力是相同的,但也有很多相异之处。像"分身散体"就是佛教神通的一部分,在道家中是没有的。还有佛陀用于教化、救济众生而具有的"三身"形象①,在道家中也是没有的。但是,从《四十二章经》、《后汉纪》、《牟子理惑论》等文献中,几乎找不到系统的印度佛教的神通形式,它们对于佛教的介绍还仅仅停留在中国本有的"圣人"和"神仙"的层面。这种情况到了东晋才有所改变,文人士大夫兼佛教信徒的孙绰在他的《喻道论》中用精彩的笔墨生动地描绘了佛陀的神功异能,他写道:

> 三达六通,正觉无上,雅身丈六,金色焜耀,光遏日月,声协八风,相三十二,好姿八十,形伟群有,神足无方。于是游步三界之表,恣化无穷之境,回天舞地,飞山结流,存亡倏忽,神变绵邈,意之所指,无往不通,大范群邪,迁之正路,众魔小道,靡不遵服。②

孙绰按照大乘佛教的佛陀观,以佛陀的神变无方将他渲染成世间万物之主,他"意之所指",而"无往不通",他的意志自由,无所不能,他的神性达到了登峰造极的地步。所有这些有关佛陀神迹的渲染,既有印度佛教的传统,也加入了中国本土的神仙色彩。从《四十二章经》到《后汉纪》可以看出,中土早期的佛陀形象显然是依照道家或道教的神仙形象制造出来的。到了东晋时期,中土对于佛教已经有了比较系统的认识,佛陀的印度特色也较为明显,即便如此,《喻道论》中所描述的佛陀形象仍然具有中国本土神仙道教的影子。

(二)早期佛教的神通传教

神通在佛教中被称为神通力、神力、通力、通等,是依照修习禅定而

---

① 三身一般指法身、报身、应身。法身即自性身,或法性身,常住不灭,因佛对真如的觉悟而所证得;报身是由佛的智慧功德所成,如项配日月光等各种庄严好相;应身是应化身,或变化身,是佛应化众生的需要而化现的种种佛身,如人、天、龙、鬼,等。
② 《弘明集》卷三,《大正藏》第52卷,第17页下。

得到的不可思议的超自然能力。虽然佛教的教义中有神通之说,但是,佛教认为神通不过是禅定的副产品,并不刻意提倡。不过,在早期的中国佛教史上,佛教为了迎合当时社会流行的神仙方术和宗教迷信信仰,神通却被广泛地采用,成为佛教传教和扩大社会影响的一个不可缺少的重要环节。根据史料记载,早期来华的西域和印度高僧,许多人都怀有神功异能。如安清,字世高,本为安息国太子,汉桓帝朝入中国。《出三藏记集》载:

> 外国典籍莫不该贯,七曜五行之象、风角云物之占、推步盈缩悉穷其变。兼洞晓医术,妙善针脉。睹色知病,投药必济。乃至鸟兽鸣呼,闻声知心。于是俊异之名,被于西域,远近邻国,咸敬而伟之。①

安世高是早期来华传教的僧人之一。安世高所通晓的"外国典籍",如七曜五行之象、风角云物之占、推步盈缩之术,这些显然是汉代中国流行的方术。像安世高这样的情况,当时的来华高僧大有人在。如昙柯迦罗,中天竺人,曹魏嘉平年间(249—253)来洛阳,"善学四围陀,风云、星宿、图谶、运变,莫不该综"。② 康僧会,世居天竺,生于康居,"明解三藏,博览六经,天文图纬,多所综涉,辩于枢机,颇属文翰"③。竺佛调的神异事迹更具中国特色。《高僧传》载:

> 竺佛调者,未详氏族,或云天竺人。事佛图澄为师。住常山寺积年。业尚纯朴,不表饰言,时咸以此高之。常山有奉法者兄弟二人,居去寺百里,兄妇疾笃,载至寺侧,以近医药。兄既奉调为师,朝昼常在寺中,咨询行道。异日调忽往其家,弟具问嫂所苦,并审兄安否。调曰:"病者粗可,卿兄如常。"调去后,弟亦策马继往。言及调

---

① 《出三藏记集》卷一三,《大正藏》第 55 卷,第 55 页上。
② 《高僧传》卷一,《大正藏》第 50 卷,第 324 页下。
③ 同上书,第 325 页上。

旦来,兄惊曰:"和上旦初不出寺,汝何容见?"兄弟争以问调,调笑而不答,咸共异焉。调或独入山,一年半岁赍干饭数升,还恒有余。有人尝随调山行数十里,天暮大雪,调入石穴虎窟中宿,虎还共卧窟前。调谓虎曰:"我夺汝处,有愧如何?"虎乃弭耳下山,从者骇惧。调后自克亡日,远近皆至,悉与语曰:"天地长久,尚有崩坏,岂况人物而求永存?若能荡除三垢,专心真净,形数虽乖而必同。"契众咸流涕,固请。调曰:"死生命也,其可请乎?"调乃还房端坐,以衣蒙头,奄然而卒。后数年,调白衣弟子八人入西山伐木,忽见调在高岩上,衣服鲜明,姿仪畅悦。皆惊喜作礼,和上尚在耶。调曰:"吾常在耳,具问知旧可否?"良久乃去。八人便舍事还家,向诸同法者说,众无以验之。共发冢开棺,不复见尸,唯衣履在焉。①

竺佛调的神异,不仅在他能够来去自在、驱使虎豹,而最令人惊异的,是在他死后,弟子们"发冢开棺,不复见尸,唯衣履在焉",似乎变成了道教所宣扬"尸解仙"。②

佛教僧人的神迹传奇,有助于佛教赢得民众的信仰和帝王贵族的支持。如康僧会初到东吴时,"吴地初染大法,风化未全",为了扩大佛教的影响,赢得民众的信赖,康僧会除了翻译佛经、设立佛像以外,设法以神异打动吴主孙权:

> 时吴国以初见沙门,睹形未及其道,疑为矫异。有司奏曰:"有胡人入境,自称沙门,容服非恒,事应检察。"权曰:"昔汉明帝梦神,号称为佛,彼之所事,岂非其遗风耶?"即召会诘问,有何灵验。会曰:"如来迁迹,忽逾千载,遗骨舍利神曜无方。昔阿育王起塔乃八万四千,夫塔寺之兴以表遗化也。"权以为夸诞。乃谓会曰:"若能得

---

① 《高僧传》卷九《竺佛调传》,《大正藏》第50卷,第387页下、388页上。
② 《抱朴子·仙论》引《仙经》将神仙分为三类:天仙、地仙、尸解仙。"上士举形升虚,谓之天仙;中士游于名山,谓之地仙;下士先死后蜕,谓之尸解仙。"

舍利,当为造塔,如其虚妄,国有常刑。"会请期七日。乃谓其属曰:"法之兴废,在此一举,今不至诚,后将何及!"乃共洁斋静室,以铜瓶加凡。烧香礼请,七日期毕,寂然无应。求申二七,亦复如之。权曰:"此实欺诳,将欲加罪。"会更请三七,权又特听。会谓法属曰:"宣尼有言曰,文王既没,文不在兹乎?法灵应降,而吾等无感,何假王宪,当以誓死为期耳。"三七日暮,犹无所见,莫不震惧。既入五更,忽闻瓶中枪然有声,会自往视,果获舍利。明旦呈权,举朝集观,五色光炎,照耀瓶上。权自手执瓶,泻于铜盘,舍利所冲,盘即破碎。权大肃然,惊起而曰:"希有之瑞也。"会进而言曰:"舍利威神,岂直光相而已,乃劫烧之火不能焚,金刚之杵不能碎。"权命令试之。会更誓曰:"法云方被,苍生仰泽,愿更垂神迹以广示威灵。"乃置舍利于铁砧磓上,使力者击之,于是砧磓俱陷,舍利无损。权大叹服,即为建塔,以始有佛寺,故号建初寺。因名其地,为佛陀里。由是江左大法遂兴。①

康僧会用斋戒烧香的办法请得五色佛骨舍利,令孙权叹服而造建初寺,为佛教在吴地的兴盛创造了条件。这同佛图澄在后赵用"道术"取得石勒、石虎父子的信任而迅速传教是同一种手段。

早期中国佛教注重神通传教,从慧皎所撰《高僧传》的人物安排和高僧事迹也可以得到说明。《高僧传》正文共十三卷,其中卷九、卷一〇为"神异"僧人立传,列入正传者二十人,附传十二人;卷一一为"习禅"僧人立传,列入正传者二十一人,附传一十一人,所有的"神异"僧人和"习禅"僧人都有神功异能,其他各卷如译经、义解、明律、亡身、兴福、经师、唱导等卷,虽然介绍人物的重点不同,但仍然不乏神通事迹的介绍。《高僧传》成书于梁代,基本上概括了佛教从东汉到六朝时期重要的僧人事迹,也从一个侧面反映了此一时期佛教的传播和发展状况。《高僧传》将如

---

① 《高僧传》卷一,《大正藏》第50卷,第325页中、下。

此多的名僧的神异事迹列入佛教史传,比较充分反映了汉魏六朝时期佛教深受中国本土道教神仙方术影响而中国化的时代特色。

二、"格义"与玄佛合流

汉魏六朝时期,佛教不仅在传教方式上依附于中国固有的谶纬迷信和道家神仙方术,在宗教教义和宗教理论方面,也与儒道哲学,特别是老庄思想以及玄学的合流而进入中国学术思想的领域。佛教与老庄及玄学的合流主要是通过"格义"的方式来实现的。格义是早期中国僧人和思想界理解印度佛教思想的最主要、最基本的方法,在中国佛教的传播和发展史上具有重要的意义。

(一)"格义"的本义和引申义

"格义"一词最早见于梁慧皎的《高僧传·竺法雅传》:

> (竺法雅)少善外学,长通佛义。衣冠仕子,或付咨禀。时依雅门徒,并世典有功,未善佛理。雅乃与康法朗等,以经中事数,拟配外书,为生解之例,谓之格义。及毗浮、昙相等,亦辩格义以训门徒。雅风采洒落,善于机枢,外典、佛经,递互讲说,与道安、法汰,每披释凑疑,共尽经要。[1]

"以经中事数,拟配外书,为生解之例",即是对"格义"的大致解释。结合上下文可知,"格义"就是用中国原有的概念去对比印度佛典中的术语,以利于理解的做法。竺法雅在教育他的门徒的过程中善于使用这种方法,因为竺法雅不仅精通佛典,也通达世俗的学问,而他的弟子只对中国的老庄、儒学等"外典"有所了解,于是,他通过将"内书"与"外书"相互对比,以"披释凑疑,共尽经要"。采用这种办法的人,除了名僧竺法雅外,还有康法朗、毗浮、昙相、道安、竺法汰等众多佛学大家。

---

[1] 《高僧传》卷四《竺法雅传》,《大正藏》第 50 卷,第 347 页上。

"格义"中的"事数"一般是指"法数"一类的小乘术语,也即毗昙中的"数法",即用数目分类的办法来概括繁多的名相概念。《世说新语·文学篇》对此有注云:"事数谓若五荫、十二入、四谛、十二因缘、五根、五力、七觉之属。"但是佛教在中国是大、小乘并传的,除了"事数"以外,还有其他各种对于中国人相当陌生且难以理解的东西,比如"涅槃"、"空"等。《世说新语·文学篇》引《浩别传》说,东晋名士殷浩早年"先典有功,未善佛理",后废官东阳,始大读佛经,"皆精解,唯至事数处不解"。这里的"事数"显然属于难解的"佛理"部分,因此,"事数"即可以当成具体性的特指,也可以当成一般性的泛指,即佛经中较难把握的概念和思想。

至于"拟配",可以有两种含义。第一种含义是"度量","义"就是"名称"、"项目"或"概念",因此,"格义"就是不同观念之间的对等,是一种很琐碎的处理。① 第二种含义是指"忖度"、"分别"、"比较"等,是第一种含义的进一步延伸、拓宽。这从《高僧传·慧远传》中可以得到说明:

> 远年二四,便就讲说。尝有客听讲,难实相义,往复移时,弥增疑味。远乃引《庄子》为连类,于是,惑者晓然。是后,安公听远不废俗书。

安公即道安,曾经是公开反对"格义"的东晋佛教领袖,慧远作为他的门徒,应该遵从师说,然而为了让听众明白"实相"的含义,不得不援引《庄子》中类似的概念或观念作为类比。慧远的做法仍然没有离开"格义",但他讲解的对象已不完全是自己的门徒,也包括了一般的听众;他所讲解的内容,不仅是"事数",而且包括"实相"即真如或法性一类的佛教义理。至于慧远如何去"连类",这里没有具体的说明,也没有说明慧远就是用"实相"去对应《庄子》中的某一个概念,很可能是借庄子中的某些观点去说明"实相"的大意。

但是,随着佛经的不断传译和对佛教教义理解的不断加深,格义的

---

① 汤用彤:《论"格义"》,《汤用彤先生选集》,第411、412页,天津,天津人民出版社,1995。

方法后来遭到了中国佛教界的批评,并最终被舍弃。东晋名僧道安与僧光曾对此进行过辩论:

> 安曰:"先旧格义,于理多违。"光曰:"且当分折逍遥,何容是非先达?"安曰:"弘赞理教,宜令允惬;法鼓竞鸣,何先何后?"①

在这里,僧光主张以豁达的态度尊重古德先贤的言教,而道安则立足于真理不分先后的标准,主张弘教当以准确、平允为宜,不满足于违背佛教本义的生硬比附。道安的弟子僧睿也继承师说,且对"格义"提出了较为系统的批评:

> 自慧风东扇,法言流咏已来,虽曰讲肆,格义迂而乖本,六家偏而不即。性空之宗,以今验之,最得其实,然炉冶之功,微恨不尽。当是无法可寻,非寻之不得也。何以知之?此土先出诸经,于识神性空,明言处少,存神之文,其处甚多。《中》、《百》二论,文未及此,又无通鉴,谁与正之?先匠所以辍章遐慨,思决言于弥勒者,良在此也。自提婆以前,天竺义学之僧并无来者,于今始闻,宏宗高唱,敢豫悕昧之流,无不竭其聪而住其心。然领受之用易存,忆识之功难掌,自非般若朗其闻慧,总持铭其思府,焉能使机过而不遗,神会而不昧者哉?故因纸墨以记其文外之言,借众听以集其成事之说,烦而不简者,遗其事也;质而不丽者,重其意也。其指微而婉,其辞博而晦,自非笔受,胡可胜哉!②

僧睿在这里对"格义"和"六家七宗"作了总体的批评,其基本观点是"格义迂而乖本,六家偏而不即"。至于具体的原因,他认为是由于佛法初传,中土翻译的经典不够所致。不过,从整个佛教的发展历史看来,僧睿的这种解释也是不全面的。正如道安那样,道安虽然不满于格义的缺

---

① 《高僧传》卷五,《大正藏》第 50 卷,第 355 页上。
② 《出三藏纪集》卷八,《大正藏》第 55 卷,第 59 页上。

陷,而他本人却无法摆脱当时流行的"格义"之风,在他的著述中曾大量充斥以老庄学说融通佛理的言辞。因此,道安反对的应该是那种生硬的、琐碎的等量比附,如以"禅定"等同"守一"、"真如"等同"本无"、"涅槃"等同"无为"等,而不是用道家或儒学的观念去沟通佛学的相关思想。即使在中国佛教界放弃了"迂而乖本"的"讲肆格义"以后,仍然没有放弃用儒学或老庄道家的学说去会通佛教的教理。也就是说,"格义"的本义曾被抛弃,而其引申义则一直被使用。①

(二)"格义"的基本模式

按照传统的看法,格义是一种概念的对等。汤用彤先生曾认为,格义的办法起初是偶然的比较,继而是"莫明其妙"的等同,到竺法雅时,肯定已有一种"详细而确定的方法"进行比较的程序和步骤,但因史书缺载,最终将这种看法归之于推测。② 无论如何,格义的方式肯定是存在的。这可以从早期的佛经翻译中找到线索。因为早期的佛经翻译同"讲肆"(教学)一样,遇到的几乎是相同的困难,即印度佛教中某些词汇或观点在中国传统的语汇中找不到对应词,或者很难让人领会,因此也必须靠格义来解决。

早期的佛经翻译尽管以来华的天竺、西域僧人如安世高、康僧会、竺法护等外国人为主,但也有一些经典由中国人译出,如东汉严佛调译《法镜经》、西晋聂承远译《越难经》、聂道真译《文殊师利大般涅槃经》等。外国僧人译经多有中国助手参加,这些中国助手均精通儒家和道家的经典,因而自然而然地将两种异质文化中的语汇糅合起来。这很可能造成牵强附会,特别是早期的译经,更是如此。汉代的译经相当晦涩难通,《出三藏纪集》卷一《前后出经异记》曾就汉代旧译与罗什新译作了比较。现列表如下:

---

① 参见刘立夫的《格义的本义及其引申》,《禅学研究》第4辑,南京,江苏古籍出版社,2000。
② 参见汤用彤的《论"格义"》,《汤用彤先生选集》第412页,天津,天津人民出版社,1995。

旧译	新译	旧译	新译
众佑	世尊	沟港道	须陀洹
背舍	解脱	直行	正道
五众	五荫	持	性
觉意	菩提	各佛	辟支佛
痛(痒)	受	非常	无常
直知	正业	非身	无我
四意止	四念处	直利	正命
十二种	十二因缘	尽谛	灭谛
除馑	比丘	正断	正勤

一览便知,旧译中许多译名都不太准确,但这正是汉代佛教格义的真实写照。值得注意的是,早期佛经的翻译常不自觉地将老、庄中的"道"这一最高范畴同佛教中的"真如"、"法性"、"正觉"等同起来,并以世俗的"欲"、"爱"作为佛教中的"无明"之本。以下是《四十二章经》中的有关译句:

> 尔时,世尊即成道已,作是思维,离欲寂静,是最为胜。

> 佛言:出家沙门者,断欲去爱,识自我源,达佛深理,悟佛无为,内无所得,外无所求,心不系道,亦不结业,无念无作,无修无证,不离诸位而自崇最,名之为道。

> 使人愚蔽者,爱与欲也。有恶知非,改过得善,罪日消灭,后得道也。

> 道无形相,知之无益。①

该经着重强调"断欲去爱",以求得"道",仅有一处出现"涅槃"二字②。可见,《四十二章》是以近乎老庄式的修行主张为特征的。

---

① 方立天主编:《佛学精华》,《佛说四十二章经》,第3—5页,北京,北京出版社,1996。
② 此句为"视求涅槃,如昼夜寐",同上书,第5页。

这种佛道合流的倾向还可以从另一些译经中得到反映。如康僧铠曾于曹魏嘉平年间译出《佛说无量寿经》,该经与其同时代的道教著作《老子想尔注》多处使用了几乎相同的词汇。除"道教"一语外,还有"道德"、"天道"、"大道"、"学道"、"大圣"、"正法"、"甘露"、"无为"、"自然"、"清净"、"维妙"等。特别是作为道教哲学的核心概念的"自然"一词,《老子想尔注》用过十四次,而《佛说无量寿经》用过五十六次。根据日本学者福光永司的研究,比较康僧铠《佛说无量寿经》同东汉支娄迦谶的意译《佛说无量清净平等觉经》以及吴国支谦的《佛说阿弥陀经》,"无为"、"自然"、"清净"三语在以上三经中出现的次数分别是:"无为"四、五、四次,"自然"五十六、三百一十七、一百七十九次,"清静"二十四、十一、十七次。① 这些数据很能说明中国早期的佛教在哲学用语上同道家思想的密切关系。

(三)"格义佛教"

作为一种沟通外来学术思想方法的格义,从本义上说,就是将中国人所熟悉的老、庄、《周易》等"外典"中的名词、概念同佛教"内典"中难以理解的名词术语对等起来进行理解,使佛教深奥的义理便于接受。在这个意义上,它的适应范围并不宽,即局限于"讲肆"(教学)之中,时间大致从汉末魏初至东晋以前。但是,由于格义在早期佛教的传播发展中起到了某种不可替代的作用,并且揭示了文化交流中的普遍意义,它的意蕴便得到了引申发挥,产生了"格义佛教"这个术语。

镰田茂雄在《中国佛教通史》中曾列专章述"格义佛教",镰田茂雄认为,魏晋佛教即为格义佛教,因为在慧皎的《高僧传》里,自后汉至曹魏之间,只列有"译经"僧的传记,但对"义解"僧则殊少列述;到西晋以后,记述研究《般若经》的义解僧的事迹才渐渐增多;自魏晋以后,老、庄"无"的

---

① [日]福永光司:《佛教与道教——以汉译〈佛说无量寿经〉为例》,《中日佛教学术论文集》,第106—108页,中国社会科学出版社,1997。

哲学流行,并以此为媒介,产生一种以佛教般若学融合老庄思想的风潮,所以被称为"格义佛教"。吴汝钧在《佛学研究方法论》一书中持类似看法:"人们把大乘佛教的般若波罗蜜思想,作为玄学的'虚无'一类的东西来理解,那是极为自然的趋向。依据老庄的'虚无'来理解的般若的'空',这种立场,一般称为'格义',故格义是一种比较哲学。"[1] 上述观点看到了魏晋知识僧人在佛教传播中的作用,他们将玄学的"无"与般若学的"空"结合起来,便成"六家七宗"这一魏晋时期的学术思潮。但是,上述观点却忽略了"格义"是"以经中事数拟配外书"的本来含义。更重要的是,传统的"格义",一般是指从汉代到晋代中国佛教学者经常在解释佛教理论时应用逐条说明范畴的方式,它建立在对"事数"的逐项对比的基础上,而此种对比只强调印度与中国观念之间的一致性,忽视了它们之间的特殊性,实际上属于思想的误读。

但是,魏晋时期的"六家七宗"已经不同于传统的"格义",它在方法论上采用了"言意之辩"的特殊形式,对般若学的中心概念"空"进行了批判性、创造性的发挥,使之演变成既不同于印度又不同于中国的新的佛教观念。尽管它也是一种"误读",但性质已发生改变。以道安的"本无"宗为例,道安是以王弼的"本无"说来解释、发挥般若学的"空",所谓"无在万化之前,空为众形之始",似乎将道家的"无"等同于般若的"空",但又认为"本无者,一切诸法本性空寂,故云本无",装进了般若学的空义,所以吉藏认为,道安的思想与《方等》经近,什、肇山门义无异"。[2] 从这个意义上来说,"格义佛教"中的"格义"的内涵已经引申,它体现了佛教中国化的一种模式,也是"格义佛教"这个词语能够被接受的原因。

"格义佛教"反映了文化交流史上的一个中心观念,即外来文化在本土化的过程中必须自我适应的问题。一种理论在一个国家的实现程度,

---

[1] 吴汝钧:《佛学研究方法论》,第263页,台北,台湾学生书局,1983。
[2] 吉藏:《中观论疏》卷二,《大正藏》第42卷,第29页上。

取决于该理论满足这个国家的需要的程度。任何一种外来的理论,要在一种异质的文化环境中生存和发展,就必须作处境化的调整,必须遵循一种普遍性的原则,也就是比较哲学的原则。著名比较哲学家巴姆认为,一个人在一个具有自己的世界观的特定环境生存,如果他仅了解一种哲学,那么在遇到另一类哲学时,他会很自然地拿自己的与之相比较,"他肯定以自己的哲学为标准来判断别的哲学","甚至在熟悉了一种或多种其他哲学之后,一个人仍然会继续接受自己的哲学作为标准","他最初的信仰已成为习惯,而习惯则难以打破"。① 比较哲学的核心是"类比"原则,即人们通常以自己习惯了的观念来对照其他观念,然后才予以排斥或接受。

值得注意的是,自鸠摩罗什以后,中国佛教的经典翻译已达到了相当成熟和完美的地步,鸠摩罗什的弟子僧肇以《不真空论》相当准确地解释了印度佛教般若"空"的本义,但是,此后的中国佛教并未回归到印度佛教中去,而是继续朝着中国人所能接受的方向发展。日本学者中村元注意到中国佛教广义"格义"的普遍现象,他在《东洋人的思维方法》一书中指出,梵文中的许多字都按照中国的礼俗去翻译,失去了原味;他还列举天了台宗智颛在《摩诃止观》中将儒家的"五常"、道家的"五行"与佛教的"五戒"的比附:②

> 仁慈矜养,不害于他,即不杀戒。义让推廉,抽己惠彼,是不盗戒。礼制规矩,结发成亲,即不邪淫戒。智鉴明利,所为秉直,中当道理,即不饮酒戒。信契实录,诚节不欺,是不妄语戒。周孔立此五常,为世间法药,救治人病。又,五行似五戒。不杀防木,不盗防金,不淫防水,不妄语防土,不饮酒防火。又,五经似五戒。礼明撙节,

---

① [美]A.J.巴姆:《比较哲学与比较宗教》,《巴姆哲学文集》第 24—25 页,成都,四川人民出版社,1996。
② [日]中村元:《东洋人之思想方法》卷 2,第 146—148 页,转引自李志夫《中印佛学之比较研究》第 363—364 页,1964。

此防饮酒;乐和心,防淫;诗风刺,防杀;尚书明义让,防盗;易测阴阳,防妄语。①

智顗这种以五常、五行配五戒的做法显然源于早期的"格义",但却不是僵化的一对一的等同,而是一种适应性的改造。在这种情况下,佛教的"五戒"已融进到中国传统的"五常"、"五行"等范畴中,改变了它的原貌。这个例子也典型地说明了印度佛教是怎样在"格义"的条件下最后演变成中国化的佛教。但是,这里的"格义"已经不是它的原始意义,而是经过了引申发挥,成为沟通佛教与中国本土文化的基本原则;也正是通过不断地"格义",佛教最后融入了中国本土,成为中国文化的有机组成部分。

三、早期的三教融合思想

"三教"之说,由来已久。② 佛教传入中国后,随即与固有的儒、道两家以及不久形成的道教发生关系,儒、佛、道三教之间的争论甚至冲突时有发生。但是,从两汉至南北朝,除了北魏太武帝、北周武帝短暂的两次灭佛活动外,历朝政府对于三教采取了共同扶持的政策,这就为三教的和平共处和共同发展提供了政治基础。在社会作用方面,儒家一直保持着在政治和伦理生活中的主导地位;道教逐渐演化为官方认同的宗教,具有本民族文化的优越性;而佛教在宗教理论和宗教制度等方面也有自身的优势。三教在长期的争鸣中,显示出各自的优势和不足,这就为三教的融合互动打下了思想的基础。自东汉以来,三教中一些有识之士就提出了各自的三教融合思想。这些思想可以分为三个方面,即三教兼用论、内外相资论和殊途同归论。不过,这只是大致的分类,它们之间仍然

---

① 《大正藏》第46卷,第77页中。原引文有误,略作改动。
② 《佛祖统纪》卷三六载南朝宋明帝泰始三年(467),"帝幸庄严寺,观三教谈论"。陶弘景《华阳陶隐居集》卷下《茅山长沙馆碑》云:"百法纷凑,无越三教之境。"

存在相互交叉的地方。

(一) 三教兼用论

三教兼用是指儒、佛、道三教各有千秋,各有其用,不可相互取代。这种理论在《牟子理惑论》中就提出过。牟子认为,"书不必孔丘之言,药不必扁鹊之方,合义者从,病愈者良,君子博取众善以辅其身"。他分析说:

> 尧舜周孔,修世事也;佛与老子,无为志也。仲尼栖栖七十余国;许由闻禅,洗耳于渊。君子之道,或出或处,或默或语,不溢其情,不淫其性。故其道为贵,在乎所用,何弃之有乎?

意思是说,周孔之教重在世俗的礼教,而佛教与老子之道,贵在"无为",君子或入世,或隐世,达则兼济天下,穷则独善其身,这是中国自古以来的传统,所以,三教各有其用,都不可偏废。

牟子的这一主张得到了梁代王褒的进一步阐释。王褒生活在梁武帝时期,曾官至吏部尚书、侍中,当时的社会上层居士普遍提倡三教一致,兼习三教之义。① 王褒著《幼训》以为家戒:

> 儒家则尊卑等差,吉凶降杀,君南面而臣北面,天地之义也。鼎俎奇而笾豆偶,阴阳之义也。道家则堕肢体,黜聪明,弃义绝仁,离形去智。释氏之义,见苦断习,证灭循道,明因辨果,偶凡成圣。斯虽为教等差,而义归汲引。吾始乎幼学,及于知命,既崇周孔之教,兼循老、释之谈,江左以来,斯业不坠,汝能修之,吾之志也。②

王褒的三教兼用说与牟子的思想在原则上是相同的,但是,两者之间的差别也很明显。牟子将佛教与老子之教都作为"无为"之教来看待,佛、道二教并无区别。而到王褒的时代,"三教"之间已经有了明确的区分,

---

① 潘桂明:《中国居士佛教史》上册,第257页,北京,中国社会科学出版社,2000。
② 《梁书》卷四一《王规传》,第581—583页。

因此,王褒将儒家定位为"尊卑等差"、君臣南面之术;道家之说,要在"堕肢体,黜聪明,弃义绝仁,离形去智";而佛教的要义,则在"见苦断习,证灭循道,明因辨果,偶凡成圣"。他"崇周孔之教",又"兼循老、释之谈",并勉励后人要继承其志,以使"斯业不坠"。历史地看,王褒的这一思想比较真实地反映了南朝梁代在政治上三教并用的文化政策,也从一个侧面反映了社会上层兼习三教的风气。

(二) 内外相资论

该论以佛教为内教、儒家为外教,佛教深入,儒家浅显,佛教为本,儒家为末。该论护教色彩很浓,主要论及儒佛关系。佛教在三教中以内教定位,是对《庄子》的"方内"、"方外"说和儒家的"内圣"、"外王"说的一种综合,目的是为了抬高自身在身心修养方面的地位。东晋慧远在《沙门不敬王者论》中就提出过"内外之道,可合而明"的思想:

> 夫幽宗旷邈,神道精微,可以理寻难以事诘……六合之外,存而不论者,非不可论,论之或乖。六合之内,论而不辩者,非不可辩,辩之或疑。春秋经世先王之志,辩而不议者,非不可议,议之或乱。此三者,皆即其身,耳目之所不至,以为关键,而不关视听之外者也。因此而求圣人之意,则内外之道,可合而明矣。①

慧远针对的是对佛教因果报应说的责难,认为佛教的因果报应说涉及三世之事,是人的感觉经验难以验证的,中土的圣人只谈"六合之内"以及人的感觉经验以内的事情,这与佛教的三世报应说并不矛盾,正好可以相互补充,故"内外之道,可合而明"。东晋中期思想家兼佛教徒孙绰则从另一个角度进行发挥。他在《喻道论》中说:

> 周孔即佛,佛即周孔,盖外内名之耳。故在皇为皇,在王为王。佛者梵语,晋训觉也,觉之为义,悟物之谓。犹孟轲以圣人为先觉,

---

① 《弘明集》卷五,《大正藏》第52卷,第31页上。

其旨一也。应世轨物,盖亦随时。周孔救极弊,佛教明其本耳。共为首尾,其致不殊。即如外圣,有深浅之迹。尧舜世夷,故二后高让;汤武时难,故两军挥戈。渊默之与赫斯,其迹则胡越,然其所以迹者,何常有际哉。故逆寻者每见其二,顺通者无往不一。①

在孙绰看来,"周孔即佛,佛即周孔",儒家与佛教原则上是一致的,但有"内外"名称的区别。而这种区别的关键,就是针对不同的时代要求而需要不同的设教。上古的尧舜之世,世风纯朴,禅让兴行;中古的殷周之世,世风凋败,故汤、武革命,以力争胜。周孔设教,正是用来拯救乱世;而佛教设教的宗旨,在于使世风返归纯朴。孙绰在这里暗示了佛教为"内圣"之教,儒家为"外王"之道,故有所谓"周孔救极弊"、"佛教明其本"之说。

如果说,孙绰是从因时设教的角度论述儒佛相资,那么,刘宋时期的谢灵运(385—433)则从因地设教的角度论述儒佛相资。在《辨宗论》中,谢灵运回答了法勖对于竺道生"顿悟"学说的疑问:

勖再问:"案论,孔释其道既同,救物之假亦不容异,而神道之域,虽颜也,孔子所不诲;实相之妙,虽愚也,释氏所必教。然则二圣建言,何乖背之甚哉?"再答:"二教不同者,随方应物,所化地异也。大而较之,监在于民。华人易于见理,难于受教,故闭其累学,而开其一极。夷人易于受教,难于见理,故闭其顿了,而开其渐悟。渐悟虽可至昧顿了之实,一极虽知寄绝累学之冀。良由华人悟理无渐,而诬道无学;夷人悟理有学,而诬道有渐。是故权实虽同,其用各异。"②

《辨宗论》撇开了道教不论,以为儒佛各有所失,可以互补。谢灵运支持竺道生的顿悟学说,认为该说能够"去释氏之渐悟,而取其能至;去孔氏

---

① 《大正藏》第 52 卷,第 17 页上。
② 《广弘明集》卷一八,《大正藏》第 53 卷,第 225 页上。

之殆庶,而取其一极"。

(三)殊途同归论

殊途同归是指三教在设教的方式上虽然不同,但宗旨和最高境界上都是一致的。或认为三教皆为圣人所立,目的都在于劝善。该论的一个重要代表是刘宋时期的隐士兼佛教信徒宗炳。在《明佛论》中,有人提出了这样一个问题,即孔子说无求生以害仁,或杀身以成仁,这已是仁的至极境界;老子阐明了无为而无不为,已达佛教的"泥洹"之境,难道佛教的"神通成佛"比这些境界还要高吗?宗炳回答说:

> 教化之发,各指所应。世蕲乎乱,洙泗所弘,应治道也。纯风弥涠,二篇乃作,以息动也。若使颜、冉、宰赐、尹喜、庄周,外赞儒玄之迹,以导世情所极,内禀无生之学,以精神理之求,世孰识哉?至若冉季、子游、子夏、子思、孟轲、林宗、康成、盖公、严平、班嗣、杨王之流,或分尽于礼教,或自毕于任逸,而无欣于佛法,皆其寡缘所穷,终无僭滥。故孔、老发音,指导自斯之伦,感向所暨,故不复越叩过应。儒以弘仁,道在抑动,皆已抚教得崖,莫匪尔极矣。虽慈良无为,与佛说通流,而法身泥洹,无与尽言,故不明耳。且凡称无为而无不为者,与夫法身无形,普入一切者,岂不同致哉。是以孔、老、如来,虽三训殊路,而习善共辙也。①

意思是说,儒、道二家都是应付乱世的设教,"儒以弘仁,道在抑动",在这个意义上,它们都达到了至极。但是,佛教以慈悲劝世,这是儒家和道家的学者们都没有思考过的,不是他们不喜欢佛教,而是他们所处的时代不一样。不过,从终极意义上,儒佛道三教是一致的,都是为了治理世道人心,达到最高的"善",所谓"孔、老、如来,虽三训殊路,而习善共辙也"。

梁代的刘勰则是殊途同归论的另一个代表。在《灭惑论》中,刘勰从儒、佛两家的对比中提出了"至道宗极,理归乎一"的观点。他说:

---

① 《弘明集》卷二,《大正藏》第 52 卷,第 12 页上。

> 至道宗极,理归乎一。妙法真境,本固无二,佛之至也。则空玄无形而万象并应,寂灭无心而玄智弥照,幽数潜会,莫见其极,冥功日用,靡识其然。但言象既生,假名遂立。胡言菩提,汉语曰道。其显迹也,则金容以表圣;应俗也,则王宫以现生。拔愚以四禅为始,进慧以十地为阶,总龙鬼而均诱,涵蠢动而等慈。权教无方,不以道俗乖应;妙化无外,岂以华戎阻情?是以一音演法,殊译共解;一乘敷教,异经同归。经典由权,故孔释教殊;而道契解同,由妙,故胡汉语隔而化通。但感有精粗,故教分道俗;地有东西,故国限内外,其弥纶神化,陶铸群生,无异也。①

刘虬认为,儒家和佛教都是权宜的称呼,差别只是细节的问题。佛教虽然出自外国,但它的菩提之道并不以华戎为限。"四禅"意在"拔愚","十地"意在"进慧",释迦的教迹虽然和孔子不同,但从教化人民的"道"上是相通的。有人信仰佛教,有人沦为俗人,那是因为对佛教的了解不同而产生了情感的差异。但是,无论是儒家还是佛教,最终的目的都在于"弥纶神化,陶铸群生",这一点是没有疑问的。

南齐人张融则从佛、道一致的角度提出了他的殊途同归说。其代表作是《门律》,该文从佛、道二教"殊时故不同其风,异世故不一其义"出发,提出了"通源二道"说:

> 道也与佛,逗极无二,寂然不动,致本则同,感而遂通,逢迹成异。其犹乐之不治,不隔五帝之秘;礼之不袭,不吊三皇之圣。岂三与五,皆殊时故不同其风,异世故不一其义,安可辄驾庸愚,诬问神极。吾见道士与道人②战儒墨,道人与道士狱是非。昔有鸿飞天首,积远难亮,越人以为凫,楚人以为乙,人自楚越耳,鸿常一鸿乎!③

---

① 《弘明集》卷八,《大正藏》第52卷,第51页中。
② "道人"指佛教徒。
③ 《弘明集》卷六,《大正藏》第52卷,第38页下。

张融出身于信佛世家,而他的舅父则信奉道教,他对于佛道两教都有切身的了解。他认为佛道两教从根本上是没有区别的,所谓"道也与佛,逗极无二";佛教和道教的信徒常常为此而争论不休,这就好比大雁在天空中飞翔,越国人说是"凫",楚国人说是"乙",争来争去,还是一个东西。据《南齐书·张融传》载,张融临终遗命,入殓时"左手执《孝经》、《老子》,右手执《老子》、《法华经》",以表示三教一致、不分先后的态度。

　　张融的思想在当时的名士中有很大的影响。他曾将《门律》抄送给了孔仲智、孔稚珪、何点、何胤、周颙等人。孔稚珪本来有奉道抑佛的倾向,遭到了萧子良的批评,后来接受了佛教。他主张:"常推之于至理,理至则归一;置之于极宗,宗极不容二。"并表示愿意遵奉张融所提出的"通源"二教之说,"今辄兼敬以心,一不空弃黄老,一则归依正觉","情于释、老,非敢异同"。[①] 孔稚珪认为佛教与老子之道在终极之"理"上没有区别,故可以同时修习。

---

① 《弘明集》卷一一,《大正藏》第 52 卷,第 73 页上。

第七章　魏晋南北朝佛教徒的信仰与生活

　　魏晋南北朝佛教的信仰与生活,是在吸收印度、西域等地的佛教信仰方式基础上,根据中国人的信仰心理、信仰方式和生活习俗,对它进行改造而形成的该时代中国佛教徒自己的信仰方式。

第一节　佛教忏法的形成

　　忏悔是佛教重要的修行方法,随着佛经忏悔思想的传译,忏悔仪式逐渐被纳入中国佛教徒的信仰生活中。但是,忏法之所以具有中国佛教的特色,其原因在于受到中国本土文化,尤其是儒家、道教思想的影响。中国佛教的忏法,是高僧们在印度、西域忏悔仪式的基础上,参照并吸收中国"礼"文化的表现形式而逐步建立起来的。

一、道安的僧尼轨范与悔过法

　　佛教制度的中国化,始于道安。《高僧传·道安传》说:

　　　　安既德为物宗,学兼三藏,所制僧尼轨范、佛法宪章,条为三例:一曰行香定座、上经上讲之法;二曰常日六时行道、饮食唱时法;三曰布萨、差使、悔过等法。天下寺舍,遂则而从之。①

早在三国曹魏时代,昙摩迦罗与昙谛实行授戒法,但未臻完备。道安在邺都时,即有意致力于戒律,因战乱而未达成心愿。从襄阳回长安后,请竺佛念译出《十诵律比丘戒本》,整备佛教制度。

道安制定僧尼轨范,是基于现实要求的。《渐备经十住胡名并书叙》说:

> 泰元元年(376),岁在丙子,五月二十四日,此经达襄阳。释慧常以酉年(373)因此经寄互市人康儿,展转至长安;长安安法华遣人送至互市,互市人送达襄阳,付沙门释道安。襄阳时,齐僧有三百人,使释僧显写送与扬州道人竺法汰。②

随着僧徒的增多,建设僧团制度势在必行。但是,由于当时戒律传译未足,如上叙所言:"云有五百戒,不知何以不至,此乃最急。四部不具,于大化有所缺,《般若经》乃以善男子、善女人为教首,而戒立行之本,百行之始,犹树之有根,常以为深恨。"道安遇昙摩侍而大喜,于是根据戒律与听到的西域僧团制度,开始着手制定僧尼轨范。

但是,后世对道安僧尼轨范具体内容,则有不同说法。《出三藏记集》卷一三《法苑杂缘原始集目录》记载"《安法师法集旧制三科》第二十一。"③《法苑珠林·呗赞篇》说:"昔晋时有道安法师,集制三科,上经上讲布萨等。先贤立制,不坠于地,天下法则,人皆习行。"④赞宁《大宋僧史略》则这样记载:

> 晋道安法师伤戒律之未全,痛威仪之多缺,故弥缝其缺,堰堰其流。立三例以命章,使一时而生信。一、行香定座上讲,二、六时礼

---

① 《高僧传》卷五《道安传》,《大正藏》第50卷,第353页中。
② 《出三藏记集》卷九,《大正藏》第55卷,第62页下。
③ 《出三藏记集》卷一三,《大正藏》第55卷,第92页中。
④ 《法苑珠林》卷三六,《大正藏》第53卷,第575页下—576页上。

忏,三、布萨等法。过逾此法者,则别立遮防。①

可见赞宁认为,道安僧尼轨范的三科即:一、行香定座上讲,二、六时礼忏,三、布萨等法。而《法苑珠林》的记载,则缺"六时行道"。

但是,汤用彤先生强调,道安的三科是上经、上讲、布萨等。②《法苑珠林·说听篇·仪式部》引用《三千威仪经》,提及比丘"上高座读经"应该具有的威仪:一、当先礼佛,二、当礼经法上座,三、当先一足蹑阿僧提上正住座,四、当还向上座,五、先手按座乃却座;已经坐下的威仪:一、当正法衣安座,二、揵稚声绝当先赞偈呗,三、当随因缘读,四、若有不可意人不得于座上瞋恚,五、若有持物施者当排下著前。③ 汤用彤先生认为,"上高座读经"即是"上经",即是上高座转读之法。因为,在讲经之前,先要转读经典。道宣在《广弘明集·悔罪篇》中说:

> 道安慧远之俦,命驾而行兹术。至于侯王宰伯咸仰宗科,清信士女无亏诚约。昔南齐司徒竟陵王制布萨法净行仪,其类备详,如别所显。今以纸墨易繁,略列数四,开明悔过之宗辖焉。④

道安的"僧尼轨范"是中国佛教奠基时期的纲要性探索,慧远则是在道安轨范的基础上,对僧制进行了更为深入的规定。在《出三藏记集》中保存了当时慧远所定制度的有关名称,如《法社节度》、《外寺僧节度》、《节度》、《比丘尼节度》(《出三藏记集》载陆澄《法论目录》各载其序)等⑤,这些名称向我们提示了当时庐山僧团关于比丘、比丘尼、外寺僧、结社等方面的制度已有较全面的制定。然后,是齐竟陵文宣王《净住子净行法门》、梁武帝撰《慈悲道场忏法》等,真正意义的中国佛教忏法开始出现。尽管道安僧尼轨范具体内容无从确考,但其对后世的影响至为深远,正

---
① 《大宋僧史略》卷中,《大正藏》第54卷,第241页上—中。
② 汤用彤:《汉魏两晋南北朝佛教史》(上册),第153页。
③ 《法苑珠林》卷二三,《大正藏》第53卷,第460页上—中。
④ 《广弘明集》卷二八,《大正藏》第52卷,第330页中。
⑤ 《出三藏记集》卷一二,《大正藏》第55卷,第84页上。

如元代念常在《佛祖历代通载》中所说：道安"著《僧尼轨范》及法门清式二十四条，世遵行之"①。

对于僧尼轨范的第三"布萨差使悔过等法"，道宣《四分律行事钞》提到"普照沙门道安开士撰《出家布萨法》，并行于世"②，这是依律典而制定的僧团布萨诵戒法。在现存藏经中，在道安之前已有若干律典译出，如后汉安世高译《佛说犯戒罪报轻重经》一卷、《大比丘三千威仪经》二卷、吴支谦译《佛说戒消灾经》一卷、曹魏康僧铠译《昙无德律部杂羯磨》一卷、曹魏昙谛译《羯磨（出昙无德律）》一卷。但是，最令道安欣慰的是竺佛念译《鼻奈耶》十卷。道安在《鼻奈耶序》中说：

> 经流秦地，有自来矣。随天竺沙门所持来经，遇而便出于十二部，毗曰罗部最多。以斯邦人庄老教行，与方等经兼忘相似，故因风易行也。道安常恨，三藏不具，以为缺然。岁在壬午，鸠摩罗佛提赍《阿毗昙抄》、《四阿含抄》，来至长安，渴仰情久，即于其夏出《阿毗昙抄》四卷，其冬出《四阿含抄》四卷。又其伴屬宾鼻奈，厥名耶舍，讽鼻奈经甚利，即令出之，佛提梵书，佛念为译，昙景笔受，自正月十二日出，至三月二十五日乃了。凡为四卷，与往年昙摩寺出戒典相似，如合符焉。于二百六十事疑碍之滞，都谀然焉，上闻异要，焕乎可观焉。二年之中，于此秦邦三藏具焉。③

道安对汉地经律论三藏的具足，非常切盼；尤其热心于戒律的完整和佛教制度的建设。随着印度、西域外来僧人的增多，长安佛教界有机会接触到外域的僧团制度，而布萨、差使、悔过等制度亦逐渐被引入寺院的生活中。所谓布萨，即是出家僧尼每半月集会一次，诵习戒本，并反省自己有无违反戒律的行为，如有犯戒，应当众忏悔；所谓差使，即是僧团的差

---

① 《佛祖历代通载》卷六，《大正藏》第 49 卷，第 524 页中。
② 《四分律删繁补阙行事钞》卷上之四，《大正藏》第 40 卷，第 34 页中。
③ 《鼻奈耶序》，《大正藏》第 24 卷，第 851 页上。

使制度,如有外寺比丘或比丘尼请教诫时,僧团的派遣方法等;而悔过法即是比丘犯戒后,僧团为犯戒比丘实行摩那埵等惩罚办法。戒律的悔过法与后来中国佛教的忏法仍然有本质的区别,戒律的悔过法是通过僧团的羯磨做法而实行的忏悔。

二、南北朝的唱导

慧皎《高僧传》云:"昔草创高僧本以八科成传,却寻经导二技,虽于道为末,而悟俗可崇"①,亦即慧皎发现"经师"、"唱导"二科具有化世的作用,于是加入成为十科。道宣在《续高僧传》中,将"诵经"改为"读诵",而"经师"与"唱导"合并于"杂科声德篇"。

《高僧传》的"诵经科"记载僧人大都是苦行、诵经、礼忏、习禅而获得感应。他们所诵的有《法华经》、《维摩经》、《十地经》、《思益经》、《大涅槃经》、《金光明经》、《首楞严经》、《大品经》、《金刚般若经》等,其中以《法华经》、《维摩经》为主要修持经典,可见魏晋南北朝时期的经典流行状况。如释普明(约371—455)以"忏诵为业",诵"《法华》、《维摩》二经"②;释法宗因射孕鹿,悔悟出家,"蔬苦六时以悔先罪",又"诵《法华》、《维摩》"③,可见诵经与忏悔紧密相连。

在斋会中,南北朝的佛教徒一般都是先礼忏,然后"宣唱化导"。唱导的礼仪来自印度与西域。《大宋僧史略》说:"唱导者始则西域,上座凡赴请,咒愿曰,二足常安,四足亦安,一切时中皆吉祥等,以悦可檀越之心也。舍利弗多辩才,曾作上座,赞导颇佳,白衣大欢喜,此为表白之椎轮。"④可见,唱导是耆宿大德应邀受供时,为檀越施主祈求吉祥,所以念诵回向,为施主做种种赞叹咒愿,便以赞叹、宣唱的方式表达。"唱导"即

---

① 《高僧传》卷一三,《大正藏》第50卷,第417页下。
② 《高僧传》卷一二《普明传》,《大正藏》第50卷,第407页中。
③ 《高僧传》卷一二《法宗传》,《大正藏》第50卷,第408页中。
④ 《大宋僧史略》卷中,《大正藏》第54卷,第242页上。

是表白之意。慧皎《高僧传·唱导篇论》曰：

> 唱导者，盖以宣唱法理，开导众心也。昔佛法初传，于时齐集止，宣唱佛名，依文致礼；至中宵疲极，事资启悟，乃别请宿德升座说法，或杂序因缘，或傍引譬喻。其后庐山释慧远，道业贞华，风才秀发，每至斋集，辄自升高座，躬为导首，先明三世因果，却辩一斋大意。后代传受，遂成永则。故道照、昙颖等十有余人，并骈次相师，各擅名当世。

慧皎对唱导的源流进行解释，最早佛法初传时的集会，即是唱念佛名而礼拜；待礼到中夜疲倦时，则礼请大德说法。慧皎认为，中国佛教中最早升座唱导的是庐山慧远(334—416)，在斋会中慧远亲自主持，先谈三世因果，再述斋会的意义，于是形成唱导的规则。慧远之后，诸师争相学习，蔚为时尚。

作为唱导师，必须博学、出口成章，能够"指事适时，言不孤发"，如道照(368—433)为宋武帝唱导，略述人生"百年，迅速迁灭"，"苦乐参差，必由因(召)果"，于是感动武帝而赏赐他三万钱。① 慧璩，"读览经论，涉猎书史，众技多闲，而尤善唱导；出语成章，动辞制作，临时采博，罄无不妙诣"，慧璩能临机应变，出口成章，后受宋武帝赏悦，为"京邑都维那"。② 同时，唱导还需要"善诱"，如昙颖"诵经十余万言……性恭俭，唯以善诱为先，故属意宣唱，天然独绝"，昙颖的个性是谦恭又勤俭，擅长于诱导众生，故独钟于唱导。③

所以，慧皎总结唱导贵四事——声、辩、才、博，"非声则无以警众，非辩则无以适时，非才则言无可采，非博则语无依据"，此即是唱导师必须具备的四种条件。唱导师的声音如钟鼓，用来警醒大众；谈吐得

---

① 《高僧传》卷一三《道照传》，《大正藏》第50卷，第415页下。
② 《高僧传》卷一三《慧璩传》，《大正藏》第50卷，第416页上。
③ 《高僧传》卷一三《昙颖传》，《大正藏》第50卷，第415页下。

当，不得有错误，能够适合当时在场听众的根机，即是"辩"；用词华丽，具有文采，"才"是指唱导师的才气；唱导师必须博览经论与世间的书、史，则是"博"。而且，对于不同的听众，必须采取不同的唱导方式：一、对出家五众，应该"切语无常，苦陈忏悔"，从而令其精进于道业；二、对君王长者，应该"兼引俗典，绮综成辞"，僧人的博学与文雅的辞藻，易令高位者生起恭敬心而得度；三、对一般百姓，直接讲说生活周遭所发生的事；四、对山中匪徒，直接明白地陈述罪状。唱导师能"知时知众"，又能辩才无碍，则能恳切感人，甚至感化飞禽走兽等众生，这也是最上等的度众方式。

三、斋会与悔过

布萨、唱导皆与忏悔有关，而且这些都是通过斋会的形式完成的。"布萨"的汉译即为"斋"，是清净、发露忏悔的意思。因为，布萨的起源与斋日有着密切关系，僧团于斋日主要的活动内容为说戒，清净忏悔；另外，在家信徒则于六斋日之际，一日一夜持八关斋戒，过午不食是斋戒的核心所在。唱导则是斋会过程中的活动之一，通过宣唱、转读经典，从而实现净化身心、忏悔业障的目的。魏晋南北朝时期的斋会，是印度斋戒制度的直接延续，在与中国的传统"礼"文化及道教的斋醮相结合后，逐渐形成中国独有的斋仪制度。

佛教传入汉地，早期便是以灵异与斋戒为主要形式，如后汉明帝时代的楚王英"学为浮屠，斋戒祭礼"。因此明帝有诏曰："楚王诵黄老之微言，尚浮屠之仁祠，洁斋三月，与神为誓。"[①]斋戒有时又与烧香礼请相结合，如《高僧传·康僧会传》记载："乃共洁斋静室，以铜瓶加凡烧香礼请"。赞宁《大宋僧史略》说：

> 自佛法东传，事多草昧，故《高僧传》曰：设复斋忏，同于祠祀。

---

① 《后汉书》卷四二，第1428页。

魏晋之世，僧皆布草而食，起坐威仪，唱导开化，略无规矩。①

斋戒制度传入汉地，在流传过程中，日益成为庶民佛教的一种象征，也是大乘佛教积极入世精神的一种体现。

对于在家佛教徒来说，八关斋是经常举行的佛教修行仪轨。如《广弘明集》卷三〇所收录的支遁（314—366）的《八关斋诗序》、《五月长斋诗》、《八关斋诗三首》等，叙述了僧人与在家信徒一起修习八关斋的情形。《八关斋诗序》说：

> 间与何骠骑期当为合八关斋，以十月二十二日，集同意者，在吴县土山墓下，三日清晨为斋。始道士白衣凡二十四人，清和肃穆，莫不静畅。至四日朝，众贤各去。②

斋会活动在魏晋南北朝时期，形式多样，时间或场所皆未固定或统一。《法苑珠林》记载，元嘉二年（425）九月，道冏于洛阳，集道俗四十余人，作普贤斋，修行一周以上；第二年（426）十二月，在白衣家又作普贤斋。③ 元嘉九年（432），浔阳张须元家设八关斋，道俗数十人参加。④ 僧人、在家信徒二十四人，集会共修八关斋。

八关斋一般有出家人的参与或主持，因为在家信徒是依僧人而得受八关斋戒的，在家信徒受持出家戒，过出家僧人的清净生活，所以必须有僧人的说法开示、指导，才能如法如仪。但是，到了后来，八关斋戒的修行逐渐出现形式主义，如沈约（441—513）于天监八年（509）《舍身愿疏》曾发感慨曰：

> 开以八支导彼清信，一日一夜同佛出家。本弘外教，事非僧法，而世情乖舛，同迷斯路。招屈名僧，置之虚室，主人高卧，取逸闲堂，

---

① 《大宋僧史略》卷上，《大正藏》第54卷，第238页下。
② 《广弘明集》卷三〇，《大正藏》第52卷，第350页上。
③ 《法苑珠林》卷一七，《大正藏》第53卷，第408页下—409页上。
④ 《法苑珠林》卷四〇，《大正藏》第53卷，第601页下。

呼为八关,去之实远。虽有供施之缘,而非断漏之业。①

贵族邀请名僧到自己家里,然后贵族自己懈怠堕落,所以虽然有布施、供养,但属于有漏之业。

同时,在八关斋戒会中,亦会出现烧身、讲经等其他活动。如《高僧传·慧绍传》记载,慧绍(424—451)在临川郡招提寺欲烧身,雇人在东山石室积薪数丈高;烧身之日,于东山设大众八关斋戒,告别大众;至初夜行道,慧绍在行香后,点燃薪火。②

在斋会中,讲经是经常举行的活动。《出三藏记集》卷八《正法华经后记》记载,西晋永熙元年(290)九月十四日斋日,于洛阳东牛寺,读诵、讲说《正法华经》,法会规模非常壮观。③ 梁武帝《断酒肉文》记载:

> 二十三日旦,光宅寺法云于华林殿前登东向高座为法师,瓦棺寺慧明登西向高座为都讲,唱《大涅槃经·四相品》四分之一,陈食肉者断大慈种义。法云解释,舆驾亲御,地铺席位于高座之北,僧尼二众各以次列坐。讲毕,耆阇寺道澄又登西向高座,唱此断肉之文,次唱所传之语,唱竟又礼拜忏悔,普设中食竟出。④

梁武帝亲自出席斋讲,时间为二十三日、二十九日斋日。在斋讲中,有法师、都讲;讲完后,又有人唱导讲经文,最后礼拜、忏悔、斋食。可见,斋会是僧俗集会宣讲经义的常行法会。

所以,斋会与布萨、唱导、礼佛、讲经、转经、忏悔等皆有关系。如《法苑杂缘原始集》目录中,收有南齐竟陵王萧子良曾经参与的与斋有关之

---

① 《广弘明集》卷二八,《大正藏》第 52 卷,第 323 页下。
② 《高僧传》卷一二《慧绍传》,《大正藏》第 50 卷,第 404 页下。
③ 《出三藏记集》卷八,《大正藏》第 55 卷,第 56 页下—57 页上。
④ 《广弘明集》卷二六,《大正藏》第 52 卷,第 299 页上。

修行实践的典籍①,其中斋与布萨有关的典籍有:

《华严斋记》一卷、《西州法云、小庄严、普弘寺讲并述羊常弘广斋》共卷、《讲净住记》一卷、《八日禅灵寺斋并颂》一卷、《龙华会并道林斋》一卷、《竟陵文宣王龙华会记》、《布萨并天保讲》一卷、《净住子》十卷上下、《净住子次门》一卷、《文宣王集优婆塞布萨记》。

斋与礼拜、忏悔有关的典籍有:

《抄普贤观忏悔法》一卷、《礼佛文》二卷。

斋与戒律、受戒有关的典籍有:

《竟陵文宣王受菩萨戒记》、《天保寺集优婆塞讲记》、《文宣王集优婆塞布萨记》、《开优婆塞经题》一卷、《抄优婆塞受戒品》一卷、《注优婆塞戒》三卷、《抄优婆塞受戒法》一卷、《戒果庄严》一卷、《述放生东宫斋、述受戒》共卷、《教宣约受戒人》一卷、《受戒并弘法戒》一卷。

斋与梵呗、转经有关的典籍有:

《赞梵呗偈文》一卷、《梵呗序》一卷、《转读法并释滞》一卷、《竟陵文宣撰梵礼赞》、《竟陵文宣制唱菩萨愿赞》、《竟陵文宣王第集转经记》。

斋会与悔过的关连,在于受戒必须忏悔罪障。《大智度论》卷一三提及八关斋戒是"一日戒",在三皈依后,受戒者说:

> 我某甲,若身业不善,若口业不善,若意业不善,贪欲、瞋恚、愚痴故。若今世若过世有如是罪,今日诚心忏悔。身清净、口清净、心清净,受行八戒,是则布萨。②

诚心忏悔过去世的身、口、意三业,才能达成三业清净,从而受持八戒。所以,《法苑珠林》记载卫士度作《八关忏文》,"晋末斋者尚用之"③。

---

① 参考[日]船山徹的《六朝时代における菩萨戒の受容过程》,《东方学报》第67册,第66页,京都,1995。
② 《大智度论》卷一三,《大正藏》第25卷,第159页中。
③ 《法苑珠林》卷四二,《大正藏》第53卷,第616页。

四、六朝礼忏仪的形成

随着忏悔法门的流行,忏悔灭罪经典的译出,礼忏仪的制作逐渐成熟与完善。佛教自公元1世纪传入中国,忏罪的经典在译经初期就陆续译出,如《阿阇世王经》(译于147—186年间)、《舍利弗悔过经》(译于148—170年间);《出三藏记集》记载,魏文帝时,支谦于黄武初年至建兴年间(221—237)曾译出《悔过经》一卷,并有注:"或云序十方礼悔过文"[1]。所以,忏罪经典的传入,应当算相当早。东汉至六朝以来的忏悔经典从大藏经中检出,共有61部[2],丰富的忏悔思想经典的译出,必然会带动礼忏仪的兴起。

中国佛教礼忏仪的制作,最早开始于北魏的玄高(402—444)于太延五年(439)为太子晃而作的"金光明斋",刘宋的僧苞(？—452/453)作"三七普贤斋忏"。《历代三宝记》卷一〇记载梁朝宝唱于天监十六年(517)作《众经忏悔灭罪方法》三卷,并在宝唱所著的八部作品后,加上说明:

> 帝以国土调适住持,无诸灾障,上资三宝,中赖四天……故天监中频年降敕,令庄严寺沙门释宝唱等总撰集录以备要须。或建福禳灾,或礼忏除障,或飨鬼神,或祭龙王,诸所祈求,帝必亲览。指事祠祷,讫多感灵,所以五十年间兆民荷赖,缘斯力也。[3]

梁武帝对中国佛教忏法的成立与发展,具有重大的贡献,其中影响最大的是《慈悲道场忏法》的制作,这是中国佛教最早成立的忏法。

在《出三藏记集·法苑杂缘原始集目录》中,列出了在当时流行的一

---

[1]《出三藏记集》卷二,《大正藏》第55卷,第7页上。
[2] 释大睿:《中国佛教早期忏罪思想之形成与发展》,《中华佛学研究》第2期,第320—325页,1998。
[3]《历代三宝记》卷一〇,《大正藏》第49卷,第99页中。

些忏仪的名称①：

《咒用杨枝净水缘记》，出《请观世音经》(难提[419—]译)；

《弥勒六时忏悔法缘起》，出《弥勒问本愿经》(竺法护译[266—308])；

《普贤六根悔法》，出《普贤观经》(昙摩蜜多译[356—442])；

《虚空藏忏悔记》，出《虚空藏经》(昙摩蜜多译[356—442])；

《方广陀罗尼七悔法缘记》，出彼经(法众译[402—413])；

《金光明忏悔法》，出《金光明经》(昙无谶译[412])。

由此可见，依据弥勒、观音、普贤、虚空藏、大方等、金光明等经所制定的忏仪，在南朝时期已相当盛行，而且是僧众日用的仪轨。

南北朝以后，王室制作忏仪非常多，《广弘明集》卷二八《忏悔篇》中收集了南朝帝王、沈约及江总文等所作的忏文：梁简文帝撰《谢敕为建涅槃忏启》、《六根忏文》、《悔高慢文》，沈约撰《忏悔文》，江总文《群臣陈武帝忏文》，梁高祖撰《摩诃般若忏文》，梁武帝撰《金刚般若忏文》，陈宣帝撰《胜天王般若忏文》，陈文帝撰《妙法莲华经忏文》、《金光明忏文》、《大通方广忏文》、《虚空藏菩萨忏文》、《方等陀罗尼斋忏文》、《药师斋忏文》、《娑罗斋忏文》、《无碍会舍身忏文》等。这些礼忏文可以看作讲经等的开场白，因为这些礼忏文并没有具体地写出仪轨形式，而且从每一忏文皆有"今谨于某处建如(若)干僧、如(若)干日大品忏、金刚般若忏……"等内容看来，应是通用于各处所行法会的文疏。从忏文中看，修忏的目的在于除障、去病、祈求护念国土、广增福田等现世利益，这是从符合中国人的要求出发，从而将现世安稳、远离诸难与忏悔灭罪结合起来。

《法苑珠林》卷八六《忏悔篇》，收录了昙迁法师(384—482)所撰《十恶忏文》，以及灵裕法师(518—605)所撰《总忏十恶偈文》。南朝末年隋初的三阶教普行《七阶名礼忏仪》，其创教者信行(540—594)，曾撰《昼夜

---

① 《出三藏记集》卷一二，《大正藏》第55卷，第91页上一中。

六时发愿法》。其中有《礼佛忏悔文》一卷,以称念五十三佛及三十五佛为礼忏仪式。

隋代天台智者大师以忏悔系经典为依据,将大乘佛教的理观与忏悔相结合,制作了许多忏法,成为中国佛教忏法的集大成者。智𫖮依《观普贤菩萨行法经》制定了《法华忏法》,依《大方等陀罗尼经》制作了《方等忏法》,依《金光明经》而作《金光明忏法》,依《请观世音经》而作《请观世音忏法》。在这些忏法中,结构最完备的要数《法华三昧忏仪》。

礼忏仪的成立与发展,受到中国儒家文化重视"礼"的影响。在三教论衡中,佛教受到中国固有思想的批判,因为佛教是"胡教",适合于未开化的外国人的需要。而对于礼仪之邦的中国,佛教只有适应中国文化"礼"的要求,因而制定了忏法。如刘宋时代慧通反驳道士顾欢的《夷夏论》中说:"若乃烟香夕台,韵法晨宫,礼拜忏悔,祈请无辍,上逮历劫亲属,下至一切苍生。若斯孝慈之弘大,非愚瞽之测也。"[1]佛教在中国文化的影响下,在无意识对抗中国"礼"的过程中,逐渐地被融化了,于是产生忏法等佛教礼仪。

五、陈真观与《梁皇忏》的形成

《慈悲道场忏法》又名《梁皇宝忏》,或称《梁皇忏》(后皆称《梁皇忏》),相传是梁武帝所制。这是中国佛教史上诸多忏法中,最为重要的一种。其忏法仪规一直流传至今,也是现行佛教忏法中较为普遍的一种。据《梁皇忏》前面的"慈悲道场忏法传",该忏是梁武帝为超度已故皇后郗氏,延请当时的高僧制作而成。由于该传文提出的说法,与正史的有关记载不同,故引起有些人对该忏的真实性的质疑。

对于《梁皇忏》的作者,现代研究成果有三种看法:一、周叔迦先生在

---

[1]《弘明集》卷七,《大正藏》第52卷,第46页上。

《法苑谈丛》中肯定《梁皇忏》为梁武帝亲自纂集[①];二、周叔迦先生在《释典丛录》中却又认为《梁皇忏》为宝唱所撰[②];三、印顺法师认为《梁皇忏》为元代所编,是假借梁武帝的名字来推行的。[③] 在这三种看法中,周叔迦先生的第二种看法及印顺法师的观点对我们有重大的启发。

周叔迦先生认为梁武帝所制忏法有二本:一者《六根大忏》,二者《六道慈忏》,同时认为后者即是现存的《梁皇忏》。周先生认为《大唐内典录》中记载"梁宝唱撰有《众经忏悔灭罪法》三卷",此书便为《梁皇忏》,它与现存的十卷本仅仅是分卷不同而已。《历代三宝记》卷一一说:

> 《众经忏悔灭罪方法》三卷,或四卷,十六年,并见《宝唱录》……帝以国土调适,住持无诸灾障,上资三宝,中赖四天,天下藉龙王众神祐助,如是种种,世间苍生始获安乐。虽具有文,散在经论,急要究寻,难得备睹。故天监中,频年降敕,令庄严寺沙门释宝唱等总撰集录,以备要须。或建福攘灾,或礼忏除障,或飨神鬼,或祭龙王,诸所祈求,帝必亲览。指事祠祷,讫多灵感,所以五十年间,兆民荷赖,缘斯力也。[④]

后来,道宣的《大唐内典录》沿袭了《历代三宝记》的说法,《大唐内典录》卷四中说:"《众经忏悔灭罪方法》三卷",宋、元、明本且有"或四卷,十六年,并见《宝唱录》"这十一个字。[⑤] 在道宣的《续高僧传》"宝唱传"中也记载了这件事:

> 天监四年,便还都下,乃敕为新安寺主。帝以时会云雷,远近清晏,风雨调畅,百谷年登,岂非上资三宝,中赖四天,下藉神龙。幽灵叶赞,方乃福被黔黎,歆兹厚德,但文散群部,难可备寻。下敕令唱

---

① 周叔迦:《周叔迦佛学论著集》,第636页,北京,中华书局,1991。
② 同上书,第1060页。
③ 印顺:《中国佛教琐谈》,《华雨集》第4册,第136—137页,台北,正闻出版社,1993。
④ 《历代三宝记》卷一一,《大正藏》第49卷,第99页中。
⑤ 《大唐内典录》卷四,《大正藏》第55卷,第266页下。

总撰集录,以拟时要。或建福禳灾,或礼忏除障,或缭接神鬼,或祭祀龙王,部类区分近将百卷,八部神名以为三卷,包括幽奥祥略,详备古今。故诸所祈求,帝必亲览,指事祠祷,多感、威灵。所以五十许年,江表无事,兆民荷赖,缘斯力也。①

所以,梁宝唱肯定撰有《众经忏悔灭罪方法》三卷,但是为什么现存大藏经中没有？智昇在《开元释教录》卷六中说:"沙门释宝唱,梁都庄严寺僧也……十五年景申又敕撰《经律异相》一卷,唱又别撰《尼传》四卷,《房录》之中复有《名僧传》等七部,非入藏故缺不论,余并备在《续高僧传》。"②智昇没有把《众经忏悔灭罪方法》三卷入藏,所以后来没有保存下来。

周叔迦先生认为《众经忏悔灭罪方法》三卷就是《梁皇忏》十卷,而卷数的不同只是分卷不同而已,并且将三卷本与十卷本互相对照,表格如下③:

《众经忏悔灭罪法》	《梁皇忏》	
	卷数	内容
第一卷	第一卷	一皈依三宝,二断疑,三忏悔
	第二卷	四发菩提心,五发愿,六发回向心
第二卷	第三卷	显果报
	第四卷	显果报,出地狱
	第五卷	解怨结
	第六卷	解怨结,发愿
第三卷	第七卷	自庆,为六道礼佛(为天道、诸仙、梵王)
	第八卷	为六道礼佛(为阿修罗等善神、龙王、魔王、人)
	第九卷	为六道礼佛(为各种地狱、饿鬼、畜生),回向
	第十卷	回向,发愿,嘱累

---

① 《续高僧传》卷一,《大正藏》第50卷,第426页中—下。
② 《开元释教录》卷六,《大正藏》第55卷,第538页上。
③ 《周叔迦佛学论著集》下集,第1061页。

从上面的讨论可以知道,宝唱曾经撰《众经忏悔灭罪方法》三卷,而且梁武帝也亲自依此忏法而礼忏除障。

上面是从目录及"宝唱传"中了解到梁武帝礼忏情况,同时我们在《续高僧传》卷二九"兴福篇第九"发现道宣在对忏法进行评论时,曾经谈到:

> 梁初方广,源在荆襄。本以厉疾所投祈诚悔过,哀兹往业悲恸酸凉,能使像手摩头,所苦郊然平复,同疾相重遂广其尘。乃依约诸经,抄撮指部。击声以和,动发恒流,谈述罪缘,足使汗垂泪泻;统括福庆,能令藏府俱倾。百司以治一朝,万化惟通一道,被时济世,谅可嘉之。而恨经出非本,事须品藻,<u>六根大忏</u>,其本惟梁武帝亲行,情矜默识。故文云:万方有罪,在予一人。当由根识未调,故使情尘滥染。年别广行,舍大宝而充僮仆。心力所被感,地震而天降祥。是称风靡,郁成恒则。有<u>陈真观,因而广之,但为文涉菁华,心行颇淡</u>。①

道宣在这段话中说明了南朝忏法的形式及其作用,忏法是抄集诸经而成,然后再随着经义,叙述自己的犯罪因缘,由于内心的忏悔而使外现汗垂泪泻。道宣还对梁武帝所行的《六根大忏》进行评论,《六根大忏》本来只是梁武帝本人亲行,后来由于得到感应,广泛地传播到社会,成为一般礼忏通行的忏法。道宣在这段话中还告诉我们最重要的一个信息,那就是陈代真观增广《六根大忏》,但是由于文采华丽,反而使忏悔的本意变得淡薄了许多。

赞宁的《宋高僧传》也说到这件事:

> 昔者齐太宰作《净住法》,梁武帝忏《六根门》,澄照(道宣)略成《住法图》,<u>真观广作《慈悲忏》</u>……自淮以南,民间唯礼<u>《梁武忏》</u>以

---

① 《续高僧传》卷二九,《大正藏》第 50 卷,第 699 页下。

为佛事,或数僧呗匿歌赞相高,谓之禳忏法也。①

赞宁(919—1001)不但讲到真观增广梁武帝《六根大忏》成《慈悲忏》,而且还说到《梁皇忏》在宋代淮南地区的流行情况。

所以,通过道宣及赞宁的说法,可以确定《梁皇忏》是由陈代真观增广《六根大忏》而成的,但是《六根大忏》到底何所指?清代德清俞樾所著的《茶香室丛钞》卷一三对《梁皇忏》形成过程有详细说明:

> 宋钱易《南部新书》云:忏之始,本自南齐竟陵王,因夜梦往东方普光王如来所,听彼如来说法后,因述忏悔之言。觉后,即宾席梁武,王融、谢朓、沈约共言其事,王因兹乃述成《竟陵集》二十篇,忏悔一篇。后梁武得位,思忏六根罪业,即将忏悔,召真观法师慧式,广演其文,非是为郗后所作。
>
> 按今《竟陵王集》,有《净住子》三十一篇,内第三篇为涤除三业门。其文云:灭苦之法,莫过忏悔。忏悔之法,先当洁其心,净其意,端其形,整其貌,恭其身,肃其容,云云。岂即所谓忏悔篇乎。②

《茶香室丛钞》根据宋代钱易的《南部新书》的说法,提到梁武帝曾令真观增广《净住子》中的"忏悔篇"。真观是大业六年(611)圆寂,是年七十四岁,所以真观出生于梁武帝大同三年(537)。十六岁出家,那时梁武帝(464—549)已经过世。所以,梁武帝不可能令真观增广《六根大忏》。依道宣、赞宁的记载,明确提出是陈代真观增广梁武帝《六根大忏》,所以称为《梁皇忏》。《大宋僧史略》卷中记载齐竟陵王以及真观都善于"唱导",而且真观还有"道(即'导')文集"。所以,《梁皇忏》的制作年代应该在"陈代",而并非是"梁代"。

虽然道宣、赞宁都讲到真观增广《慈悲忏》之事,但是考察《续高僧

---

① 《宋高僧传》卷二八,《大正藏》第 50 卷,第 888 页中。
② 俞樾:《茶香室丛钞》卷一三,第 318—319 页。

传》"真观传"①,却没有记载此事,这也是令人感到费解的。真观在出家时,梁武帝曾敕以衣钵,而且真观具"义、导、书、诗、辩、貌、声、基"八能,著有导文二十余卷,诗、赋、碑集三十余卷,现存《广弘明集》中有《梦赋》、《因缘无性论序》、《与徐仆射领军述役僧书》,在"真观传"中还录有他所作的《愁赋》。真观与智者大师关系极深,"真观传"中说:

> 天台智者名行绝伦,先世因缘敦猷莫逆。年腊既齐,为法兄弟,共游秦岭凌云旧房。朝阳澄景,则高谈慧照;夕阴匿采,则深安禅寂……又梦与智者同舆,夹侍尊像,翼佛还山……尔日天台送书并致香苏石蜜,观览书叹曰:宿世因缘,最后信矣。命两如意,一东向天台,一留西法。②

从以上我们可以看出,真观与智者是莫逆之交。而智者为中国佛教忏法的真正创始者,所以真观不可能没有受到智者的影响,而增广当时比较流行的《六根大忏》。在陈代,朝廷准备勒令僧人还俗充军,真观便致书仆射徐陵,上奏皇帝,从而使这件事得到平息。真观在《与徐仆射领军述役僧书》中说:

> 禅诵知解,蔬素清虚;或宣唱有功,梵声可录;或缮修塔庙,建造经书;救济在心,听习为务;乃至羸老之属,贫病之流。幸于编户,无所堪用,并许停寺,仍上僧籍。③

真观在向朝廷据理力争的同时,肯定也会在僧团采取一些措施,所以增广具有"蔬食、孝道、神不灭"思想的《六根大忏》,作为僧人修学的内容,也是非常有可能的。由于真观本人文才出众,所以其所增广的《梁皇忏》被道宣评论为"文涉菁华,心行颇淡"。

道宣不仅指出《梁皇忏》的来历,而且对忏法在唐代的流行情况进行

---

① 《续高僧传》卷三〇,《大正藏》第 50 卷,第 701 页下—703 页下。
② 同上书,第 702 页中—下。
③ 《广弘明集》卷二四,《大正藏》第 52 卷,第 277 页下。

分析，从道宣的叙述中，可以看到《梁皇忏》在唐代的实行状况。他说：

> 原夫忏悔之设，务在专贞，欲使肝胆露于众前，惭愧成于即日，固得罪终福始，言行可依。如文宣之制《净住》，言词可属，引经教如对佛，述欣厌如写面。卷虽二十，览者不觉其繁；文乃重生，读人不嫌其妨。世称笔海，固匪浮言。又有妄读忏文，行于悔法，罪事杂丛不解，位以十条。因构烦拿，未知本于三悩，浪诵尽纸，昏愦通于自他，为师难哉，堕负归于彼此。如斯遣累，未曰清澄。固约前论，薄为准的。《六道慈忏》源亦同前，事在岁终，方行此祀。道别开奠，海陆之味毕陈，随趣请祝，慈悲之意弘矣。①

道宣指出忏法的要点在"专贞"，这样才能使礼忏者得到真正的发露忏悔。他特别赞叹《净住子》，卷数虽多，但是不会令人感到繁杂。同时，道宣对唐代礼忏的情况作了批评，礼忏者不懂忏悔的真正含义，不了解罪业因缘，只是读诵忏文。唐代礼拜《梁皇忏》的时间是在一年的岁终，并且随六道的不同，而分别上供祭祀，从"道别开奠，海陆之味毕陈，随趣请祝"我们可以看出，这是《梁皇忏》中为六道礼佛时的情形。

同时，道宣对当时这种为六道礼佛的方法，发表了自己的看法：

> 六道至果，趣别重轻，人含十等之差，余则举例可悉。阿含所述入处鬼道，有亲供祭，心生随喜，心喜身饱，故曰充饥，非由供福业令自受。以正法义，理有所从，无有自作，他人受果，斯则目连饭母事也。自外五趣，报局所收，随报位隔，无由通给。今则道别陈奠，恐非临飨。然又报得诸通，事含生趣，不妨他心，彻视待会，而从祭酹。②

道宣引用《阿含经》的说法，鬼道众生由于亲属供祭而心生欢喜，所以得

---

① 《续高僧传》卷二九，《大正藏》第50卷，第699页下—700页上。
② 同上书，第700页上。

到充饥,并不是由于亲属供养所得的功德,而由鬼道众生来接受,因为佛法的因果报应是自作自受,并非自作他受。由于六道众生,所得的果报不同,互有隔阂,心意难以相通,所以便很难得到"心喜身饱",虽然为六道众生作各种供养,但是他们却难以享受。但是,六道中的众生中,如饿鬼、天人、诸仙等由于果报而有报通,所以有可能有他心通,从而得到祭奠的利益。

通过道宣的叙述,可以了解到当时礼忏法会的隆重与庄严。唐代子瑀传中说"常礼一万五千佛名,兼礼慈悲忏。日夜一匝,或二日三日一匝"①。从中可以看出《梁皇忏》在唐代有两种流行方式:第一,礼拜《梁皇忏》是个人的礼忏修持行为,那么便显得简单,而且时间可能较短;第二,举行隆重的《梁皇忏》法会,有种种供养祭奠,时间较长。现代佛教也是如此,前者如有些僧人以修持礼拜《梁皇忏》作为自己的修行功课,而寺院在一些特殊的日子如佛菩萨圣诞日、春节,或应施主的要求举行法会,则属后者。

所以,《梁皇忏》的最初形态是竟陵王萧子良所撰《净住子净行法》的"忏悔篇",又称为《六根大忏》;陈代真观增广《六根大忏》成为现在的《梁皇忏》十卷本,在唐宋时期称为《六道慈忏》、《慈悲忏》、《梁武忏》。

第二节 佛教素食传统的形成

素食是中国汉传佛教的传统,汉地僧人的生活皆提倡素食。素食传统的形成,不仅有大乘佛教的经典依据,同时亦受到南北朝佛教某些思潮的影响。

一、素食传统的经典依据

原始佛教时代的戒律,有三种净肉、三种不净肉、十种不净肉等种种

---

① 《宋高僧传》卷二六《子瑀传》,《大正藏》第 50 卷,第 876 页下。

说法。但是，原始佛教、部派佛教的僧团，不禁肉食，是有明确规定的。如《四分律》说："得鱼，佛言：听食种种鱼；得肉，佛言：听食种种肉"①。但是，基于对生命的重视，佛陀于是提倡三净肉，反对三不净肉。《四分律》又说：

> 是中故为杀者，若故见、故闻、故疑，有如此三事因缘不净肉，我说不应食。若见为我故杀，若从可信人边闻为我故杀，若见家中有头有皮有毛，若见有脚血，又复此人能作十恶业常是杀者，能为我故杀。如是三种因缘不清净肉，不应食。有三种净肉应食，若不故见、不故闻、不故疑，应食。②

这主要是通过见、闻、疑三个环节，确定是否为净肉或不净肉。若亲眼见此肉是为自己所杀，或者听到是为自己所杀，或者见到为自己有动物被杀的痕迹，这种肉不能食用。所以，至市场所买到的肉，应该是净肉。

另外，基于对特定生命的尊重，《四分律》卷五九禁止食象肉、马肉、人肉、狗肉、毒虫兽肉、狮子肉、虎肉、豹肉、熊肉、龙肉；③《摩诃僧祇律》卷三二，禁止的肉食有：人肉、龙肉、象肉、马肉、狗肉、鸟肉、鹫肉、猪肉、猕猴肉、狮子肉。④ 可见，印度佛教对饮食的规定，各地区或不同的部派各有不同。

但是，随着大乘佛教的发展和菩萨慈悲思想的传布，禁止肉食的经典逐渐产生。如《梵网经》说："若佛子！故食肉，一切肉不得食，断大慈悲性种子，一切众生见而舍去。是故一切菩萨不得食一切众生肉，食肉得无量罪。若故食者，犯轻垢罪。"⑤禁止肉食成为菩萨戒的戒条，肉食具有断慈悲种的罪过。菩提流支译《入楞伽经·遮食肉品》说：

---

① 《四分律》卷四二，《大正藏》第22卷，第866页下。
② 同上书，第872页中。
③ 《四分律》卷五九，《大正藏》第22卷，第1006页上。
④ 《摩诃僧祇律》卷三二，《大正藏》第22卷，第487页上。
⑤ 《梵网经》卷下，《大正藏》第24卷，第1005页中。

> 尔时,圣者大慧菩萨摩诃萨白佛言:世尊! 我观世间生死流转,怨结相连,堕诸恶道,皆由食肉更相杀害,增长贪瞋,不得出离,甚为大苦。世尊! 食肉之人断大慈种,修圣道者不应得食。①

《楞伽经》明确提出,修道者为成就道业,不应食肉。北凉昙无谶译《大般涅槃经》中也清楚规定:"善男子,从今日始,不听声闻弟子食肉。若受檀越信施之时,应观是食,如子肉想",而且对戒律中的三净肉进行解释:"是三种净肉,随事渐制"②,强调是方便渐次断肉食的过程。

二、梁武帝以前僧尼素食的传统

中国汉传佛教的素食传统,一般认为是在梁武帝时确立的。但是,在梁武帝以前,《高僧传》中出现大量的"蔬食"高僧,为素食传统的建立提供了历史的依据。

《高僧传》中高僧的蔬食,如智严出家后,"纳衣宴坐,蔬食永岁"③,求那跋陀罗(394—466)"自幼以来,蔬食终身"④,其背景、原因以及情形各有不同。

一、隐居于山林,唯有蔬食,这是现实生活所迫;另一方面,道家求仙者的形象对中国高僧影响非常大。求仙者大多有蔬食的要求,甚至不服五谷。如道安(314—385)受具足戒后,"栖山木食"⑤。支遁自称"野逸东山,与世异荣,菜蔬长阜"⑥,因见鸡蛋中的小鸡而蔬食终身。帛道猷在与道壹的信中说:"优游山林之下,纵心孔释之书,触兴为诗,陵峰采药,服饵蠲疴,乐有余也"⑦;单道开在出家前,"绝谷饵柏实,柏实难得,复服松

---

① 《入楞伽经》卷八,《大正藏》第 16 卷,第 561 页上。
② 《大般涅槃经》卷四,《大正藏》第 12 卷,第 386 页上。
③ 《高僧传》卷三《智严传》,《大正藏》第 50 卷,第 339 页中。
④ 《高僧传》卷三《求那跋陀罗传》,《大正藏》第 50 卷,第 345 页上。
⑤ 《高僧传》卷五《道安传》,《大正藏》第 50 卷,第 352 页上。
⑥ 《高僧传》卷四《支道林传》,《大正藏》第 50 卷,第 349 页中。
⑦ 《高僧传》卷五《帛道猷传》,《大正藏》第 50 卷,第 357 页中。

脂。后服细石子,一吞数枚,数日一服,或时多少啖姜椒。如此七年,后不畏寒暑,冬温夏凉,昼夜不卧,与同学十人共契服食"①。道教重视服气、辟谷、服饵诸术。道教认为元气为生气之源,气在则神随生,得元气则生,失元气则死。"服气",亦名吐纳、食气,即吸收天地间之生气。"辟谷"亦称断谷、绝谷、休粮、却粒,即是不食五谷的意思;道教认为人体中有彭倨、彭质、彭矫等三尸,分别喜欢宝物、五味、色欲,是欲望产生的根源,是毒害人体的邪魔,而三尸是靠谷气生存;所以,人若不食五谷,断其谷气,那么三尸在人体中就不能生存;要益寿长生,必须辟谷。但是,不食五谷仍然要维持身体,所以食茯苓、巨胜、黄精、大枣等药物。"服饵"就是服食丹药。

这些道术影响了初传的中国佛教,引起了高僧的实践。如法成"不饵五谷,唯食松脂,隐居岩穴,习禅为务"②;僧从"不服五谷,唯饵枣栗",但是"年垂百岁,而气力体强,礼诵无辍"③;法光(447—487)出家后,实行头陀苦行,"绝五谷,唯饵松叶",后来誓志烧身,"乃服松膏及饮油"④;法恭出家后,"苦行殊伦,服布衣,饵菽麦",同传记载乌衣寺僧恭"亦不食粳粮,唯饵豆麦"⑤。

二、儒家强调服丧期间,必须断绝肉食。《仪礼·丧服》说:"斩者何?……居倚庐,寝苫枕块,哭昼夜无时。歠粥,朝一溢米,夕一溢米,寝不说绖带。既虞,翦屏柱楣,寝有席。食疏食水饮,朝一哭,夕一哭而已。既练舍外寝,始食菜果,饭素食哭无时。"同时,儒家亦以不杀生为仁的体现之一,如《孟子·梁惠王上》说:"见其生,不忍见其死!闻其声,不忍食其肉"。服丧必须蔬食,成为孝道的表现方式,而且得到中国佛教徒的实

---

① 《高僧传》卷九《单道开传》,《大正藏》第50卷,第387页中。
② 《高僧传》卷一一《法成传》,《大正藏》第50卷,第399页上。
③ 《高僧传》卷一一《僧从传》,《大正藏》第50卷,第398页下。
④ 《高僧传》卷一二《法光传》,《大正藏》第50卷,第405页下。
⑤ 《高僧传》卷一二《法恭传》,《大正藏》第50卷,第407页下。

践与支持。如竺法旷"及母亡,行丧尽礼,服阕出家"①,道恒亦是"后母又亡,行丧尽礼,服毕出家"②,僧镜"家贫母亡……乃身自负土,种植松柏,庐于墓所,泣血三年,服毕出家"③,这都是严格按照儒家的礼仪服丧。儒家礼仪深入中国古代社会的生活层面,不但是佛教徒,即使是方外隐士亦皆如此。如《晋书·隐逸传》记载郭文"父母终,服毕,不娶,辞家游名山……恒著鹿裘葛巾,不饮酒食肉,区种菽麦,采竹叶木实"④,孟陋"丧母,毁瘠殆于灭性,不饮酒食肉十有余年"⑤。而且,梁武帝断肉食的奉佛生活实际上就是在父母亡后,如《净业赋》说:"恨不得以及温清朝夕供养,何心独甘此膳,因尔蔬食,不啖鱼肉"⑥,可见儒家孝道思想对中国佛教素食传统的建立,具有很大的影响。

三、蔬食有助于持戒,树立了苦行的修道形象,而且是德行的象征。如慧远的弟子昙顺,"蔬食有德行"⑦;如《慧观传》附传有法业,"蔬食节己",所以晋陵公主为他建造南林寺⑧;慧猷"蔬食履操"⑨,法珍"蔬苦弗改,戒节清白"⑩,慧温"疏苦并有高节"⑪。蔬食者控制了自己的欲望,断绝了俗世生活的习惯,无疑是道德操行高尚的表现。

四、蔬食有助于坐禅、诵经、持咒,是修道生活的助缘。如道恒(346—417),"蔬食味禅,缅迹人外"⑫;慧安,"蔬食精苦,学通经义,兼能

---

① 《高僧传》卷五《竺法旷传》,《大正藏》第 50 卷,第 356 页下。
② 《高僧传》卷六《道恒传》,《大正藏》第 50 卷,第 364 页中。
③ 《高僧传》卷七《僧镜传》,《大正藏》第 50 卷,第 373 页中。
④ 《晋书》卷九四《隐逸传》,第 2440 页。
⑤ 同上书,第 2443 页。
⑥ 《广弘明集》卷二,《大正藏》第 52 卷,第 336 页上。
⑦ 《高僧传》卷六《昙顺传》,《大正藏》第 50 卷,第 363 页下。
⑧ 《高僧传》卷七《慧观传》附传,《大正藏》第 50 卷,第 368 页中。
⑨ 《高僧传》卷一〇《慧猷传》,《大正藏》第 50 卷,第 400 页下。
⑩ 《高僧传》卷七《法珍传》,《大正藏》第 50 卷,第 374 页下。
⑪ 《高僧传》卷一二,《大正藏》第 50 卷,第 408 页下。
⑫ 《高僧传》卷六《道恒传》,《大正藏》第 50 卷,第 365 页上。

善说,又以专戒见称"①;普明,"蔬食诵经,苦节通感"②;竺僧显,"贞苦善戒节,蔬食诵经,业禅为务"③;支昙兰"蔬食乐禅,诵经三十万言",法绪"德行清谨,蔬食修禅"④;慧通"蔬食持咒"⑤,僧覆"学通诸经,蔬食持咒"⑥。

五、蔬食与忏悔亦紧密相连。如僧远(413—484)在出家前"蔬食忏诵",出家后蔬食五十余年⑦;僧侯(396—485),十八岁时,便"蔬食礼忏",出家后直至临终,"鱼肉荤辛,未尝近齿"⑧。

《高僧传》的各篇,蔬食者的人数及比例,如下表所示⑨:

篇目	译经	义解	神异	习禅	明律	亡身	诵经	兴福	经师	唱导	合计
蔬食僧数	2	16	3	9	5	6	16	5	2	3	67
全体僧数	63	271	30	32	21	14	33	16	11	10	497
比例	3.2%	5.9%	10.3%	28.1%	23.8%	42.9%	48.5%	31.3%	18.2%	30.0%	13.4%

依上表可以看出,"诵经篇"、"亡身篇"、"兴福篇"、"唱导篇"的僧人蔬食者比例最高,因为这些僧人与民众接触频繁,必须获得信赖与尊敬,而蔬食的行为无疑是路径之一。

另外,《比丘尼传》中,蔬食者亦时有出现,列表如下⑩:

---

① 《高僧传》卷七《慧安传》,《大正藏》第50卷,第370页上。
② 《高僧传》卷七《道汪传》附传,《大正藏》第50卷,第372页上。
③ 《高僧传》卷一一《竺僧显传》,《大正藏》第50卷,第395页中。
④ 《高僧传》卷一一《支昙兰传》、《法绪传》,《大正藏》第50卷,第396页下。
⑤ 《高僧传》卷一一《慧通传》,《大正藏》第50卷,第398页下。
⑥ 《高僧传》卷一二《僧覆传》,《大正藏》第50卷,第407页下。
⑦ 《高僧传》卷八《僧远传》,《大正藏》第50卷,第377页下—378页上。
⑧ 《高僧传》卷一二《僧侯传》,《大正藏》第50卷,第408页下。
⑨ [日]诹访义纯:《中国中世佛教史研究》,第53页,东京,大东出版社,1985。
⑩ 同上书,第57页。

时代	本传尼数	附传尼数	总尼数	蔬食尼数	比例
晋	13	1	14	4	28
宋	23	11	34	11	39
齐	15	10	25	5	20
梁	14	8	22	10	45
合计	65	30	95	30	32

可见,初传中国佛教,无论是比丘或比丘尼,皆存在大量的蔬食者。僧尼蔬食的出现,当然受传译经律的影响。东晋义熙十四年(418)开始,《涅槃经》、《楞伽经》、《央掘魔罗经》、《梵网经》等,极力影响着禁绝肉食运动的开展。尤其是《十诵律》的译出。在《十诵律》卷二六中,佛陀制戒:"听啖生肉饮血,应屏处啖,莫令人见"①,因为得病而食肉,但是不应令人看见,无疑从另一方面说明佛陀不准许非病的比丘食肉饮血。

总之,中国儒家的孝道思想、传统的服丧规定、道家求仙的修道方式、经义与戒律的规定,以及现实中大量蔬食者的存在,为梁武帝提倡素食奠定了基础。

三、周颙、沈约的素食思想

梁武帝对僧尼断酒肉的推动,不仅有经典、历史的背景,亦有士大夫阶层的支持。尤其是周颙、沈约等士大夫相继对素食的提倡,对梁武帝影响很大。道宣《广弘明集·慈济篇》收录了沈约(441—513)《究竟慈悲论》、周颙《与何胤书论止杀》、梁武帝(464—549)《断酒肉文》、《断杀绝宗庙牺牲诏》、颜之推(531—602)《诫杀家训》等。其中,前三篇最重要,对佛教素食思想,影响深远。

周颙是宋齐时代的文人,著《三宗论》,亦精通《老子》、《易经》。《南齐书·周颙传》说:

---

① 《十诵律》卷二六,《大正藏》第23卷,第185页上。

　　　　清贫寡欲,终日长蔬食,虽有妻子,独处山舍。卫将军王俭谓颙曰:"卿山中何所食?"颙曰:"赤米白盐,绿葵此蓼。"文惠太子问颙:"菜食何味最胜?"颙曰:"春初早韭,秋末晚菘。"时何胤亦精信佛法,无妻妾。太子问颙:"卿精进何如何胤?"颙曰:"三途八难,共所未免。然各有其累。"太子曰:"所累伊何?"对曰:"周妻何肉。"①

周颙晚年热心于素食,而且大力提倡素食。周颙的素食思想,主要是受到僧侣的影响。大明八年(464),周颙受到益州刺史萧惠开的提拔,前往蜀地,当时一起前往的有僧侯(396—484),僧侯"自息慈以来至于舍命,鱼肉荤辛未尝近齿"②;元徽元年(473),任剡县县令,曾就学于慧基(413—496);建元元年(479),任山阴县县令,曾入法慧门下,而法慧"蔬食布衣,志耽人外"③。这些蔬食的僧侣,势必影响了周颙的饮食习惯。沈约(441—513)在给慧约(452—535)的信中,赞叹周颙说:"此生笃信精深,甘此藿食。至于岁时,苞篚每见请求,凡厥菜品,必令以荐。弟子辄靳而后与,用为欢谑。"④可见,周颙对实践素食的热情与信心。

何胤(446—531)、何求、何点三兄弟,先后皆隐居于山林寺庙中,高蹈远行,时人称为"三高"。何胤好学,从刘献受《易》及《礼记》、《毛诗》,又入钟山定林寺听内典,其业皆通。起家齐秘书郎,出为建安太守。后入为太子中庶子,撰《新礼》。阴帝时,入山隐居以终。胤注《百法论》一卷、《十二门论》一卷、《周易》一卷,又作《毛诗隐义》十卷、《毛诗总集》六卷、《礼记隐义》二〇卷、《礼答问》五〇五卷,流行于世。《南史》卷三〇记载:

　　　　初,胤侈于味,食必方丈,后稍欲去其甚者,犹食白鱼、鳝脯、糖蟹,以为非见生物。疑食蚶蛎,使门人议之……汝南周颙与胤书,劝

---

① 《南齐书》卷四一《周颙传》,第732页。
② 《高僧传》卷一二《僧侯传》,《大正藏》第50卷,第408页下。
③ 《高僧传》卷一二《法慧传》,《大正藏》第50卷,第408页中—下。
④ 《广弘明集》卷二八,《大正藏》第52卷,第326页中。

令食菜。①

何胤信仰佛教,但是讲究食味,于是为吃肉自我辩护,竟陵王萧子良亦责其歪曲佛道。所以,周颙才给何胤写信,劝其改为食素。到了晚年,何胤"遂绝血味"。

周颙《与何胤书》,现存《广弘明集》卷五二、《南史》卷三〇、《南齐书》卷四一,以《南齐书》所存最为完整。《南史》只择最重要的部分,而《广弘明集》则删除后面的部分。依《与何胤书》,可以看出周颙的佛教素食思想:

一、受儒家仁恕思想的影响,强调不杀生、不肉食。《与何胤书》说:

> 观圣人之设膳修,仍复为之品节。盖以茹毛饮血,与生民共始,纵而勿裁,将无崖畔。善为士者,岂不以恕己为怀?是以各静封疆,罔相陵轹。况乃变之大者,莫过死生;生之所重,无踰性命。性命之于彼极切,滋味之在我可赊,而终身朝脯,资之以永岁,彼就怨残,莫能自列,我业长久,吁哉可畏。且区区微卵,脆薄易矜,歔彼弱貌,顾步宜愍。②

亦即主张应该像儒家那样,重视生命,节欲自敛,对其他生命具有怜悯之心。

二、佛教的因果业报、三世轮回思想,强调杀生的业力报应,"则一往一来,一生一死,轮回是常事。杂报如家,人天如客。"这种思想对周颙影响也很大,他说:"丈人于血气之类,虽无身践,至于晨凫夜鲤,不能不取备屠门。财贝之一经盗手,犹为廉士所弃;生性之一启鸾刀,宁复慈心所忍。驺虞虽饥,非自死之草不食,闻其风岂不使人多愧。"此谓食素意味着不但本人不能杀生,而且必须拒绝接受他人杀生的结果。周颙此说强调的是去杀、食素行为背后的仁爱、慈悲,因而周颙之素食,不仅仅是追

---

① 《南史》卷三〇,第 793 页。
② 《南齐书》卷四一《何胤传》,第 733 页。

求个人的成佛,而且是遵奉佛教慈悲、儒家仁爱的道德实践。所以,周颙的佛教素食思想是基于儒家、佛教并存的立场而展开。

沈约(441—513)对素食的推动,在他的《忏悔文》、《舍身愿疏》、《究竟慈悲论》中得到体现。沈约怀念周颙蔬食的情形,而且在《究竟慈悲论》中提出不仅要禁止肉食,而且必须禁绝蚕衣。沈约在创作于485年①的《忏悔文》中,顺次忏悔了自己的杀生、偷盗、邪淫、妄语等罪过,其中有关杀生、食肉的忏悔文字最多,他说:"爰始成童,有心嗜欲,不识慈悲,莫辨罪报。以为毛群鳞品,事允庖厨,无对之缘,非恻隐所及……为杀之道,事无不足,迄至于今,犹未顿免。"②可见,戒杀和蔬食在沈约心目中的分量。

入梁以后,沈约对戒杀的态度更进了一步。《究竟慈悲论》一文以为不仅要停止肉食,而且必须禁绝蚕衣,所谓"夫肉食蚕衣,为方未异,害命夭生,事均理一"③。沈约将禁欲的范围从断肉发展到禁蚕衣,并指出世人因佛经中并无禁蚕的文字而妄加怀疑,其实质是拘泥于文字:"此盖虑穷于文字,思迷于弘旨。"可见,萧梁时期沈约对蔬食的态度远比南齐时期激进。他对去杀的要求甚至比梁武时期还要苛刻。

沈约对素食的提倡,并不提及因果报应说,而是以佛教的慈悲为根据。他说:"释氏之教,义本慈悲;慈悲之要,全生为重"④,佛教的主要思想是慈悲,而慈悲的核心是保护众生的生命,这正如《大智度论》所说:"慈悲是佛道之根本"⑤。同时,沈约亦以儒家仁义来提倡戒杀,以孟子六十九岁菜食、五十九岁以前布衣为例,以内圣与外圣为共同的榜样,以《涅槃经》和儒家经典为共同的依据,倡导断肉食和禁绝绢衣。

---

① Richard B. Mather,The Bonze's Begging Bowl:Eating Practices in Buddhist Monasteries of Medieval India and China,*Journal of American Oriental Society*,V.101:4(1981),p.422.
②《广弘明集》卷二八,《大正藏》第52卷,第331页中。
③《广弘明集》卷二六,《大正藏》第52卷,第292页下。
④ 同上。
⑤《大智度论》卷二七,《大正藏》第25卷,第256页下。

四、梁武帝《断酒肉文》的思想

中国佛教素食传统的形成,梁武帝是最核心的人物。梁武帝通晓玄、儒、文、史,又精于佛、道二家义理,为典型的儒、释、道三教调和论者。他一方面在世俗政体中,突破贵族体制,提倡士大夫才学本位的理念,提高帝王地位;另一方面在政教关系方面,提出"真佛子、菩萨行"的理念,以"皇帝菩萨"的理念,创造出"国家佛教体制"的新格局。梁武帝在天监十八年(519)四月八日受菩萨戒,针对当时僧团的芜乱情形,进行了以禁断酒肉为中心的佛教教团及制度改革,从而对中国佛教素食传统的形成起着决定性的作用。

(一)齐梁时代佛教的弊端与梁武帝自身的生活态度

梁武帝对禁断酒肉的提倡,不仅有经典的依据、历史的传统,而且还有自身的生活实践,和对齐梁佛教的现实需要的回应。

齐梁时代的佛教,在南齐竟陵王、梁武帝的相继支持下,迅速发展,南齐(479—502)有寺院2 015所、僧尼32 500余人,梁代(502—557)有寺院2 846所、僧尼82 700余人。随着寺院僧团势力的发展,难免与君权产生冲突。北朝先后发生北魏、北周的灭佛,南朝重视义理的辩论,没有发生如北朝那样的"法难"。梁武帝积极提倡佛教,导致寺院、僧尼人数急剧增加;另一方面,僧团的弊端亦不断出现,为此郭祖深等不断上书梁武帝,提到当时佛教的状况与弊病:

> 时帝大弘释典,将以易俗,故祖深尤言其事,条以为:都下佛寺五百余所,穷极宏丽。僧尼十余万,资产丰沃。所在郡县,不可胜言。道人又有白徒,尼则皆畜养女,皆不贯人籍,天下户口几亡其半。而僧尼多非法,养女皆服罗纨,其蠹俗伤法,抑由于此。请精加检括,若无道行,四十已下,皆使还俗附农。罢白徒养女,听畜奴婢,婢唯著青布衣,僧尼皆令蔬食。如此,则法兴俗盛,国富人殷。不

然,恐未来处处成寺,家家剃落,尺土一人,非复国有。①

郭祖深指出,梁武帝皈依佛门后,遂使王公大臣、平民百姓也普遍信仰,达到"家家斋戒,人人礼忏"的结果。在建康附近,便有佛寺五百余所,都十分宏伟壮丽。僧尼十余万,拥有丰厚的资产,而且道人又庇护一般平民,尼师收养平民的女子,都未编入政府的户籍内,使天下纳赋税、服劳役的户口几乎损失一半。这样,寺院经济其实已经威胁到国家的安全,而且僧尼不遵行戒律,生活奢侈放逸,反而败坏世俗、伤害正法。郭祖深对佛教提出改革的意见,其中便有"僧尼皆令蔬食",这是以蔬食作为持戒和道行的标准之一,成为改革佛教的重要办法之一。

郭祖深上书的时间,大约在普通三年(522),这与《断酒肉文》的时代相近。② 梁武帝对于郭氏的上书,"嘉其正直",擢升官职。所以,僧团流弊、僧团势力高涨的情势,已经迫使梁武帝必须采取积极手段,来处理佛教的问题。

另一方面,从梁武帝自身来说,虽然他出身于贵族,但是信仰佛教后,他的日常生活发生了很大的变化。《南史》卷七"梁本纪中第七"说:

> 晚乃溺信佛道,日止一食,膳无鲜腴,惟豆羹粝饭而已。或遇事拥,日倘移中,便漱口以过,制《涅槃》、《大品》、《净名》、《三慧》诸经义记载百卷。听览余闲,即于重云殿及同泰寺讲说,名僧硕学,四部听众,常万余人。身衣布衣,木绵皂帐,一冠三载,一被二年。自五十外便断房室。后宫职司贵妃以下,六宫袆褕三翟之外,皆衣不曳地,傍无锦绮,不饮酒,不听音声,非宗庙祭祀,大会餐宴及诸法事,未尝作乐。③

---

① 《南史》卷七〇《郭祖深传》,第 1721—1722 页。
② 颜尚文:《梁武帝的君权思想与菩萨性格初探——以〈断酒肉文〉形成的背景为例》,《"国立"台湾师范大学历史学报》,1988 年第 16 期,第 21 页。
③ 《南史》卷七,第 223 页。

梁武帝持守严格真挚的生活态度，自己能够誓行不杀生、不饮酒、不肉食的菩萨戒，所以提倡禁断酒肉，无疑具有巨大的号召力。

梁武帝对蔬食的实践，应该始于他皈依佛教之后。《净业赋》说：

> 朕布衣之时，唯知礼义，不知信向。烹宰众生，以接宾客，随物肉食，不识菜味。及至南面富有天下，远方珍羞，贡献相继；海内异食，莫不必至；方丈满前，百味盈俎。乃方食辍筋，对案流泣，恨不得以及温清朝夕供养，何心独甘此膳。因尔蔬食，不啖鱼肉，虽自内行不使外知。至于礼宴群臣，肴膳按常，菜食未习，体过黄羸，朝中斑斑始有知者。谢朏孔彦颖等，屡劝解素，乃是忠至，未达朕心。朕又自念……谁知我不贪天下，唯当行人所不能行者，令天下有以知我心。①

所以，梁武帝是在即位以后，便开始素食。谢朏是在天监五年(506)逝世，所以梁武帝是在天监元年(502)至五年(506)之间，便在日常生活中实践素食。随后，在天监十六年(517)四月，梁武帝下诏宗庙祭祀不得血食。于是，素食从梁武帝自身的信仰生活，逐渐成为国家意志，在当时的梁朝开始推行。

但是，梁武帝提倡《断酒肉文》的年代为何时？《佛祖统纪》卷三七记载，天监十年(511)，"上集诸沙门制文，立誓永断酒食"②。志磐或许是根据道宣《集神州三宝感通录》卷中的记载：

> 天监十年四月五日，骞等达于扬都，帝与百寮徒行四十里，迎还太极殿。建斋度人，大赦断杀，继是弓刀槊等，并作莲花塔头。帝由此菜蔬断欲。③

郝骞于四月五日到达建康，梁武帝迎接他至太极殿，大赦断杀，梁武帝于

---

① 《广弘明集》卷二九，《大正藏》第 52 卷，第 336 页上。
② 《佛祖统纪》卷三七，《大正藏》第 52 卷，第 349 页中。
③ 《集神州三宝感通录》卷中，《大正藏》第 52 卷，第 419 页下。

403

是菜蔬断欲,梁武帝开始素食的时间为天监十年(511)四月五日以后。这样,道宣的记载与《净业赋》存在一定的矛盾。

在断酒肉法会中,法宠(451—524)为应答的僧侣之一。法宠住宣武寺,卒于普通五年(524)三月十六日①。而《断酒肉文》的时间为五月二十三日,所以梁武帝提倡《断酒肉文》的下限时间为普通四年(523)五月二十三日。至于上限时间为何时?说法有二:一、天监十六年(517)四月,梁武帝下诏宗庙不血食;二、天监十八年(519)四月八日,梁武帝受菩萨戒。据日本学者诹访义纯推断,《断酒肉文》的时间为天监十六年(517)至普通四年(523)之间的五月二十三日、二十九日②;因为《断酒肉文》中提到梁武帝誓守菩萨戒断酒肉的愿行等事,所以台湾学者颜尚文认为,《断酒肉文》应该成立于天监十八年(519)四月八日至普通四年(523)之间③。

此外,法国巴黎图书馆所藏敦煌卷子(P.2196)《出家人受菩萨戒法卷第一》,末尾题记:"大梁天监十八年岁次己亥夏五月……瓦棺寺释慧明慧持",这是梁武帝从慧约受菩萨戒后,为了普及菩萨戒而亲自撰述。而《断酒肉文》亦撰于五月,所以应该是撰于天监十八年五月二十三日。

(二)断酒肉法会的经过

《广弘明集》卷二六《慈济篇》收有梁武帝《断酒肉文》,并详细记载了断酒肉法会的过程。梁武帝为了推行自己的佛教政策,以法云法师等为代表,针对传统佛教僧伽的流弊,提倡菩萨慈悲、严守戒行的新精神,以"断酒肉"为实践之始,来匡正佛教。所以,梁武帝是利用了一批明经、解义、持律的比丘,以戒律、法义的辩论,来导正僧伽流弊,将"断酒肉"运动转化成为佛教内部的自觉,从而避开王权与僧伽的武力冲突。

---

① 《续高僧传》卷五《法宠传》,《大正藏》第50卷,第461页中—下。
② [日]诹访义纯:《中国中世佛教史研究》,第80页,东京,大东出版社,1985。书中以普通四年为公元525年,误。
③ 颜尚文:《梁武帝》,第230—231页,台北,东大图书股份有限公司,1999。

断酒肉法会于五月二十三日、二十九日举行。在五月二十二日五更,就按牒点唱僧尼代表1 448人在凤庄门集合。这1 448人是各类僧尼的领袖,其中僧寺寺官368人、尼寺寺官369人、义学僧574人、义学尼68人、宿德25人、导师39人、尼导师5人,这些都是精通佛教各种经论的学者和全国佛教界德高望重的僧尼。《断酒肉文》中出现的称呼,如"弟子萧衍敬白诸大德僧尼、诸义学僧尼、诸寺三官"等,显示了梁武帝是希望自己断酒肉的理念得到这些佛教界领袖人物的认同与支持,以此来匡正僧伽的流弊。

五月二十三日,1 448位僧尼在华林园华林殿前广场,正式举行"断酒肉"法会。光宅寺法云为法师,瓦官寺慧明为都讲,梁武帝亲临,一千余僧尼依次而坐。首先,由都讲慧明唱《大般涅槃经·四相品》的四分之一,并标问"食肉者断大慈种"主旨,在《断酒肉文》中有完整的记录①;其次,由法云解释经文的内涵,但是法云的解释没有记录下来,只能从道澄所宣唱"断肉之文",推断法云对"食肉者断大慈种义"的解释:

> 经言:食肉者断大慈种。何谓断大慈种?凡大慈者,皆令一切众生同得安乐。若食肉者,一切众生皆为怨对,同不安乐……若食肉者障菩提心,无有菩萨法……以无菩萨法故,无四无量心。无四无量心故,无有大慈大悲。以是因缘,佛子不续。所以经言:食肉者断大慈种。②

饮酒食噉众生,不但自己断灭大慈大悲菩提心的成佛种子,而且杀害其他众生藉以成佛的生命,使其他众生受到更大的痛苦,结下更多的怨恨,丧失了成佛的可能性。以饮酒食肉的因缘使"佛子不续",佛法将面临灭绝的命运。

---

① 《广弘明集》卷二六,《大正藏》第52卷,第301页上—下。
② 同上书,第295页下—296页上。

法云解释后,由耆阇寺道澄登西向高座宣唱《断酒肉文》①,并且宣读梁武帝"所传之语"②。梁武帝为了匡正佛法,以"佛法寄嘱人王"的护法国王身份,本着大慈大悲菩萨的愿行,向僧尼下达禁断酒肉的号召:

> 　　弟子萧衍,敬白诸大德僧尼、诸义学僧尼、诸寺三官:夫匡正佛法是黑衣人事。乃非弟子白衣所急。但经教亦云:佛法寄嘱人王,是以弟子不得无言。今日诸僧尼开意听受,勿生疑闭,内怀怨异。③

梁武帝以"皇帝菩萨"的地位,以菩萨戒的慈悲情怀,以王权与教权结合的形式,极力推进断酒肉的施行。道澄宣唱完毕后,僧尼大众向华林殿佛像礼拜,忏悔罪业。在用过朝廷准备的中餐之后礼成解散。

　　法云在讲解《涅槃经》中断肉的思想时,当场便有僧正慧超、法宠等僧尼的问难,法云进行即席答辩。梁武帝"恐诸小僧,执以为疑,方成巨蔽"④,而且二十三日会后"诸僧尼或犹云:律中无断肉事,及忏悔食肉法"。所以,在五月二十九日,举行第二次断酒肉法会。

　　第二次法会是以戒律中"三不净肉"为议题中心,敕请义僧一百四十一人、义学尼五十七人,于华林园华光殿内举行。这场法会的僧尼代表,是庄严寺法超(452—526)、奉诚寺僧辩、光宅寺宝度三位律师。法超随智称(429—500)学习《十诵律》,深得梁武帝信任,任都邑僧正;僧辩"性廉直,戒品冰严,好仁履信,精进勇励,常讲《十诵》"⑤;宝度则无从确考。可见,这三位律师主要来自《十诵律》系统,是当时的律学权威,法会的内容主要是就律典中"三不净肉"与《涅槃经》中断肉进行辩论。经过梁武帝与三位律师以及道恩、法宠等精密而激烈的论辩之后,大众无复异议,三律师始下高座。武帝又敕始兴寺景猷法师升高座,诵读《楞伽阿跋多

---

① 《广弘明集》卷二六,《大正藏》第52卷,第294页中—298页上第28行。
② 同上书,第298页上第29行—298页下。
③ 同上书,第294页中。
④ 同上书,第302页下—303页上。
⑤ 《续高僧传》卷六,《大正藏》第50卷,第475页上。

罗宝经》卷四、《央掘魔罗经》卷一和卷二有关断肉的经文。① 诵经后,梁武帝再三强调:从今日起,不得再饮酒食肉,而且希望在场的僧尼广为宣扬。最后,僧尼行道、礼拜、忏悔、设会事毕,退出华光殿。

二十九日晚上,梁武帝对白天法会时的论辩心犹未平,意犹未足,故连下五首敕文给留值宫内典掌机要的周舍,强调所有僧尼应绝对奉行"断酒肉"的敕令,乃至一念食肉之心亦不许存在。可见,梁武帝以"皇帝菩萨"的势位,集王权与教权于一身,对提倡断酒肉不遗余力。

(三)《断酒肉文》的内容与思想

梁武帝对"断酒肉"的推动,不仅是个人信仰与意志的表现,同时亦获得当时一些僧尼的支持。尤其是光宅寺法云的襄助,《续高僧传·法云传》记载法云的谶记:

> 夷陵县渔人于网中得经一卷,是《泥洹·四法品》,末题云:宋元徽二年,王宝胜敬造,奉光宅寺法云法师。以事勘校,时云年始十岁。名未远布,寺无光宅。而此品正则,初云弘法,次断鱼肉,验今意行,颇用相符。②

法云是梁武帝的"家僧",被敕为光宅寺主,他针对僧伽问题而创立的僧团制度,为后代所效法。梁武帝在位期间,佛教政策方面多借助于法云、僧旻之力。所以,梁武帝为了彻底破除传统佛教允许进食"三种净肉",肯定会与法云等认真策划,包括时间、地点、程序以及人选。谶记所引述的渔人网到《大般涅槃经·四相品》,预记奉送法云以弘法、断鱼肉的故事,呼应《涅槃经》"食肉者断大慈种义"与《断酒肉文》。所以,"断酒肉"法会的成功以及《断酒肉文》的撰写等,当是在法云的襄助下进行的。

《断酒肉文》以"弟子萧衍,敬白诸大德僧尼"为发语辞,全文可分为

---

① 《广弘明集》卷二六,《大正藏》第 52 卷,第 301 页下—302 页下。
② 《续高僧传》卷五《法云传》,《大正藏》第 52 卷,第 465 页上。

三段,再加上"所传之语",共分为四部分。

第一部分的内容,可分为五个方面:

一、肉食出家人,不及外道与在家人。僧尼若不能持戒律,乃至犯了不杀生戒而"啖食鱼肉",犯不饮酒戒而"犹嗜饮酒",则其行为不但与外道邪教没有两样,而且比他们更糟糕,梁武帝指出九种不及外道与在家人之处。

二、肉食障累诸因果。梁武帝以《涅槃经》为依据,说明食肉远离菩萨法、佛果、大涅槃,并列举食肉招致诸苦因与堕三途恶果。

三、肉食者互相怨对,报相啖食。

四、肉食者永与宿亲长为怨对。

五、肉食者具有理、事二障难,理障难是以业因缘而生障难,事障难即是六道等障难。

第二部分的内容主要包括:

一、北山蒋神菜食,行菩萨道。蒋神,原名蒋子文,广陵人,东汉末年曾任秣陵县尉,在战斗中受伤,死于钟山之下。蒋子文死后,被传成神。三国以来,蒋神地位一直提升,南朝齐时,东昏侯加蒋子文位为假黄钺、使持节等,甚至尊为皇帝;梁武帝亲自率朝臣到蒋帝庙"修谒"。[①] 梁武帝以蒋神作为号召,希望通过神灵信仰,为"断酒肉"寻找群众基础。

二、勒诸庙祀,若有祈报,皆不得荐生类。

第三部分的内容包括:

一、梁武帝于三宝前与诸僧尼共申约誓,若僧尼饮酒啖肉,当依王法治问;而且,依佛法的"集僧众、鸣犍槌、舍戒、还俗"等办法处理。所以,这是王法与佛法相互结合的政策。

二、梁武帝于护法龙天鉴观之下,发誓不饮酒啖食众生,愿行大乘菩萨道。如违誓言,当入阿鼻地狱受苦。

---

① 梁满仓:《汉唐间政治与文化探索》,第98—1000页,贵阳,贵州人民出版社,2000。

三、禁断僧尼寺院饮酒啖肉行为,否则"如法治问"。

第四部分,主要是借助善恶因果报应,劝勉僧尼禁断肉食;同时,从素食的营养,对身体和心理的益处等,说明断酒肉可为菩提种子。

梁武帝依《大般涅槃经》"食肉者断大慈种"的经教,以及《楞伽阿跋多罗宝经》、《央掘魔罗经》等断肉戒杀的思想,在《断酒肉文》中充分表达了大慈大悲的菩萨精神。在思想内容上,《断酒肉文》具有以下几个特点:

一、以"断酒肉"作为新的戒律标准,来匡正"三种净肉"的传统戒律。戒律是佛教徒修行的根本,也是佛教教团维系发展的前提。在戒律中,五戒是基础,包括不杀生、不偷盗、不邪淫、不妄语、不饮酒等。从五戒出发,断酒肉成为僧尼最基础的戒律标准。所以,《断酒肉文》强调僧尼饮酒啖食鱼肉,则同于外道。《断酒肉文》引用经言:"行十恶者受于恶报,行十善者受于善报"[①],这种戒律与善恶因果报应的结合,无疑具有号召力。同时,十善亦是菩萨戒,如《优婆塞戒经》所阐扬,菩萨行者必须修持十善的根本戒律。十善的第一戒不杀生,五戒的最后一戒不饮酒,都是僧尼最根本的戒律。所以,梁武帝是以断酒肉作为菩萨戒来推行,以身作则,而且加上"王法"与"佛法"的结合,以此来匡正"三种净肉"的传统戒律。

二、"三种净肉"作为广律中的戒律,与《大般涅槃经》等经典的"断肉"矛盾,梁武帝通过五时判教来解决二者的矛盾。在南朝的判教思想中,以顿渐五时判教最为流行:

顿教 ·· 《华严经》

渐教(1)三乘别教 ·································· 《阿含经》

　　(2)三乘通教 ·································· 《般若经》

　　(3)抑扬教 ····································· 《维摩诘经》

[①]《广弘明集》卷二六,《大正藏》第52卷,第294页中。

(4) 同归教 ……………………………………《法华经》

(5) 常住教 ……………………………………《涅槃经》

律典在判教中的位置,成为"断酒肉"为究竟法的依据。如法超说:

> 律教是一,而人取文下之旨不同。法超所解:律虽许啖三种净肉,而意实欲永断。何以知之?先明断十种不净肉,次令食三种净肉,未令食九种净肉,如此渐制,便是意欲永断。①

法超、僧辩、宝度三位律师皆强调,三种净肉是"渐教",佛陀的本意是永断酒肉。如宝度的解释:"愚短所解只是渐教,所以律文许啖三种净肉。若《涅槃》究竟明于正理,不许食肉。若利根者,于三种净肉教,即得悉不食解。若钝根之人,方待后教。"②宝度将三种净肉纳入渐教,归为钝根之人的教法;而不许食肉为顿教,为利根之人的教法。这种解释虽然表明了"断酒肉"为究竟,而食肉为方便,却为食肉找到理由与根据,仍然无法满足梁武帝的要求。

律藏属于五时渐教,是属于何时?《断酒肉文》提到:

> 制又问:律教起何时?僧辩奉答:起八年已后,至《涅槃》。
>
> 问:若如此,《涅槃经》有断肉,《楞伽经》有断肉,《央掘摩罗经》亦断肉,《大云经》、《缚象经》并断肉。律若至《涅槃》,云何无断肉事?答:律接续初教,所以如此。
>
> 问:律既云接续初教,至于《涅槃》,既至《涅槃》,则应言断肉。
>
> 答:若制教边,此是接续初教,通于五时,不言一切皆同。③

僧辩亦提倡五时判教,《涅槃经》为第五时,但是律藏之时是佛陀成道八年后一直至《涅槃经》。梁武帝明显主张戒律与《阿含经》同为第一时,但是僧辩的解释是"接续初教,通于五时,不言一切皆同",所以僧辩

---

① 《广弘明集》卷二六,《大正藏》第52卷,第299页上。
② 同上书,第299页中。
③ 同上书,第300页上。

仍然为不断肉寻找暧昧的答案。梁武帝依五时判教,以《涅槃经》断肉为究竟,依此提倡"断酒肉",从而解决了律藏"三种净肉"与《涅槃经》"断肉"记载的矛盾。

梁武帝推行政教结合的政策,以"王法"和"佛法"的双重应用,加上大乘菩萨戒的提倡,借助两次法会的举行和推动,通过法义与戒律两方面的讨论,在思想上进行统一,之后通过国家行政机构发布诏令,并且由当时佛教领袖负责传布推行,从而在实践上保证了"断酒肉"政策的落实。

第三节　南北朝佛教的社邑与慈善事业

佛教传入中国之前,中土信仰呈多元化的特点,缺乏共同性的信仰对象。以祭礼为例,一个显著特点就是存在等级秩序,地位不同,祭祀对象有别。即使祖先的祭祀遍行天下,但是仍然千差万别,缺乏一致性。朝野遍行的社祭,亦有帝社、郡社、国社、县社、乡社、里社之别。[①] 佛教信仰传入中国,在中华多样化的传统信仰之外增加了共同性的成分,使他们在一定程度上具备了共同的信奉对象、共同的信念与追求。基于佛教的共同信仰,信众在僧人的指导下,共同从事佛教活动,如写经、刻经、诵经、开石窟、造佛像和修佛塔等;同时,在佛教福田思想的号召下,从事修桥铺路、济贫赈灾等慈善事业。

一、南北朝佛教的社邑

随着南北朝佛教的盛行,逐渐形成以相同信仰为联系的集合结社;而且,具有道德感化力的僧人推行教化之时,亦会产生以僧人为中心的信仰团体。这种信仰共同体、信仰组织或集会,称为"社"、"法社"、"邑"、

---

① 侯旭东:《五、六世纪北方民众佛教信仰》,第 270 页,北京,中国社会科学出版社,1998。

"邑会",或"邑义"、"义邑"、"义会"等。

早在东晋时代,庐山慧远便有结社活动,慧远曾制订《法社节度》,可见他对"法社"已经制定了相应的组织、制度。赞宁《大宋僧史略》阐明社邑的源流:

> 晋宋间有庐山慧远法师,化行浔阳,高士逸人辐凑于东林,皆愿结香火。时雷次宗、宗炳、张诠、刘遗民、周续之等,共结白莲华社,立弥陀像,求愿往生安养国,谓之莲社,社之名始于此也。齐竟陵文宣王募僧俗行净住法,亦净住社也。梁僧祐曾撰《法社》,建功德邑会文。历代以来成就僧寺,为法会社也。社之法,以众轻成一重,济事成功,莫近于社。今之结社,共作福因,条约严明,愈于公法。行人互相激励,勤于修证,则社有生善之功大矣。①

赞宁认为庐山慧远的莲社,为最早的社邑;南齐竟陵王萧子良集聚僧俗二众,举行布萨法会,亦即是净住社。萧子良经常在邸园开设斋会,在《齐太宰竟陵文宣王法集录》中,有《述羊常弘广斋》、《华严斋记》、《述放生东宫斋》、《八日禅灵寺斋并颂》、《龙华会并道林斋》等。赞宁对社邑的功能,强调为"以众轻成一重,济事成功",就是汇集众人的力量,举办社会慈善事业;而且在社邑中,"条约严明,愈于公法",说明社邑内部具有严格的制度。

南朝的社邑主要是"法社"一类,着重举行讲经等活动,参加者多为上层社会中人,这与南朝贵族门阀制度有关。但是,北朝的佛教注重实践,具有庶民性、世俗化的特点。北朝的社邑等团体或是由一位乃至于数位僧人发起,领导俗人信徒组织而成的;或是由在家信徒主动组织信众,再邀请僧人作为其指导者。这些团体成员共同参与造佛像、建寺院、读诵佛经、举行斋会仪式,他们以佛教信仰为精神纽带,有着共同的价值观念、共同的归属感与集体行为。如《邑主孙念堂等残

---

① 《大宋僧史略》卷下,《大正藏》第 54 卷,第 250 页下。

刻》载：

> 神龟二年（519）三月十五日建
> 邑师惠感
> 邑主孙念堂吴
> 都维那吴
> 维那张
> 维那□
> 僧□①

可见,这个造像团体是在僧人惠感的领导下,以孙念堂为"邑主",设有都维那、维那等职。

在《常岳百余人造像碑》中,出现的职务名称有"都邑主"、"元心劝化主"、"劝化主"、"中正"、"都维那"、"维那"、"斋主"、"邑老"、"邑子"、"清信"等②；在《赵阿四题名》中,还出现"典座"、"呗匿"、"香火"等。这些是与社邑管理有关的称呼,"邑子"是社邑最基本的成员,常常被称为法仪兄弟等；"邑主"即是社邑或邑义之长。"唯那"的职位来自僧官制度,北魏孝文帝时已成为沙门统的副官,职责是辅助沙门统管理僧徒名籍、印牒等,并执掌戒律的执行和检查；在邑义中,相关职位常有"大都维那"、"都维那"、"维那"等,可见事务管理的职位变化。在社邑组织中,出家人的地位有两种：一、亲自担任邑主,组织与领导整个社邑或邑义的活动。二、担任"邑师",发挥指导信徒的作用,主要是在举行法会与佛事活动时进行指导。"典坐"原意是典床坐之意,系掌理众僧礼拜的九件事：床坐、房舍、衣物、香花、瓜果、饮水的序分,以及请会的差次等,也就是管理一切杂事；在隋代以后,上座、维那和典坐成为寺院的三纲。因此,邑义里的典坐可能是借用寺院职事的名称,其职殆系管理此一团体中在举行法

---

① 《八琼室金石补正》卷一三,第74页,北京,文物出版社,1985。
② 《八琼室金石补正》卷一六,第94页。

会时的上述杂事。"化主"、"劝化主"可能是劝募人们加入义邑团体,或者劝募信徒襄助造像或举办斋会、法会者。①

在社邑或邑义中,亦有借用魏晋南北朝时九品官人法中的"中正"之名,出现"中正"、"邑中正"或"邑正"的称呼。如《伏虎都督元恺等题名》载②:

> 邑中正伏虎都督乐元恺
> 维那伏虎都督张永贵
> 维那伏虎都督开韩仕
> 右箱菩萨主统军帅升和
> 右箱菩萨主郭长□
> 右箱菩萨主王颜怀
> 右箱菩萨主张子渊
> 阿难主张悉达
> ……
> 邑主介休县功曹军主尤道荣侍佛时
> 供养主介休县主簿别将上官延□□佛时
> 邑子王□贵邑子□显
> 邑子乐仕渊邑子张道
> 邑子翟黑儿
> □像主张洪昌

可见,"邑中正"职位非常高,处于一种领袖的地位,亦是由世俗地位高的人承担。另外,在以造像为主的社邑活动中,有像主、释迦主、菩萨主、金刚主等,这是建造一尊像或一个佛龛的认捐者。

---

① 刘淑芬:《五至六世纪华北乡村的佛教信仰》,《"中央研究院"历史语言研究所集刊》第63本3分,第524页,1993。
②《八琼室金石补正》卷一七,第100页。

在举行斋会、仪式时,则会出现光明主、开光明主、行道主、清净主、道场主、斋主、八关斋主。其中光明主、开光明主系和开光仪式有关,行道主是和行道的仪式有关,斋主、八关斋主、清净主系和斋会有关,道场主则和提供举行斋会、仪式的场所有关。另外,和供养造像有关者,如香火主、灯明主。

总之,南北朝佛教徒通过"社邑"、"邑义"、"法邑"等组织团体,营造佛像、窟院,或举行斋会、写经、诵经等行事;同时,也为了修桥补路、造井种树、捐造义冢、施食予贫人等兴福积德之事而组成团体。

二、南北朝佛教的福田思想

南北朝佛教徒热衷于社会的慈善事业,这是受到佛教福田思想的影响,6世纪中两部流行的经典尤其具有重大的影响。福田指人们为将来的福报所做的事,就好像播田撒种可致收获一般。自西晋以降,有一些汉译的佛典中提到了福田这个观念,并出现敬田、悲田等观念,敬田是指恭敬和供养佛、法、僧三宝能生无量功德福分;恩田是指感谢、报答父母师长的哺育、教养之恩能生无量功德福分;悲田是指救助贫穷、孤寡者能生无量功德福分。特别是西晋所译《佛说诸德福田经》提到七种福田,行者得福,即生梵天。此七法是:一者兴立佛图僧房堂阁;二者园果浴池,树木清凉;三者常施医药,疗救众病;四者作牢坚船,济度人民;五者安设桥梁,过渡羸弱;六者近道作井,渴乏得饮;七者造作圊厕,施便利处。[1]建造于北周的敦煌莫高窟第296窟和建造于隋开皇四年(584)的第302窟人字披下层,都是《福田经》的经变画。这两幅经变画都是依据《佛说诸德福田经》的内容绘制的。敦煌莫高窟第269窟北周壁画,从此窟北顶中段开始,由西到东共画有六个场景:一、立佛图、画堂阁,二、种植园果以施清凉,三、施给医药,四、旷路作井,五、架设桥梁,六、道旁立小精

---

[1]《佛说诸德福田经》,《大正藏》第16卷,第777页中。

舍。前五个场景显然是描绘《佛说诸德福田经》中所述七个福田的项目，至于第六个道旁立小精舍的场景，也是《佛说诸德福田经》中所述的福田之一；经中述说有一个名为听聪的比丘，因前世曾在大道旁作小精舍，备有卧具与粮食，供给众僧，兼提供给行旅之人止歇。他因行此功德，命终之后得以升天，为天帝释，其后又下生为转轮圣王九十一劫，今世又得以值逢释迦牟尼佛等诸多福报。第302窟的人字西披下端，从北到南，绘有伐木、建塔、筑堂阁建造佛图的情景，以及设园池、施医药、置船桥、作井、建小精舍等场景。①

6世纪时另外一部流行的经典——《像法决疑经》，对福田思想有更进一步的阐释。此经并非译自梵文的经典，而系北朝僧人所撰写的，然而此经在当时不但相当流行，而且是对佛教界有很大影响的一部经典，6世纪时著名僧人的著作中亦引用了此经。②《像法决疑经》以常施菩萨为听法对象，强调了布施贫穷孤老的重要性，最后说："此经名为《像法决疑》，亦名《济孤独》，如是受持"。③ 经中极力强调布施的功德：

> 善男子，我今成佛，皆因旷劫行檀布施、救济贫穷困厄众生。十方诸佛亦从布施而得成佛。是故，我于处处经中，说六波罗蜜皆从布施以为初首……善男子，此布施法门，三世诸佛所共敬重。是故四摄法中，财摄最胜。④

经中以布施在六度、四摄中的重要地位，阐明布施为成佛的法门。同时，经中更特别强调布施贫穷孤老的"悲田"，远胜于施予佛法僧的"敬

---

① 史苇湘：《敦煌莫高窟中的福田经变壁画》，敦煌研究院编《敦煌研究文集·敦煌石窟经变篇》，第320—322页，兰州，甘肃民族出版社，2000。
② 刘淑芬：《北齐标异乡义慈惠石柱——中古佛教社会救济的个案研究》，《新史学》第5卷第4期，第4—5页，1994。
③ 《佛说像法决疑经》，《大正藏》第85卷，第1338页下。
④ 同上书，第1336页中—下。

田":"善男子,我于处处经中,说布施者,欲令出家人、在家人修慈悲心,布施贫穷孤老乃至饿狗。我诸弟子不解我意,专施敬田,不施悲田。敬田者即是佛法僧宝,悲田者贫穷孤老乃至蚁子。此二种田,此田最胜"①,这些直接推动了南北朝佛教徒从事慈善事业。

三、南北朝佛教的慈善事业

在佛教福田与慈悲思想的鼓励与影响下,通过"邑"、"义"、"社"等佛教民间组织,募集资金与人力,佛教徒致力于赈灾济贫、看病行医、修桥铺路等公益活动,于是义井、义桥、义冢等慈善事业得以开展。宋施宿等撰《会稽志》卷一九解释义井等曰:

> 义井……义者,盖以众所共汲为名。今世俗置产以给族人,曰义庄;置学以教乡曲子弟,曰义学;设浆于道,以饮行旅,曰义浆;辟地为丛冢,以藏暴骨,曰义冢。②

慈善事业的成就,无非是集大众的力量来做一些有益于社会、公众的事业,故称为"义";依此而展开,则有义井、义庄、义学、义浆、义冢等。如《三国志·吴书·刘繇传》记载,笮融信佛后,"每浴佛,多设酒饭,布席于路,经数十里。人民来观及就食且万人,费以巨亿计"③,可见笮融的布施事业做得甚大。司州西寺的令宗尼,在东晋孝武帝年间,对于生病、贫困的百姓,"倾资赈给,告乞人间,不避阻远,随宜赡恤"④;刘宋时代的道猛(411—475),"随有所获,皆赈施贫乏,营造寺庙"⑤;宋孝武、文帝、明帝皆尊崇的法恭,"所获信施,常分给贫病,未尝私蓄"⑥;陈代兴皇寺法朗

---

① 《佛说像法决疑经》,《大正藏》第85卷,第1336页上一中。
② 施宿等撰《会稽志》卷一九,《四库全书》本。
③ 《三国志》卷四九,第1185页。
④ 《比丘尼传》卷一《令宗尼传》,《大正藏》第50卷,第936页下。
⑤ 《高僧传》卷七《道猛传》,《大正藏》第50卷,第374页上。
⑥ 《高僧传》卷一二《法恭传》,《大正藏》第50卷,第407页下。

(507—581),"所获檀嚫,充造经像,修治寺塔,济给穷厄,所以房内畜养鹅鸭鸡犬,其类繁多,所行见者无不收养"①。可见,僧尼以及富裕的在家佛教徒在佛教慈悲与福田思想的感召下,实践布施法门,救济贫穷。

在魏晋南北朝数百年间,天灾战乱频仍,从城市至农村,常是一片悽惨景象。如北齐武平六年(575)八月,冀州、定州、赵州、幽州、沧州、瀛州等地区发生水灾,《北齐书·后主纪》记载:"七年(576)春正月壬辰,诏去秋以来,水潦人饥不自立者,所在付大寺及诸富户济其性命"②,政府发动寺院及有财力的人共同救济受灾人群。受佛教影响,从事义葬、义食及医疗活动的人在北朝社会上也不罕见。据北齐时的《标异乡义慈惠石柱》的记载,北魏末年今河北定兴一带饱经战乱,以王兴国为首的一些平民佛徒,哀悯无人收埋的枯骨,先是开始收集涿水两岸无主的尸骨,聚在一处,共做一坟,称为"乡葬"。后又在乡葬墓所提供"义食",接济路经此地的返乡流民,还建立了"义堂",作为供应义食的场所。这时他们的救济活动已经长期化了。此后有昙遵法师及其弟子加入,救济活动影响更大,还增加了新的救济项目,开始提供医疗服务。武定四年(546),因官道西移,义所随之西移,此时又得到严氏家族施舍的土地田园,经济实力更强。齐天保八年(557)曾救助过筑长城的民夫,河清三年(564)接济过遭水灾的饥民。这群人的救济活动前后绵延四十年③。

凿井修桥是佛教徒倡导的一项福业。如四川福缘道场僧渊(519—602),"常给孤独,不逆人意,远近随助,泉布若流",发心培植福业,向孤独者广行布施。《续高僧传·僧渊传》说:

> 又以锦水江波没溺者众,便于南路欲架飞桥,则扣此机,众事咸集。昔诸葛武侯指二江内,造七星桥,造三铁镦,长八九尺,径三尺

---

① 《续高僧传》卷七《法朗传》,《大正藏》第 50 卷,第 478 页上。
② 《北齐书》卷八,第 108—109 页。
③ 刘淑芬:《北齐标异乡义慈惠石柱——中古佛教社会救济的个案研究》,《新史学》第 5 卷第 4 期,第 8—23 页,1994。

许,人号铁枪,拟打桥柱,用讫投江。顷便祈祷,方为出水,渊造新桥,将行竖柱。其镞自然浮水,来至桥津,及桥成也。①

僧渊感叹过江溺水者众,于是发愿建造吊桥。《续高僧传·那连提黎耶舍传》说:"所获供禄,不专自资;好起慈惠,乐兴福业;设供饭僧,施诸贫乏……多造义井,亲自漉水,津给众生……又收养厉疾,男女别坊,四事供承,务令周给"②。可见,那连提黎耶舍的慈善事业种类非常多,有供僧、济贫、造义井、收养病人等。

凿井修桥必须集聚大众的力量,所以通过"邑"、"义"等组织形式而展开,这也成为南北朝佛教徒从事慈善事业的主要形式。如北朝兴和四年(542)十月八日《李氏合邑造像碑文》记载:

> 复于村南二里,大河北岸,万路交过,水陆俱要,沧海之滨,攸攸伊洛之客,亦属径春温之苦渴,涉夏暑之炎,愍兹行流,故于路旁造石井一口,种树二十根,以息渴乏……斯等邑人,置立方处。方处临河,据村南东。平原显敞,行路过逢。人瞻来仰,府设虔恭。唅吼发心,报福是钟。③

李氏豪族率领村人在村外东南方二里,大河的北岸,水路交通要冲之地打造义井一口,种树二十棵,供应旅客饮水休息之用,使村外行路过逢的游子,也能蒙受《法华》菩萨行的恩泽,也因而能更进一步踏入村庙中来瞻仰佛菩萨像,并虔诚地发菩提心,得享更大的福报。佛教慈善事业的动力与归宿,皆来自其佛教信仰,现世能消灾求福,死后则往生净土。

东魏孝静帝武定七年(549),由一群僧人和佛教信徒在武德郡(今河

---

① 《续高僧传》卷一八《僧渊传》,《大正藏》第50卷,第574页中—下。
② 《续高僧传》卷二《那连提黎耶舍传》,《大正藏》第50卷,第432页下。
③ 北京图书馆金石组编:《北京图书馆中国历代石刻拓本汇编》第六册,第90页,郑州,中州古籍出版社,1989。

南沁阳东南)修复一座旧桥,并建佛像立碑记其事,碑额便作《武德于府君等义桥石像之石碑》。碑记:

> 大魏武定七季岁次己巳,四月丙戌朔八日癸巳建。杨膺寺、金城寺、雍城寺、恒安寺、荀冢寺、朱营寺、管令寺诸师等见风烛以生悲,睹泡沫而兴叹,遂乃落发,以□□门,抽簪而□梵彻,嗟往还巨难,愍揭厉多辛,咸施材木,构造桥梁。杨膺寺发善之源,以为桥主。①

碑文之前半如同一般造像碑文先叙佛教之要旨,而后形容武德郡之沿革、山川,守令之德政美风、修桥建碑之事,只有在碑文的颂文之后附记的一小段文字,才揭示了此桥之修建者其实是寺院之僧人。在碑阴题名的二百六十余人中,前两列全是地方守令和大小职官之名,第三列以下才有地方百姓之名,可能是出力建桥的"营桥人",至于捐施材木建桥的七个寺院的僧人,则都未列名其间。关于此一可怪现象,《金石萃编》的作者有一针见血之论:"文末年月后列七寺,以纪施材木之功,而杨膺寺为桥主,列于首。然则建桥乃各寺之缘,立碑则归美于守令也"。修桥铺路等慈善事业,具有公益事业的性质,所以经常有地方政府参与其中。但是,由于寺院拥有众多的信徒,因此寺院僧人出面募集资金人力,则其功易成。这个造桥碑文题为"武德于府君等义桥石像之碑",表面上看起来似乎是地方官的德政,实则碑文中明白地指出此系寺院僧人之功。②修桥必须集众人之力,碑文中称"七月六日经始此桥,助福者比肩,献义者联毂",其赞词中说"爰始经谋,义劝竞填,辰不再浃,斯构已宣"。可见,是寺院僧人主导了这次的修桥活动,地方政府参与其中,集百姓之力而成。

---

① 《金石萃编》卷三一,第5页,北京:中国书店,1985。
② 对此碑文的具体分析,参见刘淑芬的《慈悲喜舍——中古时期佛教徒的社会福利事业》,《北县文化》第40期,第17—20页,1994。

治病疗伤是南北朝佛教僧尼从事的慈善事业之一。佛教传入中国之后,印度、西域等地的医学以及咒术皆在中国社会广泛流传。如《四分律》、《五分律》、《十诵律》等律藏诸书,对疾病的种类与原因,乃至治疗方法或药剂等皆有所涉及。同时,僧人在禅修过程中,因坐禅方法不对,或招致风寒,也容易致病,所以禅经如《治禅病秘要经》等有不少有关医药的记载。另外,如《金光明经·除病品》对医学有详细的记载。在《隋书·经籍志》中,记载有释道洪《寒食散对疗》一卷、释智斌《解寒食散方》两卷、释慧义《解寒食散论》两卷、《杂散方》八卷、释僧深《药方》二十卷、释莫满《单复要验方》两卷、《释道洪方》一卷、释昙鸾《疗百病杂丸方》三卷、《论气治疗方》一卷、于洪开《议论备予方》一卷、释僧匡《针灸经》一卷等①,这些医书体现了中国佛教医学的水平。

南北朝僧人所掌握的医学知识,不仅包括佛教医学,很大一部分是中国传统的医疗知识,另外宗教性的咒术和忏悔仪式也是僧人用来治病的方法。医方明作为五明之一,成为僧人的必备知识,所以印度、西域东来的出家人,多具有丰富的医学知识。如佛图澄"善诵神咒,能役使鬼物"②,石虎的儿子石斌,暴病而亡,佛图澄取杨枝咒愿,于是得以康复。单道开能够救治眼病,受到石虎的优遇。竺法旷工神咒,巧医术,当时疫病流行,竺法旷游行各村落,为病患百姓持咒愈疾。③ 于法开、于道邃同为于法兰弟子,均精于医术,特别是于法开"祖述耆婆,妙通医法"④。随着僧人行医的增多,在5世纪时,道恒在《释驳论》中引述了当时人们对僧人的批评:"或矜恃医道,轻作寒暑"⑤。6世纪中国撰述的经典《像法决疑经》描述僧人以咒术、针灸和传统的医药为人治病:

---

① 《隋书》卷三四,第1041—1046页。
② 《高僧传》卷九《佛图澄传》,《大正藏》第50卷,第383页中。
③ 《高僧传》卷五《竺法旷传》,《大正藏》第50卷,第356页下—357页上。
④ 《高僧传》卷四《于法开传》,《大正藏》第50卷,第350页上。
⑤ 《弘明集》卷六,《大正藏》第52卷,第35页中。

何故未来世中一切俗人轻贱三宝？正以比丘比丘尼不如法故……或诵咒术，以治他病……或行针灸种种汤药，以求衣食。①

僧人从事医疗活动，精于医方，俗人亦向僧人学习医术。如北魏太武帝始光三年(426)，宋、魏交战，魏南安太守李亮向宋朝投降。李亮在北魏时就对医学稍有涉猎，投宋以后，在彭城向沙门僧坦学习医方，"略尽其术，针灸授药，莫不有效"②，后来竟成为声誉远播的名医。

僧尼兼习医术，以医疗救济作为福田，推动了佛教医疗机构的发展。如南齐文惠太子与竟陵王子良"俱好释氏，立六疾馆以养穷民"③，这是救济病患穷人的收容所，《竟陵文宣王弗内施药记》的内容应该是关于六疾馆的施药问题。④ 北齐沙门昙衍，"情及济世，故积散所拯，贫病为初"⑤；灵裕"自前后行施，悲敬兼之，袈裟为惠，出过千领，疾苦所及，医疗繁多"⑥；这些僧人的医疗慈善事业，无疑大大地利益了当时的民众。

僧人从事医疗活动，必须在寺院贮藏药材，称为"药藏"，以便随时施济前来求医者。"药藏"起源于印度，阿育王在王城的四个城门边作"药藏"，其中满藏着药草，每天用钱一万购买药材，以济施病人。⑦ 寺院贮藏药材，同时又有懂得医方的僧人，无疑具有医院的意味。宋末齐初，建康钟山灵根寺法颖(？—482)，受宋孝武帝和齐武高帝的尊敬礼遇，赏赐生活物品和费用，同时亦受到许多信徒的供养，法颖用这些在长干寺建造经像和设置"大药藏"。⑧《出三藏记集》卷一三收有《灵根寺类(颖)律师始造药藏记》，应该即是记载法颖造药藏的缘起与经过。⑨ 陈朝时疾疫流

---

① 《像法决疑经》，《大正藏》第85卷，第1337页中—下。
② 《魏书》卷九一，第1966页。
③ 《南齐书》卷二一，第401页。
④ 《出三藏记集》卷一三，《大正藏》第55卷，第93页上。
⑤ 《续高僧传》卷八《昙衍传》，《大正藏》第50卷，第487页中。
⑥ 《续高僧传》卷九《灵裕传》，《大正藏》第50卷，第497页中。
⑦ 《善见律毗婆沙》卷二，《大正藏》第24卷，第682页上。
⑧ 《高僧传》卷一一《法颖传》，《大正藏》第50卷，第402页上。
⑨ 《出三藏记集》卷一三，《大正藏》第55卷，第93页上。

行,百姓病死者众,当时天台山僧人慧达(?—610)在都城建康大寺建"大药藏","须者便给,拯济弥隆"。① 寺院施药,设立诊所,成为中国佛教的优良传统。

第四节 南北朝的《法华经》信仰

《法华经》的汉译本,根据智昇《开元释教录》的记载:"前后六译,三存三缺"②,现存有如下三种译本:

竺法护译《正法华经》,十卷二十七品,286年;鸠摩罗什译《妙法莲华经》,七卷二十八品,406年;阇那崛多、达摩笈多译《添品妙法莲华经》,七卷二十七品,601年。

自从鸠摩罗什的汉译本问世后,《法华经》在汉地盛传开来。在《高僧传》所列举的讲经、诵经者中,讲诵此经的人数最多,敦煌写经里也是此经所占的比重最大,仅南北朝时期,注疏此经的就达七十余家,陈、隋之际智𫖮依据此经立说而创天台宗。

一、《法华经》的三昧思想

智𫖮(538—597)为解释《法华经》不遗余力,著成《法华文句》、《法华玄义》,其所依版本即为鸠摩罗什所译《妙法莲华经》。③《法华经·妙音菩萨品》中说:

尔时一切净光庄严国中,有一菩萨,名曰妙音,久已植众德本,

---

① 《续高僧传》卷二九《慧达传》,《大正藏》第50卷,第694页上。
② 《开元释教录》卷一四,《大正藏》第55卷,第629页上。"三缺"为支彊梁接译《法华三昧经》六卷,256年;竺法护译《萨芸芬陀利经》六卷,265年;支道根译《方等法华经》五卷,335年。有关《法华经》的汉译本、藏译本、英译本、日译本等各种情况,见矢崎正见《法华经传译とその形态》,坂本幸男编《法华经の思想と文化》,第227—248页,京都,平乐寺书店,1974;高振农《〈法华经〉在中国的流传》,《光山净居寺与天台宗研究》,第25—40页,香港,天马图书有限公司,2001。
③ 杨惠南:《智𫖮对秦译〈法华经〉的判释》,《佛学研究中心学报》第2期,第1—24页,1997。

> 供养亲近无量百千万亿诸佛,而悉成就甚深智慧,得妙幢相三昧、法华三昧……尔时,华德菩萨白佛言:世尊!是妙音菩萨深种善根。世尊!是菩萨住何三昧,而能如是在所变现,度脱众生?佛告华德菩萨:善男子!其三昧名现一切色身,妙音菩萨住是三昧中,能如是饶益无量众生。说是妙音菩萨品时,与妙音菩萨俱来者八万四千人,皆得现一切色身三昧。①

在《妙法莲华经》中,"法华三昧"为一种综合性的修行方法。② 提出"法华三昧"之名,并且称此三昧为"现一切色身",但是具体修行方法并没有加以说明。经中总共提到三处"法华三昧"③,由此可知法华三昧的获得,可依两个条件:一是已经成就了"甚深智慧",二是"受持法华经"。因此,在尚未得甚深智慧的时候,如要得到"法华三昧",主要的修行方法,便是受持读诵《法华经》了。

《法华经》的"普贤菩萨劝发品"提到修习"法华三昧"的方法:

> 欲修学是法华经,于三七日中,应一心精进。满三七日已,我当乘六牙白象与无量菩萨而自围绕,以一切众生所喜见身,现其人前。④

这里提到应在三七日,一心精进修学,普贤菩萨乘六牙白象与无量菩萨现其人前,这就是"现一切色身",即是"法华三昧"。

在《法华经》中,出现修行法门最多的为"安乐行品",几乎像是《梵网

---

① 《妙法莲华经》卷七,《大正藏》第 7 卷,第 55 页上、56 页中。
② 有关《法华经》的修行方法,见释圣严《中国佛教以〈法华经〉为基础的修行方法》,《中华佛学学报》第 7 期,第 2—14 页,1994。圣严法师提出,在《法华经》中最奇特的修行方法,是"药王菩萨本事品"中介绍的烧身、烧指供佛的舍身法门,可为难行能行的大苦行。其次奇特的行方法则为"常不轻菩萨品"的见到四众皆予礼拜,并称"我不敢轻于汝等,如等皆当作佛"。
③ 另外两处为"妙音菩萨品"中说:"华德菩萨,得法华三昧",《妙法莲华经》卷七,《大正藏》第 7 卷,第 556 页中;"妙庄严王本事品"中说:"受持是《法华经》,净眼菩萨,于法华三昧久已通达",《妙法莲华经》卷七,《大正藏》第 7 卷,第 60 页中。
④ 《妙法莲华经》卷七,《大正藏》第 7 卷,第 61 页中。

菩萨戒》及《瑜伽菩萨戒本》,对于修行者在身、口、意、誓愿等四个范围的行为规定,极其严格。① 后来,慧思依《法华经·安乐行品》撰《安乐行义》,对修习"法华三昧"的方法进一步具体化,成为传授弟子的重要法门。

平川彰先生认为《法华经》的主体部分,分为从第一品"序品"到第九品"授学无学人记品"与从第十品"法师品"到第二十二品"嘱累品"两部分,第二十三品"药王菩萨本事品"以下六品是以后增广。在第十至二十二品部分,前九品重视"佛塔信仰",后十三品强调"经卷受持"。但是,后十三品中"见宝塔品"也重视"佛塔信仰",所以佛塔与经卷二者不能分开。②

依《法华经》卷四"见宝塔品"的记载,多宝佛为东方宝净世界的教主,往昔行菩萨道时,立誓在成佛灭度之后,凡十方世界有宣说《法华经》之处,必定涌现于前,以证明此经的真义。所以释尊说《法华经》时,有七宝塔从地中涌出,耸立于空中,塔内即有多宝如来坐师子座,其全身姿态如入禅定状,并分半座与释尊。所以慧观《法华宗要序》指出:"经以真慧为体,妙一为称。是以释迦玄音始发,赞佛智甚深;多宝称善,叹平等大慧。"③过去与现在二佛同时说明《法华经》的真实,表明从过去到未来"正法"的永恒性;同时,二佛分半座而结跏趺坐,表明"正法"的永恒性是基于佛塔信仰。④《法华经》说:

> 于当来世,以诸供具供养奉事八千亿佛,恭敬尊重。诸佛灭后,各起塔庙,高千由旬,纵广正等五百由旬,皆以金、银、琉璃、车𤦲、玛瑙、真珠、玫瑰七宝合成,众花璎珞,涂香、末香、烧香、缯盖幢幡,供

---

① 释圣严:《中国佛教以〈法华经〉为基础的修行方法》,《中华佛学学报》第 7 期,第 4 页,1994。
② 平川彰:《初期大乘と法华思想》,《平川彰著作集》第 6 卷,第 327 页,东京,春秋社,1997。
③ 《出三藏记集》卷八,《大正藏》第 55 卷,第 57 页上。
④ 平川彰:《初期大乘佛教の研究 II》,《平川彰著作集》第 4 卷,第 207 页,东京,春秋社,1997。印顺法师认为释尊与多宝佛分半座并坐来源于摩诃迦叶的故事,见《初期大乘佛教之起源与开展》,第 1185 页,台北,正闻出版社,1992。

养塔庙。过是已后,当复供养二万亿佛,亦复如是。供养是诸佛已,具菩萨道,当得作佛。①

《法华经》将"佛塔供养"的地位提升到成佛之行的高度,这样无疑激励佛弟子对佛塔信仰的热情。同时,《法华经》强调"经卷受持"的功德,将二者密切地结合起来,由此二种行法表现出"一乘"和"佛身常住"的思想。

同时,"见宝塔品"还表现出"多佛"的思想,佛放光召集十方分身的诸佛,多得难以计数,"一一方四百万亿那由他国土,(分身)诸佛如来遍满其中"②,这表明十方世界无量佛,都是释尊的分化示现。僧睿《法华经后序》中说:

> 云佛寿无量,永劫未足以明其久也;分身无数,万形不足以异其体也。然则寿量定其非数,分身明其无实,普贤显其无成,多宝照其不灭。夫迈玄古以期今,则万世同一日;即百化以悟玄,则千涂无异辙。夫如是者,则生生未足以期存,永寂亦未可言其灭矣。③

僧睿对"多佛"与"二佛并坐"思想进行阐发,指出佛寿无量,但是不能称为时间久远,因为寿量非有定数;释迦虽然分身无数,但是无数分身不会与其体有差别,因为分身非实有,这是有而非有;普贤菩萨成就广大行愿,但实无所成;多宝佛虽然已是过去佛,实际上却常住不灭,这是无而非无。

现存《法华经》最早注释,竺道生《法华经疏》在解释"见宝塔品"时,对多宝塔的出现以及二佛并坐像进行义理上的阐发:

> 所以现塔者,证说《法华》,理必明当。一以塔证,二以所出声证……夫人情昧理,不能不以神奇致信,欲因兹显证,故现宝塔。分半坐,所以分半坐共坐者,表亡不必亡,存不必存。存亡之异,出自

---

① 《妙法莲华经》卷三,《大正藏》第 46 卷,第 21 页中。
② 《妙法莲华经》卷四,《大正藏》第 46 卷,第 33 页中。
③ 《出三藏记集》卷八,《大正藏》第 55 卷,第 57 页下。

群品,岂圣然耶? 亦示泥洹不久相也,使企法情切矣。①

鸠摩罗什师徒指出现在与过去之佛在般若"非有"、"非无"之中,自在无碍,故能同坐一宝塔,相互问讯,共同说法,成功地解开了"见宝塔"一品的奥秘,不但令《法华经》的"释迦多宝并坐"成为关河义学重要的一支,十六国以来的《法华经》造像可说弥漫天下,其中最主要的便是"二佛并坐"像。②

二、《思惟略要法》的"法华三昧"观法

鸠摩罗什于弘始八年(406)在长安译出《妙法莲华经》后,同时还传出禅法要诀——《思惟略要法》,其中"法华三昧观法"主要是依《法华经·见宝塔品》而展开的禅观修行方法③:

> 三七日一心精进,如说修行,正忆念《法华经》者,当念释迦牟尼佛于耆阇崛山与多宝佛在七宝塔共坐,十方分身化佛遍满所移众生国土之中,一切诸佛各有一生补处菩萨一人为侍,如释迦牟尼佛以弥勒为侍。一切诸佛现神通力,光明遍照无量国土,欲证实法出其舌相,音声满于十方世界。所说《法华经》者,所谓十方三世众生,若大若小,乃至一称南无佛者,皆当作佛。惟一大乘,无二无三。一切诸法,一相一门,所谓无生无灭,毕竟空相。唯有此大乘,无有二也。习如是观者,五欲自断,五盖自除,五根增长,即得禅定。住此定中,深爱于佛。又当入是甚深微妙一相一门清净之法,当恭敬普贤、药

---

① 《法华经疏》卷下,《卍续藏经》第150册,第823页下、824页下。
② 赖鹏举:《关河的三世学与河西的千佛思想》,《东方宗教研究》第4期,第236页,1994。
③ 赖鹏举先生认为《思惟略要法》乃由什本《妙法莲华经》中抄撰而出,撰者即为罗什,而时间当稍后于本经译出之后秦弘始八年(406)。罗什用大乘经典整理出大乘禅法,"法华三昧观法"也不是第一次。罗什曾依所译出的《持世经》第五卷"十二因缘品",增补《坐禅三昧经》中的"菩萨十二因缘观"而另成一部禅经。另罗什用其译出的《大智论》内容,增补《坐禅三昧经》中的禅定及神通部分,而形成《禅法要解》之新禅经。见《后秦僧肇的"法华三昧"禅法与陇东南北石窟寺的七佛造像》,《佛学研究中心学报》第2期,第212页,1997。

王、大乐说、观世音、得大势、文殊、弥勒等大菩萨众,是名一心精进如说修行正忆念《法华经》也。此谓与禅定和合,令心坚固。如是三七日中,则普贤菩萨乘六牙白象,来至其所,如经中说。①

从"法华三昧观法"的内容我们可以看出,其依《法华经》的"宝塔品"、"涌出品"、"方便品"、"普贤劝发品",特别是"普贤劝发品"的三七日行法。"法华三昧观法"已经提出观法的简单方法,恭敬普贤、药王、观世音等诸大菩萨,于三七日一心精进,正忆念《法华经》,观想释迦与多宝佛于七宝塔内共坐,然后与禅定合行,令心坚固。其观法的主要内容是"一切诸法,一相一门,所谓无生无灭,毕竟空相",这是实相观的特点,过去、现在、未来诸法于实相中,平等无差别,不生不灭。通过修观,能够见普贤菩萨乘六牙白象来至其前,如"普贤劝发品"中所说,而且能够断除五欲、五盖,增长五根。"法华三昧观法"基本上已经指出,修行的时间、方便、行法、观法以及修行后的证相与功德。

"法华三昧观法"传出后,随着《法华经》信仰在中国流行,推动禅窟、造像的发展,而且成为僧人修行的重要法门。

三、《普贤观经》的忏悔思想

《普贤观经》被称为《法华经》的结经,成为天台宗所依的三部经典之一。此经将《法华经》的末品"普贤菩萨劝发品"三七日行法,更进一步作了详细的说明,特别一层又一层地增加了忏悔法门,最特殊的是为了求得六根清静,而逐条忏悔六根罪业。②

《普贤观经》忏悔思想的特色在于"六根忏悔"、"无生忏悔"。《普贤观经》说:

若比丘、比丘尼、优婆塞、优婆夷,天龙八部,一切众生,诵大乘

---

① 《思惟略要法》,《大正藏》第 15 卷,第 300 页中一下。
② 释圣严:《中国佛教以〈法华经〉为基础的修行方法》,《中华佛学学报》第 7 期,第 8 页,1994。

> 经者,修大乘者,发大乘意者,乐见普贤菩萨色身者,乐见多宝佛塔者,乐见释迦牟尼佛及分身诸佛者,乐得六根清净者,当学是观。此观功德除诸障碍,见上妙色,不入三昧,但诵持故,专心修习,心心相次,不离大乘,一日至三七日,得见普贤。①

《普贤观经》提出的修观目的与《法华经》"普贤菩萨劝发品"相比,明显着重于"六根清净",而且强调诵持的功德。在《普贤观经》中,叙述了大量有关"六根忏悔"的文句,后来为《法华三昧忏仪》所引用。②

《普贤观经》对后世忏法思想最大的影响在于"无生忏悔"及"实相正观"。经中说:

> 观心无心,从颠倒想起。如此想心,从妄想起,如空中风,无依止处。如是法相,不生不灭,何者是罪?何者是福?我心自空,罪福无主。一切法如是,无住无坏。如是忏悔,观心无心,法不住法中,诸法解脱,灭谛寂静。如是想者,名大忏悔,名庄严忏悔,名无罪相忏悔,名破坏心识。行此忏悔者,身心清净不住法中,犹如流水,念念之中,得见普贤菩萨及十方佛。③

《普贤观经》依"观心无心"、"罪福无主"的思想,提倡通过对诸法的理观,观罪性本空,从而达到忏罪清净,这就是经中所说的"若欲忏悔者,端坐念实相,众罪如霜露,慧日能消除"。④

《普贤观经》以观罪性空的实相正观、六根忏悔及强调见普贤菩萨色身的思想,深受天台宗的重视,成为后来忏仪制作的重要思想

---

① 《佛说观普贤菩萨行法经》,《大正藏》第9卷,第389页下。
② 《法华三昧忏仪》说:"……下所说忏悔章句,多用《普贤观经》意,若欲广知忏悔方法,译经自见;若不能广寻,今取意略说以成行法。"《大正藏》第46卷,第952页中。大睿法师曾将二者的文句做成表格进行对照,见《天台忏法之研究》,第113—116页,台北,法鼓文化事业股份有限公司,2000。
③ 《佛说观普贤菩萨行法经》,《大正藏》第9卷,第392页下—393页上。
④ 同上书,第393页中。

依据。①

四、《法华经》信仰的流行情况

鸠摩罗什译出《法华经》并传出"法华三昧观法"后,在《法华经》佛塔信仰及经卷受持功德的促进下,以《法华经》为中心形成各种信仰形态。

圣严法师综合《法华经》的修行方法,指出用得最多的是受持、读诵,其次是讲解、为他人说。至于禅观的三昧行法,则极少有人修持。他综合唐朝惠详撰《弘赞法华传》以及僧祥撰的《法华传记》中的修行者数字②,我们列成表格如下:

行 门	《弘赞法华传》	《法华传记》
翻译	14	—
讲解	45	19
修禅观	3	—
舍身、遗身	12	—
持诵	108	90
转读	12	16
书写	12	34
听闻	—	22
供养	—	17
合计	206	198

综合以上撰于唐朝的两种史料,合计人数是 404 人,仅 3 人是修习禅观的,人数最多的仍是持诵及转读法华经者,相加共得 226 人。此外

---

① 由本义文:《智𫖮と普贤观经》,《印度学佛教学研究》第 23 卷,第 1 号,第 360—363 页,1974。
② 释圣严:《中国佛教以〈法华经〉为基础的修行方法》,《中华佛学学报》第 7 期,第 9 页,1994。坂本幸男先生曾利用僧传的资料,撰成《中国佛教と法华思想の关连》一文,列举出《高僧传》、《续高僧传》、《宋高僧传》、《大明高僧传》中历代《法华经》的研究者,见[日]坂本幸男编《法华经の思想と文化》,第 489—548 页。

便是讲解、书写及舍身烧身的法门,历代都有人修持。

但是,文献的记载毕竟是有限的,石窟、造像、写经及其题记的挖掘,则为研究《法华经》信仰提供了重要的依据。鸠摩罗什译出《法华经》后,在北方迅速传开,对北方佛教的发展起了重要的影响。① 随着南北朝时期法华信仰的盛行,修习"法华三昧"者日多,而"法华三昧观"以释迦、多宝二佛并坐为观想对象;同时,造像的功德也是不可忽略的,促进释迦、多宝并坐造像的增多,而且与弥勒造在一起,组成三世佛,广泛流行于南北朝石窟造像中。②

释迦、多宝二佛造像最早见于北燕太平二年(410)李普造小铜像,高四寸五分,正面造二佛并坐,背面有发愿文:"太平二年九月十一日李普为父母造像一躯供养。"③而有释迦、多宝榜题的造像最早见于炳灵寺第169窟,此窟有西秦建弘元年(420)造像发愿文。窟内第11号龛内画一塔形龛,龛内并列画二佛,均倚坐,右侧佛旁墨书榜题"释迦牟尼佛",左侧佛旁墨书榜题"多宝佛□□"。第13号龛内也画释迦、多宝二佛并坐,并有墨书榜题。④ 另外,第12号龛与第24号龛两铺千佛造像都具有"多宝释迦并坐像"。⑤

在炳灵寺第126窟,西壁(正壁)造释迦、多宝二佛并坐,左右各造一

---

① 贾应逸:《鸠摩罗什译经与北凉时期的高昌佛教》,《敦煌研究》第1期,第146—158页,1999。
② 侯旭东先生曾对400—580年间多方多宝造像进行研究,指出多宝造像及崇拜经历了由无至有(400—479),由少至多(480—489)及由盛渐衰(490—569)的漫长过程;多宝造像与崇拜在平民中影响时间最长,幅度最大,僧尼次之,官吏最小;造像者明确者多见于今河北、河南及山东、山西地区。见《五、六世纪北方民众佛教信仰》,第118—120页,北京:中国社会科学出版社,1998。
③ 大村西崖:《中国美术史·雕塑篇》,国书刊行会,第174页,1980。转引自贺世哲的《敦煌壁画中的法华经变》,敦煌研究院编《敦煌研究文集·敦煌石窟经变篇》,第129页,兰州:甘肃民族出版社,2000。
④ 张宝玺:《炳灵寺的西秦石窟》,《中国石窟·永靖炳灵寺》,第188页,北京,文物出版社,1989。有关炳灵寺第169窟的研究,可以参考赖鹏举《炳灵寺169窟无量寿佛龛所涉之义学与禅学》,《东方宗教研究》第2期,第82页,1990;杜斗城《西秦佛教述论》,《中华佛学学报》第13期卷上·中文篇,第207—226页,2000。
⑤ 赖鹏举:《关河的三世学与河西的千佛思想》,《东方宗教研究》第4期,第250页,1994。

身胁侍菩萨,该窟外门顶崖面上有延昌二年(513)六月十五日曹子元造窟发愿文。炳灵寺第132窟、第128窟(北魏),窟形都同第126窟,都在西窟造释迦、多宝二佛并坐及二胁侍菩萨。炳灵寺第144窟(北魏),西壁造释迦、多宝二佛并坐及二胁侍菩萨。巩县石窟第1窟东壁下部并列开四龛,南起第一龛造释迦、多宝二佛并坐及二胁侍菩萨。天龙山第10窟(北齐),平面方形,主室三壁开三龛,北壁(正壁)龛内造释迦、多宝二佛并坐。① 另外,在云冈早期石窟中,释迦、多宝二佛并坐像比比皆是,据贺世哲先生统计,仅昙曜五窟就多达120余铺。在龙门石窟中,也出现多宝佛的造像。② 在敦煌莫高窟北朝石窟中,现存释迦、多宝二佛并坐像4铺,其中北魏彩塑一铺,塑于第259窟西壁塔柱龛内;西魏壁画2铺,绘于第285窟南壁、第461窟西壁;北周一铺,绘于第428窟西壁。西千佛洞第8窟北壁也有北周绘释迦、多宝二佛并坐像一铺。③ 从隋代开始,敦煌壁画开始出现法华经变,一直到归义军时期,每个时期都出现。④

这些释迦、多宝二佛并坐像的出现,一方面是修习"法华三昧"禅观的需要,这主要局限于僧尼阶层,尤其一些禅窟的开凿,是为了满足修观的需要;但是,石窟、造像很大程度上是出于功德的目的,来自现实、世俗的利益祈求。如云冈17洞铭文:

> 大代太和十二年(488),岁在己巳,九月壬寅朔十九日庚申,比丘尼惠定,身遇重患,发愿造释迦、多宝、弥勒像三区。愿患消除,愿现世安稳,戒行福利,道心日增,誓不退转。以此造像功德,逮及七

---

① 贺世哲:《关于十六国北朝时期的三世佛与三佛造像诸问题(一)》,《敦煌研究》1992年第4期,第12—13页。
② [日]坂轮宣敬:《中国の石窟における法华经の造形表现について》,野村耀昌编《法华经信仰の诸形态》,第293页,京都:平乐寺书店,1976。
③ 贺世哲:《敦煌壁画中的法华经变》,敦煌研究院编《敦煌研究文集·敦煌石窟经变篇》,第129—130页。
④ 有关法华经变,可以参考贺世哲先生前文。另外,[日]野村耀昌:《中国文化と法华钻仰史の连关》,坂本幸男编《法华经の思想と文化》,第97—128页。

世父母,累劫诸师,无边众生,咸同斯庆。①

上面的铭文十分强调造像的功行,这就如"我因造像而积德,请实现我的愿望",这样造什么佛像并不重要。② 重要的是通过功德的因果报应,表达了对佛的法力的信仰。

随着法华信仰在古代中国社会的流传,出现了以法华信仰为核心的团体——法华邑义组织。如东魏兴和四年(542)《李氏合邑造像碑》碑额正面佛龛两缘题名为"都唯那大像碑主李显族、开二佛光明主洛州从事李□",碑左侧第四列第五行题名为"法华经主连景嵩",碑正面有记文及铭文近六百字,全篇充满法华思想。尤其第四行有"开三为级小之心,演一为接大之则"文句,突显《法华经》"开三显一"的"开会"思想。碑额正面的"开二佛光明主洛州从事李□"显示李□为"二佛并坐"的佛像开光者,"二佛并坐"是《法华经》流传中所形成的独特造像型式。③

李氏邑义在组织职务上有"寺主"一人、"讲堂主"一人、"天宫主"两人、"供养主"一人、"行道主"一人、"道场主"一人、"清净主"一人、"行道四面像主"一人。颜尚文先生指出,依照职位的内涵,李氏法华邑义组织应当在寺院、讲堂、道场等神圣设施内担任供养、行道、清净等工作。智𫖮《法华三昧忏仪》系从《法华经》中采录订定的实践办法,其中有清净道场,行道、诵经等活动,可见此法华邑义组织与活动,与后世形成的天台宗有渊源关系。④

《法华经》的信仰以"佛塔信仰"与"经卷受持"为中心,所以除了修习

---

① [日]水野清一、长广敏雄:《云冈石窟》第二卷《云岗金石录》,京都,大学人文科学研究所,第16页,1952—1975。
② [日]佑藤智水:《北朝造像考》,《日本中青年学者论中国史·六朝隋唐卷》,第86页,上海,上海古籍出版社,1995。
③ 颜尚文:《北朝佛教社区共同体的法华邑义组织与活动——以东魏〈李氏合邑造像碑〉为例》,《佛学研究中心学报》第1期,第167—184页,1996。另外,同氏《法华思想与佛教社区共同体——以东魏〈李氏合邑造像碑〉为例》,《中华佛学学报》第10期,第233—247页,1997。
④ 颜尚文:《北朝佛教社区共同体的法华邑义组织与活动——以东魏〈李氏合邑造像碑〉为例》,《佛学研究中心学报》第1期,第180页,1996。

"法华三昧"、造像、开窟以外,便是写经、读诵等信仰形式,敦煌遗书保留了大量《法华经》写本,为研究法华信仰的"经卷受持"形式提供了实例。敦煌遗书中三种《法华经》均有保存,也以罗什修订本为最多,北图藏有菜17号、新16号等约两千号,英、法、俄、日等国所藏数量亦较多,总数约在五千号以上。①

如此多的写经,留下大量的写经题记,如日本书道博物馆所藏卷四题记谓:

> 元年(552)岁次壬申正月庚午朔二十五日甲午成,弟子辛兴升南无一切三世常住三宝,弟子兴升自惟宿行不纯,等类有识,禀受风末尘秽之形,重昏迷俗,沉溺有流,无明所盖。窃闻经云:大觉玄监,信敬大乘,果报无极。以是弟子兴升,国遣使向突贵,儿女在东,即率单情。咸(减)割身分之余,为七世父母、妻子亲眷,敬写《法华经》一部、《无量寿》一部、《药师》一部、《护身命经》一部,愿持之功,一豪之善,使弟子超缠群俗,形升无碍。托生紫宫,登阶十住。辩才无滞(如)舍利弗,不思议力如维摩诘,行如文殊,得道成佛。又愿弟子,儿女相见,现家眷、兄弟、知识、子侄、中表,普及弟子兴升儿女得还家。庆会值佛闻法,含生等同斯契。

写经既是出于佛教信仰上的要求,更表现出世俗现实的愿望,如儿女相见等。这是希望通过信仰的力量,来达到其世俗的目的。

《法华经》强调受持、读诵、书写、为他人说的功行,这些都是出于相同的目的。在得经之后,应当受持;受持之后,应当经常读诵;读诵的时候,应当理解其经义;理解明白经义之后,应当广为人说。同时,为了使得经典流布于广大的人间,在印刷技术尚未发明之时,用手抄写是唯一和最佳的传播方式,所以鼓励亲自书写,或者使人书写,均有无量功德。

---

① 方广锠:《敦煌遗书的〈妙法莲华经〉及有关文献》,《中华佛学学报》第10期,第211—232页,1997。

所以，自从鸠摩罗什译出《法华经》后，以佛塔信仰与经卷受持为信仰中心，出现了以《法华经》为基础的信仰形态，如翻译、讲解、修禅观、舍身、持诵、转读、书写、听闻、供养等修行法门；为了修习"法华三昧"及积累功德的需要，出现了修窟、造"释迦、多宝二佛并坐像"。同时，形成了以《法华经》为核心的"法华邑义组织"，从事有关的佛教活动及社会公益事业。

五、慧思的《法华经安乐行义》

法华信仰可以分为"向上门"的提升与"向下门"的渗透，"向上门"即表现为经典义理的理解及禅法的实践。鸠摩罗什译出《法华经》后，其门下弟子道生即作《法华经疏》，其后注释者络绎不绝。但是，专门阐扬《法华经》禅法的著述，则所见不多，影响最大者当为慧思的《法华经安乐行义》。慧思早年出家时，"诵《法华经》及诸大乘，精进苦行"①。《续高僧传·慧思传》记载，慧思受具足戒后，常坐综业，每日"诵《法华》等经三十余卷，数年之间，千遍便满"。后来，因感梦而"勤务更深，克念翘专，无弃昏晓"，以坐禅和持诵《法华经》为日常功课。见到慧文之后，因受慧文禅师影响，"性乐苦节，营僧为业，冬夏供养，不惮劳苦，昼夜摄心，理事筹度"。后来，放身倚壁，背未至壁的瞬间，"霍尔开悟，法华三昧，大乘法门，一念明达。十六特胜，背舍阴入；便自通彻，不由他悟"②。慧思在开悟前所修禅法甚多，如四静虑、四空定、十六特胜、八背舍等，但是后来他

---

① 《南岳思大禅师立誓愿文》，《大正藏》第 46 卷，第 787 页上。《立誓愿文》因《续高僧传》未曾载录，故曾认为属于伪作。但是，经过中外学者研究，大部分观点仍然认为该文是慧思的著作。如潘桂明《智𫖮评传》第 1 版，第 85 页，1996；佐藤哲英认为《立誓愿文》是慧思在北齐天保九年(558)执笔完成大部分，但第二十七愿中的第九愿以后，形式与誓愿不同，可能是属于后来追加。同氏《续·天台大师の研究》，第 166—183 页，京都，百花苑，1981。有关慧思的研究，见[日]神达知纯《日本对南岳慧思研究之现状》，《光山净居寺与天台宗研究》，第 289—294 页，香港，天马图书有限公司，2001。
② 《续高僧传》卷一七，《大正藏》第 50 卷，第 562 页下—563 页上。

能够"以大小乘中定慧等法,敷扬引喻,用摄自他"①,成为道宣所敬重的大禅师②,其禅法独盛江南。③ 他在临终前曾经对弟子说:

> 若有十人,不惜身命,常修法华、般舟、念佛三昧、方等忏悔、常坐苦行者,随有所须,吾自供给,必相利益。如无此人,吾当远去。④

《续高僧传》列出法华、般舟、念佛、常坐三昧及方等忏悔等,这些是慧思禅法的主要内容,后来成为天台智者《摩诃止观》的四种三昧。⑤

慧思佛教思想的经典依据主要是《大品般若经》和《法华经》,他视《大品般若经》为次第义,而视《法华经》为圆顿义。所以,在修行实践上,《随自意三昧》、《诸法无争三昧法门》以般若空观的实践为中心,而《安乐行义》则说《法华经》的实践道。⑥《安乐行义》是慧思通过苦修悟得"法华三昧"后的经验总结,开头便说:

> 《法华经》者,大乘顿觉,无师自悟,疾成佛道,一切世间,难信法门。凡是一切新学菩萨,欲求大乘,超过一切诸菩萨,疾成佛道,须持戒、忍辱、精进,勤修禅定,专心勤学法华三昧。⑦

慧思在《安乐行义》中说明,修行应该如《法华经·常不轻菩萨品》中观一切众生如佛想,如《安乐行品》中勤修禅定。这实际上是他通过修习《法华经》而获得"无师自悟"的写照,他由《法华经》而悟"法华三昧",所以主张一切修行者欲求学大乘而疾成佛道,也应该以《法华经》为中心而

---

① 《续高僧传》卷一七,《大正藏》第 50 卷,第 563 页上。
② 道宣称赞"思远振于清风",《续高僧传》卷二〇,《大正藏》第 50 卷,第 597 页中。
③ 冉云华:《中国早期禅法的流传和特点——慧皎、道宣所著"习禅篇"研究》,《华冈佛学学报》1984 年第 7 期,第 63—99 页。
④ 《续高僧传》卷一七,《大正藏》第 50 卷,第 563 页下。
⑤ 村中祐生先生认为,从《慧思传》所见诸种三昧名推测,多种修行形态可能性较多,天台大师仅仅整理为四种。见《北齐の奉佛と菩萨の修行法の形成》,《大正大学研究纪要》第 76 辑,第 42 页,1991。
⑥ [日]佐藤哲英:《续·天台大师の研究》,第 284 页。这三种著作中,其时间先后为《随自意三昧》、《诸法无争三昧法门》、《法华经安乐行义》,见同书第 267—268 页。
⑦ 《法华经安乐行义》,《大正藏》第 46 卷,第 697 页下。

修习"法华三昧"。

《安乐行义》对"法华三昧"行法的主要内容概括如下：

> 欲求无上道，修学《法华经》，身心证甘露，清净妙法门。持戒行忍辱，修习诸禅定，得诸佛三昧，六根性清净。菩萨学《法华》，具足二种行，一者无相行，二者有相行。①

慧思认为《法华经》是利根菩萨的修行法门，其特色在于"顿觉"、"疾成佛道"，而修行的基础在于众生本来六根清净，修行只是回归此"本来清净"，《安乐行义》不断强调这一点，其理论即是如来藏清净心："无相四安乐，甚深妙禅定，观察六情根，诸法本来净，众生性无垢。无本亦无净，不修对治行，自然超众圣。无师自然觉，不由次第行，解与诸佛同，妙觉湛然性。"② 而且，慧思在解释经题时，将"妙"解释成"众生妙"，"法"解释成"众生法"，而"众生妙"即是"一切人身六种相妙"、"六自在王性清净"，这即是基于如来藏、一乘思想的"本来六根清净"，最后达到"人身即是众生身，众生身即是如来身"。

但是，回归此"本来清净"必须修习"四安乐行"，即第一，正慧离著安乐行；第二，无轻赞毁安乐行（亦名转诸声闻令得佛智安乐行）；第三，无恼平等安乐行（亦名敬善知识安乐行）；第四，慈悲接引安乐行（亦名梦中具足成就神通智慧佛道涅槃安乐行）。"四安乐行"在《法华经·安乐行品》中出现，慧思依"安乐行品"而阐释"无相安乐行"：

> 无相行者，即是安乐行。一切诸法中，心相寂灭毕竟不生，故名为无相行也。常在一切深妙禅定，行住坐卧饮食语言一切威仪，心常定故……安乐行中，深妙禅定即不如此。何以故？不依止欲界，不住色无色，行如是禅定。是菩萨遍行，毕竟无心想，故名无

---

① 《法华经安乐行义》，《大正藏》第46卷，第698页上。
② 同上书，第698页上。紧接着前文偈子后面，引用了《央掘魔罗经》、《南本涅槃经》的如来藏、一乘思想，见[日]菅野博史《中国法华思想の研究》，第251页，东京，春秋社，1994。

想(相)行。①

慧思依《安乐行品》的思想②,将"诸法实相"的般若空义理,贯彻于禅观实践中,由于认识到一切法的空性,因此能对三界诸法无诸执著,不为受阴等一切法所动,于一切威仪中,心常住于禅定的境界。慧思用"三忍"来说明无相行的具体内容,即"众生忍"、"法性忍"、"法界海神通忍"。

慧思依《法华经·普贤菩萨劝发品》立"有相行","无相行"专明禅定,而"有相行"则不是专明禅定,强调散心读诵《法华经》:

> 复次有相行,此是《普贤劝发品》中,诵《法华经》,散心精进。如是等人,不修禅定,不入三昧,若坐、若立、若行,一心专念《法华》文字,精进不卧,如救头然,是名文字有相行。此行者不顾身命,若行成就,即见普贤金刚色身,乘六牙象王住其人前,以金刚杵拟行者眼,障道罪灭,眼根清净得见释迦,及见七佛。复见十方三世诸佛,至心忏悔,在诸佛前五体投地,起合掌立,得三种陀罗尼门……若顾身命,贪四事供养,不能勤修,经劫不得,是故名为有相也。③

慧思用"有相行"来普摄钝根众生,由修习"有相行"而入"无相行",是其提倡"有相行"的目的。虽然"有相行"强调散心读诵《法华经》,但是要求不顾身命,精进努力,一心专念《法华经》;如果顾惜身命、贪求四事供养,不能精进修行,则"有相行"亦难以成就。成就"有相行",便能见普贤菩萨乘六牙白象,来到修行者之前,同时见释尊、过去七佛及十方三世佛,得三种陀罗尼门。而且,慧思提到"至心忏悔,在诸佛前,五体投地",这是《法华经》中所没有的。

---

① 《法华经安乐行义》,《大正藏》第46卷,第700页上。
② 《法华经·安乐行品》说:"观一切法空如实相,不颠倒、不动、不退、不转如虚空,无所有性,一切语言道断。"卷五,《大正藏》第9卷,第37页中。
③ 《法华经安乐行义》,《大正藏》第46卷,第700页中。

三种陀罗尼门分别为:

一、总持陀罗尼,肉眼天眼菩萨道慧;

二、百千万亿旋陀罗尼,具足菩萨道种慧,法眼清净;

三、法音方便陀罗尼,具足菩萨一切种慧佛眼清净。

这三种陀罗尼名称,《法华经》中没有明确提到"总持陀罗尼",但提到"旋陀罗尼"、"百千万亿旋陀罗尼"、"法音方便陀罗尼"三种陀罗尼。① 慧思将"旋陀罗尼"替换为"总持陀罗尼",可能因为"旋陀罗尼"与"百千万亿旋陀罗尼"有重复的嫌疑,而且《法华经》中说道:"万亿旋总持"②,所以才别立这三种陀罗尼门。

同时,智者大师在慧思门下修学时,诵《法华经》"药王菩萨本事品",心缘菩萨的烧身供佛的苦行,而读至"是真精进,是名真法供养如来"句,便悟见与思禅师处于灵山法华盛会,他将此经验请示思禅师,而慧思感叹说:"非尔弗证,非我莫识,所入定者法华三昧前方便也,所发持者,初旋陀罗尼也。"③ 这里所谓"初旋陀罗尼",即是慧思《安乐行义》中所说"总持陀罗尼"。

《安乐行义》最后提到禅观的最高行门——诸法实相观:

> 观诸法如实相者,五阴、十八界、十二因缘,皆是真如实性。无本末、无生灭,无烦恼、无解脱;亦不行不分别者,生死涅槃无一无异,凡夫及佛无二法界,故不可分别。亦不见不二,故言不行不分别,不分别相不可得。故菩萨住此无名三昧,虽无所住而能发一切

---

① 《法华经·普贤菩萨劝发品》:"是人若行、若立,读诵此经。我尔时乘六牙白象王,与大菩萨众俱诣其所,而自现身。供养守护,安慰其心。亦为供养《法华经》故,是人若坐思惟此经,尔时我复乘白象王现其人前。其人若于《法华经》,有所忘失一句一偈,我当教之与共读诵,还令通利。尔时,受持读诵《法华经》者,得见我身,甚大欢喜,转复精进。以见我故,即得三昧及陀罗尼,名为旋陀罗尼、百千万亿旋陀罗尼、法音方便陀罗尼,得如是等陀罗尼。"《法华经》卷五,《大正藏》第9卷,第61页上—中。
② 《法华经》卷五,《大正藏》第9卷,第44页中。
③ 《隋天台智者大师别传》,《大正藏》第50卷,第192页上。

神通,不假方便,是名菩萨摩诃萨行处。初入圣位即与等,此是不动真常法身,非是方便缘合法身。亦得名为证如来藏乃至意藏。①

"诸法如实相"是《法华经·安乐行品》的内容,但是慧思用般若空观进行了自己的解释,提出"诸法如实相"是不分别,但又不能不分别,因为不分别相不可得,即是般若空,空亦复空。

所以,慧思在禅法上重视"法华三昧"等三昧,在禅观上重视"诸法实相",成为后来智者大师止观学说的雏形。而且,智者大师吸收"无相行"与"有相行","有相行"即是后来的六根忏悔,"无相行"即是后来的观无生忏悔。智者大师在制作《法华三昧忏仪》时,继承了慧思的禅法思想,同时也吸收了其禅法行仪,主要是《安乐行义》。《法华三昧忏仪》说:"行法相貌,多出《普贤观经》中,及《四安乐行》中。行者若欲精进修三昧,令行无过失,当熟看二处经文。"②而且,最主要的是《法华三昧忏仪》的"实相正观法"及"修证相"来源于《安乐行义》。

第五节 南北朝的药师佛、观音信仰和舍利信仰

随着各种以佛菩萨(如阿弥陀佛、药师佛、弥勒、观音等)为信仰对象的经典相继传入汉地,西方净土、弥勒净土等净土信仰,药师、观音等具有现实救济特点的佛菩萨信仰都逐渐流行于汉地。

一、南北朝的药师佛信仰

药师信仰是以药师佛为信仰对象,以消灾、延寿、治病为信仰目标,通过礼拜、造像、忏悔、写经、法会等信仰形态,可见药师信仰重视"现生安乐"的信仰特征。药师信仰是中国佛教信仰的重要组成部分,随着《药

---

① 《法华经安乐行义》,《大正藏》第 46 卷,第 701 页中一下。
② 《法华三昧忏仪》,《大正藏》第 46 卷,第 954 页中。

师经》的传译,中国佛教界通过对《药师经》进行注疏而阐发思想,完善药师信仰的仪轨,将信仰直接推向民众的生活。从南北朝至现代,药师信仰一直绵延不绝,成为中国佛教徒的重要信仰之一。

药师信仰传到中国后,在发展过程中为了适应中华文化,信仰形态发生了巨大的变化。药师信仰因其种种奇妙功效,重视现世安乐的特点,自南北朝以降历朝历代都有大量的信徒。如达摩笈多《药师如来本愿功德经序》:"致福消灾之要法也,曼殊以慈悲之力,请说尊号;如来以利物之心,盛陈功业。十二大愿,彰因行之弘远;七宝庄严,显果德之纯净。忆念称名,则众苦咸脱;祈请供养,则诸愿皆满。至于病士求救,应死更生;王者攘灾,转祸为福。信是消百怪之神符,除九横之妙术矣!"①药师佛的造像、图绘,《药师经》的刻造与传抄、讲解及注疏等,为药师信仰的弘传奠定了基础;同时,药师佛灵验故事的产生,亦起到了推动的作用。

《灌顶经》译出后,"续命法"成为药师信仰的主要形态,在南北朝时期便广泛流传。敦研009《灌顶经》卷一二题记:"太和十二年(488)五月十五日。《佛说灌顶章句拔除过罪生死得度经》。"敦研343《皇兴二年康那造幡发愿文》说:

> 皇兴二年(468)四月八日,岁在戊申,清信士康那造成五色幡卅九尺,上十方诸佛,发精诚之愿:夫至道虚凝,幽玄难究,灵觉久潜,真途遂塞,缘使有形轮转昏迷,邪见缚著,利欲住而莫还。那恐沉溺,去真喻远,茫(长)夜翳障,永不自息。慨在聋俗,道世交丧,仰惟妙门虚空□释(?),微无不感,精专毕济。愿眷属所生,值遇诸佛,听闻经法;信解妙旨,朗悟道场;弃恶入善,三宝□天,更无邪念;与七世父母,现在眷属,内外诸亲,并无边众生,齐均信向,共成菩提,

---

① 《药师如来本愿功德经序》,《大正藏》第14卷,第401页上。

是那眷属之所至愿也。

依敦煌流传的《灌顶经》题记,康那于北魏皇兴二年(468)造幡,应该是依据《灌顶经》。虽然,刘宋大明元年(457),秣陵鹿野寺比丘慧简依《药师经》抄撰"续命法",流行于世,但是无法判断康那是否依慧简"续命法"而造幡发愿①。

"续命法"在南北朝确实开始流传。如《周书》卷四六《张元传》记载:

> 及元年十六,其祖丧明三年,元恒忧泣,昼夜读佛经,礼拜以祈福祐。后读《药师经》,见盲者得视之言,遂请七僧,燃七灯,七日七夜,转《药师经》行道。每言:"天人师乎!元为孙不孝,使祖丧明。今以灯光普施法界,愿祖目见明,元求代暗。"如此经七日。其夜,梦见一老公,以金铩治其祖目。谓元曰:"勿忧悲也,三日之后,汝祖目必差。"元于梦中喜跃,遂即惊觉,乃遍告家人。居三日,祖果目明。②

北周时期的张元为其祖求治目盲,于是请七位僧人,燃七盏灯,七日七夜,读《药师经》,这是真正实践"续命法"。

在南朝,僧祐《出三藏记集》卷一三所收《法苑杂缘原始集目录》,其中有《七层灯五色幡放生记》,并且说"出《灌顶经》"③,可惜内容不详。陈文帝设立规模宏大的药师斋忏,大力宣扬药师佛致福消灾的功德,形成了很大的社会影响。陈文帝《药师斋忏文》曰:

> 窃以,诸行无常,悉为累法,万有颠倒,皆成苦本。热炎镜像,知变易之不停;漂草爨矛,见生灭之奔迅。随业风而入苦海,报障而趣幽途。去来三界,未见可安之所;轮回五道,终无暂息之期。药师如

---

① 李小荣认为康那是依慧简"续命法"而造幡。见《敦煌密教文献论稿》第 191 页,北京,人民文学出版社,2003。
② 《周书》卷四六《张元传》,第 832 页,北京,中华书局,1995。《北史》卷八四亦有提及,第 2834 页。《法苑珠林》卷六二,《大正藏》第 53 卷,第 761 页中。
③ 《出三藏记集》卷一三,《大正藏》第 55 卷,第 90 页下。

来,有大誓愿,接引万物,救护众生。导诸有之百川,归法流之一味,亦能施与花林,随从世俗,使得安乐,令无怖畏。至如八难九横,五浊三灾,水火盗贼,疾疫饥馑,怨家债主,王法县官,凭陵之势万端,虔杀之法千变,悉能转祸为福,改危成安。复有求富贵,须禄位,延寿命,多子息,生民之大欲,世间之切要,莫不随心应念,自然满足。故知诸佛方便,事绝思量。弟子司牧寡方,庶绩未乂,方凭药师本愿,成就众生。今谨依经教,于某处建如干僧如干日药师斋忏,现前大众,至心敬礼本师释迦如来,礼药师如来!慈悲广覆,不乖本愿,不弃世间,兴四等云,降六度雨,灭生死火,除烦恼箭。十方世界,若轮灯而明朗;七百鬼神,寻结缕而应赴。障逐香然,灾无复有;命随幡续,渐登常住。游甚深之法性,入无等之正觉,行愿圆满,如药师如来。①

南北朝时期流行各种斋会,斋会的内容主要是礼拜、忏悔、经典读诵等各种礼仪行为。《药师斋忏文》并没有具体的仪轨形式,只知有礼敬诸佛及幡灯。当然,修忏的目的在于祈求消灾免难,治愈疾病,延长寿命,得富贵禄位,都是对现世利益的祈求。可见,《药师斋忏文》是举行"药师斋"时的法会文疏,或许是通行文疏,因为提到"今谨依经教,于某处建如干僧如干日药师斋忏"。

通过礼拜药师佛、诵《药师经》,或者结合"续命法"的坛场布置,举行放生、布施等活动,从而形成隆重的药师信仰法会。这些药师法会的实践,无疑推动了药师忏仪的制定。

二、南北朝的观世音信仰

随着对《法华经》讲解、读诵的盛行,体现《法华经》救济思想的代表作品——《观世音菩萨普门品》单独流行,《普门品》叙述了观世音菩萨的志愿,救度各种苦难的"威神功德",以及随众生类别而显现不同身相的

---

① 《广弘明集》卷二八,《大正藏》第 52 卷,第 334 页中—下。

"善权方便";同时,《普门品》亦阐明了众生获得观世音菩萨救度的方法,如称名、闻名、归心、礼敬等。《普门品》揭示了观音的救难信仰,激起中国民众的信仰高潮。

(一) 观世音译名与观世音经典的传入

观世音的梵文,一般认为是 Avalokiteśvara,音译为"阿缚卢枳低湿伐罗"、"阿那波娄去低输"等,在隋唐以前,多译为光世音、观世音及观音;玄奘译为观自在。确切可知的最早翻译,竺法护于太康七年(286)译出《正法华经》,译为"光世音";元康元年(291),无罗叉译出《放光般若经》,译为"观音声"。太康初年至永嘉末年(280—321),聂道真译有缺本《观世音受记经》,而且在其所译《文殊般若涅槃经》、《无垢施菩萨应辩经》已经用了"观世音"的译名;后魏菩提流支于正始五年(508)所译《法华经论》,则出现"观世自在"的译法。《大唐西域记》卷三说:

> 唐言观自在,合字连声,梵语如上。分文散音,即阿缚卢枳多,译曰观;伊湿伐罗,译曰自在。旧译为光世音,或云观世音,或观世自在,皆讹谬也。①

可见,新译与旧译有明显的差别。

译为"观世音",可以从《普门品》中找到经典的依据:"若有无量百千万亿众生受诸苦恼,闻是观世音菩萨,一心称名,观世音菩萨即时观其音声皆得解脱。"②从菩萨的功德义译为"观世音",这也是一种解释。但是,"观世音"或"观音"是否为"误译"? 唐代华严宗法藏解释:

> 观世音者,有名"光世音",有名"观自在"。梵名"逋卢羯底摄伐罗","逋卢羯底"此云"观","毗卢"此云"光",以声字相近,是以有翻为"光";"摄伐罗"此云"自在","摄多"此云"音"。勘梵本诸经中有

---

① 《大唐西域记》卷三,《大正藏》第 51 卷,第 883 页中。
② 《妙法莲华经》卷七,《大正藏》第 9 卷,第 56 页下。

作"摄多",有"摄伐罗",是以翻译不同也。①

法藏提出梵文原典本身就有两种不同的名称。1927 年,在新疆出土的 5 世纪末的三个《法华经》断片中五次出现 Avalokitasvara,从而证明了法藏的说法。②

但是,法藏的解释仍然没有解释清楚"误译"的问题。日本平安时代的悉昙学者明觉在《悉昙要诀》卷三解释说:

> 翻有四种:敌对翻、会意翻、增事翻、异事翻也。今 Avalokita 观,Iśvara 自在者,是敌对翻意也。Avabhāsa 此云光,故 ava 亦云光;avaloka 云观,故 ava 亦云观,此增字翻意也。新译中 loka_(i)śvara 云观自在,岂非增字翻耶。lokita 正言世,但śvara 云音者śs 二字梵文多滥,此字作不同,不知何形为正,故随形而翻欤。玄应《一切经音义》意云:龟兹本云讽婆罗,故翻云音;天竺本云湿婆罗,故翻为自在。可见正文,此意依śvara 本,云自在;依 svara 本,云音也,此为异事翻也。有二义,故合而言之,名为音自在。例如 simha 言下有师子义、无畏义,故合云师子无畏;jina 言下有二义:仁者义、胜者义,故合云仁胜者。此亦如是,有何过耶!③

明觉强调梵文的不同译法,译为"观世音"是正确的;另外,玄应指出龟兹本与天竺本的不同,而且旧译多数是从西域传来。但是,玄奘亲自前往印度,而且往返于西域,他不可能不知道这种差别。《大唐西域记》说"皆讹谬也",《大唐大慈恩寺三藏法师传》卷二在引用与《大唐西域记》相同的文句后,评价说:"皆讹也"④,并没有出现"谬"字。可见,"谬"字是

---

① 《华严经探玄记》卷一九,《大正藏》第 35 卷,第 471 页下。
② 郑僧一:《观音——半个亚洲的信仰》,郑振煌译,第 241 页,台北,华宇出版社,1987。
③ 《悉昙要诀》卷三,《大正藏》第 84 卷,第 540 页下—541 页上。
④ 《大唐大慈恩寺三藏法师传》卷二,《大正藏》第 50 卷,第 230 页下。

后人在抄写时加入的。① 根据"讹"的评价,西域语是梵语的方言、俗语,而旧译是依此"讹"而翻译的,并非是"误译"。

(二)南北朝的观音信仰

中国汉传佛教的观音信仰,主要是源于《普门品》的功德救难,所以是随着《法华经》的流传而逐渐盛行,于是各种宣扬观世音灵验的故事集亦应运而生。

就目前所知,最早将观世音灵验故事编纂成书,是东晋谢敷《光世音灵验记》,后来,他把自己所录的十多则应验故事赠给好友傅瑗。由于东晋末年的"孙恩之乱",藏在会稽傅家的此书散失殆尽。刘宋时期,傅瑗之好友傅亮根据记忆追写其中七则,即是流传至今的《光世音应验记》;后来,张演又撰集自己所闻十则,续于傅书之后,是为《续光世音应验记》。萧齐时代,张演的堂外孙陆杲又根据当时的书籍、传闻,辑录观世音应验故事六十九则,系于傅、张二书之后,即是《系观世音应验记》。这三种书,共计辑录观世音应验故事八十六则,总称为《观世音应验记三种》。这三种应验记的古抄本,20世纪在日本发现,引起学界的注意。②

这些灵验故事的产生与传播,无疑说明了六朝时期观世音信仰的广泛流传。在北朝,《普门品》亦是人人皆诵,如功迥六岁想出家,父母"亲口授《观音经》"③;慧琳"常念《观音经》三年",法通"诵《观音经》昼夜不舍"④,读诵《普门品》是观音信仰的重要表现。另外,抄写《观音经》,在北朝亦十分盛行。如北魏孝昌三年(527)四月八日,敦煌在家佛弟子尹波写《观音经》四十卷,"施诸寺读诵",题记中发愿文如下:

---

① [日]松本文三郎:《観音の语义と古代印度、支那におけるその信仰について》,速水侑编《观音信仰》,第5—6页,东京,雄山阁,1991。
② 见[日]牧田谛亮《六朝古逸观世音应验记の研究》,京都,平乐寺书店,1970;孙昌武点校《观世音应验记三种》,北京,中华书局,1994;董志翘《观世音应验记三种译注》,南京,江苏古籍出版社,2002。
③ 《续高僧传》卷一三《功迥传》,《大正藏》第50卷,第528页下。
④ 《续高僧传》卷二五《慧琳传》、《法通传》,《大正藏》第50卷,第663页上、中。

> 愿使二圣慈明,永延福祚;九域早清,兵车息甲。戎马散于茂苑,干戈辍为农用。文德盈朝,哲士溢阙。锵锵济济,隆于上日,君道钦明,忠臣累叶。八表宇宙,终齐一轨。愿东阳王殿下,体质康休,洞略云表;年寿无穷,永齐竹柏。保境安蕃,更无虞处;皇途寻开,早还京国。①

在题记中,尹波表达了国家兴盛、和平的愿望,而且提到"东阳王"元荣。元荣为王朝宗室,任瓜州刺史长达二十年(525—545),他信仰佛教,于是将中原的佛教信仰带到敦煌。尹波祝愿元荣能够"早还京国",充分体现了观音信仰的现实性、功利性。

同时,观世音菩萨的造像以及《普门品》的刻经时有出现,如龙门石窟有《尹伯成妻题记》:

> 永平四年(511)十二月十二日,清信女尹伯成妻□,为亡夫伯成,造观音像一躯,愿使侍佛闻法,永离三途,一切众生,普同斯愿。②

另外,武定六年(548)九月九日志朗造像(今山西平定)提到刻有《观音经》,天保十年(559)二月十日李荣贵兄弟等造像碑亦云刻有《妙法莲华经观世音普门品第廿四》。③ 这些造像、刻经,都反映了观音信仰在南北朝的流行。

在北朝,释迦、弥勒、观世音的造像影响最广,但是观音信仰更为稳定,而北朝后期随着阿弥陀佛信仰的流行,释迦、弥勒的崇拜渐衰,而观音信仰在南北朝流行后,隋唐以后更是风靡各地,更为普及。

三、南北朝的舍利信仰

舍利是梵文 Sarira 的音译,意译为体、身、身骨、遗身。通常是指佛

---

① 黄征、吴伟校注:《敦煌愿文集》,第812页,长沙,岳麓书社,1995。
② 陆增祥:《八琼室金石补正》卷一三,第73页,北京,文物出版社,1985。
③ 侯旭东:《五、六世纪北方民众佛教信仰》,第138页,北京,中国社会科学出版社,1998。

陀之遗骨,称为佛骨、佛舍利;后来,亦指高僧死后焚烧所遗留下之坚固骨头。安置佛舍利的宝塔,称为舍利塔;安置佛舍利之瓶,称为舍利瓶;供养佛舍利之法会,则称为舍利会。在早期佛教的无像时代,崇拜舍利和佛塔是佛教徒信仰的主要形式之一;而且,随着绕塔、礼拜、供养舍利等功德思想的流行,舍利信仰迅速发展。

佛陀舍利的传播,与佛陀入涅槃后,八国分配佛舍利有关。依据《长阿含经》卷四《游行经》记载:佛陀荼毗后,波婆国的末罗民众想分得舍利,在本土起塔供养,于是准备象兵、马兵、车兵、步兵四种兵到拘尸城,派遣使者请求分舍利。但是,拘尸王认为世尊在他的国家灭度,国内之士民应当自己供养,于是拒绝分舍利。同时,遮罗颇国的诸跋离人、罗摩伽国的拘利人、毗留提国的婆罗门、迦毗罗卫国的释种人、毗舍离国的离车人及摩揭陀国阿阇世王也各自准备四种兵进渡恒水,商议由香姓婆罗门来分配舍利,拘尸王以同样的理由拒分舍利。诸王听后,想动干戈以武力争取,香姓婆罗门告诉诸王不可以这样做,这样有违佛陀的精神。于是,在香姓婆罗门的主持下,八分舍利与八国,八国皆得舍利而归,各自起塔供养。

八分舍利后,到了阿育王时代,阿育王开启罗摩伽国以外的七个塔,取其舍利盛于八万四千宝箧中,建立八万四千宝塔。根据巴利文《大史》记载,阿育王的儿子摩哂陀到锡兰弘扬佛教,天爱帝须王就向阿育王请求舍利,并且以极庄严的仪式迎请。另外,根据《高僧法显传》"师子国(锡兰)条"记载,该国王城中有佛齿精舍。①《大唐西域记》卷一〇也有相同的记载,僧伽婆罗国(锡兰)王宫之侧有佛牙精舍。②

印度西域地区也盛行供养佛舍利,如《法显传》记载,那竭国界醯罗城中有佛顶骨精舍。《大唐西域记》卷一"迦毕试国条"记载,该国有龙王

---

① 《高僧法显传》,《大正藏》第 51 卷,第 865 页上。
② 《大唐西域记》卷一一,《大正藏》第 51 卷,第 934 页上。

所建的窣堵波,其中供奉如来的骨肉舍利;在王城西北之大河南岸有旧王伽蓝,其中供奉如来顶骨一片。① 又根据《大唐西域记》卷一二记载,玄奘归国时携回如来舍利 150 粒。②《宋高僧传》卷一则记载,唐代义净归国时携回舍利 300 粒。③

  魏晋南北朝时期,舍利信仰曾经是构成中古的政治、社会图像的重要成分之一。佛教传入中国之初,僧人便开始用舍利的奇迹示现,来说服帝王信服。《高僧传》记载,康僧会来到建业,孙权认为汉明帝当时梦见神为佛,并不可信,便召见康僧会。康僧会说:"如来迁迹忽逾千载,遗骨舍利神曜无方。昔阿育王起塔乃八万四千,夫塔寺之兴,以表遗化也。"于是,孙权说康僧会若能得到舍利而有灵验,便为他造塔立寺;若不能的话,就要依法加以处罚。康僧会在一间静室里,洁斋祈祷,经过二十一天,竟然以他的至诚,而有舍利出现在他准备好的铜瓶内。这种奇迹说服了孙权,因此建塔立寺,称为"建初寺"。④

  中国佛教的舍利信仰,来源于阿育王舍利塔的建造。在刘宋宗炳(375—443)《明佛论》中,提到山东临淄、山西蒲阪有阿育王寺的遗址。⑤《高僧传·慧达传》记载,慧达,俗名刘萨河,遵师父教诲,前往南方觅阿育王塔像。慧达至建康长干寺,见寺院塔刹放出奇异光芒,挖掘塔下,发现了铁函、银函、金函相套,金函中有三个舍利、爪甲和头发,当时人认为这是阿育王所起八万四千宝塔之一。于是,在原来塔侧,再建一个新塔瘗藏舍利。⑥《魏书·释老志》记载:

> 于后百年,有王阿育,以神力分佛舍利,役诸鬼神,造八万四千塔,布于世界,皆同日而就。今洛阳、彭城、姑藏、临淄皆有阿育王

---

① 《大唐西域记》卷一,《大正藏》第 51 卷,第 875 页上。
② 《大唐西域记》卷一二,《大正藏》第 51 卷,第 946 页下。
③ 《宋高僧传》卷一《义净传》,《大正藏》第 50 卷,第 710 页中。
④ 《高僧传》卷一《康僧会传》,《大正藏》第 50 卷,第 325 页中—下。
⑤ 《弘明集》卷二,《大正藏》第 52 卷,第 12 页下。
⑥ 《高僧传》卷一三《慧达传》,《大正藏》第 52 卷,第 409 页中。

寺,盖承其遗迹焉。①

后来,阿育王佛舍利塔逐渐增多,《广弘明集》卷一五列举十七塔,《集神州感通录》列有十九塔。《法苑珠林》增加到二十一所。但是,这些阿育王佛舍利塔于今唯存会稽鄮县塔(在今浙江宁波阿育王寺)。

依目前文献来看,最早的舍利崇拜是北魏孝文帝时代。1964年,河北省定县出土瘗埋舍利的石函,石函盖的盝顶上刻铭记十二行,叙述了造塔的缘起。舍利贮于葫芦形小玻璃瓶内。石函内置有专用来拣取舍利的铜匙、铜镊;还有由玻璃、玛瑙、水晶、珍珠、珊瑚、红宝石组成的串饰和铜钱、波斯银币,这些是被当作所谓"七宝"和舍利一块瘗埋的;其他如金银耳坠、镯子、戒指、钗环等物是作为财宝施入的。至于印章、铜镞、残铜镜片等,则是人们按照当时墓葬的随葬习俗舍入的。可知这是北魏孝文帝太和五年(481)所修建的一座五层佛塔的舍利塔下埋藏之物。

中国佛教舍利信仰的兴盛,始于梁武帝。梁武帝的政教结合与阿育王的一生思想、行为十分相似。梁武帝于天监十一年(512)敕令扶南国人僧伽婆罗重译《阿育王经》,于是在梁武帝晚年出现崇拜阿育王佛舍利塔的行为。《梁书·扶南国传》记载:"(大同)二年(536),改造会稽鄮县塔,开旧塔出舍利,遣光宅寺释敬脱等四僧及舍人孙照暂迎还台,高祖礼拜竟,即送还县,入新塔下,此县塔亦是刘萨诃所得也。"②大同三年(537)八月,梁武帝下令改造建康阿育王寺塔,从塔基发掘出佛舍利和爪发,举办了无碍大会,并且赦免天下所有罪犯。梁武帝《出古育王塔下佛舍利诏》:

> 大同四年八月,月犯五车,老人星见。改造长干寺阿育王塔,出舍利佛发爪。阿育铁轮王也,王阎浮一天下,一日夜役鬼神造八万四千塔,此其一焉。乘舆幸长干寺,设无碍法喜食。诏曰:天地盈

---

① 《魏书》卷一一四《释老志》,第3028页。
② 《梁书》卷五四《扶南国传》,第792页。

虚,与时消息。万物不得齐其蠢生,二仪不得恒其覆载。故劳逸异年,欢惨殊日。去岁失稔,斗粟贵腾,民有困穷,遂臻斯滥。原情察咎,或有可矜,下车问罪,闻诸往诰。责归元首,寔在朕躬。若皆以法绳,则自新无路。书不云乎,与杀不辜,宁失不经。易曰:随时之义,大矣哉!今真形舍利复现于世,逢希有之事,起难遭之想。今出阿育王寺说无碍会,耆年童齿,莫不欣悦,如积饥得食,如久别见亲。幽显归心,远近驰仰,士女霞布,冠盖云集。因时布德,允协人灵,凡天下罪无轻重,皆赦除之。①

《广弘明集》的"大同四年"应为三年,是大同三年(537)八月二十一日至二十八日。梁武帝还将一粒舍利请入皇宫中供养,于九月五日,命令太子王侯百官一起恭迎舍利,共有数十万人参观了迎舍利的活动。

大同四年(538)九月十五日,梁武帝设无碍大会,建造两座佛塔,在金瓶和玉瓶中装入舍利和佛发爪。舍利供养的法会非常盛大,王侯百姓所施舍的财富堆积如山。② 皇太子萧纲捐钱一百万,共襄胜举,并呈上《奉阿育王寺钱启》:

臣讳言:臣闻八国同祈,事高于法本;七区皆蕴,理备于涌泉。故牙床白伞,无因不睹;金瓶宝函,有缘斯出。伏惟陛下,悬天镜于域中,运大权于宇内。三有均梦,则临之以慧日;百药同枯,则润之以慈雨。动寂非己,行住因物,无能名矣,臣何得而称焉。故以昭光赤书,贱前史之为瑞;珥芝景玉,嗤往代之为珍。难遇者乃如来真形舍利,昭景宝瓶,浮光德水,如观钩锁,似见龙珠。自非圣德威神,无以值斯希有。天人顶戴,遐迩归心。伏闻阿育王寺方须庄严,施巨万金,檀丰十藏。宝陈河府,泉出水衡。比丘持土,大厦方构;罗汉引绳,高塔将表。不胜喜抃,谨上钱一百万。虽诚等散花,心符不

---

① 《广弘明集》卷一五,《大正藏》第 52 卷,第 203 页下。
② 《梁书》卷五四《扶南国传》,第 790—792 页。

尽,而微均渧沥,陋甚邻空,轻以尘闻,伏启悚汗。谨启。①

大同五年(539),梁武帝又遣云宝至扶南国迎请佛发。② 大同十一年(545)十一月二日,寺僧又请梁武帝于寺发《般若经》题,当晚二塔俱放光明,敕镇东将军邵陵王纶制寺大功德碑文。

梁武帝在大同二年、三年、四年和十一年,耗费大量的金钱改造阿育王寺,举行无碍大法会,表扬阿育王的事迹,以及佛舍利的殊胜奇迹,并大赦天下。梁武帝的舍利信仰是在强调自己的"金轮王"统治"佛教国家"的理想。

在朝代更替之际,佛舍利亦作为一种政权合理化的手段;同时,政权的推动,亦促进舍利信仰的流行。在梁陈的朝代更替中,陈武帝陈霸先(503—559)便利用佛牙作为瑞兆,把自己受禅让革命正当化。

陈武帝所供养的佛牙,是法献在于阗获得。佛陀入灭荼毗后,遗留在人间总共有四颗牙齿。《高僧传·法献传》记载:法献受到东晋高僧法显、智猛西游印度礼佛求法的影响,从小就立志要舍身西行观圣迹。刘宋元徽三年(475),法献从建康出发,一路上风餐露宿,忍饥挨冻,越过荒原,横穿沙漠,走到了于阗(今新疆于田县),由于道路受阻,不得不停止西行。在返回途经芮芮(古国名,即柔然,在今鄂尔浑河和土拉河流域一带)时,竟意外地得到了一颗舍利。据说这颗牙原在乌缠国(古国名,今印度奥里萨邦北部一带),后传到芮芮。法献手捧舍利,如获至宝,心想这次西行虽未能到达圣地,但能得佛牙,也算不虚此行了。他将佛牙带回建康,秘不示人,达十五年之久。法献临死前,才将舍利献出,置于上定林寺舍利阁,广受四方佛徒朝拜。梁武帝普通三年(522)正月的一个夜晚,忽有一伙穷凶极恶的强人,明火执杖,以搜寻家奴为借口,强行敲开上定林寺门,闯入舍利阁,将舍利抢掠而去,舍利一时下落不明。③ 清

---

① 《广弘明集》卷一六,《大正藏》第52卷,第209页上。
② 《梁书》卷五四《扶南国传》,第790页。
③ 《高僧传》卷一三《法献传》,《大正藏》第52卷,第411页中—412页上。

代陈作霖在《南朝佛寺志》说:"今读《陈书·高祖本纪》,乃知取佛牙者即陈武帝。其日,庆云寺慧兴者托辞也。"①无论如何,佛牙最后落在陈霸先的手里。

永定元年(557)十月,陈武帝宣布找到这颗舍利。《陈书》卷二记载:"庚辰,诏出佛牙于杜姥宅,集四部设无遮大会,高祖亲出阙前礼拜。"②陈霸先继承着崇佛最盛的梁朝,必须借助佛教的瑞兆,以此收服民心,以及宣示他的天命。这颗佛牙经过辗转流传,最后供养于北京灵光寺。

---

① 陈作霖:《南朝佛寺志》卷上,第158页,台北,明文书局,1980。
② 《陈书》卷二《本纪第二》,第34页。

第八章 汉魏两晋南北朝的中国佛教文化艺术

佛教传入中原地区之前,在西域地区已经有比较广泛的流传。佛教亦称"象教",它既有深奥抽象的义理,又有生动具体的形象。具体的形象既是表现教义的一种有力手段,又在自身发展的过程中成为中国文化艺术重要的组成部分。佛教艺术与佛教义理的传入并不完全同步,在早期民间交流中,佛教造像很有可能先于义理传入中原。当佛教义理在两晋时期逐渐为当时的上层社会理解、接受以后,对佛教艺术的发展又产生了极大的推动作用,大规模的佛教建筑、造像开始出现;伴随着卷轴画的流行,文人士大夫开始直接参与佛教艺术的创作。无论是早期民间粗糙的造像,还是上层社会支持的大型创作,佛教与中原文化融合的趋势在其传入初期就已经在佛教艺术中表现出来。

南北朝时期延续了东汉以来政治上的分裂和混乱。其间虽有几个励精图治的统治者实现了短期的社会安定和一定范围内的生产恢复,但未能扭转大势。在近两百年的时间内,政权更迭频繁,统治阶层内部的争斗和利益调整使国家处于动荡之中。社会生活因此受到严重影响,流民问题突出,劳动力缺失;平民的日常生活得不到有效保障,饥馑和灾荒时有发生,生产遭到比较严重的破坏。同时,北方少数民族入主中原加深了民族文化的交流与融合;在南方,汉文化的传统得以传承。各种思想交相辉映形成了南北朝多元文化交汇的局面。

在这样的大背景下,民众需要宗教提供精神慰藉,统治者利用宗教帮助安定社会,疏导民心,佛教文化因此获得了进一步传播所需的民众土壤;佛教界本着"不依人主,则法事难立"①、"帝王即佛"的思想,也获得了统治阶层强有力的支持。伴随着佛教义理在中原地区的传播,佛教僧团壮大,佛教学派兴盛,寺院经济建立,作为佛教文化的一个重要组成部分,佛教艺术在长江南北、黄河东西的广大地域进入了一次发展的高峰期。石窟的开凿,寺院的建立,文人画家的进一步参与,使得这一时期的佛教艺术作品数量之多、质量之高,在整个艺术史上占有举足轻重的地位。南北朝佛教艺术在保留、吸收了外来的艺术题材和表现手法的基础上,进一步汉化,"秀骨清像"的魏晋风貌得以巩固,"面短而艳"的盛唐气象开始萌芽。

第一节 汉魏两晋时期的佛教造像②

从目前的考古成果看,佛教造像有一南一北两个路径相对独立、风格也各具特色的系统。西域地区的佛教造像集中在丝绸之路上的各个古代遗址,多由官方组织,规模较大,风格受到印度,尤其是犍陀罗地区的影响比较大,在往中原传播的过程中逐步汉化的现象也比较明显;南方造像分散在云南、四川及长江沿线,风格似源于印度南方的秣菟罗,且在传入初期与传统神像混同而较富中国特色,民间色彩浓厚。

一、西域地区的佛教造像

从战国至汉代,西域地区分散着几十个小国家,流行龟兹焉耆语、康居语、于阗语等多种语言;拜火教、景教、佛教等多种宗教。东西交流频

---

① 慧皎:《高僧传》卷五《释道安传》,《大正藏》第 50 卷,第 352 页上。
② 参见张学的《中国早期佛教艺术体现出的信仰特点》,《大众文艺》,2008 年 9 月。

繁,文化呈现开放而繁荣的局面。从东汉永元二年(90)开始,西域地区自西向东陆续开始了较大规模的佛教造像活动。东汉永元二年至建和元年(90—147),新疆库车"森木塞姆千佛洞"开凿;东汉初平元年(190)新疆拜城"克孜尔千佛洞"开始开凿;东汉建安元年至北魏太平真君十一年(1961—450),新疆鄯善吐峪沟千佛洞开凿;东汉建安六年(201),新疆库车库木吐拉千佛洞开始开凿;西晋泰始元年(265),新疆焉耆锡克沁千佛洞开始开凿;西晋泰始元年至北魏泰常五年(265—420),库车克孜朵哈千佛洞开凿。① 政府除了组织这样较大规模的造像运动外,还举行过行像一类的佛教集会仪式。根据记载:"法显等欲观行像,停三月日,其国中十四大僧伽蓝,不数小者。从四月一日,城里便扫洒道路,庄严巷陌。其城门上张大帷幕,事事严饰。(于阗)王及夫人采女,皆在其中。"② 可以看到,当时佛教在西域已经普遍传播,产生了较大影响。由于克孜尔千佛洞造像均已不存,仅余壁画,故把有关内容放到书画章节里予以介绍。

二、楼兰地区的佛教造像

楼兰在罗布泊一带,又叫鄯善,早在张骞首次通西域之后,楼兰就和中原汉政权有了交通联系。

楼兰的伊修曾是汉代屯兵之所,元凤四年(前77)汉使博介子至楼兰,斩杀亲匈奴的楼兰王,立其弟屠耆为王,同时改楼兰名为鄯善。屠耆王则上书汉朝:

> 王自请天子曰:身在汉久,今归单弱,而前王(指被傅介子斩杀的楼兰王)有子在,恐为所杀,国中有伊循(即伊修)城,其地肥美,愿汉遣一将屯田积谷,令臣得依其威重。于是汉遣司马一人、吏士四

---

① 以上时间顺序参照奚传绩先生编《中外美术史大事对照年表》,南京,江苏美术出版社,1988。
② 《高僧法显传》,《大正藏》第51卷,第857页中。

十人,田伊循以镇抚之。其后更置都尉,伊循官置始此矣。①

在伊修周围发现的几座佛教寺院遗址,早已破损不堪,但其部分结构还能窥见大概。比如被斯坦因定为"密兰二号遗址"的长方形寺院,外壁与内室之间有宽大走廊,两层结构,原高度在八英尺左右,约合二点四四米。第一层就有佛龛一列,龛高四英尺,宽二英尺,深八英寸。龛内尚有与真人相等的塑像,两龛之间有浮雕半圆形立柱。佛龛对面走廊上有六尊跏趺坐佛像一字排开,佛头高约三英尺膝部宽约七英寸。头部尽管已经缺损,跌落地面,但从跏趺座下的梵文贝叶书推测,年代不会在4世纪之后,也就是说,肯定是北魏以前的作品。

楼兰的佛教艺术遗迹虽然有限,但其形式及题材却颇引人注意。

密兰二号遗址中面对佛龛的靠寺走廊横排六尊跌座大佛的形式,就其体积而言,仅佛头高度就接近一米,在今天也是皇皇巨制。其次,这些佛像陈置在走廊之中,面对的是内室佛龛,这种建筑布局和古印度的寺庙或居室结构有一定关联,至今在东南亚地区寺院中还保留着类似的格局。

密兰二号的壁画构图形式也很突出,一块约六米长的残损壁画,用连续的方式展开须大挐本生故事,画面顺应故事情节逐步展开而人物聚散有致,构图紧凑自然,人物动态明确,神情突出,尤其是须大挐形象反复出现而形貌准确,显示了作者出色的造型能力。

三、高昌地区的佛教造像

现在吐鲁番市的高昌遗址,在汉代是车师前部。西汉元帝初元元年(前48)时,此地已置戊己校尉,晋咸和二年(327)始置高昌郡。在《魏书》中记述高昌的宗教情况是"俗事天神,兼信佛法"。到唐代时候,佛教徒似乎还有限,唐玄奘西行到高昌,高昌王对他说:"令一国人皆为师弟子,

---

① 《汉书》卷一一一。

望师讲授。僧徒虽少,亦有数千,并使执经,充师听众。"①高昌国佛教艺术的兴起大概在此之后。

高昌国佛教遗址年代较早的是吐峪沟石窟,据调查报告,大概在东汉末至北魏年间开凿,此后一直延续到唐代。吐峪沟石窟位于鲁克沁之北,依山开凿,上下相错,窟形有长方形和方形两种,佛传故事,本生故事及小千佛是壁画主要题材。

高昌国佛教艺术另一处是伯孜克里克石窟,现存壁画面积总共约一千二百余平方米,最早的第二十五窟始建于西魏时期,在唐中期后,当地佛教进一步兴旺之后,很多原先的僧房也逐渐改成石窟。

从散落在新疆地区的佛教艺术遗址上看,从东至西相对集中在楼兰、高昌、龟兹、疏勒及于阗等处,其中石窟寺遗址又都分布在塔克拉玛干沙漠以北一线,即从疏勒到龟兹、高昌,东南下行到楼兰。

现存的石窟艺术遗迹最早建造时代在晋与十六国之交,以北魏时期居多。当地的佛教艺术在佛教传入不久就开始了它的历史,只是由于后来种种社会原因而遭到破坏,以致湮灭。到北魏时期出现佛教壁画,明显表现了作者对佛教故事的深切了解和熟悉,技法也有鲜明的地方特色,表明了佛教艺术在此前有一个逐渐成熟的阶段。

值得注意的是,佛教及其艺术在从印度东传的过程中,并不始终是单一向的传递,而更多地表现为相互影响。由于汉唐时代汉族已经具备了深厚的民族文化基础,对佛教这一外来宗教艺术也有自己的理解和发挥,并且不断地向西域地区辐射。从义理交流来看,十六国时期高昌僧鸠摩罗跋提向占据北方的前秦苻坚进献梵文《大品经》,这是前秦建元十八年(382)的事,晋太元十五年(390)法显西行至高昌;特别是唐代玄奘西行,在高昌受到国王执意挽留,绝食数日才准其西去,但仍要在当地讲经一个月。汉人经师对佛教教义的研究显然已经得到西域诸国的认同和倾慕。在这样

---

① 彦悰:《大唐大慈恩寺三藏法师传》卷一,《大正藏》第50卷,第225页上。

的文化背景下,一方面,所谓"汉化"的佛教艺术受惠于西域文化的滋养;另一方面,汉文化对西域地区佛教艺术的影响也越来越明显。

四、早期的南方造像

丝绸之路上的佛教遗迹往往由当时的统治阶层主持修造,因而比较集中,且在一开始就有相对标准的造像规范。早期南方佛教及相关造像在这方面不很突出,其所依托的传播途径受到的关注也较晚。随着20世纪后半期长江沿线带有明显民间印记的造像陆续出土,早期佛教在南方的传播也逐渐为人们重视。

从出土的大量作为货币的贝类来看,有学者认为南方与印度之间的民间通道甚至可以追溯到战国时期。张骞出使大月氏的时候,知道四川出产的蜀布、邛竹杖可以经印度运抵大夏,于是建议汉武帝开辟这条中印道路。但是在随后长达几个世纪的努力中,都受阻于昆明而不能成功。直到东汉永平十年(67)政府合哀牢、博南二县设永昌郡,将西南夷居地完全纳入汉版图,这条官道才得以全线畅通。

早在官方道路开通之前,佛教就有可能在民间交往中传入中原。长江一线出土的文物包含魂瓶、钱树、画像石、画像砖、陶俑、水壶、水罐等民间用器,根据阮荣春先生1992年的统计,已达到一百三十多件。[1] 这些散落在长江沿线各省的资料中包含着以前可能未被重视的信息,许多与丧葬、祈福等带有宗教意味所用的器皿上除了传统的神仙如西王母一类的造像外,也大量出现类似佛或与佛教相关的图案。连云港孔望山汉魏时期的摩崖仙佛石刻,也明显受到了佛教影响。对这些佛像进行分析,秣菟罗风格对中国佛教艺术的影响值得关注。秣菟罗位于印度南方,是印度除犍陀罗之外的另一个佛教艺术中心。在公元前1世纪左右,秣菟罗风格的造像也开始向外传播。与犍陀罗造像承袭希腊阿波罗

---

[1] 阮荣春:《佛教南传之路》,第121页,长沙,湖南美术出版社,2000。

造像特征不同,秣菟罗造像在头部有着明显的印度本土特征:脸形短而偏圆,眼睛圆睁,在脸部所占比例较大;犍陀罗造像的波浪状发型在秣菟罗造像中没有发现,秣菟罗造像通行是一种略有变化的螺状发髻。秣菟罗造像在背光的处理上也不同于犍陀罗简洁朴素的处理手法,而多数不厌其烦地对背光进行丰富细致的刻画。秣菟罗风格的这两种特征在我国出土的南方造像中均有明显的反映。

另外值得关注的是,一般认为佛教初传时往往被曲解,混同于黄老。实际上这种混同于黄老的情况,在下层社会有更突出、更集中的体现。从民间出土的这些器皿来看,佛的形象或是守护墓崖入口的神,或是作为财宝神,进而是将壶中死者的灵魂送往冥界的神。佛像被更大范围地混淆,不仅仅局限于黄老,而是作为功利性的祈福、安魂等与宗教观念有关的一种普遍的形象。"考古调查证明的崖墓在东汉末至蜀汉时期,佛像和相伴的出土文物与中原地区禳灾祈祥的图像同出一辙。"[1]人们并没有将佛与其他类似民间信仰的神仙作严格的、义理意义上的区分。另外,当时人们似乎就不严格区分此岸世界与彼岸世界,没有赋予仙佛等宗教偶像高高在上、远离人间必须敬畏而待之的神圣地位。在武汉出土的大批承担诸如扫地、切菜、捣药、锄地等生活杂役的陶俑上,属于佛三十二相之一的白毫相被施诸眉间。西晋出土的薰炉上也出土了佛的造像,而薰炉等器皿长期以来的装饰不乏奴隶、宫女等社会底层形象。这不能表明在当时佛被等同于此类形象,而表明当时的铸造者与使用者在此问题上缺乏宗教禁忌意识。

第二节 汉魏两晋时期的佛教书法、绘画

汉魏两晋是佛教义理被接受、逐渐产生社会影响的时期。当佛教与

---

[1] 罗世平:《四川唐宋佛教造像的图象学研究》,《法藏文集》第 82 卷,第 1 页,高雄,佛光山文教基金会,2003。

艺术创作结合时,一方面坚持弘法传道的理念,积极地进入汉文化的主流中去;另一方面,佛教不仅为艺术创作提供了题材上的新鲜元素,也通过影响文人的精神生活主动参与并推动了文化交融和审美创造。于是,当时的艺术出现了两种大致面貌:有来自官方背景或来自信仰者的、以弘法为目的、谨守本来面目的作品;有来自文人士大夫更多主体恣意发挥烙印的作品。

以下分别介绍汉魏两晋时期西域和中原地区的佛教书画。

一、克孜尔千佛洞的壁画

克孜尔千佛洞建造于东汉初平元年(190)。石窟编号已有二百三十六个,较完整的石窟有八十个,佛教洞窟占多数。

石窟的形制有三种类型,一种是仿木石结构的六重斗四窟顶,一种是方形穹顶窟,还有一种就是一般所谓"龟兹型窟"。

"龟兹型窟"的结构是前后室的长方形建构,前后室之间用置有中心柱的间壁隔开,前室较为明亮宽敞,后室相对阴暗窄小。在格局上,前室正壁中间的佛造像,立于佛龛中;龛上部和左右两侧壁面,则分布佛传故事的壁画。

后室壁面上是涅槃像,画着释迦牟尼佛圆寂时的情景。

克孜尔石窟的佛传故事在具体壁面上的处理,似乎也有位置不同选择情节不同的特点,如正壁上端弦月形壁面上以独立画面形式出现在众伎乐女环绕下的悉达多太子无精打采的情景描写,完全以壁面实际平面轮廓作为构图依据。而两侧的壁面则以连续展开的形式展开佛传情节,各段情节均以释迦牟尼佛修道及说法为中心,利用周围人物的散聚加以区别。

克孜尔千佛洞的题材内容在早期属小乘说一切有部,晚期出现一佛二胁侍及千佛的大乘题材。但不论其早晚,石窟设计显然是以塑像为主,壁画为辅。

经历了历史的风风雨雨,克孜尔千佛洞的塑像已无一幸存,壁画破损也很严重,但从整个壁画绘画情节的大致分类看,除了前述的佛传故事主要分布在四壁之外,券顶则集中着本生故事的画面,依然可以归纳出当时十分流行的几类本生题材[①],它们是:

一、戒度类:商主断爱恋之情;商主受报;顶生王因贪丧命;善事兄弟;慕魄被埋;清信士舍身成相;须陀素弥王不食言;狮王舍身;雁王复归;象王护鹑;母鹿守住;象王拔牙;象、猕猴、鸟自分长幼;菩萨善行;仙人破戒。

二、忍辱度类:熊救樵夫而被害;熊救樵夫而被杀;水牛忍让猕猴之辱;龟救客商而被害;猕猴王救人而被害;羼提波罗忍辱修行;睒摩迦行孝道而被射。

三、明度类:猴王斗水妖;五通比丘论苦;郁多释偈;大光明王始发道心;端正王判断亲子案。

四、布施度类:萨埵那太子舍身饲虎;白兔自焚救人;雪鸽自焚救人;童子投身饲虎;高头罗健宁王化鱼救人;尸毗王舍身饲鹰;贫人以身布施;一切施五布施;快目王施眼;月明王施眼;慈力王施血;月明王施头;圣友施乳;散檀宁恒施食;跋摩竭提施乳;须大拿布施。

五、精进度类:九色鹿王;鹿舍身救兔;鹿王舍身救群鹿;鹦鹉舍身救火;锯陀兽舍身救猎户;大象舍身救囚徒;猕猴王舍身救群猴;狮子舍身求商贾;骏马舍身救主人;马壁龙王载救商贾;大施㧑海索珠;狮子商主斗旷鬼;勒那阇耶舍身济众;萨缚燃臂为炬;须阇那割肉奉双亲;昙摩钳自焚闻法;修楼婆王闻法舍妻儿;婆罗门闻法舍身;阿兰迦兰修行。

六、禅度类:梵志禁日出。

在这些残存的本生故事画面中,以"精进度类"为最多。"精进度"是"六度"之一,小乘有部七十五法,大乘百法之一。它的主旨是通过不懈

---

① 参见赖永海主编的《中国佛教百科全书雕塑卷》,第12—15页,上海,上海古籍出版社,2001。

努力地修善去恶,是成就"菩提"、"佛道"的必备条件。每一个本生故事有一个独立完整的情节,而克孜尔千佛洞的券顶部分的本生故事画面都是以一个独立装饰纹样的形式表现故事的高潮,以期引起观者对这个故事的前因后果的联想。

例如"萨缚燃臂炎炬"一幅,故事内容是:一队五百人的商贾队伍在其首领萨缚的带领下走到一条黑暗的山谷中,因天黑迷路,行动极为迟缓,又有遭到强盗抢劫的危险。萨缚深感自己责任重大,遂以白毡缠住双手臂,浇上酥油点燃为火炬,为大家照明引路。历经七日七夜,才安全走出山谷,五百商贾皆感其德。

画面是一幅菱形构图,只有三个人物,半匹骆驼。右侧一人立前方,双足分开作前行状,略顾着。双手高举,手掌处各呈火焰状,他的身后是两位身着龟兹服装的商贾亦作举手呼叫之态,似乎因意外而惊呼。他们身后的半匹骆驼背上驮满货物。背景是由呈花心状的六小圆点作四方连续排列,因而减低了背景层次,以暗示黑暗的环境。

画面选择的是萨缚刚刚开始引臂自燃作炬的时候,同行者既见到光明,又意外地看到萨缚的双手已成火焰在燃烧,不胜惊讶,于是举手呼喊,而萨缚却毫无畏惧,迈开双腿且回头招呼同伴们随之同行。这一个特定情节展现了全部故事过程,从而很好地揭示了主题思想。

克孜尔千佛洞壁画人物造型十分简练,擅长于线条表现。形像除了轮廓线条而外,几乎不加任何辅助线条,画面因此显得干练明确,人物动态清楚,充分表达了画面中各个形像之间的相互关系。

克孜尔千佛洞中本生故事壁画大放异彩的时候,也是中原地区本生故事十分流行的时期。值得注意的是,克孜尔千佛洞的本生故事在逐渐东传过程中,有一些题材被后世中国汉文学创作所撷取。

如"明度类"的"端正王判断亲子"的本生故事即是其中较有代表性的一例子。

故事是说,有二妇人都自称是某小儿之母,争执不下,求端正王判断。端正王要两位妇人各执小儿一手,说"谁能把小儿拉到自己身边,谁就是他的母亲"。结果真正的母亲因为怕儿子被拉痛,非其母者则拼命狠拉,把小儿拉到自己身边。端正王因此判定真假母亲。

画面上端正王抱小儿在膝上,前方有两妇人跪地作诉说辩解状。画面选择的情节是端正王正在冥思苦想,找一个妙法来判断面前这两个妇人的真伪。端正王面相俊慧,表情严肃认真,使观者预感到事情的发展会有一个巧妙圆满的结局。

这个故事情节在宋代以后的"清官断案"故事中几乎有完全雷同的版本,应该是本生故事题材"汉化"结果之一。

克孜尔千佛洞中众多的佛教艺术画面,是龟兹国当年佛教盛行的标志,"拘夷国(即龟兹)寺甚多,修饰至丽。王宫雕镂之佛形像,与寺无异"①。繁盛的佛教装饰把王宫装饰得像寺院一样。

同时,在于阗国流行的行像样式在这里一样盛行不衰,直到唐代玄奘所见,还是令人目眩:在(龟兹)大(都)城西门外,道路左右两旁各有佛的立像,高九十多尺。在这些佛像的前边,建筑了五年一试的大会会场。在每年秋分的几十天内,全国的僧徒都来这里聚会。(在聚会期间)上自君王,下至官员百姓,全都抛开世俗事务,来这里持斋受戒,听讲经说法,乃至忘记饥渴疲劳。各个寺庙都装饰佛像,点缀上晶莹的奇珍异宝,披挂上锦绣罗绮,装载在轩车上,称为"行像",(行像之多)往往数以千计,云集在会场上。② 每年秋分的几十天里,集中全国人力大作佛事,数千尊行像的集中展示,无疑对佛教造像艺术的交流和发展起着重要作用。

此外,民间也有很多与佛教相关的绘画遗迹。甘肃河西的魏晋壁画砖,线描粗放,设色以赭石和红色为主,采用粉白、浅石绿等。艺术作风简朴雄健,与东汉壁画有明显的继承关系。甘肃河西的魏晋壁画砖,其

---

① 《出三藏记集·比丘尼戒本所出本末记》卷一一,《大正藏》第 55 卷,第 793 页下。
② 玄奘:《大唐西域记》卷一,《大正藏》第 51 卷,第 870 页。

时代早于同一地区石窟寺中的十六国和北魏西魏壁画。这不但说明河西地区在佛教艺术兴盛前,传统的壁画艺术所达到的水平,也为探索河西地区石窟壁画艺术的渊源提供了重要的实物资料。

酒泉丁家闸墓壁画上承河西魏晋墓室壁画,下接敦煌莫高窟等北朝佛教壁画,成为魏晋南北朝时期绘画发展演变的重要环节。从敦煌莫高窟北魏、西魏壁画中所绘东王公、西王母、羽人及供养人等形象看,清秀的造型与精细的线描,都与丁家闸壁画一脉相承。这也说明,在北朝佛教绘画兴盛之前,河西地区的传统绘画已达到相当高的水平,而北朝的佛教绘画艺术正是在民族传统绘画基础与外来技法融合创造的结果。

二、中原地区的佛教绘画

在佛教传入之前,中国书画艺术的技法体系和与之相匹配的审美观念也逐渐成熟。利用毛笔良好的弹性、书写性特质发展起来的以线为主要造型手段的技法语言已经比较完善。从1949年湖南陈家大山出土的《人物驭龙图》、《人物龙凤图》等最早的具有代表性的绘画作品,到《洛神赋图》[①]等魏晋时期的著名作品,这套线描、设色的技法体系被稳定地传承下来。人物画的语言虽然到宋代梁楷、石恪那里发展出水墨"减笔"的新风,但线描语言却从没有被废弃过。

汉魏两晋时期,中国绘画的审美趋向发生了巨大的转变。尤其佛教的传入,使人们通过对它高度发达的思辨的逐渐体中找到了当时社会期待的某些元素。同时,佛教的信仰者本身也主动积极参与了艺术风潮的转变。

就功能来说,绘画长期以来被作为传播伦常的重要手段。现存魏晋时期的壁画、画像石、画像砖中有大量宣扬三皇五帝、忠孝节义之类儒家伦理的作品。曹植在《画赞》中说:"观画者,见三皇五帝莫不仰戴;见三

---

① 现存的《洛神赋图》是宋代摹本,但基本保持了原作风貌。

季暴主,莫不悲惋;见篡臣贼嗣,莫不切齿;见高节妙士,莫不忘食;见忠节死难,莫不抗首;见放臣斥子,莫不叹息;见淫夫妒妇,莫不侧目;见令妇顺后,莫不嘉贵。是知存乎鉴戒者图画也。"这段略显夸张的叙述实际是对绘画"成教化,助人伦"的功能的总结与强调。

但是,随着一批文人士大夫参与到艺术创作,绘画获得了更大主体性,审美内涵也得到了明显的丰富。首先,艺术的评判标准发生转变。《世说新语》中这样评价当时的人物:"世目李员礼,谡谡如劲松下风。""时人目王右军,飘若游云,矫若惊龙。""有人叹王茂公者云:濯濯如春风柳。"这种在文人之间流行的品藻风气,其标准实际上超越了伦常而指向了审美。一旦这种标准和艺术创作相结合,绘画就不再局限于某种观念或主张传播的手段,而是作为"传神写照"、抒发性灵的有效途径。其次,魏晋文人对老庄思想的推崇改变了之前传袭的审美风尚。艺术风貌从商周时期的狞厉美、秦汉的质朴沉雄一转而到冲淡悠远、清新雅致的道路上来。正如宗白华先生所说:"从这个时候起,中国人的美感走到了一个新的方面,表现出一种新的美的理想,那种认为初发芙蓉比之错彩镂金是一种更高的美的境界……这是美学思想的一个大解放,诗、书、画开始成为活勃勃的生活表现、独立自我的表现。"①

魏晋以降,出现了真正载入史册的书画家、佛教书画作品。以下作一简介:

曹不兴(生卒年岁不详),一作弗兴,三国吴兴(今属浙江)人,出生低微,原是民间画工,因为画名很高,被孙权招入宫中作画。据说康居(世居天竺)僧侣康僧会初到建业(今江苏南京)"设像行道",曹不兴"见西国佛画仪范写之,故天下盛传曹也"②,从而获"佛画之祖"美称。《益州名画录》称他佛画的特点为:"曹画衣纹稠密",后世有人称之为"曹家样"。这

---

① 宗白华:《中国美学史论集》,第16页,合肥,安徽教育出版社,2006。
② 郭若虚:《图画见闻志》卷一引蜀僧仁显《广画新集》,《中国书画全书》第一册,第469页,上海,上海书画出版社,1993。

个称谓也有学者认为指北朝画家曹仲达,目前尚无定论。但无论如何,他是中国画家中从事佛画并传下姓名的第一人。他的佛画是从摹仿开始的,所谓"衣纹稠密"的特点异于当时一般画法,很有可能在人物体态特征、服饰等方面保持了西域佛画的原貌而自己创造较少,后来中国佛像身着褒大之衣、披广博之带的形象并没有普及。除佛像、人物外,他尤擅画龙。

卫协(生卒年岁不详)也是出生低微的民间画工,曹不兴弟子,活动时期约在三国末至西晋。卫协佛画在当时非常有名。《七佛图》现虽不存,但画迹载于画史,被顾恺之评为"伟而有情势"(《论画》),顾深受其影响。谢赫《古画品录》评卫协画云:"古画之略,至协始精。'六法'之中,迨为兼善。虽不该备形妙,颇得壮气。"从这段评价中我们可以看出,谢赫认为绘画至卫协出现了新的面貌,他的作品达到了六法兼善的境界。《宣和画谱》称"卫协以画名于时,作释道人物冠绝当代"。他是第一个被推崇为"画圣"的画家,有《楞严七佛图》著录于《历代名画记》。

戴逵(约325—396),字安道,东晋谯郡铚县(今安徽省亳州)人。据说在十余岁时,在瓦棺寺画佛画,王长史见之曰:"此童非徒能画,亦终当致名",后成著名的佛塑佛画家。他为瓦棺寺所塑五世佛与顾恺之《维摩诘像》壁画、师子国(今斯里兰卡)送来的玉佛,并称"三绝"。曾绘《五天罗汉图》,为后世《罗汉图》之创始。米芾《画史》记载他收藏有一幅戴逵《观音像》"天男相,无髭,皆贴金"。戴逵及其子戴偶之前的佛像画,基本不离摹仿外国范本的路子,到戴氏父子,"范金赋采,动有楷模",并讲究造型比例。中国佛像画走出自己的路子,实际上从戴氏父子始。

关于戴逵的性格品行,《晋书》记载:"(戴逵)少博学,好谈论,善属文,能鼓琴,工书画,其余巧艺靡不毕综……性不乐当世,常以琴书自娱。师事术士范宣于豫章,宣异之,以兄女妻焉。太宰、武陵王晞闻其善鼓琴,使人召之,逵对使者破琴曰:'戴安道不为王门伶人!'晞怒,乃更引其兄述。述闻命欣然,拥琴而往。逵后徙居会稽之剡县。性高洁,常以礼度自处,深以放达为非道……孝武帝时,以散骑常侍、国子博士累征,辞父疾不就。郡县敦逼不已,乃逃于吴。"①从《晋书》的这段记载中我们可以看出,戴逵首先是一个多才多艺、文化艺术修养很高的士大夫,有着当时名士所仰慕的高洁品行和桀骜风骨;性情淡泊超然,在复杂的政治局势中通过隐居生活独善其身。同时,他又反对像当时的一些名士那样过分放浪形骸,而以礼度自处,坚持用传统的儒家思想来要求自己。

戴逵生活的剡山地区在当时正值佛教兴起的时期,兴宁(363—365)中,竺法义还江左,憩始宁(浙江上虞、嵊州一带)之保山,受业弟子常有数百;"(支遁)俄又投迹剡山,于沃洲小岭立寺行道,僧众百余,常随禀学。"②戴逵曾与支遁谈玄说佛,交往甚深。《历代名画记》说戴氏父子"皆善丹青,又崇释氏",但戴逵又曾因为不满名僧慧远的因果报应理论,作《释疑论》与其辩论。不论对佛教的态度如何,他都应该对佛教义理有着较深层次的理解。

戴逵属于从文献史料中可以考证的最早参与到佛画创作的文人士大夫群体,并且他对佛画的汉化起到了深远的影响。他的品行性格、文化艺术修养和对佛教的了解造成了他独特的佛教艺术创作风貌。《历代名画记》记载:"逵既巧思,又善铸佛像及雕刻,曾造无量(寿)佛像,高六丈,并(胁侍)菩萨,逵以古制朴拙,至于开敬,不足动心。乃潜坐帷中,密听众论。所听褒贬,辄加详研,积思三年,刻像乃成。"他认为一味依照外国范本缺乏打动人的东西,难以引起人情感上的共鸣,所以躲在帷幕后面听取众人议论,从而加以创作。他重视的是包含在众人议论中的属于中原的审美风尚和艺术准则,而不是外国范本的面貌。不仅如此,据《世说新语》记载:"戴安道中年画行像甚精妙,庾道季看之,语戴云:'神犹太

---

① 《晋书》卷九四《隐逸·戴逵传》。
② 《高僧传》卷四,《大正藏》第50卷,第348页下。

俗,盖卿世情未尽耳',戴云'唯务光当免卿此语耳'。"①当他按照自己的艺术理念去创作时,保守观点认为他过分看重时人的议论导致作品气质太俗。戴逵则对自己非常肯定,委婉地批评这种观点过于迂腐。戴逵之前的佛像画,基本不离摹仿外国范本的路子。在民间工匠的小型制作中有较多的汉化创造,却往往是在对佛教不甚了解,甚至错误解读的基础上为之。戴逵显然非常主动积极地对佛教艺术进行了中国化创造。而这种强调"世情"、关注"众论"的创造又是以极高的个人修养和对佛教义理较深的理解作为基础。米芾在《画史》中评论:"自汉始有佛,至逵始大备。"正是像戴逵这样士大夫的参与,佛教艺术汉化在佛教传入的初期就打开了新的局面,并且在后来愈发绚丽多姿。

顾恺之(346—407),字长康,小字虎头,东晋中叶江苏无锡人。曾为桓温及殷仲堪参军,义熙初任通直散骑常待。博学有才气,时有"画绝、才绝、痴绝"之称。兴宁中在建康(今江苏南京)瓦棺寺壁作《维摩诘像》一躯。史载其笔迹周密,紧劲连绵,如春蚕吐丝,号为"密体",与弟子陆探微,并称"顾陆"。同戴逵一样,顾恺之对佛教艺术的汉化起着巨大的推动作用。

对于其为瓦棺寺壁作《维摩诘像》,张彦远《历代名画记》记载:"长康又曾于瓦棺寺北小殿画维摩诘,画讫,光彩辉目数日。京师寺记云:兴宁中瓦棺寺初置,僧众设会,请朝贤鸣利注疏,其时士大夫莫有过十万者;既至长康,直打刹注百万。长康素贫,众以为大言,后寺众请勾疏。长康曰:宜备一壁。遂闭户往来一月余日,所画维摩诘一躯,工毕,将欲点眸子。乃谓寺僧曰:第一日观者,请施十万;第二日可五万;第三日可任例责施。及开户,光照一寺。施者填咽,俄而得百万钱。"这件轰动一时的作品的具体面目,《历代名画记》评:"顾生首创维摩诘像,有清羸示病之

---

① 务光是夏代贤人,汤克天下,让位于他。他听到后说,无道之社会就不应该踏上它的土地,更何况还要让位给我,于是就负石投水自杀了。

容,隐几忘言之状。"维摩诘是印度大乘佛教的居士,家境富庶。其智慧无量,佛理精深,曾以称病为由,同释迦牟尼派来问病的被称为"智慧第一"的文殊菩萨反复辩论佛法,妙语横生,义理深奥。由于维摩诘的身份、生活方式及才情风度与中原有着优厚生活条件、较高文化修养、喜好清谈的魏晋名士比较接近,效仿、信奉维摩的风气在文人士大夫之间逐渐兴盛。顾恺之是东晋名士,他本人并不信佛,但他敏锐地捕捉到了维摩与当时文人间的这种暗合之处,创造了一个清瘦睿智博学、沉思冥想的名人风度的维摩居士形象。顾作品中的两个最鲜明特征:"清羸示病之容,隐兀忘言之状",实际上是当时中原士大夫所崇仰的审美风姿,不仅从外表形象上,更从精神风貌上,维摩居士已经与汉文化融为一体了。

　　顾恺之的清瘦维摩诘形象影响很大,不但维摩诘造像的题材大增,风格上也出现了转变。现存遗物中,如龙门、云冈,虽然各时期审美观不同,维摩诘的姿容也有差异,但中国文士的形象被保留下来。顾恺之的清瘦造型深刻影响了对他非常推崇的南朝画家陆探微,后者将这种风貌推广开来,变成了那一个时代的佛教艺术审美准则。

三、汉魏两晋时期佛教书法

　　佛教传入中土后便与中国传统艺术紧紧结合在一起,共同催生出灿烂的中国佛教文化艺术。佛教书法在众多的艺术门类中则是一枝独秀,大放异彩。

　　佛教书法是在佛教传入中国以后得以形成并与之共同发展的,历经了魏晋南北朝、隋唐、宋元等各时代的勃兴、隆盛和衰变,其中主要包括僧人书法和士人佛书两大类,抄经及摩崖石刻等也都自成体系。伴随佛教的传播和佛典的译介,大规模的抄经活动开始,随后由于佛教史上的几次灭佛运动促使佛教书法在形式上一度由抄经书法向摩崖刻经转化。至隋唐又再次掀起佛教书法的兴盛,这一时期在佛教书法发展史上,僧人书家以独立的姿态出现具有重要的意义,由从属于佛事活动、体现集体意志的书法行为转化为体现个人意趣的书法行为。唐中晚期禅宗勃兴导致狂草在佛教书法创作中的出现。宋元以降更是出现明心见性的禅意书风。这一时期佛教书家的书风体貌万千,由原来的风格一统到多样并存。及至明清、近现代这种局面都时有延续、有所保持,佛教书法更多的与绘画联系在一起,大多佛教书家同时也是佛教画家。多种多样的佛教书法创作活动一直延续至今,且继续在发展。

佛教在中土的弘播,相当程度上依赖于对佛经的"书持讽诵",佛门也视抄写经卷是大功德。《放光般若经·不和合品》云:"若有是善男子善女子,书持讽诵般若波罗蜜者,便具足五波罗蜜及萨云若己,当知是为佛事。"①《妙法莲华经》卷七《普贤菩萨劝发品第二十八》言"若有受持读诵,正忆念,修习书写是《法华经》者,当知斯人,则见释迦牟尼佛,如从佛口闻此经典"②。

《金刚般若波罗蜜经·持经功德分第十五》亦谓:"须菩提,若有善男子、善女人,初日分以恒河沙等身布施,如是无量百千亿万劫,以身布施。若复有人,闻此经典,信心不逆,其福胜彼,何况书写受持读诵,为人解说"。③

《华严经》卷四〇《普贤行愿品》说得更多:"从初发心,精进不退,以不可说不可说,身命而为布施,剥皮为纸,析骨为笔,刺血为墨,书写经典,积如须弥。为重法故,不惜身命";"或复有人以深信心,于此大愿受持读诵,乃至书写一四句偈,速能除灭五无间业,所有世间身心等病,种种苦恼,乃至佛刹极微尘数一切恶业,皆得消除,一切魔军、夜叉、罗刹、若鸠般荼、若毗舍阇,若部多等,饮血啖肉诸恶鬼神,皆悉远离";"是故汝等闻此愿王,莫生疑念,应当谛受,受已能读,读已能诵,诵已能持,乃至书写,广为人说,是诸人等于一念中,所有行愿,皆得成就,所获福聚无量无边,能于

---

① 《放光般若经》卷一一,《大正藏》第 8 卷,第 76 页上。
② 《妙法莲华经》卷七,《大正藏》第 9 卷,第 61 页下。
③ 《金刚般若波罗蜜经》,《大正藏》第 8 卷,第 750 页下。

烦恼大苦海中,拨济众生,令其出离,皆得往生阿弥陀佛极乐世界。"①

在中国文化背景下,传抄书写佛典是弘法利生、自利利他的功德。正如近代弘一法师《李息翁临古法书·自序》所说:"夫耽乐书术,增长放逸,佛所深诫。然研习之者能尽其美,以是书写佛典,流传于世。令诸众生欢喜受持,自利利他,同趣佛道,非无益也。"书写佛典不仅令他人欢喜受持,同时对自己也是很有利的。

《杂阿含经》把书法、美术(疏)和绘画并列在"工巧业处"之内。历来高僧大德,擅长书法艺术者,大有人在。就僧人的书法成就而言,自六朝以书法名家后,千百年来,代有传人。在历代书法家中,不少大师出自释门或深受佛教的影响。"释门之中,多有善书之人。据僧传及相关资料记载,僧智永,有退笔成冢之说;僧怀仁,深得二王笔意,唐草无出其右;释贯休,工草隶,时人比之怀素;释龚光亦善书,陆希声谓其笔下龙蛇似有神;释梦龟作颠草,奇怪百出;释景云善草书,学智永有自得之趣。宋元明清各代,缁流能书者益众。如宋之言法华,苏轼赏其放逸;政禅师,秦观叹其纯美;元雪庵善直行草隶,尤工榜书,一时禁匾皆出其手;释觉隐喜作狂草,极雄宕之致;明释雪峰洒翰作草,龙掀凤舞,时人誉为诗禅草圣;清代之八大山人、石涛等,既是一代名僧,又是著名的书法家。"②近代弘一法师"离俗修行后,于诸艺悉其弃,独书法不辍,以结缘法施。书艺由潜心晋唐楷法而渐去北碑风貌,进而渐至安详平和、人书俱老的佳境"③,将书法作为修行的课业。

僧人书法的发展与佛教的发展不可割离。僧人书法的发展经历了从为弘法需要而进行书写,到自觉将佛教审美精神和书法美学原则渗透到书法创作中的一个漫长的过程。

魏晋时期,中国古代佛教书法迎来了第一次发展高潮。魏晋是一个

---

① 《大方广佛华严经》卷四〇,《大正藏》第10卷,第846页中—下。
② 赖永海:《中国佛教文化论》,第282页,北京,中国青年出版社,1999。
③ 金梅:《悲欣交集——弘一法师传》,第630、633页,上海,上海文艺出版社,1997。

历史大动荡的时代,更是人文精神高扬的时代,书法艺术作为一种文化形态得到了高度重视,独立书家出现,胜手如云,俊采星驰,呈现出前所未有的繁盛景象。

马宗霍《书林藻鉴》中说:"晋之书,亦犹唐之诗,宋之词,元之曲,皆所谓一代之尚也。"魏晋书法在中国文化艺术史上具有崇高的地位和代表性意义,与之相应的魏晋佛教书法艺术也取得了极高的成就。

(一)僧人书法

由于汉魏以来佛教的传播,加之帝王的崇奉,文人士大夫的介入,寺院的兴建、僧团的扩大,寺院、皇家及民众对佛经的需要等都迅速激增,善书的僧人相应涌现。史料上记载了一些从事佛经抄写或善于翰墨的僧人,其特征是佛法与玄学的相互投契,玄学家与高僧之间相互唱和。这一时期的僧人书家的面貌往往既是高僧大德,同时又是清谈名士。

魏晋时期,见于史载的几位有名的僧人书家,如康法识、支道林、于道邃、安慧则等,多以学养才情、人物风流等著称于世。

释支遁(314—366),东晋高僧、佛学大家,同时也是一位诗僧和书僧,世称"支公"、"林公"。支遁家中世代崇奉佛教,他从小开始读经书,二十五岁出家为僧。支道林的书法今已不可得见,关于他书法风格的记载也很少,《高僧传》记载其"善草隶"。《世说新语·文学篇》说支公:"养马放鹤,优游山水。善草隶,文翰冠世。"与当时的名流谢安、王羲之、孙绰等过从甚密。他其貌不扬却善于玄谈,"支公形貌丑异,而玄谈妙美'。① 每至讲肆必高谈阔论,但往往章句有所遗漏,被一些呆板守旧的文人们所讥笑,谢安却大为赏识,认为支道林于学问之道上正如九方皋相马一样,直接取其骏逸,其实是得其真髓。支遁向来喜欢以老庄之学融会佛教般若义理,并以此闻名当时,他所注的《逍遥游》令当时的群儒旧学莫不叹服。他还著有《即色游玄论》、《逍遥游论》、《安般经注》等。

---

① 释慧皎撰、汤用彤校注:《高僧传》卷四,第157页,北京,中华书局,1997。

现存清光绪年间邵武徐氏刊本《支遁集》只有两卷,并附补遗一卷。

释康法识(生卒年岁不详),为东晋高僧,也是一位著名的书法家。北地(今甘肃庆阳西南)人。拜当时的高僧竺道潜为师,《高僧传》卷四中说"竺道潜,字法深,姓王……康法识亦有义学之誉,而以草隶知名,尝遇康昕,昕自谓笔道过识,识共昕各作王右军草,傍人窃以为货,莫之能别,又写众经见重……凡此诸人皆潜之神足,孙绰并为之赞,不复俱抄"。①可知康法识在潜心佛教义学的同时兼善书艺。康法识与康昕两人比试的记载亦颇为有趣,今天虽不能见到他们的书法遗存,但从"各作右军草,傍人窃以为货,莫之能别"的记述,可以想见他们的书风是宗法王羲之,且水平不相上下。康法识能使孙绰为之赞,可见他与支遁一样,也是与当时的名流高士过从甚密的。

释安慧则(生卒年不详),东晋高僧,著名书法家。《高僧传》卷一〇《神异下》有记载:"安慧则未详氏族……卓越异人,而工正书,善谈吐"。《高僧传》中还记载了安慧则于"洛阳大市寺市手自细书黄缣写大品一部,合为一卷,字如小豆而分明可识,凡十余本,以一本与汝南周仲智妻胡母氏供养,胡母过江赍经自随,后为灾火所延,仓卒不暇取经,悲泣懊恼,火熄后乃于灰中得之,首轴颜色一无亏损,于时同见闻者莫不回邪改信此经"。② 由这一段记载可知,安慧则工正书且善写小楷,且笔画精良,因为他所抄经文,虽字小如豆却分明可识,当为小楷精品。后来虽遭到火灾,却能丝毫无损,令时人皈依信仰,可见安慧则所抄佛经的神异功能,这与他书法的精妙也不无联系。

晋于道邃,"性好山泽,在东多游履名山。为人不屑毁誉,未尝以尘迹经抱……支遁曾赞其:英英上人,识通理清。朗质玉莹,德音兰馨"③等,都是从人物品藻方面反映其风流。《高僧传》卷四只草草提到其"美

---

① 《高僧传》卷四,《大正藏》第 50 卷,第 348 页中。
② 《高僧传》卷一〇,《大正藏》第 50 卷,第 389 页中。
③ 汤用彤:《魏晋南北朝佛教史》,第 116 页,北京,北京大学出版社,1997。

书札",至于他们的书法风貌我们无从知晓。

释惠式,又作识道人,东晋时僧人,南州人。可能为王羲之之外甥,因为欧阳通曾云:"式道人右军之甥,与王无别"。一句"与王无别"点出了惠式书法的体貌。唐代张怀瓘《书断》卷中也称其与当时的另一位书家康昕,书风均酷似二王:"义兴康昕与南州惠式道人俱学二王,转以己书货之。世人谬宝其迹,亦或为羊(欣)"。另外,南北朝时期的庾肩吾《书品》将其书法列为下之上品,品论道:"擅毫翰,动则楷则,殆逼前良,见稀后彦"。

魏晋玄学盛行,崇尚清谈,初传的佛学与玄学合流而成为显学,当时的佛教般若学者,往往也是清谈人物。所以这一时期的史料所记载的僧人书家多以谈玄解空、气格风流为主要追求,善书的僧人书家更多的是以精于义理名世而非以书法名世。书法只是用来考量人物品藻的一个方面,成为僧人们理佛之余的附属技艺。

(二)士人佛书

士人佛书更是成就辉煌,蔚为大观。从东晋的一代书圣王羲之,到"初唐四家"之欧阳询、虞世南、褚遂良、薛稷,再至颜真卿的崛起,这些士人书家都留下了璀璨夺目、光华四射的佛教书法经典作品。及至宋代,苏东坡、黄庭坚等人的出现,标志着中国化的佛教宗派——禅宗的思想已经深刻影响到中国文人士大夫的思维方式,并在他们的书法艺术创作实践和审美品评方式上得到了体现,此后则逐步完善而自成体系。明代的董其昌可谓将佛理与书理结合之集大成者,他的南北宗论直接取法禅宗,不仅对绘画一技,对中国书法明清之际的发展都带来了革命性的影响。此后的书法领域禅风大盛,一跃而成为中国古代书法之主流风貌。

魏晋以来逐渐兴起人物品藻之风,"竹林七贤"之一的嵇康被时人谓之"若玉山之将倾",《世说新语·赏誉》中也称赞王氏家族的王衍为"琼林玉树",谓王恭"濯濯如春日柳"等。王羲之更是以"坦腹东床"而被郗氏家族择为乘龙快婿。受此时风尚的影响,文艺评论方面也呈现出崇尚气韵和风神的倾向并取得了极高的成就。书法风貌上,后人总结为"晋书尚韵",同时一批风姿各异的士人书家也纷纷涌现,其中王羲之更是揽尽风华,无人能出其右。宋黄庭坚《题绛本法帖》中曾总结道:"两晋士大夫类能书,笔法皆成就,右军夫子拔其萃耳。观魏晋间人论事,皆语少而意密,大都犹有古人风泽,略可想见。论人物要是韵胜为尤难得。蓄书者能以韵观之,当得仿佛。"

王羲之(303—379),东晋书法家。字逸少,琅玡临沂(今属山东)人,官至右军将军、会稽内史,世称"王右军"。居会稽山阴(今浙江绍兴),与高僧支遁为友,常常听支遁以玄学解佛学。王羲之的书法与佛教的关系,一是书论记载王羲之曾经书写过《遗教经》。宋黄庭坚《论书》中记载:"往尝有丘敬和者摹仿右军书,笔意亦润泽,便为绳墨所缚,不得左右。予尝赠之诗,中有句云:'字身藏颖秀劲清,问准学之果《兰亭》大字无过《瘗鹤铭》,晚有石崖《颂中兴》小字莫作痴冻蝇,《乐毅论》胜《遗教经》,随人作计终后人,自成一家始逼真'"。① 诗中提及的《兰亭》及《乐毅论》皆为王羲之名作,由这首诗可知黄庭坚认为丘敬和的书法体貌完全来自《兰亭》,就小字的书写和研习上,黄庭坚建议丘敬和多学《乐毅论》,而不要取法《遗教经》,由此可以推论《遗教经》为王羲之作品,也就是说他曾经抄写过这本佛经。二是在于王羲之创立了"意在笔先"的书学观,带有浓厚的佛学色彩。传为王羲之所作的《题卫夫人〈笔阵图〉后》中说:"夫欲书者,先乾研墨,凝神静思,预想字形大小、偃仰、平直、振动,令筋脉相连,意在笔前,然后作字。"同样传为王羲之所作的《书论》中有:"凡书贵乎沉静,令意在笔前,字居心后,未作之时,结思成矣。"王羲之所倡的专志凝神静观默想都与佛教的禅观之旨十分相契,也与佛教之戒、定、慧三学有着内在的联系。另外,他对佛教书法的贡献主要在于其对后世

---

① 上海书画出版社、华东师范大学古籍整理研究室选编、校点:《历代书法论文选》,第357页,上海,上海书画出版社,1979。

的影响，特别是在唐代，由于帝王的好尚，王体风行天下，隋唐的智永，据传是王羲之七世孙，他能传家法，以王体书法抄经八百余本分散浙东诸寺，以规范当时的抄经书体；唐代僧人怀仁集王体书法成《圣教序》、唐玄序集王体书法作《金刚经》并有刻本传世，所有这些都可看出王羲之的书法风格对佛教书法创作风格的影响以及王体书法在佛教书法中的广泛运用。

东晋康昕，《高僧传》《竺道潜传》中记载他曾与释康法识比试书法，康昕自认为于笔道一技上胜过康法识，于是两人各作王右军草，可知两人都是书风宗法王羲之。《高僧传》中记载"……凡此诸人皆潜之神足"，容易使人认为康昕也是竺道潜的弟子，乃僧人书家。另有今人论著中将之列为士大夫书家，为东晋义兴人，也有说是外国人的，其活动时间大约与王献之同时，曾经官至临沂令。工书法，擅长草隶。相传王献之题方山庭殿数行，康昕曾经暗中改过，而王献之本人都不能察觉，可见其乱真的程度，这也从侧面说明了康昕对二王书法的摹写是很精勤的，王僧虔《论书》中说："康昕学右军草，亦欲乱真"。张怀瓘《书断》卷中称康昕书风酷似二王："义兴康昕与南州惠式道人俱学二王"。

张野（350—418），东晋书法家。字莱民，浔阳柴桑（今江西九江西南）人。学兼华梵，累征不就，于庐山隐居，与另一位东晋著名隐士陶渊明为姻亲关系，受其影响颇深。其佛教书法作品有《慧远法师碑》，为谢灵运撰文，张野书丹，著录于郑樵《通志·金石略》。《莲祐高贤传》中有其传记。

第四节　汉魏两晋时期的佛教建筑

在佛教传入之前，中国建筑已经形成了包括选材用料、建造方法到美学观念等方面独具特色的一整套完备的体系。梁思成先生对中国建筑结构取法及发展方面的特征作了如下概括："以木材为主要构材"，"历用构架制之结构原则","以斗拱为结构之关键,并为度量单位","外部轮廓之特异"①。与西方的砖石垒砌不同,以木材为建筑的出发点,并在此基础上建立起从建造手法到建筑语言到最终形成的面貌整套体系。对这套体系的自信与依恋使得后世很多砖石建筑也往往模仿木材形制,这也是中国建筑在操作层面的完整性与独立性的一个极端体现。从敦煌壁画及文献资料中可以看到,这种以木构技术为主的建造手段,在历史发展的长河中其造型一直保持下来。

在建筑理念方面也有几点值得关注:一是"不求原物长存之观念"②。自佛教传入之初,历朝历代都有大量精彩的建筑问世,而其中大部分都未能流传至今。表面看似乎囿于以木结构为主体的建筑不如砖石耐久和易于存留,更深的原因是,中国人没有像古埃及人那样刻意追求不朽工程的观念,将建筑与车马衣服同等看待,可以常换常新,而没有使其永远保存的意图。历代重建比修葺更多,如果不慎焚毁也视为天垂警示而不归于材料工程之过。这种潜藏在文化中的将自然生灭看作天地常理而不妄求违抗与超越的观念与佛教建筑结合时的表现值得加以重视。二是"着重布置之规制"③。历来关于建筑的记载,多着重于平面部署制度,而其立面形状和结构往往居于次要地位。中国关于政治、宗法、礼仪、风水等制度的考虑使得在设计建筑时尤其重视它的整体布局。这种对整体布局的讲究客观上也为后来佛教建筑园林化作了铺垫。

从建筑形制来看,无论庄重严肃的宫殿,神秘安静的庙宇,小巧秀丽的斋舍,错落有致的亭台,在屋顶、屋身、台基三个部分都显示出共性。屋顶一般为月底殿顶或歇山顶,俗称"大屋顶",如振翅高飞的大鸟,宏伟壮丽。屋顶的轮廓曲线,飘逸浪漫;顶部鹏尾高耸,飞檐翘角如翼轻展、使整个建筑有了外观上的神韵。屋身以柱梁为其主干,崇楼华宇皆用立

---

① 梁思成:《中国建筑史·绪论》,天津,百花文艺出版社,1998。
② 同上书。
③ 同上书。

柱负重,梁柱横向联接。通体以木构件形成骨架,毫不借重于墙壁。台基平削方整,高大雄伟。台正中起券洞宫室,台基上则使用木栏杆或石栏杆。从敦煌莫高窟296窟《营事太子入海品》看,各房多盖为两层楼,人居下层,需要时可登楼眺望。各建筑单体组成院落,院落内一般皆有主室,也建成二层楼阁,居于院正中,往往较其他房屋高大,这种组群布局是中国文化传统的突出特征。这些鲜明的形制特征,使中国古代建筑与西方建筑截然不同,不仅为后来唐代庞大的宫殿建设奠定了基础,也成为中国佛教建筑群的主要特点。

从史料和实物分析来看,与绘画和雕塑往往经历先竭力模仿,后逐渐汉化的过程不同,中国建筑的原有这些特点在与佛教的结合中,所产生的变革更多地表现在建筑形制的丰富和表现手法的多样化上。

佛教建筑主要有寺庙、佛塔和石窟三种。石窟由于与造像、壁画关系密切,故在此从略。

寺庙在我国的形成经历了一个发展的过程。最初,天竺把佛教徒修行斋戒的场所称作Sangharama,意为"静园",中国音译为"僧伽蓝",简称为"伽蓝"。佛教传入初期,上层社会对佛教采取了一定的抵制和限制措施。"往汉明感梦,初传其道,惟听西域人得立寺都邑,以奉其神。其汉人皆不得出家。魏循汉制,亦循前规。"[1]只有西域僧人可以建寺的规定使得早期的佛寺基本上保持了西域风貌。

汉晋时期西域地区的佛寺盛行一种围绕塔来建寺的形制。东晋隆安五年(401),法显亲见于阗国十四大伽蓝之一王新寺的描述:"作来八十年,经三王方成,可高二十五丈,雕文刻镂,金银覆其上,众宝合成。塔后作佛堂,庄严妙好。梁柱户扇窗牖,皆以金薄。别作僧房,亦严丽整饰,非言可尽。"[2]从这段记载来看,王新寺即是围绕佛塔建寺的典型

---

[1]《高僧传》卷九《佛图澄传》引王度奏,《大正藏》第50卷,第385页下。《晋书佛图澄传》同。
[2]《法显传》,《大正藏》第51卷,第857页中。

代表。

除此之外,斯坦因在鄯善见到的米兰废寺,龟兹雀离大寺遗址,高昌西克普古塔寺遗址均以塔基为中心,辅以佛殿、僧房。塔的四面饰满佛龛,围绕佛龛往往建有便于礼拜的回廊或阶梯。从唐代的于阗丹丹乌里刻小寺遗址来看,此种形制的佛寺在西域地区存在了相当长的时间。但在中原地区佛寺的面貌发生很大的改变。

随着佛教逐渐被中国民众所接受,人们往往将传统祭祀的场所与佛教徒斋戒的场所笼统地都称为"祠",所以在早期的记载中多见"佛图祠"这样的称谓。"寺"本来是一种官署名称。唐代舒元舆认为:"官寺有九而鸿胪其一……胪者,传也,传异方之宾礼仪与其言语也。寺也者,府属之别号也。"①鸿胪寺本是政府机构的一种,负责传播外来的礼仪习俗,可能按照当时与政府交往的民族的地理方位分设为几支。"自汉氏梦有人如金色之降,其流来东,吾之鸿胪寺西宾一支,特异于三方……至有思睹厥貌,若盼然如见者,则取其书,按其云云之文,熔金琢玉,刻木扶土,运毫合色,而疆拟其形容,构厦而贮之……其如是,非官寺之一而能容焉。故释氏之作,由官也。"②佛教传入以后,随着佛教在社会上层影响的增大,官方开始在负责与西域交往的鸿胪寺内修建包括佛像在内的各种佛教设施。从此所谓"鸿胪寺西宾一支"就与其他几支产生了明显的区别,并且随着佛教影响的扩大,官方在佛教的投入增多,这种差别也越来越大。最终,佛寺的规模和影响超越了官寺一支所能容纳的范围,于是从官寺中独立出来。后来,"寺"也逐渐固定成为佛教寺院的专称。

最早见于记载的佛寺是洛阳白马寺,《洛阳伽蓝记》记载:"白马寺,汉明帝所立也,佛入中国之始。寺在西阳门外三里御道南。帝梦金神长丈六,项背日月光明,胡人号曰佛。遣使向西域求之,乃得经像焉。时白

---

① 舒元舆:《唐鄂州永兴县重岩寺碑铭并序》,见《全唐文》卷七二七。
② 同上书。

马负经而来,因以为名。明帝崩,起祇洹于陵上。自此以后,百姓冢上,或作浮图焉。寺上经函至今犹存。常烧香供养之,经函时放光明,耀于堂宇,是以道俗礼敬之,如仰真容。"①这段关于白马寺历史的记载,传奇色彩较重,与史实出入较大。白马寺本是当时的官署鸿胪寺,由于东汉永平十年(67)天竺高僧下榻,依制改建而成佛寺,距今已有近两千年历史②。现存的白马寺位于洛阳城东十二公里,多为明清两代修建。

三国吴赤乌十年(247),康僧会"初达建业,营立茅茨,设像行道",后来在孙权的支持下建造建初寺,在此寺翻译《六度集经》、《道品》等经,是为江南建寺之始。③

正始寺,是百官于正始年间建立,位于东阳门外御道西面,当时叫敬义里。寺庙屋舍清净,超过了同时代很多其他寺庙。僧房前,有高耸的杨树、青松,树枝相连,交相辉映,环境十分宜人。内有后人所刻石碑一座,记录着当时捐资修庙人的名字。

此外,根据汤用彤先生先生的考证,桓帝时期,在皇宫北宫和洛阳城东还应该有其他佛寺建筑。④《洛阳伽蓝记》中就曾记载:"宝光寺,在西阳门外御道北。有三层浮图一所,以石为基,形制甚古,画工雕刻。隐士赵逸见而叹曰:'晋朝石塔寺,今为宝光寺也!'人问其故,逸曰:"晋朝四十二寺尽皆湮灭,唯此寺独存"⑤。可见在魏晋时期曾经建有大量的佛教建筑,只是没能流传下来。

早期的佛寺或依据官署形制建造,或直接接受富商施舍私邸而成,所以这种将府院住宅融为一体的风格也成了后来中国佛寺的特点,中国以木为本的建筑理念也在其中得以延续。

---

① 《洛阳伽蓝记》卷四,《大正藏》第 51 卷,第 1014 页下。
② 也有学者认为白马寺的建造晚于东汉永平年间,见[日]镰田茂雄《简明中国佛教史》,第 16 页,上海,上海译文出版社,1986。
③ 《高僧传》卷一《康僧会传》,《大正藏》第 50 卷,第 325 页中一下。
④ 汤用彤:《汉魏两晋南北朝佛教史(上)》,第 75 页,北京,昆仑出版社,2006。
⑤ 杨衒之:《洛阳伽蓝记》卷三,周振甫译注,第 149 页,南京,江苏教育出版社,2006。

塔是佛教的另一代表性建筑。塔又叫浮屠,起源于印度,原为梵文 Stupa,意译为坟冢。最初建塔是作为埋藏释迦牟尼佛的舍利之用的。这种被称为"窣堵波"的藏舍利的土石台子是佛塔的起源,其形制为台座、覆钵、宝匣和相轮(又称刹竿或伞盖)四部分构成的。后来,塔由埋藏佛舍利的建筑物,渐渐变成一种宗教纪念建筑。从现存实例看,塔保存或埋藏的东西除了舍利外,还有佛经、遗物等。《杂心论》:"有舍利名塔,无舍利名支提。"

窣堵波和支提传入中国,均有很大变化。支提式的塔在印度原为刻有纪念佛的石窟,窟内塔前有较大集会礼佛的场所,中国的石窟寺即由此发展而来的,石窟内因小而无集合之地,需在其旁另建寺宇。窟内之塔发展成塔柱或中心塔,与支提在用途与形式上有很大变化。塔内置佛像,塔外千层佛龛消失。礼拜的功能逐渐从塔中分离出来,窣堵波式的塔传入中国后与僧院结合形成中国式的寺塔,而成为一种独特的佛教象征性建筑。

现存最早的塔是几座高仅数十厘米的小石塔,共七座,其中六座都是窣堵波式。它们大约都是十六国时物,在酒泉和敦煌出土。完整者如承玄元年(428)高善穆塔和太元二年(377)的程段儿塔,都以半圆覆钵为塔身主体,下层塔身为圆形经柱,再下有八角形基座。覆钵以上是由刹竿和伞变成的几重相轮和华盖,相轮轮廓圆润饱满,比例较大,华盖呈扁平半球形,外形最接近印度原型的塔,但它以后未得广泛流传。

最早见于史料记载的佛塔是建于汉末三国之际,据《后汉书》记载:丹阳人(今安徽宣城)笮融"大起浮屠。上累金盘,下为重楼,又堂阁周回,可容三千许人。"[①]笮融曾在陶谦属下督漕运,东汉兴平元年(194)曹操讨伐谦,笮融奔走豫章,为山民所杀。其所建佛塔实物现在均已不存,但从描绘中可以推测出佛塔在建造之初就以中国传统的"高台"、"望楼"等建筑为主体,加上印度佛塔的结构而成。从外形看依然是中原楼式建

---

① 《后汉书·陶谦传》。

筑,但从性质上讲,这种类似望楼的建筑已经是塔了。在汉代出土的一些明器中,早期佛塔的风姿似乎还依稀可见。由此也可以看出,从佛教传入之初,较为大型的佛教建筑就与上层社会的推崇和提倡联系在一起。

将缩小的 stupa 和中国的重楼结合在一起,从艺术造型的角度看也较为圆满、浑然一体,并无生硬混合之迹。重楼之所以特别为中国人所满意,可能和中国人爱好自然景色的心理有关;它可以登临眺望,比砖石建的实心 stupa 当然更受欢迎。其次也和当时中国人对于佛教的理解有关。佛教进入之初,人们往往将它和黄老之术相提并论,而黄老倡言楼居,汉武帝就曾因"神仙好楼居"而大营高楼,祈与仙人相接,所以当时的人建塔沿用了建高楼的理念。

第五节　南北朝时期的佛教雕塑[①]

佛教雕塑主要随着石窟的开凿而在南北朝时期得以兴起。在这一时期,有莫高窟、西千佛洞、榆林窟、文殊山石窟、马蹄寺石窟、炳灵寺石窟、义县万佛堂、云冈石窟、龙门石窟、巩县石窟、天龙山石窟、南北响堂山石窟、麦积山石窟、栖霞山石窟先后开凿建造。另外,还出现了大量单体造像,主要形式有造像碑、行像活动使用和私人场所朝拜使用的单体佛像。佛教造像在面部特征、衣着、艺术题材等方面体现了佛教在传播过程中与具体时期、具体地域的文化土壤相互融合的特点。现将其中有代表性的雕塑遗存分述如下:

一、莫高窟

敦煌莫高窟俗称千佛洞,位于敦煌市东南二十五公里鸣沙山东麓宕泉河崖壁上,南北长约一千六百米。根据唐代《重修莫高窟佛龛碑》记

---

① 参见王恒《试论云冈石窟佛像服装特点》,《文物世界》,2001 年 4 月。

载:"莫高窟,厥初,秦建元二年,有沙门乐僔,戒行清虚,执心恬静,尝杖锡林野,行止此山,忽见金光,状有千佛,遂架空凿岩,造窟一龛。次有法良禅师,从东届此,又于僔师窟侧,更建营造。伽蓝之起,滥觞于二僧……复有刺史建平公、东阳王等各修一大窟,而后合州黎庶,造作相仍……迄大周圣历之辰……推甲子四百岁,计窟室一千余龛。"①这段碑文勾勒了莫高窟产生和发展的大概轮廓。文中提到的前秦建元二年是366年,但现存最早的268、272、275三窟约在十六国时期(约401—439)。此后历代多有开凿,至唐武则天时已有窟室千余龛。整个石窟群上下五层高低错落,鳞次栉比,莫高窟虽然在漫长的岁月中受到大自然的侵袭和人为的破坏,但目前仍保存有从十六国后期到北魏、西魏、北周、隋、唐、五代、宋、西夏、元等各代洞窟492个,彩塑2 415身,壁画45 000多平方米,唐宋木结构建筑五座。敦煌莫高窟艺术包括建筑艺术、彩塑艺术、壁画艺术和敦煌文书四大部分,集建筑、雕塑、绘画于一体,内容极为丰富。古代民间艺术家在继承中原汉民族和西域各民族艺术优良传统的基础上,吸收并融化了外来的表现手法,发展成为具有敦煌地方特色的中国民族风格的佛教艺术。这些规模宏大、为数惊人的宗教艺术品,为研究中国古代政治、经济、文化、军事、地理、宗教、社会生活、民族关系、中外友好往来及文化交流等,提供了十分宝贵的历史资料,是人类珍贵的文化宝藏和精神财富。它以数量浩繁、技艺卓越的壁画艺术向人们展示了4世纪到14世纪千余年间的社会历史图景。

敦煌地处西北,远离中原,比较偏僻、险要的地理位置也在很大程度上避免了诸如"八王之乱"、"永嘉之乱"那样的兵祸,保持着局部地区的安定。《后汉书·窦融列传》记载:"融见更使新立,东方尚扰,不欲出关。

---

① 关于莫高窟开凿的年代问题,现存法国的敦煌文书P.2691《沙洲城土镜》背书残文记载:"从永和九年癸酉岁初建窟,至大汉乾祐二年乙酉岁,算得五伯玖拾陆年记。"据此推算,莫高窟开凿在前秦皇始三年(353),比《重修莫高窟佛龛碑》所记前秦建元二年(366)早十三年,但基本反映莫高窟开凿在4世纪中叶。

而高祖父尝为张掖太守,累世在河西,知其土俗,独谓兄弟曰:'天下安危未可知,河西殷富,带河为固,张掖属国精兵万骑,一旦缓急,渡河决津,足以自守,此遗种处也。'兄弟皆然之。"相对稳定的社会环境吸引了大量避难的百姓逃亡到此,《后汉书·孔奋列传》记载:"遭王莽乱,奋与老母幼弟避兵河西……时天下扰乱,唯河西独安,而姑臧称为富邑,通货羌胡,市日四和"。在十六国时期,北方处于战乱频繁的混乱局势之中,河西地区则"秩序安定,经济丰饶,既为中州人士避难之地,复是流民迁徙之区,百余年间纷争扰攘固所不免,但较之河北、山东屡经大乱者,略胜一筹"①。建兴之乱时,晋王司马保败亡,"其众散亡凉州者万余人"②。这种持续的、较大规模的移民行为促进了河西的经济发展,也为文化艺术的繁荣作了准备。

敦煌在东西交通上也有着独特的地位。丝绸之路在西域分为两路:南路由凉州出关,经过敦煌,穿过沙漠到达鄯善,沿天山南路到达于阗,往西北进入莎车;北路从敦煌之北往西北方向进入伊吾,经库车焉耆进入龟兹,到达疏勒。③ 敦煌交汇丝绸之路南北两道,为印度与中国北方地区交通必经之路,实是东西方文化交流的"咽喉"之地。具有商旅、使节漫长行途中休息、调整的中转作用,成为古代"丝绸之路"上的一个重镇。

因为独特的地理位置和文化背景,河西地区的佛教迅速地发展起来,正如《魏书·释老志》所说:"凉州自张轨后,世信佛教。敦煌地接西域,道俗交通得其旧式,村坞相属,多有塔寺。太延中,凉州平,徙其国人于京邑,沙门佛事皆俱东,像教弥增矣。"在汉代之后,不仅河西地区自身佛教比较流行,而且由于特定的历史原因对中原地区佛教的广泛传播起到了桥梁作用。佛教的流行主要表现在译经和佛教建筑的广

---

① 陈寅恪:《隋唐制度渊源略论稿》,第26页,上海,上海古籍出版社,1982。
② 《晋书》卷八六《张轨传》。
③ 参见任继愈主编《中国佛教史》卷一,第70页,北京,中国社会科学出版社,1981。

泛修建。早在西晋时期,就有大翻译家竺法护于敦煌组织自己的译场。根据《开元录》的记载,竺法护先后译出经书一百七十五部,共计三百五十四卷,乃"佛教入中华以来译经最多"[①]者。在佛寺以及石窟寺的建修开凿方面,十六国至南北朝时期是河西建寺的高峰期。"昙摩密多……进到敦煌,于闲旷之地,建立精舍,植奈千株,开园百亩,房阁池林,极为严静。顷之复适凉州,仍于公府旧寺,更茸堂宇,学徒济济,禅业甚盛。"[②]当时佛教的盛况可见一斑。直至现在,河西保存的石窟寺之多也是全国少有,其中著名的西凉石窟和莫高窟最初的开凿也都可追溯到此时。

莫高窟北朝时期的造像总体上体现出明显的西域特征,但与汉魏时期新疆克孜尔等地区的造像在艺术形象上已经有了一定区别。佛、菩萨的面部仍保留着挺直的鼻梁,但眼窝、眼睑、眉骨等细节处已经与印度风格产生了较大差异。就整体造型来说,半裸的身躯,紧贴躯干的薄衣都还有印度造像风格的遗存,但也出现了"交脚弥勒"这样与北方民族习俗结合的新创形制。

现在国内外学者基本上认为现存于莫高窟南区北端的现编号268、272、275窟是莫高窟开凿时间最早的几个洞窟。窟内所存壁画是北凉时所作,但根据壁画下的泥皮等迹象看,洞窟的开凿可能早于北凉,甚至可以追溯到前秦时期。

268窟是一个平面作长方形的平顶小窟,窟内正壁凿一个圆形浅龛,龛内塑交脚弥勒佛像一尊,身着半披肩袈裟,衣质轻薄,躯体轮廓外露,交脚坐于方形台基之上。佛首为后代重修。窟内外两侧绘供养菩萨、飞天、比丘、比丘尼和供养人等。

272窟紧邻268窟北侧,窟平面呈方形,顶略作穹隆式。窟内正壁凿

---

① 汤用彤:《汉魏两晋南北朝佛教史》,第114页,北京,中华书局,1983。
② 《高僧传》卷三《昙摩密多传》,《大正藏》第50卷,第342页中。

一圆拱形大龛,内塑佛像一尊。佛像身躯高大雄健,宽肩细腰,内着僧祇支,外着半披肩袈裟,结跏趺坐①于方形台上。衣质轻薄,躯体轮廓外露,衣纹突起有规律,流畅自如,劲健柔美。佛首为后代重修。正壁佛龛内绘有小坐佛、侍胁菩萨和供养菩萨,窟顶藻井绘有装饰纹样和飞天。

275窟位于272窟北侧,窟顶作纵长方形,窟顶呈纵向人字坡。窟内正壁塑交脚弥勒菩萨一尊,高发髻上戴三圆环式宝冠,正面圆环上浮雕坐佛一尊。菩萨面形方正,细眉大眼,鼻梁高直,嘴小唇薄,粗颈,身躯健壮,比例匀称。上身袒露,戴项圈、臂钏,胸前挂短璎珞,下着裙,质地轻薄,紧贴腿部,裙纹为规则扁圆线条,极富装饰意味。披肩自双肩搭下,绕肘下垂。菩萨交脚坐于方形台上,双手作说法状,双足下踩莲花,方座两侧各塑一狮,具有古朴安详的庄重慈祥神色。南北二壁上方并列对称凿出阙形龛和圆拱形龛各四个,每龛塑弥勒菩萨或思维菩萨一尊。窟内壁有佛本身故事,为后代重绘。

另有成于北魏的259窟、254窟、257窟;成于西魏的249窟、285窟;成于北周的482、290窟、296窟破损较为严重。

二、云冈石窟

云冈石窟位于山西省大同市西郊武周山北崖,是中国三大石窟群之一,也是世界闻名的艺术宝库。石窟依山开凿,东西绵延1 000米,现存主要洞窟45个,大小窟龛252个,石雕造像51 000余躯,大佛最高者17米,最小者仅几厘米,是我国规模最大的古代石窟群之一。据文献记载,北魏灭北凉之后,将僧人和工匠迁至魏都平城。北魏和平年间(450),魏孝文帝令沙门统昙曜开凿五个大石窟,后人称为"昙曜五窟",现存云冈

---

① 结跏趺坐,也叫金刚跏趺坐。或"先以右趾押左股,后以左趾押右股";或"先以左趾押右股,后以右趾押左股"。两种结跏趺坐皆为"令二足掌仰于二股之上"。半结跏趺坐,也称菩萨跏趺坐,工布查布在《造像量度续补》中说:"左股上置右足,而左足入于右股下,谓之菩萨跏趺。"

第16—20窟。其他主要洞窟,也大多完成于北魏太和十八年(494)孝文帝迁都洛阳之前。从石窟所保存的纪年铭刻和艺术风格上看,大部分是魏孝文帝迁都洛阳以前的作品,距今有1500多年的历史。郦道元这样描述:"凿石开山,因岩结构,真容巨壮,世法所稀,山堂水殿,烟寺相望"。① 这是当时石窟盛景的真实写照。

云冈石窟以气势宏伟,内容丰富,雕刻精细著称于世。云冈石窟雕刻在吸收和借鉴印度犍陀罗佛教艺术的同时,有机地融合了中国传统艺术风格和审美风尚。以"昙曜五窟"为代表的前期造像刀法平直,简洁洗练。文成帝登基到迁都洛阳之前的五组之中汉文化的因素得到进一步加强。衣饰由犍陀罗式的通肩大衣转变为南朝士人的褒衣博带;题材也更为丰富,除了三世佛外,更多的供养人、佛传故事、具有中原特色的伎乐飞天被表现出来。孝文帝迁都洛阳之后的作品缺乏前期那样的皇皇巨制,但形象清癯有神采,削肩长颈,更有南朝士人"秀骨清像"的风貌。现将代表性各窟简述如下:

第1、2窟两窟为双窟,位于云冈石窟东端。第1窟中央雕出两层方形塔柱,后壁立像为弥勒,四壁佛像大多风化剥蚀,南壁窟门两侧雕维摩、文殊,东壁后下部的佛本生故事浮雕保存较完整;第2窟中央为一方形三层塔柱,每层四面刻出三间楼阁式佛龛,窟内壁面还雕出五层小塔,是研究北魏建筑的形象资料。

第3窟为云冈石窟中规模最大的洞窟。前面断壁高约25米,传为昙曜译经楼,窟分前后室,前室上部中间凿出一个弥勒窟室,左右凿出一对三层方塔。后室南面西侧雕刻有面貌圆润、肌肉丰满、花冠精细、衣纹流畅的三尊造像,本尊坐佛高约10米,两菩萨立像各高6.2米。从这三像的风格和雕刻手法看,可能修造于初唐时。

第4窟的中央雕一长方形立柱,南北两面各雕六佛像,东西各雕三

---

① 郦道元:《水经注》卷一三。

佛像,南壁窟门上方有北魏正光纪年(520—525)铭记。

第5窟位于云冈石窟中部,与第6窟为一组双窟。窟分前后室,后室北壁主像为三世佛,中央坐像高17米,是云冈石窟中最大的佛像。窟的四壁雕满佛龛、佛像。拱门两侧,刻有两佛对坐在菩提树下,顶部线条优美。两窟窟前有五间四层楼阁,现存建筑为清初顺治八年(1651)重建。

第6窟窟平面近方形,中央是一个连接窟顶的两层方形塔柱,高约15米。塔柱下面叫层大龛,南面雕坐佛像,西面雕倚坐佛像,北面雕释迦多宝对坐像,东面雕交脚弥勒像。塔柱四面大龛两侧和窟东、南、西三壁以及明窗两侧,雕出33幅描写释迦牟尼从诞生到成道的佛传故事浮雕。此窟规模宏伟,雕饰富丽,技法精炼,是云冈石窟中最有代表性的作品之一。第6窟也是云冈石窟中雕刻乐伎、乐器最多的,共有100余躯乐伎。

中心塔柱窟在云冈有8个,即第1、2、4、5—28、6、11、13—13、39窟等。这些中心塔柱窟除第5—28窟和第13—13窟两个附属洞窟为未完成的工程外,其余均是规模较大、塔柱雕刻蔚为壮观的洞窟。

中心塔柱最具典型性的当属云冈第6窟。这是一座二层瓦垄屋顶出檐的塔中塔结构中心塔柱。塔柱位于窟内中央,由基座、塔身两部分构成。高约14.4米,南北长约7.9米,东西宽约7.3米,基座高约1.2米。塔身分上下两层。下层四壁各开外为波纹形帷幕,内为圆拱形的重龛,分别雕刻坐佛像、倚坐佛像、二佛并坐像和交脚菩萨像。重龛内外依次雕刻供养天、飞天、佛传、弟子、护法等形象,两侧各雕千佛列龛。下层与上层间以瓦垄屋顶出檐。上层雕刻大型须弥式平台,平台中央四面雕有四方四佛大型立像。佛像身体微微前倾,威严挺拔。须弥平台四角,各凿一座楼阁式九重塔,塔基为须弥座,由大象承托,每层四面各开三龛,内雕坐佛像龛。底层四角各雕一座印度式舍利塔,以上各层四角均为四方柱。塔之内两面(东南角塔为西面和北面、西南角塔为东面和北面、东北角塔为西面和南面、西北角塔为东面和南面)均雕刻了一尊高约

2.1米的胁侍菩萨像。

这一中心塔柱四面雕刻面积总计达450平方米之多,构思巧妙,吸取外来艺术营养,与中国传统艺术元素有机融合,内容丰富,集多样龛式、人物、坐势、装饰图案、中外塔式等内容于一体,成就了佛教雕刻艺术最辉煌壮丽的篇章。

第7、8两窟为一组双窟,两窟窟前有三层木构窟檐。第7窟分前后室,后室北壁主像是三世佛,东、西、南三壁布置了本生故事浮雕和表现佛传故事的佛龛。窟顶平棋飞天和南壁门拱上部的六个供养天人,雕刻十分精美;第8窟四壁雕像风化严重。门拱西侧刻有五头六臂乘孔雀的鸠摩罗天,东侧刻有摩琉首罗天,雕刻技巧与造型都较成熟。这种题材在云冈石窟比较罕见。

第7窟后室南壁明窗与窟门间方形帷幕龛中雕刻有六尊供养天人。此龛龛楣由15个方格组成,内雕莲花。帷幕下对称雕刻着双手捧物于胸、呈胡跪状的供养天六身。此六位供养天人发髻高耸,面貌安详,斜披饰以璎珞的紧身服装,身形比例恰到好处,双肩飘带自然翻飞。无论是龛形式样,还是人物的刻画,都表现了设计上的独具匠心和制作上的精益求精。

供养天是佛教石窟中常见的佛教人物形象,无论是雕刻于龛楣中和龛楣上方两侧,还是单一形态(不出现其他形象),大都以群像的形式出现。供养天不戴菩萨的宝冠,只是将头发高高束起打结,着紧身服装,多数佩以飘带,常见的姿势为跪姿(胡跪或全跪),站立状的供养天形象一般出现在龛楣上侧及两角。

第8窟后室南壁明窗口西侧有一尊露齿菩萨高约两米,立姿,戴"半月"花冠,长发由耳后披至两肩,素面圆形头光,身着紧身长裙,斜披络腋,双臂挎飘带。菩萨双手合十,头略略侧向右前方,左腿直,脚踏实,右腿略弯,前掌着地,跣足立于束帛座上,雍容华贵,自然洒脱。两嘴角微微上翘,露齿一笑的表情妩媚动人。早期昙曜五窟中第18窟弟子像中也曾经出现过露齿人物造像,而此处造像者改变佛教造像常规,赋予了佛教造像更多人间美感,也是佛教艺术在传播过程中体现出的一大特点。这从佛教传入之初,在民间造像中就有广泛的体现。

第9、10两窟为一组双窟。第9窟分前后室,前室南壁凿成八角列柱。后室窟门上凿明窗。前室东西壁雕出三间仿木构建筑的佛龛,壁面满刻佛像、飞天。后室北壁主像是释迦佛;第10窟也分前后中,后室门拱内外两面有精雕的图案花纹,结构严谨,富于变化。

第11—13窟为组石窟。第11窟正中凿出方柱,四面各雕上下龛。东壁上部有北魏太和七年(483)造像题记,是研究云冈石窟开凿历史的重要资料;第12窟前室正面凿成三间仿木构建筑的窟檐。东西壁也雕出三间仿木构建筑的佛龛,窟顶雕有伎乐天,手持排箫、琵邑、笛、鼓等乐器;第13窟南壁上层的七佛立像和东壁下层的供养天人,是这个窟中的精品。

第12窟虽然雕刻的乐伎数量不如第6窟多,但乐伎、舞伎多集中于洞窟的前室,并且洞窟规模较小,易于观赏。第12窟前室北壁最上层从东到西雕刻有14尊天宫乐伎,所持乐器有坦鼓、埙、细腰鼓、琴、箜篌、筚篥、琵琶、筝、横笛、排箫、齐鼓、吹指等。天宫乐伎下,十六尊飞天舞伎组成与乐伎交相互动的舞蹈群体。明窗上边和东西两边安排了十八尊持不同乐器的菩萨乐伎,个个面相和悦,栩栩如生。明窗以下门拱雕饰富丽,动感强烈,九坐佛位于拱门楣中,外圈为一组飞天舞伎,舞者举止轻飘,气韵雄放,动作连贯,线条流畅,令人心旷神怡;内圈为一组飞天乐伎,怀抱乐器,呈编队飞行演奏状。四壁的众多乐伎、舞伎构成了宏大的歌舞场面。与此相对应,窟顶装饰以飞天、歌舞伎。窟顶平藻井的飞天舞伎,彩带飘飞,身体纤柔,环绕在十一团莲花周围。南壁列柱上方和东西壁与窟顶相交之处,以镂空形式高浮雕突出安置了七尊(西壁北侧的一尊现已塌毁)夜叉乐伎,其中五尊各执弹拨乐器、吹管乐器和打击乐器作演奏状。

第16—20窟,是云冈石窟最早开业凿的五个洞窟,通称"昙曜五窟"。这五窟内,包括本尊与窟壁作品皆是石质。人物宽厚,背负窟壁,有介于高浮雕和圆雕之间的造型特征。各窟主尊体量巨大,无论是站立佛像还是跏趺坐佛像都有15米左右的高度。窟面均呈马蹄形,穹隆顶,窟内大佛顶天立地,四壁饰满佛教题材雕塑,体现出北方民族英武豪迈之气。十六窟为平面呈椭圆形。正中主像释迦像,高13.5米,立于莲花座上,四壁雕有千佛和小龛。

第17窟主像是三世佛,正中为交脚弥勒坐像,高15.6米。东、西两壁各雕龛,东为坐像,西为立像。明窗东侧的北魏太和十三年(489)佛龛为后代补造。与第7窟相比,雕刻在第17窟西壁佛像龛内侧的一躯供养天,身姿更加协调,造型更加优美。此供养天人高束发髻,简洁大方,人物身体结构比例适当,双腿胡跪、两手合十的姿势自然、协调,紧身衣服的阴线雕刻颇有章法,飘带线条流畅柔和。面庞丰满,弯眉细长,鼻梁挺直,嘴角上翘,笑容微露,恬静的脸上流露出对佛陀无限的忠诚。第17窟内的供养天造像是云冈石窟雕刻成熟时期的作品,从现存的作品来看,当时的匠师在艺术修养和雕刻技法上都具备了极高的造诣。

第18窟主像是三世佛,正中的身披千佛袈裟的释迦佛,高15.5米。佛像着通肩大衣,有犍陀罗佛教艺术遗风。第18窟东胁侍立佛像是继承通肩大衣佛装的典型代表:衣纹由两肩向中心下垂会合为圆形角,左右呈对称状;服装纹理上下呈水波涟漪纹状,贴体明显,身躯轮廓清晰。

东壁上部的弟子群,雕刻技法十分熟练,堪称杰作。值得注意的是,该窟主佛像两侧的十大弟子像在雕刻手法上有别于云冈石窟的其他造像。其特点为:头部呈圆雕状探出墙壁之外,身体和下肢却渐渐隐没于墙壁之中。这种安置方式在云冈石窟仅此一例,而且这些人物造像又呈西方异族情调,可作为云冈早期造像继承犍陀罗佛教艺术风格的例证之一。在早期犍陀罗佛教石雕时期,艺术家们在塑造佛塔上的人物形象时,就将他们塑造成头部离开壁面而身躯与壁面相结合的形式。第18

窟十大弟子像的塑造明显地继承了犍陀罗艺术风格。

十大弟子在云冈第 18 窟主佛像的两侧,分别雕刻了胁侍菩萨和佛的十大弟子,这是云冈石窟中体现佛祖释迦牟尼及其胁侍最为隆重、最为庄严的造像组合。雕刻于第 18 窟坐佛像两侧的十大弟子形象由于水蚀风化,西侧的五个形象已模糊不清,东边的一组较为清楚:五个弟子神情各异,姿态不一。其中,迦叶的头像最为特别。此窟中,菩萨与佛弟子多采取高浮雕的表现形式,而立于主像左侧的迦叶像头部则完全出离石壁,呈圆雕状,增强了雕塑群的动态感。

第 19 窟主像是三世像,窟中的释迦坐像,高 16.8 米,是云冈石窟中的第二大像。窟外东西凿出两个耳洞,各雕一身 8 米的坐像。

第 20 窟前带大约在辽代以前已崩塌,造像完全露天。三世佛正中的释迦坐像,高 13.7 米,这个像面部丰满,两肩宽厚,造型雄伟,气魄浑厚,为云冈石窟雕刻艺术的代表作。云冈第 20 窟前面的立壁早在洞窟竣工不久就已坍塌,然而露天大佛仍比昙曜五窟其他洞窟前壁向南突出一些,使佛像格外引人注目,是云冈石窟最具代表性的塑像。主像坐佛高 13.7 米,双手相交,拇指相对,作"禅定印"的"吉祥坐",呈现了端庄、稳定之姿态。高肉髻,面相方圆,两耳垂肩。眉目细长,两眼炯炯有神。鼻直口方,蓄八字须,嘴角微微上翘。双肩齐挺,胸部厚实。内着僧祇支,外穿袈裟袒右肩,衣纹厚重,似仿毛质衣料而成。该造像身材魁伟,体型健壮,身体略略前倾,给人以居高临下之感,威武而不失慈祥。既表现出佛教悲悯的情怀,又传达出鲜卑民族彪悍性格,成为云冈石窟的代表作品。

纵观整个云冈石窟,造像的衣饰变化能够较为明显地看出佛教与中原文化的相互影响。自犍陀罗艺术创造了佛像以来,佛像的服饰一直在不停地发生变化。佛像产生的初期,不仅人物形象承袭了希腊传统形式,而且姿态和衣饰处理也呈希腊样式,襞路清晰。在印度南部的秣菟萝式造像中,佛像披着的通肩袈裟呈现出轻薄贴体、衣纹细密、线条柔和的特点,体现了当地独特的艺术传统。事实证明,佛像服饰的每一次变化和发展都与时代精神息息相关,反映出佛教文化与不同地域和不同时期的社会文化的交融进程。

云冈石窟早期佛像基本着袒右肩袈裟和通肩大衣,继承外来样式的特征比较明显。《大智度论》卷七载:"佛初成道,菩萨夜三昼三,六时礼请,偏袒右肩合掌。"①慧远著《沙门袒服论》载:"是以天竺国法,尽敬于所尊,表诚于神明,率皆袒服,所谓去饰之甚者也。"②由于印度的地理气候等原因,在佛教发生前后很长的历史阶段中,袒右肩式服装都是印度佛教造像的基本服饰。

佛教艺术东传到中国,虽然其传统服装不符合中国的道德要求和审美标准,但当时的工匠还是保留了这一传统,并对其做了精彩的艺术演绎。以第20窟露天大佛为典型代表,该尊着袒右肩式服装,外披袈裟质感厚重,衣纹雕刻明显凸起而层次鲜明,既有很强的立体效果,又具有明显的下垂感。这一厚重袈裟左侧由左肩斜披下垂,将整个左臂和左胸、腹贴体遮盖并且对衣襟部分进行了细致刻画;右侧仅右肩斜搭一角,露出与左斜披边饰相同的衣纹。这种所谓"因复左肩,右开左合"的衣饰,正是袒右肩的着衣样式在中国的改造和发展。

5世纪后半叶,北魏政权汉化的步伐明显加快,实施了包括均田制度在内的一系列社会、经济、文化改革措施。其中服装改革是重要的一项。据《魏书》记载,太和十年(486),"帝始服衮冕"。"太和十八年(494)十二月,革衣服之制"。魏孝文帝以身垂范推行褒衣博带式服装。北魏汉化政策反映在佛教艺术创作上,云冈石窟的佛像装束也就换成了褒衣博带的服装。

褒衣博带服装的主要特点是宽大。《宋书·周郎传》曰:"凡一袖之

---

① 《大智度论》卷七,《大正藏》第25卷,第109页中。
② 《弘明集》卷五,《大正藏》第52卷,第32页中。

大,足断为二,一裾之长,可分为二。""褒衣博带"一词,《汉书·隽不疑传》曰:"褒衣博带,盛服至门上谒。"颜师古注:"褒,大裾也。言著褒大之衣,广博之带也。""褒衣博带"的服饰在汉代开始流行,在中国的历史上长期受到汉人的喜爱,长期影响着魏晋时期的服饰风尚。"晋末皆冠小而衣裳博大,风流相仿,舆台成俗。"①5世纪时,这种服装特别流行于中国南朝社会。《颜氏家训》中记载,梁朝的士大夫,都尚褒衣博带、大冠高履,晋处士冯翼衣大袖衣,亦即如此。

云冈第1、2、5、6、11、12、13窟等中期洞窟中,或部分、或多数、或全部雕刻有这种着褒衣博带服装的佛像,而晚期石窟佛像几乎全部着褒衣博带之服装。以立佛像者最为典型:衣服宽大,领口呈"V"形敞开至胸,内着僧祇支,并缀有缚带,胸前打结后由胸至腹自然下垂,衣襟为"左衽",即从右面掩向左面,右衣襟之长带穿过胸前下垂的缚带搭于左小臂上,飘逸而自然。外披宽大袈裟,两角于右手臂内侧会合,右手臂平举,袈裟皱褶边呈"V"字形由两侧下垂,与衣服一起形成"下摆",并向两侧大幅度散开,使佛像整体呈"A"字形状。从云冈石窟开始的佛像的褒衣博带装束影响了后来开凿建造的一系列石窟。从此以后,中国境内的佛像多着此装,俨然风流名士,增添了俊雅飘逸的美感,与早期受印度风格影响的"梵式"和北方民族的英武之气有了明显的区别。

三、天龙山石窟

天龙山石窟,位于山西省太原市南郊,东西绵延约五百米;分为东西两锋,东峰十二窟,西峰有三窟,现统一编号的洞窟有二十一个。天龙山石窟南北朝时期各窟一直是在当时统治者的直接支持下营建的。北魏晚期高欢在晋阳建立大丞相府,控制了北魏政权。建立东魏后,仍长期居住晋阳官,在天龙山上建起了避暑官,开凿了石窟。天龙山原名方山,

---

① 《宋书》卷三〇《五行志一·服妖志》与《晋书·五行志》记载同。

《太原县志》载:"方山在县南三十里,今呼天龙山,盖因北齐所建天龙寺而因以名之。山上所建佛阁曰虔诚阁,其佛就山石为之,高数丈,覆以飞阁……其上有北齐神武避暑宫遗址。王廷筠诗云:挂镜台西挂玉龙,半山飞雪舞天风。寒云直上三千尺,人道高欢避暑官。是也。又有上洞,下洞,石佛无数……其间苍松古柏、蒙密幽深,黄花老人诗云:夕阳欲下山,深林无人不可留。"①所指石佛即今日所称的天龙山石窟。在东魏武定三年(545)于太原置晋阳宫后,北齐皇建元年(560)建圣寿寺石空二十四龛,高欢的儿子高洋又于太原"起十二院、壮丽逾于邺下,凿西山为大佛像,燃油万盆,光照宫内"②。隋唐两代也多有开凿,惜人为破坏严重,造像多已不存。现存南北朝造像主要有主体属于东魏第2和第3窟,主体属于北齐的第1、第10窟。

东魏时期开凿的洞窟位于东峰之上,编号第2、3窟,是天龙山最早开凿的洞窟。这是两个并列的规模相当、平面方形的三壁三龛式洞窟。两窟间雕凿了功德碑,作为两窟的中心标志(功德碑内容被完整盗凿)。

天龙山第2、3窟受到云冈石窟的直接影响,与云冈、龙门等早期造像相比较,又更富有生活气息,更趋向于世俗化。这两座形制相同、大小相近的石窟是天龙山诸窟中雕刻内容最为丰富、技艺最为精湛的洞窟。第2窟和第3窟窟门均为圆拱形窟内平面方形,覆斗顶,北东西三壁各开一个龛,龛前设有低坛,龛内雕像。窟顶雕有大莲花,四披原有栩栩如生的供养飞天。整个石窟在约六平方米的空间内雕满了各种各样的佛教造像,既有高浮雕,也有浅浮雕。窟内的造像佛、菩萨、飞天透露出清秀飘逸的艺术风格。佛像高肉髻,脸庞消瘦,身体显得单薄而削瘦。佛着僧祇支,外面穿着褒衣博带式袈裟。菩萨像同样如此,高发髻,眉清目

---

① 《太原县志》,清道光年所修,六册十八卷。
② 《北齐书·后主恒纪》。

秀，身材修长。宽折披帛从双肩搭下，在腹部交叉穿环，或相交于腹下部，下身穿着长裙，裸足站在莲花座上。第3窟东壁龛外有一件半跏思惟菩萨像，高发髻，面目清癯，宽博的披帛从肩绕双肘而下，右手支颐，作沉思状，左手抚在右小腿上，右脚架在左脚上，坐于藤座上。身后有宽叶的菩提树。窟顶的供养飞天头扎双髻，面相清癯，有的上身裸露，有的身穿广袖衣衫身上的披帛随风向后飘去，下身均穿紧裹双腿的长裙，右手托一钵。整个身体上身微直，屈腿后扬，姿态优美，身下有朵朵祥云烘托出天空的氛围。东魏造像同北魏晚期造像一样，更多地注重表现造像的精神面衣纹动感和韵律。

天龙山北齐洞窟有三个，即东峰的第1窟和西峰的第10、16窟。而第10、1窟与第16窟特征相似，依照洞窟风格和特征类推，这两个洞窟亦应是北齐洞窟。天龙山北齐洞窟形制与东魏洞窟相比较，没有太大的变化，为平面方形，顶部莲花藻井，窟内为三壁三龛式布局。但造像组合均为一佛二菩萨二弟子的五尊像，这种组合形式在北魏云冈晚期较常见。

北齐造像和东魏造像的艺术风格有很大不同。在人物形象的刻画上，北齐造像一改东魏"秀骨清像"的清秀飘逸风格，头部比例较长、圆脸、螺髻、胸部较高、双肩较宽、缺乏曲线，而追求身躯丰肥浑圆的表现，注重身体结构，雕刻较深，更突出强调造像的立体感。这种改变让造像有的失之呆板，缺乏柔和的线条和流畅的造型变化。但同时，这佛教造像历史上一个重要的转机和过渡期，为隋唐的造像风格奠定了基础。没有这个时期的过渡，就很难出现隋唐那种生动优美、充满活力的艺术杰作。

天龙山造像是中国石窟寺造像中不可多得的珍贵作品，但在20世纪20年代和60年代，天龙山石窟受到了最为严重的人为破坏。据统计，流散海外的天龙山艺术品的约有一百五十余件。

四、响堂山石窟

响堂山窟在河北省赤峰市的峰峰矿区,分北响堂山、南响堂山和小响堂三处,其中南北响堂山相距约四十华里。《资治通鉴》记载:"东魏武定五年(547)……虚葬齐献武王(高欢)于漳水西,潜凿成安鼓山石窟佛寺之旁为穴,纳其枢而塞之,杀其群匠。"①高欢去世时响堂山已经有石窟寺存在,在随后的时间,北朝统治者又持续进行了石窟的修造工作。金正隆四年(1159)的《磁州鼓山常乐寺重修大士殿记》云:"……东魏主因太后多病,创寺召僧、广修善果。魏大丞相勃海王高欢,建避暑宫于山麓。欢子高澄,葬父于佛顶焉。北齐文宣帝时,见无数圣僧隐显出没,遂开三石窟,刻诸佛像,初名石窟寺,大统间改智力寺。"可见,响堂山石窟是在北朝统治者的大力支持下开凿的。

南北响堂山石窟为北朝晚期作品,又处于北齐石窟带的中心位置,既保留了北朝流行的雕刻风格,在造型、衣饰等方面又出现了一些新的变化,与麦积山等石窟一起影响了隋唐时期的佛教艺术创作。雕刻手法洗练,继承了北朝古朴刚健的传统,在细节上又融入了很多汉族文化元素。

北响堂山较大的石窟建于北齐有现编号为第1窟的刻经洞、第2窟的释迦洞、第5窟的大佛洞,其余各窟为隋唐开凿。第1窟后壁及左右壁各开一大龛,后壁龛楣上雕有帷幕。三龛内各雕有一佛二弟子四菩萨。壁龛佛像均结跏趺坐于半圆形坛座上,体态丰美,衣褶自然下垂。两侧侍立菩萨体态浑圆,裙带衣褶线纹流畅,胸前饰交叉璎珞。所有造像背光均用莲花、忍冬纹装饰。龛楣雕有千佛,形制虽小,而衣纹线条简洁流畅。

南响堂山石窟与北响堂山石窟大约同时开凿。这里开凿于北齐至

---

① 《资治通鉴》卷一六〇。

隋代有七个大的石窟,比较重要的是第1窟华严洞和第2窟般若洞。第1窟为支提式,中立方柱,正面佛龛造像多尊,形态与北响堂山造像不同,四壁小龛皆隋、唐人所补造,东壁造像为隋唐遗物。两壁刻《华严经》,故此窟称为"华严洞"。这些造像记可知,这些龛窟多为北齐所造。第2窟刻大字《般若经》,故称为"般若洞"。中柱正面造像多尊。佛光周边美丽的飞天。第3窟各壁有佛龛十八个,大都完整。小龛中有一跷足菩萨,神态生动。第4窟俗称横门洞,门首及四壁不少刻经,造像记。二窟皆创于北齐,隋唐不断于此造像。

响堂山石窟的北齐造像与麦积山石窟的北周造像,有着共同的发展趋势,即完全摆脱了只以清癯瘦削为美的观念,转而崇尚丰满健壮的美。佛、菩萨等形象,体型同浑,肢体丰满;神态特征从北魏后期造像的钟灵毓秀,转为朴实敦厚。身段姿态,有的稍显僵硬,但也不乏灵活多姿的佳作,如北响堂山"大佛洞"方柱左面龛内的左侧胁传菩萨,头面虽被破坏,而腰部微微弯曲,右臂略屈而下垂,左腿自然弯屈,脚尖跷地,全身重心落于右脚,使得整个形像静中有动,端庄中见妩媚。

在造像衣饰式样及衣裙表现上,响堂山石窟也有其明显特点。它没有云冈、麦积山石窟造像中的西域风味,也改变了龙门、巩县石窟造像褒衣博带的北魏后期流行样式,衣裙处理不求如实摹写,也不用绘画性很强的阴刻线纹,而是以柔韧流畅的凸起的条纹来表现肢体的运动变化而呈现的动态。这种衣纹处理,被后来的雕塑家、画家所继承,并加以演绎,成为隋唐时期代表风格的重要元素。

在艺术发展的过程中,不时会有新的技法、新的造型样式出现。如南朝画家张僧繇变南朝流行的"秀骨清象"为"面短而艳"的丰腴形象。在衣纹的刻画上,北齐"最推工画梵像"的著名画家曹仲达对当时流行样式作出了较大改造。宋代郭若虚《图画见闻志》卷一记载,"曹之笔,其体稠叠,而衣服紧窄,故后辈称之曰……'曹衣出水',又称曹家样"。响堂山石窟造像出现的这些独特的艺术表现,可能受到了当时新兴的一些绘画样式的影响。

五、麦积山石窟

麦积山位于秦岭西段的北麓,周围群峰环抱,松竹丛生,山峦叠翠,"北跨清渭,南渐两当,五百里岗峦,麦积处其半,崛起一块石,高百万寻,望之团团,如农家积麦之状,故有此名"①。麦积山石窟开凿在悬崖绝壁上,洞窟"密如蜂房",栈道"凌空穿云",地势险峻。麦积山石窟始建于姚秦时期(384—417),仅晚于敦煌莫高窟。据明崇祯十五年(1642)《麦积山开除常住地粮碑》中记:"麦积山为秦地林泉之冠,其古寺系历代敕建者,有碑碣可考,自姚秦至今一千三百余年矣,香火不绝。"北魏、西魏、北周三朝,大兴崖阁,造像万千,麦积山主要造像多成于此时;后隋、唐、五代、宋、元、明、清又曾不断开凿或重修。历史上虽遭多次地震、火灾的破坏,现存窟龛一百九十四个,泥塑、石刻七千余件,北朝崖阁八座,其中北朝时期洞窟的艺术成就最高。

麦积山造像是北朝关中地区佛教文化兴起的反映,也代表了北朝关中地区佛教雕塑的最高水准。姚秦统治者崇扬汉文化,大力推行佛教。姚兴在位时期,鸠摩罗什曾在长安翻译佛经,传播佛法。麦积山一带是当时关陇地区的佛教重镇,著名禅僧玄高、昙弘在麦积山讲学:"高母以伪秦弘始四年(402)二月八日生,高乃杖策西秦,隐居麦积山,山学百余人,崇其义训,禀其禅道。时有长安沙门释昙弘,秦地高僧,隐在此山与高相会,以同业友善。"②可见当时的麦积山佛学风气已有传统。

北周虽有武帝灭佛之举,但随后的帝王都持续信奉佛教,都采取了扶持佛教的措施。加之人民群众在战乱后暂得安居,经济文化迅速得到发展,佛教在南北各方暂无战事的情况下也有了进一步的交流,北方和

---

① 王仁裕:《玉堂闲话》。
②《高僧传》卷一一《玄高传》,《大正藏》第 50 卷,第 397 页中。

外来僧侣经秦州入川见史册者颇多。此时秦州一带开窟造像的修德活动方兴未艾。陇右大都督开国公尉迟迥于武成元年(559)在武山拉稍寺敬造释迦牟尼摩崖大佛,为国内浮雕佛像之最,与麦积山遥相呼应。特别是其后的"开府仪同三司都督秦州刺史"李允信,在麦积山为王父所营造的千佛廊和大型的七佛阁,虽被地震破坏了局部,但还留存至今①。据考证,麦积山石窟半数以上的洞窟都是在西秦到隋以前这一百五六十年时间开凿的②。

麦积山岩质系红土与沙石构成的砾岩,不利于雕刻,故造像以泥塑为主,包括圆雕、浮雕、造像碑。与敦煌一样,麦积山塑像上原有彩绘,因气候原因褪色;所塑泥胎现大都保存完好。题材主要包括佛像、弟子像、力士、供养人、侍者、飞天、居士像等。在艺术特点上,麦积山造像既有北朝的"秀骨清像",与同时代的其他石窟相比,又温婉可亲,更富有生活气息和个性特征。这种"形神兼备"的艺术风格,充体现了我国佛教文化世俗化的特征。现选取其中代表洞窟分述如下:

第121窟,窟平面呈方形,覆斗状顶窟,后壁及左右两壁各有一大龛。入口内侧两边各有着铠甲的力士像一尊,头部经后代改塑。后壁室内主尊为跏趺坐释迦,头部经后代改塑,原作面目全失。后壁左右两端的罗汉像和左右两壁的里端的菩萨像,以及后壁主尊龛内两侧的十躯小型罗汉像,尚保持原作的风貌。值得注意的是,后壁两端的罗汉像与左右两壁里端的菩萨像不但离得很近,彼此上身前倾而靠拢在一起,而且眼神相交,面带微笑,似有会心而相契之处。这组独特的造像,可能是在塑造过程中随着当时的情境而进行的安排,将两壁造像自然连接为一个整体,而且全窟造像的气氛一时生动活泼起来。此外,在后壁主尊佛龛两侧的十躯小型罗汉塑像,左侧一排五躯全是老

---

① 庾信《秦州天水郡麦积崖佛龛铭》云:"……大都督李允信者,籍于宿值,深悟法门,乃于壁之南崖,梯云凿道,奉为王父造七佛龛"。
② 参见阎文如的《麦积山石窟》,《中国佛教》卷五,北京,中国社会科学出版社,2004。

者型,右侧一排五躯(现一躯已残)全是少年型。这种在佛像两侧配置十大弟子像的造像方式在北魏时期的雕塑中并不多见。第121窟在整个麦积山石窟中形制并不算大,但是造像者灵活的创造手段,使得佛教的造像更显丰富多变。

第123窟,窟平面为方形,平顶,大小与第121窟相若,是麦积山保存最为完整的石窟之一,也是西魏时期的代表之作。后壁和左右两壁各开一大龛,布局与第121窟相似。壁间许多五代、北宋时游人刻画题记。后壁大龛主尊为释迦牟尼佛结跏趺坐像,龛外两侧侍立二菩萨;左壁龛中为维摩诘像,龛外左侧侍立供养男童,右侧立阿难。右壁龛中为文殊菩萨,龛外左侧侍立迦叶,右侧立供养女童。浮雕的形式表现文殊菩萨与维摩诘问疾论辩的佛经故事,屡次在云冈第二期洞窟和龙门北魏后期洞窟中,但都是雕在洞内入口两侧或龛楣的两端,带有较多的装饰性质。而麦积山第123窟,以圆雕形式置于与主尊佛像并列的入龛内作为礼拜对象。维摩诘像与常见的手执蕉扇或羽扇、上身斜倚"清羸示病之容,隐几忘言之状"的老者形象不同,此处将维摩诘塑造成青年形象,面貌俊秀,穿对襟大衣,与文殊菩萨相对跏趺坐在方台上,右手抚胸,左手搭在左腿上,眯眼抿嘴微笑。文殊菩萨头上发髻不高,未戴华冠,身穿敞胸交襟大衣,肩披用结带装饰的"云肩",而没有环钏之类的佩饰。这一组塑像衣着发式简洁,面容清秀,神情温婉,姿态端庄,与同时期其他石窟造像往往以各种饰物极力铺陈的手段明显不同,显得匠心独运。此外为人们所称赏的是维摩诘、文殊菩萨龛外侧的童男、童女供养人像。在之前和同时代的佛教造像中,选取童男童女像,而且塑造得与胁侍菩萨、佛弟子等高,目前尚未见到第二例。童男身穿窄袖立襟长袍,下两裤脚与毡靴,浓密的头发剪作"留海"齐眉垂于头的四周,颅顶长发则结成一辫垂与脑后,带粗大的项圈,袖手而立。童女穿短褂、系肩长裙,也带有粗大的项圈,头上梳丫髻,右臂下垂而微曲。对雕凿者来说,童男女像较之有相对固定范式的佛菩萨像,有更大的创作自由。作者提炼出儿童所固有的天真、娇美与纯洁，将这种美好的形象运用到佛教造像中，赋予佛教信仰中的虔诚一个更加生活化的诠释。第123窟的整个塑像群也是麦积山北朝造像据有代表性的一例，这种将信仰与生动活泼的现实生活融合的创造，体现出当时佛教文化在中国民众生活中生机勃勃的姿态。

第133号窟又名"万佛堂"，是西崖三大窟中最大的一个，内部结构复杂，不似一气开凿而成。窟内有龛十多个，龛中塑像多数还保持着北魏塑像的原貌，第11龛内的佛像，服饰造型与龙门宾阳中洞的佛像非常相似，当系年代相近之作。壁间和各龛内还残存有很多小千佛及供养人影塑。除此之外还存有十八块保存较完好的石造像碑，其中第10、11、16号造像碑尤为精致。第10号造像碑的中央，从上到下，刻有三重形制、内容各不相同的佛龛，上为释迦、多宝并坐，中为交脚弥勒菩萨，下为释迦跏趺坐说法像。在三重佛龛的两侧，分别刻有天王、力士、维摩文殊论辩、鹿野苑初转法轮、白象入胎、树下降生、燃灯佛授记、降魔、双树入灭等佛传故事浮雕。有些人物头不及蚕豆大，而五官清晰，眉目传神。第11、16号造像碑虽无佛传故事，而多佛、菩萨像，刻画之精致，保存之完好，在大型石窟造像中也难得一见。

麦积山石窟尚有很多北魏晚期及西魏时期的泥塑作品保存完好。如第44龛的坐佛、第60龛右胁侍菩萨、第69龛右胁侍提净瓶观音菩萨、第127龛左壁右胁侍菩萨、第87号窟石壁右侧的迦叶、第133号旗的阿难和龛楣上方的塑壁等，不只是在麦积山造像中，在所有北朝石窟造像中，也堪称出类拔萃之作。

麦积山石窟地处当时北方政治重心，南北交通畅通，文化交流频繁。佛教文化在此与北朝的社会生活相融合，是造像艺术产生新面貌的源头。从造型变化来看，麦积山造像"方中求圆"的风格，不但可以看到"秀骨清象"型风格的新发展，而且是隋唐"丰满富丽"之风的先声和基础。麦积山石窟处于佛教造像由南北朝型向隋唐型过渡的转折阶段，实具承前启后的作用和重要的地位。

六、龙门石窟

龙门石窟位于洛阳市区南面12公里处，是与大同云冈石窟、敦煌千佛洞齐名的三大石窟之一。龙门石窟始开凿于北魏孝文帝迁都洛阳(494)前后，迄今已有一千五百余年的历史。后来，历经东西魏、北齐、北周，到隋唐至宋等朝代又连续大规模营造达四百余年之久。密布于伊水东西两山的峭壁上，南北长1 000多米，现存石窟1 300多个，佛洞、佛龛2 345个，佛塔50多座，佛像10万多尊。其中以宾阳中洞、奉先寺和古阳洞最具有代表性。其中最大的佛像高达17.14米，最小的仅有2厘米。另有历代造像题记和碑刻3600多件。龙门石窟保留有大量的宗教、美术、书法、音乐、服饰、医药、建筑和中外交通等方面的实物史料，是一座大型的石刻艺术博物馆。

龙门地区在孝文帝迁都前就有当地显贵开窟造像[①]，洛阳成为都城后(494)开始大规模开凿。现存南北朝时期大型洞窟十二座，其中以宾阳洞、莲花洞、古阳洞为代表。

魏宣武帝、魏孝明帝连续开凿宾阳洞的北中南三个大石窟，但只有中洞完成，南北两洞基本是隋唐作品。现将代表作品分述如下：

一、古阳洞是龙门石窟中开凿最早，内容最丰富的一座，也是北魏时期的代表洞窟。古阳洞平面呈马蹄形，穹隆顶。洞窟以正壁高台上的本尊佛坐像及二胁侍菩萨为中心，左右两壁的主要部位，造上、中、下三排大龛。两壁上大龛内主像都是释迦结跏趺坐禅定像，造型虽已不像云冈那样浑厚壮伟，但仍有较明显的北朝遗风，惜风蚀严重。中排大龛多为交脚弥勒菩萨坐像，个别为释迦多宝并坐像或释迦结跏趺坐禅定像。菩萨皆面相饱满，体态丰润，高髻戴宝冠，垂发披于肩后，上身半裸，颈、腕配璎珞、环钏，腰束百褶长裙，一手抚胸，一手下垂提圣物。窟顶没有常

---

① 古阳洞南比47号龛所记："大代太和七年(483)新城献功曹孙秋生、新呈现功口刘起祖二百人等敬造石像一躯。"

见的宝盖式的藻井图案雕饰,而是布满了开窟之初所凿造和后来陆续加雕的许多小龛及千佛,直达窟顶。此窟很多佛龛造像刻有题记,记录了当时造像者的姓名,造像年月及缘由,书法名作"龙门二十品"有十九品在古阳洞内。这些铭文,不仅是研究当时历史文化的珍贵史料,也是研究北魏书法和雕刻艺术的珍贵资料。

二、宾阳洞三窟。宾阳中洞前后用了二十四年才建成,是北魏时期的另一代表性洞窟。窟平面呈马蹄形,洞内有十一尊大佛像。宾阳中洞的门外两侧,各雕一孔武健硕的高浮雕金刚力士像,现仅存北侧的一躯。冠、帔、战裙等服饰虽与云冈的某些护法天神近似,而造型上却蹙眉怒目,筋骨坚劲,气势威猛,是迄今所见较早的运用夸张手法创造的力士形象之一。这种夸张的力士形象到隋唐时期变得流行起来。窟内正壁刻主像释迦牟尼,左右两边有弟子、菩萨侍立。佛面相清瘦,目大颈平,面带笑容,神态和蔼,"由造像的风格和特点看,相当于太和以后传入汉民族形式的阶段,但还没有到秀骨清相的程度"[1]。窟顶雕有飞天,挺健飘逸。洞口两壁上原有一幅浮雕"帝后礼佛图",造型别致,构图美妙,后被盗凿,现置于美国纽约博物馆。

三、莲花洞因洞顶雕刻一朵精美的莲花而得名。窟平面长方形,穹隆顶。窟内刻一佛二菩萨二弟子,佛、菩萨圆雕,菩萨上刻有佛本行故事,弟子像浮雕。主尊释迦牟尼佛赤足立于低莲台上,头被盗凿,着褒衣博带袈裟,内穿僧祇支,结带下垂,右端衣襟搭于左肘上,双手残,衣褶调密,下摆呈羊肠式衣纹垂及足部。背光呈舟形尖端直达窟顶。左侧迦叶像头被凿,身躯表现出年长而饱经风霜的形象。袈裟宽大厚重,衣纹稠密,衣褶层次较多。右侧阿难像破损较严重。北壁左胁侍菩萨,头残,戴莲花宝冠,宝缯垂于双肩,身躯剥蚀较严重,左手置于胸前,持一宝珠形物,右手提一尖状物。南壁右胁侍菩萨头残,两肩圆形饰物连结帔巾,上

---

[1] 阎文儒:《龙门石窟》,《中国佛教》第五卷,北京,中国社会科学出版社,2004。

身袒露,串珠形璎珞至腹前穿一同心圆璧,下束裙,左手平伸下垂,右手持莲,赤足立于低圆莲台上。窟内所有造像均已着汉式装束,但面容并不特别消瘦,仍然与南朝所流行的风格有所区别。

四、古阳洞和宾阳洞的修建共费人工八十万以上,还开凿了药方洞和东魏时开凿的莲花洞等石窟。龙门山的北朝石窟表现出丰富的艺术形式,造像姿态也由云冈石窟的雄健英武转变为龙门石窟的温和可亲。以宾阳中洞主佛为代表的佛像,人物面部含着微笑,龙门石窟比云冈石窟表现出更多的中原艺术形象。

我国的石窟艺术颇受外来的佛教艺术的影响,汉代印度佛教东渐,传入我国。在佛教的东传之路上先后产生了西域、凉州、平城、洛阳的石窟群,龙门石窟在这条石窟艺术带的东端。龙门石窟艺术和以洛阳为代表的中原汉文化艺术传统相结合,渐次形成了具有中国作风、中国气派的石窟艺术。可以说,石窟艺术东渐至龙门的过程,也是它趋于中国化、世俗化的过程。

龙门石窟是中国石窟寺网的中心点。佛教石窟艺术在我国内地中心龙门开花,向四面放射,产生了数以百计的大小石窟群,形成了一个石窟寺网。诸如河南巩县石窟寺、浚县千佛洞和摩崖大佛、陕县温塘石窟、渑池鸿庆寺、偃师石窑门和水泉石窟以及伊川石佛寺等中小型石窟群,都是龙门石窟的子窟。除新疆、甘肃、山西石窟带上的主要窟群外,其他省市自治区石窟网上的石窟群皆比龙门晚,都有可能直接或间接地受到龙门的影响,同时还波及日本等其他国家的佛教造像。

七、炳灵寺石窟

炳灵寺石窟位于甘肃永靖县西北约三十五公里的小积石山大寺沟西侧的崖壁上,据第 169 窟内的墨书铭文考证[①],炳灵寺石窟约创建于十

---

① 参见阎文如的《炳灵寺石窟》,《中国佛教》卷五,第 431 页,北京,中国社会科学出版社,2004。

六国时期的西秦(385—431),北朝至明清各代,都有不断的开凿与修缮。该地山岩为细黄砂岩,石质硬度近似云冈,易于开凿雕造,加之该地气候干燥,地处偏僻,因而许多窟龛造像至今保存较好。现存一百八十多个洞窟,共存各代石雕、泥塑造像七百七十六尊,残存壁画一千余平方米,是我国著名的重要石窟之一。

炳灵寺石窟所在的木靖县,是一个回、汉、撒拉、土族、保安、东乡等多民族聚居的地方。宁夏旧称"枹罕",地处甘肃中部西南,其地"挑河绕于东,积石峙于西,南盘雪岭,北拒黄河",境内山峦层叠,川职交错,为"椅角河西,肘腋陇心"的军事战略要地,自古以来,在地理上有着十分重要的位置。在我国最早的地理书籍《尚书·禹贡》中,就有"导河自积石"的记载,"积石"即指炳灵寺所在地的小积石山一带。它地处古代中西交通要道"丝绸之路"陇西段的一条支线,曾是丝绸之路东段通往河西走廊的重要驿站和渡口。汉、唐期间,西去西域的商贸、僧人等,自长安出发,渡黄河到炳灵寺东边不远的一条古道,向西北行至河西走廊重镇张掖,往通西域。《高僧法显传》记载:"法显昔在长安慨律藏残缺,于是遂以弘始二年岁在己亥,与慧景、道整、慧应、慧嵬等同契至天竺,寻求戒律,初发迹长安,度陇,至乾归国夏坐,夏坐讫前至褥檀国,度养楼山至张掖镇。"①东晋高僧法显西去印度取经时,大体就是走的这条路线。

十六国时期,鲜卑族乞伏部贵族所建的西秦统治者崇信佛教,一时内地及西域高僧云集,译经传法活动十分活跃。西秦统治期间,由于最高统治者们都十分笃信和推崇佛教,并招募名僧入其境内,一方面进行佛经的翻译,另一方面进行广泛的弘法活动。因此西秦的佛教得以突飞猛进地发展。《历代三宝记》卷九记载:"乞伏国仁……尊事沙门,时遇圣坚行化达彼,仁加崇敬,恩礼甚隆。即播释风,仍令翻译。"②《开元释教

---

① 《高僧法显传》,《大正藏》第51卷,第857页上。
② 《历代三宝记》卷九,《大正藏》第49卷,第82页中。

录》卷四亦曰:"沙门释圣坚……以乞伏太初年间,于河南国为乾归译《罗摩加》等经一十五部。"①当时,不仅有高僧来此翻译佛教经典,一些名僧亦来此传经布道。"时乞伏炽磐,跨有陇西,西接凉土,有外国禅师昙无毗,来入其国,领徒立众,训以禅道。""王及臣民,近道候迎,内外敬奉,崇为国师。河南化毕,进游凉土,沮渠蒙逊深相敬事。"②"玄绍者,秦州陇西人,学究诸禅,神力自在……绍后入唐述山,蝉蜕而逝。"这些记载中的圣坚、昙无毗、玄绍等中外禅师,往来于西秦,对文化的交流起着十分重要的作用,小积石山寺、炳灵寺一带也成了当时佛教一大胜地。

关于炳灵寺石窟的最早记载,见于北魏郦道元的《水经注》:"河水又东北会两川,右合二水,参差夹岸连壤,负险相望。河北有层山,山甚灵秀,山峰之上,立石数百丈,亭亭桀竖,竞势争高。远望参参,若攒图之托霄上。其下层岩峭壁,举岸无阶。悬崖之中,多石室焉。室中若有积卷矣,而世上罕有津逮者,因谓之积书岩。岩堂之内,每时见神人往还矣!盖鸿衣羽裳之士,炼精饵食之夫耳。俗人不悟其仙者,乃渭之神鬼,被羌目鬼曰堂述,复因名之为唐述山,指其堂密之居,谓之唐述窟。其怀道宗玄之士,皮冠净发之徒,亦往栖托焉。"③当时所谓"怀道宗玄之士,皮冠净发之徒"即是在此修行的早期僧侣。故《秦州记》曰:"河峡崖傍有两窟,一曰唐述窟,高四十丈;西二里有时亮窟,高百丈,广二十丈,深三十丈,藏古书五筒。"唐释道世在《法苑珠林》中也记载:"晋初河州唐述谷、在今河州西北五十里。度凤林津、登长夷岭,南望名积石山,即禹贡导河之极地也。群峰竞出,各有异势。或如宝塔,或如层楼,松柏映岩,丹青饰岫,自非造化神功,何因绮丽若此? 南行二十里,得其谷焉。凿山构室,接梁通水,绕寺瓜果蔬菜充满,今有僧住。南有石门滨于河上,携石文曰:'晋太始年之所立也。'寺东谷中,有一天寺,穷探处所,略无定址,常闻钟声,

---

① 《开元释教录》卷四,《大正藏》第 55 卷,第 518 页上。
② 《高僧传》卷一一《玄高传》,《大正藏》第 50 卷,第 397 页上一中。
③ 《水经注·河水》卷二。

又有导僧,故号此窟为唐述,羌云鬼也。"①羌语曰"唐述"为鬼,这一带的人们就称此窟为"鬼"窟,反映了当时佛教僧侣们一些神秘的宗教活动。记载中所谓的"唐述窟",可能就是现在的第169窟,该窟距地高60米,居高临下,是一个常人难以登临的神秘大窟。

佛教徒在炳灵寺建寺、开窟造像活动,可能是在3世纪前期的西晋初年便已开始。由洞窟现状分析,其开创年代,应在420年以前,北魏时期继续有开凿之举。现将各代有代表性的窟室分述如下:

第169窟位于窟群北端唐代大佛南侧,现距地由高40米,是一个平面不规则的椭圆形天然洞穴。窟高约15米、宽26.75米、深8.56米。是炳灵寺石窟中,位置最为险峻、内容最为丰富、开创时间最早的洞窟。由于自然的侵蚀和人为的破坏,原来通往洞窟的木建筑栈道几经毁坏,自明代以来,少有人登临。

窟内四壁原来满开佛龛,由于历代天灾人祸,不少佛龛与壁画已遭破坏。现存佛龛及壁画主要集中于西、南和东北各壁。现编号窟龛共24个,保存着自西秦到北魏时期的一些造像和壁画。其中尤以编号18、6、7、9、13、14、23、24、2龛等较为重要,是玉门关以东最早的造像,为研究印度犍陀罗艺术对中国早期佛教造像提供了重要线索。

第18龛位于窟内正壁上方,佛龛以立佛为中心,周围分布着11个圆拱浅龛。佛龛高4.7米、宽2.5米、深0.7米;龛内佛像高4米,磨光高肉髻,面形方圆,躯体高大,细腰宽肩,着半披肩袈裟,轻薄透体。左手抚于胸前,立于覆莲台上,姿态昂扬,端庄威严。其周围分布着11个较小的圆拱形浅龛,每龛内石雕一佛,均结跏趺坐,着通肩或半披肩袈裟,禅定印。在个别的龛内,还残存一些直接绘于崖面上的背项光残迹。

第18龛及其周围的十余个佛龛,坐落在窟内正壁上方,占据着窟内最佳位置。龛内造像多为石雕,与其他龛内多为泥塑的造像形式有所区

---

① 《法苑珠林》卷五三《伽蓝篇》,《大正藏》第53卷,第595页上一中。

别。龛内造像题材比较单一,多为一佛。由这几方面的特点分析,这一组佛龛,应是第169窟内最早开凿的,可能是西秦立国初期所作。

第126窟平面近方形,穹隆顶,窟内正、南、北三壁有低坛基,窟高3.05米、宽3.75米、深2.95米。窟门作券顶形。窟内正壁石雕释迦、多宝二佛并坐说法,两侧二菩萨侍立。南壁雕一佛,半结跏趺坐于方形台上,两侧雕二菩萨。北壁雕交脚弥勒菩萨坐于方形台上,脚下一力士举臂托足,二侧雕二菩萨侍立。正壁上方雕一思维菩萨及一供养比丘。窟内四壁上方雕坐佛,门顶雕立佛,共计115尊。

第128窟:平面近方形,穹隆顶,窟内正、南、北三壁有低坛基,扁顶正中雕方形藻井。窟高3.5米、宽3.9米、深3.5米,门为券顶形。窟内正壁雕释迦、多宝二佛并坐说法及二胁侍,南壁雕一佛二菩萨,北壁雕交脚弥勒菩萨,足下雕二狮,两侧二菩萨侍立。正壁上二小龛内,分别雕维摩诘、文殊对坐问疾像。窟门顶部浮雕二排,上排九尊均跏趺坐,下排七尊为立状。

第132窟,平面呈近方形,穹隆顶,顶中心雕套斗式藻井,中央雕莲花及化生童子。窟内正、南、北三壁有低坛基。窟高3.5米、宽4.1米、深3.9米,窟内正、南、北三壁雕作题材与第126、128窟相同。唯窟门顶部长方形圆拱龛内,雕佛涅槃像及众弟子举哀。佛身长2.15米,头前一弟子跪坐扶枕,其余八伙弟子有的悲泣,有的惊慌,有的愁苦,有的静穆,均立于佛之身后。不同的表情及神态,反映了他们不同的复杂心情。

根据铭文内容、造像风格和题材的相似,第126、128、132窟可能均为当地官吏曹子元出资所开凿。

第六节　南北朝佛教绘画[①]

南北两朝各代君主、官吏,多崇信佛法,成为促进佛教艺术发展的重

---

① 参见魏斌《麦积山北朝经变画》,《丝绸之路》,2003年7月。

要力量。北朝各代帝王开凿了一系列大型石窟。南朝宋文帝曾令沙门参与国事,并大兴土木,各处建庙,使佛教在世人心中占有崇高的地位。梁武帝初奉道教,后改变信仰,不但极力崇信佛教,并且还亲自率领僧俗两万人,于即位的第三年(504)在重云殿重阁,制文发愿,舍道归佛,并赴同泰寺三度舍身。帝王因为崇信佛教而大兴寺庙,故当时梵宫庙宇遍布江东。

围绕石窟和佛寺进行的创作为画家们提供了广阔用武之地。除了石窟所绘装饰壁画外,当时有名的寺庙所饰的壁画多出自名家之手笔。如陆探微、谢灵运之画甘露寺;张僧繇之画天皇寺。另外还有北齐曹仲达之画开业寺,杨子华之画永福寺,北周田僧亮之画光明寺等。当时还出现了大量的佛教卷轴画,如:陆探微的灵台寺理统像,陆绥的立释迦佛像,顾宝光的天堂僧像,宗炳的惠持师像,袁情的维摩诘变相图,姚昙度的白马寺宝台样,毛惠秀的释迦十弟子图,萧绎的文殊像,张僧繇的卢舍那佛像、行道天王像、维摩诘像,张差果的悉达太子纳妃图。这些皆为佛画艺术的精品之作。一些西方僧侣,如天竺的康僧会、佛图澄,龟兹的罗什三藏,以及往西方求法归来的本土名僧法显、智猛等人,都成为画家们创作佛教画的素材。虽然画作均已不存,但从记载中可以看出当时佛教艺术的发展情况。

从艺术风格角度来看,南北朝佛教绘画作品一方面承袭了汉魏时期的技法及风格,另一方面由于当时与印度交通方便,促进了两国佛教文化的广泛交流,致使中原画家直接受到外来艺术风格的影响,从中吸收了许多犍陀罗与笈多式佛教艺术的精华,从而使此时的佛教绘画风格焕然一新。作品常与当时佛教雕塑等其他艺术形式互有印证之处。现选取其中较有代表性作品,分为石窟壁画、文人绘画分述如下。

一、莫高窟壁画

敦煌北朝壁画,根据我国人民的生活对外来的佛教题材进行发挥,在传统文化的基础上加以创造,逐渐发展创造出具有民族风格的佛教艺术。敦煌早期的佛像菩萨像(如第272、275、263窟)在描绘上有明显的西域风格,特别是新疆地区龟兹艺术的影响;早期的本生和佛传故事画,多用单幅表现,缺乏连续情节的表达。北魏后期的敦煌壁画有明显的变化和提高,不仅有了连续的情节,而且出现了复杂多变的构图。艺术形象和风格上,在鄯善密兰废寺发现的有翼天使的形象,被只借助披帛的飘动而凌空飞翔的飞天形象所取代,显示出作者丰富的想象力和精湛的艺术技巧。同时南北文化交流也在敦煌壁画中体现出来。第285窟秀骨清像的飞天、菩萨,是北朝绘画的风貌;北周的一些菩萨、弟子、供养人的形象又逐渐丰腴,显示出南朝陆探微、张僧繇画风的影响。在题材上,除了佛、菩萨之外,还有大量佛本生故事,有的取材于古代的传说和寓言。在佛像的容貌、衣着方面逐渐与当地的文化环境结合起来,在伎乐天、供养人所持器物中也逐渐出现了中原之物。

(一) 北凉的敦煌壁画

第272窟正壁佛龛内彩绘佛背光项光,形如莲瓣,项光近圆形,内绘小佛十七尊,均着通肩大衣,结跏趺坐,双手作禅定印,外围饰火焰纹,背光作椭圆形,内圈左右各绘不同舞姿的飞天五身,外饰火焰纹,佛顶绘圆形华盖,华盖中绘圆莲,外饰向四面辐射的锯齿形纹,龛内南北两侧绘胁侍菩萨及供养菩萨等。龛外两侧上方绘飞天各三身,下绘满供养菩萨左右各二十身,姿态各异,形象优美典雅,充满生机。南北两壁上方绘向千佛欢舞的飞天,下方绘千佛像,千佛像排列有序,均着通肩大衣,结跏趺坐,禅定印。东壁内侧上方绘飞天,下绘千佛像,与南北二壁同。四壁下方白粉墙上所绘装饰图案已模糊不清。

第275窟:正壁弥勒菩萨身后彩绘饰满花纹的倒三角形背靠,背靠上下方绘胁侍菩萨和供养菩萨等,菩萨圆形项光上的花卉、火焰纹和两侧的流云、垂幔等系后代重绘。窟内南北二壁佛龛下方的中部,北壁绘佛本生故事,其下绘供养人一排或供养菩萨一列,供养人下方绘忍冬纹装饰带,最下方绘倒齿形纹。原窟内中部有后代所修泥坯墙一面,现已拆除,还其本来面貌。其中北壁龛外下方所绘的佛本生故事保存较为完整,现存者自内向外分别为"毗楞竭梨王本生"、"尸毗王本生"、"月光王施头"。

画面上毗楞竭梨王神情自若,淡定地坐在一个方台之上,画师用手姿和整个身体呈现出舞蹈般的优雅与流畅感传达国王临危不惧的平静心态。与此相对,一旁的婆罗门圣者一手持钉插在国王胸前,一手挥动铁锤作猛烈欲砸状。国王座前的眷属都掩面哭泣,惊惶失措。创作者选取了极富戏剧性的一幕勾勒出这段故事的核心,通过不同人物的不同神态把故事宣扬的精髓一目了然地展现在观者面前。

尸毗王割肉贸鸽的故事绘于毗楞竭梨王本生的北侧。画面分两部分展现故事主题。左侧画面上尸毗王低首,面带沉思和悦的神情,右腿盘坐于方形台上,左腿下伸,右手握住鸽子,鹰立于前方殿堂之上等候,一仆从手持利刀,在国王腿部割肉。右侧画面上,一位武士装束的汉子双臂间放置一称,秤杆一头,尸毗王双手合十,神情端庄地坐在称座上,另一头鸽子安卧于称码上,两边重量相等。飞天起舞,一片欢跃。作者把握住了故事的精华和感人之处,紧紧扣住尸毗王"割肉"和"过秤"两个环节进行创作,以清晰明了而又生动的艺术构思和表现手法,成功再现了佛经宣扬的自我牺牲精神。

第257窟顶后部彩绘套斗式方格平棋,正中绘圆莲,四角绘飞天,前半部条格内绘缠枝圆莲和供养菩萨。四壁上方绘天宫伎乐,南北二壁绘佛说法图,周围绘千佛像,其下部绘因缘故事。其中南壁的"沙弥守戒自杀缘品",西壁中部、北壁内侧的"九色鹿本生"及"须摩提女缘品",都是佛本身和因缘故事中的精品之作。

"沙弥守戒自杀缘品"讲的是一位英俊聪明的少年皈依佛门后,在一位居士家索取供养饭时得到居士之女的倾心爱慕;为了维护佛教的神圣戒律,沙弥引开少女,以身殉戒。画面依照故事情节的发展,以长卷的形式依次表现了"出家剃度"、"外出乞食"、"少女倾心"、"沙弥殉戒"、"少女陈述"、"缴纳赎金"、"火化沙弥"、"祭灵起塔"等内容。人物形象优美,构图简练明了,宣扬了佛法的纯洁。

"九色鹿本生"讲的是一只有九种毛色的鹿王在河边救出一位溺水者,溺人答应不向外透露九色鹿的行踪。但是为了贪图财宝,溺人还是带领国王的人马去捉拿九色鹿,最后得到报应满身生疮。王妃欲以九色鹿的皮毛作褥垫的贪欲也没有满足,最后羞愧而死。画面依次表现了"冒险救溺人"、"溺人感谢跪拜"、"王妃说梦"、"溺人告密"、"国王率众捕鹿"、"鹿王陈述"、"溺人生疮"等情节,段落紧凑,层次分明,谴责了"见财忘利"、"不讲信用"之徒。

(二) 西魏的敦煌壁画

第249窟内佛龛眉上绘莲花化生童子及忍冬纹等。龛外两侧绘飞天及供养菩萨像,身材修长,姿态优美,虔诚向佛而立。四壁上方绘天宫伎乐一周,南北二壁正中绘佛说法图,其余空处壁面绘千佛像,下方绘供养人及药叉等。窟顶壁画不仅内容丰富,而且绘制精良,色彩多变,粗犷奔放,线条优美流畅,画面生动。窟顶正中一朵盛开的莲花用碧蓝色衬托,周围为套斗式方格平棋,四角为变形的莲花。套斗边沿绘忍冬等装饰花卉,显得十分严谨华丽。西坡绘阿修罗天,形体高大,腰围短裙,三目四臂,刚健雄武。双臂高举日月,赤足立于大海之中。身后的须弥山巍峨雄伟,山顶一座建筑象征天宫,旁有双龙护卫。山下两侧下方绘有雷公、雨师、朱雀、飞天及群山中的各种鸟兽等,构成了一种活跃奔放的气氛。大海两侧仙人修行,羽人飞奔和各种动物饮水、觅食的情景,展现了一个奇幻优美的想象世界。北坡绘佛经故事中的帝释天出行,画面正中龙车奔驰,有鸟获、羽人等前呼后拥,流云飞动,花朵旋转,一派祥和。其下绘狩猎场景,群山密林中的旷野,三只矫健的黄羊并排向前狂奔,乘马的猎人追捕不舍。下方又一猎人,在马背上回首开弓搭箭,意在身后奔跃而来的老虎。整个画面极富张力,用流动感很强的线条,呈现出故事情节的紧张激烈,扣人心弦。东坡上方绘二力士举臂跨步,手托一个置于莲花上的摩尼宝珠,孔雀、飞天翱翔羽彩云花语缤纷的虚空中。中部绘胡人百戏及青龙、玄武等,下方绘山林及各种在山林中穿行的动物。南坡上方绘帝释天妃乘凤车出行,众飞天簇拥前后左右导引前进,旌旗飘扬,衣裙翻飞,似乎在风中急速而去。下方群山中,点缀以奔跑的野兽,为画面增添了生机。

第285窟正壁中佛背项光彩绘椭圆形,上绘熊熊向上的火焰纹。背项光两侧上方绘飞天,下绘供养菩萨多尊,向佛虔诚而立。龛眉内绘莲花化生童子伎乐,有的吹横笛,有的拍腰鼓,有的弹琵琶,有的奏排箫、筚篥,各持乐器,各尽能事。龛眉周边饰忍冬花纹。两侧龛内禅僧后绘背靠,两边上方绘飞天,下方绘弟子侍立。三龛外壁上满绘供养菩萨,护法天王,日月天及乘金鸟飞行的毗瑟纽天、三头六臂骑牛的摩首罗天、身为外道苦修者的婆娑仙人、诸天王等。浓烈奔放的色彩,丰富多变的造型,流畅优美的线条,整体地塑造出一个精彩神奇的世界,具有很高的艺术成就。

窟顶正中彩绘套斗式平棋方格藻井,正中绘一朵怒放的圆莲,四角绘莲花,套斗边沿上绘忍冬纹,最外绘双重倒三角形垂幔。覆斗式顶的四坡绘满天际众神,有飞天、力士,也有伏羲、女娲、羽人等中国传统神话故事中的神仙,在布满流云花雨的天际遨游。飞动飘逸的巾带衣袂使人物神采顿出,大有满壁生风之感。四坡下方绘山林中修行坐禅的比丘共三十余身,均在龛内跏趺而坐。

窟内南壁上沿绘帐幔,一列飞天鱼贯于花团锦簇的空中奏乐飞舞。中部绘"五百强盗成佛"、"沙弥守戒自杀"、"雪山婆罗门"等佛因缘故事。其中"五百强盗成佛"的故事最为精美,具有代表性。

"五百强盗成佛"故事画面自南壁东端开始,以故事中的"激战"、"被俘"、"受审"、"挖眼"、"放逐"、"复明"、"说法"、"剃度"、"皈依"等几个重要情节和场景讲述了故事的全貌。创作者以五人代表五百强盗,画面上既有广阔的山林,又有古朴的建筑,各种人物穿插其间,将故事娓娓道来,充满情趣。

北壁帐幔下绘七佛及胁侍菩萨像,每幅佛、菩萨像下,绘比丘、比丘尼及男女供养人像。中部四禅室外门顶彩绘龛眉,周围绘坐佛及众菩萨,下方绘夜叉。东壁门顶上方绘三佛并坐,均作禅定印。门两侧彩绘帐幔下,各绘佛说法图一幅,佛跏趺坐于束腰方形台上,双手作施无畏印。佛两侧各绘四弟子及四菩萨,虔诚立于莲台上。其下各绘比丘、比丘尼及男女供养人一排。下方重绘的一排供养人为五代时补作。

窟内北壁上方佛像下方,存有墨书铭文,这几方铭文书写时间均在西魏大统年间。由此窟的规模和窟内造像、绘画的精美程度来看,修建此窟的极有可能是当时敦煌一带的望族。

二、麦积山石窟壁画

麦积山石窟所有洞窟几乎都绘有壁画,但由于长期自然和人为破坏,现仅保存一千余平方米,其中以北朝居多。这些壁画作品中,以经变画最为重要,它从绘画题材和表现手法等多方面反映出唐代以前经变画的面貌。麦积山大型经变画主要分布于北魏至西魏时期的大型洞窟第127、135窟内,以及北周时期的第26、27窟内,目前能够辨识的经变画主要有《妙法莲花经·观世音菩萨普门品》、《维摩诘经变》、《西方净土变》、《涅槃经变》、《地狱变·十善十恶图》、《法华经变》等。

第110窟为北魏晚期,窟前壁门楣上正中绘一佛二菩萨说法图,两侧各绘比丘、比丘尼、优婆塞、优婆夷共四身,两侧上部各绘飞天一身、莲花化生一身。由菩萨旁的榜题可知此为依据《妙法莲华经·观世音菩萨普门品》而绘,是《法华经变》的简单形式,与后来《法华经变》基本以《见宝塔品》为中心的构图形式不同。

第127窟位于西崖西端最高处第120窟与158窟之间,窟内雕塑是北魏晚期所作,技艺高超,为北魏时期代表性的作品之一。同时第127

窟也是麦积山壁画保存最完整的一窟,画面内容丰富,制作精巧。

　　窟顶绘帝释天与天后出行的场面,画面人物乘四龙车遨游于天际,持旌幡的仙人簇拥相随,前后有飞天导引。窟顶东坡和西坡绘"萨埵那舍身饲虎"的佛本生故事,画面围绕故事情节在东西两壁交替展开,宣扬了萨埵那的自我牺牲精神。南坡绘"子本生故事",画面从国王与随从追捕猎物开始,到盲父母盼子归来,国王见盲父母等情节,扼要地概括了故事的主要内容,画面中山峦树木很好地烘托了环境,人物衣袂飘逸,举止从容,一从人行进的节奏感明确,画风中体现出明显的汉化特征。

　　东壁上部绘有画面最大的维摩诘经变。云冈、龙门等石窟有大量的维摩诘经变内容的雕刻或绘画,但仅仅文殊与维摩诘对坐的问疾场面。该经变画以《问疾品》为主体构图,同时穿插绘有《观众生品》、《方便品》、《法供养品》的内容,已显示出大型经变画的基本特征,是目前所见南北朝时期最为成熟的维摩诘经变画。第102、123两窟以雕塑的形式表现释迦牟尼说《维摩诘经》以及文殊问疾的情景,均正壁塑释迦牟尼佛,两侧壁分塑文殊和维摩对坐,文殊和维摩所在壁画上方绘帷幕,是一种特殊的形式。布局在第127、135窟的维摩诘变以文殊问疾为主的构图基础上,加上了释迦牟尼说法的造像。这一形式延续了炳灵寺西秦壁画中的形式,结合了《菩萨行品》的某些记述而塑造。所不同的是麦积山这两窟的维摩诘都是坐姿,与《菩萨行品》经文所记"一心合掌,在一面立"的形象不尽相同。

　　随着《佛说观无量寿佛经》、《佛说阿弥陀经》等的译出和流行,人们对西方净土的向往和简捷地进入净土世界成佛的方式非常喜欢,关于净土境界的雕塑和绘画也很快在石窟艺术中流行。麦积山第127窟西壁上部通壁绘西方净土变,中间绘阿弥陀佛说法,观世音、大势至菩萨侍立于两侧,其外各立两弟子,前一身弟子手持供物。左、右两侧对称地绘一城阙及树木,城阙四周绘有大量听法僧众,城阙前两侧各绘四身伎乐,手持乐器,席地而奏。画面中心位置绘一鼓,旁有两人似在击鼓,前为两身对舞天人，再下绘一条绿色带状水面，内可见莲花。画面表现的正是经中描绘的极乐世界的场面。此幅西方净土变图像完整，画面人物众多，布局合理，在我国石窟中为现存最早的大型经变画。

第127窟正壁上部通壁绘涅槃变。正中为释迦牟尼说法图，右侧为涅槃内容，左侧为八王争分舍利。从画面布局来看，八王分舍利中列队整齐、身着铠甲、肩扛华盖旌旗、手持矛盾的士兵厮杀的场面。占了画面中较为显著的位置，主要渲染战争场景，这与第135窟的涅槃经变相似。

麦积山第127窟前壁所绘地狱变是目前仅见的北朝时期的作品为我们了解北朝地狱思想及其表现形式提供了宝贵的资料。根据前壁门东侧榜题"此人行十善得参道时"、"诸天罗汉迎去时"等可判断当为表现十善接迎的内容。门两侧分三层，用斜线分出十多个斜线方格，内绘地狱诸苦等地狱变中最具典型和代表性的内容。

北周第26窟于窟顶斜坡绘涅槃经变。正坡左侧为释迦临终遗教，右侧为殓入金棺、商办入葬的场景。众菩萨、弟子、善男信女围绕金棺周围，或哀泣，或静坐，或俯身凝视。窟顶两侧披残存弟子、菩萨、天龙八部、善男信女最后供养及起造舍利塔等情节。与第127、135窟相比较，该窟的涅槃经变人物集中，画面布局紧凑，少了八王争分舍利的画面。

与第110窟据《妙法莲华经·观世音菩萨普门品》而绘的简单的法华经变不同，北周第27窟顶绘有场面宏大、人物众多的法华经变的内容。正坡绘释迦多宝并坐于须弥座上说法，两侧侍立弟子及菩萨。释迦多宝前绘两身立于莲台上的菩萨、两狮及三跪姿菩萨。画面左侧绘参加法华会的众比丘、菩萨、善男信女等。右侧绘一方城，两侧面坡上分别绘弟子、菩萨、飞天等，均向正坡中间方向飞来。从画面内容看，此幅经变表现了以《见宝塔品》居中，两侧兼绘《提婆达多品》、《从地踊出品》等题材的大型经变画规模和样式。

麦积山的北朝经变画虽然数量不多，但都有着非常重要的价值。首先，它们均以大乘题材为主，尤其是《法华经变》、《维摩诘经变》、《西方净土变》为题材的经变画可以看当时北朝佛教信仰流行的情况。其次，麦积山的北朝经变画题材，如表现法华思想的释迦多宝并坐，表现西方净土思想的无量寿佛以及文殊问疾等在炳灵寺西秦壁画中既已出现但画面大多简略，规模不大。而麦积山北朝壁画，则以大幅画面、多品内容并现表现佛经的记述，对理解莫高窟隋唐时期的大型经变画起着承前启后的作用。其三，麦积山北朝经变画也为研究当时的社会背景提供了非常重要的信息，其中的战争景、人物服饰等也是研究当时社会生活非常形象的资料。

三、炳灵寺石窟壁画

炳灵寺石窟北朝时期的壁画以西秦与北周的创作为主，体现出犍陀罗风格逐渐与中原画风融合的过程。壁画间的题铭与写经也是了解当时社会生活的重要材料。

继西秦之后，北魏时期也曾有规模较大的佛画绘制活动，惜多被烟熏而不清晰。

（一）西秦时期（385—431）的壁画

炳灵寺现存西秦壁画以第169窟为代表。其中第6龛塑"西方三圣"，佛两侧菩萨侍立，佛及菩萨身旁均有墨书题铭，标明其名称。佛旁墨书"无量寿佛"，二菩萨旁分别墨书"得大势至菩萨"和"观世音菩萨"。佛背项光上方彩绘两排小佛像，均通肩大衣，结跏趺坐，禅定印。每佛背项光外均有墨书题铭，自内向外，分别为"东方明智佛"、"北方行智佛"、"西方习智佛"、"南方智火佛"。下排分别为"上方伏怨智佛"、"下方焚智佛"、"西北方自在智佛"、"西南方上智佛"。十方佛上方绘莲花童子。右侧胁持菩萨外侧彩绘一立式菩萨，旁墨书"弥勒菩萨"。其东侧又绘一立佛，旁墨书"释迦牟尼佛"。其下绘男女供养人两排，现能看出形象的有八身，旁有墨书题铭记录了供养人的身份。在彩绘释迦牟尼佛右侧，以白粉色为底，书高0.87米、宽0.47米的墨书造像铭文一方。墨书造原铭文下方绘两排供养人。第一排由内向外第一二人为比丘,以下五人已不清楚。第二徘供养人中,第一、第二人为比丘,其他五人为当地权贵。

由其墨书造像铭文中供养人"护国大禅师昙摩毗"、"比丘道融"和"博士南安姚庆子"等人的身份与地位来看,他们都不是一般的比丘和信徒。昙摩毗为天竺高僧,曾入两秦,受到乞伏炽磐的礼遇与崇敬。他能在这里修龛造像,说明炳灵寺的修凿也受到当时权势者的重视和支持。

第7龛位于第6龛东侧上方,为一个依山崖形势插木桩、柳条,敷泥而成的背屏式龛,原来龛前可能塑三佛像,现存一佛及两侧一佛残壁。佛高2.5米,磨光高肉髻,面形方圆,细眉大眼,鼻梁高直,大耳薄唇,短颈宽肩,躯体高大伟岸,着通肩大衣,立于覆莲台上。袈裟质地轻薄,深受茉菟萝造像风格的影响。背项光为莲瓣形,项光内圈绘莲花,外绘十二身坐佛,莲花佛座下绘回形纹水波与莲花。佛背光两侧绘飞天,背项光外绘火焰纹。

第10龛位于九龛东侧,在一块高0.74米、宽0.85米的崖壁上彩绘壁画。壁画为两层,上层壁画原为一佛二菩萨像。正中佛顶绘半圆形华盖,华盖下绘一佛,内着僧祇支,上施白色方块形纹饰,外着半披肩袈裟,结跏趺坐,膝下残,背项光为圆形,外周绘火焰纹。佛背光右侧上方墨书"释迦牟尼佛"。佛之左侧残留彩绘维摩诘一身,高髻宝冠,长发披肩,上身袒露,戴项圈。以维摩诘作佛的胁侍,在壁画中较为少见。此画之下层白粉墙面上,原绘一佛二菩萨像,佛着通肩大衣,结跏趺坐于覆莲座上,火焰纹背项光,笔触粗犷奔放,与嘉峪关魏晋墓砖画的壁画风格极为接近,可能是第169窟内最早的壁画。佛背项光外墨书标名"释迦文佛"。佛之右下方绘菩萨一身,高髻长发,面形方圆,细眉大眼,着通肩袈裟,结跏趺坐于覆莲坐上。左侧的菩萨,被泥皮覆盖。

第11龛位于七龛下方,在宽1米、高2米的崖壁上绘壁画多方。自上而下分为四组:第一组画面宽0.7米、高0.5米。正中绘二佛,均高0.37米,着通肩大衣,并排立于莲台之上。莲瓣形通身背项光,左下侧绘二身女供养人,拱手向佛而立。

第二组在高0.54米、宽0.98米的崖面上,右侧绘一佛二菩萨说法国,佛高0.28米,着通肩大衣,结跏趺坐,禅定印。佛之两侧给胁侍菩萨,高0.3米,长发披肩,着袒右肩袈裟,双手举于胸前向佛虔诚而立。菩萨项光外分别墨书"华严菩萨"、"月光菩萨"。画面左侧上方绘一飞天,双手持彩带,似徐徐飞向佛前,其下绘比丘及二身女供养人像。这是一幅构图简练、主题明确的简单说法图,画面的布局虽有些不十分规范,但也能看出早期佛说法图的形式特点。

第三组在高0.47米、宽0.97米的崖壁上有左、中、右三组画面。右侧画面在一块高0.26米、宽0.36米的长方形崖面上,顶部绘彩色幛幔,帐幔下右侧绘华盖,华盖下绘一身高髻,长发披肩,作半卧状菩萨装的维摩诘居士像,左侧绘高髻长发、着袒右肩袈裟的侍者,二者之间墨书"维摩诘之像,侍者之像"。这是一幅现存的中国石窟壁画中最早的维摩诘像,其题材来源于《维摩诘所说经》中的《问疾品》。这种题材在我国江南一带出现较早,流行范围广。东晋大画家顾恺之,曾于建康(今南京)瓦棺寺绘过维摩诘像。其形象特点为"清羸示病之容,隐几忘言之状"。瓦棺寺的维摩诘像早已不复存在,但这幅壁画的特点与顾恺之所绘维摩诘形象有相似之处。画面正中绘一佛,结跏趺坐,背项光上方墨书"无量寿佛"。左侧高0.3米、宽0.41米的崖壁上正小绘一佛,着通肩袈裟,坐于方台上,说法印状。莲瓣形通身背项光顶部,绘鲜花盛开的树荫,佛之两侧二菩萨,高髻长发,着袒右肩袈裟侍立。佛座下墨绘方格内原作铭文已不清,现存明嘉靖(1539)墨书。

第四组在通高0.5—0.7米、宽1.1米的崖面上绘三组壁画。左侧绘一佛,着通肩大衣,结跏趺坐,座下绘一香炉。右侧高0.7米、宽0.46米的崖面上,顶部绘刹柱、相轮、华盖。下绘二佛,着袒右肩袈裟,善跏趺坐并排说法,二佛之间墨书"释迦牟尼佛多宝佛说法时",为现存的最早的释迦、多宝说法形象。二佛下入绘供养人有墨书题铭。佛座下有仪凤四年(679)墨书题铭。

第 12 龛位于第 11 龛东侧,在高 2.4 米、宽 3 米的小平整崖面上,敷泥皮绘制壁画。画面上绘一佛二菩萨说法图。佛高 0.86 米,高肉髻,圆脸大耳,形体刚健,内着僧祇支,外着半披肩袈裟,结跏趺坐于旋涡纹水面的莲花座上,圆形背项光外周绘火焰纹。佛顶绘浓荫花树。佛之两侧绘二胁侍菩萨,高髻宝冠,长发披肩,着袒肩或通肩袈裟,立于圆莲台上。佛左侧下方,绘一菩萨,高 0.45 米,黄发高髻,高鼻深目,八字小胡,着袒右肩袈裟,圆形火焰纹项光,半跪于圆莲上,双手合十向佛,似诚心皈依。左侧菩萨上方绘二飞天,右手托花盘,左手持莲。佛、菩萨、飞天上方绘坐佛,残存 13 身,均着通肩大衣,结跏趺坐于莲座之上。其中间插一尊立佛及弥勒菩萨。

画面上现有墨书题铭多处,记录了来拜谒的信徒身份。由这些墨书题记可知,自西秦至明代嘉靖之前窟内有不少信士弟子进香供养。其中的"恒州道人法显康乐而也礼拜佛时"的墨书题记,有人认为是东晋名僧法显,西行来此夏坐时的题铭。

第 14 龛位于第 13 龛之下方,北壁近洞口处,在一个高 0.6 米、宽1.6 米、深 0.21 米的凹入的崖壁上,敷泥作背屏式长方龛。室内塑三佛像,均结跏趺坐,禅定印。彩绘背项光,由联珠纹和火焰纹组成。第一身佛左侧绘一佛二菩萨说法图,现仅存一佛一菩萨,旁有墨书铭文。其右侧绘一佛二菩萨说法图,佛、菩萨左侧绘三身男供养人像,旁有墨书。龛上方的崖壁上墨书《佛说未曾有经》。经文五十三行,大部分被侵蚀不可辨认。《佛说未曾有经》为汉时所译,译者已佚名,这是出现于中国石窟中现存最早的写经,根据残存经文内容来看,此经号召广大信众,广造佛像,以此功德来宣扬佛教。此经文上方绘有一组壁画,现仅存二佛像,右侧佛旁墨书"阿弥陀佛",写经旁有天宝十年唐人题诗。

第 23 龛位于南壁上方西侧,为一个依山崖形势插木桩、编柳条、上敷泥而成的长方形背屏式龛,高 1.88 米,宽 4.9 米,深 0.38 米,背屏的泥塑五佛像,佛高 0.4—1.08 米不等,均高肉髻,面形丰圆,体魄刚健,着通肩袈裟,结跏趺坐,禅定印,背项光彩绘以联珠纹和火焰纹为主。其中西侧三佛像,据泥皮叠压关系分析,略晚于东侧三佛而作,两者背项光彩绘也有所不同。

龛上方的彩绘,大部分泥皮已脱落,仅留四座覆钵形塔,通高 0.71 米,塔身近似圆形,顶部有刹柱、相轮及旌幡,塔座为方形。塔身上绘联珠形、三角形及绳索纹。造型古朴,更具印度佛塔造型的特色。东侧一、二佛背项光外上方墨书铭文一方,记录了当时出资的供养人姓名。

第 24 龛位于东壁近窟顶处,在一块高 3.1 米、宽 5.7 米,较为平整的崖壁上绘千佛像等。四面正中绘一佛二菩萨说法图,佛结跏趺坐,二菩萨侍立。其左侧下方亦绘一佛二菩萨,下方绘释迦、多宝并坐说法图。三幅佛说法图周围成排并列绘千佛像,均结跏趺坐,大小略有不同。壁画下方有墨书记录供养人姓名。

第 3 龛位于窟内北壁东侧二层台上方接近窟顶处,是一个依山崖形势插木桩编篱笆敷泥而成的半圆形背屏式龛,高 2.3 米,宽 2.3 米,深 0.65 米。龛内佛背项光彩绘,圆形项光内绘九尊坐佛,背光两侧共绘飞天七身。佛顶彩绘华盖,两侧各绘飞天一身。佛右侧之天王。高髻长发,上着高领对襟铠甲,腰际束带。下着裙,足穿靴,肩有披风,左手持剑,右手举金刚杵。这种在佛旁塑一天王的形象,在金塔寺石窟西窟中心柱及东壁中心柱也曾有出现。龛外东侧绘壁画多方,大部分已漫灭不可辨认。其中在一块高 0.5 米、宽 0.53 米的崖壁上所绘的壁画,还保存得较为完整。画面上方绘帐幔,帐幔下行侧绘一佛。外着镶红边的白色袈裟,善跏趺坐于束腰莲座之上,躬身向前作说法状。前有一盛装的贵妇人半跪虔诚聆听,身后侍立者合十相随。佛与贵妇之间,有一只白鹤翘首而立。由其画面分析,可能为释迦牟尼为其母摩耶夫人说法的场面。右侧胁侍菩萨旁有北魏和唐人墨书题铭。

(二) 北周时期(557—581)的壁画

第 124 窟位于窟群中部,窟平面呈横长方形,券形顶,内设凹形坛基。窟高 2.8 米、宽 3.6 米、深 1.8 米。壁各塑二菩萨像,佛结跏趺坐于方台上,二菩萨侍立,南、北二壁各塑一立佛。窟内壁画前部千佛像及正壁坛基下的供养人及墨书题铭,为北周时原作。其余窟内正壁及南壁壁画,为后代重绘。正壁佛两侧,分别绘文殊、普贤菩萨,端坐于雄狮和白象之上,似缓缓行进,众菩萨相拥随从,驭狮奴和驭象奴用力牵拉,为胡人形象。视其风格可能为西夏时期重绘。窟内正壁坛基下绘供养比丘群像十余身,自北而南墨书题名均系北周原作。

第 6 窟位于窟群南端第 5 窟北侧,平面近似倒梯形,平顶、低坛基。窟高 2 米、宽 2.7 米、深 1.9 米,窟内正壁雕一佛,南、北二壁各雕一胁侍菩萨。佛高 1.46 米,低平肉髻,面形丰圆,细眉大眼,鼻小唇薄,双耳垂肩,短颈宽肩,结跏趺坐,禅定印,着通肩袈裟,衣纹细密如行云流水,周身绘白色方格。二菩萨高髻上戴三叶式宝冠,面形圆润,长颈窄肩,戴项圈,宽博披巾于腹际交叉,下着裙,裙下摆宽大如喇叭形,立于半圆形莲台之上,面带憨厚朴实的微笑。

窟内壁画已大部脱落,四壁上方绘千佛像,排列整齐有序,每佛之间绘一树,以示佛修行于寂静的山林中,下方山林间有各种动物出没于其间。现存于南壁下方的山水用笔粗犷,而林中的喜鹊却用笔谨细。

四、南北朝时期士人佛画

石窟壁画多出于民间画工之手,其作者大都无从考证。而卷轴画、寺观壁画的兴起为文人画家提供了更广阔的创作空间,使他们进一步参与到佛教绘画中去。张彦远《历代名画记》记载的南北朝画家有几十人,其中最著名的大都创作过佛教绘画,南朝画家以陆探微和张僧繇最为著名,北朝则是北魏的蒋少游和北齐的杨子华、曹仲达。此外还有外国画僧吉底俱、摩罗菩提和迦佛陀见于史册。这些有着较高文化素养的画家

的参与,往往创造新的造型范式,影响到雕塑等其他领域,风行一时。现选取其中代表人物分述如下:

陆探微(？—约485),主要活动在南朝宋文帝至明帝时期,吴(今江苏苏州地区)人。擅长佛教画,兼能人物、肖像、禽兽画等。张彦远《历代名画记》说他,"宋明帝时,常在侍从,丹言之妙,最推工者"。多作佛像及古圣贤像,是人物画杰出代表,他的画用笔"犀利如锥刀,骨秀神情,大觉生动,使人凛然如对神明"①。陆探微绘画师法顾恺之,"笔迹劲利,如锥刀焉"②,完善了顾开创的清癯俊朗的人物画风。在画史上,他和顾恺之并称"顾、陆",同属"笔迹周密"的"密体"。陆探微在继承顾恺之画法的基础上,又有创造发展。据张彦远《历代名画记》叙说,陆探微创造性地把东汉张芝草书的体势运用于绘画,即将书法用笔之妙趣移于画笔之上,故能发挥书法用笔中抑扬的韵律感。形成笔势"连绵不断"的"一笔画"作风。此种描法,为唐吴道子画风所言"吴带当风"描法之先踪。在历史上,这是正式以书法入画的开始。张怀瓘还概括顾恺之、陆探微、张僧繇的不同艺术特征为:"张得其肉,陆得其骨,顾得其神"。三家之中,陆探微在"骨法用笔"方面有突出成就。陆探微笔下的人物造型,张怀瓘说是一种"动与神会"的"秀骨清像",使人"懔懔若对神明"。由顾恺之开创,陆探微完善的这种风格独特的瘦削型人物形象,是当时审美风尚在佛教艺术中的反映,其影响甚至远至敦煌莫高窟的北朝壁画以及麦积山、云冈、龙门等北朝雕塑、壁画的创作。

陆探微的绘画,甚为谢赫所推崇。谢在《古画品录》中说"虽画有六法,罕能尽该;而自古及今,各善一节……惟陆探微、卫协备该之矣"。认为陆的绘画"穷理尽性,事绝言象。包前孕后,古今独立"。列陆探微为第一品第一人,视为最得"六法"精妙的画家。

---

①② 张彦远:《历代名画记》卷六,第141页,上海,上海书画出版社,《中国书画全书》第一卷,1993。

陆探微的画迹,经张彦远《历代名画记》著录的有七十余件。题材广泛,所画多为当时帝王、功臣、名士肖像以及古圣贤、历史人物、佛教图像、禽马。其中佛教题材的绘画有《阿难维摩图》等。此外,据《历代名画记》载,当时甘露寺大殿后面,存有陆探微所画菩萨像。

陆探微之子陆绥、陆弘肃均善画,陆绥尤负盛名。陆绥,生卒未详,佛教画家。谢赫评其画云:"体韵遒举,风采飘然。一点一拂,动笔皆奇。"陆绥自己也甚为自得,但其志向不在丹青,故所传画作少。《名画记卷六》有载:"所作有立释迦像"。《宣和画谱》曰:"尝于麻纸画释迦像,为时所珍,盖麻纸缓,肤饮墨,不受推笔,亦丹青家所难,宜得誉云。"谢赫在《古画品录》中评其列为第二品第二人,在顾骏之下。

宗炳(375—422),字少文,河南人涅阳(今河南镇平人)。对佛学义理颇有研究,曾著《明佛论》、《神不灭论》,论述神不灭和因果报应理论,与高僧慧远、慧坚交往至厚。著有《画山水序》名扬于画坛。在他的著作中创造性地提出了有关绘画中的透视法则,对中国画的发展作出了重要贡献。他不但精于理论及山水画,同时对佛教画也有研究,曾绘制惠持法师像。

张僧繇,吴(今江苏苏州地区)人,生卒年不详,大致活动于南朝梁时期,梁武帝天监年间(502—519)为武陵王国侍郎,直秘阁,知画事,历任右军将军、吴兴太守。擅画佛像,兼能人物、肖像、禽兽等,并且还精于塑像。他的作品多以佛教为题材,是著名的佛教画家。梁武帝萧衍在位四十余年社会安定,加之对佛教的大力提倡,修建佛寺的风气盛极一时,张僧繇就是当时极受梁武帝器重的佛教画高手。

他创作的佛教绘画,风格独特,被称为"张家样",对后世产生了深远的影响。在笔墨技法上,他总结的点、曳、斫、拂诸笔法,一变顾、陆连绵细密的"密体"画法,而发展为笔意豪迈疏朗,"笔不周而意周"的"疏体"。他吸收了印度技法创出的凹凸画法对后来的艺术创作影响尤甚。相传他在建康(今南京)一乘寺用"朱及青绿"诸色仿天竺法画"凹凸花","远望眼晕如凹凸,就视乃平",观者十分惊异,称这个寺院为"凹凸寺"。这说明张僧繇吸取外来画法,运用色彩的浓淡烘托阴影,形成"凹凸"的立体感。其画在同时期的敦煌壁画中可见相似形象。在人物形象的塑造上,张僧繇与陆探微不同。陆为瘦削型的"秀骨清象",张则创造了米芾《画史》所说的"面短而艳"的丰腴人物形象。亦如张怀瓘所评:"张得其肉,陆得其骨,顾得其神。"

张僧繇的创作在唐代产生了极大的影响,在唐代的很多菩萨题材的绘画中,仍能见到这种晕染法,名重一时的吴道子便师法于张。唐李嗣真高度赞扬他的绘画说:"顾、陆已往,郁为冠冕;盛称后叶,独有僧繇。今之学者,望其尘躅,如周(公)、孔(子)焉,何寺塔之云乎。且顾、陆人物衣冠,信称绝作,未睹其余。至于张公,骨气奇伟,师模宏远,岂唯六法精备,实亦万类皆妙。千变万化,诡状殊形,经诸目,运诸掌;得之心,应之手。意者天降圣人,为后生则,何以制作之妙,拟于阴阳者乎?请与顾、陆同居上品。"[1]张僧繇在唐人心目中的崇高地位可见一斑。张僧繇的绘画创作,在民间还留传着不少传说,如画龙不点睛,"点睛即飞去";画鹰、鸥如生,致使鸠鸽惊飞等,无不说明他笔下的艺术形象的生动性。张僧繇的绘画作品见于唐人著录的有十几件,其中佛教题材的有《维摩诘像》、《行道天王图》、《醉僧图》等。至唐代,还能见到张僧繇在江陵惠聚寺、延祚寺、江宁高座寺、开善寺等处所作的壁画。张僧繇之子善果、儒童,也善画,继承父风,时有佳作,乱真于父。

萧绎(508—554)字世诚,小字七符,梁武帝萧衍第七子,初封湘东郡王,后即位为梁元帝,在位三年,为西魏军所掳,被杀。萧绎自幼聪慧好学,博涉技艺,能文善书画,生平著述甚多,后人辑有《梁元帝集》。

萧绎擅画人物肖像,以及佛教画、风俗画、花鸟画等。唐人著录他的佛教题材画迹有《师利像》等。姚最评他"学穷性表,心师造化"。任荆州

---

[1] 参见张彦远《历代名画记》卷七引文,《中国书画全书》第一卷,第147页。

(今湖北)刺史时,画《番客入朝图》和《职贡图》,描绘各国使者不同的相貌,甚得梁武帝的称赞。从现存《职贡图》可以看出他在表现包括佛教题材在内的外域人物肖像很有心得。

蒋少游是北朝有名的画家。原是乐安博昌(今山东博兴)人,被俘至魏都平城(今山西大同)。北魏孝文帝元宏竭力推行汉化改衣冠服饰时,蒋少游曾"主其事"。太和十五年(491),孝文帝又派遣李道固与蒋少游至南齐"摹写宫掖",带"图画而归"。这说明南北朝在文化艺术上的交流,也可以想见蒋少游对于南、北画风之糅合所起的作用。

曹仲达,北齐时人,生平不详。他以画"梵像"著称,他来自中亚曹国(今撒马尔罕一带)入居中土后,官至朝散大夫。

曹仲达的绘画,风格独特,有"曹家样"之称,又被概括为"曹衣出水",与唐代画家吴道子的"吴带当风"并举。所谓"曹之笔,其体稠叠而衣服紧窄";而"吴之笔,其势园转,而衣服飘举"。曹仲达的作品至今无一遗存,但其以细密线条依循身体结构进行描绘的人物画风,从同一时期的雕塑作品中,仍然可见其大致的风貌。如现存北朝的石窟造像中,有两种不同的佛像样式。一为宽袖长袍的"冕服式",质料厚重的中国式长袍,衣袂飘扬;另一种薄衣贴体的外来服装——"通肩式"或"偏袒右肩式",衣纹稠密,在薄衣下隐现的躯体,起伏变化,如出水中。后种样式可能代表着曹仲达"衣服紧窄"、"曹衣出水"的画风。曹仲达的绘画,不是纯粹的西域作风,据彦悰说,"曹师于袁,冰寒于水,外国佛像,无竞于时"。现史料记载,"袁"姓画家与曹仲达生活的北齐时代比较接近的有两位:活动于宋末至梁太清年间的袁倩,和由齐入梁的袁昂,不过都无妨说明曹仲达曾师承南朝画家。曹仲达的艺术成就,正在于他把西域画风有机地融合在中国传统绘画之中,也是当时南北文化交流在佛教艺术中的具体体现。

曹仲达的画迹,除了佛教题材绘画外还擅于其他画科,彦悰《后画录》说他的"竹树山水"与"外国佛像"一样,"无竞于时",可见他多方面的艺术才能。

谢赫,生于南北朝宋武帝大明三年(459),是著名的佛教画家,风俗画家,同时还是著名的绘画艺术理论家。他以入世思想为主导所著的《古画品录》在中国画史上占有崇高的地位。书中提出的"六法":一、气韵生动,二、骨法用笔,三、应物象形,四、随类赋彩,五、经营位置,六、传移模写。所谓:"六法精论,万古不移。"虽然已经历了近千年的历史,但对指导今日之美术创作及教学同样起着一定的指导作用。在画史上,他全面总结了中国画的表现手法,对中国画的发展与提高作出了不可磨灭的贡献。

值得注意的是,谢赫所提出的六法与汉代印度佛教艺术传入中国的影响或有相关之处。在4世纪,印度的艺术家们就已经总结出了美术创作中应用"六法"的理论,即:一、形态与外观之别,二、量、规模均衡,三、感情与表现,四、雅美之具现,五、形似,六、用笔用具。此外,在中国晋代,著名画家顾恺之也曾提出过六法之说,即:一、神气,二、骨法,三、用笔,四、传神,五、置陈,六、模写。

从谢赫提出的"六法"论的内容与印度"六法"内容的相似可以看出,当佛教文化与艺术引进中土之后,外来的文化艺术丰富了画家的思想,开阔了画家的眼界,这些对于中国佛教画及风俗画的发展提高起到了极为重要的作用。当然此时期的画家,并没有一味地照抄模仿,而是结合本民族的艺术将其融会贯通,开创中国气派的艺术表现形式。在谢赫提出的"六法"问题上,也可以看到佛教艺术自传入中国后,与本土文化的对话与融合不仅表现在艺术技法层面上,也表现在创作观念上。

在文人画家之外,南朝佛门也出现了一批重要的佛教画家,梁僧祐是其中的代表。僧祐(445—518年),生于江南建邺(今南京),俗姓俞氏。他博学多才,不但对佛教艺术有极深的造诣,同时还是一位杰出的佛教文学家,律学大师。鉴于他戒德高严,才华出众,在齐、梁两代备受朝野崇敬,梁武帝曾请他入内殿为六官授戒。

他对佛教艺术十分重视,曾搜集许多有关佛教造像、绘画、法乐、梵舞等各种记载文献。他对佛教艺术的贡献,《高僧传》卷一本传有载:"祐为性巧思,能目准心计,及匠人依标尺寸无爽,故光宅、摄山大像及剡县石佛等,并请祐经始,准画仪则。"齐梁时豫章望王、竟陵王等发心出资造佛像,多请僧祐为之规划并监造,这也反映出僧祐在佛教工艺美术方面的出色成就。

第七节　南北朝时期的佛教书法

一、南北朝时期佛教书法

南北朝是佛法兴盛的时期,"南朝四百八十寺,多少楼台烟雨中"说明当时佛教的繁兴。沈曾植《南朝寺考序》引《释迦氏谱》也载:"东晋偏安一百四载,立寺乃一千七百六十八可谓侈盛","自宋迄梁,代有增加。梁时合寺二千八百四十六,而都下乃有七百余寺"。南朝江东之地成为佛寺的集中地,并且东晋明帝司马绍、哀帝司马丕、简文帝司马昱、孝武帝司马曜,宋武帝刘裕,齐武帝萧道颐,梁武帝萧衍、简文帝萧纲,陈武帝陈霸先均崇奉佛教,南朝佛教之盛可见一斑。北朝时期朝野多崇重佛教,北朝诸帝皆扶植佛教,与南朝玄佛合流的特征相较,北朝更加偏重建造功德和禅行神异。著名的云冈石窟和龙门石窟早期修造都与北朝帝王的崇佛相关。另据考证,北魏佛寺约有三千,至隋则近四千,加之私家之兰若招提,可以说其数量不可计算。如此众多的佛教寺庙的存在,使得佛教僧众人数激增,因此对于佛经抄写流布的需求也随之大增,在《释迦方志》卷八中就有"道武皇帝,时造开泰、定国二寺,写一切经"。另外,南北朝时期还是中国佛教史上产生译者和译典最多的时期,《魏书·释老志》云:"自魏有天下,至于禅让,佛经流通大集中国,凡有四百一十五部,合一千九百十九卷"可以想见当时佛经抄写流布的盛况。

(一) 僧人书法

南北朝时期的僧人书家,不同于前代僧人的尚好谈玄解义。这一时期的僧人书家有着狂热的宗教情怀,这种情怀具体体现在书法创作上,最具有典型意义事件就是北朝的安道壹主持大型摩崖石刻,以完成浩大的佛教工程来表达虔诚的信仰;南朝著名僧人书家、后来入隋的智永和尚,曾数十年不下楼,勤练书艺,抄《千字文》八百本分送浙东诸寺,以倡导佛教抄经的规范,维护佛法的庄严。这两位代表性书家不仅标志了当时僧人书法的成就,也代表了当时僧人书家的创作心态。

另外,见于史料记载的僧人书家也不在少数。许多都能神异之术,且多才多艺,以佛教书法为弘扬佛法的方便法门之一。

释保志(418—514),为齐梁时的高僧,也是一位书法家。亦称"宝志"、"保志",俗称"志公",本姓朱,金城(今甘肃兰州)人。《高僧传》卷一〇《神异》中记载他年少时便出家,止京师道林寺,修习禅业。据说在齐建元(479—482)中,他能数日不食而面无饥色,并且能分身之术,令当时的京土士人皆敬事之。《佩文斋书画谱》卷二四引《江淮异人录》记载:"常为偈,大字书于版。其字皆小篆,体势完具。"

释洪偃(504—564),南朝时期的高僧,陈朝人,俗姓谢,乃会稽山阴(今浙江绍兴)人。《续高僧传》卷九《洪偃传》记载:"偃风神颖秀,弱龄悟道,昼读经论,夜讽诗书。良辰华景,未尝废学。""善草隶,见称时俗。纤过芝叶,媚极银钩,故貌义诗书,号为四绝,当时英杰者推赏之。"[①]可见洪偃确实是一位英才,年轻时气宇轩昂,相貌不俗,又好学深思,于佛学义理上能尽幽奥,又长于作诗,"清文迥出,壮思云飞,英词锦烂"。其最后一绝是书法,可以想象出他的书风是纤细秀媚一路的风貌,与他的灵明闲雅和清俊高迈的气质是一脉相承的。

释慧朗(生卒年不详),北齐高僧、书法家。书法技艺超绝群伦,风格

---

① 《续高僧传》卷九《洪偃传》,《大正藏》第50卷,第376页中—下。

独特,个性鲜明,被时人称呼为"朗公书",书风独具面貌,自成一体。见北齐王威《孝颂》有:"慧朗至能草隶,世人称'朗公书'者是也"等记载。

释静蔼(生卒年不详),北周高僧、书法家。《续高僧传》卷二三记载他俗姓郑,荥阳(今河南郑州市西)人,"凤标俗誉,以温润知名,而神器夷简,卓然物表,甫为书生,博志经史"。静蔼幼年即气度不凡,并精研儒学,十七岁时他与同伴游寺观得见地狱变相图,感于现世多难,苦海无边,"审业理之必然,谁有免斯酷者"。不顾家人反对,毅然"独往瓦棺寺依和禅师而出家"。《续高僧传》记载了他"书亦草行相贯,高为世重,罕不华之"①。可见释静蔼精于行草书并为时人所重,享有盛誉。

释安道壹(生卒年不详),北周僧人、书法家。曾于北周大象元年(579)书经文刻于山东邹县小铁山之阳,约三十行,字径二十厘米,书体风格介于隶书和楷书之间。后世有人誉安道壹为北朝书圣,因为其在小铁山摩崖石刻上所创作的书法犹如以如椽巨笔作摩天之巨书,其笔法气度世所罕见。他的书法被认为"不仅是一种技艺,且是一种巨大的精神力量的外化"。"这种精神虽然只是某种历史背景下的宗教热忱,而其外化的结果却超越了宗教、超越了历史,创造了具有普遍意义的文化奇观,创造了具有永恒价值的艺术瑰宝。"②对于他的作品的具体分析,后文将详细论述。

释昙调(生卒年不详),北齐僧人、书法家。《高僧传》记载他于书法上是"写送清雅",以及"(写经)恨功夫未足"③。"写送清雅"寥寥数字勾勒了昙调的书风。而"恨功夫未足"又说明昙调一直勤勉于佛经的抄写并求臻于完美。僧人是佛教抄经活动的主要组成部分。关于六朝时期的抄经书法另有专论。

---

① 《续高僧传》卷二三《静蔼传》,《大正藏》第50卷,第626页上。
② 安旗:《书法奇观》,第91页,合肥,黄山书社,1991。
③ 释慧皎:《高僧传》卷一三,汤用彤校注,第506页,北京,中华书局,1997。

六朝僧人书家还有晋宋间释法嵩、释僧岳、释昙瑶、宋释僧饶、释道照、齐释昙迁（俗姓朱，原是月支人，后居建康）、梁释惠生、释法护、释慧超、释慧生、释僧若，东魏释灵询等。

（二）士人佛书

由于南北朝时广建寺院庙宇，大开石窟造像，故而这一时期的佛教书法主要以摩崖刻石和造像龛记较有代表意义。从事这类工作的除了个别僧人怀抱极大的宗教热忱投入创制实践中，或主持设计，或亲自书写，但绝大部分还是民间匠人从事着佛教书法的创作，故而这一时期的士人佛教书家录于史册的反不多见，最为有名的当属宗炳。

宗炳（375—443），字少文，南阳涅阳人，工于书画，性好山水。著名佛学家，为庐山慧远法师创办的净土"莲社"中"十八高贤"之一。宗炳善于讲论佛学，他的佛教思想也受到慧远的影响。他擅琴、书、图画，而尤其工于行草。但唐李嗣真《书后品》中却将其书列为中下品，称其"放逸屈慳，颇学康许，量其直置孤梗，是灵运之流也"。可见其书法艺术远不及他的佛学修养有名。

王子椿（生卒年不详），北齐书法家。工楷隶，尤其擅长写大字。山东泰安徂徕山之映佛岩有石刻《佛号》摩崖，隶书，六行，每字直径二十厘米，为王子椿所书，刻于北齐武平元年（570），又有"大空王佛"四字，相传亦为王子椿所书。或以为泰山经石峪北齐摩崖石刻《金刚经》与"徂徕山摩崖"（又叫映佛岩摩崖）书风相类似，恐同出于王子椿之手。

唐邕（生卒年不详），北齐书家，《北齐书》有他的传记。《北齐唐邕写经碑》说："齐晋昌郡开国公唐邕自天统四年至武平三年写成《维摩诘经》等经四部，完成后立碑记。"武平三年（572）五月二十八日立碑，碑在河北磁州武安县北响堂山（鼓山）响堂寺南堂外右边前壁，欧阳辅《集古求真》说其："圆腴遒厚，实导唐贤先路"。

姚淑（生卒年不详），北齐孝昭帝（560—561）时人。书《崇因寺碑》，皇建二年（561）立，隶书。清阮元《南北书派论》将姚淑列为北朝书法大家。

二、佛教写经与刻石

魏晋南北朝译出的佛经典籍有几千部之多,在印刷术尚未发明之前,佛经乃是由梵文、西域语言而转译成华语,再用书面语言记录缮写。这种大规模、长期性的佛经抄写行为,导致了佛教书法史上产生了独特的写经体。

汉代末年以及魏晋时期译出的佛经一般用当时日常应用的书体抄写。当时的书体已经由隶书向正书过渡。写经一方面要求笔画工整以表虔诚,另一方面由于需求量大又要求抄写迅捷。"故写横画都是尖锋起笔,不用逆锋,收笔处重按,转折处多不是提笔转换笔锋,而是略作顿驻后再调锋,以取劲疾。"[1]这种略带程式化的书写体是六朝写经体的雏形和基础。

写经一般先画好乌丝栏,通常每行抄写十七个字,这样便于计算和校对。主要以旧的经卷为底本,依样照抄,逐渐形成了自己固定的规范和程式,不容许加入自己的艺术创造和想象,所以上述写经过程中形成的书体就此沿袭了下来,虽然时代变迁,人员更替,但书风变化不大,故而形成所谓"六朝写经体"。

缮写佛经的人员,以寺院僧尼和靠抄经为业的经生为主要组成部分。其中,僧人抄经书法的比重相当可观。如:清光绪二十六年(1900),在甘肃省敦煌东南鸣沙山千佛洞发现11世纪初西夏人征服敦煌前之秘密石室,内藏大量自曹魏至北宋之经卷文书。研究表明,抄经者大都是专业的经生,敦煌当时有固定的写经组织,官方写经组织是一个非常严密的职业写经组织,负责为当时当地的佛寺提供经卷,也为当时的官方

---

[1] 华人德:《论六朝写经体——兼及"兰亭论辩"》,《兰亭论集》,第286页,苏州,苏州大学出版社。

机构抄经,以满足佛教信仰者供养的需要。这种抄经活动有部分僧人书家参与,上海博物馆藏元荣供养《无量寿经》卷下题记云:"瓜州刺史元太荣(即东阳王元荣)供养,比丘僧保写。"① 可见僧人写经是抄经队伍中的一个组成部分,王元军《六朝书法与文化》中对敦煌所见僧人抄经列有一表,计有僧二十七人。着墨较多者有:

西凉建初元年(405)比丘德佑等十二人在敦煌城南所写《十诵比丘戒》自称"手拙用愧,见者但念其义,莫笑其字也"。

北魏文成帝太安元年(455)比丘申宗在伊吾南祠写《佛说辩意长者子所问经》,题记云:"手拙人已难得纸墨"。

梁天监五年(506)比丘僧伦龚弘亮在荆州竹林寺写《大般涅槃经》卷一一,佛弟子谯良颙为亡父敬造,"比丘僧伦龚弘亮二人为营",指二人为抄经者。

北魏正光三年(522)比丘法定写《大方广佛华严经》三章,用纸二十七张,楷书法度完备。

西魏文帝大统十七年(551)比丘惠袭写《菩萨璎珞本业经》卷下,"手自敬写流通",则应出自其本人之手。

写经体是书法与佛教发生直接关系的产物。写经表达了对佛经的虔诚,是一种积累功德的行为,写经的要求十分严格,字迹要求清晰整洁,美观大方。在书法史上,没有特别地把经卷书法作为艺术来对待,对经卷书法没有特别重视,认为它们是千人一面,没有创造性。然而在佛教发展过程中,历来高僧大德抄录佛经之事从未间断,不论是出于宣教弘法的考虑,还是从佛门修持出发,抄写经文都是弘法和修行的重要组成部分。

北朝时期出现的摩崖刻经,是北朝时太武、周武的两次灭佛后书法与佛法结合的新形式,抄经从屋宇走向了自然,从纸张过渡到石材。佛

---

① 王元军:《六朝书法与文化》,第292页,上海,上海书画出版社,2002。

教作为一种宗教，在其传播中总要突出其神圣性、永恒性，佛教与书法结合后，这种要求的最好体现就是在摩崖刻经。石刻浑厚肃穆，巨大的体量占据于天地之间，与自然相联系，体现永恒性和震撼力。摩崖刻经宏大而雄伟，象征佛教的威严与神圣，使人产生敬仰和膜拜之情。与此同时，摩崖刻经在风格上也追求大气、庄重、肃穆，字体采用端庄而易辨的隶楷。

摩崖刻经这一佛教书法形式，在其发展过程中不乏僧人的参与和推动。

山西平定的《报德寺碑》，传为释仙所刻。北齐高僧释仙，文宣帝时人。清孙星衍、邢澍《寰宇访碑录》卷二载："《报德寺碑》（北齐摩崖石刻，在山西平定东三十余里石门口长国寺前岩上），燕州释仙正书"。清康有为《广艺舟双楫·十家第十五》云："雅朴莫如释仙"，并把他列入正书各成一体的十大家之一。

山东邹县小铁山《金刚般若经》摩崖，传为安道壹所刻。安道壹，前文已有提及，乃北朝北周高僧，《高僧传》中并无传略，亦不见于史籍，王元军在《六朝书法与社会》中提出：通过刻石的研究，我们可以确认，安道壹是北朝书法史上的一个重要人物，也是一个留有许多书法的书法实践者。有一些刻石可以认为是安道壹书写的，如山东东平洪顶山有"大空王佛"四字，字径四米有余，并有五行题记，其中有云："释迦双林后一千六百廿三年，大沙门僧安道壹，书大空王佛……"明确指出"大空王佛"出自安道壹之手。[①] 从摩崖刻经的诸题记可以看出安道壹是活跃于山东一带宣扬佛法的高僧。

安道壹所刻的"大空王佛"四字，"在东区鸡咀石东南3米处。刻面长1.02米，宽0.29米。真书一行四字，字径20—25厘米。"[②] 安道壹所

[①] 王元军：《六朝书法与文化》，第301页，上海，上海书画出版社，2002。
[②] 中国书协山东分会、山东石刻艺术博物馆编：《北朝摩崖刻经研究》，第454页，济南，齐鲁书社，1991。

书字迹已无从觅得,只能从这一刻石中透视他的书法风貌和意趣。"他的笔法既以圆笔为主,又以方笔为辅;既有南碑的神韵,又有北碑的刚健;既在隶、楷之间,又带有草情篆意……安道壹则能融会诸种因素于一炉,致使人忘其为楷为隶,为方为圆,为南为北。"①所谓晋唐法帖,在后代士人写手的勾摹过程中,其转折处的精妙往往有所损失,南北朝的名碑,其雄强开阔的面目之形成却往往得益于民间匠人不经意间的刀劈斧凿。刻经往往先由书者书丹,再由刻者镌刻。书丹者多为佛教界的书法高手。从山东摩崖刻经看到的大部分刻经都打上界格力求齐整,可见书丹者事先对山崖有一个整体规划设计,并且由于宗教的虔诚,非常慎重地看待刻经活动,充分考虑到整体效果的严整性,并非随意。即在北魏太武帝、北周武帝两度灭佛的劫难之后,促成了具有"末法"观念的佛门弟子广泛的开展刻经活动,迫切地将易毁的佛经抄本转换成难于毁坏的摩崖石刻,雄健而壮观,极具威慑力量。此时,书法的审美意趣并非是第一位的,以字体的宏伟、刻石的艰难、工程的浩大来突出佛法的庄严和永恒才是这一时期佛教摩崖石刻书法的意义所在。

关于刻经,后代多有继承、流传有序,如隋代房山刻经的活动等在佛教艺术史上都是值得书写的一笔。因为这种性质的书写行为往往需要耗费巨大财力物力,牵涉方面众多,所以更多的是国家或集体意志的体现,个人意志、意趣的体现相对并不明显。因而像山东邹县小铁山这样明确可考是由具体僧人书写的摩崖石刻在佛教书法史上实为不多见。

魏晋南北朝时各种碑、志数量众多,由于佛教的兴起,加之立碑以及奢葬之风盛行,导致大量造像和碑刻的涌现,从而也产生了丰富的造像题记和碑志的书法作品。尽管三国曹魏曾下令禁碑,但也只是短暂的沉寂,以后又纷繁多样、有所延续。造像题记是北朝佛教书法的一大特色,由于崇兴佛教,北朝在山崖或石碑上开龛造像,在雕刻佛本生、经变故事

---

① 安旗:《书法奇观》,第90页,合肥,黄山书社,1991。

的时候,往往在造像的旁边或下端刻字以说明造像的原委,往往由专业人士书丹、匠人刻凿,有些就由民间工匠直接雕凿而成,这也带来了南北朝佛教书法艺术的新形式——造像记书法。

北朝造像记书法以《龙门二十品》最为著名,分别为《始平公造像记》、《孙秋生造像记》、《杨大眼造像记》、《魏灵藏造像记》、《尉迟造像记》、《高树造像记》、《太妃侯造像记》、《慈香造像记》、《道匠造像记》、《惠感造像记》、《元详造像记》、《郑长猷造像记》、《贺兰汗造像记》、《元燮造像记》、《孙保造像记》、《解伯达造像记》、《一弗造像记》、《法生造像记》、《元佑造像记》、《马振拜造像记》。分别存于洛阳龙门石窟的古阳洞以及东山的慈香窟。康有为在《广艺舟双楫》中说:"魏碑无不佳者,虽穷乡儿女造像,而骨血峻宕,拙厚中皆有异态,构字亦紧密非常,岂与晋世皆当书之会耶?何其工也。譬江、汉游女之'风诗',汉、魏儿童之谣谚,自能蕴蓄古雅,有后世学士所不能为者,故能择魏世'造像记'学之,已自能书矣"。可谓对其评价甚高,并且他还将这二十品分别从艺术风格上加以归类,对魏碑书法艺术的推动,可谓功不可没。

总之,随着佛教在汉魏南北朝时期于中土的传播和发展,中国佛教书法得以产生和发展,并影响了隋唐佛教书法的勃兴。

第八节 南北朝时期佛教建筑

佛教于汉代传入中国,到南北朝时期,已经融入社会生活的各个方面。随着统治阶级的提倡,兴建佛寺逐渐成为当时社会的重要建筑活动之一。南朝首都建康有五百多所佛寺。北魏统治范围内,在正光(520—524)以后有佛寺三万多所,而北魏首都洛阳就有一千三百八十七所佛寺。不仅在城市中,广大的乡村也建造很多寺、塔。当时主要的寺、塔和石窟多数由国家主持修建,耗费了大量的人力、物力。这一时期的佛教建筑活动,对以后中国建筑的发展有较大影响。佛寺建筑的类型大致可以分为寺院、佛塔、石窟寺三种，石窟寺在雕塑和绘画部分兼论，下面以寺院和佛塔为主分述之。

一、寺院建筑类型

据《历代三宝记》载，当时建的同泰寺"楼阁殿台、房廊结四饰，凌云九级，倾魏永宁"，足以看出此庙华丽之伟貌。其次还有大智度寺等官府兴建的大型寺庙，同样宏伟壮观。《梁京寺记》记载了当时南京附近的有小庄严寺、同泰寺、兴国禅寺、升元寺（瓦棺寺）、大爱敬寺、法宝寺、法光寺、宝林寺、长干寺等著名寺庙。当时的佛寺平面多采取在中轴线上布置主要建筑的布局。受印度佛寺的布局，中国寺庙很多以塔立于寺的中心，平面方形，四面开门，中央建主体建筑，布局方法和印度的大致相同，后来建佛殿供奉佛像一般是塔与殿并重，而塔仍在佛殿之前。不过这些都是就规模宏大的佛寺而言，小寺不全部建塔。其他佛寺，很多是贵族官僚捐献府第和住宅改建的，往往以前厅为佛殿，后堂为讲堂。这些府第和住宅的建筑形式融合到佛寺建筑中，使佛寺通常内有许多楼阁和花木。由上述两种佛寺的布局方法，可看出外来的佛教建筑到了中国以后，很快地被传统民族形式所融化，创造出中国佛教建筑的形式。

南北朝时期洛阳城内佛寺最多时达一千三百六十七所，到了孝静帝天平元年(534)迁都邺城（今河北临漳县西）时，还有余寺四百二十一所。最有代表性的是《洛阳伽蓝记》所载的永宁寺。

永宁寺，熙平元年(516)，灵太后胡氏所立，中有一百多米的佛塔。"塔北有佛殿一所，形如太极殿。中有丈八金像一躯、中长金像十躯、绣珠像三躯、金织成像五躯、玉像二躯，作功奇巧，冠于当世。僧房楼观一千余间，雕梁粉壁，青璅绮疏，难得而言。栝柏松椿，扶疏檐霤；藂竹香草，布护阶墀。是以常景碑云：'须弥宝殿，兜率净宫，莫尚于斯也。'外国所献经像皆在此寺。寺院墙皆施短椽，以瓦覆之，若今宫墙也。四面各开一门。南门楼三重，通三道，去地二十丈，形制似今端门。图以云气，画彩仙灵。绮钱青锁,辉赫丽华。拱门有四力士、四狮子,饰以金银,加之珠玉,装严焕炳,世所未闻。东西两门亦皆如之。所可异者,唯楼二重。北门一道不施屋,似乌头门。四门外,树以青槐,亘以绿水,京邑行人,多庇其下。路断飞尘,不由拿云之润;清风送凉,岂籍合欢之发。装饰毕功,明帝与太后共登之。视宫内如掌中,临京师若家庭。以其目见宫中,禁人不听升。衙之尝与河南尹胡孝世共登之,下临云雨,信哉不虚。时有西域沙门菩提达摩者,波斯国胡人也。起自荒裔,来游中土,见金盘炫日,光照云表;宝铎含风,响出天外。歌咏赞叹,实是神功。自云:'年一百五十岁,历涉诸国,靡不周遍。而此寺精丽,阎浮所无也。极佛境界,亦未有此。'口唱南无,合掌连日。至孝昌二年中,大风发屋拔树。刹上宝瓶随风而落,入地丈余。复命工匠,更铸新瓶。"①

从《洛阳伽蓝记》的记载可以看到永宁寺当年的盛况。庞大的建筑群,如秦阿房宫一样壮丽,寺内的环境布置也美轮美奂。寺内的九层浮图,为木质结构,高九十丈,上有高刹复高十丈,总计高出地面一千尺,距京师百里之外已迢迢可见。浮图北有佛殿一所,状如皇宫正殿,寺内有僧房楼阁一千余间。永宁寺建成后,魏明帝和胡太后一起登上九层浮图,在上面看宫中事了如指掌,看洛阳城如一家人的庭院。由于这里能监视皇宫,于是禁止一般人攀登。当时有波斯僧人菩提达摩来到洛阳,在永宁寺见金盘耀目,光照云表,宝铎迎风,响出天外,叹为神功。他自称年已一百五十岁,周游世界各地,但从来没有见到过这样雄伟瑰丽的寺院。永宁寺于534年被火烧毁,火三月不灭。今考古考察,寺南北长二百九十八米,东西宽二百一十米。塔基夯土残高八米左右,平面呈正方形,基底约一百米见方。台基表面还有灰烬、烧土块等遗物。

瑶光寺是当时可与永宁寺媲美的寺庙,世宗宣武皇帝所立,在闾阖城门御道北,东西距离千秋门二里。瑶光寺是一座尼庵,有尼房五百余

---

① 《洛阳伽蓝记》卷一,《大正藏》第51卷,第1000页上—中。

间。绮丽连接,门窗相通。寺院中有很多珍贵的树木和花草,环境幽雅,由于地理和文化等因素的差别,瑶光寺已经与印度的寺庙有了很大差别。寺中有一座五层宝塔,有五十丈高。承露凌空,金铎垂挂云外,工程非常精妙。

胡统寺,在永宁寺南一里左右,是灵太后出家为尼的居所,自然也颇具规模。有宝塔五层,其上幡柱高耸。周围有幽深的屋舍环绕,门户互通,白色的墙壁朱色的柱子,建筑精美。

秦太上君寺,是胡太后建立,刘腾负责规划,装饰精美,可与永宁寺媲美。中有五层宝塔一座,高耸入云,高门向着街道。寺庙里诵室禅堂,重重叠叠,花林芳草,布满台阶和走道。寺内受戒出家的僧人有千余人。

宗圣寺,有一尊佛像高三丈八尺,雕刻精美,吸引了社会各阶层的人前来观看。据说此像完工之时,光彩耀目,引发了市井皆空,争相观看的场面。《洛阳伽蓝记》还记载,当时除了正常的佛事活动外,寺庙内已经出现了伎乐、杂耍等世俗表演,成为当时市民生活的重要部分,甚至一些有身份地位的贵族女子也前来观看。这些寺院内的世俗表演在隋唐时期逐渐丰富、壮大起来,并与佛教音乐相互影响,构成了中国佛教文化中的一道独特风景。

融觉寺,是清河文献王怿所建立,在阊阖门外御道的南面,有五层塔一座。融觉寺规模与冲觉寺相当。佛殿僧房绵延三里之远,寺庙规模可见一斑。

王典御寺,是宦官王桃汤所建。门口有三层塔一座。在宦官建立的寺庙中,王典御寺最为精妙,工程超过昭义寺。每月的六斋日,寺内也如景乐寺等寺庙一样,常常有歌舞表演。

冲觉寺,太傅清河王怿舍宅而建立,在西明门外一里御道的北面。当时为了替文献祈求福祉,建造了五层塔一座,工程浩大可与瑶光寺相比。

另一类寺院不建塔,多是由贵族官僚捐助私宅修筑的。这种寺院多以前厅为佛殿供养佛像,以后厅为讲堂,使佛寺接近于府第建筑形式,佛寺内有花木楼阁亭榭。根据《洛阳伽蓝记》的记载,代表建筑有下列几处:

景明寺,是北魏宣武帝所建,在宣阳门外一里的御道东面。此寺背靠洛阳城,前望嵩山和少室山。周围绿水环绕,树木成荫,没有严寒酷热,四季长春,环境十分美好。寺内有殿堂台观一千余间,重重叠叠的僧房,门窗相望,规模与永宁寺不相上下。青色的台,紫色的阁,其间有飞道相通。寺内遍种松竹兰芷,风景绝佳。到正光年间,胡太后追造七层佛塔一座,高一百多米。

建中寺,是普泰元年尚书令乐平王尔朱世隆所建立的,本来是阉官司空刘腾的住所。屋宇非常华丽奢侈,建筑群横亘一里,堂屋宽阔,比一些王府的建筑有过之而无不及。作为佛寺后,前廊为佛正殿,后堂为讲经室。金银莲花,绸缯做的华盖布满其中。有间叫凉风堂的屋舍,本是刘腾避暑之处,有千年古树,阴凉异常,经夏没有蚊蝇。整座建筑群从功能上讲是佛寺,而实际建制也可看作中国化的园林。

平等寺,是广平武穆王元怀舍宅所建立,在青阳门外二里御道北面,当时称孝敬里的地方。堂宇高大华美,林木茂密,有平台阁道。寺门外有铜像一座,相貌庄严,雕刻精美。

二、佛塔建筑类型

南北朝时期,全国各地的寺庙里建造了很多的佛塔。塔的概念和形制,来源于印度的 stupa,原是为藏置佛的舍利和遗物而建造,中国的塔虽然仍藏舍利,但随着佛教与中国文化融合的加深,佛塔的功能、结构和形式都发生很大变化,塔内不但供奉佛像,还可以登临远眺,体现了中国民众对佛教的文化需求。南北朝时期佛塔以发展出楼阁式、密檐式和单层式等丰富的形制,根据记载和建筑遗存来看,以前两种式样为主。

(一) 木构的楼阁式塔

据记载,这种样式的塔首先见于东汉末年(详见本书汉魏时期佛教建筑部分),南北朝时数量最多,成为当时塔的主流。洛阳永宁寺塔为其中代表,也是北魏最宏伟的建筑之一。文献中除了关于塔的高度有相差很大的记载以外,其余都大致相同。《洛阳伽蓝记》记载:

> 中有九层浮图一所,架木为之,举高九十丈。有刹复高十丈,合去地一千尺。去京师百里,已遥见之。初掘基至黄泉下,得金像三十躯。太后以为信法之徵,是以营建过度也。刹上有金宝瓶,容二十五石。宝瓶下有承露金盘三十重,周匝皆垂金铎,复有铁锁四道,引刹向浮图。四角锁上亦有金铎,铎大小如一石瓮子。浮图有九级,角角皆悬金铎,合上下有一百二十铎。浮图有四面,面有三户六窗,户皆朱漆。扉上有五行金钉,其十二门二十四扇,合有五千四百枚。复有金镮铺首,殚土木之功,穷造形之巧。佛事精妙,不可思议。绣柱金铺,骇人心目。至于高风永夜,宝铎和鸣,铿锵之声闻及十余里。①

从这段描述中可知,塔高九层,正方形,每面九间。四面有三门六窗,门漆成朱红色,门框上有金环钠首及五行金钉,共用金钉五千四百枚。塔顶的刹上有金宝瓶,宝瓶下置金盘十一重,四周悬挂金铎。又有铁锁四道,将刹系在塔顶的四角,锁上悬金铎;塔九层的四角也都悬金铎,共有一百二十个金铎。《洛阳伽蓝记》记其总高一百丈,似夸张失实,《魏书·释老志》记其高四十丈,约合今高一百米稍多,可能近真。即使如此,也可见此塔规模之惊人了。此塔在北魏永熙三年(534)被火焚毁,但从石窟内的塔心柱,各种浮雕和壁画,以及北魏天安二年(467)制作的小石塔等,可以看出当时的木塔都建在相当高大的台基或须弥座上;塔身自下往上,逐层渐窄渐低;刹的高度约在塔高四分之一至三分之一之间,与现

---

① 《洛阳伽蓝记》卷一,《大正藏》第 51 卷,第 1000 页上。

存日本飞鸟时期木塔的比例大体相近。此外,天安二年石塔与云冈第6窟塔柱第一层的四角各有一个方墩,第二层以上方墩逐层缩小成为柱,以抵抗塔身的推力,这可能与汉朝礼制建筑具有因袭相承的关系。至于这种塔的结构,根据汉代建筑遗址、日本飞鸟时期木塔和文献关于唐代洛阳寺塔的记载推断,塔内可能有贯通上下的中心柱,但如塔身过高柱材供应困难,也可能采取其他结构方式。值得注意的是北魏中期出现了模仿木塔式样的石塔,规模相当宏大,对唐以后楼阁式砖石塔的发展,有一定影响。

《洛阳伽蓝记》还记载了其他一些重要的佛塔,较有代表性的在上文寺庙部分已有涉及,除此之外尚有以下几处:

长秋寺,有三层浮图一所,金盘灵刹,曜诸城内。作六牙白象负释迦在虚空中。庄严佛事,悉用金玉。工作之异,难可具陈。

双女寺各有五层浮图一所,高五十丈,素采布工,比于景明。

双女寺东有灵台一所,基址虽颓,犹高五丈余,即是汉光武帝所立者。灵台东辟雍,是魏武所立者。至正光中,造明堂于辟雍之西南,上圆下方,八窗四闼。汝南王复造砖浮图于灵台之上。

(二) 砖造的密檐式塔

北魏正光四年(523)建造的河南登封嵩岳寺塔是中国现存年代最早的砖塔,塔平面呈十二边形,在唐以前仅此一处。除了塔刹部分用石雕以外,全部用灰黄色的砖砌成。塔高约39.5米,底层直径约10.6米,内部空间直径约5米,壁体厚2.5米。塔身建于简朴的台基上。在塔中部用挑出的砖叠涩将塔身划分为上下两段,而上段建于叠涩上,比下段稍大。在四个正面有贯通上下的门,门上在半圆形拱券上做成尖形券面装饰。下段其余八面部是光素的砖面,可是上段塔身的这八个面上,各砌出一个单层方塔形的壁龛,龛座隐起门和狮子作装饰。塔身用砖砌出角柱。柱下用雕砖的莲瓣形柱础,柱头饰以砖雕的火焰和垂莲。塔身以上,用叠涩做成十五层密接的塔格。每层格之间只有短短的一段塔身,每层各有一个小窗,但多数仅具窗形,并不采纳光线。根据各层塔身残存的石灰面,可知此塔外部色彩原为白色,这是当时砖塔的一个特点,并一直流传到宋代。塔顶的刹,在壮硕的复莲上,以仰莲承受相轮,形制雄健。而塔的整体轮廓用和缓的曲线组成,十分秀丽。塔内做成直通顶部的空间,有挑出的叠涩八层。塔内平面最下层也是十二边形,而塔身上段以上则改成正八角形。

嵩岳寺塔开创了密檐楼阁式塔的体例,设计与施工都有独到之处,在建筑艺术历史上有着非常重要的意义。全塔用普通的青砖黄泥垒砌,但历经一千四百多年仍屹立,令人叹服。

云冈石窟中心塔柱式洞窟里石凿的中心塔也是当时真正木塔的反映,都是方形,多层,每层开间和高度都较下层为小,整体稳定而富有韵律。敦煌石窟和云冈石窟北朝壁画和浮雕中也有很多塔,显示了完整的塔顶,称为塔刹,它就是印度 stupa 的缩小。下部是刹基,中为覆钵;再上的"竿"和"伞"变成了刹竿、相轮和华盖,此外还添加了一些其他装饰。

(三)单层式佛塔

单层佛塔的例子并不多,但在民间一直存在,多数是一些法师的墓葬。《魏书》记载:"惠始冢上,立石精舍,图其形象。"[1]惠始是北魏高僧,大概生活在太武帝时期。根据描述,其墓上所建精舍可能即是单层佛塔。河南宝山寺双石塔为北齐遗存,一座名号不祥,另一座是宝山寺道凭法师墓。两座塔均高两米多,平面方形,基座三层,宽一米多。塔身半米见方,南壁开有火焰式门,门两侧雕有方形倚柱,柱头、柱础均雕有莲花。塔身中空,塔刹已毁。

佛塔本来作为礼拜对象,佛教传入中国以后,作为一种建筑标志的意味越来越强。佛教建筑在中国传统建筑的基础上,创造出中国特色的佛教建筑。

---

[1]《魏书·释老志》。

人名索引

安世高 53,58,121,123,125,213,224,225,354,360,375

宝唱 7,80,96,118,119,125,130,131,158,168,190,191,382,385—387

宝云 1,10,13,14,164

帛远 225,279,317,319

道安 1,3,18,27,34,68—70,99,115—117,121—124,186,189,191,197,199,206,232,292—294,296—299,303,325,326,340,343,357—360,363,372—375,393,455

道宠 27

道恒 37,135,158—160,207,220,221,395,421

道猛 201,202,341,417

道融 104,520

道生、竺道生 72,77,131,188,254,368,426,435

道盛 165,176,193

道猷 188,393

道渊 242

道祖 117

法护 65,66,84,90,115,533

法朗 24,180,357,417,418

法立 123

法上 34,92,96,100,112,120,173,191,198,199,344

法泰 75

法显 62,63,72,96,137—154,206,448,452,456,458,479,507,511,522

法勇 17

法云 24,25,76,111,136,165,166,169,190,380,381,404—407

佛图澄 27,130,133,199,214,226,227,303,354,356,421,479,511

佛陀跋陀罗 1,3,5—10,13—16,20,63,196

佛陀扇多 99

佛陀耶舍 20,64,69

傅翕、傅大士 21,23,25,25,26

顾恺之 467,469,470,521,525,529

诃梨跋摩 11

慧持 163,404

慧达 423,449

慧光 27,37,47,50,92,97,99—101,173,184,198

慧皎 7,13,16,17,65,77,79—81,95,125,129,131—134,157,161,163—167,169,176,178—180,187—189,191—193,197—200,202—204,206,207,209,213,214,216,218,219,317,356,357,362,376,377,436,455,473,532

慧可 37,55

慧琳 135,238,242,243,246,259,303,446

慧叡 123

慧永 167

慧远 7—9,13,18,22,31,34,35,42,71,81,98,100,110,130,131,135,198,227,229,232—238,246,248,253,255—261,263—267,271,274,304,309—314,344,358,367,374,377,395,412,468,477,494,526,533

慧璨 53—57

迦叶摩腾 115

畺良耶舍 19,20,24,203

鸠摩罗什、罗什 1—6,13,20,53,60,61,64,66,69,78,96,104,112,120,157—159,161,207,258,287,290,302,303,345,360,364,423,427,430,431,434,435,500

沮渠京声 14,20

康僧会 110,251,303,312,354—356,360,378,449,466,481,511

康僧铠 362,375

勒那摩提 26,27,50,51,99,112

雷次宗 412

萧衍、梁武帝 20—22,24—26,36,50,76,80,86,87,111,118,130,136,166,168,169,181,190,192,193,202,204,208—211,217,218,219,264,268,271,274,325,366,374,380,382—385,387—389,393,395,397,401—411,450—452,511,526—528,530

刘遗民 6,412

牟子 135,226,229,251,253,254,351—353,366

菩提达摩、达摩 6—9,22,37,38,39,53,55,60,120,423,441,540

菩提流支 99,120,172,392,444

求那跋摩 20,75,82—85,107,108,111

求那跋陀罗 20,107,108,393

僧辩 12,173,180,406,410

僧稠 26—40,42—50,54,55,112,190,192,200,205,208

僧伽跋摩 20,61,74,82,83,179

僧伽婆罗 130,448,450

僧朗 21,130,192,199,214,333

僧旻 130,164,189,407

僧柔 90

僧叡 1—4,117,158,159,251

僧祐 3,7,17,60,66,68,77,79,80,84,86,90,114—118,120—124,130,134,136—140,158,159,176,193,204,207,211,221,317,325,412,442,529,530

僧肇 4,104,364,427

沈约 196,197,264,268,269,271,379,383,388,397,398,400

孙绰 135,353,367,368,473,474

昙鸾 421

昙摩迦罗 58,373

昙迁 32,53,383,533

昙无谶 14,20,69,105,107,112,

117,302,303,334,345,383,393

昙延 175,201,344

昙曜 93,163,170,172,212,346,348,432,487,488,490,492,493

昙影 335

萧子良 18,87,88,90,264,268,326,371,380,391,399,412

谢灵运 368,477,511

严佛调 58,360

颜延之 135,136,238,240—242,259

于道邃 473,474

于法开 421

于法兰 421

笮融 417,482

真谛 75,119

郑鲜之 253,262—267

支遁、支道林 84,191,379,393,468,473,474,476

支娄迦谶 345

支敏度 116

支谦 362,375,382

智藏 24,25,90,130,168,180,206

智猛 11,14,15,63,154,452,511

智严 5,6,14,15,84,393

周颙 135,397—400

朱士行 115,137,144

竺道潜 474,477

竺道壹 178,187

竺法护 65,66,68,115,123,214,345,360,383,423,444,486

竺法汰 70,178,357,373

竺法雅 357,360

竺佛念 64,69,70,373,375

宗炳 135,238,246—248,253,259—267,271,369,412,449,511,526,533